GILBERT PORRETA
SA VIE, SON ŒUVRE, SA PENSÉE

Tous droits de reproduction, d'adaptation
et de traduction réservés pour tous pays.

UNIVERSITÉ CATHOLIQUE DE LOUVAIN

SPICILEGIUM SACRUM LOVANIENSE
ÉTUDES ET DOCUMENTS
FASCICULE 33

GILBERT PORRETA

SA VIE, SON ŒUVRE, SA PENSÉE

PAR

H. C. VAN ELSWIJK O. P.

LEUVEN
SPICILEGIUM SACRUM LOVANIENSE
JUSTUS LIPSIUSSTRAAT, 18

1966

92
G 372 l

172125

AVANT-PROPOS

L'étude de la pensée médiévale a connu, depuis la dernière guerre mondiale, un renouveau considérable. Grâce à la publication de nouveaux textes et de nombreuses études de détail beaucoup d'auteurs ont été rendus plus accessibles. Pour d'autres on apprécie mieux à présent leur intérêt et leur rayonnement.

Gilbert de la Porrée et le porrétanisme en général ont profité de ce renouveau. Depuis la parution, en effet, des ouvrages de Hauréau, Berthaud et Denifle, — pour ne citer que quelques noms anciens, — de nombreux savants se sont mis à la recherche et à la publication des écrits de cette importante école. N. M. Haring surtout a eu des mérites dans ce domaine. C'est grâce à lui que nous possédons actuellement le texte critique de Gilbert et d'autres auteurs de son école. Plusieurs des écrits publiés par lui nous étaient totalement inconnus.

La pensée de Gilbert est difficile ; son langage parfois obscur. Déjà ses contemporains étaient de cet avis et les historiens modernes n'ont pu que leur donner raison. Il semble pourtant qu'à présent les études soient assez avancées pour permettre un examen critique de sa personnalité, de son œuvre et de sa pensée. Gilbert est un auteur de premier ordre. Il nous donne la clef pour une bonne partie de la théologie et de la philosophie de son époque et même de la théologie et de la philosophie scolastiques postérieures.

Dans ce travail nous nous sommes limité à étudier Gilbert en lui-même laissant délibérémment de côté l'examen de son rayonnement postérieur. A l'exception de l'étude, aujourd'hui dépassée, de Berthaud sur la philosophie de notre auteur, cette monographie sera la première étude d'ensemble sur Gilbert. Elle a toutefois été préparée par de nombreuses études de détail, publiées surtout depuis l'important article de Hayen (1935).

Longue serait la liste de ceux qui nous ont encouragé ou assisté dans la préparation de ce travail ou qui nous ont aidé à le traduire du néerlandais en français. C'est grâce à la générosité du Spicilegium sacrum Lovaniense qu'enfin il peut voir le jour. A tous nous adressons un cordial remerciement.

Zwolle, le 10 avril 1966.

LIVRE I

LA VIE ET LES ŒUVRES

CHAPITRE PREMIER

FORMATION ET CARRIÈRE SCIENTIFIQUE

Sommaire. — I. Nom, origine, date de naissance. — II. Années d'études : formation à Chartres, séjour à Laon, durée. — III. Professorat : Écoles de Chartres et de Paris. — IV. Épiscopat à Poitiers : date d'élection, activités, mort. — V. Personnalité scientifique : méthode d'enseignement, érudition patristique, connaissance des sciences profanes et des arts libéraux.

I

Gilbert est sans aucun doute, tout comme son contemporain Abélard, une des plus grandes lumières de la théologie préscolastique. Il était la gloire de l'École de Chartres, le champion admiré de toute une phalange de théologiens passionnés pour la spéculation subtile, pierre de scandale pour des esprits plus conservateurs comme saint Bernard, Pierre Lombard et tant d'autres théologiens de son temps. Cependant, sa personnalité reste enveloppée de beaucoup d'ombre ; son nom lui-même soulève un problème.

Il était connu de ses amis et de ses ennemis comme le *magnus et nominatus magister Gilbertus*[1]. Ce nom aux multiples variantes — *Gislebertus, Gillebertus, Gillibertus, Giselbertus* [2] — est attesté tant par les manuscrits contenant ses œuvres que par les écrits contemporains. On l'emploie souvent sans plus d'indications, en y ajoutant parfois le titre de *Pictavensis Episcopus*. Ainsi est-il dénommé ordinairement par Jean de Salisbury, Othon de Freising et par d'autres élèves et admirateurs [3].

---

[1] Arno de Reichersberg, *Apologeticus contra Folmarum* (édit. C. Weichert, Leipzig, 1888, p. 11).

[2] « Gislebertus » est la variante la plus employée dans les chartes et par les auteurs contemporains. Voir *Gallia christiana*, t. II, Paris, 1870, instrum., p. 372, 376.

[3] Voir par exemple : cod. Paris, Bibl. nat. lat. 2577, fol. 71 ; lat. 12004, fol. 1 ; cod. Valenciennes, 44 et 197 ; cod. Bâle, Bibl. publ. (O) II 24. Voir aussi

Un article récent de Pelster, étudiant le nom de Gilbert, conclut que le surnom de *Porreta* paraît nettement le plus ancien et le plus assuré [1]. On le trouve déjà chez des contemporains. Dans son *Libellus contra Gilbertum*, Geoffroy d'Auxerre ou de Clairvaux, le secrétaire de saint Bernard, qui joua un rôle actif dans le procès contre Gilbert, présente son adversaire comme le *celebris ille magister, Porreta agnomine, nomine Gillebertus* [2]. Geoffroy, dans sa *Vita Bernardi*, aurait également écrit *Porreta*, là où nous lisons actuellement *Porretanus*. En effet, dans sa relation des événements du concile de Reims, empruntée presque textuellement à Geoffroy, Hélinand de Froidmont emploie, comme il le fait d'ailleurs à d'autres endroits, le surnom *Porreta* ou *Porrata*. Il est peu probable qu'il ait pris à Geoffroy la description sans prendre le nom [3]. Enfin, Gauthier de Saint-Victor, dans son *Contra quatuor labyrinthos franciae*, porte également témoignage en faveur de ce surnom de Gilbert. Les attestations ne manquent pas davantage dans les manuscrits. Pelster cite les *Quaestiones* du manuscrit du British Museum, *Cod. Royal* 9. E. XII. Il faut y ajouter le codex 379 de la bibliothèque de l'Arsenal à Paris, contenant l'ouvrage cité de Gauthier de Saint-Victor. La dénomination de *Porreta* se lit aussi bien dans les *Additamenta* que dans le texte même [4]. Enfin, le codex 606 de la bibliothèque Mazarine à Paris porte encore un témoignage intéressant. La majuscule du mot initial *Investigatam* des *Opuscula theologica* de Boèce y est ornée d'une miniature représentant Gilbert, ainsi que l'indique une souscription: *Porrata co(mmentator) qui glosavit hunc librum*. Le surnom *Porreta* ou *Porrata* paraît solidement établi. Tous les textes cités datent du XIIe siècle

---

Jean de Salisbury, *Historia Pontificalis*, c. 18 (édit. R. Poole, Oxford, 1927, p. 16); Othon de Freising, *Gesta Friderici Imperatoris*, lib. I, c. XLVIII (MGH.SS, t. XX, p. 376); *Liber de Homoysion* (cod. Cambridge, University Library, I, IV 27, fol. 28 s); *Liber de diversitate naturae et personae* (*ibid.*, fol. 130).

[1] F. Pelster, *Gilbert de la Porrée, Gilbertus Porretanus oder Gilbert Porreta*, dans *Scholastik*, t. XIX-XXIV, 1944-1949, p. 401-403.

[2] Geoffroy d'Auxerre, *Libellus contra capitula Gilberti* (PL, CLXXXV, 595 C). Le texte de l'édition de Migne est confirmé par cod. Londres, Brit. Mus. Royal Libr., 9 E.XII. Cfr Pelster, *art. cit.*, p. 403.

[3] Comparer Geoffroy d'Auxerre, *Vita Bernardi*, lib. III, c. 5 (PL, CLXXXV, 312 A) et Hélinand, *Chronicon*, lib. 48, ann. 1148 (PL, CCXII, 1037, 1038). Cfr Pelster, *art. cit.*, p. 403.

[4] Voir l'édition de P. Glorieux dans *Archives d'Histoire doctrinale et littéraire du Moyen Âge*, t. XIX, 1952, p. 201 et 274.

et certains ont été écrits par des hommes qui ont connu personnellement Gilbert.

La dénomination de *Porretanus*, elle aussi, est très ancienne. Le premier témoignage découvert par Pelster se trouve dans un ouvrage postérieur du même Geoffroy, si toutefois le texte imprimé est exact [1]. Les manuscrits confirment cette dénomination, par exemple celui qui contient le texte du *Contra quatuor labyrinthos franciae* [2]. On la retrouve également dans le texte de l'*Eulogium* de Jean de Cornouailles [3] et dans un ouvrage anonyme qui se présente telle une sorte de dialogue entre Gilbert et saint Bernard [4]. Un manuscrit des œuvres de Gilbert, celui du Balliol College d'Oxford, cité déjà par Denifle, porte : *Explicit glosatura magistri Giliberti Porretani super psalterium quam ipse recitavit coram suo magistro Anselmo* [5]. Plusieurs manuscrits parisiens portent ce même nom, ajouté postérieurement, semble-t-il, le plus souvent sur la page de garde ou au début du texte. De ces manuscrits, le cod. 14441 de la Bibliothèque Nationale à Paris qui appartenait primitivement à la bibliothèque de Saint-Victor, semble être le témoin le plus ancien. En effet, le cod. 1580 de la même bibliothèque dit expressément avoir emprunté le nom de l'auteur au manuscrit victorin. L'épithète *Porretanus* se recommande donc d'une tradition presque aussi solide que celle de *Porreta*. On retiendra cependant la suggestion de Pelster selon laquelle cette forme adjective dériverait du nom de *Porreta*, et désignant en premier lieu les élèves de Gilbert, serait passée ensuite au maître [6].

---

[1] *Epistola* (PL, CLXXXV, 587 B, 592 C).
[2] Édit. P. GLORIEUX, p. 315.
[3] Édit. N. M. HARING dans *Mediaeval Studies*, t. XIII, 1951, p. 263. Dans un autre manuscrit du même ouvrage (cod. OXFORD, Balliol Coll. 65) on lit la variante *Porrectanus*.
[4] Cod. LAON, 176, fol. 45 (édit. J. LECLERCQ dans *Mediaeval Studies*, t. XIV, 1952, p. 110).
[5] Cod. OXFORD, Balliol Coll., 36, cité par H. DENIFLE, *Die abendländische Schriftausleger bis Luther über Justitia Dei (Rom. 1,17) und Justificatio. Beitrag zur Geschichte der Exegese, der Literatur und des Dogmas im Mittelalter (Quellenbelege zu Luther und Luthertum)*, Mayence, 1905, p. 361. Cfr A. LANDGRAF, *Die Abhängigkeit der Sünde von Gott nach der Lehre der Frühscholastik*, dans *Scholastik*, t. X, 1935, p. 181, n. 80 ; H. DENIFLE, *op. cit.*, p. 335. Voir aussi les mss. PARIS, Bibl. nat., cod. lat. 18093 et 16341.
[6] F. PELSTER, *art. cit.*, p. 403.

D'après Pelster, le surnom moderne *De la Porrée* ne remonte qu'au XIVe siècle [1]. Cependant, Leclercq a relevé le témoignage d'un manuscrit du XIIe siècle qui contient une *Commendatio magistri Gisleberti Porree* [2]. Ce témoignage est confirmé par deux autres manuscrits, le codex 159 de la bibliothèque d'Avranches et le 149 de la bibliothèque de Rouen [3]. Mais dans ce dernier il s'agit certainement d'une addition qui n'est probablement pas antérieure à la fin du XIIIe siècle. La dénomination française se trouve pour la première fois dans le *Codex Galteri*, contenant une liste des évêques de Poitiers établie sur l'ordre de l'évêque de cette ville, le franciscain Gauthier de Bruges (1279-1305). Suivant les auteurs de la *Gallia Christiana*, il s'agit là d'une addition récente, due probablement à un scribe de la fin du XVIe siècle [4].

L'origine de Gilbert n'est pas moins obscure. Dans l'addition du *Codex Galteri*, il est appelé seigneur de Rufec ; il appartiendrait donc à une famille noble, propriétaire du château de Rufec dans le voisinage de Poitiers. Les auteurs de la *Gallia christiana* rejettent cette assertion en alléguant qu'au temps de Gilbert la propriété de Rufec appartenait à une famille qui porte le nom de Rufec. Ils mettent en doute pour ce motif l'origine aristocratique de Gilbert [5]. Pour ces mêmes raisons les auteurs de l'*Histoire littéraire* n'en font plus mention [6].

---

[1] F. PELSTER, *art. cit.*, p. 401.

[2] Cod. OXFORD, Magdalen Coll., 118, fol. 135 s. Cfr J. LECLERCQ, *L'éloge funèbre de Gilbert de la Porrée*, dans *Archives d'Histoire doctrinale et littéraire du Moyen Âge*, t. XIX, 1952, p. 183.

[3] Cités par H. DENIFLE, *op. cit.*, p. 335. Le codex d'Avranches contient une énumération des livres légués à l'abbaye de Bec par Philippe de Harcourt, évêque de Bayeux († 1163). Sous le n° 86 se trouve : *Boetius de Trinitate, et commentum Gisleberti Porree super eundem*. Cfr H. OMONT, *Catalogue général des mss. des bibliothèques publiques de France. Départements*, t. II, Paris, 1888, p. 397.

[4] F. PELSTER, *art. cit.*, p. 401.

[5] *Gallia christiana*, nouvelle série, t. II, Paris, 1715, p. 1175 : Gislebertus Porretanus patria Pictaviensis, legitur in Galteri codice Ruffiaci toparcha, sed scriptum recenti admodum manu. (Note des auteurs : Id perperam scriptum asserunt nostri Sammarthani, cum haec, inquiunt, dynastia vivente Porretano, ab antiquo tempore dominos cognomines habuerit, quorum heres Leonora, castrum illud dotis nomine transtulit in nobilem familiam Pictonicam de Volviro).

[6] *Histoire littéraire de la France par les Bénédictins de la Congrégation de Saint-Maur* (continuée par l'Institut de France), t. XII, Paris, 1763, nouv. édit., 1830, p. 468-470.

Hauréau relève cependant un témoignage du temps même de Gilbert qui plaide, d'après lui, en faveur de son origine aristocratique. Le *Metamorphosis Goliae Episcopi* mentionne Gilbert dans le distique suivant :

> Et hic praesul praesulum stat Pictaviensis
> Prius et nubentium miles et castrensis [1].

Selon Hauréau, il faudrait traduire le derniers vers : « (il était né) chevalier et seigneur châtelain ». Il y trouve la confirmation de ce que contestaient les Mauristes : « Gilbert était de sang noble et seigneur de Rufec ou de quelque autre château dans la même province » [2]. Clerval admet également la descendance aristocratique de Gilbert, sans doute sur l'autorité de Hauréau [3].

La traduction de Hauréau est trop facile. D'abord, nous ne sommes pas fixés sur la signification du mot *nubentium*. Hauréau suppose qu'il signifie « les laïques, les gens qui se marient », mais il avoue que c'est une signification étrange, qui cependant peut s'expliquer du fait que ni Walter Map ni ses contemporains ne saisissaient la valeur exacte des mots latins [4]. En second lieu, il ne faut pas interpréter le texte d'une façon littérale. A travers tout le poème, l'auteur essaye, quoique d'une façon très primitive, de trouver des métaphores mettant en lumière les qualités de ses héros. Et même si le mot *nubentium* doit se comprendre comme le propose Hauréau, on peut aussi interpréter les deux derniers mots au sens figuré, comme « champion et protecteur » (des laïques). Cette explication figurée s'impose encore davantage,

---

[1] Édit. Th. Wright, *Latin Poems commonly attributed to Walter Mapes*. Londres, 1841, p. 21-30. Voir aussi R. L. Poole, *The Masters of the Schools at Paris and Chartres in John of Salisbury's Time*, dans *English Historical Review*, t. XXXV, 1920, p. 321-342, p. 336, qui a publié la partie concernant les théologiens contemporains de Jean de Salisbury. Selon Hauréau (*Mémoire sur quelques maîtres du XIIe siècle, à l'occasion d'une prose latine publiée par M. Th. Wright*, dans *Mémoires de l'Académie des Inscriptions et Belles-Lettres*, t. XXVIII, 1876, p. 224) le poème doit être placé entre le Concile de Sens (juin 1140, d'après Hauréau) et la mort d'Abélard (avril 1142). H. Denifle (*Die Sentenzen Abaelards und die Bearbeitungen seiner « Theologia »*, dans *Archiv für Literatur- und Kirchengeschichte des Mittelalters*, t. I, Berlin, 1885, p. 605), se basant sur les louanges prodiguées à Gilbert, le fixe un peu plus tard. En tout cas, il s'agit d'un auteur contemporain.

[2] *Mémoire cité*, p. 223-238.

[3] A. Clerval, *Les Écoles de Chartres au Moyen Âge du Ve au XVIe siècle*. Paris, 1895, p. 163.

[4] B. Hauréau, *Mémoire cité*, p. 227, n. 3.

si on lit avec Geyer *studentium* au lieu de *nubentium* [1]. Le verset cité peut alors être compris en rapport direct avec le grand rôle que Jean de Salisbury attribue à Gilbert dans la lutte contre les Cornificiens, c'est-à-dire contre ceux qui contestaient l'utilité d'études propédeutiques approfondies. Ainsi l'argumentation de Hauréau semble insuffisante pour éliminer les doutes au sujet de la naissance aristocratique de Gilbert.

Il ne sera donc pas possible d'avoir une assurance totale quant au nom et à l'origine de Gilbert sans l'apport de données nouvelles. Sous toute réserve, nous approuvons la thèse de Pelster : le surnom français *De la Porrée* n'a que peu de chances d'être original ; suivant les anciens documents, le nom *Porreta* présente la meilleure garantie, quoique d'autre part il reste quelque peu étrange qu'il n'ait jamais été employé par les élèves et admirateurs de Gilbert, tels Jean de Salisbury et Othon de Freising.

Les sources ne sont guère plus explicites quant à la date de naissance, la jeunesse et la formation première de Gilbert. Il est certain qu'il naquit à Poitiers, ville dont il deviendra plus tard évêque. Nous trouvons ce renseignement dans une épitaphe qui suit le codex 1117 de la Bibliothèque de l'Arsenal à Paris [2]. Confirmation en est donnée par la *Commendatio* citée plus haut [3], et aussi par Othon de Freising [4]. En ce qui concerne la date de naissance de Gilbert, nous avons les données vagues du chant

---

[1] B. GEYER, *Die patristische und scholastische Philosophie* (*Friedrich Ueberwegs Grundrisse der Geschichte der Philosophie*, t. II), Berlin, 1928, p. 239.

[2] Cod. PARIS, Bibl. de l'Arsenal, lat. 1117, fol. 394 :
« Temporibus nostris celeberrimus ille magister
Hoc opus exegit, strenuus sapiensque minister
Floruit, et cunctis precelluit ille magistris
Logicus, ethicus hic, theologicus atque sophista
Solaque de septem cui defuit astronomia
Artibus, ac diva precelsus philosophia ;
Qui quam facundus verbis fuit atque profundus
Sensu, testantur bene qui legisse probantur
Hinc alter recte dictusque Boetius ipse
Cum Gislebertus proprio sit nomine dictus.
Pictavis hunc genuit quem pontificem sibi legit
Nobilior tanto vere ditata patrono (vel magistro)
Hic requie eterna potiatur pace superna ».

[3] Cod. OXFORD, Magdalen Coll., 118, fol. 135^v (édit. J. LECLERCQ, dans *Archives d'Histoire doctrinale et littéraire du Moyen Âge*, t. XIX, 1952, p. 184).

[4] *Gesta Friderici Imperatoris*, lib. I, c. XLVIII (MGH.SS, t. XX, p. 376).

mortuaire de Laurentius, doyen des chanoines de Poitiers : *Dormivit in senectute bona senex et plenus dierum*[1]. Le renseignement fourni par Jean de Salisbury n'est guère plus précis. Dans son compte-rendu des événements du concile de Reims (1148), il veut mettre en relief les hautes qualités scientifiques de son maître en disant qu'il avait déjà passé soixante années *in legendo et tritura litterarum* [2]. Si l'on admet avec Hofmeister que Jean a compris le temps des études élémentaires dans ces soixante années et qu'il a arrondi le nombre plutôt par le haut que par le bas, on arrive vers l'an 1080 comme date probable de sa naissance [3], mais il faut laisser de deux côtés une marge de quelques ans.

II

Les notices biographiques écrites par les contemporains ne fournissent que fort peu de données sur la formation première de Gilbert. Heureusement, elles sont plus abondantes pour la période de Chartres.

Selon le doyen Laurentius, Gilbert aurait consacré ses années d'enfance aux arts libéraux, sa jeunesse à la philosophie et le restant de sa vie à la théologie. Cette notice n'a que la valeur d'un schéma décrivant la formation de quiconque se consacrait à l'étude. Othon de Freising au contraire nous a cité les noms des principaux professeurs de Gilbert : Hilaire de Poitiers, Bernard de Chartres et les frères Anselme et Raoul de Laon[4]. Hauréau rejette le premier nom [5]. A son avis — c'est aussi celui de Poole [6] — Othon se trompe. La prédilection connue de Gilbert pour les écrits de saint Hilaire, son grand prédécesseur au siège de Poitiers, aurait amené son biographe à voir dans celui-ci un des professeurs du Porrétain. Pourtant une telle erreur serait étonnante de la

---

[1] *Planctus Laurentii* (édit. D. BRIAL dans *Recueil des Historiens des Gaules et de la France*, t. XIV, Paris 1806, nouv. édit. 1877, p. 379-381). Cfr A. CLERVAL, *Les Écoles de Chartres*, p. 163 ; J. LECLERCQ, *Textes sur saint Bernard et Gilbert de la Porrée*, dans *Mediaeval Studies*, t. XIV, 1952, p. 111.
[2] JEAN DE SALISBURY, *Historia Pontificalis*, c. 8 (édit. Poole, p. 17).
[3] Cfr A. HOFMEISTER, *Studien über Otto von Freising*, dans *Neues Archiv für ältere deutsche Geschichte*, t. XXXVII, 1912, p. 641 s.
[4] *Gesta Friderici Imp.* lib. I, c. LII (MGH.SS, t. XX, p. 379).
[5] *Histoire de la philosophie scolastique*, t. I, Paris, 1872, p. 448.
[6] *Illustrations of the History of Mediaeval Thought and Learning*, 2e éd., New York, 1920, p. 113.

part d'Othon dont l'œuvre trahit une connaissance assez étendue des textes de saint Hilaire et qui sait très bien que Gilbert aimait à invoquer l'autorité du saint évêque en confirmation de sa propre doctrine [1]. S'il cite un Hilaire comme professeur de Gilbert en même temps que Bernard et Anselme, c'est, croyons-nous, qu'il faut reconnaître en Hilaire un écolâtre, d'ailleurs inconnu, de la cathédrale de Poitiers où Gilbert aura reçu son premier enseignement.

Bernard de Chartres, le deuxième maître de Gilbert nommé par Othon de Freising, a laissé indubitablement l'empreinte la plus forte sur son élève. Cet éminent professeur, considéré par ses contemporains comme le grammairien le plus habile et en même temps le platonicien le plus renommé de son époque [2], conduisit l'ancienne École de Chartres à son apogée. Sa maîtrise exceptionnelle mena l'École à une mentalité et à une méthode scientifiques qui tranchèrent nettement sur celles des autres écoles françaises [3].

Un véritable culte des arts libéraux faisait sa gloire. D'abord le *Trivium*, par l'étude de la littérature classique, donna naissance à un authentique humanisme et au souci d'un latin soigné et élégant. Jean de Salisbury en sera, vers 1150, le représentant le plus remarquable. La grammaire surtout et, plus tard, la dialectique y furent intensement cultivées. Plus encore que la pratique du *Trivium*, l'étude passionnée des branches du *Quadrivium* façonna la physionomie de l'École. Cette tradition remonte au temps de l'évêque Fulbert (1006-1020), promoteur ardent des sciences profanes, y compris de la médecine.

En philosophie, l'esprit méthodique des maîtres chartrains marquait une forte prédilection pour la doctrine platonicienne. Sans doute, l'autorité d'Aristote prévalait en logique, mais

---

[1] Dans sa notice sur le consistoire de Paris, OTHON (*Gesta Friderici Imp.* lib. I, c. LIV, MGH.SS, t. XX, p. 380) cite des textes du *De synodis* ; de même dans son résumé de la défense de Gilbert devant le Concile de Reims (*op. cit.*, p. 383).

[2] JEAN DE SALISBURY, *Metalogicon*, lib. IV, c. 35 (édit. CL. WEBB, Oxford, 1929, p. 205). Cfr lib. I, c. 5 (*éd. cit.*, p. 17).

[3] Voir pour l'histoire de l'École de Chartres l'ouvrage cité de A. CLERVAL, *Les Écoles de Chartres au Moyen Âge du Ve au XVIe siècle*, Paris, 1895 ; pour ses rapports avec les autres écoles et sa position dans le mouvement scientifique du XIIe siècle, G. PARÉ, A. BRUNET, P. TREMBLAY, *La renaissance du XIIe siècle. Les écoles et l'enseignement* (Publications de l'Institut d'études médiévales d'Ottawa, fasc. III, Paris-Ottawa, 1933).

Platon était considéré comme le philosophe par excellence [1]. Ce renom, il ne le devait d'ailleurs pas à la connaissance directe de ses écrits. Les maîtres chartrains ne possédaient que le fragment du *Timée*, traduit et commenté par Chalcidius. Malgré la puissance d'attraction de ce fragment dont témoignent les écrits et les théories physiques de l'École [2], il faut chercher ailleurs les sources du platonisme chartrain. C'est par la lecture de saint Augustin et de Boèce qu'ils connaissaient les thèses maîtresses du platonisme et en même temps la transposition chrétienne des théories classiques. Pour les maîtres de Chartres, l'autorité de saint Augustin est inébranlable. Elle s'impose aussi bien à toutes les grandes écoles de cette époque. L'évêque d'Hippone a été le chaînon principal et presque unique qui rattache la théologie de cette période à l'antiquité chrétienne.

Plus caractéristique pour l'École de Chartres était la place prépondérante de Boèce tant en théologie qu'en philosophie. Aucune école médiévale n'a été aussi féconde en commentaires et en paraphrases du *De consolatione* et des *Opuscula theologica*[3]. De même, la logique aristotélicienne avec sa terminologie concise

---

[1] JEAN DE SALISBURY en témoigne dans son *Entheticus*, par ex. vers 937-942 (PL, CXCIX, 985 CD) et dans son *Policraticus*, par ex. lib. VII, v. 5 (*ibid.*, 644).

[2] GUILLAUME DE CONCHES publia un commentaire sur le *Timée* ; dans son *Introduction* il dit qu'il n'était pas le premier à entreprendre cette œuvre : « Etsi multos super Platonem commentatos esse, multos glosasse non dubitemus, tamen ... super praedictum aliquid dicere proposuimus, aliorum superflua recidentes, praetermissa addentes, obscura elucidantes, male dicta removentes, bene dicta imitantes », dans cod. ROME, Bibl. Vat. lat. 1389, fol. 1. Voir, pour quelques extraits de ce commentaire, J. M. PARENT, *La doctrine de la création dans l'École de Chartres. Étude et textes.* (Publications de l'Institut d'études médiévales d'Ottawa, fasc. VIII, Paris-Ottawa, 1938), p. 142-177. L'influence du *Timée* se remarque également dans le *Philosophia Mundi* de Guillaume (imprimé sous le nom de Bède le Vénérable par MIGNE, PL, XC, 1127-1178, et sous celui de Honoré d'Autun dans PL, CLXXII, 39-102) et dans son *Dragmaticon Philosophiae*, Strasbourg, 1567 ; encore chez BERNARD SILVESTRE, *De mundi universitate sive Megacosmos et Microcosmos* (édit. BARACH-WROBEL, dans *Bibliotheca Philosophorum Medii Aevi*, t. I, Innsbruck, 1876). Voir aussi E. GILSON, *La cosmogonie de Bernardus Silvestris*, dans *Archives d'Histoire doctrinale et littéraire du Moyen Âge*, t. III, 1928, p. 5-24 ; PH. DELHAYE, *Le Microcosmus de Godefroy de Saint-Victor. Étude théologique*, Lille-Gembloux, 1951, p. 144 ss.

[3] Cfr P. COURCELLE, *Étude critique sur les commentaires de la Consolation de Boèce (XIe-XVe siècle)*, dans *Archives d'Histoire doctrinale et littéraire du Moyen Âge*, t. XII, 1939, p. 5-140. D'après Courcelle, le commentaire de Guillaume de Conches est le plus important du XIIe siècle. Voir M. GRABMANN, *Die theologische Erkenntnislehre des Hl. Thomas von Aquin*, Fribourg en Suisse, 1948,

et ses définitions exactes n'était guère connue que par les traductions et les commentaires du « dernier des romains ». C'est à lui aussi que les maîtres devaient l'interprétation caractéristique des termes de la logique aristotélicienne à travers une physique et une métaphysique de type platonicien. La théologie et la philosophie des maîtres de Chartres doivent à ces sources préférées leurs traits essentiels.

Sous l'influence toujours croissante de la dialectique, la grammaire se développait dans le sens d'une grammaire spéculative approfondie par une théorie des formes de type platonicien. Cette méthode grammaticale laissait des traces sensibles dans les nombreuses analyses de termes et de propositions. Il en va de même en théologie. L'analyse grammaticale était prépondérante dans la discussion des thèmes théologiques. On cherchait à établir les lois grammaticales des *dicta theologica*, de la sainte Écriture, du Symbole et des Pères, à justifier les *modi loquendi* propres des textes, la signification des *nomina* attribués à Dieu et aux choses divines, et on en arrivait ainsi à comparer l'emploi spécifiquement théologique de ces lois avec les règles générales déduites des exemples classiques. L'osmose de la grammaire et de la dialectique favorisa l'application de cette méthode au domaine propre de la théologie. L'emploi si caractéristique par les chartrains de la grammaire pour l'assimilation spéculative des données révélées, créa une méthode dont l'influence devint perceptible dans la théologie des écoles contemporaines. A l'époque de la haute scolastique encore, des analyses grammaticales assez poussées se retrouvent chez tous les grands maîtres à qui pourtant la découverte de la philosophie aristotélicienne offrait un instrument beaucoup plus parfait pour la théologie spéculative. A juste titre Chenu cite l'École de Chartres, et notamment maître Bernard, pour expliquer ce phénomène assez étrange dans la théologie postérieure. L'appellation de *Nominales* qui se retrouve abondamment dans les écrits du XIIIe siècle, fait allusion à la méthode grammaticale propagée par les maîtres chartrains [1].

---

p. 9-13, pour un résumé des commentaires sur les *Opuscula theologica* de Boèce, originaires de l'École de Chartres. Voir aussi J. M. PARENT, *La doctrine de la création dans l'École de Chartres*, Paris-Ottawa, 1938, p. 178.

[1] Cfr M. D. CHENU, *Grammaire et théologie au XIIe et XIIIe siècle*, dans *Archives d'Histoire doctrinale et littéraire du Moyen Âge*, t. X, 1935, p. 5-28.

D'une manière différente, l'étude du *Quadrivium* marquait la théologie de l'École de Chartres. D'abord, plusieurs maîtres ont essayé d'approfondir l'explication rationnelle du mystère de la Trinité en s'aidant de spéculatons arithmétiques [1]. C'est surtout la méthode théologique qui allait subir l'influence des mathématiques. On essayait à Chartres de donner à la théologie un statut scientifique, semblable au procédé des mathématiques qui partent de principes bien déterminés, d'axiomes et de règles définitives et stables. D'où les règles et les axiomes au début des écrits théologiques et le recours fréquent qu'on fait à ces règles au cours des discussions. Dans le domaine de cette élaboration méthodique, l'œuvre de Gilbert marqua un progrès considérable.

La préférence pour le *Quadrivium* engendra un intérêt toujours croissant pour la philosophie de la nature, s'exprimant dans un genre littéraire qui rejoint la patristique grecque, c'est-à-dire l'harmonisation de la doctrine chrétienne de la création avec les théories du *Timée* de Platon. Le cadre ancien du Quadrivium s'en trouva rompu. Il engloba dorénavant tous les éléments qu'une science naturelle peut réunir, depuis les *artes* anciens jusqu'à une philosophie de la nature au sens strict. Cet élargissement fut surtout l'œuvre des maîtres Thierry de Chartres, Guillaume de Conches et Bernard Silvestris [2].

---

[1] Voir par ex. le commentaire anonyme sur Boèce, imprimé parmi les œuvres de Bède le Vénérable dans une édition de Bâle, 1563, t. VIII et partiellement dans MIGNE, PL, XCV, 391-411. Il appartient sans doute à l'École de Chartres, probablement à un disciple de Thierry de Chartres. Voir aussi THIERRY DE CHARTRES, *De sex dierum operibus* (édit. B. HAURÉAU, *Notices et extraits de quelques manuscrits latins de la Bibliothèque nationale*, t. I, Paris, 1890, p. 52-70) ; quelques extraits chez W. JANSEN, *Der Kommentar des Clarenbaldus von Arras zu Boethius De Trinitate*, Breslau, 1926, p. 106-112. Du même THIERRY DE CHARTRES, *In librum hunc* (extraits dans W. JANSEN, *op. cit.*, p. 3'-25'). Cfr J. M. PARENT, *op. cit.*, p. 69-81 ; N. M. HARING, *A Short Treatise on the Trinity from the School of Thierry of Chartres*, dans *Mediaeval Studies*, t. XVIII, 1956, p. 125-134 ; ID., *A Commentary on Boethius' De Trinitate by Thierry of Chartres (Anonymus Berolinensis)*, dans *Archives d'Histoire doctrinale et littéraire du Moyen Âge*, t. XXIII, 1956, p. 257-325.

[2] L'œuvre la plus remarquable de ce genre est celle de THIERRY DE CHARTRES, *De sex dierum operibus* (voir la note précédente). Voir aussi M. D. CHENU, *L'homme et la nature. Perspectives sur la renaissance du XIIe siècle*, dans *Archives d'Histoire doctrinale et littéraire du Moyen Âge*, t. XIX, 1952, p. 39-66 ; P. DUHEM, *Le système du monde. Histoire des doctrines cosmologiques de Platon à Copernic*, t. III, Paris, 1913 ; N. M. HARING, *The Creation and Creator of the World according to Thierry of Chartres and Clarenbaldus of Arras*, dans *Archives d'Histoire doctrinale et littéraire du Moyen Âge*, t. XXII, 1955, 137-216.

L'élan scientifique de l'École se manifesta encore par une intense recherche de sources nouvelles pour alimenter ses études. La *logica nova* fut reçue et étudiée avec enthousiasme, ainsi que le raconte Jean de Salisbury dans son *Metalogicon* [1]. Les ouvrages récents sur les sciences exactes trouvèrent un accueil fervent. De même, les traductions par Adélard de Bath, Constantin l'Africain et Herman de Carinthe de quelques ouvrages grecs et arabes traitant des branches du *Quadrivium* excitèrent le vif intérêt des maîtres chartrains qui réussirent à les incorporer bientôt a l'ensemble de la philosophie platonicienne déjà adoptée [2]. Les *Libri naturales* d'Aristote n'avaient pas encore atteint les écoles occidentales.

Il n'y a pas lieu de suivre plus loin cette évolution, car nous dépassons ainsi la période pendant laquelle Gilbert commença ses études à l'École de Chartres. Son professeur Bernard était encore du nombre des écolâtres qui n'avaient à leur disposition que la *Logica vetus*, les œuvres de Boèce et le fragment du *Timée* fourni par Chalcidius.

Tenant compte de ces traits généraux de l'École de Chartres, la notice du doyen Laurentius paraît un peu pâle. En réalité, Gilbert a reçu à Chartres bien plus qu'une formation philosophique. La connaissance des arts libéraux qu'il avait déjà acquise, s'est sans doute approfondie grâce aux cours de maître Bernard. C'est de lui qu'il a dû apprendre la technique des *artes* qui se développera en une méthode vraiment scientifique et fertile tant en philosophie qu'en théologie. A ce point de vue, nous verrons en Gilbert une des personnalités les plus typiques de l'esprit de Chartres.

La formation que Chartres pouvait lui fournir, Gilbert, à ce qu'il semble, l'estima incomplète. Selon le témoignage d'Othon de Freising, il se rendit à l'École de Laon qui, grâce aux frères Anselme et Raoul, était la plus réputée et la plus recherchée de toutes les écoles théologiques de France [3]. Pourtant à qui était

---

[1] Lib. III, cap. 3 ss (édit. CL. WEBB, Oxford, 1929, p. 127 ss).

[2] P. DUHEM, *Le système du monde*, t. III.

[3] Cfr F. BLIEMETZRIEDER, *Anselms von Laon systematische Sentenzen* (Beiträge zur Geschichte der Philosophie und Theologie des Mittelalters, t. XVIII, fasc. 2-3), Munster, 1919 ; H. WEISWEILER, *Das Schrifttum der Schule Anselms von Laon und Wilhelms von Champeaux in deutschen Bibliotheken* (Beiträge, t. XXXII, fasc. 1-2), Munster, 1936.

passé par Chartres, elle n'avait à offrir qu'une encyclopédie assez étendue de la théologie.

L'École de Laon atteint le sommet de sa renommée grâce à l'enseignement théologique d'Anselme qui ne s'aventurait guère sur des chemins nouveaux et dangereux, mais puisait sa force dans le maintien de la tradition patristique. Sa théologie était celle de l'Écriture et des Pères, sa méthode théologique se réduisait à la compilation des sentences empruntées à ces sources et à leur organisation en un ensemble harmonieux. Le théologien formé à cette école avait à sa disposition un grand nombre de *Sententiae*, extraites des œuvres connues des Pères, presque exclusivement latins, et rangées autour du texte de l'Écriture ou bien encore classées plus ou moins systématiquement d'après les questions théologiques. Les maîtres laonnais observaient une réserve plus que prudente à l'égard des sciences profanes et redoutaient l'application des procédés scientifiques à la théologie. Anselme jugeait peu favorablement la force de l'intelligence humaine devant les mystères de la foi. Il préférait laisser sans solution les problèmes nouveaux qui se présentaient en des termes étrangers à la sainte Écriture et aux Pères[1]. A son avis, la spéculation théologique ne saurait s'étendre au delà du contenu des écrits patristiques et de leurs formules consacrées. Cet enseignement ne fut guère au goût d'un dialecticien fervent tel qu'Abélard qui bientôt se révolta contre l'autorité incontestée d'Anselme [2].

A l'École de Laon, plus encore qu'à Chartres, Gilbert put se familiariser avec la théologie patristique. Il participa peut-être à la composition des gloses scripturaires, ainsi qu'à celle des premiers recueils systématiques de *Sentences*, qui étaient la contribution propre de l'École à la théologie de cette époque.

Aucune des sources citées ne précise la durée des études entreprises par Gilbert dans les diverses écoles. Othon de Freising se contente de signaler que Gilbert s'appliquait avec grand zèle aux études et qu'il ne mettait pas en question l'autorité de ses professeurs. Sa notice est pourtant trop vague pour pouvoir

---

[1] JEAN DE SALISBURY (*Historia Pontificalis*, c. 8, édit. POOLE, p. 20) raconte comment une des thèses controversées de la théologie trinitaire fut rejetée par Anselme et Raoul « quia verebantur transgredi terminos quos posuerunt patres ».
[2] *Historia Calamitatum* (PL, CLXXVIII, 123).

préciser la durée des études de Gilbert. Il ne faut pas oublier qu'Othon parle ici non pas en historien mais en psychologue qui veut expliquer les causes profondes du conflit entre Gilbert et saint Bernard. Il oppose l'application patiente de Gilbert à l'inquiétude d'Abélard qui se lassait très vite de ses professeurs et n'hésitait pas à les combattre ouvertement. Othon veut prouver que le cas de Gilbert n'était nullement semblable à celui d'Abélard dont la condamnation au concile de Sens était, à ses yeux, assez motivée. Alors qu'Abélard, écrit-il, *litterarum studiis aliisque facetiis ab ineunte aetate deditus fuit*, Gilbert par contre, *non iocis vel ludicris sed seriis rebus mentem applicarat*. Abélard était à l'égard de ses professeurs *tam arrogans suoque tantum ingenio confidens ut vix ad audiendos magistros ab altitudine mentis suae humiliatus descenderet*. Gilbert au contraire, *magis illorum (scil. magistrorum) ponderi quam suo credens ingenio ... manu non subito ferulae subducta ...* [1]

Dans l'intention d'Othon, l'exemple de Gilbert doit visiblement mettre en garde contre la propagande très répandue de ceux qui voulaient abréger les études scientifiques ou même s'en dispenser [2] pour faire plus rapidement carrière. Pareille tendance était encore possible à cette époque, où les études n'étaient guère réglementées. L'étudiant n'était pas encore astreint à un programme obligatoire ni à un temps d'étude déterminé avant d'être admis comme écolâtre dans l'une des nombreuses écoles cathédrales. Selon la notice de Guillaume de Conches, le précepte classique, attribué à Pythagore, suivant lequel il était nécessaire « d'écouter et de croire » pendant sept ans, était bien connu, mais ce précepte n'était guère obligatoire et il était rarement suivi [3].

Quant à la durée du séjour de Gilbert à Chartres, la seule conclusion qui s'impose est qu'il s'y appliqua à l'étude assez longtemps pour pouvoir se familiariser avec l'esprit propre à l'École et attirer l'attention de ses professeurs par ses dons exceptionnels. Gilbert partit sans doute peu après l'année 1110 pour Laon, où il étudia en tout cas avant 1117, puisque Othon de

---

[1] *Gesta Friderici Imp.*, lib .I, c. XLVIII et LII (MGH.SS, t. XX, p. 376 et 379).
[2] Voir les renseignements de Jean de Salisbury sur la lutte des maîtres contre les « Cornificiens » ; une sélection de textes dans G. PARÉ, A. BRUNET, P. TREMBLAY, *La renaissance du XIIe siècle*, p. 190-194.
[3] *Dragmaticon* cité par PARÉ, *op. cit.*, p. 108, n. 4.

Freising cite comme ses professeurs Anselme et Raoul. Or, nous savons qu'Anselme est mort en cette année. Il est généralement admis que Gilbert a quitté l'École de Laon après la mort d'Anselme. Ceci n'est pas certain et, à en juger par la lettre de Gilbert à Bernard de Chartres dont nous parlerons plus loin, il semble bien qu'il ait quitté Laon avant 1117 pour rentrer à Poitiers. Cependant, le séjour de Gilbert à Laon n'a pas été de courte durée, si l'on en croit *l'explicit* du cod. XXXVI du Balliol College à Oxford dans lequel on lit à la fin de la glose sur le Psautier : *Explicit glosatura magistri Gilberti Porretani super psalterium quam ipse recitavit coram suo magistro Anselmo* [1]. Nous savons par l'autobiographie d'Abélard qu'un tel fait pouvait se produire. Lui-même avait commencé à l'École d'Anselme un commentaire public du prophète Ézéchiel chaleureusement applaudi par ses condisciples. Il s'agit là d'un fait exceptionnel, il est vrai, non d'un élément du programme normal des études. De la part d'Abélard, c'était un acte révolutionnaire affichant ouvertement son dédain pour l'enseignement de son maître. Par ses cours publics, il voulait relever un défi de ses condisciples en prouvant qu'il ferait mieux. Maître Anselme mit fin à ces leçons en déclarant que l'enseignement n'était pas du ressort d'un élève *utpote rudis adhuc in hoc studio*. Il disait craindre que les erreurs inévitables du disciple ne fussent imputées au maître lui-même [2]. Rapproché du récit d'Abélard, l'*explicit* cité n'a que peu de vraisemblance. Il paraît improbable qu'Anselme, après son expérience malheureuse avec Abélard, ait toléré un nouvel essai du même genre. D'autre part, il n'était pas impossible à un élève déjà avancé de donner de tels cours plus ou moins indépendants sous la jurisdiction d'un écolâtre. En ce qui concerne Gilbert, Anselme peut lui en avoir donné l'autorisation, car son élève s'en tenait au procédé de *glossatio* en usage à l'école. Ainsi donc, Gilbert doit avoir passé quelques années à Laon. D'abord, il lui aura fallu incontestablement un certain temps d'apprentissage. Ensuite, l'œuvre elle-même, de par son ampleur, dut exiger quelques années de préparation et de mise au point.

---

[1] Cité par H. DENIFLE, *Die abendländische Schriftausleger*, p. 360, n. 2, et par A. LANDGRAF, *Die Abhängigkeit der Sünde von Gott nach der Lehre der Frühscholastik*, dans *Scholastik*, t. X, 1935, p. 181, n. 80.
[2] Cfr *Historia Calamitatum* (PL, CLXXVIII, 125).

Quoiqu'il en soit de la durée exacte de ses études, le fait reste important : Gilbert a fréquenté les principales écoles de son temps. Il reçut les richesses de celles de Chartres et de Laon, les deux grands centres de la culture cléricale de cette époque. Tout cela aura largement contribué à mûrir et à équilibrer son esprit. La *Commendatio* citée plus haut a raison de louer son effort pour acquérir la science dans plusieurs écoles, loin de sa patrie [1].

Manifestement, Gilbert visait-il à établir une harmonie entre les méthodes des deux écoles. Après avoir consacré un temps considérable à l'étude de la théologie prudente et traditionnelle d'Anselme et de ses collaborateurs, la théologie qu'il préféra fut celle de Chartres, avec sa méthode vraiment scientifique et son allure plus moderne.

III

L'application fervente de Gilbert aux études sacrées montrait qu'il aspirait à une chaire professorale. D'après Clerval, Gilbert aurait trouvé, après son départ de Laon vers 1117, un emploi d'écolâtre à la cathédrale de Poitiers, sa ville natale [2]. Telle était, en effet, l'évolution normale. Abélard et plusieurs maîtres de cette époque ont commencé leur carrière scientifique de la même manière. Les évêques des villes les plus importantes recrutaient parmi les étudiants les mieux doués les écolâtres qui se consacreraient à la formation théologique du clergé diocésain. Nous sommes certains de ce début scolaire à Poitiers grâce à la lettre de Gilbert à Bernard de Chartres, dans laquelle il se déclare peu satisfait de ses activités professorales à Poitiers et souhaite regagner Chartres. En tant que *magister scholae in Aquitania,* il se voit privé de la conversation de son maître vénéré dont la science et l'érudition l'attiraient toujours. Manière à peine déguisée de poser sa candidature pour une chaire à l'École qui a toujours retenu sa préférence [3].

---

[1] « Patriam suam fugere et per diversas orbis regiones discurrere, ut quam quaerebat sapientiam apprehendere posset, sollicitus fuit ». *Commendatio Gilberti* (édit. J. LECLERCQ, *L'éloge funèbre de Gilbert de la Porrée*, dans *Archives d'Histoire doctrinale et littéraire du Moyen Âge*, t. XIX, 1952, p. 184).

[2] A. CLERVAL, *Les Écoles de Chartres*, p. 164.

[3] Voir cette lettre dans L. MERLET, *Lettres d'Yves de Chartres et d'autres personnages de son temps,* dans *Bibl. de l'École des chartes,* 4ᵉ série, t. I, Paris,

Hauréau date cette lettre de l'an 1141[1], après la fin du professorat de Gilbert à Paris et après son deuxième retour à Poitiers. Les raisons de ce choix manquent de précision. Hauréau suppose que Thierry de Chartres, ayant été chancelier de Chartres avant son frère Bernard, serait parti pour Paris avant 1124 et aurait cédé ses fonctions à son frère. Dès 1126 Bernard aurait rejoint son frère à Paris et Gilbert lui aurait succédé comme chancelier de l'École de Chartres. Bernard aurait alors enseigné à Paris au moins jusqu'en 1136, puisque Jean de Salisbury qui débarqua en France en cette année, y aurait suivi ses cours. Enfin, selon la même hypothèse de Hauréau, Bernard serait mort avant 1159, car, dans son *Metalogicon* achevé en cette année, Jean de Salisbury parle de lui comme d'un défunt.

Cette opinion est uniquement fondée sur la supposition suivant laquelle Jean de Salisbury a connu personnellement le maître Bernard. Toujours selon Hauréau, la description que Jean donne de l'enseignement du maître, est d'une telle vivacité qu'elle ne saurait provenir que d'une expérience personnelle [2]. Clerval démontre cependant et tous les spécialistes modernes se sont rangés à cette conviction, que Thierry est un frère cadet de maître Bernard. En 1124, nous le trouvons à Chartres comme *magister scholae*, non comme chancelier. Il ne remplira cette fonction qu'en 1141, après avoir enseigné plusieurs années à Paris. Il succéda à Gilbert qui partit en cette même année pour Paris. Bernard n'est plus mentionné après 1126. Sa mort doit se placer avant 1130[3]. La relation vive et détaillée du *Metalogicon* s'explique aisément : Jean de Salisbury fit ses études sous la direction d'élèves immédiats de Bernard qui avaient gardé un très vif souvenir de leur maître éminent.

Clerval suppose à bon droit que la lettre de Gilbert doit dater d'une époque antérieure à son professorat à l'École de Chartres, probablement peu après 1117[4]. Poole est d'avis que la lettre

---

1855, p. 461 ; traduction française chez B. HAURÉAU, *Mémoire sur quelques chanceliers de Chartres*, dans *Mémoires de l'Académie des Inscriptions et Belles-Lettres*, t. XXXI, 2, Paris, 1876, p. 92.

[1] *Mémoire* cité, p. 93.
[2] Sur ce point Hauréau se rallie à l'opinion de C. SCHAARSCHMIDT, *Johannes Saresbariensis nach Leben und Studien, Schriften und Philosophie*, Leipzig, 1862, p. 23.
[3] A. CLERVAL, *Les Écoles de Chartres*, p. 159 s.
[4] *Ibid.*, p. 164.

peut même avoir été écrite plus tôt. Elle fait partie d'une collection de lettres, écrites par des personnalités de l'École de Chartres. Pour autant que nous puissions en préciser la date, elles ne doivent pas être postérieures à 1116. Il paraît probable que la collection fut constituée peu après ; la lettre de Gilbert doit donc être placée à la même époque[1]. De plus, la théorie de Hauréau laisse le ton de la lettre sans explication. C'est l'humble requête d'un élève qui, au seuil de sa carrière scientifique, s'adresse à son maître respecté. Gilbert n'aurait pas employé pareils termes après avoir consacré des dizaines d'années aux sciences, et ayant déjà à son actif une brillante carrière de professeur dans les écoles les plus renommées de son temps [2].

A partir de son arrivée à Chartres, les renseignements sur Gilbert se font moins rares. La requête à maître Bernard paraît avoir eu du succès : en 1124 il signe une charte en qualité de chanoine de l'église de Chartres. Son nom se trouve immédiatement sous celui du chancelier. Deux années après, il signe déjà en qualité de chancelier ; il a donc succédé à son ancien maître. C'est encore comme chancelier qu'il signe des chartes de 1134, 1135 et 1137 [3]. Ainsi les meilleurs années de sa carrière professorale se dérouleront à Chartres.

Avant le milieu du XIIe siècle, la puissance d'attraction de Paris se faisait déjà sentir au détriment des autres écoles de France. Gilbert, lui non plus, ne put y résister. On admet qu'il s'y rendit en 1141. En cette année, Jean de Salisbury suivit ses cours de dialectique et de théologie [4]. Probablement, l'anecdote racontée par Étienne Langton au sujet de la glose de

---

[1] R. L. POOLE, *The Masters of the Schools at Paris and Chartres in John of Salisbury's Time*, dans *English Historical Review*, t. XXXV, 1920, p. 325. Poole corrige ici la première édition de ses *Illustrations of the History of Mediaeval Thought and Learning* (Londres 1884), dans laquelle il avait défendu l'hypothèse de Hauréau. L'article cité démontre que Jean a reçu ses informations de ses professeurs, continuateurs de la tradition du « senex carnotensis ».

[2] Il écrit e. a. : « ... quicquid boni, quicquid prosperitatis, quicquid scientiae Dominus mihi vel concessit vel concessurum opinor, denique quicquid sum, tibi post Deum attribuo » (édit. L. MERLET, p. 461).

[3] *Cartularium de l'abbaye de Saint-Père à Chartres* (édit. B. GUÉRARD, Paris, 1840, p. 397, 267, 505). *Cartularium de Notre-Dame de Chartres* (édit. MERLET ET LÉPINOIS, t. I, Paris, 1865, p. 142). *Cartularium de Josaphat* (Cod. PARIS, *Bibl. nat.*, lat. 10102, fol. 52). Cfr A. CLERVAL, *Les Écoles de Chartres*, p. 164.

[4] *Metalogicon*, lib. II, c. 10 (édit. WEBB, p. 82).

Gilbert sur les Actes des Apôtres date-t-elle de la même période parisienne. Il s'agit peut-être d'une tradition transmise de vive voix dans l'école ou d'un souvenir personnel de Jean Beleth, élève de Gilbert, qui résidait à Paris à cette époque[1]. Aucun autre détail de cette période parisienne ne nous est parvenu.

Le professorat de Gilbert paraît s'être passé sans incidents. Aucune trace de conflit avec ses collègues ni à Chartres ni ailleurs. Sa carrière ne ressemble aucunement à celle d'Abélard. Que des divergences d'opinion se soient manifestées, la chose est normale, d'autant plus qu'il s'écartait en plusieurs points des convictions les plus chères à son entourage immédiat. Nous aurons encore à y revenir. Mais il ne semble pas que ces désaccords aient jamais pris une tournure dramatique.

Nous ne savons rien de ses contacts avec ses collègues des autres écoles théologiques. Il aura fait leur connaissance pendant ses années d'études et à l'occasion des synodes provinciaux où se rencontrèrent les théologiens invités à donner leur opinions sur les questions controversées. Jean de Salisbury nous donne les noms des principaux théologiens qui, au concile de Reims, se déclarèrent adversaires des théories de Gilbert. Selon toute vraisemblance et en tant que chancelier de l'École de Chartres, Gilbert assista au concile de Sens en 1140 et prit part aux discussions qui aboutirent à la condamnation d'Abélard[2].

Geoffroy raconte une petite scène qui se serait passée entre Gilbert et Abélard à la fin du concile de Sens. Le condamné y aurait prédit sa condamnation à celui qui maintenant siégeait parmi ses juges, en citant le vers bien connu : *Tunc tua res agitur paries cum proxima ardet* [3]. Aux yeux d'Abélard, la condamnation qu'il venait de subir, était le triomphe de ceux qui refusaient l'application de la dialectique à la théologie. Malgré le contraste entre leurs théories, les deux maîtres étaient liés par une commune

---

[1] Cfr B. SMALLEY, *La Glossa ordinaria*, dans *Rech. de théol. anc. et médiév.*, t. IX, 1937, p. 370.

[2] Sur les participants au synode de Soissons (1121), voir OTHON DE FREISING, *Gesta Friderici Imp.*, lib. I, c. XLVIIII (MGH.SS, t. XX, p. 376) ; au consistoire de Paris (1147), *Gesta*, lib. I, c. LIII (p. 379) ; JEAN DE SALISBURY, *Historia Pontificalis*, c. 8 (édit. POOLE, p. 17 s). Voir aussi les soi-disant actes du Concile de Reims chez J. LECLERCQ, *Textes sur saint Bernard et Gilbert de la Porrée*, dans *Mediaeval Studies*, t. XIV, 1952, p. 109.

[3] *Vita Bernardi*, lib. III (PL, CLXXXV, 312 A). Cfr A. CLERVAL, *Les Écoles de Chartres*, p. 165 et É. VACANDARD, *Vie de saint Bernard*, t. II, Paris, 1922, p. 127 s.

estime de la dialectique et des sciences profanes, et par l'affinité de leur méthode théologique.

Il est possible aussi qu'Abélard et Gilbert se soient déjà connus à Laon. Abélard y suivit les cours de maître Anselme depuis l'automne 1113, mais il fut obligé de partir dès 1114. Si Gilbert ne l'y a pas connu personnellement, il y fut certainement mis au courant de l'agitation causée à la paisible école d'Anselme par le dialecticien du Palet [1].

IV

Au grand regret de ses élèves, le séjour de Gilbert à Paris ne fut pas de longue durée : *nimis cito subtractus est*[2]. Dès 1141 ou 1142, il fut nommé évêque de Poitiers, sa ville natale. A l'instar d'un grand nombre de ses collègues, sa brillante carrière de professeur fut couronnée par une nomination honorifique.

Impossible de fixer la date exacte de sa promotion. La Chronique de Saint Maxence note que son prédécesseur Grimoard fut sacré le 26 janvier 1141 [3]. Il mourut le 27 juillet, mais en quelle année ? La *Gallia christiana* fait mention d'une charte de 1142 dans laquelle Grimoard est encore cité comme évêque [4]. Sa mort serait donc survenue le 27 juillet 1142. La *Vita B. Geraldi de Salis*, au contraire, dit que l'épiscopat de Grimoard dura moins d'un an [5]. S'il en était ainsi, il faudrait, reporter sa mort en 1141. Il est bien difficile de déterminer laquelle de ces deux sources mérite la préférence [6].

D'après plusieurs historiens, Gilbert, au moment de son élection, se serait trouvé à Poitiers, après avoir quitté Paris pour se charger du professorat à l'école cathédrale de sa ville natale.

---

[1] Cfr *Historia Calamitatum*, lib. IV (PL, CLXXVIII, 125 CD). Voir aussi J. G. SIKES, *Peter Abailard*, Cambridge, 1932, p. 7. CH. DE RÉMUSAT (*Abélard*, t. I, Paris, 1845, p. 40) mentionne plusieurs églises dont Abélard aurait été chanoine, et aussi un vitrail de la cathédrale de Chartres qui représente un Pierre Baillard. Un canonicat d'Abélard à Chartres, et l'identification de ces deux personnages paraît très improbable.

[2] JEAN DE SALISBURY, *Metalogicon*, lib. II, c. 10 (édit. WEBB, p. 82).

[3] *Chronique de Saint-Maxence* (éditée dans *Recueil des Historiens des Gaules et de la France*, t. XII, Paris, 1877, p. 408).

[4] *Gallia christiana*, t. II, Paris, 1870, p. 1175, n. b.

[5] *Acta Sanctorum*, oct., t. X, 1861, p. 257.

[6] Cfr M. DEUTSCH, *Die Synode von Sens und die Verurteilung Abaelards*, Berlin, 1880, p. 17 ; A. HAYEN, *Le Concile de Reims et l'erreur théologique de*

Cette opinion cherche à s'autoriser d'Othon de Freising qui, après avoir donné une notice biographique très sommaire, termine sa communication en disant que Gilbert fut nommé évêque *in praefata civitate*[1], c'est-à-dire à Poitiers. Cette opinion est avancée par la *Gallia christiana*[2] et soutenue, avec plus de conviction encore, par les auteurs de l'*Histoire littéraire*[3]. Hauréau l'admet également parce qu'elle s'accorde avec la date qu'il assigne à la lettre de Gilbert à maître Bernard de Chartres[4]. Cette interprétation du texte d'Othon paraît discutable. Un professorat à l'école assez obscure de Poitiers, après une brillante carrière dans les écoles les plus renommées de la France, marquerait un recul qui ne s'explique guère. Jean de Salisbury, parlant du départ de Gilbert de Paris, emploie le terme *subtractus est*, ce qui convient mieux à une nomination qui fit sortir Gilbert de l'enseignement qu'à un départ volontaire de Paris après un séjour si court. Si Gilbert était parti de Paris pour aller enseigner à Poitiers, Jean n'aurait pas eu tant à se plaindre, car, selon l'usage de l'époque, les élèves pouvaient suivre leur maître à l'autre école[5].

Une fois évêque de Poitiers, Gilbert s'acquit l'estime de tous. Dans son chant mortuaire, le doyen Laurentius vante l'amour de l'évêque pour son église, qu'il enrichit à ses frais de nombreux ornements précieux et de vases sacrés. La *Commendatio* insiste sur le travail méritoire de l'évêque ; elle le loue surtout d'avoir réussi à mettre un terme aux nombreux et très graves conflits

---

Gilbert de la Porrée, dans *Archives d'Histoire doctrinale et littéraire du Moyen Âge*, t. X, 1935/36, p. 33, n. 4.

[1] *Gesta Friderici Imperatoris*, lib. I, c. XLVIIII (MGH.SS, t. XX, p. 376).
[2] *Gallia christiana*, t. II, Paris, 1870, p. 1175.
[3] *Histoire littéraire de la France*, t. XII, Paris, 1763, p. 467.
[4] B. Hauréau, *Mémoire sur quelques chanceliers de Chartres*, dans *Mémoires de l'Académie des Inscriptions et Belles-Lettres*, t. XXXI, 2, Paris, 1876, p. 102.
[5] L'« Athénien Ratius » du *Dialogue entre Ratius et Éverard*, découvert par J. Leclercq (*Textes sur saint Bernard et Gilbert de la Porrée*, dans *Mediaeval Studies*, t. XIV, 1952, p. 111-128) et édité par N. M. Haring (*A latin Dialogue on the Doctrine of Gilbert of Poitiers*, dans *Mediaeval Studies*, t. XV, 1953, p. 243-289) ne mentionne que deux écoles, celle de Chartres et celle de Paris, « in aula episcopi », dans lesquelles il avait suivi les cours de Gilbert. Il prétend aussi être resté près de son maître devenu évêque de Poitiers jusqu'à la mort de celui-ci. Cfr N. M. Haring, *art. cit.*, p. 252. Voir aussi R. L. Poole, *The Masters of the Schools at Paris and Chartres in John of Salisbury's Time*, dans *English Historical Review*, t. XXXV, 1920, p. 333 ; A. Hayen, *Le Concile de Reims*, p. 33, n. 4.

qui opposaient l'Église de Poitiers aux hauts personnages de la région[1]. Nous en trouvons la confirmation dans les chartes, citées par la *Gallia christiana*[2]. En outre, la *Commendatio* parle en termes élogieux de l'excellence de son administration et du zèle avec lequel il fit construire de nouvelles églises et des monastères.

Laurentius relève particulièrement un don généreux de l'évêque à la bibliothèque de l'église de Poitiers ; il lui légua plusieurs manuscrits contenant les œuvres d'Hilaire, d'Ambroise, de Grégoire, d'Augustin et de nombreux autres Pères de l'Église, manuscrits collectionnés dans toutes les provinces de France pendant ses années d'enseignement. Gilbert continuait donc de s'intéresser aux sciences et était soucieux de promouvoir les études à son école cathédrale.

D'une autre manière encore, il restait attaché à ses activités antérieures. Ses sermons pour le clergé n'étaient pas seulement des exhortations pieuses, mais traitaient également de thèmes théologiques très élevés. Ce qui ne s'etait pas produit péndant son professorat arriva maintenant : sa doctrine choqua l'auditoire. Deux de ses archidiacres, dont l'un était lui-même professeur de théologie, firent opposition à son interprétation théologique du mystère de la Trinité. Après avoir protesté en vain auprès de leur évêque, ils se rendirent en Italie pour soumettre sa doctrine au Pape[3]. Ce fut pour Gilbert le début de la grande crise de sa vie, crise qui aboutit à une enquête officielle sur l'orthodoxie de sa doctrine aux synodes de Paris et de Reims.

Pour Gilbert, cette enquête n'eut pas les mêmes conséquences désastreuses que pour Abélard. à qui pourtant sa cause avait été liée aussi bien par ses adversaires que par ses amis et défenseurs. Sous l'influence surtout des cardinaux présents, le pape Eugène III rendit une sentence modérée, à laquelle Gilbert donna son adhésion et dont son adversaire, saint Bernard, se déclara satisfait. Le concile rendit en conséquence un non-lieu en faveur de l'évêque de Poitiers ; il put, tout en gardant intacts son honneur et sa dignité, rentrer dans son diocèse et se consacrer de nouveau totalement à sa charge épiscopale. Il s'ensuivit une

---

[1] Cfr J. LECLERCQ, *L'éloge funèbre de Gilbert de la Porrée*, dans *Archives d'Histoire doctrinale et littéraire du Moyen Âge*, t. XIX, 1952, p. 185.

[2] Cfr *Gallia christiana*, t. II, instrum., par ex. n. 280, 372, 378.

[3] JEAN DE SALISBURY, *Historia Pontificalis*, c. 8 (édit. POOLE, p. 17) ; OTHON DE FREISING, *Gesta Friderici Imp.*, lib. I, c. XLVII (MGH.SS, t. XX, p. 376).

réconciliation avec les deux archidiacres qui furent, par leur protestation, à l'origine de tout le procès [1].

Gilbert resta pendant six ans encore à la tête de son diocèse. Il mourut le 4 septembre 1154, sincèrement regretté par tous ses subordonnés. On lui fit des obsèques magnifiques. L'église de saint Hilaire fut choisie comme lieu de son dernier repos : *ut cuius fuerat doctrinam secutus cuiusque tenuerat vicem, sortiretur haereditatem* [2].

V

Il serait ardu de présenter dès maintenant une image complète de la personnalité scientifique de Gilbert. Il faudra au préalable examiner l'ensemble de ses ouvrages. Nous pouvons cependant tracer un portrait provisoire à l'aide des notices de Jean de Salisbury et d'Othon de Freising et des remarques psychologiques par lesquelles ils expliquent les événements du concile de Reims.

Gilbert était un homme sérieux et persuadé que l'on ne peut faire de progrès en sciences sans une étude constante. Cette conviction l'amena à ne pas se fier trop à ses propres forces et à ne pas se soustraire prématurément à l'influence de maîtres renommés[3]. Othon n'a pas exagéré en soulignant la dissemblance entre lui et Abélard : au moment où Abélard payait déjà sa témérité par une première condamnation au concile de Soissons en 1121, Gilbert commençait sa carrière professorale dans l'école à peu près ignorée de Poitiers ou comme maître débutant à l'École de Chartres, encore entièrement sous la tutelle de son grand maître Bernard.

Jean de Salisbury caractérise sa vie et son attitude par la gravité et la dignité : *Tunc enim sicut in tota anteacta vita moderatissimus fuit* [4]. Ce trait marquant qualifie également le célèbre professeur vénéré par ses élèves et l'évêque de grande renommée, le *praesul praesulum* sur le siège de saint Hilaire [5]. Gilbert ne

---

[1] Jean de Salisbury, *ibid.*, c. 11, p. 26 ; Othon de Freising, *ibid.*, c. LXI, p. 384.

[2] *Planctus Laurentii* (édit. D. Brial, dans *Recueil des Historiens des Gaules et de la France*, t. XIV, Paris, 1806, nouv. édit., 1877, p. 380).

[3] *Gesta Friderici Imp.*, lib. I, c. LII (MGH.SS, t. XX, p. 379).

[4] *Historia Pontificalis*, c. 10 (édit. cit., p. 27).

[5] *Metamorphosis Goliae episcopi* (édit. Th. Wright, *Latin Poems attributed to Walter Mapes*, Londres, 1841, p. 21-30).

fut pas comme Abélard une personnalité passionnée toujours prête à intervenir de façon bruyante dans la vie scientifique et ecclésiastique. Nous ne nous trouvons pas devant un novateur semant avec éclat des idées percutantes, renversant des réputations assises et brisant la carrière de ses adversaires. Ce professeur n'attire pas un flot d'élèves au détriment de ses collègues, il ne bouleverse jamais d'une façon brutale la routine ordinaire de la vie scolaire. Il poursuit paisiblement un travail assidu. S'il rénova la théologie, il le fit par une analyse patiente et sagace des données qui lui furent transmises et par l'application suivie de la méthode héritée de ses maîtres, en particulier de Bernard de Chartres.

Othon de Freising décrit la gravité de sa voix et de ses gestes, *tam gestu quam voce pondus servans* [1]. Jean de Salisbury a été frappé par la tranquillité et le sérieux qui régnaient pendant les cours de Gilbert. Rarement le professeur fut décontenancé par des objections venues de son auditoire. A ces occasions, Jean s'enthousiasmait. Alors seulement, écrit-il, Gilbert s'animait ; en pareilles circonstances la pénétration de son esprit éclatait. Il ajoute qu'on aurait souhaité voir toujours le maître animé d'une telle ardeur pour pouvoir faire son profit de la précision de ses formules et de la vivacité de son génie [2].

Alors qu'Abélard devait aboutir finalement, par sa personnalité même, à un conflit avec les idées de son temps et avec les autorités ecclésiastiques, les difficultés éprouvées par Gilbert à cause de sa doctrine, constituèrent un incident plutôt inattendu. Il y avait chez lui des points de doctrine prêtant à discussion, mais sa façon d'agir ne suscitait aucun conflit passionné. Rien d'étonnant si le calme règne au cours de l'exposé de ses thèses dans la tranquille atmosphère de l'école. Calme de même lorsqu'il les soumettait par écrit au jugement de ses collègues. Les protestations s'élevèrent bien plus tard, lors de sermons dans lesquels il présentait sa doctrine de manière plus sommaire et sans doute moins technique. Que les disputes au concile de Reims se soient tellement envenimées, cela vient moins de la conduite de Gilbert que du caractère fougueux de saint Bernard et des divergences politico-religieuses auxquelles Gilbert était

---

[1] *Gesta Friderici Imp.*, lib. I, c. LII (MGH.SS, t. XX, p. 379).
[2] *Historia Pontificalis*, c. 12 (édit. POOLE, p. 28).

entièrement étranger. Son attitude fut digne comme toujours et son exposé doctrinal objectif. Il réussit presque à endormir l'assemblée par la lecture monotone de différents auteurs ecclésiastiques célèbres ou obscurs. Le débat conciliaire se déroula sans animation, excepté aux endroits où saint Bernard s'acharne contre son adversaire et surtout lorsque Gilbert est accusé d'erreurs dont il n'était pas l'auteur.

La difficulté, l'allure rébarbative de l'œuvre ecrite de Gilbert explique indubitablement en bonne partie le fait étonnant des protestations tardives au sujet de sa doctrine. Son manque de clarté lui fut souvent reproché par ses adversaires. Nous trouvons l'écho de ces accusations chez Geoffroy d'Auxerre et, en termes encore plus expressifs, chez Clarembault d'Arras[1]. Ce dernier va jusqu'à l'inculper d'une obscurité voulue dans l'intention de conquérir une plus grande renommée dans les milieux scientifiques grâce à des théories bizarres sur des questions qui pour tout philosophe allaient de soi [2].

Élèves et admirateurs devaient en convenir : les leçons et les écrits de Gilbert n'étaient guère faciles à comprendre. Othon de Freising rapporte que des esprits simples ne saisirent jamais ce qui se cachait sous ses paroles et que les élèves les mieux doués et les plus avancés ne pouvaient le suivre qu'à grand peine[3]. Jean de Salisbury connaissait par expérience personnelle les difficultés éprouvées par les débutants, mais il ajoute : *sed provectis compendiosior et solidior videbatur (eius doctrina)* [4].

Gilbert lui-même a manifesté dans le *Nouveau Prologue* ajouté à son commentaire de Boèce son admiration pour le style de Boèce qui avait l'avantage d'interdire aux esprits superficiels et sûrs d'eux-mêmes l'accès à la vérité, et d'être clair et limpide aux yeux de ceux qui scrutaient ses écrits avec un amour humble

---

[1] *Libellus contra capitula Gilberti* (PL, CLXXXV, 597 B).
[2] CLAREMBAULT D'ARRAS, *In Boethium De Trinitate* (édit. W. JANSEN, *Der Kommentar des Clarenbaldus von Arras zu Boethius De Trinitate*, Breslau, 1926, p. 65'; voir aussi p. 77').
[3] *Gesta Friderici Imp.*, lib. I, c. LII (MGH.SS, t. XX, p. 379).
[4] *Historia Pontificalis*, c. 12 (édit. POOLE, p. 28). Voir aussi le *Prologue* de la *Defensio* du cod. ROME, Vat. lat. 561, fol. 175ᵃ, cité par F. PELSTER, *Die anonyme Verteidigungsschrift der Lehre Gilberts von Poitiers im Cod. Vat. lat. 561 und ihr Verfasser Canonicus Adhemar von Saint-Ruf in Valence (um 1180)*, dans *Studia Mediaevalia in hon. R. J. Martin O. P.*, Bruges, 1948, p. 145.

et sincère de la vérité [1]. Se voyant obligé d'élucider par ses explications les points obscurs de Boèce, il s'était tellement imprégné de son style, que ses adversaires eurent beau jeu à lui reprocher ce que lui-même vantait chez son auteur. Malgré les reproches imputés au style de Gilbert [2], le lecteur qui, par un long contact, s'est familiarisé avec ses écrits, aboutit à la même appréciation que Jean de Salisbury. Gilbert paraît estimer une phrase bien construite, il pèse consciencieusement ses mots, il a l'amour de la construction logique. Il sait maintenir d'une façon constante dans tout son traité les termes une fois choisis et bien délimités. Rarement on le surprend en flagrant délit d'erreur ou de contradiction [3].

Ce qui frappait le plus les contemporains de Gilbert, c'était son érudition. Jean et Othon le déclarent *vir litteratissimus* et le premier lui donne d'autres titres encore qui exaltent la même qualité [4]. Durant ses soixante années de travail intense, Gilbert avait lu énormément et s'était assimilé toutes ses lectures. Le fait semble incontesté au point de lui servir d'argument dans le débat. Jean relate le trait suivant : quand, dans une dispute, quelqu'un voulait faire admettre par Gilbert, contre sa conviction personnelle, comme doctrine traditionnelle une thèse particulière, il répondait qu'il était prêt à croire ce que le Siège apostolique croyait, mais qu'il n'avait lu nulle part la thèse en question. Et Jean dit ne pas se souvenir qu'un contradicteur ait pu se vanter d'avoir lu ce que Gilbert n'avait pas lu [5].

Les recherches de Gilbert suivaient un procédé inhabituel

---

[1] *Prologue* (édit. N. Haring dans *Nine Mediaeval Thinkers. A Collection of hitherto unedited Texts* (Pontifical Institute of Mediaeval Studies, Studies and Texts, t. I), Toronto, 1955, p. 33).

[2] Voir par ex. Th. de Régnon, *Études de théologie positive sur la sainte Trinité*, 2ᵉ série, Paris, 1892, p. 95 s ; A. Hayen, *Le Concile de Reims*, dans *Archives d'Histoire doctrinale et littéraire du Moyen Âge*, t. X, 1935/36, p. 31 et 53, n. 1 ; É. Gilson, *La philosophie au Moyen Âge, des origines patristiques à la fin du XIVᵉ siècle*, 3ᵉ édit., Paris, 1947, p. 262 ; M. Williams, *The teaching of Gilbert Porreta on the Trinity, as found in his commentaries on Boethius* (Analecta Gregoriana, vol. LVI), Rome, 1951, p. IX.

[3] Cfr N. M. Haring, *The Case of Gilbert de la Porrée, Bishop of Poitiers (1142-1154)*, dans *Mediaeval Studies*, t. XIII, 1951, p. 2.

[4] Othon de Freising, *Gesta Friderici Imp.*, lib. I, c. LXI (MGH.SS, t. XX, p. 384) ; Jean de Salisbury, *Historia Pontificalis*, c. 16 (édit. Poole, p. 16 ; cfr p. 17, 18, 22).

[5] *Historia Pontificalis*, c. 10 (édit. Poole, p. 22).

à la plupart de ses contemporains : il ne se contentait pas de quelques textes épars, puisés au petit bonheur dans les œuvres des Pères ; il les lisait dans leur contexte. Au concile de Reims ses adversaires eux-mêmes durent reconnaître les mérites de cette méthode. Geoffroy épingle d'un ton moqueur que Gilbert avait mobilisé une partie de son clergé pour lui apporter tous les ouvrages qu'il avait à consulter. Le secrétaire de saint Bernard s'en rendit bien compte et les cardinaux ne manquèrent pas un moment de faire ressortir combien les adversaires de l'évêque faisaient piètre figure avec leur petite collection de textes, griffonnés sur quelques feuillets. Ceux-ci se hâtèrent de réparer cette faute, ils se munirent le lendemain d'un nombre de volumes encore plus impressionnant que celui de l'évêque [1].

La solide érudition de Gilbert lui assurait une grande avance sur ses rivaux, car en plus des Pères cités habituellement, tel saint Augustin, il était au courant d'œuvres à peine connues à cette époque [2]. Il aimait lire et citer saint Hilaire qui, à cause de son style obscur, connaissait peu de succès auprès des auteurs médiévaux. Ne serait-ce pas pour cette raison que Gilbert ressentit pour lui, comme pour Boèce, une prédilection marquée ? Il avait aussi approfondi les écrits des Pères grecs. Au dire de Geoffroy, il en usa dans une large mesure au concile de Reims, si bien que la plupart de ses auditeurs éprouvèrent de la peine à le suivre. Il est avéré que Gilbert ne possédait pas suffisamment le grec pour lire ces Pères dans le texte original. Ses commentaires sur Boèce montrent pourtant qu'il parvenait à saisir la terminologie grecque des spéculations théologiques sur la Trinité[3]. Le prologue du *Liber de diversitate naturae et personae* affirme que Gilbert ne savait pas le grec, mais qu'il avait étudié avec attention soutenue les traductions latines des œuvres de Sophronius et de Théodoret. Parmi les autres Pères auxquels Gilbert s'est appliqué, l'auteur inconnu cite Athanase à côté d'Hilaire [4].

---

[1] GEOFFROY D'AUXERRE, *Epistola* (PL, CLXXXV, 589 CD, 590 CD). Cfr OTHON DE FREISING, *Gesta Friderici Imp.*, lib. I, c. LVIII (MGH.SS, t. XX, p. 382).

[2] JEAN DE SALISBURY, *Historia Pontificalis*, c. 8 (édit. POOLE, p. 18,28). Cfr GEOFFROY D'AUXERRE, *Epistola* (PL, CLXXXV, 591 A).

[3] Voir aussi l'introduction de N. HARING à l'édition du *Contra Eutychen et Nestorium*, dans *Archives d'Histoire doctrinale et littéraire du Moyen Âge*, t. XXI, 1954, 248.

[4] Cod. CAMBRIDGE, *Univ. Libr.*, Ii.IV.27, fol. 130ʳ (édit. HARING, p. 122) : « Admiratus plane fuit (legatus papae) tantam in Gisilberto pictaviensi episcopo

Au dire de Jean de Salisbury, les cours de Gilbert lui donnaient souvent l'occasion d'étaler son érudition. Il exposait les différentes hérésies, en précisant leur origine, les arguments scripturaires auxquels elles faisaient appel, ainsi que les arguments de raison et d'autorité ayant servi à les condamner [1]. Il est grandement remarquable que, dans ses écrits, Gilbert n'ait pas employé cette méthode et qu'il n'y ait guère laissé transparaître cette grande érudition. Dans les commentaires sur Boèce nous trouvons à peine quelques textes patristiques ; il emprunte à Épiphane et Philastre quelques détails historiques sur les hérésies dont il est question [2]. Une seule fois il se laisse aller à un examen étendu de quelques textes d'Athanase et d'Hilaire afin d'attirer l'attention sur l'emploi abusif qu'en font les hérétiques [3]. Dans la présentation de sa propre doctrine, il ne cite aucun texte patristique. Dans ses gloses scripturaires, nous ne trouvons rien qui le distingue de ses contemporains au point de vue de l'érudition patristique.

Comme nous le verrons, Gilbert se servira de ce procédé dans ses commentaires sur Boèce uniquement par souci de méthode théologique : il veut compléter et confirmer la doctrine révélée par des arguments rationnels [4]. Dans son *Prologue* cependant, il affirme expressément que, malgré cette absence de citations, sa doctrine ne s'écarte pas de celle des Pères. A son avis, tout lecteur expérimenté reconnaîtra que sa doctrine n'est pas une

---

sapientiam, quod cum graecorum volumina tamquam linguae eorum ignarus numquam legisset, in illorum tamen intellectu tam scriptis quam dictis totus fuisset, statimque illos transcribi iussit. Latebat tamen eum quod beati Theoderiti et Sophronii scripta in latinum translata saepe revolvisset, cum aliorum libris sive graecorum sive latinorum, et maxime Athanasii et Hylarii, quorum suffragiis in concilio Rhemensi coram papa Eugenio contra suorum aemulorum oblocutiones usus fuit cum gloria ». Ce texte concorde avec l'assertion de la *Commendatio Gilberti* (édit. J. LECLERCQ, *L'éloge funèbre de Gilbert de la Porrée*, dans *Archives d'Histoire doctrinale et littéraire du Moyen Âge*, t. XIX, 1952, p. 183) et avec le témoignage de Philip d'Harvengt, selon lequel Gilbert était capable de citer par cœur un grand nombre de textes du *De Trinitate* de saint Hilaire (PL, CCIII, 45 CD).

[1] *Historia Pontificalis*, c. 13 (édit. POOLE, p. 29).
[2] *In Boethium De Trinitate* (édit. HARING, p. 92 ; PL, LXIV, 1305 B et D).
[3] *Contra Eutychen et Nestorium* (édit. HARING, p. 329, 330 ; PL, LXIV, 1397 C-1398 A).
[4] HARING (*The Creation and the Creator of the World according to Thierry of Chartres and Clarenbaldus of Arras*, dans *Archives d'Histoire doctrinale et littéraire du Moyen Âge*, t. XXII, 1955, p. 180) a le droit d'y voir une réflexion de l'esprit propre à l'École de Chartres.

invention personnelle mais s'accorde avec les écrits authentiques [1]. L'auteur du *Liber de diversitate naturae et personae* fait allusion à la finale de ce *Prologue,* quand il prétend que Gilbert ne citait pas explicitement les textes des Pères pour laisser à ses lecteurs l'honneur de retrouver par eux-mêmes ces arguments d'autorité [2]. Plusieurs disciples enthousiastes ont, en effet, tenté d'appuyer par une abondante documentation patristique la doctrine de leur maître. Nous leur devons ces écrits détaillés qui contiennent surtout une compilation de textes patristiques tels que le *Liber de diversitate naturae et personae,* le *Liber de homoysion et homoeysion,* le *Liber de vera philosophia* et l'acte de défense du cod. 651 de la Bibliothèque Vaticane, décrit par Pelster [3].

Gilbert ne se contentait pas d'une connaissance pénétrante des écrits patristiques ; il possédait la littérature profane à tel point, dit Jean de Salisbury, que dans ce domaine aucun de ses contemporains ne pouvait le dépasser [4]. A cette époque, la connaissance de la littérature profane s'appuyait avant tout sur les manuels des arts libéraux où les textes classiques servaient à illustrer les règles grammaticales. Il en était de même chez Gilbert. Jean de Salisbury raconte que Gilbert avait l'habitude d'éclairer par des exemples tirés des philosophes, des orateurs et des poètes, l'exposé qu'il faisait des problèmes grammaticaux soulevés par son texte [5]. Sur ce terrain, il s'est efforcé d'enrichir de façon considérable le matériel très restreint dont les écoles disposaient.

Un autre aspect de sa personnalité scientifique — c'est encore Jean de Salisbury qui l'a mis en relief — c'est son attitude à l'égard des arts libéraux. Cette particularité est plus visible dans ses écrits que ne l'est son érudition inégalée. Gilbert attachait, en effet, une très grande importance aux *artes*. Il doit certaine-

---

[1] *Prologue* (édit. HARING, p. 34).
[2] Cod. CAMBRIDGE, Univ. Libr., Ii.IV.27, fol. 130r (édit. HARING p. 123) : « Quibus tamen auctoritatibus uteretur non declaravit, exercitatis divinarum scripturarum lectoribus laudem horum inveniendorum reliquens. Quos ad investigandorum illorum studium et amorem invitat, dum in operis sui prologo testatur diligentibus ipsarum rimatoribus posse videri ea quae dixit sua furta potius esse quam inventa ».
[3] Sur ces écrits, voir plus loin, p. 65.
[4] *Historia Pontificalis*, c. 12 (édit. POOLE, p. 28).
[5] *Ibid.*

ment cette prédilection à l'École de Chartres et surtout à l'exemple de Bernard, son maître, qui fut le grammairien le plus éminent de son temps. D'après l'épitaphe déjà citée qui suit les commentaires de Gilbert dans le cod. 1117 de la Bibliothèque de l'Arsenal à Paris [1], Gilbert était fort versé dans tous les *artes*, l'astronomie exceptée. Il se rallie donc à tous ses collègues de l'École de Chartres pour combattre ceux que Jean de Salisbury groupe sous le nom de *Cornificiens* et qui estimaient pouvoir se passer d'une étude approfondie des arts libéraux. Que ces hommes, disait Gilbert, se fassent boulangers : ce métier promet de grands succès sans beaucoup d'études ni d'efforts [2]. Comme « artiste », Gilbert l'emporte de loin sur saint Bernard. Il le lui fit bien sentir et, dans son *Nouveau Prologue*, il lui reprocha âprement son ignorance [3].

L'application de ces *artes* à la théologie le distingue brillamment, même parmi les chartrains. Selon Jean, c'était pour son maître une question de principes. Malgré une discrimination très nette entre les diverses branches et le souci de délimiter exactement les terrains respectifs où leurs règles étaient applicables, il les unissait néanmoins toutes les unes aux autres au service de la science par excellence, la théologie [4]. Le *Nouveau Prologue* l'affirme en termes clairs et formels. Décrivant le rôle de l'exégète, Gilbert annonce que con commentaire sur Boèce utilisera toutes les ressources et tous les procédés des *artes* : ranger les mots — ce qu'il entend parfois littéralement, — établir la forme logique des arguments, classer sous des règles communes les nouvelles constructions et les significations exceptionnelles des mots, enfin analyser les divisions, les définitions, les comparaisons, les termes équivoques, les figures et les constructions, pour en éclairer le fondement logique [5].

---

[1] Cfr supra, p. 14, n. 2. Voir aussi la *Commendatio Gilberti* (édit. J. LECLERCQ, *L'éloge funèbre de Gilbert de la Porrée*, dans *Archives d'Histoire doctrinale et littéraire du Moyen Âge*, t. XIX, 1952, p. 184).

[2] JEAN DE SALISBURY, *Metalogicon*, lib. I, c. 5 (édit. WEBB, p. 16).

[3] *Prologue* (édit. HARING, p. 33). Voir aussi *Historia Pontificalis*, c. 12 (édit. POOLE, p. 27) et les reproches mal cachées dans le *Dialogue entre Éverard et Ratius* (édit. N. HARING, dans *Mediaeval Studies*, t. XV, 1953, p. 272).

[4] *Historia Pontificalis*, c. 12 (édit. POOLE, p. 28).

[5] *Prologue* (édit. HARING, p. 33). Cfr *In Boethium De Trinitate* (édit. HARING, p. 90-91 ; PL. LXIV, 1304) ; *In Boethium De hebdomadibus* (édit. HARING, p. 183 ; PL. LXIV, 1322 D, 1323 D, 1329 CD) ; *In Boethium contra Eutychen et Nestorium* (édit. HARING, p. 265, 295 s, 342 ; PL. LXIV, 1362, 1379, 1403 D).

De ce fait, contemporains conservateurs et critiques plus récents tiendront Gilbert pour un dialecticien remarquable. Le reproche lui est fait de s'être trompé dans plusieurs questions dogmatiques à cause d'un emploi exagéré et non contrôlé de la dialectique. Sous cet angle, Gilbert et Abélard sont souvent mis sur le même plan. En réalité, une notable analogie entre les deux maîtres se constate aisément. Déjà Abélard l'a compris et publié dans le vers célèbre, cité plus haut.

Il existe cependant entre les deux une différence profonde. L'habileté dialectique d'Abélard lui valut sa renommée de *magister artium* et le poussa, après une brillante carrière de logicien, à appliquer la dialectique en théologie. Gilbert, par contre, est d'abord théologien ; il emploie sa connaissance des *artes* à l'organisation de la théologie comme science, dotée de règles appropriées et d'une structure particulière, d'après un schéma inspiré des arts libéraux, des mathématiques surtout. Sa tentative constitue un effort réel pour synthétiser dans une théologie scientifique et la tradition et le génie propre de l'École de Chartres. Si Gilbert n'a pas encore trouvé la solution définitive, il a toutefois orienté d'une manière décisive l'évolution de la méthode théologique.

Ainsi s'explique que Gilbert a impressionné ses contemporains à un très haut degré et rencontré tant d'élèves dévoués et empressés à continuer son entreprise. Comme Jean de Salisbury, ils le placèrent au-dessus de tous ses contemporains. Il est aussi normal qu'une grande partie de sa doctrine ait trouvé place définitivement en théologie. C'est avec un accent de triomphe que, quinze ans à peine après le concile de Reims, Jean pouvait déclarer que, dans ce qui fut attaqué et condamné chez Gilbert comme nouveauté profane et sans valeur, l'essentiel était devenu doctrine commune des écoles [1].

---

[1] *Historia Pontificalis*, c. 8 (édit. POOLE, p. 18).

CHAPITRE II

LES ŒUVRES

Sommaire. — I. Les œuvres de Gilbert suivant la liste de l'*Histoire littéraire de la France*. — II. Ouvrages exégétiques attribués à Gilbert : *Quaestiones in totam sacram Scripturam, Glossa super psalterium, Glossa in Jeremiam, Sermones super Canticum canticorum, Glosulae super Mattheum, Notae super Joannem, Glossa super Acta Apostolorum, Glossa in epistolas Sancti Pauli, Glossa in Apocalypsim*. — III. Les œuvres théologiques : *Commentum super Boethium, Prosa de Trinitate. De discretione animae, spiritus et mentis, Expositio in Symbolum Athanasianum*. — IV. Ouvrages philosophiques : *Liber de sex principiis, Liber de causis*. — V. Lettres et sermons.

Déjà en 1872, Hauréau disait de Gilbert : « Nous avons reconnu dans ce docteur le plus éminent logicien qu'ait possédé l'école réaliste au XIIe siècle, le plus profond, le plus exercé, le plus avancé (nous nous servons à dessein de ce terme) des métaphysiciens de l'une et de l'autre école »[1]. Depuis lors l'estime accordée à la valeur doctrinale de Gilbert n'a pas diminué. Haring, le spécialiste des théories porrétaines a même écrit : « Compared to Gilbert, Abelard was not much more than a skilful compiler and analyser of texts »[2]. Ce jugement, sans doute trop sévère pour Abélard, montre que les historiens modernes se rallient aux louanges des contemporains de Gilbert, en le considérant aux côtés d'Abélard comme une des plus grandes figures du XIIe siècle.

Malgré l'importance de Gilbert dans l'histoire de la théologie scolastique, il fallut attendre ces dernières années pour qu'une édition correcte de ses commentaires de Boèce ait vu le jour. Jusqu'alors, il fallait se contenter du texte très défectueux de l'édition de Migne, heureusement amélioré par les corrections

---

[1] B. HAURÉAU, *Histoire de la philosophie scolastique*, Paris, 1872, p. 470.
[2] N. M. HARING, *The Case of Gilbert de la Porrée, Bishop of Poitiers*, dans *Mediaeval Studies*, t. XIII, 1951, p. 2.

de Silvain [1]. La lacune fut comblée par Haring dans son édition critique de tous les commentaires de Gilbert sur Boèce, dispersée malheureusement dans plusieurs revues [2]. Les grandes gloses sur le Psautier et sur les épîtres de saint Paul, conservées dans un nombre imposant de manuscrits, ne sont pas encore éditées.

I

La seule liste complète des œuvres attribuées à Gilbert est celle qui fut dressée par les auteurs de l'*Histoire littéraire de la France*. La voici, avec toutes ses fautes et ses inexactitudes. Elle commence avec les ouvrages dont les auteurs avaient pu trouver des éditions imprimées :

1. Les commentaires sur les livres *De Trinitate* de Boèce, parus dans l'édition des œuvres de Boèce à Bâle, 1470.

2. La lettre *ad Mattheum abbatem S. Florentii Salmuriensis*, dont trois éditions sont citées : dans les notes de Dom d'Achéry sur Guibert de Nogent (cfr *Migne*, PL, CLVI), dans le premier tome du *Thesaurus novus Anecdotorum* (Paris, 1717) de Dom Martène, dans le sixième volume des *Annales Bénédictines* (Paris, 1739).

3. Le *Liber de sex principiis*, dont les auteurs ne citent pas d'édition.

4. Un commentaire sur l'Apocalypse, dont la *Praefatio* se trouve en tête des *Postillae* de Nicolas de Lyre sur ce livre, et le corps de l'ouvrage dans une compilation de différents textes sur l'Apocalypse, publiée à Paris en 1512.

5. Un commentaire sur les psaumes, tiré des anciens docteurs. Les auteurs de l'*Histoire littéraire* ont vainement cherché

---

[1] R. SILVAIN, *Le texte des commentaires sur Boèce de Gilbert de la Porrée*, dans *Archives d'Histoire doctrinale et littéraire du Moyen Âge*, t. XV, 1946, p. 175-189.
[2] N. M. HARING, *The commentaries of Gilbert, Bishop of Poitiers (1142-1154), on the two Boethian Opuscula sacra on the Holy Trinity*, dans *Nine Mediaeval Thinkers. A Collection of hitherto unedited texts*, Toronto, 1955, p. 23-98 ; ID., *The commentaries of Gilbert of Poitiers on Boethius' De hebdomadibus*, dans *Traditio*, t. IX, 1953, p. 177-211 ; ID., *The commentary of Gilbert, Bishop of Poitiers, on Boethius' Contra Eutychen et Nestorium*, dans *Archives d'Histoire doctrinale et littéraire du Moyen Âge*, t. XXI, 1954, p. 241-357.

un exemplaire de l'édition de 1527 signalée par Lipsenius (Bibliotheca theologica, t. II, 1685 p. 585). Ils reconnaissent cependant qu'il a été conservé dans de nombreux manuscrits.

La liste continue avec les ouvrages inédits de Gilbert :

1. *Diversae quaestiones in sacram scripturam.* L'*Histoire littéraire* renvoie à deux manuscrits, resp. de l'abbaye de Saint-Ouen de Rouen et de celle de Saint-Bertin. Elle emprunte cette information à Martène (*Thesaurus novus anecdotorum*, t. III, Paris, 1717, p. 662).

2. Des gloses sur Jérémie, dont la Bibliothèque du Roi contient deux exemplaires (les nos. 148 et 278).

3. Des gloses sur le Cantique des Cantiques, conservées dans un manuscrit de la Bibliothèque publique d'Utrecht. L'*Histoire littéraire* se réfère à SANDERUS, *Bibliotheca belgica manuscripta*, t. II, Lille, 1641, p. 85.

4. Des gloses sur l'Évangile de saint Jean, connues par le seul témoignage de Henri de Gand.

5. Des gloses sur les épîtres de saint Paul, conservées dans de nombreux manuscrits dont aucun, d'ailleurs, n'est cité par l'*Histoire littéraire*.

6. Un commentaire sur le *De duabus naturis in Christo* de Boèce, écrit avant le concile de Reims (1148) et examiné sur l'ordre du Pape par le moine Godescalc.

7. Un commentaire sur l'écrit attribué à Mercure Trismégiste : *De hebdomadibus seu de dignitate theologiae.*

8. Le *Liber de causis*, conservé à la bibliothèque de l'abbaye des Dunes. Cet écrit est attribué à Gilbert sur la foi de Sanderus, *op. cit.*, t. I, p. 199.

9. L'*Histoire littéraire* cite encore la notice de C. Oudin (*Commentarius de scriptoribus ecclesiae antiquae*, t. II, Leipzig, 1722, p. 1286), disant que Gilbert aurait écrit un traité en forme sur la Trinité, conservé dans un manuscrit de la Bibliothèque des Carmes Déchaussés de Paris. Ce manuscrit ayant disparu, les auteurs de l'*Histoire littéraire* supposent qu'il s'agit d'un exemplaire du commentaire sur Boèce.

10. *Glosulae super Mattheum*, attribuées à Gilbert de la Porrée par un manuscrit de la fin du XIIe siècle, appartenant à

la bibliothèque de Saint-Ouen de Rouen. Cependant, un manuscrit de l'abbaye de Saint-Germer signale Geoffroy Babion comme l'auteur de cet ouvrage, ce qui est confirmé par un manuscrit de Cîteaux qui porte le titre : *Gaufredi Babionis super Mattheum*. Il s'agit d'un ouvrage en 80 chapitres avec l'*incipit* : *Dominus ac redemptor noster ad commendationem...*, et l'*explicit* : *Christum meruerint habere mansorem in sui cordis hospitio*.

11. Se basant de bonne foi sur un texte d'Othon de Freising (*Gesta Friderici Imp.*, libr. I, c. LII, MGH.SS, t. XX, p. 379), l'*Histoire littéraire* assigne à Gilbert une prose rimée sur la Trinité. Jusqu'ici cet écrit est resté introuvable.

12. Aucune trace non plus des *Sermones*, cités par Pierre de Celles et qu'il disait apprécier à l'égal de ceux de saint Bernard.

Cette liste dressée dans l'*Histoire littéraire*[1] est reproduite, avec quelques corrections, par Berthaud[2] et Clerval[3]. Ils reconnaissent l'unité des quatre commentaires sur Boèce, mentionnés séparément par l'*Histoire littéraire* (n. 1 des ouvrages imprimés, nn. 6 et 7 des inédits), rejettent toutefois l'authenticité des *Diversae quaestiones in totam sacram scripturam* et du traité en forme sur la Trinité. Les gloses sur le Cantique des Cantiques et les Sermons cités par Pierre de Celles sont catalogués sous le titre de *Sermones in Canticum Canticorum*. Les études récentes sur la doctrine de Gilbert ne font aucun examen critique de cette première liste et se limitent à l'étude des œuvres principales, à savoir les gloses sur le Psautier et sur les Épîtres de saint Paul, et les commentaires sur Boèce[4].

---

[1] T. XII, p. 486 s.

[2] A. BERTHAUD, *Gilbert de la Porrée, évêque de Poitiers, et sa philosophie*, Poitiers, 1892, p. 319.

[3] A. CLERVAL, *Les écoles de Chartres au Moyen Âge du Ve au XVIe siècle*, Paris, 1895, p. 168.

[4] Voir par ex. M. GRABMANN, *Geschichte der scholastischen Methode*, t. II, Fribourg, 1911, p. 414 ; A. HAYEN, *Le Concile de Reims et l'erreur théologique de Gilbert de la Porrée*, dans *Archives d'Histoire doctrinale et littéraire du Moyen Âge*, t. X, 1935/36, p. 92 ; A. LANDGRAF, *Einführung in die Geschichte der theologischen Literatur der Frühscholastik*, Ratisbonne, 1948, p. 79 ; M. E. WILLIAMS, *The Teaching of Gilbert Porreta on the Trinity as found in his commentaries on Boethius*, Rome, 1951 ; N. M. HARING, *The Case of Gilbert de la Porrée*, dans *Mediaeval Studies*, t. XIII, 1951, p. 1 ; S. GAMMERSBACH, *Gilbert von Poitiers und seine Prozesse im Urteil der Zeitgenossen*, Cologne, 1959, p. 21-29.

Nous examinerons en quatre paragraphes la tradition concernant la production littéraire de Gilbert : les œuvres exégétiques, les écrits de théologie spéculative et de philosophie, les lettres et les sermons.

II

ŒUVRES EXÉGÉTIQUES.

1. *Quaestiones in sacram scripturam.* A la bibliothéque publique de Saint-Omer, où la plupart des manuscrits de l'abbaye de Saint-Ouen ont été transférés, il n'existe aucun codex de *Quaestiones* portant le nom de Gilbert de la Porrée. On y trouve seulement sous le n. 288, du XVe siècle, les *Instructiones domini Gileberti episcopi Pictavensis circa divinum officium*. La bibliothèque n'offre pas de trace non plus de commentaires sur toute l'Écriture sainte, ni gloses, ni questions, qui répondent à la dénomination de *Quaestiones*. Nos recherches à la bibliothèque de Rouen restèrent vaines. Dom Martène a publié la chronique de l'abbaye de Saint-Bertin, et on y trouve l'éloge de l'abbé Godescalc faisant copier, au profit de la bibliothèque de l'abbaye, un ouvrage de Hugues de Saint-Victor, les Sentences de Pierre Lombard et une « *Glossa magistri Gilleberti* ». Cette indication ne justifie pas l'affirmation de l'*Histoire littéraire*. Le titre de *glossa* peut tout aussi bien se rapporter à l'une de ces gloses de Gilbert sur le psautier ou sur saint Paul, dont plusieurs exemplaires sont conservés dans les bibliothèques du Nord-Ouest de la France. En outre, il n'est nullement certain qu'il s'agit, dans le titre donné par la Chronique, de l'évêque de Poitiers, sachant en effet qu'un autre Gilbert, surnommé l'Universel, composa des gloses fort répandues sur diverses parties de la Bible [1]. Enfin, le titre de *quaestiones* semble viser une œuvre qui se situerait à un stade plus avancé d'élaboration que celui des *glossae*. Plus personnelles que celles-ci, des *quaestiones* devraient porter l'empreinte des particularités doctrinales de Gilbert. Dès lors, comment expliquer qu'aucun des auteurs contemporains ou postérieurs, adversaires ou défenseurs de l'évêque, n'ait attiré l'attention sur cet ouvrage ?

---

[1] B. SMALLEY, *Gilbertus Universalis, Bishop of London (1128-34), and the Problem of the « Glossa ordinaria »*, dans *Recherches de théol. anc. et médiév.*, t. VII, 1935, p. 261.

Ces motifs ont amené Berthaud et Clerval, et à leur suite les auteurs modernes, à rayer cet écrit de la liste des œuvres authentiques.

2. *Glossa super psalterium*, cataloguée dans l'*Histoire littéraire* sous le titre de commentaire sur les psaumes. L'authenticité de cette œuvre est inattaquable. Elle commence par les mots : *Christus integer caput cum membris est materia huius libri*. L'*incipit* de la glose sur le premier psaume est le suivant : *Huic psalmo non est ausus Ezras apponere titulum*. Et l'*explicit* de toute la glose : ... *totam istam harmoniam spiritualiter volens intelligi, ita concludit : omnis spiritus laudet dominum* [1].

Denifle [2] cite les manuscrits suivants de cette glose : Paris, Bibl. Nat. lat. 439, 12004, 14418, 14419, Bibl. Mazarine, 202, 203, 204, 979, Rouen 118, Valenciennes 44, Amiens 46, Reims 145, Tours 93, Bourges 56, Florence, Laurenz. S. Crucis Plut. VII, dex. cod. 9, Rome, Vat. lat. 89. Landgraf [3] y ajoute encore : Rome, Vat. Barb. lat. 486, Arras lat. 120, Cambridge, Queens College 5, 6, Lisbonne, Bibl. nat. cod. Alcobac. 58/436, 97/178, Paris, Nat. lat. 456, 2577, Milan, Ambros. F. 97 sup. Ajoutons-y Dyon 33 (15), du XIIe siècle, provenant de l'abbaye de Cîteaux. Parmi les manuscrits parisiens cités et utilisés pour cette étude, les suivants sont complets : Nat. lat. 439, 979 (ce dernier avec pagination un peu embrouillée : par une erreur du copiste le fol. 99 est numéroté 59 et ainsi de suite), Mazar. lat. 202. Sont incomplets : Nat. lat. 456 (jusqu'au ps. 62), 2577 (débute au ps. 101), Mazar. lat. 203 (jusqu'au ps. 101, verset : *in via virtutis suae*, après quoi commence la glose de Pierre Lombard, comme indiqué en marge : *hucusque glossa Gilleberti, exinde Lombardi*, puis à partir du ps. 102 la glose de Gilbert reprend à nouveau). Le grand nombre de ces manuscrits prouve la diffusion de cette glose dans les principaux centres théologiques de l'Europe [4].

---

[1] Il est important de noter que l'*incipit* du prologue n'est pas toujours un argument décisif pour prouver l'authenticité de la glose. Le Catalogue des mss. de la Bibliothèque de l'Arsenal à Paris attribue, par exemple, sur la foi de l'*incipit*, le cod. 487 à Gilbert. Le premier prologue de la glose est, en effet, de la main de Gilbert. La glose même est cependant d'un autre auteur qui a puisé largement dans la glose de Gilbert.

[2] H. Denifle, *Die abendländische Schriftausleger bis Luther*, Mayence, 1905, p. 359-360.

[3] A. Landgraf, *Einführung in die Geschichte der theologischen Literatur der Frühscholastik*, Ratisbonne, 1948, p. 79 s.

[4] Voir aussi F. Stegmüller, *Repertorium biblicum Medii Aevi*, t. II, *Commentaria*, Madrid, 1950, p. 345, n. 2511.

La question d'authenticité est facile à résoudre. Jean de Salisbury, le *Planctus Laurentii*, Geoffroy d'Auxerre, la Chronique d'Albéric, Robert de Monte et la *Commendatio* anonyme, démontrent l'existence d'une glose de Gilbert sur le psautier [1]. Des manuscrits confirment ce témoignage des auteurs contemporains, bien renseignés pour la plupart sur la production littéraire de Gilbert. Parmi les manuscrits parisiens, le cod. 2577 de la Bibliothèque nationale, fol. 71 v., attribue formellement cette glose à maître Gilbert, évêque de Poitiers : *Expliciunt glosae magistri Gisleberti Pictavensis episcopi* ; de même le cod. 12004 : *Incipit liber hymnorum vel soliloquiorum David prophetae, glosatus a magistro Gileberto Pictavensi episcopo*. Le même nom d'auteur a été ajouté dans les manuscrits de Valenciennes, no. 44, et de Paris, Maz. lat. 203. Les autres manuscrits que nous avons pu consulter personnellement sont tous anonymes.

Par conséquent, cette tradition positivement axée sur Gilbert, remontant à son époque et ne rencontrant aucune contradiction, désarme toute méfiance.

Le codex XXXVI du Balliol College à Oxford précise la date de composition. D'après son *explicit*, Gilbert composa la glose durant son séjour à Laon, au temps de maître Anselme, donc avant 1117 [2]. Ce renseignement n'est pas invraisemblable, mais il ne signifie pas que la glose était complètement achevée à cette date. Gilbert y a probablement encore travaillé, étant déjà écolâtre à la cathédrale de Poitiers. On ne possède aucune autre indication externe sur la date de composition [3]. Toutefois, le caractère de l'ouvrage, sa méthode et son contenu, permettent de le reporter à l'École de Laon. Gilbert a pratiquement incorporé à son œuvre tout ce que la *Glossa ordinaria* lui offrait. Sans une

---

[1] *Planctus Laurentii* (édit. *Recueil des historiens des Gaules et de la France*, t. XIV, p. 379) ; JEAN DE SALISBURY, *Historia Pontificalis*, c. 10 (édit. POOLE, p. 23) ; GEOFFROY D'AUXERRE, *Epistola ad Albinum* (PL CLXXXV, 592 C) ; *Chronique d'Albéric* (MGH.SS, t. XXIII, p. 84) ; *Chronique de Robert de Monte* (MGH.SS, t. VI, p. 504) ; *Commendatio Gilberti* (édit. J. LECLERCQ, *L'éloge funèbre de Gilbert de la Porrée*, dans *Archives d'Histoire doctrinale et littéraire du Moyen Âge*, t. XIX, 1952, p. 184).

[2] Voir, p. 23, n. 1.

[3] Dans la *Chronique de Robert d'Auxerre* (citée par B. SMALLEY, *Gilbertus Universalis, Bishop of London, and the Problem of the Glossa Ordinaria*, dans *Recherches de théol. anc. et médiév.*, t. VIII, 1936, p. 31) les gloses sur le psautier et sur les épîtres de saint Paul sont placées entre les gloses d'Anselme de Laon et celles de Pierre Lombard.

meilleure connaissance de la *Glossa ordinaria*, il n'est pas possible de déterminer exactement les relations entre les deux gloses. Le texte corrompu de la *Glossa ordinaria*, édité par Migne, ne peut certes fournir un point d'appui suffisant. On constate pourtant une différence frappante entre cette œuvre de Gilbert et les gloses de l'École de Laon. Alors que la *Glossa ordinaria* et les autres gloses du même genre sont interlinéaires et marginales, celui de Gilbert présente un texte continu. Dans quelques manuscrits, p. ex. le cod. 202 de la Bibliothèque Mazarine à Paris, le texte du psautier n'est plus donné séparément ; dans d'autres, comme dans le cod. 12004 de la Bibliothèque Nationale à Paris, il est placé dans une colonne intérieure pour faciliter la lecture. La glose de Gilbert se distingue encore des gloses laonnaises pour ce qui est de l'emploi de la documentation patristique : alors que dans ces dernières les textes patristiques sont cités littéralement, les citations de Gilbert sont rarement explicites ; il reprend la doctrine et les idées, mais cite rarement le texte littéral. En combinant et résumant les données traditionnelles, il fusionne ses propres interprétations et celles des Pères. Dans les manuscrits les noms des Pères sont parfois indiqués en marge. Il s'agit là d'ajoutes postérieures dues aux copistes, car les différences entre les manuscrits sont souvent considérables. Cassiodore et Remi d'Auxerre sont fréquemment mentionnés. Une étude approfondie de ces citations pourra vraisemblablement apporter quelque lumière sur l'origine de la *Glossa ordinaria*.

Cette œuvre de jeunesse comprend déjà quelques traits essentiels des écrits postérieurs, spécialement son expression très concise et son aversion manifeste pour la prolixité. Le procédé dialectique, visible dans les gloses sur saint Paul et pleinement développé dans les commentaires de Boèce, ne se manifeste pas encore dans cette glose qui n'annonce pas non plus les grandes thèses théologiques. Cette œuvre excite notre intérêt sous divers aspects. L'*incipit* cité indique la manière dont Gilbert veut étudier le psautier : il le considère comme un évangile prophétique où le Christ lui-même parle par la personne du psalmiste. Ne peut-on y voir comme l'écho de la *theoria* de l'École d'Antioche ? Cela nous ouvrirait des perspectives intéressantes sur les sources de l'éxégèse médiévale. Et ne contient-elle pas, sous ce rapport, une ressemblance étonnante avec les gloses des maîtres de la haute scolastique ? Entrer dans ces questions nous conduirait trop loin [1].

3. *Glose sur le prophète Jérémie*. La troisième œuvre inédite citée par l'*Histoire littéraire* est une glose sur le prophète Jérémie, conservée, dit-on, dans deux manuscrits de la Bibliothèque du Roi, les nos. 148 et 278. Cette attribution est reprise par Vernet et Gammersbach [2] et par Spicq [3] citant aussi le cod. 2578 de la Bibliothèque nationale à Paris.

Des manuscrits cités, le n. 278 est un simple codex des Évangiles et n'a rien à voir ici. S'agit-il d'une erreur de numérotation dans l'*Histoire littéraire* et faut-il identifier le n. 278 avec le n. 2578 cité par Spicq ? Celui-ci contient, en effet, une glose sur les lamentations de Jérémie. Or, d'après l'*explicit*, l'auteur en est Gilbert l'Universel : ... *de patrum fontibus hausi ego Giselbertus Antissiodorensis ecclesiae diaconus*. Le codex 148 de la Bibliothèque nationale à Paris, de même que le manuscrit n. 108 d'Évreux et le manuscrit n. 80 d'Alençon nous donnent la même information. Les recherches savantes de Miss Smalley, compétente historienne de la *Glossa ordinaria*, attribuent formellement à Gilbert l'Universel la paternité de cette glose sur Jérémie, une des parties de la *Glossa ordinaria* [4]. Nous la rayons donc de la liste des œuvres authentiques de Gilbert de la Porrée.

4. *Gloses sur le Cantique des cantiques*. La liste de l'*Histoire littéraire* reprend sous différents numéros : des gloses sur le Cantique des Cantiques, et des Sermons comparés par Pierre de Celles à ceux de saint Bernard. Berthaud [5] et Clerval [6] ne

---

[1] Pour une analyse rapide de cet ouvrage, voir notre étude : *Gilbert Porreta als glossator van het psalterium*, dans *Jubileumbundel Prof. Mag. Dr. G. Kreling*, Nimègue, 1953, p. 286-303.

[2] Art. GILBERT DE LA PORRÉE, dans *Dictionn. de théol. cathol.*, t. VI, 2, c. 1352 ; S. GAMMERSBACH, *Gilbert von Poitiers und seine Prozesse im Urteil der Zeitgenossen*, Cologne, 1959, p. 25.

[3] *Esquisse d'une histoire de l'exégèse latine au Moyen Âge* (Bibl. thomiste, t. 26, Paris, 1944, p. 124).

[4] B. SMALLEY, *La Glossa ordinaria. Quelques prédécesseurs d'Anselme de Laon*, dans *Recherches de théol. anc. et médiév.*, t. IX, 1937, p. 365, n. 2.

[5] A. BERTHAUD, *Gilbert de la Porrée, évêque de Poitiers, et sa philosophie*, Poitiers, 1892, p. 319.

[6] A. CLERVAL, *Les Écoles de Chartres*, p. 168.

font plus cette distinction entre gloses et sermons et parlent simplement de *Sermones super Canticum canticorum*. L'article de Vernet sur Gilbert fait état des sermons attestés par Pierre de Celles, mais non de la glose sur le Cantique. A la fin de l'article, dans la liste des œuvres imprimées, est signalée une édition des *Sermones super Canticum canticorum*, imprimée à Strasbourg en 1497[1]. S'agit-il de l'ouvrage dont parle Pierre de Celles ? Dans son *Esquisse*, Spicq[2] reconnaît également à Gilbert Porreta des sermons sur le Cantique des cantiques et renvoie pour le texte à l'édition de Strasbourg en 1497.

Ces *Sermones super Canticum canticorum* furent, en effet, imprimés par Martin Flach à Strasbourg en 1497. L'incunable est conservé dans plusieurs bibliothèques, entre autres dans la Bibliothèque Nationale de Paris, n. 1396 et 1397, Lyon, n. 108, Bruxelles, Bibliothèque Royale, n. B. 738 et B. 739[3]. Une édition de Florence datant de 1485 précéda celle de Flach. On en trouve l'incunable dans la Bibliothèque Nationale à Paris, n. D. 617, dans celle de Reims, n. I. 1656, et dans plusieurs bibliothèques belges, par exemple dans la Bibliothèque Royale à Bruxelles, n. B. 866[4]. Les éditeurs ont publié ces sermons, avec ceux de saint Bernard sur le même Cantique, désignant comme auteur un certain *Gilibertus*. Les excellents catalogues modernes des incunables français et belges, ainsi que le catalogue de Hain[5], identifient ce Gilbert avec Gilbert de Hoylandia (de Hollande), abbé du couvent cistercien de Swineshead en 1163 et mort en 1172. Dans l'édition de Migne (PL, CLXXXIV, 119), identique nom d'auteur pour cette œuvre.

Spicq augmente la confusion. Parlant d'abord d'un certain nombre de sermons sur le Cantique des Cantiques comme faisant

---

[1] Art. *Gilbert de la Porrée*, dans *Dictionn. de théol. cath.*, t. VI, 2, c. 1352 et 1357.

[2] C. Spicq, *op. cit.*, p. 124. Attribution reprise par S. Gammersbach, *op. cit.*, p. 24.

[3] M. Pellechet, *Catalogue général des incunables des bibliothèques publiques de France*, t. I, Paris, 1897-1909, p. 512, n. 2098 ; L. Polain, *Catalogue des livres imprimés au quinzième siècle des bibliothèques de Belgique*, t. I, Bruxelles, p. 365, n. 607.

[4] M. Pellechet, *op. cit.*, t. III, p. 593, n. 5265 et 5265 A ; L. Polain, *op. cit.*, t. II, p. 276, n. 1660.

[5] L. Hain, *Repertorium bibliographicum in quo libri omnes ab arte typographica inventa usque ad annum MD ... recensentur* (édit. Gürlich, Milan, 1948, vol. I, pars I, p. 373, n. 2859, pars II, p. 482, n. 7773).

suite à ceux de saint Bernard sur le même thème, il les attribue au moine cistercien et renvoie pour le texte à l'édition de Migne (PL, CLXXXIV). Plus loin il renvoie à l'édition de Strasbourg de 1497 [1] pour les Sermons sur le Cantique des Cantiques de Gilbert Porreta. S'il avait comparé les deux éditions, il se serait aperçu qu'elles reproduisent une seule et même œuvre : une série de 48 sermons introduits par : *Varii sunt amantium affectus..* et terminés par ... *qui approximat illi, approximat igni*.

Le contenu de ces Sermons — car il s'agit bien de sermons proprement dits et non de gloses — exclut toute attribution à Gilbert Porreta. Ils interprètent, en effet, les chapitres 3-5 du Cantique et se donnent comme complément des sermons de saint Bernard qui n'avait expliqué que les deux premiers chapitres. On le comprend de la part d'un moine cistercien vivant dans le souvenir glorieux de la figure la plus illustre de son Ordre. De la part de Gilbert Porreta qui ne fut jamais un grand ami de saint Bernard, surtout pas après le concile de Reims, cela est fort peu probable [2].

Ce qui n'exclut pourtant pas que Gilbert ait prononcé des sermons sur le Cantique des Cantiques. L'*Histoire littéraire* en appelle d'abord à une lettre écrite par Pierre de Celles [3], alors abbé de Saint-Remi à Reims (1162-1180), à un moine inconnu de Saint-Bertin désireux de posséder la collection complète de ses sermons dispersés un peu partout. Pierre lui répond que ses sermons ne valent pas tant de peine surtout pour qui dispose des sermons de saint Augustin, de Grégoire et de tant d'autres Pères ! Et d'ajouter : « si vous préférez des ouvrages plus récents, il y a les écrits *(scripta)* de maître Hugues, de saint Bernard, de maître Gilbert et de maître Pierre » [4]. L'interprétation de ce passage, proposée par l'*Histoire littéraire*, ne s'impose nullement. Étant donné les rapports d'amitié de Pierre de Celles avec Jean de Salisbury, disciple avoué du Porrétain, [5] il est plus vraisemblable que « maître Gilbert » dont parle l'abbé de Saint-Remi, désigne

---

[1] C. Spicq, *op. cit.*, p. 119 et 124.
[2] *Historia Pontificalis*, c. 12 (édit. Poole, p. 27).
[3] *Epistola* CLXVII (VII, 19) (PL, CCII, 610).
[4] *Ibid.* 610 B : « Si nova placent, ecce magistri Hugonis, ecce sancti Bernardi, ecce magistri Gilleberti et magistri Petri scripta, in quibus nec rosae nec lilia desunt ».
[5] Voir leur correspondance ; les lettres de Pierre de Celles dans PL, CCII, 513 ss, les lettres de Jean de Salisbury dans PL, CXCIX.

l'évêque de Poitiers plutôt que Gilbert l'Universel ou un autre Gilbert. A notre connaissance, aucune source n'attribue à Gilbert Porreta des sermons, en dehors du *Sermo de natali Domini* dont il sera question plus loin. Et on doit remarquer que Pierre de Celles renvoie le moine de Saint-Bertin aux *scripta* de Gilbert. Ce terme désigne, croyons-nous, les ouvrages exégétiques de Gilbert qui, à certains égards, ressemblent aux sermonnaires recherchés par le correspondant de Pierre de Celles.

Reste le manuscrit de la Bibliothèque publique d'Utrecht, cité par l'*Histoire littéraire* qui emprunte cette information à la *Bibliotheca belgica* de Sandérus. Malheureusement Sandérus reprit ici une attribution, erronée, inscrite au manuscrit sur la foi de l'ancien catalogue de la bibliothèque d'Utrecht. Le manuscrit ne contient que les Sermons sur le Cantique des Cantiques dont nous avons parlé plus haut et la deuxième partie du catalogue a bien fait en les attribuant à Gilbert de Hoylandia. Il faut en conclure qu'aucune œuvre sur le Cantique des Cantiques, ni sermons, ni gloses, appartient aux œuvres authentiques de Gilbert Porreta.

5. *Glosulae super Mattheum.* L'*Histoire littéraire* prétend que la bibliothèque de Saint-Ouen à Rouen fut en possession d'un manuscrit contenant une glose sur l'Évangile de saint Mathieu avec l'*incipit* : *Dominus ac redemptor noster ad commendationem...*, portant dans le titre le nom de Gilbert de la Porrée : *Magistri Gisleberti porretani glosulae super Mattheum*. Deux autres manuscrits, plus récents il est vrai, l'un à l'abbaye de Saint-Germer et l'autre à Clairvaux, déclarent que cette glose est de Geoffroy Babion. C'est pourquoi l'*Histoire littéraire* hésite à se prononcer sur la paternité de cette glose.

Berthaud[1] et Clerval[2] sont persuadés de se trouver devant une œuvre authentique de Gilbert. Vernet[3], plus prudent, y ajoute un « peut-être » ; Spicq ne montre guère de réserve et renvoie pour le texte au cod. 624 de la Bibliothèque nationale à Paris[4].

Récemment, la reprise des débats sur cette glose, conservée dans plusieurs manuscrits cités par Hauréau, roula sur sa

---

[1] A. BERTHAUD, *Gilbert de la Porrée*, p. 319.
[2] A. CLERVAL, *Les Écoles de Chartres*, p. 168.
[3] Art. *Gilbert de la Porrée*, dans *Dictionn. de théol. cath.*, t. VI, 2, c. 1352.
[4] C. SPICQ, *op. cit.*, p. 124.

relation avec le texte imprimé par Migne sous le nom d'Anselme de Laon. Point n'est besoin de suivre en détail ces discussions puisque le nom de Gilbert ne figure plus parmi les hypothèses émises par les érudits [1], et nul indice positif ne nous invite à l'y mêler de nouveau. Nous n'avons pas retrouvé le manuscrit cité par l'*Histoire littéraire*, et les attributions faites par les auteurs susnommés ne sont pas le résultat d'une recherche indépendante. Enfin, forme, style, contenu, rien ne rappelle, ni de près ni de loin, le théologien de Chartres.

6. *Notae super Joannem.* Parmi les œuvres inédites de Gilbert, l'*Histoire littéraire* nomme une glose sur l'Évangile de saint Jean, signalant que cet écrit n'est connu que de Henri de Gand.

L'auteur anonyme d'un supplément au *De viris illustribus* de Sigebert de Gembloux (publié par Miraeus comme appendice au *Catalogus virorum illustrium* [2] de ps. Henri de Gand = Henri de Bruxelles, mort après 1270), désigne Gilbert de la Porrée comme l'auteur d'une glose continue sur le psautier, les épîtres de saint Paul et l'Évangile de saint Jean. Ce témoignage est important : à la fin de son recueil se terminant par Clarembault d'Arras et Pierre Lombard, l'écrivain se présente en chroniqueur du milieu du XIIe siècle et chaleureux partisan de Gilbert dont il vante la ferme et victorieuse défense devant le concile de Reims. De toute évidence la production littéraire de Gilbert devait lui être connue.

---

[1] Cfr B. Hauréau, *Revue de G. Lefèvre, De Anselmo laudunensi scholastico*, dans *Journal des Savants*, 1895, p. 448. Voir aussi ses *Notices et extraits*, t. 31, 2, Paris, 1886, p. 141-144 ; *Histoire littéraire de la France*, t. X, p. 182 ; H. H. Glunz, *History of the Vulgate in England from Alcuin to Roger Bacon. Being an Inquiry into the Text of some English Manuscripts of the Vulgate Gospels*, Cambridge, 1933, p. 316-322 ; F. Bliemetzrieder, *Anselms von Laon systematische Sentenzen* (Beiträge zur Geschichte der Philosophie und Theologie des Mittelalters, t. XVIII, fasc. 2-3, Munster, 1919, p. 26) ; B. Smalley, *Gilbertus Universalis*, dans *Recherches de théol. anc. et médiév.*, t. VIII, 1936, p. 39 ; A. Wilmart, *Un commentaire des psaumes restitué à Anselme de Laon*, ibid., p. 337 ; O. Lottin, *Nouveaux fragments théologiques de l'école d'Anselme de Laon*, ibid., t. XII, 1940, p. 51, n. 8 ; W. Lampen, *De sermonibus Gaufredi Babionis, scholastici Andegavensis*, dans *Antonianum*, t. XIX, 1944, p. 145-158 ; J. Leclercq, *Le commentaire du Cantique des cantiques attribué à Anselme de Laon*, dans *Recherches de théol. anc. et médiév.*, t. XVI, 1949, p. 31. Voir aussi A. Landgraf, *Einführung in die Geschichte der theologischen Literatur der Frühscholastik*, Ratisbonne, 1948, p. 58.

[2] A. Miraeus, *Bibliotheca ecclesiastica*, Anvers, 1639, t. I, p. 174.

Nulle part ailleurs les historiens de Gilbert appellent l'attention sur cette courte notice. Berthaud et Clerval autant que Spicq, Hayen et Landgraf, semblent ignorer l'existence de cet ouvrage. Vernet le cite, tout en doutant de son authenticité [1].

Récemment, Miss Eleanor Rathbone découvrit, dans le cod. 300 du Lambeth Palace à Londres, le fragment d'une glose continue sur l'Évangile de saint Jean. Le copiste y ajouta un nom d'auteur : *Gilb(ertus)* [2]. Le codex est un assemblage de divers ouvrages, écrits de différentes mains. Le fragment couvre un folio et demi resté libre à la suite d'un commentaire sur saint Jean. Il commente presque tout le prologue du quatrième Évangile, restant manifestement inachevé. Miss Rathbone estime contestable l'authenticité de ce fragment. Gilbert l'Universel, dont un grand nombre de gloses sur l'Écriture sainte nous sont parvenues, n'en serait-il pas l'écrivain ? Certains indices néanmoins font pencher Miss Rathbone pour la provenance de l'école porrétaine, p. ex. la formule « *unitas non unio* » et le recours aux analogies prises dans l'ordre naturel [3].

Nous ne pouvons apporter aucun nouvel argument pour ou contre l'authenticité de ce fragment, tout en accueillant favorablement l'interprétation de Miss Rathbone. Pour autant que l'analyse d'un petit fragment permette une conclusion, ce texte semble avoir été écrit dans la même tonalité que les autres œuvres de Gilbert. Il se rapproche bien plus des commentaires sur Boèce et de la glose sur l'Épitre aux Hébreux que de la glose sur le psautier. Le même style serré, à première vue un peu obscur, donne des distinctions claires et précises. La terminologie philosophique surtout fait songer aux commentaires sur Boèce. On y rencontre par exemple la formule *Filium Dei eumdem esse qui et Pater est* [4], pour décrire l'hérésie de Sabellius, l'emploi

---

[1] Art. *Gilbert de la Porrée*, dans *Dictionn. de théol. cath.*, t. VI, 2, c. 1352.

[2] E. RATHBONE, *Note super Johannem secundum magistrum Gilb(ertum)*, dans *Recherches de théol. anc. et médiév.*, t. XVIII, 1951, p. 205-210.

[3] Chenu paraît en être convaincu ; voir sa citation dans : *L'homme et la nature, perspectives sur la Renaissance du XIIe siècle*, dans *Archives d'Histoire doctrinale et littéraire du Moyen Âge*, t. XIX, 1952, p. 63.

[4] Cette formule n'est pas caractéristique pour Gilbert seul. On la retrouve chez plusieurs contemporains, peut-être inspirée par les mots de saint Ambroise, cités par GUILLAUME DE SAINT-THIERRY (*Disputatio adversus Abaelardum*, c. 2, PL, CLXXX, 253 D) : « non enim ipse Pater qui Filius ». Voir aussi HERMAN,

du *non est alius* pour rejeter toute distinction essentielle entre le Père et le Fils, l'usage du terme *diversus* pour désigner la pluralité des personnes divines. De plus, la distinction des « raisons » suivant lesquelles l'*auctoritas* est attribuée tant au Père qu'au Fils.

Aussi longtemps que des données nouvelles ne viennent garantir cette attribution, toutes ces indications ne sont certes pas décisives.

7. *Glossa super Acta Apostolorum.* Ni l'*Histoire littéraire* ni les critiques plus récents ne font allusion à cet ouvrage de Gilbert.

Une petite anecdote extraite par Miss Smalley [1] d'un texte d'Étienne Langton, lui laisse quelque chance d'authenticité. A l'occasion du commentaire de Paralip. IV, 2 : *et ipsum mare super duodecim boves impositum erat*, expression symbolisant dans les gloses des Actes le nombre des Apôtres, Étienne Langton prétend que Gilbert, dans son exposé des Actes, omit cette préfiguration et fut questionné à ce sujet :

> Super XII boves... de hoc sumpta est glosa in Actibus Apostolorum, que facit adaptationem misterio duodenarii numeri apostolorum, que dicit : hi sunt XII boves sub mari eneo. Super hoc requisitus Gilbertus Porrecarius (sic !) respondit se hanc historiam nunquam invenisse, et ita deceptus est, quia ad memoriam non reduxit hoc [2].

Voilà jusqu'à présent, l'unique indice ayant trait à cette glose sur les Actes, pour autant qu'il s'agisse d'une glose écrite.

8. *Glossa super epistolas sancti Pauli.* La glose sur les épîtres de saint Paul est la seconde des grandes gloses attribuées à Gilbert. Elle commence par les mots : *Sicut prophetae post legem, sic et apostoli post evangelium recte scripserunt.* L'*incipit* de la glose sur l'épître aux Romains : *More scribentium epistolas praemittit salutationem.* Et l'*explicit* : *... de Italia, hinc intelligitur a Roma scripsisse. Gratia sit cum omnibus vobis. Amen.*

---

abbé de saint Martin de Tournai (1127-1137), dans son *Tractatus de Incarnatione Jesu Christi Domini nostri* (PL, CLXXX, 12 C ; J. A. Fabricius, *Bibliotheca latina mediae et infimae latinitatis*, édit. Mansi, t. III, Pavie, 1754, p. 240).

[1] B. Smalley, *La glossa ordinaria. Quelques prédécesseurs d'Anselme de Laon*, dans *Recherches de théol. anc. et médiév.*, t. IX, 1937, p. 370.

[2] *In 2 Paralip., IV, 4*, dans cod. 14414 de la Bibliothèque Nationale à Paris, fol. 93ᵈ, cité par B. Smalley, art. cit., p. 370.

Denifle [1] cite, pour cette glose, les manuscrits suivants : Paris, Bibl. Nat. lat. 656, 2580, 2581, 12028, 12029, 14414, Bibl. de l'Arsenal lat. 61, Bibl. Mazarine lat. 258, Orléans, 86, Évreux, 84, Rouen, 149, Valenciennes, 89, Boulogne sur Mer, 24, Reims, 137, 138, Soissons, 79, 80, Troyes, 2266, Bordeaux, 62, Amiens, 84, Cambrai, 308, Bruges, 78, Oxford, Univ. Libr. 62, Magdalen Coll., 118, Leipzig, Univ. Bibl. 427, 428, Rome, Vat. lat. s. Petri, 61B, Florence, Bibl. Medic. Laurenz. S. Croce, Plut. XII, dext. cod. 2, Monte Cassino, 235, Cambridge, Univ. Libr. Kk. I. 21 (n. 1955), Bruxelles, Bibl. royale, 131. Landgraf [2] y ajoute : Arras, lat. 970, Londres, Brit. Mus. Royal 2 F I, Cambridge, S. John's Coll., 70. Florence, Bibl. Medic. Laurenz. Plut. XVI, cod. 33, Paris, Nat. lat. 2579, Troyes, 626. Pour la glose de l'épître aux Romains seule, on notera encore : Munich, Clm. 18206, Londres, Brit. Mus. Roy. 8 C V. Avec la glose d'Abélard sur l'épître aux Romains : Rome, Vat. lat. 242, fol. 75 [3].

Denifle établit de manière inébranlable l'attribution de cette glose à Gilbert Porreta [4]. Les recherches ultérieures n'ont pu infirmer cette affirmation. Rappelons les arguments principaux.

Anonymes pour la plupart, plusieurs manuscrits mentionnent sans spécifier le nom de Gilbert. Le cod. 242 de la Bibliothèque Vaticane porte le nom de l'auteur, écrit de la première main : *M. Gislebertus, Pictav. episcopus*. Au XIIIe siècle déjà, plusieurs propriétaires de manuscrits ajoutèrent au nom de l'auteur le surnom de *Porretanus*. Tel le manuscrit d'Évreux, tel celui de Rouen.

De nombreuses données externes forment la preuve que cet ouvrage sortit de la plume de Gilbert. D'après le *Planctus Laurentii* et l'*Historia Pontificalis* de Jean de Salisbury, il aurait composé une glose sur les épîtres de saint Paul, accessible à tous. La *Commendatio* anonyme la met au nombre des œuvres connues de Gilbert [5]. Non moins important est le témoignage de l'adver-

---

[1] H. DENIFLE, *Die abendländische Schriftausleger*, p. 30 s.

[2] A. LANDGRAF, *Einführung in die Geschichte der theologischen Literatur der Frühscholastik*, Ratisbonne, 1948, p. 80.

[3] Voir aussi F. STEGMÜLLER, *Repertorium biblicum medii aevi*, t. II. *Commentaria*, Madrid, 1950, p. 349 s, n. 2528.

[4] H. DENIFLE, *op. cit.*, p. 334 ss.

[5] *Planctus Laurentii* (édit. Recueil des historiens des Gaules et de la France, t. XIV, p. 379) ; *Historia Pontificalis*, c. 10 (édit. POOLE, p. 23) ; *Commendatio Gilberti* (édit. J. LECLERCQ, *L'éloge funèbre de Gilbert de la Porrée*, dans Archives d'Histoire doctrinale et littéraire du Moyen Âge, t. XIX, 1952, p. 184).

saire passionné de la doctrine porrétaine, Geoffroy d'Auxerre. Dans une lettre au cardinal Albinus sur les erreurs de Gilbert, il combat entre autres la théorie de ce dernier sur la filiation divine du Christ. Et, à l'appui de son accusation, il reprend une glose sur Phil. 2,9, extraite littéralement des manuscrits cités [1]. Dans son *Liber de novitatibus huius temporis*, composé entre 1155 et 1156, Gerhoh de Reichersberg s'était déjà opposé à cette doctrine. Il y parlait nommément de Gilbert « l'évêque » comme auteur de la théorie incriminée, en se referant à son commentaire de Phil. 2,9. Arno de Reichersberg approuva la sentence rendue par son frère, en appelant au même texte de Gilbert. Pour ces deux pourfendeurs d'hérétiques il s'agit bien de Gilbert Porreta, l'addition d'*episcopus* à son nom le met clairement en évidence [2].

L'authenticité de cette glose, établie de façon si inattaquable, s'était pourtant effacée au cours des siècles. Sur la première page du cod. 131 de la Bibliothèque royale à Bruxelles, une annotation datée du XVIe siècle soutient avec quelque réserve — nulle glose sur saint Paul n'étant retrouvée dans ses œuvres — qu'un évêque irlandais, Gilbert Lunicensis, en est l'auteur présumé [3].

Quelques catalogues récents décernent la glose à Gilbert, moine de Saint-Amand. Un manuscrit de la bibliothèque de cette abbaye, cité par Sandérus, paraît être à l'origine de cette désignation fautive [4]. De là, l'erreur passa à l'*Histoire littéraire* qui, en un autre endroit, laisse la glose au nom de Gilbert de la Porrée [5]. Dans le catalogue de Michelant [6], les deux gloses sur saint Paul conservées dans le cod. 24 de la bibliothèque de Boulogne-sur-Mer, furent attribuées à deux Gilberts distincts : la première portant l'*incipit* cité, à Gilbert de Saint-Amand, l'autre à Gilbert de la Porrée. Hauréau reprit cette attribution, déclarant fautive celle de plusieurs manuscrits attribuant à Gilbert Porreta la première glose avec l'*incipit*: *Sicut prophetae post legem*. Avec Michelant, il affirma que Gilbert de Saint-

---

[1] *Epistola ad Albinum* (PL, CLXXV, 592 D). Cfr H. Denifle, *op. cit.*, p. 340.
[2] Cité par H. Denifle, *op. cit.*, p. 340.
[3] Cfr R. M. Martin, *Le péché originel d'après Gilbert de la Porrée (1154) et son école*, dans *Revue d'histoire ecclésiastique*, t. XIII, 1912, p. 675, n. 1.
[4] A. Sanderus, *Bibliotheca belgica manuscripta*, t. I, Lille, 1641, p. 46.
[5] *Histoire littéraire de la France*, t. VIII, p. 342 ; cfr t. XII, p. 474.
[6] *Catalogue général des manuscrits des bibliothèques publiques des Départements*, t. IV, Paris, 1849-1885, p. 587.

Amand en était l'auteur [1]. L'autorité de Hauréau aidant, sa méprise s'infiltra dans la plupart des catalogues des bibliothèques françaises [2].

Denifle parvint enfin à démêler cette confusion. Un examen minutieux des manuscrits lui révéla que les attributions faites à Gilbert de Saint-Amand sont toutes basées sur une addition qui n'est pas antérieure au XVIe siècle et qui par conséquent ne peut infirmer l'ancienne tradition.

Pour fixer la date de composition de cette glose nous n'avons que peu de données. Dans sa polémique contre ce qu'il considère être une christologie hérétique, Gerhoh de Reichersberg attaqua à la fois Anselme de Laon, Gilbert Porreta et Pierre Lombard :

> magnos quippe magistros qui in suis glosis in apostolum falsitatem hanc inseruerunt, quorum praecipui sunt magister Anselmus et magister Gillibertus et novissime Petrus Lombardus [3].

Ce texte de Gerhoh est écrit entre 1141 et 1143. La glose du Lombard, composée peu après 1140, était donc pour lui une œuvre toute récente (*novissime*). L'énumération des auteurs suivie par Gerhoh semble suggérer que la glose de Gilbert serait rédigée à une date plus rapprochée de la divulgation de la glose anselmienne [4].

Une comparaison entre les deux grandes gloses de Gilbert, celle sur saint Paul et celle sur le Psautier, certainement antérieure à la première, démontre qu'un temps considérable s'est écoulé entre leur rédaction. La glose sur saint Paul, tout comme le commentaire du Psautier, fait partie de la tradition laonnaise et notamment de la *Glossa pro altercatione* d'Anselme lui-même. En ce qui concerne méthode et idées, elle dénote manifestement une œuvre plus personnelle. Les digressions sont devenues plus

---

[1] B. HAURÉAU, *Notices et extraits*, t. I, p. 70 ; cfr t. II, p. 55.

[2] Voir le *Catalogue de la Bibliothèque Mazarine*, t. I, Paris, 1885, p. 93 ; *Catalogue de la Bibliothèque de Cambrai*, Paris, 1891, p. 116 ; *Catalogue de la Bibliothèque d'Amiens*, Paris, 1893, p. 37 ; *Catalogue de la Bibliothèque de Reims*, t. I, Paris, 1904, p. 130 ; *Catalogue de la Bibliothèque royale de Bruxelles*, t. I, Bruxelles, 1901, p. 64,

[3] GERHOH DE REICHERSBERG, *Libellus de ordine donorum Sancti Spiritus* (MGH. *Libelli de lite*, t. III, p. 275).

[4] A. HAYEN, *Le Concile de Reims et l'erreur théologique de Gilbert de la Porrée*, dans *Archives d'Histoire doctrinale et littéraire du Moyen Âge*, t. X, 1935/36, p. 94. Voir aussi M. SIMON, *La glose de l'épître aux Romains de Gilbert de la Porrée*, dans *Rev. d'histoire ecclés.*, t. LII, 1957, p. 51-80.

nombreuses et se présentent sous forme de questions théologiques. Elles traitent surtout de la doctrine de Dieu et de l'Incarnation, matière de prédilection chez Gilbert pendant les dernières années de son professorat, comme le montre son œuvre principale [1]. Plus que dans sa première glose, il paraît tenir compte des théories de ses contemporains. Dans la glose sur Hébr. 11,1 par exemple, il semble prendre position contre la définition de la foi, donnée dans l'*Introductio* d'Abélard[2]. Et puisque les premiers livres de cette œuvre ont été écrits vers 1126 [3], il faut admettre cette date comme *terminus a quo* pour la composition de cette partie de la glose sur saint Paul. Le fait que le commentaire de l'épître aux Hébreux contient plusieurs exposés s'harmonisant parfaitement avec la doctrine controversée du commentaire sur Boèce, montre clairement que nous ne nous trouvons plus devant une œuvre de jeunesse. Enfin, le ton de cet écrit n'est plus celui d'un élève qui aime modeler sa doctrine sur l'enseignement de son professeur, mais plutôt celui d'un maître qui prend le droit de parler pour lui-même.

Pour ces raisons nous croyons serrer la vérité de près en proposant les environs de 1130 comme date de composition de cette glose.

9. *Glossa super Apocalypsim*. L'*Histoire littéraire* semble ignorer toute édition complète de cette œuvre. Elle a retrouvé la *Praefatio* éditée à la tête des *Postillae* de Nicolas de Lyre. Pour le corps de la glose, elle renvoie à une édition, parue à Paris en 1512 et groupant plusieurs commentateurs anciens de l'Apocalypse.

En termes précis Nicolas de Lyre attribue la *Praefatio* à Gilbert ; Hugues de Saint-Cher la considère comme une partie intégrante de la *Glossa ordinaria* [4]. Elle est insérée dans une édition plus récente de cette glose, parue à Anvers en 1643.

Berthaud, Clerval, Vernet, Spicq, Hayen et Gammersbach rangent également cette œuvre parmi celles de Gilbert [5].

---

[1] Voir M. Simon, *art. cit.*, p. 71 s.

[2] Voir plus loin, Livre IV, chap. I, p. 223.

[3] Cfr J. Cottiaux, *La conception de la théologie chez Abélard*, dans *Rev. d'histoire ecclés.*, t. XXVIII, 1932, p. 250 s. ; J. Sikes, *Peter Abailard*, Cambridge, 1932, p. 258 s.

[4] Hugues de Saint-Cher, *Opera*, t. VII, Lyon, 1645, p. 364.

[5] A. Berthaud, *Gilbert de la Porrée*, p. 319 ; A. Clerval, *Les Écoles de Chartres*, p. 168 ; F. Vernet, art. *Gilbert de la Porrée*, dans *Dictionn. de théol. cath.*, t. VI, 2,

La tradition des manuscrits concorde avec ces données. Les manuscrits du *Textus receptus* de la Vulgate établi à l'Université de Paris vers la moitié du XIIIe siècle, contiennent la préface de Gilbert en guise d'introduction au texte[1]. Le cod. O.5. VIII de la Cathedral Library de Hereford, qui remonte au XIIe siècle, confirme cette attribution accréditée par de nombreux manuscrits du XIIIe siècle. Il contient une Apocalypse glosée introduite par une préface expressément reconnue comme étant de Gilbertus Pictaviensis [2].

Par contre, nous n'avons pu jusqu'à ce jour découvrir le corps de cette glose.

III

1. *Les commentaires de Boèce*. Des graves erreurs commises par l'*Histoire littéraire* dans la description de l'œuvre principale de Gilbert, ressort que ses auteurs n'en avaient qu'une connaissance très superficielle. En tête de liste viennent les livres *De Trinitate*, c'est-à-dire les commentaires sur les deux premiers opuscules de Boèce. La première édition aurait été publiée à Bâle en 1470. Deux autres commentaires figurent parmi les écrits inédits : une glose sur le traité de Boèce *De duabus naturis in Christo*, et une autre sur le *De hebdomadibus seu de dignitate theologiae*, attribué à Mercure Trismégiste.

Dans la première édition de son *Histoire de la philosophie scolastique*, parue en 1850, Hauréau [3] rectifie d'abord l'année d'édition : Bâle 1570, au lieu de 1470. Il relève ensuite que les commentaires forment un ouvrage cohérent, se rapportant tous les quatre aux écrits théologiques de Boèce. Erronément il

---

c. 1352 ; C. Spicq, *Esquisse*, p. 124 ; A. Hayen, *Le Concile de Reims*, p. 93 ; S. Gammersbach, *Gilbert von Poitiers*, p. 24.

[1] Cfr S. Berger, *Les préfaces jointes aux livres de la Bible dans les manuscrits de la Vulgate*, dans *Mémoires présentés à l'Académie des Inscriptions et Belles-Lettres*, t. XI, 2, Paris, 1904, p. 1-78. Sous le n. 320, p. 69, Berger cite nombre de manuscrits du texte de la Vulgate dans lesquels se trouve l'« Introitus Gilberti (Porret.) Pictaviensis : Omnes qui pie volunt vivere... » : cod. Paris, Bibl. Nat. lat. 225 (avant 1260), 10419 (1263), 15467 (1270), 17, 178, 203, 10425, 10426, 13253, 14232, 14397 (1264) et la grande majorité des manuscrits postérieurs au milieu du XIIIe siècle.

[2] Cité par B. Smalley, *La glossa ordinaria. Quelques prédécesseurs d'Anselme de Laon*, dans *Recherches de théol. anc. et médiév.*, t. IX, 1937, p. 370.

[3] B. Hauréau, *De la philosophie scolastique*, t. I, Paris, 1850, p. 296-297.

identifie le *De hebdomadibus* au deuxième opuscule de Boèce *Utrum Pater et Filius et Spiritus sanctus de divinitate substantialiter praedicentur*.

L'œuvre principale de Gilbert est un commentaire traitant 4 des 5 opuscules théologiques de Boèce :

1. *Quomodo Trinitas unus Deus et non tres Dii (De Trinitate)*.

2. *Utrum Pater et Filius et Spiritus sanctus de divinitate substantialiter praedicentur, liber ad Joannem diaconum Ecclesiae romanae*.

3. *Quomodo substantiae in eo quod sint, bonae sint, cum non sint substantialia bona, liber ad Joannem diaconum Ecclesiae romanae (Liber de hebdomadibus)*.

4. *Liber de persona et duabus naturis contra Eutychen et Nestorium ad Joannem diaconum Ecclesiae romanae*.

Le texte du commentaire de Gilbert fut publié pour la première fois dans l'édition des œuvres de Boèce parue à Bâle en 1570. Migne aussi l'a repris au tome LXIV, col. 1255-1412, parmi les œuvres de Boèce. L'édition critique de Haring est vieille d'une dizaine d'années seulement.

Nous trouvons les manuscrits contenant cette œuvre dispersés dans toutes les grandes bibliothèques d'Europe. Citons entre autres : Paris, Bibl. Nat. lat. 16341, 16342, 18093, 18094, Bibl. de l'Arsenal, lat. 1117, Bibl. Mazarine lat. 656, 657, Valenciennes, Bibl. publ. 197, Rome, Vat. lat. 560, 561, Munich, Clm. 17741, 18478, Bâle, Bibl. publ. Cod. (O) II, 24, Londres, Brit. Mus. Harley 3082 [1]. Les manuscrits parisiens, par nous consultés pour cette étude, sont tous anonymes, à l'exception des cod. 1117 de la Bibliothèque de l'Arsenal et 656 de la Bibliothèque Mazarine à Paris, tous deux du XIIe siècle. Dans le premier, le texte est suivi de l'épitaphe antérieurement citée : *Temporibus illis celeberrimus ille magister* ; quant au second, il nous présente la miniature déjà signalée avec la souscription : *Porata co. qui glosavit hunc librum*. Les manuscrits de Bâle et de Valenciennes, le cod. 561 de la Bibliothèque du Vatican revendiquent tous pour Gilbert la paternité de ce commentaire [2].

---

[1] Voir aussi la liste des manuscrits dressés par Haring dans ses introductions au texte (cfr supra, p. 41, n. 2).

[2] Les deux premiers manuscrits sont décrits en détail par M. GRABMANN, *Geschichte der scholastischen Methode*, t. II, Fribourg (B), 1911, p. 409 et 431.

Pour que nul ne doute de l'authenticité de ce commentaire, la tradition des manuscrits est confirmée par le témoignage de plusieurs contemporains : Jean de Salisbury[1], Othon de Freising[2], Geoffroy d'Auxerre[3] et d'autres. Geoffroy surtout, dans son *Libellus contra errores Gilberti*, étale un grand nombre d'extraits, groupés suivant l'ordre des articles de la profession de foi promulguée au Concile de Reims[4].

Schmidlin est d'avis que nous ne possédons plus le texte original de cette œuvre : l'ordre du Pape, donné à la fin du Concile de Reims, d'épurer le commentaire, en serait la preuve suffisante[5]. Seul il avance cette thèse, car les autres érudits affirment, à l'unanimité, que les éditions imprimées et les manuscrits ont conservé le texte original composé par Gilbert avant le concile, texte que ses élèves et ses adversaires ont eu en mains.

Jean de Salisbury fait le récit détaillé concernant l'ordre du Pape imposant révision du commentaire. Gilbert se proposa pour faire lui-même cette œuvre de correction, et le Pape, cédant aux instances de ses cardinaux, accepta l'offre :

> praecipiens ut episcopus ad formam eorum (scil. 4 capitulorum) librum corrigeret et de caetero sic doceret.

Selon Jean, Gilbert, pour exécuter l'ordre du Pape, aurait simplement composé un nouveau prologue. L'état d'esprit qui en émane n'est pas celui d'une correction doctrinale mais plutôt d'une défense contre ceux qui, incapables de distinguer par eux-mêmes les diverses hérésies, avaient voulu à tout prix

---

Pour le cod. 561 de la Bibliothèque du Vatican, contenant aussi la *Defensio Gilberti*, voir F. PELSTER, *Die anonyme Verteidigungsschrift der Lehre Gilberts von Poitiers im Cod. Vat. 561, und ihr Verfasser Adhemar von Saint-Ruf in Valence (um 1180)*, dans *Studia Mediaevalia*, Bruges, 1948, p. 114 s.

[1] *Historia Pontificalis*, c. 10 (édit. POOLE, p. 23 ; cfr aussi p. 24 et 29).
[2] *Gesta Friderici Imp.*, lib. I, c. LVIII (MGH.SS, t. XX, p. 382).
[3] *Libellus contra errores Gilberti* (PL, CLXXXV, 598).
[4] Il est curieux que la *Commendatio Gilberti* ne parle pas de cette œuvre de Gilbert, bien qu'elle mentionne tous les autres titres d'honneur. Peut-être, de l'avis du haut clergé du diocèse de Poitiers, la mention de cet écrit aurait diminué la mémoire glorieuse de l'évêque. Cfr J. LECLERCQ, *L'éloge funèbre de Gilbert de la Porrée*, dans *Archives d'Histoire doctrinale et littéraire du Moyen Âge*, t. XIX, 1952, p. 184.
[5] M. SCHMIDLIN, *Bischof Otto von Freising als Theologe*, dans *Der Katholik*, t. LXXXV, 1905, p. 163.

stigmatiser leur adversaire comme hérétique. Du récit de Jean ressort clairement la conviction de Gilbert : il estimait que les quatre *capitula* ne sont pas en contradiction avec sa propre doctrine, pourvu qu'on n'en forçât pas le sens. En d'autres mots, il jugea superflu la correction de son commentaire [1]. Cette précision de Jean est confirmée par saint Bernard et Geoffroy d'Auxerre. Une prise de position de l'abbé de Clairvaux, qui aura certainement veillé à l'exécution de l'ordre du Pape, est bien significative, puisque dans un sermon sur le Cantique des cantiques il s'en prend à ceux qui, malgré l'interdiction formelle du Pape, « copient cette œuvre et l'emploient dans leurs cours » [2]. Après la mort de Gilbert, donc bien après le Concile, Geoffroy écrivit dans son *Libellus contra errores Gilberti*, qu'une révision du texte lui est inconnue jusqu'à ce jour et qu'il désespère de la voir paraître. Et de conclure :

> Sic usque hodie infelices paginae continent e quibus ista proferimus [3].

En effet, le texte que nous possédons actuellement, est identique au texte cité par Geoffroy. La même concordance littérale peut être constatée dans un texte discuté au Concile et emprunté, non au commentaire de Gilbert, mais à un cahier d'élève [4].

Cette dernière information de Geoffroy nous aide à dater approximativement le commentaire de Gilbert. Si les élèves possédaient des annotations qui s'accordent presque de manière littérale avec le texte de Gilbert, c'est qu'ils les avaient probablement extraites des passages les plus caractéristiques de son œuvre écrite. La seule tradition orale des cours semble exclure une concordance littérale. Ainsi donc les commentaires auraient été rédigés au temps où Gilbert était encore dans l'enseignement, avant son élévation à l'épiscopat. Et les « nombreux amis » qui, d'après le prologue, l'auraient incité à publier ses cours, seraient surtout ses élèves : *exhortationibus precibusque multorum suscepimus explanandos* [5]. Oeuvre principale et résul-

---

[1] *Historia Pontificalis*, c. 11 (édit. POOLE, p. 24 ; voir aussi c. 13, p. 29 s).
[2] *In Canticum canticorum*, sermo 80 (PL, CLXXXIII, 1170 D).
[3] *Libellus contra capitula Gilberti* (PL, CLXXXV, 597 ; ibid. 605 A).
[4] Cfr *Epistola ad Albinum* (PL, CLXXXV, 588 B), comparer avec le commentaire de Gilbert *De Trinitate* (édit. HARING, p. 51 ; PL, LXIV, 1270 A).
[5] *Prologue* (édit. HARING, p. 32 ; M. GRABMANN, *Geschichte der scholastischen Methode*, t. II, p. 419).

tat d'un long travail du temps de son professorat, nous pouvons situer la composition des commentaires entre 1135 et 1142 [1].

Jean de Salisbury termine son exposé historique du Concile de Reims par une analyse doctrinale du nouveau prologue de Gilbert, et le fait suivre d'une confrontation de la doctrine de l'évêque avec les quatre *capitula* promulgués par le Concile [2].

La plupart des manuscrits des commentaires de Gilbert nous donne deux prologues. Le premier débute par les mots : *Libros quaestionum annicii*, le second : *Omnium quae rebus percipiendis suppeditant rationum*. Ils sont nettement distincts, et le cod. 657 de la Bibliothèque Mazarine à Paris intitule le second prologue *prologus in rem*, car il se présente comme une introduction objective à l'œuvre de Boèce. Ouvrant par un exposé sur les causes profondes des hérésies classiques, qui se trouvent à chaque extrême de la doctrine catholique, il offre ensuite une analyse du but et de la nature de l'écrit de Boèce.

Ce second prologue se retrouve inséré dans le premier, mais résumé. L'atmosphère ici a changé, car l'objectivité est troublée par le fracas de la dispute : l'auteur se croit tenu à défendre sa conception de la tâche du théologien et à réfuter les calomnies de ses adversaires le soupçonnant d'avoir proposé des théories personnelles, contraires à celles de son *auctor* Boèce. Il lance une attaque violente contre les *Ennii atque Pacuvii* [3] :

> qui cum nihil didicerint, opinione sua nesciunt nihil : homines sine ratione philosophi, sine visione prophetae, praeceptores impossibilium, iudices occultorum... [4]

S'ils maudissent avec l'Église catholique le nom des hérétiques, ils enseignent les mêmes erreurs. Comment osent-ils prétendre que sa doctrine trahit la tradition chrétienne véridique !

Tel est, nous dit Jean de Salisbury en termes formels, l'esprit dans lequel Gilbert écrivit son nouveau prologue [5]. C'est ainsi

---

[1] HARING (*Nine Mediaeval Thinkers*, p. 27 ; *Archives d'Histoire doctrinale et littéraire du Moyen Âge*, p. 244) estime que les commentaires ont été composés pendant l'épiscopat de Gilbert.
[2] *Historia Pontificalis*, c. 13 et 14 (édit. POOLE, p. 29-41).
[3] Voir pour la signification de ces noms, HARING, *Nine Mediaeval Thinkers*, p. 27.
[4] *Prologue* (édit. HARING, p. 33 ; M. GRABMANN, *Geschichte*, t. II, p. 418).
[5] *Historia Pontificalis*, c. 13 (édit. POOLE, p. 29).

que l'entend la *Defensio* du cod. 561 de la Bibliothèque du Vatican. Quand l'auteur anonyme se dresse contre les ennemis de Gilbert, il ne peut mieux faire que d'employer les expressions mêmes du maître [1]. Identifions alors en toute certitude le premier prologue conservé dans les manuscrits avec l'*alter prologus* ajouté, suivant Jean de Salisbury, par Gilbert lui-même à son commentaire.

D'après Usener [2], ce prologue aurait été rédigé dès le lendemain du consistoire de Paris : en effet, les décisions du Concile de Reims y sont passées sous silence. A juste titre, les autres historiens ne partagent pas cette opinion. Le renseignement de Jean de Salisbury est à comprendre dans le sens obvie, c'est à dire qu'après la clôture seulement de toute l'affaire, bien après le Concile de Reims, Gilbert se mit à rédiger son nouveau prologue.

Ce prologue, nous est-il parvenu dans son intégralité ? La réponse à cette question dépend de l'interprétation que l'on donne à l'exposé doctrinal des derniers chapitres de l'*Historia Pontificalis*, consacrés à l'affaire de Gilbert. Après avoir déterminé l'esprit du nouveau prologue, Jean de Salisbury confronte la doctrine contestée de son maître avec la profession de foi, formulée par saint Bernard et approuvée par le Pape. Cette dernière partie est-elle une réflexion personnelle de Jean ou bien un résumé du nouveau prologue ? Dans la dernière hypothèse, le texte conservé par les manuscrits ne serait qu'un fragment du texte complet.

Lors de la première édition de ses *Illustrations on Mediaeval Thought*, ainsi que dans la deuxième en 1920, Poole se prononçait en faveur de cette hypothèse [3]. Par contre, dans la préface de son édition de l'*Historia Pontificalis*, il l'a rejetée. Il y propose une autre hypothèse, selon laquelle l'exposé doctrinal de Jean de Salisbury serait, soit un compte rendu de la défense orale prononcée par Gilbert devant l'assemblée de Reims, soit un résumé personnel de la doctrine porrétaine [4]. Telle est aussi l'opinion

---

[1] « Quidam penitus quae scripserat ignorantes, sine artium veritate logici, sine philosophiae noticia philosophi, sine fide catholici ... » (chez PELSTER, *Die anonyme Verteidigungsschrift im Cod. Vat. lat. 561*, dans *Studia Mediaevalia*, Bruges, 1948, p. 145).

[2] H. USENER, *Gislebert de la Porrée*, dans *Jahrbuch für protestantische Theologie*, t. V, Leipzig, 1879, p. 156.

[3] R. L. POOLE, *Illustrations of the History of Mediaeval Thought and Learning*, Londres, 1884, p. 367-370, 2ᵉ éd., Londres-New-York, 1920, p. 317-320.

[4] *Historia Pontificalis* (édit. POOLE, p. 29, note).

de Hayen[1]. Récemment, Pelster se déclara à même de fournir la preuve que l'exposé doctrinal de l'*Historia Pontificalis* n'était qu'un résumé du nouveau prologue de Gilbert ; et les preuves patristiques présentées par Jean ne seraient alors qu'une partie des textes rassemblés par Gilbert lui-même pour appuyer sa doctrine. Cette très ample documentation serait passée dans la *Defensio* du cod. 561 de la Bibliothèque du Vatican [2].

Puisque Pelster n'a pas apporté la preuve convaincante de sa thèse, nous nous rallions à l'opinion de Poole et de Hayen. En effet, un tel prologue existant, comment expliquer qu'aucun des nombreux manuscrits du commentaire de Gilbert ne l'ait publié en entier et que tous l'interrompent au même point ? Il est bien vrai — c'est ce que Pelster semble vouloir élucider — que le matériel employé par Jean de Salisbury provient de Gilbert. Le suggère la répétition des verbes : *scripsit, asserit, dicebat, aiebat*. Son argumentation, et par dessus tout sa documentation patristique, durent être la possession commune des disciples du maître chartrain. Les longues plaidoiries que nous connaissons, celle du Vat. lat. 561, le *Liber de homoysion et homoeysion*, le *Liber de diversitate naturae et personae* [3], le *Liber de vera philosophia*, disposent toutes, dans une mesure plus large, d'un vaste répertoire de textes appartenant en majorité au maître lui-même. Que Gilbert ait personnellement employé cette documentation dans son prologue, rien n'est moins certain ; Pelster pourtant l'insinue. Au contraire, le prologue du *Liber de diversitate naturae et personae* nous guide vers d'autres horizons. Y est signalé comme une particularité de méthode chère à Gilbert, le manque de citations de sources patristiques dont est nourrie sa doctrine, afin de laisser à ses lecteurs avertis le mérite de les découvrir :

---

[1] A. HAYEN, *Le concile de Reims*, p. 95. Cfr aussi N. HARING, *Nine Mediaeval Thinkers*, p. 26.

[2] F. PELSTER, *Die anonyme Verteidigungsschrift im Cod. Vat. lat. 561*, p. 125, n. 4.

[3] Ces deux écrits sont conservés dans le cod. CAMBRIDGE, Univ. Libr., Ii.IV.27, fol. 1-128, 129-176. Sur le second ouvrage, voir CH. HASKINS, *Studies in the History of Mediaeval Science*, 2ᵉ éd., Cambridge, 1928, p. 210 et J. DE GHELLINCK, *L'histoire de « persona » et d'« hypostasis » dans un écrit anonyme porrétain du XIIᵉ siècle*, dans *Revue néoscolastique* (Hommage De Wulf), t. XXXVI, 1934, p. 111-127. Édit. N. M. HARING, *The Liber de diversitate naturae et personae by Hugh of Honau*, dans *Archives d'Histoire doctrinale et littéraire du Moyen Âge*, t. XXIX, 1962, p. 103-216.

> quibus tamen auctoritatibus uteretur non declarabat, exercitatis divinarum scripturarum lectoribus laudem horum inveniendorum relinquens.

L'auteur pourrait difficilement s'exprimer de la sorte s'il avait eu devant lui, dans l'*alter prologus*, une collection de matériel patristique due à Gilbert. Il paraît même connaître le prologue tel qu'il fut conservé dans les manuscrits, lorsqu'il dit :

> dum in operis sui prologo testatur diligentibus ipsarum rimatoribus posse videri ea quae dixit sua furta potius esse quam inventa [1].

Dans l'édition de Migne le nouveau prologue n'est pas reproduit. Il est en partie imprimé dans l'édition de Boèce, parue à Bâle en 1570 et l'autre partie l'est dans les *Notices et extraits* de Hauréau[2]. Usener[3] et Grabmann[4] donnent le texte intégral, le premier d'après le cod. 560 de la Bibliothèque du Vatican, le second d'après le manuscrit plus correct n. 18094 de la Bibliothèque nationale à Paris. L'édition critique en fut faite par Haring[5].

2. *Prosa de Trinitate*. Un passage d'Othon de Freising incita l'*Histoire littéraire* à attribuer à Gilbert une « *prose rimée sur la Trinité* », opuscule dont on aurait fait état contre lui au synode de Paris. Ne parvenant à en découvrir un exemplaire, l'*Histoire littéraire* la porte disparue. Voici le texte d'Othon :

> Alia rursus die (il s'agit des discussions au synode de Paris) in causam ductus pulsatusque de novitate dictionis, eo quod in prosa de sancta trinitate tres personas tria singularia vocaverit [6].

Ce texte ne nous paraît pas résoudre la question. L'œuvre n'est mentionnée par aucun des participants aux disputes. Othon, en bon latiniste, n'aurait-il employé le mot *prosa* dans sa signification classique laquelle ne désigne pas nécessairement une prose rimée ? A notre avis, la « *prosa de Trinitate* » dont Othon cite la formule *tres persona tria singularia*, est identique au commentaire du *(De Trinitate)*. La formule citée ne se retrouve

---

[1] Dans cod. CAMBRIDGE, Univ. Libr., Ii.IV.27, fol. 130ʳ (édit. HARING p. 123).
[2] Dans t. VI, p. 21.
[3] Art. *Gislebert de la Porrée*, dans *Jahrbuch für protestantische Theologie*, t. V, Leipzig, 1879, p. 186 s.
[4] *Geschichte der scholastischen Methode*, t. II, p. 417-419.
[5] *Nine Mediaeval Thinkers*, p. 32-34.
[6] *Gesta Friderici Imp.*, lib. I, c. LIV (MGH.SS, t. XX, p. 380).

pas littéralement dans ce commentaire, Othon ayant l'habitude de résumer la doctrine de Gilbert d'une manière personnelle [1].

3. *Tractatus in forma de Trinitate.* Sur l'autorité d'Oudin qui renvoie à un manuscrit de la Bibliothèque des Carmes Déchaussés à Paris, les auteurs de l'*Histoire littéraire* ont rangé parmi les œuvres de Gilbert un *tractatus in forma* sur la Trinité. Ils contestent cependant ce renseignement, car leurs recherches restèrent vaines. Le traité dont parle Oudin, est dès lors supposé tout à fait semblable aux commentaires sur Boèce.

Cette solution a tout l'aspect de la vérité. Oudin semble avoir eu affaire au manuscrit se trouvant actuellement à la Bibliothèque de l'Arsenal sous le no. 1117 en provenance de la Bibliothèque des Carmes Déchaussés. Ce manuscrit est un commentaire sur Boèce, muni de l'épitaphe par nous citée [2].

4. *De discretione animae, spiritus et mentis.* Il y a quelques années Haring a proposé la thèse surprenante selon laquelle Gilbert serait l'auteur d'un opuscule *De discretione animae, spiritus et mentis*, conservé sans nom d'auteur en deux manuscrits, attribué à un certain Maître A. dans un troisième et à Maître Achard (de Saint-Victor) dans un quatrième manuscrit [3]. Jusqu'ici on s'était tenu à cette dernière attribution ; le premier éditeur, Germain Morin, a même cru pouvoir la confirmer en montrant la parenté du style et de la langue de cet opuscule avec ceux des autres ouvrages d'Achard. Mais Haring rejette cette parenté et affirme que la langue et le style de l'opuscule font plutôt penser à Gilbert de Poitiers.

Les arguments de Haring, qui se limitent à quelques comparaisons, n'ont pas pu nous convaincre [4]. Ils prouvent tout au plus, que l'auteur a connu les écrits de Gilbert et qu'il lui a emprunté certains traits de style. Mais le contenu doctrinal n'est pas de Gilbert. Nous constatons l'absence complète d'analyses grammaticales si typiques du Porrétain. Le thème même de l'opuscule (l'âme est *une*, mais en vertu de ses diverses opé-

---

[1] Cfr *Gesta Friderici Imp.*, lib. I, c. LII (MGH.SS., t. XX, p. 379).

[2] Citée plus haut, p. 14, n. 2.

[3] N. M. HARING, *Gilbert of Poitiers, Author of the* « *De discretione animae, spiritus et mentis* » *commonly attributed to Achard of Saint Victor*, dans *Mediaeval Studies*, t. XXII, 1960, p. 148-191.

[4] Voir plus loin, p. 119 ss.

rations elle est divisée en plusieurs puissances ou parties virtuelles) est étranger à l'anthropologie de Gilbert qui, lui se plaisait plutôt à affirmer dans son *De Trinitate* la composition et la multiformité de l'âme, en contraste avec la simplicité de Dieu. De même Gilbert, en discutant l'ordre des sciences, ne parle pas de la distinction entre *intellectus* et *intelligentia* comme puissances autonomes ; ce fait est frappant, car le texte de Boèce a fourni à maint auteur de l'époque l'occasion de mettre en relief cette distinction. Nous ne trouvons pas non plus dans le *De Trinitate* de Gilbert les analyses psychologiques du *De discretione* alors que pourtant son épistémologie théologique aurait pu en utiliser les données principales [1].

Aussi, tant que des arguments puissants de critique externe ne viennent pas corroborer la thèse de Haring, nous considérons l'attribution comme prématurée pour des raisons internes et nous ne le rangeons donc pas parmi les ouvrages authentiques de notre auteur.

5. *Expositio magistri Gisleberti in Symbolum Athanasianum.*

Un commentaire du Symbole athanasien, déjà signalé par Stegmüller [2] et décrit par Classen [3] comme un représentant typique de la doctrine porrétaine, est attribué par Haring à Gilbert lui-même [4]. Le seul manuscrit que nous connaissons (Klosterneuburg, n. 815, fol. 145-149) est intitulé : *Expositio magistri Gisleberti*. Le contenu doctrinal confirme la justesse de cette attribution. Tant la doctrine trinitaire que la christologie sont, sans l'ombre d'un doute, celles des commentaires bien connus de Gilbert sur Boèce. Haring apporte quelques exemples frappants. Pourtant l'ambiance impersonnelle de l'écrit, dont la doctrine est représentée comme l'apanage d'un groupe et semble être mise en opposition avec les théories d'autres groupes ou écoles (on trouve toujours le pluriel : *dicunt quidam —*

---

[1] Édit. HARING, n. 1, p. 174.

[2] F. STEGMÜLLER, *Repertorium biblicum Medii Aevi*, t. 2, Madrid, p. 345, n. 251.

[3] P. CLASSEN, *Zur Geschichte der Frühscholastik in Oesterreich und Bayern*, dans *Mitteilungen des Instituts für österreichische Geschichtsforschung*, t. LXVII, 1959, p. 264.

[4] N. M. HARING, *A Commentary on the Pseudo-Athanasian Creed by Gilbert of Poitiers*, dans *Mediaeval Studies*, t. XXVII, 1965, p. 23-53.

dicunt alii) est pour Haring une difficulté pour considérer Gilbert lui-même comme l'auteur. A cela s'ajoute une différence sensible de style. La première difficulté n'est pas résolue par Haring ; la seconde, à son avis, pourrait être résolue en supposant que l'Exposition est une production littéraire plus ancienne, vraisemblablement écrite à Paris.

Pour notre part, nous pensons qu'il n'y a pas qu'une différence de style, mais encore des divergences remarquables de terminologie. Sans aucun doute ce texte livre la doctrine de Gilbert, mais, dirais-je volontiers, dans la terminologie des adversaires, ou si l'on veut, dans la terminologie de Pierre Lombard et non pas dans les formules très chargées et cohérentes des commentaires de Gilbert sur Boèce. On ne trouve pas, par exemple, les constructions en ablatif si caractéristiques de Gilbert (cfr les n°s 22, 37, 38 de l'édition de Haring), ni non plus la division toujours répétée de *substantia* en *substantia quae* et *substantia qua*. Autre surprise : la formule *(ut) qui Filius Dei erat in divinitate, idem esset Filius Virginis in humanitate*, alors que dans son commentaire sur Boèce Gilbert ne manque jamais d'écrire : *Filius Dei divina essentia* (ablatif), *Filius hominis humana subsistentia* (ablatif). Il y aurait d'autres divergences à signaler.

Que faut-il en conclure ? Soit, avec Haring, que l'*Expositio* date d'un moment de la carrière de Gilbert, où la terminologie n'avait pas encore trouvé l'allure serrée des commentaires sur Boèce ; ou bien, que l'écrit est postérieur aux événements de Reims et que Gilbert y présente sa doctrine dans une terminologie à la fois plus accessible aux contemporains et moins scandaleuse pour les adversaires ; ou enfin, compte tenu de l'ambiance impersonnelle, que l'*Expositio* est l'écrit d'un élève qui propage les idées de son maître tout en évitant les formules choquantes. A notre avis, aucune de ces trois possibilités ne s'impose avec une certitude absolue.

IV

1. *Liber de sex principiis*. L'opuscule traite des six derniers prédicaments et complète de la sorte les *Catégories* d'Aristote, qui n'étudie que les quatre premiers. Il fut inséré dans l'*Organon* et, dès le début du XIIIe siècle, il faisait autorité parmi les manuels de la logique. Commenté par plusieurs maîtres de renom, il était considéré comme une œuvre authentique d'Aristote.

Aussi a-t-il été imprimé parmi les œuvres de celui-ci et sous son nom[1]. Il fut traduit en un latin plus élégant par l'humaniste Hermolaus Barbaro. Ce texte se trouve imprimé dans l'édition de Migne, PL, CLXXXVIII, 1257-1270. Il y a peu, Heysse nous a fourni une édition de la recension originale qui, sans avoir la prétention d'être une édition critique, est pourtant de qualité sûre, basée comme elle est sur quelques bons manuscrits. La deuxième édition faite par D. Van den Eynde fournit un texte encore amélioré [2].

De cet opuscule, aucun des critiques antérieurs ne mit en discussion la paternité de Gilbert, qui maintenant est loin d'être acceptée[3]. Roland de Crémone[4] et Albert le Grand[5] les premiers l'attribuèrent à Gilbert. Cette tradition ne rencontre point l'unanimité. Pierre d'Auvergne, par exemple, dit simplement *auctor sex principiorum*, sans référence au nom de l'auteur [6]. Le caractère assez tardif des premiers témoignages fit douter Heysse de l'authenticité de l'ouvrage [7]. Et Van den Eynde, dans sa préface à la deuxième édition, affirme que ses doutes se sont même aggravés depuis la première [8]. D'autres objections, d'ordre interne cette fois, s'y ajoutent. Le style, le contenu, la doctrine, rien ne rappelle l'auteur des œuvres assurément authentiques [9]. Dans cet état de choses, cet écrit ne peut servir à dessiner les traits essentiels de la philosophie de Gilbert.

---

[1] Voir M. GRABMANN, *Geschichte der scholastischen Methode*, t. II, p. 415-417.

[2] A. HEYSSE, *Liber de sex principiis Gilberto Porretano ascriptus* (Opuscula et textus, series scholastica, fasc. VII, Munster, 1929, recognovit D. VAN DEN EYNDE, Munster, 1953).

[3] Cfr *Histoire littéraire de la France*, t. XII, p. 471 ; B. HAURÉAU, *De la philosophie scolastique*, t. I, Paris, 1850, p. 298 ; A. BERTHAUD, *Gilbert de la Porrée*, p. 319 ; A. CLERVAL, *Les Écoles de Chartres*, p. 168 ; M. GRABMANN, *Geschichte der scholastischen Methode*, t. II, p. 415-417 ; B. GEYER, *Die patristische und scholastische Philosophie*, Berlin, 1928, p. 238.

[4] Cfr E. FILTHAUT, *Roland von Cremona und die Anfänge der Scholastik im Predigerorden. Ein Beitrag zur Geistesgeschichte der älteren Dominikaner*, Vechta, 1936, p. 82.

[5] *Liber de sex principiis*, tract. I, c. 1, *Opera omnia*, t. I, Paris, 1890, p. 305.

[6] J. LECLERCQ, *Un nouveau fragment du traité* De unitate divinae essentiae et pluralitate creaturarum, dans *Rev. du Moyen Âge latin*, t. I, 1945, p. 175.

[7] A. HEYSSE, *Praefatio*, p. 5.

[8] D. VAN DEN EYNDE, *Praefatio*, p. 3.

[9] A. HAYEN, *Le concile de Reims et l'erreur théologique de Gilbert de la Porrée*, dans *Archives d'Histoire doctrinale et littéraire du Moyen Âge*, t. X, 1935/36, p. 92, et dans une recension de l'édition de Heysse (*Scholastik*, t. V, 1930, p. 453) ; D. VAN DEN EYNDE, *Praefatio*, p. 4.

2. *Liber de causis*. Nombreux sont les auteurs qui reconnaissent en Gilbert l'auteur du fameux *Liber de causis*.

L'*Histoire littéraire* renvoie à un manuscrit de la Bibliothèque des Dunes ; Hauréau [1] dans son *Histoire de la philosophie scolastique*, dit avoir retrouvé le même manuscrit à la Bibliothèque de Bruges. Malgré les preuves contraires de Bardenhewer qui, en 1882, écrivit une étude sur cet ouvrage et publia à la fois le texte arabe et le texte latin médiéval [2], Berthaud, quelques années plus tard, catalogua encore cette œuvre sous le nom de Gilbert, se référant à ce même manuscrit de Bruges [3]. Clerval se rallia à Berthaud, le considérant comme le premier à avoir restitué cet écrit à l'évêque de Poitiers [4]. Selon lui, cette attribution s'explique aisément par l'existence de relations très étroites entre les traducteurs de Toulouse et l'École de Chartres. Nous savons que Thierry de Chartres et Bernard Silvestris reçurent tous deux d'Herman de Carinthe la traduction latine de quelques ouvrages grecs. Pourquoi, demande Clerval, leur collègue et ami Gilbert n'aurait-il pu recevoir de la même source l'original arabe du *Liber de causis* pour l'analyser et lui donner la forme scolastique sous laquelle il est connu actuellement ? Mais Bardenhewer a étudié à fond la question de l'auteur primitif et du traducteur latin, à l'aide de la tradition des manuscrits et des éditions anciennes. Il a pesé consciencieusement les attributions possibles à de nombreux auteurs, dont Gilbert. Il en conclut que cette attribution au théologien de Chartres repose uniquement sur une confusion faite entre le *Liber de causis* et le *Liber de sex principiis*, chacun étant jugé œuvre authentique d'Aristote [5].

Nous nous rallions à ce résultat négatif des recherches de Bardenhewer, entièrement confirmés par Bäumker [6].

---

[1] B. Hauréau, *Histoire de la philosophie scolastique*, t. II, Paris, 1872, p. 46, n. 2.

[2] O. Bardenhewer, *Die pseudo-aristotelische Schrift über das reine Gute, bekannt unter dem Namen* Liber de causis, Fribourg, 1882.

[3] A. Berthaud, *Gilbert de la Porrée*, p. 319.

[4] A. Clerval, *Les Écoles de Chartres*, p. 168 s.

[5] O. Bardenhewer, *op. cit.*, p. 155, n. 3.

[6] C. Bäumker, *Bericht über die abendländische Philosophie im Mittelalter*, dans *Archiv für die Geschichte der Philosophie*, 1897, p.281. Voir aussi H. Bédoret, *L'auteur et le traducteur du Liber de causis*, dans *Revue néoscolastique*, t. XLI, 1938, p. 519-533, confirmant et précisant les conclusions de Bardenhewer.

V

Des *lettres* et des *sermons* de Gilbert très peu nous sont connus. Nous avons déjà rappelé la lettre adressée en 1117 à son ancien maître Bernard de Chartres et éditée par Merlet [1].

Dans les éditions citées par l'*Histoire littéraire* nous trouvons par ailleurs une lettre à Matthieu, abbé de Saint-Florent, suivie de trois réponses à des questions de morale pratique, écrite probablement au début de son épiscopat [2]. Elle figure dans Migne, PL, CLXXXVIII, 1355.

Grabmann enfin fait état du *Sermo magistri Gisleberti de natali Domini* contenu dans le cod. 197 de la Bibliothèque de Valenciennes. Il fait suite au commentaire de Gilbert sur les opuscules de Boèce [3]. La réunion des deux écrits dans un même manuscrit et l'attribution explicite faite par la main du copiste (XIIe siècle) dissipent tout doute sur l'appartenance de ce sermon à Gilbert Porreta. Le contenu doctrinal et spéculatif, les citations nombreuses du commentaire *Contra Eutychen et Nestorium* démontrent qu'il a été prêché par Gilbert devant un auditoire d'intellectuels : ou bien ses collègues et étudiants dans l'école de Chartres ou bien, quelques années plus tard, le clergé de son diocèse de Poitiers. Dans ce dernier cas, le sermon de Noël peut éclairer utilement le fameux sermon sur la sainte Trinité qui souleva les protestations de ses archidiacres et qui fut à l'origine des discussions autour de sa théologie trinitaire. Les citations du commentaire datent le sermon : après la rédaction de son Commentaire, donc à la fin de son professorat ou au début de son épiscopat. Le texte a été publié par Haring [4].

Un manuscrit du XVe siècle de l'abbaye de Saint-Bertin, trouvable actuellement à la Bibliothèque de Saint-Omer sous le n°. 299, donne l'*incipit* suivant : *Hic incipiunt instructiones domini Gilleberti episcopi pictaviensis circa divinum officium.* L'*explicit* nous renseigne sur la véritable identité de l'auteur : *Expliciunt instructiones domini Galteri episcopi pictaviensis.*

---

[1] L. MERLET, *Lettres d'Yves de Chartres et d'autres personnages de son temps*, dans *Bibliothèque de l'École des chartes*, 4e série, t. I, Paris, 1855, p. 461.

[2] Voir S. GAMMERSBACH, *Gilbert von Poitiers und seine Prozesse im Urteil der Zeitgenossen*, Cologne, 1959, p. 27.

[3] M. GRABMANN, *Geschichte der scholastischen Methode*, t. II, p. 431.

[4] N. M. HARING, *A Christmas Sermon by Gilbert of Poitiers*, dans *Mediaeval Studies*, t. XXIII, p. 126-135.

Il s'agit non pas de Gilbert, mais du franciscain Gauthier de Bruges qui occupa le siège épiscopal de Poitiers, un siècle et demi plus tard (1279-1305).

De cet examen il résulte que ni la liste de l'*Histoire littéraire de la France*, ni celle corrigée par Berthaud et Clerval ne résistent à la critique. Il est vrai, les œuvres principales y reprises sont d'une authenticité irréfutable. Par contre, d'autres œuvres moins importantes n'atteignent qu'à la probabilité ; d'autres encore sont entachées d'un doute tel que nous les supprimerons des listes.

Voici le tableau de toutes ces œuvres :

I. *Œuvres d'authenticité certaine* :

1. Glose sur le psautier.
2. Glose sur les épîtres de saint Paul.
3. Commentaires sur les opuscules théologiques de Boèce.
4. Sermo de natali Domini.
5. Lettres à Bernard de Chartres et à Matthieu de Saumur.

II. *Œuvres d'authenticité fort probable* :

1. Prologue sur l'Apocalypse.
2. Notae super Joannem.
3. Glose sur les Actes.
4. Expositio in Symbolum Athanasianum.

III. *Œuvres d'authenticité douteuse* :

1. Le corps de la glose sur l'Apocalypse.
2. Liber de sex principiis.
3. De discretione animae, spiritus et mentis.

Tout autre écrit doit être rayé de la liste des œuvres authentiques de Gilbert.

LIVRE II

GILBERT DEVANT LE CONCILE DE REIMS

CHAPITRE PREMIER

Les partis au Concile

Sommaire. — I. Les sources : Geoffroy d'Auxerre, Othon de Freising, Jean de Salisbury. — II. Valeur des sources. — III. Gilbert et saint Bernard : leur opposition, selon les contemporains, selon les historiens modernes, description nuancée de Jean et Othon, différence de mentalité et de formation. — IV. La position des maîtres en théologie, l'attitude des cardinaux.

I

Le Concile de Reims n'a pas brisé la carrière scientifique de Gilbert comme le fut à Sens celle d'Abélard. Vers la fin de sa vie, alors qu'il occupait déjà depuis plusieurs années le siège épiscopal de Poitiers, une enquête officielle sur l'orthodoxie de sa doctrine fit surgir les disputes. La théologie personnelle du maître chartrain avait atteint, à ce moment, sa pleine maturité. Pour le développement du porrétanisme, les décisions conciliaires marquèrent un tournant décisif. Elles ont nettement révélé les dangers courus par l'orthodoxie à cause des formules ambiguës du théologien de Chartres et par la même occasion elles ont précisé pour les épigones de Gilbert les normes à suivre, les exigences de la tradition chrétienne, la théologie de l'Église. Les meilleurs disciples de Gilbert ont compris la semonce, et ils ont interprété les formules de leur maître dans le sens conforme à la profession de foi sanctionnée par le Concile, tout en maintenant que, pour un homme de bonne volonté, il n'y avait nulle opposition entre les théories gilbertines et la foi de l'Église. Il y eut toutefois, jusqu'au début du siècle suivant, à côté de ces porrétanistes modérés, un groupe puissant de partisans fanatiques, dont l'hostilité envers saint Bernard et envers tous les adversaires de la doctrine de Gilbert au Concile de Reims resta marquante.

Cette situation nous imposera une réelle prudence à l'égard des sources contemporaines, qui nous instruisent de l'interprétation de la doctrine de Gilbert et de la teneur des décisions conciliaires. Les rapports des principaux témoins, Geoffroy d'Auxerre, Othon de Freising et Jean de Salisbury, ne sont pas exempts d'un parti-pris personnel et comportent de notables divergences d'opinions. C'est à l'examen de ces sources qu'il convient de consacrer d'abord notre attention.

De Geoffroy d'Auxerre nous possédons deux écrits consacrés à la doctrine de Gilbert et aux événements du Concile de Reims : le *Libellus contra capitula Gilberti* et la lettre à Albin, cardinal-évêque d'Albano et légat du Pape [1]. Il nous déclare que ces deux rapports sont séparés l'un de l'autre par quelque quarante ans. Pour la rédaction de sa lettre au cardinal Albin, il ne disposait plus de son *Libellus*, composé longtemps auparavant. Comme il venait d'achever cette lettre, un confrère lui apporta son ouvrage antérieur, qu'il adressa au cardinal en même temps que sa lettre [2].

Le *Libellus* a été écrit entre 1154 et 1163. Avant 1163, car Jean de Salisbury, achevant en cette année son *Historia Pontificalis*, y mentionne le *Libellus*; après 1154, parce que Jean relate qu'il date d'après la mort de l'évêque de Poitiers [3]. Nous nous séparons donc de Denifle, qui situe la composition du *Libellus* avant ou pendant les sessions du Concile de Reims [4]. Il entend la remarque faite par Geoffroy à la fin de sa lettre, comme si le *Libellus* avait été soumis à l'assemblée. Or, Geoffroy ne dit pas que tout son *Libellus* fut remis aux Pères du Concile, mais seulement la profession de foi placée à la fin de son premier ouvrage [5]. Sans doute le renseignement donné par Jean de Salisbury sur la composition de cet écrit de Geoffroy a-t-il échappé à Denifle qui, s'appuyant sur cette première datation, plaça la lettre de Geoffroy en 1188. Il se sentait d'autant plus porté à le faire qu'à son avis, Albin n'était pas légat du Pape aux environs

---

[1] Les deux écrits sont imprimés par MIGNE, PL, CLXXXV, 595-618, 587-596.
[2] *Epistola* (PL, CLXXXV, 595 AB).
[3] *Historia Pontificalis*, c. 11 (édit. POOLE, p. 26).
[4] H. DENIFLE, *Die abendländische Schriftausleger bis Luther*, Mayence, 1905, p. 340, n. 1.
[5] «... scriptura ... quam super eisdem capitulis ante annos pene quadraginta edideram cum ipso symbolo, quod Domino Papae et romanae ecclesiae ex parte decem archiepiscoporum .. per superius memoratas personas fuerat praesentata» *Epistola* (PL, CLXXXV, 595 A).

de 1188. Toujours d'après lui, une erreur de copiste entraîna la mention du nom d'Albin, le véritable destinataire étant plutôt Henri, cardinal-évêque d'Albano, légat du Pape en France en 1188 [1]. Cette fragile construction de Denifle a été renversée par la découverte, due à Poole, d'une charte de 1191, dans laquelle Albin est appelé *Domini Papae vicarius* [2]. Ce qui confirme l'opinion qu'Albin est bien le destinataire de la lettre de Geoffroy écrite vers 1190.

La lettre fut écrite sur l'ordre ou à la demande du cardinal [3]. Cette invitation survenant si longtemps après les événements peut surprendre. Aussi Poole voulut-il l'expliquer par la publication du *Liber de vera philosophia*, incontestable défense de la doctrine de Gilbert, et annonce d'une nouvelle offensive lancée par les partisans fanatiques du porrétanisme [4]. Fournier, qui le premier attira l'attention sur cet ouvrage porrétain, le situe entre 1179 et 1190 [5]. Dans une étude ultérieure, il avança des raisons, que Poole estime sérieuses et qui adjugeraient l'écrit à l'abbé Joachim de Flore [6]. En effet, si tel en était l'auteur, le *Liber* naquit dans les limites de la juridiction du cardinal Albin [7]. Poole, qui reporte à 1191 la lettre de Geoffroy, entrevoit encore un autre motif susceptible d'expliquer la curiosité du cardinal Albin concernant l'affaire porrétaine. C'est en cette année 1191 que le cardinal Hyacinthe fut élu Pape sous le nom de Célestin III. Or, celui-ci avait été partisan et défenseur avéré d'Abélard, — dont la doctrine sur la Trinité était l'antithèse de celle de Gilbert [8].

---

[1] H. DENIFLE, *op. cit.*, p. 340, n. 1, approuvé par HEFELE-LECLERCQ, *Histoire des Conciles*, t. V, 1, p. 817, n. 1 et par N. M. HARING, *The Case of Gilbert de la Porrée*, dans *Mediaeval Studies*, t. XIII, 1951, p. 1, n. 3.

[2] R. L. POOLE, *Joannis Sarisbariensis Historia Pontificalis*, Oxford, 1927, Préface, p. XXXVIII.

[3] *Epistola* (PL, CLXXXV, 587).

[4] R. L. POOLE, *op. cit.*, Préface, p. XXXIX.

[5] P. FOURNIER, *Un adversaire inconnu de saint Bernard et de Pierre Lombard. Notice sur un ms. provenant de la Grande-Chartreuse*, dans *Bibliothèque de l'École des chartes*, t. XLVII, 1886, p. 394-417.

[6] P. FOURNIER, *Joachim de Flore et le* Liber de vera philosophia, dans *Revue d'histoire et de littérature religieuse*, t. IV, 1899, p. 37-66, réédit. dans *Études sur Joachim de Flore et ses doctrines*, Paris, 1909.

[7] POOLE nous avertit que le rapprochement de la lettre de Geoffroy à la publication du *Liber de vera philosophia* est à mettre sur son propre compte, non sur celui de Fournier.

[8] POOLE, *op. cit.*, p. XLI.

Pour ingénieuses que soient ces hypothèses, l'explication se trouve autre part. L'attribution à Joachim de Flore, du *Liber de vera philosophia* est aujourd'hui écartée. Ainsi la supposition de Poole sur les relations entre cette œuvre et la juridiction d'Albin perd de sa solidité, et par suite son hypothèse elle-même. Assurément, la fin du XIIe siècle produit un renouveau remarquable du porrétanisme. De cette époque nous connaissons plusieurs écrits du même type que le *Liber de vera philosophia* : la *Defensio* du Vat. lat. 561 [1], le *Liber de homoysion et homoeysion*, le *Liber de diversitate naturae et personae* attribués tous les deux à Hugues de Honau [2], et encore, un dialogue fort curieux entre un moine cistercien et un savant grec : le *Dialogus Everardi et Ratii*, accompagné de deux lettres, l'une d'Éverard, l'autre d'un correspondant de celui-ci [3]. Si le dialogue occupe une place à part dans la littérature porrétaine, les autres écrits sont tous apparentés entre eux. Ils semblent dériver d'une *Collatio* de textes patristiques, divisée en 24 distinctions qui, selon l'auteur du *Liber de vera philosophia*, serait de la main d'un maître A., chanoine de Saint-Ruf à Valence. Ce défenseur passionné de Gilbert n'aurait cessé, depuis le Concile de Reims, de fouiller toutes les bibliothèques qu'il pouvait visiter, en France, en Espagne, en Italie et même en Grèce, pour retrouver le texte fameux qui fut opposé à la doctrine de Gilbert : *quidquid in Deo est, Deus est*. Recherches vaines et sans résultat : il ne découvrit nul texte, nulle formule, encore moins quelque autorité patristique plaidant en faveur de cette formule. Seulement, cette lecture assidue lui permit de dresser l'inventaire des textes capables

---

[1] Attribué à Adhémar de Saint-Ruf par F. PELSTER (*Die anonyme Verteidigungsschrift der Lehre Gilberts von Poitiers im Cod. Vat. 561 und ihr Verfasser Canonicus Adhemar von Saint-Ruf in Valence (um 1180)*, dans *Studia Mediaevalia*, Bruges, 1948, p. 133-146. Édit. HARING, dans *Archives d'Histoire doctr. et littér. du MA*, t. XXXI, 1964, p. 111-206. Voir aussi N. M. HARING, *Die Vatersammlumg des Adhemar von Saint-Ruf*, dans *Scholastik*, t. 38, 1963, p. 402-420.

[2] N. M. HARING, *The* Liber de diversitate naturae et personae *by Hugh of Honau*, dans *Archives d'Histoire doctr. et littér. du MA*, t. XXIX, 1962, p. 103-216.

[3] Voir J. LECLERCQ, *Textes sur saint Bernard et Gilbert de la Porrée*, dans *Mediaeval Studies*, t. XIV, 1952, p. 116-127 ; N. M. HARING, *The Cisterciensian Everard of Ypres and his Appraisal of the Conflict between saint Bernard and Gilbert of Poitiers*, ibid., t. XVII, 1955, p. 143-172. Le texte de l'ouvrage a été édité par HARING, dans *Mediaeval Studies*, t. XV, 1953, p. 243-289.

d'établir une base solide à la doctrine porrétaine. Ce travail exigea du maître A. les années séparant le Concile de Reims (1148) de celui du Latran (1179). L'auteur du *Liber de vera philosophia*, propriétaire d'un exemplaire de cette *Collatio*, nous dit en avoir fait un usage abondant. Les mêmes groupes de textes patristiques sont reproduits dans la *Defensio*[1], dans le *Liber de homoysion et homoeysion* et dans le *Liber de diversitate naturae et personae*[2].

On pouvait s'attendre à ce que la propagande faite par ces écrits au profit de la doctrine de Gilbert suscita la curiosité du cardinal. Au courant de l'opposition de Geoffroy envers Gilbert, il lui aurait réclamé des renseignements précis sur les conclusions du Concile de Reims. Geoffroy effectivement a répondu à cette demande par une relation détaillée des pourparlers et des discussions au Concile. Il décrit le déroulement des sessions et la procédure suivie par le Concile pour prendre sa décision, ainsi que la participation active de saint Bernard à la rédaction de la profession de foi confirmée par le Pape. Quant à l'examen de la doctrine de Gilbert, la lettre ne va pas au fond des choses. Elle ne fait qu'énumérer la répartition des questions au cours des séances et ne cite que quelques textes patristiques en guise de réfutation.

Le *Libellus* pénètre plus avant dans la doctrine. Elle combat successivement les quatres thèses résumant les théories contestées de Gilbert. Geoffroy commence par élucider les quatres thèses au moyen de longues citations extraites du commentaire de Gilbert. Suit une réfutation de chaque point particulier, à l'aide de nombreux textes patristiques qui, à son avis, s'y opposent entièrement. Il ne manque pas de clôturer son écrit par la profession de foi, telle qu'elle fut rédigée par saint Bernard et ratifiée par Eugène III.

Dans le texte d'un manuscrit de la Bibliothèque du Vatican publié depuis peu par Dom J. Leclercq, celui-ci croit avoir retrouvé les « actes » du Concile de Reims sur l'affaire de Gilbert[3]. Ce texte propose l'énumération des thèses attribuées à Gilbert

---

[1] Voir P. FOURNIER, *Études sur Joachim de Flore*, p. 65 et F. PELSTER, *Die anonyme Verteidigungsschrift*, p. 117.

[2] Voir N. M. HARING, *The Porretans and the Greek Fathers*, dans *Mediaeval Studies*, t. XXIV, 1962, 181-209 ; A. DONDAINE, *Écrits de la « petite école » porrétaine*, Paris-Montréal, 1962.

[3] J. LECLERCQ, *Textes sur saint Bernard et Gilbert de la Porrée*, dans *Mediaeval Studies*, t. XIV, 1952, p. 107-128, texte, p. 108-109.

et leur réfutation grâce à une série de textes patristiques. Suit la profession de foi élaborée par saint Bernard et son groupe. Les noms des archevêques, évêques, abbés et maîtres en théologie « qui assistaient au Concile » le clôturent [1]. Leclercq incline à voir dans le *Libellus* de Geoffroy un commentaire de ces « actes ». La confrontation des deux textes dévoile cependant une assez grande indépendance, et considérables sont les différences dans la formulation des thèses de Gilbert. Un grand nombre de textes cités est commun, il est vrai, ce qui démontre leur emploi comme argument patristique dans les discussions. Pourtant, même là nous trouvons des variantes : le document anonyme allègue quelques témoignages importants introuvables chez Geoffroy. La conformité des deux écrits s'explique facilement par la nature même de la question. Le texte relevé par Leclercq se rapproche plus, nous semble-t-il, d'un *pro memoria* que des véritables actes du Concile. Rassemblant et réfutant succinctement des thèses d'une doctrine contemporaine, l'auteur anonyme y aura joint les noms de ceux qui en dénoncèrent l'erreur. De même caractère mais plus sommaires encore sont les quelques autres textes se rapportant au Concile de Reims et dont nous devons la découverte à Dom Leclercq.

Presque en même temps que Geoffroy, Othon de Freising avait composé une relation des débats suscités par la doctrine de Gilbert. Dans sa *Gesta Friderici Imperatoris*, il avait inséré, dans le récit de la croisade à laquelle il prit part, un compte rendu détaillé des disputes entre Gilbert et saint Bernard, se tenant tant à Paris qu'à Reims. Othon a travaillé à cette partie de son œuvre entre 1156 et 1158 [2].

Sans avoir été témoin oculaire, comme Geoffroy d'Auxerre, son récit est très vivant et bien documenté. Où en aura-t-il puisé l'information ? Revenant en 1149 de l'Orient par l'Italie méridionale, c'est au cours de ce voyage, présume Poole, qu'Othon l'aura recueillie. Un personnage important comme lui ne pouvait traverser l'Italie sans rendre visite à la cour du Pape. Et là il aura pu obtenir des cardinaux présents à Reims les indications

---

[1] Voir F. PELSTER, *Petrus Lombardus und die Verhandlungen über die Streitfrage des Gilbertus Porreta in Paris (1147) und Reims (1148)*, dans *Miscellanea Lombardiana*, Novare, 1957, p. 65-73.

[2] *Gesta Friderici Imp.*, lib. I, c. XLVIII-LXII (MGH.SS, t. XX, p. 376-385).

nécessaires à sa notice [1]. Cette hypothèse de Poole paraît très plausible. En réalité, la manière de voir d'Othon est bien proche de celle des cardinaux. Comme les cardinaux au Concile, ne suggère-t-il pas que saint Bernard cherchait la condamnation de Gilbert d'après une procédure identique à celle qui fit la réussite de celle d'Abélard, sans défense personnelle de la part de l'accusé [2] ?

Certes, Othon dut avoir encore d'autres sources à sa disposition. Le contraire ne cadre pas avec ses habitudes. En historien consciencieux, il répugnait à écrire sans documents sérieux en la matière [3]. Son exposé doctrinal de l'affaire surtout paraît solidement étayé. On ne peut envisager que des informations théologiques d'un tel prix lui venaient des cardinaux qui, d'après les autres témoignages, s'intéressèrent beaucoup plus à l'aspect politique du débat qu'à son aspect doctrinal. Othon peut déjà avoir eu connaissance du *Libellus* de Geoffroy d'Auxerre. Les exposés faits par l'un et l'autre sur la marche des discussions, dénotent une ressemblance sensible. Lorsque Jean de Salisbury nous dit ne trouver les quatre thèses promulguées que dans le *Libellus* de Geoffroy, parce qu'elles ne figuraient ni dans les actes officiels du Concile ni dans les *Regesta* du Pape, il y a quelque chance qu'il en ait été de même pour Othon [4]. Sa rédaction de ces thèses ne diffère pas plus de celle de Geoffroy que de Jean de Salisbury.

Dans l'avant-propos de son *Historia Pontificalis*, Jean de Slisabury manifeste son intention de poursuivre la chronique de Sigebert de Gembloux suspendue bien avant le Concile de Reims. Débutant donc par le Concile, il y ajoute certains détails nécessaires pour l'intelligence des événements futurs et omis par Sige-

---

[1] R. L. POOLE, *Historia Pontificalis*, Préface, p. XXXVII.
[2] Comparer *Gesta Friderici Imp.*, lib. I. c. LII (MGH.SS, t. XX, p. 379) : « ... pretaxati archidiacones, ascito sibi tantae auctoritatis et existimationis viro, abbate Bernardo, episcopum Gilebertum eadem, qua predictum Petrum, via dampnare adtemptabant », avec l'*Historia Pontificalis*, c. 9 (édit. POOLE, p. 20) : « condixerunt ergo (scil. cardinales) fovere causam domini Pictavensis, dicentes quod abbas arte simili magistrum Petrum aggressus erat ». Voir aussi *Gesta*, lib. I, c. XLVIIII-LII, p. 376-380.
[3] Voir la lettre d'Othon à l'Empereur, citée par WAITZ dans sa préface à l'édition des MGH.
[4] *Historia Pontificalis*, c. 11 (édit. POOLE, p. 26).

bert [1]. La place centrale de son exposé est réservée à l'affaire de Gilbert [2].

Dans sa forme actuelle, l'*Historia Pontificalis* ne put être achevée avant 1164. Déjà Robert de Melun y porte le titre d'évêque [3]. Or, nous savons qu'il fut sacré évêque d'Hereford le 22 décembre 1163 [4]. Poole croit que, plusieurs années auparavant, Jean avait déjà terminé une grande partie de son œuvre, notamment celle qui a trait à Gilbert. Il considère l'été de 1149 comme la date la plus probable pour la composition de cette partie, époque à laquelle, installé à Tusculum, Jean disposait de loisirs en suffisance. L'*Historia Pontificalis* est d'une construction assez lâche. Elle donne l'impression d'avoir été rédigée d'après des annotations disparates, dont l'auteur n'est pas arrivé à faire un tout bien charpenté. Le travail de Jean en 1164 consisterait en une révision superficielle, se limitant à l'addition des fonctions et des titres que les personnages cités avaient cette année-là [5]. La partie consacrée à Gilbert constitue un tout tranchant sur le reste de l'ouvrage. Ce qui n'implique pas qu'elle ait été écrite longtemps avant ou après l'ensemble de l'écrit. Des indices internes au texte nous font rejeter, à l'encontre des souhaits de Poole, une date aussi rapprochée des événements. Jean parle du *Libellus* comme écrit après la mort de Gilbert (1154). Lui-même affirme par ailleurs avoir puisé en partie sa documentation dans l'œuvre de Geoffroy. Il avoue lui-même avoir trouvé les thèses promulguées par le Concile dans le *Libellus* exclusivement et les avoir simplement transcrites [6].

En grande partie son récit est émaillé de passages réagissant contre l'information tendencieuse de Geoffroy. Il en est ainsi lorsqu'il rend compte de la réunion des évêques et des théologiens français, convoqués à la résidence de saint Bernard en vue de formuler les thèses contraires à la doctrine de Gilbert. Cette réunion constitue le panneau central de son exposé, et l'insistance

---

[1] *Historia Pontificalis*, c. 1 (édit. POOLE, p. 3, voir aussi p. 4).
[2] *Historia Pontificalis*, c. 8-15 (édit. POOLE, p. 16-41).
[3] *Historia Pontificalis*, c. 8 (édit. POOLE, p. 17).
[4] Voir R. M. MARTIN, *Œuvres de Robert de Melun*, t. I, Louvain, 1932, Introduction, p. X.
[5] R. L. POOLE, *Historia Pontificalis*, Préface, p. XXXVI; voir aussi p. LXXXII.
[6] *Historia Pontificalis*, c. 11 (édit. POOLE, p. 26).

sur le caractère privé de cette réunion a visiblement pour but de minimiser, contrairement à la présentation de Geoffroy, le caractère officiel des décisions doctrinales prises à Reims [1]. Admettons dès lors que quelques annotations sur les discussions entre Gilbert et saint Bernard ont été rédigées par Jean peu après le Concile, mais la rédaction définitive doit en être placée au moment où il prit connaissance du *Libellus* de Geoffroy. Il en eut tout le loisir en cette période de disgrâce auprès du roi Henri, c'est-à-dire après son retour de Rome, au printemps de l'année 1159. De cette époque également datent la révision et les compléments des deux autres œuvres : le *Policraticus* et le *Metalogicon* [2].

II

Notons immédiatement que nos trois sources sont en désaccord sur les points importants, ce qui n'a rien d'étonnant puisque leurs auteurs furent de quelque manière impliqués dans le procès de Gilbert. Bien plus, deux d'entre eux, Geoffroy et Jean, présents au Concile, ne cachèrent jamais leur sympathie pour les parties adverses. Et Jean fait observer qu'il assista personnellement à la promulgation des thèses : *eadem capitula, licet ea audierim, utpote qui praesens aderam, publicari* [3]... et qu'il fut présent à la réunion privée tenue à la résidence de saint Bernard : *quod vidi loquor et scribo* [4]. Il atteste que Geoffroy rédigea les thèses [5] et remplit la fonction de secrétaire à la séance des prélats français [6]. De son côté, Geoffroy confirme sa présence en insistant sur sa participation aux discussions [7], et en employant fréquemment le terme « nous » quand il parle de l'attitude du parti de saint Bernard : *ingredientibus nobis consistorium* [8]. Othon était absent des débats, mais il n'échappe pas pour autant à toute accusation de partialité.

Le plus partial des trois sans contredit est Geoffroy. Il se répand en louanges à l'endroit de saint Bernard dont il était le

---

[1] *Ibid.*, p. 18-20.
[2] R. L. POOLE, *Historia Pontificalis*, Préface, p. LXXVI.
[3] *Historia Pontificalis*, c. 11 (édit. POOLE, p. 26).
[4] *Ibid.*, p. 18.
[5] *Ibid.*, p. 24.
[6] *Ibid.*, p. 19.
[7] *Epistola* (PL, CLXXXV, 590 C).
[8] *Ibid.*, 589 C.

secrétaire et se surpasse en blâmes pour Gilbert. Ni le sérieux de la science de ce dernier, ni sa connaissance approfondie de la tradition chrétienne, ni même sa riche personnalité, fondements du respect et de la fidélité de beaucoup d'élèves, réussirent à forcer son estime. S'il reconnaissait chez l'évêque une ample érudition et une grande habileté dialectique, c'était à contre-cœur, et cela ne constituait pas, à ses yeux, une qualité mais bien plutôt la preuve d'une personnalité astucieuse et hypocrite. C'est à juste titre que Jean de Salisbury reproche à l'écrit de Geoffroy l'amertume et l'âpreté, d'ailleurs vaines à l'égard d'un adversaire défunt [1]. Peut-on en effet attendre une parfaite objectivité de la part d'un adversaire ? Et Geoffroy avait participé avec fougue à l'offensive menée contre la doctrine de Gilbert. Son *Libellus* a tout d'un écrit polémique. Le cadre historique amorce l'introduction à la réfutation doctrinale. Il en est de même dans la lettre au cardinal Albin, sorte de mémoire historique, où les événements sont présentés de manière à aboutir immanquablement à cette inévitable conclusion : la doctrine de Gilbert est funeste à l'orthodoxie et, par conséquent, elle a dû être solennellement et définitivement condamnée par la plus haute autorité doctrinale de l'Église.

Les sympathies d'Othon de Freising, en revanche, sont acquises à Gilbert et plus que Geoffroy il s'attache à atténuer l'opposition entre saint Bernard et Gilbert. Il tâche de comprendre et d'expliquer plutôt que de condamner. Il reconnaît la sainteté de saint Bernard et le décrit comme un homme zélé pour la foi et plein de mansuétude. Non obstant ces excellentes qualités, il lui impute une certaine crédulité et un préjugé défavorable envers les théologiens enclins à utiliser la science profane pour l'intelligence de la foi [2]. Othon qui ne fut pas directement élève de Gilbert, prône pourtant une doctrine philosophique et théologique influencée par les théories porrétaines. Dans ses *Gesta*, de fréquentes digressions philosophiques et théologiques rappellent nettement la doctrine, et même la terminologie de Gilbert [3].

---

[1] *Historia Pontificalis*, c. 11 (édit. POOLE, p. 26).

[2] *Gesta Friderici Imp.*, lib. I, c. XLVIIII (MGH.SS, t. XX, p. 376). Comparer avec la diagnose faite par le *Dialogus Everardi et Ratii* (édit., HARING, dans *Mediaeval Studies*, t. XV, 1953, p. 272).

[3] Par exemple, *Gesta Friderici Imp.*, lib. I, c. V (MGH.SS, t. XX, p. 354). Voir aussi A. HOFMEISTER, *Studien über Otto von Freising*, dans *Neues Archiv*,

Cette préférence personnelle ne manqua pas d'influencer sa manière de présenter les choses. Aussi Radewin, continuateur des *Gesta*, rapporte-t-il que, sur son lit de mort, Othon, la conscience chargée, émit quelque réserve sur sa présentation des événements du Concile de Reims. Pour cette raison, à ce moment suprême, il tint à professer sa foi en la doctrine de l'Église et à soumettre son livre à une révision, dans le cas où il aurait froissé quelqu'un par son jugement trop favorable à Gilbert [1]. Malgré cette disposition bienveillante et celle des sources utilisées, son récit est hautement apprécié par la plupart des érudits [2]. Si son œuvre n'est pas exempte de fautes de méthode, Othon, réputé comme l'historien le plus sérieux de son époque, est crédité d'une honnêteté sans pareil. Soulignons à sa louange qu'il s'efforça de prendre appui sur des sources sérieuses et dignes de foi, lorsqu'il n'avait pas été témoin de ce qu'il rapportait.

Quant à Jean de Salisbury, il est le disciple immédiat de Gilbert. Son *Metalogicon* prouve qu'en dépit d'une fréquentation éphémère de ses cours à Paris [3], il en a subi profondément l'influence, et justement sur les points essentiels de sa méthode : la préférence pour une théologie basée sur la science et son amour pour les arts libéraux comme instruments de recherche théologique. Assurément, Jean entretint de bon rapports avec saint Bernard. Il fut longtemps, sans doute depuis 1146, au service du Pape, peut-être en qualité de secrétaire [4]. Il nous paraît invraisemblable que le Pape Eugène III, ami dévoué de son ancien abbé qui resta son conseiller à l'avis écouté, ait toléré dans son entourage immédiat un adversaire avoué de celui-ci. Saint Bernard alla jusqu'à écrire un jour une lettre de recommandation à l'évêque de Cantorbéry, sollicitant une prébende pour Jean [5]. Après le

---

t. XXXVII, 1912, p. 99-161, 633-768 ; J. SCHMIDLIN, *Die Philosophie Ottos von Freising*, dans *Philosophisches Jahrbuch*, t. XVIII, 1905, p. 156-175, 312-323, 407-423.

[1] *Gesta Friderici Imp.*, lib. IV, c. XIIII (continuatio Rahewini) (MGH.SS, t. XX, p. 452).

[2] Voir E. VACANDARD, *Vie de saint Bernard*, Paris, 1920, p. 344, n. 1, approuvé par LECLERCQ dans son édition de HEFELE, *Konziliengeschichte*, 1912, t. V, p. 817, n. 1. Voir aussi A. CLERVAL, *Les Écoles de Chartres*, p. 166, n. 1 ; M. GRABMANN, *Geschichte der scholastischen Methode*, t. II, p. 410.

[3] *Metalogicon*, lib. II, c. X (édit. WEBB, p. 82).

[4] Voir R. L. POOLE, *Historia Pontificalis*, Préface, p. LXXII.

[5] *Epistola* 361 (en 1148 ou 1149). Cfr É. VACANDARD, *Vie de saint Bernard*, t. II, p. 112.

Concile de Reims, il recourut à la médiation de Jean pour amener Gilbert à une discussion amicale sur le sens des textes de saint Hilaire [1].

Dès lors, dans son exposé, Jean tâchera de décerner à chacun des partis son mérite respectif. Une description très nuancée oppose le caractère et la formation différents des deux adversaires et, tout en reconnaissant pleinement leurs qualités, il invoque ce contraste comme la raison principale du conflit [2]. Douter des intentions honnêtes de saint Bernard frise la calomnie, prétend-il. Avec la même vigueur il repousse l'accusation de fourberie et d'hypocrisie pesant sur Gilbert [3]. Il se risque à insinuer que l'intervention des cardinaux en faveur de Gilbert n'était nullement inspirée par leur conviction théologique, mais beaucoup plus par la jalousie que faisait naître l'ascendant privilégié de saint Bernard tant auprès du Pape qu'auprès du roi de France [4]. A la version des cardinaux, admise sans hésitation par Othon de Freising et selon laquelle l'abbé tenta d'obtenir la condamnation de Gilbert sans lui donner l'occasion de se défendre, ce qui lui réussit dans le cas d'Abélard, Jean n'attache aucune croyance.

Jean était convaincu au plus haut point de sa responsabilité d'historien. La connaissance du passé de l'Église, dit-il, est, après la grâce et la loi divines, comme le moyen principal de réaliser un véritable et sain progrès spirituel des hommes. Aussi il ne recueillera, dans son *Historia*, que des faits vécus par lui-même, ou établis par les écrits et par l'autorité d'hommes dignes de confiance [5]. Il ne passera pas sous silence des événements désagréables, car mieux vaut servir la vérité que flatter les hommes ; et à l'auteur devient nuisible toute tromperie dans le but de plaire à quelques-uns. Avant d'entamer le récit de l'épisode décisif du Concile de Reims, il prend Dieu à témoin qu'il ne relatera que ce qu'il vit personnellement. Un trop grand nombre

---

[1] *Historia Pontificalis*, c. 12 (édit. Poole, p. 27).

[2] *Ibid.* Voir aussi le *Dialogus Everardi et Ratii* (édit. Haring, dans *Mediaeval Studies*, t. XV, 1953, p. 272).

[3] *Historia Pontificalis*, c. 8 (édit. Poole, p. 17).

[4] *Ibid.*, c. 10, p. 22.

[5] *Historia Pontificalis*, c. 1 (édit. Poole, p. 5) : « In hiis autem que dicturus sum nichil auctore Deo scribam, nisi quod visu et auditu verum esse cognovero, vel quod probabilium virorum scriptis fuerit et auctoritate subnixum ».

de témoins encore en vie, ajoute-t-il, me prendrait en flagrant délit de mensonge si je ne disais pas la vérité [1].

Ces raisons ont incité les historiens modernes tels que Grabmann, Poole et Hayen à se désolidariser du jugement défavorable sur la crédibilité de l'*Historia Pontificalis* porté par Vacandard dans sa *Vie de saint Bernard* et repris par Dom H. Leclercq dans son édition de l'*Histoire des Conciles* de Hefele [2]. Ceci ne revient pas à dire que le récit de Jean soit d'une interprétation facile. Il offre plusieurs difficultés sur le déroulement de l'affaire et il est souvent assez malaisé d'accorder ses vues avec celles des autres sources. Jean préfère l'ordre logique à l'ordre chronologique. Pour lui, la réunion des prélats français convoquée à l'initiative de saint Bernard, constitue le fait central autour duquel tournent tous les autres événements. L'ordre et la cohésion chronologique sont loin d'être les qualités dominantes de son *Historia Pontificalis*.

III

Les sources principales s'accordent pour qualifier l'intervention de saint Bernard au Concile de Reims comme déterminante, entraînant des complications dans le procès de Gilbert. Le puissant abbé s'y mêlant, un problème de politique ecclésiastique devait nécessairement se greffer sur l'aspect purement doctrinal du débat. Les discussions relatives aux théories porrétaines s'en ressentent et la décision finale du Concile à tout le moins en éprouve les conséquences.

Qu'il y ait opposition entre la doctrine de saint Bernard et de Gilbert, les sources n'en font point mystère. Nous avons mentionné l'exposé coloré de Geoffroy qui fait sienne la manière de voir de son maître, mais celui fourni par les sectateurs fanatiques de Gilbert n'est guère plus objectif. Ils visent manifestement à rabaisser l'autorité de saint Bernard en matière théologique, soutenus en cela par Gilbert lui-même. Sans le nommer, il s'atta-

---

[1] *Ibid.*, c. 8, p. 18.
[2] É. VACANDARD, *Vie de saint Bernard*, Paris, 1920, t. II, p. 344, n. 1 ; HEFELE-LECLERCQ, *Histoire des Conciles*, t. V, 1, p. 817, n. 1. A. KNOPFLER, au contraire qui a révisé l'ouvrage, penche vers la relation de l'*Historia Pontificalis* (p. 832, n. 5). Voir M. GRABMANN, *Geschichte der scholastischen Methode*, t. II, p. 410 ; R. L. POOLE, *Historia Pontificalis*, Préface, p. XLIII ; A. HAYEN, *Le Concile de Reims*, p. 34, 38.

que dans son nouveau prologue de façon véhémente à son illustre contradicteur. Il jugeait l'abbé incapable de porter un jugement dans les questions de théologie pure. N'avait-il pas une connaissance médiocre de la littérature profane et des *artes* ? Voilà devenu impossible, d'après lui, tout accord, toute discussion sur un plan d'égalité. Hautainement déclinée fut l'invitation de saint Bernard lancée peu de temps après le Concile de Reims, afin de discuter à l'amiable le sens des textes de saint Hilaire, utilisés par l'évêque et sanctionnant sa doctrine. Il motiva son réfus en alléguant le manque de formation scientifique de l'abbé, principe fondamental de tout débat contradictoire [1]. Dans son optique l'intervention de saint Bernard n'était qu'un acte d'ingérence et de despotisme. Répétons-le, dans son nouveau prologue, son adversaire n'est pas nommément désigné, mais les plus graves accusations lui sont décochées. Le reproche de formation scientifique insuffisante, formulé lors de la tentative de médiation de Jean de Salisbury, se retrouve dans cette âpre affirmation du prologue : *qui, cum nihil didicerint, opinione sua nesciunt nihil : homines sine ratione philosophi* ... et dans la conclusion, où il blâme de tels opposants qui stigmatisent hérésies et hérétiques sans être capables de discerner les véritables hérésies. Qui d'autre que saint Bernard pourrait être visé dans le prologue par ce vers d'Horace : *tamquam excussi propriis aliena negotia curant* ... Cela s'adresse au moine qui quittait souvent son abbaye sur l'ordre du Pape et du roi pour traiter toutes sortes d'affaires et se mêler passionnément aux discussions théologiques des maîtres. Gilbert fait allusion à la personnalité dominante de saint Bernard, quand il écrit : ... *quorum si forte aliqui humano errore aut potestate aliqua praesunt aut praeeminent dignitate, praecipiunt ut verum falsum et falsum verum, itemque bonum malum et malum bonum esse credatur* [2].

Les apologies de la main des partisans de Gilbert recourent au même esprit batailleur et souvent à un ton blessant. Il s'en dégage cette impression d'ensemble : la défense de Gilbert fut si habile et remarquable qu'elle ne laissa pas à saint Bernard la possibilité d'atteindre pareil niveau dans l'attaque.

---

[1] *Historia Pontificalis*, c. 12 (édit. POOLE, p. 27) : « Ille (scil. Gilbertus) vero respondit ... abbatem, si plenam intelligentiam Hylarii affectaret, prius in disciplinis liberalibus et aliis praedicendis plenius instrui oportere ».

[2] *Prologue* (édit. HARING, p. 33s ; M. GRABMANN, *Geschichte*, t. II, p. 417)

Hélinand de Froidmont, qui était de tout cœur avec saint Bernard et dont la Chronique emprunte, à peu près à la lettre, la relation de Geoffroy, note l'interprétation des faits donnée par un certain Étienne d'Alinerra, présent au Concile parmi les partisans de Gilbert. Hélinand se plaint d'autres interprétations du même genre répandues par les adversaires de saint Bernard pour porter préjudice à l'abbé et avec lui à tout l'Ordre de Cîteaux[1].

Certaines descriptions sont d'une grossièreté telle, qu'on leur déniera toute valeur historique. L'auteur du *Liber de vera philosophia* dépasse les bornes : il traite saint Bernard de *semper invidiosus quidam, sub quo erat monachus papa tertius Eugenius*, et ravale la réunion des évêques et des théologiens français sous la présidence du saint, à une sorte de conciliabule sans dignité : *Cum esset bene potus in nocte cum paucissimis familiaribus suis in hospitio suo decrevit credi quod ...*[2] Nous y reconnaissons le ton du libelle diffamatoire publié contre saint Bernard par Bérenger, disciple d'Abélard[3].

Hauréau qui attira, l'un des premiers, l'attention sur Gilbert, a repris à son compte mais sous une forme plus moderne et plus élégante, cette attitude hostile à saint Bernard. Pour lui, Gilbert est le champion de l'esprit de liberté, luttant contre la contrainte bornée d'une orthodoxie étroite, représentée par saint Bernard[4]. En présence de cet aspect des choses, Hauréau s'efforcera de démontrer l'impossibilité pour les penseurs du Moyen Age de réaliser l'harmonie entre la théologie et la philosophie. Les deux grands systèmes du XIIe siècle, tant le nominalisme d'Abélard que le réalisme de Gilbert, échouèrent, d'après lui, devant l'hostilité de l'Église[5].

---

[1] Hélinand de Froidmont, *Chronicon* (PL, CCXII, 1038 BC).

[2] Dans P. Fournier, *Un adversaire inconnu de saint Bernard et de Pierre Lombard. Notice sur un ms. provenant de la Grande-Chartreuse*, dans *Bibliothèque de l'École des chartes*, t. XLVII, 1886, p. 405 ; partiellement dans R. L. Poole, *Historia Pontificalis*, Préface, p. XL et F. Pelster, *Die anonyme Verteidigungsschrift der Lehre Gilberts von Poitiers*, p. 117 s et 124.

[3] Berengarius, *Apologeticus contra beatum Bernardum Clarevallensem abbatem et alios qui condemnaverunt Petrum Abaelardum* (PL, CLXXVIII, 1875).

[4] B. Hauréau, *De la philosophie scolastique*, t. I, Paris, 1850, p. 313.

[5] D'après Hauréau, à cette époque, la philosophie, c.-à-d. la liberté de l'esprit et l'Église, c.-à-d. l'autorité, réclament concurremment la conduite de la génération nouvelle (p. 120). Surtout le Nominalisme, doctrine la plus conforme à la raison, s'oppose aux axiomes de la foi (p. 213). « Toutes les thèses philosophiques ont subi l'épreuve solennelle de l'inquisition et du jugement canonique, et

Ces coups frappèrent d'abord Abélard qui, par sa philosophie nominaliste, avait introduit de nouvelles expressions dans la théologie traditionnelle et les entendait dans un sens nouveau. « C'est ce qui souleva contre lui toute la cohorte des docteurs orthodoxes. Un moine illustre, qui méprisait la droite raison, mais qui possédait au plus haut point cette éloquence du fanatisme qui toujours séduit, toujours entraîne la foule, saint Bernard, s'avançait à la tête de ses ennemis »[1]. Gilbert ensuite, philosophe de premier ordre parmi les maîtres du XIIe siècle, connut l'insuccès, malgré son courage et sa liberté d'esprit, en martyr de la dialectique. C'est par le même « organe tonnant de saint Bernard »[2] que l'Église le tint en échec.

Mettre en opposition orthodoxie et liberté d'esprit au XIIe siècle, comme le fait Hauréau, nous amène à un flagrant anachronisme [3]. Il n'entrait pas dans les intentions ni d'Abélard, ni de Gilbert, de se libérer de l'autorité doctrinale de l'Église, pas plus que de réclamer pour la théologie spéculative ou pour la philosophie l'autonomie à l'égard de la doctrine de foi et de l'autorité ecclésiastique. Dans une lettre à Héloise, Abélard écrit : « Je ne veux pas être philosophe, si par là je devais être en contradiction avec saint Paul ; je ne désire pas être un Aristote, si par là je dois être rejeté par le Christ »[4]. Gilbert est tout aussi sincère lorsqu'il soutient vouloir souscrire en tout point la doctrine des auteurs ecclésiastiques et attendre d'un examen critique de ses commentaires qu'ils apparaissent aux yeux de ses lecteurs *magis furta quam inventa* [5].

---

toutes elles ont été déclarées complices de l'erreur et de l'impiété. L'Église a condamné tous les philosophes » (p. 215). Au douzième siècle, personne n'avait pu concilier la philosophie et la théologie (p. 318).

[1] B. Hauréau, *op. cit.*, p. 285.

[2] Id., *op. cit.*, p. 316. Ce passage évoque la *Defensio Gilberti* du Vat. lat. 561 : « ... excelsis clamoribus tonantes magistrum Gislebertum scripsisse contra fidem », cité par F. Pelster, *Die anonyme Verteidigungsschrift der Lehre Gilberts*, p. 145.

[3] W. Meyer. *Die Anklagesätze des heiligen Bernard gegen Abälard*, dans *Nachrichten kath. Gesellschaft Wissenschaften zu Göttingen*, 1898, p. 403, rejette la critique moderne basée sur la conception de tolérance, conception qui eût provoqué la critique d'un Abélard.

[4] Epistola XVII (PL, CLXXVIII, 375 C). Voir J. Cottiaux, *La conception de la théologie chez Abélard*, dans *Revue d'hist. ecclés.*, t. XXVIII, 1932, p. 247-295, 533-551, 788-828.

[5] *Prologue* (édit. Haring, p. 34 ; M. Grabmann, *Geschichte*, t. II, p. 419).

Othon de Freising et Jean de Salisbury surtout esquissent des deux adversaires un portrait sympathique et tout en nuances, tranchant par là avec bonheur sur certains tracés sans finesse. Passant au crible les qualités propres à chacun d'eux, ils cherchent une explication au conflit doctrinal par un conflit psychologique.

Quand Othon reconnaît à saint Bernard un zèle ardent pour la religion et la foi, une douceur innée de caractère, il ne reste pas pour autant aveugle devant ses défauts. Son attachement à la foi coïncide avec une horreur irréfléchie pour tous les maîtres s'autorisant en théologie des sciences profanes et des ressources de l'intelligence humaine. Sa douceur de caractère ne l'empêchait pas de montrer une crédulité trop facile aux insinuations d'hétérodoxie [1]. Tout cela, Othon l'a pesé avec minutie, mais il n'ose pas se prononcer d'une manière définitive. Il envisage deux éventualités : ou bien l'abbé s'est trompé par faiblesse humaine, ou bien l'évêque, en homme très instruit, a su masquer ses intentions véritables afin de se soustraire à la condamnation de l'Église[2]. Othon, pour sa part, penche nettement pour la première hypothèse, amorçant, dans ce qui précède, une claire explication des intentions de Gilbert. Il le considère comme un homme supérieur, d'une grande sagacité et d'une vaste érudition, un savant d'une science éminente. Enfin, ni dans sa personnalité ni dans sa doctrine, il ne parvient à découvrir le motif valable qui justifierait l'attitude intransigeante de saint Bernard.

Jean de Salisbury, nous le savons, était lié d'amitié à saint Bernard et à Gilbert. Il est hors de doute qu'il s'est rangé au point de vue doctrine sous la bannière de Gilbert. A l'instar d'Othon, il se donne un mal inouï à découvrir les raisons psychologiques du désaccord entre les deux antagonistes aux prises avec des questions dogmatiques discutées, et sans les amoindrir, il croit discerner la différence dans leur génie propre, leur formation et leur intérêt scientifique. Jean, sans réticence aucune, admet la sainteté de Bernard, *vir sanctissimus* [3], et la vive affection pour la foi de l'abbé, et il rejette catégoriquement l'accusation de malhonnêteté et de despotisme émise par les cardinaux. Nous en trouvons la preuve frappante dans sa transcription du nouveau prologue de Gilbert où il supprime toute expresion

---

[1] *Gesta Friderici Imp.*, lib. I, c. XLVIIII (MGH.SS, t. XX, p. 376).
[2] *Ibid.*, c. LXI, p. 384.
[3] *Historia Pontificalis*, c. 7 (édit. POOLE, p. 15).

capable de toucher saint Bernard [1], dont il vante les bonnes intentions, tout comme les connaissances et les capacités. Le glorifiant comme un prédicateur hors pair, le plus célèbre que l'Église ait connu depuis saint Grégoire, il enchaîne en s'extasiant devant son étonnante familiarité avec l'Écriture sainte qui lui en faisait parler le langage non seulement dans ses sermons mais aussi dans ses exhortations et ses lettres. Il avoue pourtant que Bernard ne peut être crédité d'une connaissance étendue de la littérature profane et de la science humaine, ni d'une estime réelle de leur utilité pour l'intelligence de la foi.

Gilbert maintenant était un personnage également sérieux, digne et vertueux, très versé dans l'Écriture sainte et dans les écrits patristiques, même les moins exploités dans les écoles Ce qui constituait le point faible de saint Bernard, faisait la supériorité de Gilbert sur tous ses contemporains : ses lumières sur la littérature profane classique et les arts libéraux, qu'il sut mettre au service de la science sacrée [2].

Si les deux héros étaient donc bien de tempérament tout différent, leur diverse formation accentua encore cette divergence. Bref, leurs intérêts étant dissemblables, ils n'usaient pas de la même langue.

Tel est le tableau brossé par Jean de Salisbury pour esquisser les causes les plus profondes du conflit surgi entre saint Bernard et Gilbert.

Cette appréciation nous paraît exacte. Le différend prend racine dans deux mentalités essentiellement opposées. Saint Bernard est le représentant de la mystique monachale de cette époque. Pour lui, le cloître et la vie claustrale sont la véritable école du savoir sacré, imprégné de l'Écriture sainte et de l'esprit des Pères. C'est là qu'on enseigne sagesse et science authentiques, en même temps qu'une mystique dépassant la spéculation des philosophes. C'est dire que l'abbé reprit à son compte les mêmes thèmes qui inspirèrent saint Pierre Damien dans sa lutte contre la dialectique, mais saint Bernard et ses partisans n'étaient plus, d'une façon aussi radicale et absolue, les adversaires de l'utilisation des *artes*, bien qu'ils soient restés sous ce rapport méfiants sur les résultats atteints par les théologiens usant de cette méthode. Saint Bernard était gagné en ce domaine à une vigilance conti-

---

[1] *Ibid.*, c. 13, p. 29 s.
[2] *Ibid.*, c. 8 et 12, p. 17 et 27.

nuelle, déniant toute confiance à des savants qui, tel Abélard et Gilbert, avaient grande réputation comme maîtres ès arts, et voulaient désormais appliquer la science profane à la spéculation théologique, d'une manière non pas plus ou moins accidentelle, mais rigoureusement systématique et scientifique [1]. Or, voici que, dans leurs traités, il ne retrouvaient plus rien de la science sacrée qui devait alimenter la piété, ni du saint langage de l'Écriture et de la tradition patristique. Fait bien plus grave encore, cette théologie rénovée osait même introduire des tournures nouvelles qui s'éloignaient trop, à son avis, de la tradition et frôlaient l'hérésie.

IV

Il convient de stipuler que, tant contre Abélard que contre Gilbert, saint Bernard reçut l'appui de nombreux théologiens des écoles françaises. Outre l'archidiacre de Poitiers, Ernald, lui aussi *magister scholae*, il faut noter parmi les adversaires de Gilbert, Pierre Lombard, Robert de Melun, Joscelin de Soissons et bien d'autres. Jean de Salisbury en a dit que *suas et aliorum linguas in eum acuebant* [2]. Faisant la part à l'élément humain, il se demande si le motif de leur opposition doit être cherché dans leur jalousie de la renommée plus grande de Gilbert, ou dans leur adulation pour saint Bernard, dont il craignaient de perdre la sympathie [3]. Il est vrai, ces théologiens pouvaient difficilement se soustraire à l'influence de saint Bernard, lequel comptait ses plus chauds partisans parmi les prélats français, auxquels les théologiens étaient soumis en tant que *magistri*

---

[1] Voir la lettre de saint Bernard à Innocent II citée par OTHON (*Gesta Friderici Imp.*, lib. I, c. L, MGH.SS, t. XX, p. 377) : « ... Petrus Abailardus Christianae fidei meritum evacuare nititur, dum totum, quod Deus est, humana ratione arbitratus est comprehendere, ascendit usque ad caelos et descendit usque ad abyssos ». Voir É. VACANDARD, *Vie de saint Bernard*, p. 108-181 ; É. GILSON, *La philosophie du Moyen Âge*, Paris, 1947, p. 297 ; ID., *La théologie mystique de saint Bernard*, Paris, 1934, p. 84. La tension qui existe entre les deux tendances apparaît aussi dans le *Dialogus Everardi et Ratii* (édit. N. HARING, dans *Mediaeval Studies*, t. XV, 1953, p. 243-289).

[2] Voir *Historia Pontificalis*, c. 8 (édit. POOLE, p. 17) ; OTHON DE FREISING, *Gesta Friderici Imp.*, lib. I, c. LIIII (MGH.SS, t. XX, p. 379 s) ; GEOFFROY D'AUXERRE, *Epistola* (PL, CLXXXV, 589 B) ; les « *Actes* » (édit. J. LECLERCQ, dans *Mediaeval Studies*, t. XIV, 1952, p. 109).

[3] *Historia Pontificalis, loco cit.*

scholarum. Qui plus est, l'ascendant du saint à cette époque était épaulé par l'autorité de Suger, abbé de Saint-Denis, hôte du pape et régent du royaume pendant l'absence de saint Louis[1].

Malgré tout, ce serait une erreur d'expliquer l'attitude hostile des maîtres envers Gilbert par les seuls motifs politiques. Sur ceux-ci leur différend dogmatique l'emportait. La plupart d'entre eux furent formés à l'École de Laon où, depuis la fin du XIe siècle, la théologie traditionnelle avait trouvé son foyer principal. Ils restèrent fidèles à cet enseignement et travaillèrent toujours dans le même esprit. Ouverts à la tendance mystique de saint Bernard et de ses moines, ils s'attachèrent très étroitement, dans leurs exposés théologiques, à la terminologie de l'Écriture sainte et des Pères, et ne firent usage de la dialectique qu'avec une réserve extrême.

Gilbert connaissait et appréciait la méthode de Laon et l'avait lui-même appliquée dans ses deux grandes gloses scripturaires. Mais, dans son œuvre la plus mûre, dans les commentaires des opuscules théologiques de Boèce, il préféra approcher les problèmes théologiques par l'étude grammaticale des textes. De cette manière, il croyait élaborer une théologie spéculative et vraiment scientifique des grands thèmes de la foi, de la Trinité et de l'Incarnation. Il appliqua ainsi, en la repensant de façon personnelle, la méthode de Bernard de Chartres, entreprise originale, qui l'écartait de la méthode théologique de ses collègues, y compris celle d'Abélard. Même à l'École de Chartres, son milieu familier, où l'on était mieux placé pour le comprendre, sa méthode et ses principes philosophiques ne furent pas unanimement admis. Clarembault d'Arras, disciple de Thierry et un des chartrains les plus typiques, le combattit âprement. Son commentaire sur Boèce s'en prend avec impétuosité à une des thèses maîtresses de Gilbert et de première grandeur dans sa théologie trinitaire[2]. D'après toute vraisemblance, ces critiques de Clarembault trouvèrent leur origine dans les idées de Thierry de Chartres sur la théologie trinitaire en plusieurs points opposées à celle de Gilbert[3].

---

[1] *Historia Pontificalis, loco cit.*; GEOFFROY D'AUXERRE, *Epistola* (PL, CLXXXV, 589 C).

[2] CLAREMBAULT D'ARRAS, *In Boethium de Trinitate* (édit. W. JANSEN, Breslau, 1926, voir p. ex. p. 45″, 51″, 65″, 77″). Voir aussi le *Prologue* de cet ouvrage (édit. HARING, dans *Mediaeval Studies*, t. XV, 1953, p. 212 s).

[3] Voir le commentaire anonyme de Boèce, imprimé par Migne parmi les œuvres de Bède dans PL, XLV, 391 ss. (Le prologue de cet ouvrage est omis

La doctrine de Gilbert dut paraître étrange, voir dangereuse, d'abord au mystique qu'était saint Bernard, mais aussi aux représentants de la théologie traditionnelle et non moins à des théologiens progressistes comme Thierry de Chartres et son école. Les malentendus étaient presque inévitables, vu l'absence en ce temps d'une philosophie cohérente qui pût servir de base commune à la spéculation théologique. La logique ne pouvait pleinement remplir sa fonction instrumentale, imbue qu'elle était de spéculations philosophiques d'origine diverse. Les disputes sur la nature des universaux en témoignent. L'emploi d'instruments aussi insuffisants à l'intelligence des grands dogmes de la foi, dut aboutir presque aussitôt à une terminologie ambiguë. D'où, nécessairement, des malentendus et des doutes concernant l'orthodoxie des nouvelles formules théologiques [1]. Nous estimons qu'au point de vue doctrinal c'est ici que se situent les raisons de l'opposition de saint Bernard et de son école à Gilbert. Ils eurent à se mesurer à des expressions qui, pour l'époque, s'écartaient notoirement de la formulation traditionnelle des dogmes chrétiens. En lisant les formules de Gilbert, sans être au courant de sa conviction philosophique et de ses interprétations souvent subtiles et compliquées, on dérivait peu à peu vers une conception contraire à l'immuable position de foi de l'Église et même vers un renversement des dogmes les plus fondamentaux. Dès ce moment, l'autorité de l'Église était engagée.

Heureusement, le Concile de Reims n'a pas anéanti le travail magistral de Gilbert, ni diminué son mérite. Les décisions doctrinales ont seulement mis en pleine lumière comment les formules

---

par Migne, on le trouve dans les éditions anciennes des œuvres de Bède, p. ex. Bâle, 1563, Cologne, 1688). Voir aussi le commentaire anonyme se trouvant, avec le précédent, dans la Bibliothèque Nationale à Paris, cod. lat. 14489, et édité partiellement par J. PARENT (*La doctrine de la création dans l'École de Chartres*, Paris-Ottawa, 1938, p. 180-205). Pour la théologie trinitaire de l'école de Thierry de Chartres, voir les articles et les éditions de N. HARING (*A short Treatise on the Trinity from the School of Thierry of Chartres*, dans *Mediaeval Studies*, t. XVIII, 1956, p. 125-134 ; *The Creation and Creator of the World according to Thierry of Chartres and Clarenbaldus of Arras*, dans *Archives d'Histoire doctrinale et littéraire du Moyen Âge*, t. XXII, 1956, p. 137-216 ; *A Commentary on Boethius' De Trinitate by Thierry of Chartres (Anonymus Berolinensis)*, ibid., t. XXIII, 1957, p. 257-325).

[1] Voir N. M. HARING, *The Case of Gilbert de la Porrée*, dans *Mediaeval Studies*, t. XIII, 1951, p. 11.

porrétaines pourraient mener à l'hérésie. Gilbert le reconnut et donna son adhésion à la profession de foi promulguée par le Pape. Les meilleurs disciples, guidés en cela par une philosophie plus parfaite, due à la découverte de la *Logique Nouvelle*, ont, par la suite, précisé les distinctions de leur maître, compte tenu des décisions conciliaires. Ainsi parvinrent-ils à garder l'orthodoxie sans abandonner l'essentiel des résultats obtenus par le labeur de leur prédécesseur [1].

Que saint Bernard et ses partisans aient considéré Gilbert comme hérétique dangereux, leur incompréhension simplifiant au delà de toute mesure les exposés fort nuancés de leur adversaire, ne diminue en rien les conséquences salutaires de leur intervention. Les débats certes en souffrirent, car leur exagération ne leur permettait pas d'apprécier à leur juste valeur les véritables intentions et l'exacte signification doctrinale des théories que leur opposait Gilbert.

Le conflit doctrinal se compliquera de problèmes d'un tout autre ordre, par suite de la présence des cardinaux, à tel point que l'affaire de l'évêque de Poitiers finît par être reléguée à l'arrière-plan. Les cardinaux se partageaient en partisans et adversaires de saint Bernard. Ces derniers prirent fait et cause pour Gilbert sans toujours approuver sa doctrine, parfois sans être à même d'en juger la valeur. Au dire de Geoffroy, le Pape lui-même n'osa pas identifier les défenseurs de la doctrine de Gilbert et les partisans de sa personne [2].

L'existence d'un parti de cardinaux en désaccord avec saint Bernard n'a rien qui puisse étonner. Le grand réformateur de la vie monastique jouissait d'un prestige prodigieux de par sa personnalité supérieure à toute autre, au point qu'il était considéré, et à juste titre, comme la figure de proue dans l'Église et dans le royaume de France en cette première moitié du XIIe siècle. En la personne d'Eugène III, un de ses anciens moines fut élevé à la plus haute dignité de l'Église. Par sa prédication de la Croisade, il se concilia la faveur de saint Louis de France et en l'absence de celui-ci son autorité restait sauvegardée grâce à son amitié avec Suger, abbé de Saint-Denis, régent du royaume. Tous les avis concordent sur ce point : la résistance des cardi-

---

[1] Voir *Gesta Friderici Imperatoris*, lib. I, c. LXI (MGH.SS, t. XX, p. 384).
[2] Voir GEOFFROY D'AUXERRE, *Epistola* (PL, CLXXXV, 592 A, 591 C). Aussi *Libellus* (*ibid.*, 587 A).

naux s'extériorisa pendant le Concile de Reims. En sa qualité de secrétaire du Pape, Jean de Salisbury le premier peut attester qu'en dehors du cardinal Albéric d'Ostie, mort peu avant le Concile, tous les cardinaux saisirent avec empressement chaque occasion de s'opposer au puissant abbé [1].

Cette rivalité profita évidemment à Gilbert qui, placé dans une situation bien délicate pour lui, s'aperçut qu'à l'opposé d'Abélard, il avait quelque chance d'en sortir sain et sauf. *Episcopus vero fretus auxilio cardinalium conflictum adiit confidenter* [2], a pu écrire Jean de Salisbury. Avec plus de confiance qu'au consistoire de Paris, il entreprit à Reims d'exposer le sens de ses théories, apportant tantôt des preuves tirées d'œuvres des Pères, tantôt des arguments rationnels. Geoffroy, indigné des réponses « évasives et hypocrites » de Gilbert à Paris, doit maintenant reconnaître qu'il ne cacha point sa doctrine et utilisa dans les débats tout le poids de sa persuasion et tout l'arsenal de son érudition scientifique [3].

Jean ne dissimule pas que la plupart des cardinaux opposants étaient jaloux de l'influence de saint Bernard et qu'ils ne se firent pas scrupule d'en appeler à des moyens peu reluisants pour le combattre, voire à des insinuations et des propos calomnieux. Connaissant l'éloquence redoutable du saint et sachant qu'à chaque fois il parvenait à ses fins ou gagnait ses auditeurs à ses vues, ils cherchèrent à intimider le Pape ; ainsi d'ailleurs en témoigne Jean [4]. Le même sentiment s'exhale du discours fictif, rédigé par Othon dans ses *Gesta*, où l'on entend les cardinaux devant le Pape lui-même crier leur indignation devant l'intervention autoritaire de saint Bernard. Ils reprochent ouvertement au Pape de négliger ceux qui l'ont élu, qui depuis longtemps et en vertu de leurs fonctions mêmes sont les amis et les conseillers du Saint-Siège, et ce pour demander conseil à quelqu'un qui ne lui est attaché que par amitié personnelle [5]. L'accusation paraît fondée et l'intervention peu discrète de

---

[1] *Historia Pontificalis*, c. 9 (édit. POOLE, p. 21) ; GEOFFROY D'AUXERRE, *Epistola* (PL, CLXXXV, 589 A, 591 C).

[2] *Historia Pontificalis*, c. 10 (édit. POOLE, p. 22). Voir aussi OTHON, *Gesta Friderici Imperatoris*, lib. I, c. LVIII (MGH.SS, t. XX, p. 382).

[3] GEOFFROY D'AUXERRE, *Libellus* (PL, CLXXXV, 596 D). Voir aussi *Epistola* (*ibid.*, 589 AB).

[4] *Historia Pontificalis*, c. 9 (édit. POOLE, p. 21 s).

[5] *Gesta Friderici Imperatoris*, lib. I, c. LX (MGH.SS, t. XX, p. 383s).

saint Bernard durcit encore l'attitude de ses adversaires. Toutes les sources en conviennent, mais leur jugement sur les intentions subjectives de l'abbé est loin d'être convergent.

Il n'est pas douteux que saint Bernard voulut emporter la décision et devancer le verdict des cardinaux. Avant les séances plénières, selon Jean, après l'indécision des premiers débats suivant Othon et Geoffroy, Bernard convoqua un conciliabule des prélats français, les obligeant à prendre parti. Par la suite semblable décision concernant la doctrine de Gilbert serait difficile à annuler par le concile réuni en séance plénière. Les thèses de Gilbert ne furent pas condamnées explicitement à cette réunion, mais saint Bernard obtint de l'assemblée la proclamation comme profession de foi d'une série de quatre thèses, formulées de façon à prendre le contrepied de celles rédigées par Gilbert au cours des débats. Saint Bernard veilla à faire donner à cette profession de foi un caractère officiel et définitif. Et Jean de rapporter la procédure suivie : pour chaque thèse il fut demandé un *placet* solennel à tous les assistants, comme il était d'usage pour la mise aux voix des lois et pour l'approbation des décrets ecclésiastiques. Nombreux furent les participants qui, d'après Jean, manquèrent de courage pour dévoiler leurs objections ou pour protester ouvertement [1]. Le récit de Jean est identique à celui de Geoffroy où de plus est stipulée la mission confiée par l'assemblée à une délégation chargée de remettre cette profession de foi au Pape. Les délégués devaient lui faire entendre avant tout qu'il ne s'agissait plus de l'expression provisoire de leur opinion comme pour les formules résumant la doctrine de Gilbert, ensuite qu'ils n'avaient pas l'intention d'attendre le jugement du Concile et finalement qu'ils considéraient comme définitif le texte présenté sans possibilité de retouches [2].

Unanimement les sources s'accordent sur le mobile qui poussa saint Bernard à convoquer cette assemblée privée : sa constante préoccupation d'en arriver à une précise condamnation des

---

[1] *Historia Pontificalis*, c. 8 (édit. POOLE, p. 19). Dans sa préface (p. XLIII), Poole souligne que le moment critique n'a pas été la formulation de la doctrine suspecte, mais la manière dont les thèses furent votées.

[2] GEOFFROY D'AUXERRE, *Epistola* (PL, CLXXXV, 592 A) : « Verumtamen ille (scil. Gilbertus) vobis tradidit suam (scil. confessionem), ut paratus esset corrigere, si quid vobis aliud videretur : nos huiusmodi conditionem penitus excludentes, sic vobis nostram offerimus, ut noveritis quod in hoc sumus, in hoc perseverabimus, nihil penitus mutaturi ».

théories de Gilbert contre le gré des cardinaux. N'avaient-ils pas à plusieurs reprises déjà montré qu'ils se réservaient la sentence et comme ils soutenaient franchement le parti de Gilbert, saint Bernard pouvait prévoir de quel côté pencherait la balance [1].

La façon d'agir de Bernard est susceptible de diverses interprétations. Les cardinaux crurent y discerner la méthode utilisée avec succès lors du procès d'Abélard [2]. Le Concile de Sens en 1140 avait déterminé et condamné les erreurs d'Abélard sans lui donner l'occasion de se défendre ni de se justifier, et le Pape Innocent n'eut plus qu'à sanctionner cette condamnation [3]. Othon se rallie sans réticence à ce point de vue. Pour en prouver la justesse il insère une relation détaillée des événements du Concile de Sens. S'il veut bien admettre que la marche suivie dans le cas d'Abélard se justifiait vu son arrogance, en ce qui concerne Gilbert (*nec eadem causa nec similis erat materia*) il la reprouve énergiquement [4].

Nul besoin, pour juger sereinement de l'affaire, de suivre Deutsch[5], qui suspecte Bernard d'avoir agi machiavéliquement. Ce serait oublier qu'il se laissa guider par la crainte réelle du péril inclus dans la doctrine de Gilbert. Les moyens employés pour arriver à ces fins, à coup sûr, sont discutables. Saint Bernard violenta l'assemblée d'une part en mettant le Concile devant un fait accompli et en lui arrachant d'autre part une résolution irrévocable pour un grand nombre d'assistants. Tenons dès lors la protestation des cardinaux comme non moins qu'équitable.

Les cardinaux allèrent plus avant. Dans leur esprit, saint Bernard accepta délibérément le risque d'un schisme dans l'Église de Gaule, brandissant cette menace pour faire approuver ses vues. Jean de Salisbury qualifie cette opinion de pure calomnie suscitée par l'envie [6]. Othon, lui, sans rallier entièrement la thèse des cardinaux, reste convaincu, vu l'intransigeance de Bernard, du danger grave et non imaginaire d'un schisme.

---

[1] Voir Geoffroy d'Auxerre, *Epistola* (PL, CLXXXV, 591 C) ; *Historia Pontificalis*, c. 8 (édit. Poole, p. 19) ; Othon de Freising, *Gesta Friderici Imperatoris*, lib. I, c. LVIII (MGH.SS, t. XX, p. 383).

[2] *Historia Pontificalis*, c. 9 (édit. Poole, p. 20 s).

[3] La lettre de saint Bernard est citée par Othon de Freising, *Gesta Friderici Imperatoris*, lib. I, c. L (MGH.SS, t. XX, p. 379).

[4] *Ibid.*, p. 379.

[5] S. M. Deutsch, *Die Synode von Sens 1141 und die Verurteilung Abälards*, Berlin, 1880. Voir aussi M. Davy, *Œuvres de saint Bernard, traduites et préfacées*, t. I, Paris, 1945, p. 6.

[6] *Historia Pontificalis*, c. 9 (édit. Poole, p. 21).

CHAPITRE II

L'ENQUÊTE OFFICIELLE

Sommaire. — I. Enquête préliminaire : Viterbe et Auxerre ? Consistoire de Paris. — II. Le Concile de Reims : compte rendu des séances, les discussions, destruction d'un écrit porrétain, assemblée des prélats français, les quatre thèses, décision du Concile. — III. Conclusion.

La doctrine de Gilbert souleva-t-elle des difficultés ou des discussions au temps de son professorat à Chartres et à Paris ? Aucun indice n'invite à le penser. Gilbert était déjà évêque de Poitiers, lorsque l'opposition surgit des rangs de son propre clergé. L'occasion en fut un sermon sur la Trinité. Deux de ses archidiacres, maître Ernald et maître Calo, protestèrent publiquement contre l'explication théologique du dogme trinitaire donnée par Gilbert. Il se trouva que le conflit prit une telle acuité que les deux archidiacres partirent pour Rome afin de demander l'intervention du Pape. Eugène III faisait route vers la France ; ils le rencontrèrent à Sienne. Le Pape les écouta mais préféra renvoyer l'affaire à un concile qu'il se proposait de convoquer en France. La difficulté de la question, dit-il, exigeait une étude approfondie, il espérait la résoudre avec l'aide de théologiens français compétents et renommés. Sur le chemin du retour, maître Ernald et maître Calo surent gagner saint Bernard à leur cause.

L'histoire de l'enquête officielle est narrée en toutes parties par Othon de Freising et Geoffroy d'Auxerre. L'un et l'autre distinguent trois phases dans les débats. Othon désigne Auxerre, Geoffroy Viterbe comme endroit où débuta l'enquête. D'accord entre eux et avec Jean de Salisbury ils placent les deux phases suivantes au consistoire de Paris et au Concile de Reims [1].

---
[1] Geoffroy d'Auxerre, *Libellus* (PL, CLXXXV, 605 A) ; Othon de Freising, *Gesta Friderici Imperatoris*, lib. I, c. LII (MGH.SS, t. XX, p. 379) ; Jean de Salisbury, *Historia Pontificalis*, c. 8 (édit. Poole, p. 16).

I

Le premier acte du drame se serait donc déroulé à Viterbe selon Geoffroy, à Auxerre selon Othon. Gilbert en personne y aurait participé ; Othon emploie le terme *vocatus*, Geoffroy dit *interrogatum*.

Dans la notice de Geoffroy cependant une erreur se serait glissée. Eugène III a résidé longtemps à Viterbe, à cause de ses démêlés avec le Sénat romain, mais à la fin de 1146 il cheminait déjà vers la France[1]. C'est au cours de ce voyage, au début de 1147, qu'il apprit pour la première fois, à Sienne, les difficultés soulevés contre la doctrine de Gilbert par les deux archidiacres de Poitiers. Peut-être Geoffroy avait-il en tête le nom de Viterbe, confondant avec l'affaire d'Abélard où son abbé, saint Bernard, joua un rôle de première importance et dans laquelle la ville de Viterbe est signalée maintes fois. Peu avant son voyage en France, en effet, le Pape reçut à Viterbe Arnaud de Brescia, partisan d'Abélard, venu solliciter sa réconciliation[2]. Auxerre, par contre, cité par Othon, se trouvait bien sur le chemin que devait suivre le Pape de Lyon à Paris. On ignore toutefois si celui-ci s'y arrêta, comme il le fit à Cluny et à Troyes. Il y a certainement résidé pendant l'hiver de 1147, car il y sacra Henri Murdac évêque de York, mais ce séjour n'eut lieu qu'après la fin du synode de Paris[3].

Au sujet de ce début d'enquête, si vraiment elle eut lieu, ni Othon ni Geoffroy ne fournissent d'autres précisions. Le second, et il trouve la chose naturelle, remarque seulement que Gilbert, dans les débats, éludait toujours le problème.

Quoiqu'il en soit, c'est au consistoire de Paris que fut menée la première enquête sérieuse sur la doctrine de Gilbert. Il semble que le Pape l'ait convoqué spécialement à cette intention : aucun autre point paraissant prévu à l'ordre du jour de cette réunion. A la mi-avril de 1147, Eugène III se rendit de sa

---

[1] Pour une description des voyages d'Eugène III, faite sur les données de Jean de Salisbury et d'Othon de Freising, voir R. L. POOLE, *Historia Pontificalis*, Préface, p. XI s.
[2] Voir R. L. POOLE, *op. cit.*, Préface, p. LXIII.
[3] *Ibid.*, p. 6.

résidence de Saint-Denis à Paris pour y assister aux solennités de Pâques. Il y resta jusqu'au 7 juin de la même année [1].

L'assemblée appelée à examiner l'affaire de Gilbert fut mémorable par le nombre et la qualité des participants. Au premier rang de l'assistance se trouvait le Pape lui-même et le collège des cardinaux, puis un grand nombre d'évêques dont Joscelin de Soissons et Hugues de Rouen, cités nommément par Othon, et beaucoup d'autres personnages encore, éminents et érudits, parmi lesquels saint Bernard occupait la vedette[2]. Douteux plutôt paraît le soin apporté à la préparation du consistoire. Jean de Salisbury n'y consacre que quelques mots : ne parvenant pas à une solution, dit-il, tout fut ajourné jusqu'au Concile de Reims, fixé à l'année suivante [3]. Il dénonce les causes de cet échec : l'assemblée ne disposait pas des écrits de Gilbert, en sorte qu'on ne pouvait en parler que sur la foi de témoignages suspects ou de quelques textes d'élèves[4]. Bien qu'Othon rapporte, à ce moment de sa notice, les thèses résumant la doctrine incriminée de Gilbert, c'est-à-dire les quatre thèses principales et quelques points de moindre importance, il est évident qu'à ce stade des débats elles n'avaient pas encore été formulées de façon aussi précise [5].

Néanmoins, à ce consistoire déjà s'esquissa, dans ses grandes lignes, la critique de saint Bernard. Quelques points assez proches de l'essentiel de la doctrine de Gilbert furent mis en avant et repris dans la décision finale du concile de Reims. Geoffroy d'Auxerre relate que, dans les annotations d'un élève, fut relevé un texte où Gilbert expliquait l'expression *Deus est divinitas* comme une figure de style, dont on pourrait trouver le parallèle dans le langage courant. Ne dit-on pas parfois d'un homme qu'il est la sagesse même, lorsqu'il la possède à un degré exceptionnel ? On ne nie pas pour autant qu'un homme est ce qu'il est par différentes formes. A plus juste titre encore, on peut dire de Dieu qui n'est pas par plusieurs formes, qu'il est sa bonté, sa sagesse même, etc. Sur ce, Bernard argumenta que, pour

---

[1] Voir Hefele-Leclercq, *Histoire des Conciles*, t. V, 1, p. 812, n. 1.
[2] Othon de Freising, *Gesta Friderici Imperatoris*, lib. I, c. LIII et c. LIIII (MGH.SS, t. XX, p. 379).
[3] *Historia Pontificalis*, c. 8 (édit. Poole, p. 16).
[4] Geoffroy d'Auxerre, *Epistola* (PL, CLXXXV, 588 B).
[5] *Gesta Friderici Imperatoris*, lib. I, c. LII (MGH.SS, t. XX, p. 379).

Gilbert, la divinité n'était pas Dieu lui-même et qu'il devait donc admettre qu'il existait en Dieu une forme ou une essence qui n'était pas Dieu [1].

Il fit reposer son opposition à l'acception de Gilbert sur deux raisons. En premier lieu, Gilbert compare entre eux, l'homme qui est par plusieurs formes et Dieu qui n'est que par une seule forme. Pour saint Bernard cette comparaison suggère que Dieu est par une forme distincte de lui. En second lieu, Bernard prétend que la formule envisagée n'est pas une simple figure de style, mais, prise au sens littéral, l'expression de l'identité réelle et substantielle de Dieu et sa divinité. A sa défense Gilbert repliqua, suivant Geoffroy, n'avoir jamais enseigné ni écrit que la divinité n'était pas Dieu. Aux yeux du chroniqueur passionné, une telle négation était hypocrite ; il en était certain : Bernard avait vraiment démasqué le sens véritable de la doctrine de Gilbert sans être en mesure pour l'instant d'en fournir la preuve.

Othon soutient qu'à cette première enquête plusieurs journées se passèrent en discussions, mais ne nous renseigne toutefois que sur les deux premiers jours. Le sujet de discussion qu'il évoque : la distinction entre les personnes divines, diffère de celui dont parle Geoffroy. De façon assez inattendue, il cite une affirmation prononcée par Gilbert, en réponse à une attaque de ses adversaires : *audacter confiteor patrem alio esse patrem, alio Deum, nec tamen esse hoc et hoc*[2]. Cette affirmation fut trouvée obscure et qualifiée d'innovation profane et de mauvais aloi. Pour répondre à cette accusation, appuyée par l'évêque Joscelin de Soissons, Othon allègue un texte de saint Augustin où le caractère relatif de l' « être-Père » et de l' « être-Fils » est opposé au caractère absolu de l'être divin. Mais c'est là un apport personnel d'Othon [3].

---

[1] Geoffroy d'Auxerre, *Epistola* (PL, CLXXXV, 588B) : Inventa est tamen apud scolares particula quaedam, ubi inter caetera continebantur haec verba : « Si homo cui diversa conferunt ut sit, prae abundanti unius formae, utputa sapientiae, sapientia dicitur ipsa, secundum illud : Tu quantus quantus nihil nisi sapientia es : multo magis Deus, cui diversa non conferunt ut sit, dicitur esse sapientia sua, bonitas sua, et caetera ».

[2] *Gesta Friderici Imperatoris*, lib. I, c. LIIII (MGH.SS, t. XX, p. 379).

[3] Haring (*The Case of Gilbert de la Porrée*, dans *Mediaeval Studies*, t. XIII, 1951, p. 16) souligne que la citation d'Othon n'est pas correcte. Saint Augustin (*De Trinitate*, libr. VII, c. 4,9 ; PL, XLII, 943) ne dit pas : « sic aliud est Deo esse, aliud subsistere », mais : « si autem aliud est Deo esse... ». Saint Augustin n'admet pas en Dieu la distinction entre *esse* et *subsistere*, puisque, dans ce cas,

Joscelin apporta encore d'autres objections à l'affirmation de Gilbert ; elles étaient inspirées par une théorie logique particulière sur la valeur de l'attribution du mot *esse*. Suivant plusieurs logiciens, auxquels était lié Joscelin, on n'exprime rien par la proposition *Socrates est*. Probablement qu'Othon se réfère ici à la distinction entre l'*esse* et l'*esse aliquid* dont parle Gilbert dans son commentaire sur les règles du *De hebdomadibus* [1]. L'application maladroite qu'en fit ici Joscelin, détourna l'attention de la proposition de Gilbert, et de l'assistance entière fusèrent des protestations contre Joscelin. Le tumulte une fois apaisé, on interrogea Gilbert sur son insistance au sujet de la distinction entre les personnes divines. La réponse fut brève : *quia omnis persona res est per se una* [2]. Ainsi se termina, d'après Othon, la séance du premier jour.

Le lendemain fut repris l'échange de vues sur la distinction des personnes divines. On voulut savoir pourquoi Gilbert appelait les trois personnes *tria singularia*. Hugues, évêque de Rouen, prétendant qu'il vaut mieux dire que Dieu est *unum singulare* plutôt que *tria singularia*, fit dévier l'attention de cette question. Plusieurs participants repoussèrent cette thèse, en s'appuyant sur un texte de saint Hilaire [3].

Le détail le plus remarquable de cette séance est l'explication qu'Othon met dans la bouche de Gilbert. Son emploi du terme *singulare*, il le justifie en lui faisant désigner non les personnes divines elles-mêmes, mais leur dignité. C'est d'ailleurs une métaphore : de la même façon la Mère de Dieu est appelée *virgo singularis*. Ce passage ne peut être qu'une interprétation d'Othon lui-même, car il n'y a trace de pareil exposé ni dans les autres sources ni dans les écrits de Gilbert lui-même [4].

---

le *subsistere* serait dit d'une manière relative, comme le *Patrem esse* et le *Dominum esse*. Othon vise la dernière distinction, et c'est pourquoi sa citation est ad rem. Haring signale la même citation fautive chez Abélard. Cette lecture était-elle courante à cette époque ?

[1] Voir *De hebdomadibus* (édit. HARING, p. 118 ; PL, LXIV, 1318).

[2] *Gesta Friderici Imperatoris*, lib. I, c. LIIII (MGH.SS, t. XX, p. 380).

[3] *Ibid.*, p. 380. L'éditeur WAITZ signale cependant qu'il n'a pas trouvé ce texte dans le *De synodis*.

[4] *Gesta, ibid.* : « Episcopus vero Pictavinus in prefatis dictis suis simplicem se habuisse sensum testabatur, affirmans per singularia non theologicas personas, sed ipsarum excellentiam intellexisse, secundum quod antonomastice Paulum vocare apostolum vel gloriosam Dei genitricem virginem singularem, eo quod nec est nec fuit nec erit talis virgo, quae videlicet simul sit mater et

Othon interrompt à ce moment son rapport sur les discussions pour faire comprendre la théorie de Gilbert et donner un aperçu de sa doctrine. Dans ce développement, le terme *singularis* prend la signification technique lui attachée par les œuvres de Gilbert [1].

Pendant quelques jours encore, au dire d'Othon, l'enquête se poursuivit. Alors le Pape, devant la complexité de la question, mit fin aux débats et les ajourna jusqu'au Concile de Reims. Geoffroy insiste sur la stérilité des discussions, en trouvant la cause dans l'hypocrisie de Gilbert qui nia avoir jamais enseigné ce que saint Bernard lui attribuait [2]. L'obstination de l'évêque persistant, Bernard fit appel au témoignage de personnages tels que Adam de Petit-Pont, plus tard chanoine de Paris, et Hugues de Champfleuris, qui déposèrent sous serment avoir entendu la doctrine incriminée de la bouche même de Gilbert [3]. L'évêque, de son côté, fit comparaître d'autres témoins en la personne de Rotolde, plus tard évêque de Rouen, et Ives, maître de Chartres, qui convinrent, également sous serment, du contraire [4]. Les témoignages s'opposant ainsi aux témoignages, une décision prise sur une base objective et par arguments péremptoires s'avéra impossible.

II

Le Concile de Reims avait été fixé à la mi-carême de l'année 1148 [5]. Son but était de renforcer une fois de plus la discipline ecclésiastique et de régler quelques questions politico-religieuses. L'affaire de Gilbert n'était inscrite qu'accidentellement à l'agenda. Le Concile commença à la date fixée, le 21 mars 1148, dimanche

---

virgo ; ea rationis proportione trium personarum excellentiam se considerasse, cum tria singularia diceret, asserebat, cum nec sit nec fuerit nec futurus sit talis pater, qui scilicet sit Pater et Deus, atque in eundem modum talis filius, talis spiritus sanctus ».

[1] *Gesta Friderici Imperatoris*, lib. I, c. LV (MGH.SS, t. XX, p. 380-381).
[2] Geoffroy d'Auxerre, *Epistola* (PL, CLXXXV, 588 C) : « negabat autem episcopus docuisse, vel credidisse aliquando se, vel litteris commendasse, quod divinitas non esset Deus, quod forma vel essentia esset in Deo, quae non esset Deus... ».
[3] *Ibid.*, 588 C.
[4] *Gesta Friderici Imperatoris*, lib. I, c. LIII (MGH.SS, t. XX, p. 379).
[5] Voir Hefele-Leclercq, *Histoire des Conciles*, t. V, 1, p. 825.

de *Laetare*, en la basilique de Notre-Dame de Reims [1]. En une semaine les affaires principales étant examinées, beaucoup de participants repartirent. Seuls les évêques et les théologiens compétents allaient se consacrer avec les cardinaux, ainsi que les prélats et les théologiens des provinces environnantes, à l'examen de la doctrine de Gilbert. Les entretiens ne commencèrent qu'au temps de la Passion, et ne se tinrent pas à la basilique mais à la résidence du Pape [2].

Ces indications de temps et de lieu, fournies par Othon, s'accordent avec celles de Jean de Salisbury. D'après celui-ci, la décision définitive ne fut rendue que quinze jours après la clôture officielle du Concile. Sa promulgation solennelle eut lieu, non pas à la basilique, mais au palais Thau, une salle du palais archiépiscopal où résidait le Pape. Tous ces détails servent à montrer que la cause de Gilbert ne fut pas traitée au Concile proprement dit. Jean voit son opinion confirmée par le fait que les thèses promulguées ne se retrouvent ni dans les actes du Concile ni dans les *Regesta* d'Eugène III [3]. Le secrétaire de saint Bernard, lui, cherche davantage à donner l'impression que l'examen de la doctrine de Gilbert eut lieu au Concile même [4]. Rien d'étonnant à cela : il n'a d'intérêt que pour ce qu'il appelle la condamnation de Gilbert et ne souffle mot des autres points traités. Toutefois, il rejoint indirectement la façon de voir d'Othon et de Jean en reconnaissant que la profession de foi rédigée par saint Bernard et son groupe fut solennellement sanctionnée non pas à la basilique mais au palais Thau [5].

Concordantes sont nos trois sources capitales pour percevoir trois phases distinctes et décisives : les discussions en assemblée plénière où l'on entendit Gilbert et saint Bernard ; la réunion des prélats et des théologiens français appelés à la résidence de saint Bernard ; et la séance de clôture où le Pape prononça l'arrêt. Leur ordre chronologique diffère, Geoffroy et Othon

---

[1] *Gesta Friderici Imperatoris*, lib. I, c. LVII (MGH.SS, t. XX, p. 382).
[2] *Ibid.*, c. LVIII, p. 382.
[3] *Historia Pontificalis*, c. 11 (édit. POOLE, p. 26).
[4] Voir le *Libellus* (PL, CLXXXV, 596 D), faisant état d'un grand nombre de participants des quatre royaumes : Gallia, Germania, Anglia, Hispania ; voir aussi l'*Epistola* (*ibid.*, 592 B), disant que l'Église entière (universa ecclesia) avait approuvé la décision du Pape.
[5] *Epistola* (PL, CLXXXV, 592 B).

plaçant les séances plénières avant la réunion chez saint Bernard[1], alors que Jean commence par celle-ci [2]. Nous sommes acquis à la chronologie de Geoffroy et d'Othon, car elle présente un déroulement des événements plus naturel. D'après Geoffroy, saint Bernard voulut faire intervenir dans ses thèses, qui iraient à l'encontre de celles de son adversaire, l'énoncé de celles présentant le résumé doctrinal de Gilbert établi lors des discussions préliminaires [3]. Dans sa relation sur le consistoire de Paris, Othon avait déjà cité les quatre thèses principales de Gilbert qui y furent discutées [4] ; aussi ne parle-t-il plus de la formulation de la doctrine de Gilbert aux séances du Concile de Reims. Il confirme cependant le récit de Geoffroy, en signalant qu'à un moment des débats, saint Bernard exigea de son antagoniste qu'il mît par écrit une de ses affirmations. Il s'accorde de même avec Geoffroy pour souligner que les thèses de saint Bernard furent rédigées de manière à contredire directement celles de Gilbert [5]. Bien entendu, Jean de Salisbury répond de la vérité de ses assertions [6], mais cela ne diminue en rien la vraisemblance de l'ordre chronologique des deux autres sources. Car Jean ne pense qu'à mettre en évidence ce qu'il considère comme le fait prédominant : afin de forcer la décision, saint Bernard formula ses thèses avec l'approbation d'une assemblée privée et il les mit aux voix d'un groupe restreint selon la méthode officielle du *placet*. Dans cette perspective, l'ordre chronologique n'a pour Jean que peu d'importance.

Poole croit dans cette narration de Jean trouver une fidèle copie de la procédure suivie par saint Bernard au Concile de Sens dans le cas d'Abélard, ce qui corrobore à ses yeux l'exactitude de la relation. Il admet toutefois la minime différence matérielle du récit par rapport aux deux autres sources. Car chacun s'aperçoit que l'attitude des cardinaux vis-à-vis de

---

[1] Geoffroy d'Auxerre, *Libellus* (PL, CLXXXV, 597 A), *Epistola*, *ibid.*, 591 C ; Othon de Freising, *Gesta Friderici Imperatoris*, lib. I, c. LVIIII (MGH. SS, t. XX, p. 383).
[2] *Historia Pontificalis*, c. 8 (édit. Poole, p. 18).
[3] Geoffroy d'Auxerre, *Libellus* (PL, CLXXXV, 597 A) : « ... adversus eadem capitula fidei suae symbolum edere, quam expressius potuit, obvians his quae dicebantur ab illo (scil. Gilberto) ».
[4] *Gesta Friderici Imperatoris*, lib. I, c. LII (MGH. SS, t. XX, p. 379).
[5] *Ibid.*, c. LVII (p. 383).
[6] *Historia Pontificalis*, c. 8 (édit. Poole, p. 18).

Gilbert est contraire à celle des prélats et des théologiens français [1]. Il appert que du refus des cardinaux de prendre une décision conforme au désir de saint Bernard s'ensuivit la convocation de cette assemblée particulière. Dès lors, peu importe de savoir si celle-ci fut réunie devant la menace de discussions prolongées et sans issue, ou, comme Jean le soutient, par suite des alarmes de Bernard face aux dispositions des cardinaux. On en convient à l'unisson : la réunion n'eut d'autre but que d'enlever à la séance de clôture la condamnation définitive de la doctrine de Gilbert.

Othon et Geoffroy nous ont légué une exposition bien similaire des débats. Geoffroy accentue surtout comment saint Bernard pressa Gilbert de rédiger sa doctrine en quatre formules précises, tout en émaillant son récit de nombreuses anecdotes. De son côté, Othon résume davantage, s'étalant seulement sur les questions controversées dans leur enchaînement logique.

La première séance s'ouvrit par un rapport de Godescalc, abbé de Mont-Saint-Éloi, sur son enquête entreprise sur l'ordre du Pape au sujet des commentaires de Gilbert. Abrégées en quelques thèses, il énonça les doctrines qui lui paraissaient suspectes. Pour toute réfutation, il fit état de quelques textes isolés extraits des Pères, dont la doctrine s'opposait à celle du Porrétain. Il semble qu'Eugène l'ait destiné à l'origine pour attaquer Gilbert, mais cette tâche s'accordait mal avec son peu d'éloquence. Alors saint Bernard obtint la parole et toute la documentation lui fut remise.

La séance à peine commencée, le parti de Gilbert se répandit en de chaleureux applaudissements pour son étonnante érudition patristique, base de son enseignement [2]. Fait remarquable — et chez Geoffroy perce l'inquiétude remplissant les adversaires — Gilbert ne se servit pas de textes isolés, mais il les plaçait dans leur contexte, méthode rarement employée en ce temps. On se contentait généralement d'aligner des textes isolés, comme en témoigne la grande vogue des nombreux *florilegia Patrum*. Les partisans de Gilbert prenaient un malin plaisir à voir l'embarras de leurs contradicteurs, contraints de se rabattre sur quelques

---

[1] R. L. POOLE, *Historia Pontificalis*, Préface, p. XLII. Voir aussi S. M. DEUTSCH, *Die Synode von Sens 1141 und die Verurteilung Abälards*, Berlin, 1880, p. 35.

[2] Le cod. 303 du Trinity College à Dublin, découvert et édité par M. L. COLKER (*The Trial of Gilbert of Poitiers, 1148 : A Previously Unknown Record*, dans *Me-

fragments, et ils leur adressaient le reproche de les mal interpréter en les séparant de leur contexte.

La lecture des *auctoritates* prit énormément de temps, au dire d'Othon, si bien que l'ennui s'empara de l'assemblée. Le Pape y mit fin par la question directe adressée à Gilbert : *simpliciter a te cognoscere velim, anne illam summam essentiam, qua tres personas profiteris Deum, unum credas esse Deum* ?[1] C'était la question essentielle au sujet de la distinction entre *divinitas* et *deus*, distinction qui, toujours selon Othon, se trouvait dans un texte des commentaires de Boèce : *inter caetera posuit (Boethius) : substantia qua Deus est, iste (Gilbertus) supposuit : non quae Deus est, id est, non ad subsistentem, sed ad subsistentiam referatur*. Geoffroy donne une variante qui revient au même quant au fond : *dum dicitur Deus, pertinet ad substantiam, non quae est, sed qua est*[2]. De plus, d'après lui, la question décisive fut posée par saint Bernard lui-même dans une formule renfermant déjà la critique de la théorie : *plures credere vos credunt, et docere, quod divina essentia vel natura, divinitas eius, sapientia, scientia, bonitas, magnitudo, non est Deus, sed est forma, qua est Deus*[3]. Avec grande insistance, Gilbert répondit : *forma Dei et divinitas, qua Deus est, ipsa non est Deus*[4].

Othon regrette cette réponse, qu'il estime insuffisamment réfléchie. Il cherche à l'expliquer par la grande fatigue de Gilbert, due à la lecture prolongée des textes patristiques[5]. A la demande de saint Bernard et sur l'ordre du Pape, cette assertion fut mise par écrit. Mais Gilbert obtint que la sentence de son opposant fut également consignée par écrit : *divinitas est Deus*. Ainsi se termina, assure Othon, l'audience de la première journée.

---

diaeval Studies, t. XXVII, 1965, p. 152-183) paraît donner une collection de textes patristiques cités par l'évêque en défense de sa doctrine.

[1] OTHON DE FREISING, *Gesta Friderici Imperatoris*, lib. I, c. LVIII (MGH. SS, t. XX, p. 382).

[2] OTHON DE FREISING, *ibid.* (p. 383) ; GEOFFROY D'AUXERRE, *Epistola* (PL, CLXXXV, 589 D). Comparer avec *In Boethium de Trinitate* (PL, LXIV, 1253 : texte de Boèce et édit. HARING, p. 86, PL, 1290 B : commentaire de Gilbert). Les citations d'Othon sont presque littérales, tandis que Geoffroy omet le texte de Boèce, sans doute pour ne pas affaiblir son affirmation.

[3] *Epistola* (PL, CLXXXV, 589 D). Voir aussi les « actes du concile » dans J. LECLERCQ, *Textes sur saint Bernard et Gilbert de la Porrée*, dans *Mediaeval Studies*, t. XIV, 1952, p. 108 s.

[4] GEOFFROY D'AUXERRE, *ibid.* (590 A).

[5] *Gesta Friderici Imperatoris*, lib. I, c. LVIII (MGH. SS, t. XX, p. 382).

Geoffroy entre dans les détails de la séance en relevant une intervention de saint Bernard motivant son opposition à cette théorie de Gilbert et la critiquant comme au consistoire de Paris : si l'on approuve la distinction de Gilbert, il faut accepter que la forme divine soit supérieure à Dieu lui-même, parce que Dieu en aurait reçu l'être, tandis que cette forme elle-même n'aurait reçu de Dieu ni l'être ni autre chose [1]. Geoffroy s'appesantit sur le fait qu'à présent Gilbert confirmait par sa déclaration son enseignement réel, alors qu'il l'avait renié au consistoire de Paris, s'enhardissant même à faire appuyer ce désaveu par des témoins et sous la foi du serment. Il en fit lui-même la remarque à l'évêque, mais celui-ci s'en tint à sa déclaration [2].

Suivant Geoffroy encore fut débattue pendant cette audience la distinction entre le Dieu simple et les trois personnes divines. Elle est conçue dans une formule obscure : *quod nec unus Deus, nec unum aliquid sint tres personae, licet tres personae sint unus Deus, idest una divinitate ; et sint unum, idest uno*. Ce propos de Gilbert fut longuement examiné et finalement consigné par écrit. Geoffroy ne fait qu'effleurer cette difficulté et se contente de citer un texte de saint Athanase.

Othon reporte les discussions suscitées par cette question à la séance suivante, et il présente la thèse défendue par Gilbert comme une mise au point de son assertion imprudente de la veille, peut-être le résultat des conversations, pendant le soir et la nuit, avec les cardinaux. Dans l'expression *divinitas non est Deus*, Gilbert introduit maintenant une distinction. Le terme *Deus* peut signifier tantôt la nature divine, tantôt une des personnes divines. Dans le premier sens, il accepta d'admettre que la divinité est Dieu, dans le second cas il maintient sa distinction. Car, s'il n'y avait pas de distinction entre la divinité et Dieu-personne, il en résulterait que tout ce qu'on dit de la divinité serait applicable à chacune des personnes divines, et inversement. Par exemple, si l'on peut dire que la personne du Fils s'est fait homme, il faudrait le dire aussi de la nature divine elle-même. Cette distinction tendait à éviter le danger de sabellianisme, suivant lequel la même chose était engendrant et engendrée et la même chose s'engendrait elle-même.

---

[1] *Epistola* (PL, CLXXXV, 590B) : « eousque processum est, ut diceret sanctus, quod si forma illa Deus non est, melior Deo est, cum ex ea Deus habeat esse ; ipsa autem nec ab eo sit, nec ab eo habeat quicquam ».

[2] *Ibid.*, 590 D.

Othon entame ici la distinction entre l'abstraction des mathématiques et celle de la théologie, souvent développée dans les écrits de Gilbert et qui a pour but d'échapper à l'arianisme tout comme au sabellianisme. Si l'on s'en tenait à la première de ces abstractions, distinguant entre Dieu et les personnes divines, on en arriverait à conclure ou bien avec Arius de la multiplicité des personnes à la multiplicité des natures, ou bien avec Sabellius, de l'unité de la nature à l'unité des personnes. Telle était, d'après Othon, l'argumentation préconisée par Gilbert à la défense de sa distinction. Font fonction d'arguments d'autorité des textes de Théodoret, qui nient l'identité de la personne et de la nature, et d'Hilaire, qui distingue entre *natura et res naturae*, et de même, entre *Deus et quod Dei est*. Enfin, dans le dessein de légitimer un corollaire de sa doctrine violemment pris à partie et soutenant que la nature divine ne s'était pas incarnée, mais la personne du Fils, il renvoya à un texte du concile de Tolède, où il est dit que le Fils s'est fait homme *in singularitate personae, non in unitate divinae naturae*[1]. Sur quoi s'achève, chez Othon, le compte rendu des discussions publiques.

Le récit de Geoffroy reprend avec les discussions du lendemain. Il se borne à raconter qu'au milieu d'une explication vivace, de part et d'autre l'on s'accablait d'arguments d'autorité. En découla la rédaction de deux nouvelles thèses. La première des deux, troisième de l'ensemble, traite du rapport entre les propriétés personnelles et Dieu, distinguées encore par Gilbert : *Quod personales proprietates, et aeternarum rerum multitudinem copiosam ... idem veraciter esse sine initio profiteretur, quarum tamen nulla Deus esset, nulla a Deo*. La quatrième thèse contient la doctrine de Gilbert sur l'incarnation : *quod natura divina naturam non suscepit humanam, sed persona Filii naturam nostram suscepit*. Geoffroy rapporte que pour en finir avec les discussions les cardinaux conclurent : nous avons entendu maintenant ce qui est en question, nous jugerons ensuite de ce qui va être décidé [2]. Et Geoffroy de certifier ainsi que cette passe d'armes aboutit à faire résumer la doctrine de Gilbert en quatre thèses succinctes, dans lesquelles l'évêque confessait l'expression de ses théories. Dans son *Epistola*, il a probablement écrit de mémoire ces formules. Il ne les donne pas comme citations textuelles

---

[1] *Gesta Friderici Imperatoris*, lib. I, c. LVIII (MGH. SS, t. XX, p. 382 s).
[2] *Epistola* (PL, CLXXXV, 590 D s).

et, de même dans son *Libellus*, il ne fait que les paraphraser. Ce qui explique la différence notable qui les sépare de la version des *Gesta* d'Othon. Jean de Salisbury reste muet sur les thèses de Gilbert, mais s'étend sur celles de saint Bernard, qui entendaient être la négation directe des formules porrétaines.

L'opposition se concentrait donc sur les quatre points suivants de la doctrine de Gilbert : la distinction entre Dieu et la divinité ; la non-réversibilité de la proposition : les trois personnes sont un seul Dieu ; la distinction entre les personnes et les propriétés personnelles ; et comme corollaire : la personne du Fils, et non la nature divine, s'est incarnée [1].

C'est probablement au cours des débats publics que se place l'épisode suivant, rapporté par les trois sources. Si Geoffroy se contente de dire que quelques thèses secondaires furent discutées, sans préciser lesquelles, il se souvient aussi de ce qu'on déchira publiquement un écrit contenant ces théories [2]. Vraisemblablement s'agit-il des thèses formulées par Othon comme suit : *quod meritum humanum attenuando nullum mereri diceret praeter Christum* ; *quod ecclesiae sacramenta evacuando diceret nullum baptizari nisi salvandum* [3]. Jean de Salisbury nous en fournit un rapport circonstancié et dramatique [4]. Le Pape lui-même, dit-il, dirigeait le débat et interrogeait personnellement Gilbert sur sa doctrine. Il ordonna à Henri de Pise, sous-diacre à la curie, qui, Geoffroy l'atteste, avait pris part à la rédaction des thèses de Gilbert, de lire en public un écrit qui, selon la rumeur, défendait les erreurs de Gilbert. L'évêque protesta énergiquement : cet écrit n'était pas le sien, et il eût été injuste de le juger non d'après ses propres œuvres mais d'après celles qui lui étaient étrangères, même si elles provenaient de ses disciples. La lecture eut pourtant lieu, pour se heurter dès le premier chapitre à l'erreur suivante : *quod in damnandis nihil remittitur in baptismo, non habet in talibus efficaciam sacramenti, sed est eis quasi balneum.* Gilbert protesta de nouveau, rejetant cette erreur en conformité

---

[1] Voir N. M. HARING, *Das sogenannte Glaubensbekenntnis des Reimser Konsistoriums von 1148*, dans *Scholastik*, t. XL, 1965, p. 55-90. Cet article, paru après la mise en forme définitive de notre étude, établit une comparaison très intéressante entre les différentes rédactions des thèses (*capitula*) de Gilbert.

[2] *Epistola* (PL, CLXXXV, 592 B s).

[3] *Gesta Friderici Imperatoris*, lib. I, c. LIIII (MGH. SS, t. XX, p. 380).

[4] *Historia Pontificalis*, c. 10 (édit. POOLE, p. 23 s).

de sentiments avec tous les assistants. Les cardinaux prirent aussitôt son parti et prièrent le Pape d'en rester là. Alors Eugène ordonna à Henri de déchirer l'écrit en morceaux et de les disperser. Après quoi le Pape déclara formellement et en français, en considération des laïques présents, que personnellement Gilbert n'était pas atteint par cette condamnation.

L'identification de l'ouvrage détruit a suscité parmi les critiques modernes une discussion qui n'est pas encore pleinement éclaircie aujourd'hui. Geyer a cru pouvoir identifier cet écrit avec les *Sententiae divinitatis* [1], que cite déjà Gauthier de Saint-Victor dans son *Contra quatuor labyrinthos franciae* (après 1179), mais qu'il mentionne comme un écrit anonyme, tout en présumant qu'il est d'Abélard ou tout au moins composé d'après ses œuvres [2]. Bien à tort, comme Denifle l'a démontré, puisque seule la méthode rappelle celle chère à Abélard et à son école [3]. Poursuivant l'enquête de Denifle, Geyer a pu établir avec certitude que l'écrit dont parle Gauthier présentait pour ce qui se rapporte à la doctrine de la Trinité et de l'Incarnation une ressemblance quasi textuelle avec les commentaires de Gilbert. Il place l'origine de l'œuvre entre 1141 et 1148, et, ne retrouvant nulle part ailleurs les deux thèses condamnées d'après Jean de Salisbury et Othon de Freising, il estime être en présence de l'écrit détruit qui, suivant Gilbert lui-même, provenait d'un de ses disciples. L'œuvre correspond à la description qu'en fait Jean de Salisbury *chartae quae dicebantur eius sententias continere*. Son anonymat, constaté par Gauthier de Saint-Victor et par le Concile, en permettait l'attribution au Porrétain. Malgré cette coïncidence, Geyer, sous toute réserve, ne maintient ses conclusions que pour autant qu'aucune autre œuvre soit retrouvée répondant mieux aux caractéristiques relevées [4]. Dans son édition de l'*Historia Pontificalis*, Poole, suivi de Haring, gratifie l'hypothèse

---

[1] B. Geyer, *Die Sententiae divinitatis. Ein Sentenzenbuch der gilbertschen Schule* (Beiträge Bäumker, Bd. VII, Ht 2/3), Munster, 1909, p. 52-53.

[2] « ... primum agitur de quodam libro heretico qui sine auctore est, cuius titulus est talis : Incipiunt Sententiae divinitatis... Fertur etiam hic liber Petri Abeilardi fuisse aut ex libris eius excerptus », *Contra quatuor labyrinthos franciae*, II, 1 (édit. P. Glorieux, dans *Archives d'Histoire doctrinale et littéraire du Moyen Âge*, t. XIX, 1952, p. 219).

[3] H. Denifle, *Die Sentenzen Abaelards und die Bearbeitungen seiner Theologia vor Mitte des 12. Jahrhunderts*, dans *Archiv für Literatur — und Kirchengeschichte des Mittelalters*, t. I, Berlin, 1885, p. 404-417.

[4] B. Geyer, *op. cit.*, p. 53.

de Geyer d'un « presque certain »[1]. Simson est plus réticent dans ses annotations au chap. 52 des G*esta* d'Othon et note simplement que les *Sententiae divinitatis* seules reproduisent les thèses mises en cause[2].

Les recherches de Weisweiler sur l'analogie entre les *Sententiae divinitatis* et le *Tractatus de sacramentis* de maître Simon ont affaibli considérablement l'hypothèse de Geyer[3]. L'édition des *Sententiae divinitatis* par les soins de Geyer se réfère apparemment à une copie corrompue de l'œuvre de maître Simon. Cette recension des *Sententiae* peut bien provenir de Tegernsee. On y a découvert aussi la copie de maître Simon qui servit de source à cette rédaction des *Sententiae*. Les deux formes des *Sententiae* à nous transmises diffèrent beaucoup de l'écrit aux mains de Gauthier pour l'ordre des traités. Gauthier nous dit que l'œuvre s'ouvrait par le traité sur la Trinité. Or, dans les exemplaires des *Sententiae* que nous connaissons, la théologie trinitaire est rejetée à la fin de l'ouvrage. Dans chacune des deux recensions, absence encore de concordance avec l'affirmation de Jean de Salisbury : la thèse incriminée sur l'efficacité du baptême était exposée au premier chapitre. L'édition de Geyer la situe au cinquième traité[4]. Cette thèse, en effet, s'insère difficilement dans le traité sur la sainte Trinité, constituant, selon Gauthier, le début de l'ouvrage.

Hayen a attiré l'attention sur un autre écrit, contenu dans le cod. 686 de la Bibliothèque nationale à Paris, décrit par Landgraf[5], mais qui se tait dans son *Einführung* sur une identification de ce genre, et à juste titre[6]. Car cette glose sur les épîtres de saint Paul, bien qu'elle ait été écrite par un véritable porrétaniste, ne peut être identifiée au *quaternum*, divisé en chapitres, dont il est question au Concile de Reims.

---

[1] R. L. POOLE, *Historia Pontificalis*, p. 23, n. 1.

[2] B. DE SIMSON, dans l'édition des *Scriptores rerum germanicarum*, Hanovre-Leipzig, 1912, p. 75, n. 2.

[3] H. WEISWEILER, *Maître Simon et son groupe*. Louvain 1937, p. XLVI-LXII.

[4] *Sententiae divinitatis* (édit. GEYER, p. 150').

[5] A. HAYEN, *Le Concile de Reims et l'erreur théologique de Gilbert de la Porrée*, dans *Archives d'Histoire doctrinale et littéraire du Moyen Âge*, t. X, 1935/36, p. 35, n. 11. Voir A. LANDGRAF, *Untersuchungen zu den Eigenlehren Gilberts de la Porrée*, dans *Zeitschrift für katholische Theologie*, t. LIV, 1930, p. 208.

[6] A. LANDGRAF, *Einführung in die Geschichte der theologischen Literatur der Frühscholastik*, Ratisbonne, 1948, p. 82.

Jusqu'à ce jour donc, nul écrit porrétain ne fut découvert qui réponde pleinement à la description de Jean de Salisbury. Nous doutons que pareille œuvre soit jamais retrouvée. Car, à en juger sur la description donnée par Jean, ce *quaternum* ne semble pas avoir été destiné à la publication. C'est pourquoi il paraît probable que le cahier déchiré par le sous-diacre Henri de Pise ait été un exemplaire unique.

Les prélats qui participèrent à la réunion convoquée par saint Bernard, appartenaient, suivant le témoignage unanime des sources, à l'Église de France. Geoffroy donne des chiffres : dix archevêques, plusieurs évêques, abbés et maîtres en théologie [1]. Dans une notice contemporaine, découverte et publiée par Leclercq, les autorités présentes sont groupées selon les mêmes catégories et, en partie, nommément citées. Parmi eux cependant figurent quelques personnalités qui ne sont pas françaises. Sans doute il s'agit ici de quelques membres qui avaient pris part au concile officiel [2].

Ainsi donc, et Jean de Salisbury nous en informe, saint Bernard formula sa doctrine de tout point contraire à celle de Gilbert, en plusieurs thèses qui furent mises par écrit par son secrétaire Geoffroy d'Auxerre, et soumises à l'approbation de l'assemblée. Le vote se fit par un *placet* solennel. Les thèses suivantes furent enfin rédigées et adoptées :

Deus est divinitas, et e converso.
Tres personae sunt unus Deus, et e converso.
Credo quod essentia Dei incarnata est, sive natura.
Quoniam Deus simplex est, et quicquid in Deo est Deus est, proprietates personarum sunt ipsae personae, et quod Pater est paternitas, Filius est filiatio, Spiritus est processio, et e converso.

Seule la dernière thèse rencontra quelque opposition de la part de Robert de Bosco, maître en théologie. Arguant de la présence du Pape et des cardinaux, il contesta l'opportunité de provoquer un jugement sur une thèse que tant de théologiens réputés

---

[1] *Epistola* (PL, CLXXXV, 591 C).
[2] J. LECLERCQ, *Textes sur saint Bernard et Gilbert de la Porrée*, dans *Mediaeval Studies*, t. XIV, 1952, p. 109. Voir aussi F. PELSTER, *Petrus Lombardus und die Streitfrage des Gilbert Porreta*, dans *Miscellanea Lombardiana*, Novare, 1957, p. 68 s.

n'osaient confirmer. Il cita les frères Anselme et Raoul de Laon, qui ne voulaient pas prendre cette thèse à leur compte, la considérant formulée en une terminologie étrangère à celle des Pères. Il en appela aussi à Gilbert l'Universel, à Albéric de Reims et à Gillebert, abbé de Westminster, qui la réprouvaient également. L'assemblée ayant accepté l'objection de Robert de Bosco, la séance fut levée [1].

Nos sources divergent encore sur la nature et l'importance que les assistants voulaient donner à ces thèses. Geoffroy nous dit que tous ils signèrent cette profession de foi dûment enregistrée. Ensuite, l'assemblée élut une commission composée de Hugues archevêque d'Auxerre, Milo évêque de Thérouanne et Suger abbé de Saint-Denis, chargés de remettre ce document au Pape. Les membres étaient tenus à mettre l'accent sur le caractère définitif et inconditionné de la déclaration. D'après Geoffroy, le Pape n'hésita pas un instant à donner à la commission l'assurance que l'Église romaine ne s'écarterait pas de cette doctrine, même pas dans la personne des membres de la Curie favorables à la personne de Gilbert [2]. Othon de Freising, par contre, après avoir décrit la rédaction de cette profession de foi, rapporte l'indignation des cardinaux soulevée par la procédure de saint Bernard et qui amena l'abbé de Citeaux à atténuer lui-même le caractère impératif des formules approuvées. Elles ne servaient, signifia-t-il, que d'information pour le Pape et les cardinaux sur la foi professée par la majorité. L'avis de l'Église de France était bien que les juges officiels devaient disposer non seulement des thèses écrites par Gilbert, mais aussi des thèses avancées par l'autre parti [3]. Le commentaire de Jean de Salisbury se rapproche de la version de Geoffroy. Indignés, les cardinaux désiraient annuler les conclusions de cette séance, écrit-il, mais il poursuit en disant que saint Bernard, dans un entretien privé avec le Pape, reçut de celui-ci la garantie que le Saint Siège partageait sa conviction. Ce fut là, dit Jean, un nouveau triomphe de l'immense force de persuasion de saint Bernard [4].

---

[1] *Historia Pontificalis*, c. 8 (édit. POOLE, p. 18 s).
[2] *Epistola* (PL, CLXXXV, 591 D s).
[3] *Gesta Friderici Imperatoris*, lib. I, c. LX (MGH. SS, t. XX, p. 384).
[4] *Historia Pontificalis*, c. 9 (édit. POOLE, p. 21).

Nos trois sources principales ont conservé la profession de foi composée par saint Bernard et son groupe. Voici l'ensemble des thèses selon la rédaction de Geoffroy [1] :

1. *Credimus et confitemur, simplicem naturam divinitatis Deum esse, nec aliquo sensu catholico posse negari, quin Deus divinitas et divinitas Deus. Sicubi vero dicitur, Deum sapientia sapientem, magnitudine magnum, aeternitate aeternum, unitate unum, divinitate Deum esse, et alia huiusmodi : credimus non nisi ea sapientia, quae est ipse sapientem esse ; non nisi ea magnitudine, quae est ipse Deus, magnum esse ; non nisi ea unitate, quae est ipse Deus, unum esse ; non nisi ea divinitate Deum, quae est ipse, id est, se ipso, sapientem, magnum, aeternum, unum, Deum.*

2. *Cum de tribus personis loquimur, Patre, Filio et Spiritu sancto, ipsas unum Deum, unam divinam substantiam esse fatemur; et e converso, cum de uno Deo, una divina substantia loquimur, ipsum unum Deum, unam divinam substantiam esse tres personas profitemur.*

3. *Credimus solum Deum Patrem et Filium et Spiritum sanctum aeternum esse, nec aliquas omnino res, sive relationes, sive proprietates, sive singularitates, vel unitates dicantur, et huiusmodi alia adesse Deo, quae sint ab aeterno, quae non sint Deus.*

4. *Credimus ipsam divinitatem, sive substantiam divinam, sive naturam dicas, incarnatam esse, sed in Filio.*

Ces formules diffèrent quelque peu de celles qui, selon Jean, furent rédigées lors de la réunion chez saint Bernard. Tout d'abord l'ordre en est renversé, et plus surprenant encore, la thèse récusée par Robert de Bosco prend à nouveau place dans la série comme la troisième des quatre thèses. Pourtant, un appréciable changement apparaît : le passage *quoniam Deus simplex est, et quicquid in Deo est Deus est,* n'a pas été repris dans le texte définitif [2]. Il est plus que probable que les objections de maître Robert visèrent principalement cette partie, sur laquelle on devait d'ailleurs encore discourir pendant de longues

---

[1] *Historia Pontificalis,* c. 11 (édit. POOLE, p. 25) ; OTHON DE FREISING, *Gesta Friderici Imperatoris,* lib. I, c. LVIIII (MGH. SS, t. XX, p. 383) ; GEOFFROY D'AUXERRE, *Epistola* (PL, CLXXXV, 595 A). Nous citons le texte de l'appendice du *Libellus* (PL, CLXXXV, 517-518).

[2] Voir ROBERT DE MELUN, *Quaestiones de divina pagina,* qu. 39 (édit. R. M. MARTIN, p. 23). Voir aussi la documentation donnée par Martin.

années, précisément en fonction de la doctrine porrétaine. La quatrième thèse de Jean correspond à la troisième du texte.

Le jugement porté par les contemporains sur la signification et la valeur doctrinale des décisions conciliaires est loin d'être uniforme. Leur parti-pris y joue un rôle de première grandeur. Sans oublier que les frictions politiques esquissées plus haut ont certainement assombri le ciel pour les contemporains et les participants du Concile.

Dans une de ses dernières œuvres, saint Bernard écrit que la doctrine de Gilbert avait été reconnue par le Pape et les autres évêques comme *perversa et omnino suspecta,* et que l'Église défendit catégoriquement l'emploi et la copie des commentaires porrétains sur Boèce. Il a consigné pourtant la soumission de l'évêque au Pape, l'abjuration de ses erreurs et son adhésion à la doctrine catholique [1].

Clarembault d'Arras, adversaire fougueux de Gilbert malgré son appartenance à l'École de Chartres, fait remarquer que la doctrine de son collègue fut condamnée par le Concile comme hérétique, et que ses commentaires ont été interdits pour l'enseignement tant dans les écoles que dans les couvents [2]. Gauthier de Saint-Victor, dont le jugement a peu de valeur — Geyer le traite avec raison de vulgaire pamphlétaire — parle sans plus des « hérésies » de Gilbert [3].

Il est tout naturel que les partisans de Gilbert aient exprimé des opinions contradictoires. Hélinand de Froidmont qui transcrit, en l'approuvant, tout le passage de Geoffroy d'Auxerre sur les décisions doctrinales du Concile de Reims, relate la manière de voir d'un certain Étienne d'Alinerra, disciple de Gilbert, qui prétend avoir assisté en personne au Concile. Quand bien même saint Bernard dut s'incliner devant les raisonnements et les arguments apportés par Gilbert, raconte cet Étienne, le Pape Eugène, hélas, fut astreint à condamner ce que certains évêques et abbés, redoutant de perdre l'amitié de l'abbé de Cîteaux, faisaient valoir comme la doctrine de Gilbert [4]. L'auteur

---

[1] *Sermo 80 in Canticum Canticorum* (PL, CLXXXIII, 1169).
[2] CLAREMBAULT D'ARRAS, *In Boethium de Trinitate* (édit. W. JANSEN, p. 77").
[3] *Contra quatuor labyrinthos franciae* (édit. GLORIEUX, p. 332, édit. GEYER, p. 199"). Voir aussi B. GEYER, *Die Sententiae divinitatis*, p. 58 s.
[4] HÉLINAND DE FROIDMONT, *Chronicon* (PL, CCXII, 1038 BC).

de la *Defensio* du Vat. lat. 561 jugea que de toute évidence le Concile de Reims avait montré la défaite des calomniateurs de Gilbert, car l'évêque avait su se défendre victorieusement, en s'autorisant des écrits patristiques [1]. Le *Liber de vera philosophia* [2] et le *Liber de diversitate personae et naturae* [3] ne sont pas moins convaincus du triomphe de leur héros.

Geoffroy dit en termes clairs dans son *Libellus* que Gilbert répudia la doctrine qu'il avait toujours soutenue. Lors d'une des séances plénières, il aurait renié solennellement son enseignement, réfuté chacune de ses thèses et promis de ne plus jamais tenir, enseigner ou écrire pareille doctrine. Geoffroy se garde bien de prétendre formellement que le Pape aurait prononcé une condamnation explicite de cette doctrine comme hérétique, mais fait état d'une défense, en vertu du pouvoir apostolique et sous peine d'excommunication, d'utiliser ou de copier l'écrit de Gilbert contenant les erreurs condamnées, avant qu'il ne soit épuré et corrigé par l'Église romaine. Dans son *Epistola*, plus éloignée des événements, Geoffroy s'exprime en des termes plus nets. Il dit que le Pape, en vertu de son autorité suprême et au nom de toute l'Église, condamna en totalité les thèses porrétaines. Il répète aussi la défense d'utiliser le traité de Gilbert sans corrections préalables par l'Église romaine [4]. Pour finir, il nous garantit que la proposition de Gilbert d'entreprendre lui-même cette révision, fut repoussée par le Pape [5].

Othon de Freising dépeint la situation plus à l'avantage de Gilbert. D'abord, l'arrêt officiel passa sous silence trois des quatre thèses retenues dans la profession de foi de saint Bernard et de son groupe. Au dire d'Othon, ce jugement point excessif fut obtenu grâce à la modération des cardinaux et grâce à l'opinion de plusieurs théologiens qui considéraient les formules de Gilbert très proches de l'orthodoxie, outre que l'évêque comp-

---

[1] Dans F. PELSTER, *Die anonyme Verteidigungsschrift der Lehre Gilberts von Poitiers*, p. 146.
[2] Cité par R. L. POOLE, *Historia Pontificalis*, Préface, p. XL.
[3] Dans Ms. CAMBRIDGE, Univ. Libr. Ii.IV.27, fol. 130 r : « ... cum aliorum libris sive grecorum sive latinorum, et maxime athanasii et hylarii, quorum suffragiis in concilio remense coram papa Eugenio contra suorum emulorum oblocutiones usus fuit cum gloria » (édit. HARING, dans *Archives d'Histoire doctrinale et littéraire du MA*, t. XXIX, 1962, p. 122 s.).
[4] *Libellus* (PL, CLXXXV, 597 AB).
[5] *Epistola* (*ibid.*, 592 B).

tait parmi ses partisans bon nombre de maîtres éminents. Un verdict solennel ne fut rendu que sur la première thèse par décision pontificale proclamant qu'on ne pouvait faire de distinction réelle entre la nature et les personnes divines, et que la formule *Deus est divina essentia* pouvait être interprétée non seulement comme une construction ablative mais aussi comme une construction nominative. Gilbert n'aurait pas subi d'autre désaveu. Ayant accepté avec respect la décision du Pape, il put retourner à son diocèse sans être atteint ni en son honneur ni dans sa dignité épiscopale. Entre l'évêque et les deux archidiacres qui saisirent le tribunal de l'affaire, la pleine réconciliation ne tarda point [1].

Comparant le rapport de Jean de Salisbury à celui des deux autres sources, il nous est loisible de constater qu'il tient le juste milieu. En conformité avec le récit de Geoffroy, il fait ressortir que les quatre thèses de la profession de foi présentée par le groupe français, furent entérinées par le Pape en séance plénière. Jean, témoin oculaire, affirme que Gilbert s'y rallia pleinement, tout comme il en répond que ni l'enquête ni la conclusion finale ne font partie intégrante du Concile officiel. Conséquemment, ces thèses n'offrent pas le caractère officiel d'une profession de foi de l'Église entière. Avec Geoffroy, il reconnaît que le traité de Gilbert encourut la censure ecclésiastique, si bien qu'il dut être mis en harmonie avec les thèses proclamées avant de pouvoir être utilisé dans les écoles. Il ne recule pourtant pas devant une restriction importante en répétant à deux reprises que ces corrections furent prescrites « au cas où le traité contiendrait quelque chose qui ne s'accordait pas avec cette profession de foi ». Tel était d'ailleurs le sentiment de Gilbert, telle aussi sa propre conviction : la doctrine discutée ne s'écartait pas réellement de l'orthodoxie. Contrairement à Geoffroy, Jean relate que l'offre de Gilbert d'assurer lui-même la correction de son traité, sous le contrôle du Pape, fut acceptée, et enfin, que l'interdiction, sous condition et temporaire, des commentaires porrétains fut la seule mesure atteignant directement Gilbert. L'évêque fut renvoyé absous d'hérésie, et sa soumission à la décision papale le libéra de toute poursuite [2].

---

[1] *Gesta Friderici Imperatoris*, lib. I, c. LXI (MGH. SS, t. XX, 384).
[2] *Historia Pontificalis*, c. 11 (édit. POOLE, p. 24-26).

III

De toutes ces données il émerge que Gilbert fut disculpé du soupçon d'hérésie. A l'encontre d'Abélard, il ne fut frappé d'aucune mesure disciplinaire. Sans rien avoir perdu de sa dignité, il put réintégrer son diocèse. Sur ce point, Jean et Othon sont formels, tandis que Geoffroy ne mentionne nulle autre sanction à son égard.

La proclamation des quatre thèses élaborées à l'initiative de saint Bernard paraît être un fait indéniable. Si l'annotation ne s'en retrouve pas dans les actes officiels du Concile, la présence du Pape et des cardinaux, d'un grand nombre de prélats et de théologiens en garantit néanmoins l'autorité. La grande majorité des assistants la comprit comme une désapprobation, voire un rejet de la théorie de Gilbert, bien que telle ne fût pas l'intention explicite de l'assemblée. Dans l'esprit des partisans de l'évêque, son interprétation pouvait se concilier avec la doctrine de leur maître, d'autant plus que celui-ci marqua son adhésion et sa soumission au jugement prononcé.

L'unique sanction atteignant Gilbert fut donc l'interdiction de lire ses commentaires, sans adaptation préalable à la sentence du Saint-Siège et aux thèses promulguées. Comme nous l'avons vu, ces corrections ne furent jamais faites. Jean de Salisbury pourrait avoir raison contre Geoffroy d'Auxerre, en affirmant que l'offre de Gilbert d'exécuter lui-même la correction de son œuvre, fut acceptée par le Pape. De toute évidence, si le Pape s'était réservé ce travail, il l'aurait confié à saint Bernard ou à quelque théologien du groupe français, et celui-ci se serait acquitté de cette tâche avec empressement. Si l'on s'en tient au rapport de Jean, on comprendra plus facilement que Gilbert ait estimé suffisante la rédaction d'un nouveau prologue et d'un exposé explicatif, dont Jean donne un résumé. Voilà pourquoi saint Bernard et Geoffroy exprimeront par après tout leur désenchantement à propos de la survivance de la doctrine porretaine, malgré l'ordre du Concile.

Ce résultat indéniablement favorable à Gilbert doit être imputé, en majeure partie, à l'intervention des cardinaux. Saint Bernard aurait certainement remporté une victoire totale sur Gilbert, en dépit de sa brillante et impressionnante défense, si les cardinaux n'eurent voulu et à tout prix tenir en échec le trop puissant abbé. Le Concile aboutit donc à un compromis, guère satisfaisant pour les partisans de saint Bernard. Sans doute, leur profession de foi était reconnue doctrine catholique, mais ils comprirent également que leurs opposants ne manqueraient pas d'interpréter en leur faveur les décisions conciliaires. Ce pressentiment devint certitude quand parut le nouveau prologue de Gilbert, où il donna l'assaut à ses adversaires, sans rien sacrifier de sa doctrine. Quelques années plus tard, dans un sermon, saint Bernard regrettait que la doctrine de Gilbert était enseignée librement dans les écoles, comme si rien ne s'était fait. Facile à faire serait la preuve que durant tout un siècle environ, un insigne courant porrétain se fit jour en théologie ; il connut une apogée remarquable dans les vingt dernières années du XIIe siècle.

L'influence bienfaisante du Concile sur le développement de la théologie est patente. La sentence modérée du Concile concernant la doctrine de Gilbert, permit, pour une bonne part, à la méthode spéculative inaugurée par le théologien chartrain, de se maintenir dans les écoles. Résultat inespéré de l'opposition des cardinaux, qui fit parler Melle Davy d'une « bienheureuse jalousie »[1]. Moins de quinze ans après le Concile, Jean de Salisbury relèvera que plusieurs des thèses gilbertines, naguère combattues, étaient passées dans l'enseignement public des écoles et présentées comme théories communément admises[2].

Les valeurs réelles apportées par Gilbert furent de la sorte exposées dans toute leur fécondité pratique, tandis que furent aussi signalées certaines formules dangereuses pour l'orthodoxie, compte tenu de l'esprit peu subtil des théologies traditionnelles de l'époque. Les théologiens sérieux, les chefs éclairés du mouvement porrétain, soucieux de ne pas s'éloigner de la direction assignée par le magistère de l'Église, ont tiré profit de la profession de foi rédigée par saint Bernard et son groupe. Ils soumirent les distinctions de Gilbert à un examen serré, rigoureux, et les précisèrent dans le sens des directives conciliaires.

---

[1] M. DAVY, *Œuvres de saint Bernard traduites et préfacées*, Paris, 1945, Avant-propos, p. 58.
[2] *Historia Pontificalis*, c. 8 (édit. POOLE, p. 18).

LIVRE III

LA PHILOSOPHIE DE GILBERT

CHAPITRE I

POINT DE DEPART

Sommaire. — I. Le milieu : grammaire et philosophie, l'École de Chartres, maître Bernard, humanisme chartrain, grammaire spéculative, parallélisme entre grammaire, dialectique et philosophie. — II. La signification des *nomina* : dans les gloses sur Priscien, chez Bernard de Chartres, critique de Jean de Salisbury. — III. Théorie de Gilbert sur les *nomina* : distinctions grammaticales, logiques et philosophiques, parallélisme entre ces distinctions, primat du formel. — IV. Les prédicaments, division mathématique, division logique, prédicats topiques.

En dehors du *Liber de sex principiis*, d'authenticité douteuse, la liste des écrits de Gilbert ne contient aucune œuvre strictement philosophique. Un examen, même superficiel, de son chef d'œuvre théologique trahit cependant la continuité qui relie sa spéculation philosophique à sa théologie. Au jugement de tous les historiens modernes, l'intelligence des thèses théologiques controversées nécessite une étude approfondie de la philosophie porrétaine.

Indépendamment de son application en théologie, la philosophie de Gilbert est digne d'intérêt. Il est l'artisan, un des rares parmi les théologiens du XIIe siècle, d'une philosophie cohérente bien que non-systématisée. Comme pour presque tous ses contemporains, Platon est le philosophe de son élection, mais son platonisme chrétien est marqué de sa griffe personnelle. Rien de plus difficile que de saisir la pensée profonde de Gilbert. L'absence de systématisation oblige à une analyse ardue, malaisée, des éléments philosophiques à détacher de leur contexte théologique. Et ce ne sont pas ses contemporains qui nous y aideront. Leur sollicitude se limitait aux applications théologiques, et leur critique condamnait, en bloc et sans déterminer les points faibles, la philosophie du maître chartrain comme nuisible à la saine tradition théologique. Des écrits porrétains, seuls le

Dialogue entre Évrard et Ratius et le *Liber de Homoysion* [1] traitent des présupposés philosophiques de la théologie de Gilbert. Or, pour la compréhension de la pensée de Gilbert en la matière, il convient de se méfier quelque peu de ces écrits, car, disposant de la Logique Nouvelle, récemment introduite, leurs auteurs s'étaient familiarisés avec une philosophie qu'ils jugeaient trop facilement en parfaite harmonie avec la logique porrétaine [2].

I

L'historiographie de la philosophie et de la théologie médiévales a raison de relever l'influence énorme exercée par les arts libéraux en ces deux domaines. Plus que pour toute autre période cela vaut pour la première partie du XIIe siècle [3]. A l'origine, l'enquête des historiens sur ce point ne s'étendait qu'à Abélard et à son école, mais depuis lors on s'est aperçu que l'École de Chartres mérite elle aussi une attention particulière. En effet si, dans les centres intellectuels sous la coupe d'Abélard, la dialectique connut un essor triomphal et pénétra dans tous les domaines du savoir, ce fut surtout à l'École de Chartres et sous l'impulsion de maître Bernard, que la grammaire spéculative marqua la méthode philosophique et théologique.

---

[1] *Dialogus Everardi et Ratii* (édit. HARING, dans *Mediaeval Studies*, t. XV, 1953, p. 243-289) ; *Liber de Homoysion et homoeysion*, dans Ms. CAMBRIDGE, Univ. Libr. Ii.IV.27, fol. 28-130.

[2] Pour la littérature moderne, voir A. FOREST, *Le réalisme de Gilbert de la Porrée dans le commentaire du « De hebdomadibus »*, dans *Revue néoscolastique* (Hommage De Wulf), t. XXXVI, 1934, p. 101-110 ; A. HAYEN, *Le Concile de Reims et l'erreur théologique de Gilbert de la Porrée*, dans *Archives d'Histoire doctrinale et littéraire du Moyen Âge*, t. X, 1935/36, p. 29-102 ; S. VANNI ROVIGHI, *La Filosofia di Gilberto Porretano*, dans *Miscell. del centro di Studi Medievali*, Milan, 1956, p. 1-64 ; N. M. HARING, *Petrus Lombardus und die Sprachlogik in der Trinitätslehre der Porretanerschule*, dans *Miscellanea Lombardiana*, Novare, 1957, p. 113-127 ; M. A. SCHMIDT, *Gottheit und Trinität*, Bâle, 1956. La synthèse de Berthaud et de Clerval est sans valeur, elle se fonde presque exclusivement sur le *Liber de causis* et le *Liber de sex principiis*. Ceci vaut également pour la présentation de Hauréau, bien que celui-ci s'occupe davantage des commentaires de Gilbert.

[3] Voir p. ex. G. PARÉ, A. BRUNET, P. TREMBLAY, *La Renaissance du XIIe siècle. Les écoles et l'enseignement*, Paris-Ottawa, 1933 ; R. W. HUNT, *Studies on Priscian*, dans *Mediaeval and Renaissance Studies*, t. I, 1942/43, p. 194-231, t. II, 1950, p. 1-56 ; ID., *The Introductions to the « Artes » in the twelfth Century*, dans *Studia Mediaevalia in honorem R. M. Martin*, Bruges, 1948, p. 85-112.

L'esprit propre à l'École de Chartres est décrit par Jean de Salisbury dans son *Metalogicon*, vrai trésor pour l'historien moderne. La compétence de Jean est indiscutable. Par expérience personnelle il a connu plusieurs célébrités de l'École. Au temps de la composition de son livre, il était parfaitement au courant des récentes découvertes de la logique aristotélicienne intégrale, tandis que ses précepteurs appartenaient encore à une époque antérieure. Il est permis de voir en lui le représentant et le point de contact des deux périodes importantes du XIIe siècle. Le premier livre de son *Metalogicon* est la description fidèle et assez détaillée de la méthode de travail de ses maîtres, grammairiens et dialecticiens, qui cultivaient l'étude des *artes*[1]. Ses idées étant voisines des leurs, il conçoit la *Nouvelle Logique* moins comme une rupture avec les conceptions et les techniques antérieures que comme leur prolongement plus précis et plus net.

Jean expose les vues générales des maîtres chartrains lorsqu'il confère à la grammaire le rôle primordial dans toute formation scientifique[2]. Tout comme les autres *artes*, elle perfectionne la nature, qui, sans elle, ne parvient qu'à gros efforts à atteindre à la science philosophique[3]. La grammaire est définie comme la *scientia recte loquendi scribendique*. En vertu même de cette définition, elle traite des lettres, s'étend par suite aux mots, formés par les lettres, et pour finir aux figures dont les mots sont les éléments simples. La connaissance des mots ouvre en définitive la perspective sur les choses mêmes, signifiées par ces mots. Ainsi la grammaire sera le guide indispensable à toute philosophie, voire un instrument nécessaire à toute étape de la spéculation philosophique :

> eadem quoque est totius philosophiae cunabulum... quae... cuiusque gradus incrementa in philosophia provehit, et sedulitate materna omnem philosophantis producit et custodit aetatem[4].

---

[1] *Metalogicon*, lib. I, c. 5 (édit. WEBB, Oxford, 1929, p. 16). Jean mentionne ici tous les grands écolâtres de son temps : d'abord Gilbert, ensuite Thierry de Chartres, Guillaume de Conches, Bernard de Chartres, Anselme et Raoul de Laon, Albéric de Paris, Simon de Paris, Guillaume de Champeaux, Hugues de Saint-Victor et Robert le Poule.
[2] *Metalogicon*, lib. I, c. 23 (édit. WEBB, p. 53). Voir aussi c. 13 et 21.
[3] *Ibid.*, c. 8, p. 23.
[4] *Ibid.*, c. 13, p. 30 s.

Aussi indigné que tous les maîtres chartrains, Jean flétrit l'action funeste des *Cornificii* qui se faisaient fort d'aborder, sans l'étude préparatoire des *artes*, tous les problèmes philosophiques et théologiques [1].

Partant de ce point de vue, Jean fait en traits vifs un tableau de la méthode de travail de maître Bernard de Chartres, qui ne se contentait pas de gloser les manuels connus de Priscien, Donat, Martianus Cappella et autres. Pour « lire » les grands classiques, il ne laissait jamais son érudition à l'arrière-plan, s'attelant en premier lieu aux opérations les plus élémentaires, analysant les phrases d'une prose, faisant la scansion des vers, signalant les expressions qui lui paraissaient étranges, impropres ou contraires aux règles, décrivant les figures, etc. Là ne s'arrêtait pas son explication : il aimait encore découvrir chez les auteurs classiques, sous forme d'histoires et parfois de fables, toutes les *artes* et toutes les sciences : la grammaire et la poétique régissant les aspects extérieurs du texte, la logique déterminant l'argumentation, la rhétorique fournissant la force persuasive, ensuite, tout le *quadrivium* et la physique qui décèle les secrets de la nature, et finalement l'éthique qu'il juge la branche maîtresse de la philosophie. Prenant appui sur la grammaire, Bernard faisait appel à tous ces éléments pour inculquer aux élèves ces diverses disciplines, soucieux toujours d'apporter les distinctions nécessaires et de ne pas confondre les méthodes propres à chaque science.

Lorsqu'il se soumettait avec application aux exercices pratiques, prescrits et surveillés par Bernard en personne, un bon élève était à même d'acquérir en un an une technique suffisante l'initiant avec profit aux textes classiques et le familiarisant avec toute la matière du savoir philosophique [2].

Bernard dépassait encore ce programme, nous dit Jean, et se servait de ses *lectiones* pour veiller à la formation religieuse de ses disciples. Son choix délicat des extraits commentariés n'a pas peu contribué à nourrir la foi et la vie chrétienne de ses auditeurs.

Il faut lire l'exposé de Jean de Salisbury si l'on veut savoir pourquoi maître Bernard et ses disciples restent des figures

---

[1] *Ibid.*, c. 9, p. 26 s.
[2] *Ibid.*, c. 24, p. 53 s.

si captivantes pour l'esprit moderne. Leur étude élémentaire les a conduits à un humanisme véritable. Ajoutez à cela leur vraiment imposante spéculation scientifique, philosophique et théologique. Sous l'impulsion de Bernard, son distingué précepteur, le *grammaticus opitulentissimus* [1] et le *exundantissimus fons litterarum in Gallia* [2], l'École de Chartres s'est épanouie en un des centres les plus fameux et les plus féconds de la « renaissance du XIIe siècle » [3] dont Jean lui-même sera un des coryphées [4]. Les maîtres de Chartres ne se contenteront plus de quelques citations isolées des auteurs classiques, destinées à illustrer les règles grammaticales apprises dans les manuels [5]. Ils désiraient « lire » les grands ouvrages de l'antiquité classique, les utiliser dans l'enseignement et les rendres familiers aux élèves. Grâce à ces efforts s'édifiera la belle latinité des écrits chartrains rehaussés de citations bien choisies, ainsi que l'excellent approfondissement de la pensée antique.

La grammaire chartraine n'a pas peu contribué à l'éclosion nettement philosophique des études. Sans exagération, il est permis de parler ici d'une « grammaire spéculative » ou même d'une « Sprachphilosophie » [6]. Ces termes, spécialement appliqués à la grammaire de la période suivante, valent déjà pour celle-ci.

---

[1] Jean de Salisbury dit de Guillaume de Conches : « grammaticus post Bernardum Carnotensem opitulentissimus ». *Metalogicon*, libr. I, c. 5 (édit. WEBB, p. 17).

[2] *Ibid.*, c. 24, p. 55.

[3] Voir l'Avant-Propos de M. D. CHENU dans G. PARÉ, c. s., *La Renaissance du XIIe siècle*. Voir aussi chap. IV.

[4] Voir L. DENIS, *Un humaniste du Moyen Age : Jean de Salisbury (1120-1180)*, dans *Nova et Vetera* (Bruxelles), t. XXII, 1940, p. 5-23, 125-152 ; J. HUIZINGA, *Een praegothieke geest : Johannes van Salisbury*, dans *Handelingen van het 15e Nederlandse Philologen-congres*, Groningen, 1934.

[5] Voir CH. THUROT, *Notices et extraits de divers manuscrits latins pour servir à l'histoire des doctrines grammaticales au Moyen Âge* (Notices et extraits des manuscrits de la Bibliothèque Impériale et autres bibliothèques, t. XXII, 2, Paris, 1868, p. 68 s).

[6] Voir M. D. CHENU, *Grammaire et théologie au XIIe et XIIIe siècles*, dans *Archives d'Histoire doctrinale et littéraire du Moyen Âge*, t. X, 1935/36, p. 5-28 ; R. W. HUNT, *Studies on Priscian*, dans *Mediaeval and Renaissance Studies*, t. I, 1942/43, p. 194-231, t. II, 1950, p. 1-56 ; M. GRABMANN, *Die geschichtliche Entwicklung der mittelalterliche Sprachphilosophie und Sprachlogik. Ein Überblick*, dans *Mélanges J. de Ghellinck*, Gembloux, 1951, t. II, p. 421-433 ; ID., *Die Entwicklung der mittelalterlichen Sprachlogik. Tractatus de modis significandi*, dans *Mittelalterliches Geistesleben*, Munich, 1926, t. I, p. 104-146 ; N. M. HARING, *Petrus Lombardus und die Sprachlogik in der Trinitätslehre der Porretanerschule*, dans *Miscellanea Lombardiana*, Novare, 1957, p. 113-127.

L'étude élémentaire de la grammaire était de loin dépassée par l'application de la dialectique, envahissant les écoles malgré la résistance des traditionalistes. Les manuels de Priscien et d'autres, commentés à l'aide des traités de logique et des commentaires aristotéliciens de Boèce, invitaient à cette union de la logique et de la grammaire. Une terminologie commune aux deux disciplines favorisait leur interpénétration [1]. Enfin, les maîtres ès arts n'étaient pas spécialistes dans une seule branche, leur fonction d'écolâtre répartissait largement leur attention à d'autres domaines encore.

Le *Metalogicon* de Jean de Salisbury nous apprend que maître Bernard, en « lisant » les textes classiques, y découvrait toutes les sciences. Son *Historia Pontificalis* nous en dit autant de Gilbert Porreta [2], dont il avait suivi les cours de logique et de théologie à Paris [3]. Il avait auparavant étudié la grammaire sous les maîtres Richard l'Évêque et Guillaume de Conches, cet illustre promoteur de la physique aristotélicienne. Quant à la rhétorique, elle lui fut enseignée par Pierre Hélias, dont les écrits grammaticaux connurent un énorme succès dans les écoles, même fort avant dans le XIIIe siècle [4].

Certains traités de grammaire s'évertuaient à allier les deux disciplines d'une manière naturelle. Les chapitres sur l'*intentio* ou *impositio nominis* et sur la *significatio* et les *modi significationis* s'accommodaient tout particulièrement à un singulier développement dialectique.

La diffusion rapide de la dialectique dans presque toutes les écoles fut la cause de cette évolution d'une grammaire de lettré vers une grammaire de philosophe. En dehors de quelques milieux conservateurs, comme l'École de Laon et les écoles monastiques, cette *ars* avait, au début du XIIe siècle, gagné la faveur de la plupart des maîtres. Les centres où la dialectique était considérée non comme un jeu mais comme une technique sérieuse, voyaient la nouvelle discipline l'emporter sur la méthode traditionnelle. A Paris, malgré sa jeunesse, Abélard avait déchaîné l'enthousiasme des étudiants pour la logique. A Chartres, maître Bernard poussait décidément l'*ars grammaticae* vers des voies nouvelles.

---

[1] Voir R. W. Hunt, *art. cit.*
[2] *Historia Pontificalis*, c. 12 (édit. Poole, p. 28).
[3] *Metalogicon*, lib. II, c. 10 (édit. Webb, p. 82).
[4] *Ibid.*, lib. I, c. 24, p. 57 ; lib. II, c. 10, p. 82.

De tous les novateurs, Pierre Hélias est celui qui ébauche le mieux l'orientation nouvelle, car son commentaire, employé comme manuel dans les écoles, apporte une clairvoyante réforme des études grammaticales. Paré [1], cependant, schématise trop en ne faisant remonter l'infiltration de la dialectique dans la grammaire qu'au milieu du XIIe siècle, la mettant au compte du seul Pierre Hélias. Hunt s'élève à bon droit contre cette simplification en apportant les preuves que ce phénomène existait déjà au moins cinquante ans plus tôt. Pierre Hélias doit en effet beaucoup à ses prédécesseurs. N'avaient-ils pas, dès avant la fin du siècle précédent, inséré dans le manuel de Priscien des gloses philosophiques ? La mise au point de Hunt est fondée sur plusieurs gloses inédites de la fin du XIe et du début du XIIe siècle [2]. Thurot avait, lui aussi, noté l'introduction de la dialectique dans la grammaire. Dès « la première période de l'étude grammaticale au Moyen Âge » qu'il situe entre la fin du XIe et la fin du XIIe siècle, il a trouvé dans les gloses sur Priscien « des considérations purement métaphysiques » [3].

Pour ce qui est de la position des maîtres chartrains, Jean de Salisbury nous sera un témoin précieux. Suivant en cela tous ses contemporains, il fait la distinction entre la grammaire et la logique, donnant de cette dernière une double définition : au sens large elle englobe la grammaire, au sens strict, en tant que *disserendi ratio*, elle ne l'englobe pas [4]. Jean constate que les « artistes » de son temps avaient perdu le sens de la compétence précise de chacune de ces deux disciplines. Ils ne discernaient pas à laquelle des deux appartenait par exemple la critique des liaisons possibles entre les différents mots (*junctura dictionum*). Jean reconnaît à la grammaire le droit de rejeter l'union entre les substantifs (*substantiva primae impositionis*) et les adjectifs désignant une fonction logique (*adjectivae secundae impositionis*), p. ex. dans l'expression *homo cathegoricus*. Si la grammaire a le droit de s'opposer à cette formule, ce n'est pas en raison de sa fausseté — c'est la logique qui décidera de la vérité ou de la fausseté d'une expression — mais en raison de son absurdité manifeste de par la signification des mots. Cette évidence

---

[1] *La Renaissance du XIIe siècle*, p. 234, n. 1.
[2] R. W. Hunt, *Studies on Priscian*, p. 215 s.
[3] Ch. Thurot, *Notices et extraits*, p. 96. Voir aussi p. 117.
[4] *Metalogicon*, lib. I, c. 13 (édit. Webb, p. 30 s). Voir aussi c. 10, p. 82.

n'atténue d'ailleurs en rien la difficulté d'exposer les motifs de cette condamnation [1].

Juger de la signification des noms est donc du ressort de la grammaire, mais d'une importance non moins capitale pour la logique. Le logicien, dit Jean, recevant les mots de la main du grammairien comme éléments simples et dans leur signification première, aura pour tâche de faire l'examen de leurs différentes acceptations et de leurs virtualités, le but de la science étant de déterminer les fonctions des mots dans les propositions et dans les jugements [2]. Quand, dans son troisième livre, Jean s'étend sur les œuvres logiques d'Aristote, récemment introduites dans les écoles, et s'applique à démontrer l'utilité des *Cathegoriae*, il dépeint cet ouvrage comme un instrument rudimentaire, destiné aux années d'enfance du logicien. Car, dit-il, il s'agit ici des mots simples, non composés, désignant les choses mêmes. Les mots dont il importe en premier lieu de circonscrire la signification, sont les *univoca*, les *aequivoca* et les *denominativa* qui mènent à toutes sortes d'erreurs par manque de précision [3]. Boèce, se souvient-il enfin, ajoute à ces trois groupes les *multivoca* comme *ensis* et *gladius*, mais il croit que ces *multivoca* dépendent plutôt de la compétence grammaticale [4].

Jean de Salisbury, analysant la base théorique de cette méthode grammaticale, nous explique que la grammaire, quoique d'invention humaine, emprunte son fondement à la nature même des choses dont elle étudie les noms. Confirmation en est donnée par la constatation que toutes les langues humaines présentent les mêmes caractéristiques élémentaires : le nombre identique de voyelles, les consonnes sourdes et sonores reconnaissables au mouvement des lèvres. L'imposition des noms surtout, bien qu'inventée par l'homme, n'est pas sans corrélation avec la nature des choses. Les noms premiers sont donnés par l'homme aux choses premières, celles qui sont formées par la nature de matière et de forme ou des quatre éléments et distinguées de manière telle, qu'elles rencontrent par elles-mêmes la connaissance des créatures raisonnables. De là un rapport naturel entre

---

[1] *Ibid.*, c. 15, p. 34 s.
[2] *Ibid.*, lib. II, c. 16 (édit. WEBB, p. 90).
[3] *Ibid.*, lib. III, c. 2, p. 123 s.
[4] *Ibid.*, lib. III, c. 3, p. 127.

les choses et leurs noms : de même qu'elles se distinguent par leurs propriétés réelles, elles se distinguent par leur nom propre ; de même que les substances sont premières dans l'ordre de la réalité, les noms substantifs sont premiers dans le langage. L'imitation de la nature par la grammaire pénètre plus loin encore. Les substances naturelles sont différenciées par un nombre infini de formes qualitatives et quantitatives. De façon identique, il y a, dans le langage, les noms adjectifs qui revêtent et informent les substantifs, comme les accidents revêtent et informent les substances :

> sicut enim accidentia substantiam vestiunt et informant ; sic quadam proportione rationis ab adiectivis substantiva informantur.

Par suite, plusieurs règles de la grammaire sont calquées sur la structure naturelle des choses. Les substances n'étant pas sujettes à *intensio et remissio*, il est impossible de former des comparatifs avec les substantifs. Du fait que les formes accidentelles, ne sont pas toutes susceptibles ni de plus, ni de moins, il n'y a pas moyen de donner un degré de comparaison à tous les adjectifs. Le mouvement aussi, constaté dans la nature et fixé réellement par le temps, est imité dans la langue par les verbes, qui expriment l'action et la passion et qui « consignifient » le temps [1].

Voilà donc posée la base théorique du parallélisme entre la grammaire et la dialectique d'une part, de la spéculation philosophique d'autre part, parallélisme qui détermine éminemment les théories des maîtres de la première moitié du XIIe siècle, surtout des philosophes chartrains. La première comparaison, principalement, mérite l'attention, celle qui est établie d'un côté entre les substances et leurs différences, et d'autre côté entre les substantifs et les adjectifs. Elle nous indique la raison profonde pour laquelle est si facile l'identification des adjectifs joints aux substantifs avec les prédicats attribués à un sujet et avec les accidents informant les choses réelles.

---

[1] *Metalogicon*, lib. I, c. 14 (édit. WEBB, p. 32 s).

II

Malgré le génie propre à Gilbert, sa pensée philosophique est enracinée dans le milieu intellectuel de l'École de Chartres. Pour mettre en lumière les traits généraux illustrant la personnalité scientifique du maître, nous avons déjà examiné les témoignages de contemporains qui le glorifient comme un des plus grands champions de l'étude des *Artes*. Le programme des études proposé par Gilbert exigeait tout d'abord une harmonieuse association de tous les arts libéraux afin de les mettre au service de la science théologique. Avec son maître Bernard de Chartres il demeurait ensuite d'accord pour considérer la grammaire comme les assises de toute science.

Commençons donc l'analyse de la pensée philosophique de Gilbert par son interprétation du fameux adage de Priscien : *proprium est nominis significare substantiam et qualitatem* [1]. Cet énoncé sur la signification des noms était accompagné, dans la littérature grammaticale d'avant Gilbert, d'une foule de gloses. Dans la plupart de celles-ci, le *et* de l'adage était regardé comme un conjonctif, de sorte qu'on le lisait comme suit : *proprium est nominis significare substantiam cum qualitate*. D'après la conception de ces grammairiens, un *nomen* — une *dictio* ou une *vox* portant signification — a pour fonction de signifier réellement une chose qui subsiste, avec référence explicite à sa qualité ou sa propriété. Cette signification est appelée substantielle, parce qu'elle a été la raison de l'invention même du nom (*causa inventionis* ou *impositionis*) [2]. D'appartenance exclusive à tout substantif, elle est mise en lumière par opposition à la signification des autres espèces de mots : le pronom et le verbe. Le pronom exprime la chose à la manière d'une substance mais sans référence à une qualité ou une forme :

---

[1] Priscien, II, 18.
[2] Voir la *Glose super Priscianum maiorem*, dans ms. Chartres 209, fol. 66ᵛᵃ : « nomina vero non dicuntur alique voces simpliciter quia designant substantiam cum qualitate, sed quia ad hoc officium explendum proprie sunt invente ». Et ms. Cologne, Bibliothèque du Dôme : « ... sub nomine posuerunt (scil. philosophi), et eis substantiale esse dixerunt significare substantiam cum qualitate ». (Citée par R. W. Hunt, *art. cit.*, p. 212, n. 1 et p. 213). Voir aussi la glose de Pierre Hélie dans cod. Paris, Bibl. de l'Arsenal lat. 4, fol. 16 : « Hic enim significandi qui est significare substantiam cum qualitate, facit quod nomen sit et dicatur una pars orationis ». (Citée par Ch. Thurot, *Notices et extraits*, p. 153).

..antiqui dicebant pronomen meram substantiam significare, non quod informem et ab omni qualitate exutam (hoc enim esset primordialem materiam significare), sed quia rem ut substat et sine respectu forme significat [1].

Nous voyons dans ce texte emprunté à Pierre Hélias, que la définition de la *qualitas nominis* se rapporte à une forme ou quasiforme par laquelle la substance est ce qu'elle est et à laquelle elle emprunte son propre genre et son propre nom. Cette manière de voir n'est pas propre au seul Pierre Hélias, car on la retrouve chez les maîtres de Chartres, et ses origines remontent, témoin les nombreuses gloses citées par Hunt, à la fin du siècle précédent.

Les grammairiens du XIIe siècle s'occupaient fort des rapports existant entre les noms et les verbes. A propos du sens des verbes, une glose signalée par Hunt fait remarquer que le verbe signifie l'inhérence d'une action à une personne agissante. Les formes nominale et verbale d'une même racine linguistique se présentent cependant différemment, par exemple *cursus* et *currit*. Bien que toutes deux désignent la même action, chacune se réfère à un mode d'être différent. *Cursus* implique l'action tout court (*per se simpliciter consideratum*), *currit* exprime en outre la même action comme inhérente à un sujet :

> et ideo dicimus quod nec actionem simpliciter nec personam agentem, sed actionem inesse personae agenti significat, ut currit. Nomen vero, ut cursus, quamvis significat actionem simpliciter eam tamen significat, nec dicit eam inesse. Nec hoc negandum est quin verbum, cum inhaerentiam utriusque actionis et substantiae significet, ipsam substantiam et actionem quodammodo significare dicatur, sed alio modo quam nomen, quia nomen significat eas per se simpliciter consideratas, verbum significat eas in hoc quod cohaerent [2].

Le problème devient plus complexe encore lorsque l'auteur de la glose aborde la question des *denominativa*. Ceux-ci, en effet, renferment également une qualité intimement liée au sujet : par exemple, le dénominatif « blanc » signifie que la blancheur est inhérente à un sujet. D'où la question : à quel point la signification des verbes diffère-t-elle de celle des dénominatifs ? Après une discussion assez spécieuse du problème, l'auteur de la glose

---

[1] Pierre Hélie (*in Prisc. XII*), dans Ms. Paris, Bibliothèque Nationale, cod. 16220, fol. 35va, cité avec d'autres gloses par R. W. Hunt, *art. cit.*, p. 201.
[2] Dans Ms. Chartres 209, fol. 11vb, cité par R. W. Hunt, *art. cit.*, p. 218, n. 1.

se prononce pour la thèse selon laquelle les verbes aussi bien que les dénominatifs signifient l'*inhaerentia* de l'action, mais de façon différente. Les verbes expriment l'« être-dans » de l'action et y ajoutent le *cum modis et temporibus*, ceci à l'encontre des *denominativa*.

Ces décompositions grammaticales et leurs implications philosophiques formèrent un thème favori dans les écoles des « artistes ». Une glose anonyme du début du XIIe siècle analyse les trois mots : *lectio, legit, lector*. Tous trois signifiant la même chose mais de manière tout autre, ils sont expliqués au moyen d'une comparaison : *lectio* signifie la *lectio* comme étant en dehors de la maison, *legit* signifie la même *lectio*, mais, cette fois, en tant qu'elle entre dans la maison, donc en mouvement, *lector* comprend encore la *lectio* mais en permanence et en repos dans la maison, donc sans aucune référence au temps et au mouvement. Même cas lorsqu'il s'agit des mots *albedo, albet* et *album*[1], puisque, dans une glose attribuée à un maître A., — peut-être Anselme, le fameux écolâtre de Laon — nous trouvons une comparaison analogue. Le verbe *albet*, dit-il, propose la blancheur comme entrant dans le sujet, alors que le nom *album* exprime cette même blancheur comme déjà entrée dans le sujet, mais toujours en repos et en permanence[2].

Pareilles analyses grammaticales de Bernard de Chartres, l'*opitulentissimus grammaticus*[3], nous ont été conservées dans le *Metalogicon* de Jean de Salisbury. Lui-même renvoie ces exposés au domaine de la logique ; il les insère au chapitre sur l'utilité des *Catégories* d'Aristote. Il approuve et fait sienne la pensée d'Isidore de Séville, désignant les univoques, les équivoques et les dénominatifs comme des instruments des catégories (*instrumenta cathegoriarum*). Il donne d'abord la définition courante des *aequivoca* et des *univoca*. Quant aux dénominatifs, il ne leur accorde un sens ni identiquement égal, ni tout à fait différent. Tout comme le son de ces mots se ressemble, ainsi il y a rapport de voisinage dans ce que l'intelligence en saisit. Par exemple, *fortis* et *fortitudo, bonus* et *bonitas*.

---

[1] *Note super Priscianum et super Rethoricam*, ms. DURHAM, Cathedral Library, C. IV, 29.III, fol. 94vb, cité par HUNT, *art. cit.*, p. 219, n. 4.
[2] *Ibid.*, fol. 143vb, cité par HUNT, *art. cit.*, p. 220, n. 1.
[3] *Metalogicon*, lib. III, c. 2 (édit. WEBB, p. 123 s).

C'est à partir de ces définitions sommaires que Bernard de Chartres distingue une signification principale (*significatio principalis*) et une signification conjointe (*consignificatio*), et sur cette distinction est fondée la thèse que les noms dénominatifs et les noms dont ils dérivent, possèdent une même signification première en même temps qu'une signification conjointe différente :

> idem principaliter significant denominativa et ea a quibus denominantur, sed consignificatione diversa [1].

Après quoi Bernard essaie de déterminer la signification des trois mots *albedo, albet* et *album*, en employant une comparaison piquante pareille au schéma déjà étudié de maître A. Selon Bernard, *albedo* représente la vierge intacte, *albet* désigne la même vierge comme entrant dans la chambre ou couchée sur le lit nuptial, *album* la montre comme violée. Jean ajoute une explication plus technique. *Albedo* signifie la qualité même sans désigner la participation d'un sujet. La signification de *albet* comprend la même qualité mais avec la participation d'une personne agissante. Faisant abstraction de la *substantia* (au sens grammatical) du verbe, on repère la blancheur comme *qualitas verbi* mais en impliquant une personne dans la flexion. Enfin, *album* exprime encore la même qualité, non plus à l'état pur mais comme infusée dans une substance et mélangée avec elle (*eandem significat qualitem, sed infusam commixtamque substantiae*). Le nom *album*, en effet, signifie en tant que *substantia nominis* le sujet de la blancheur, et en tant que *qualitas nominis* la blancheur-forme blanchissant le sujet [2].

Pour donner plus de poids à sa théorie, Bernard cherchait à s'appuyer sur l'autorité d'Aristote et d'autres auteurs, sans

---
[1] *Ibid.*, p. 124.
[2] *Metalogicon*, lib. III, c. 2 (édit. WEBB, p. 124 s) : « Aiebat Bernardus Carnotensis quia « albedo » significat virginem incorruptam, « albet » eandem introeuntem thalamum aut cubantem in thoro, « album » vero eandem, sed corruptam. Hoc quidem quoniam « albedo » ex assertione eius simpliciter et sine omni participatione subiecti ipsam significat qualitatem, videlicet coloris speciem, disgregativam visus. « Albet » autem eandem principaliter, etsi participationem persone admittat. Si enim illud excutias, quod verbum hoc pro substantia significat, qualitas albedinis occurret, sed in accidentibus verbi personam reperies. « Album » vero eandem significat qualitatem, sed infusam commixtamque substantie et iam quodammodo magis corruptam ; siquidem nomen ipsum pro substantia subiectum albedinis, pro qualitate significat colorem albentis subjecti ».

parvenir à rallier tous les maîtres à son point de vue. Jean lui-même n'adhère pas à son opinion et il dénonce, ici comme ailleurs, la méthode facile consistant à solliciter les textes. Quant à la théorie elle-même, il l'accable à sa manière sceptique de graves objections. Si les noms abstraits et les noms concrets avaient la même signification, expose-t-il, la procédure des *Analytiques* d'Aristote (ignorée de maître Bernard) mènerait à des contradictions. Si la signification des mots « aveugle » (*caecus*) et « aveuglement » (*caecitas*) était identique, on pourrait dire du même homme qu'il est aveugle et qu'il est aveuglement. Leur sens différent justement ne permet pas à ces deux termes d'être appliqués au même sujet.

Pourtant, la règle ne vaut pas toujours, poursuit-il. Parfois ces deux espèces de mots s'accordent et sont applicables, non seulement au même sujet mais également l'un à l'autre. Ainsi, on peut dire que la bonté est bonne, que l'unité est une. Quand les partisans de la théorie de Bernard de Chartres attribuent les différences éventuelles non pas à la signification principale mais à la « consignification », Jean admet cette explication comme partiellement vraie, mais la juge insuffisante. Il se choisit un critère logique pour arriver à définir le sens de ces noms. Car il lui semble du domaine du logicien de révéler la valeur des mots et de parvenir à la vérité et à la science en partant des modes et des procédés d'attribution. Ainsi, les dénominatifs déterminent un sujet qui est tel grâce à telle qualité, tandis que les noms abstraits marquent la qualité même par laquelle le sujet est tel :

> ergo denominativa significant quodammodo qualia ex aliquibus ; illa vero a quibus denominantur, notant a quibus qualia.

Dès lors, « force » signifie ce par quoi quelqu'un est fort ; « fort » désigne celui qui est fort par la force. Aussi le mot *fortis* peut s'appeler un *fortitudinis nomen*, non parce qu'il exprime la force tout court, mais parce qu'il indique cette qualité à la manière d'une cause qui fait le sujet tel qu'il est :

> unde et fortitudinis dicitur nomen, non ut cuius, sed ut ex quo ; indicat enim causam.

Jean trouve un exemple similaire dans le texte suivant de saint Grégoire : *angelus nomen officii est, non naturae* ; ici, le nom ne dénote pas la nature mais la personne et ce qu'elle est de par sa fonction. Il y a encore plusieurs noms de cette catégorie :

ut consul dignitatis, studiosus virtutis, Platonicus, Socraticus professionum sunt nomina. Ces noms désignent et la personne et les propriétés (la dignité, la vertu, la profession, etc.) par lesquelles la personne est ce qu'elle est et ce qu'elle est dite.

Telle est la conclusion retenue par Jean. Les modes de signification sont aussi multiples que les procédés d'attribution (*modi praedicandi*). Il n'y a pas unité absolue de signification : le mot *justus* par exemple définit tantôt l'homme juste, tantôt la justice. L'inverse ne se produit pas du tout ou rarement : le mot *justitia* ne désigne pas l'homme juste. C'est par cette théorie que s'explique le passage suivant de Boèce :

> Cum dico « Deus justus est », qualitatem videor praedicare ; sed praedico substantiam, immo eam quae est supra substantiam.

Sentence absurde, d'après Jean, si le mot concret ne pouvait pas indiquer la qualité. Aristote lui-même le confirme nettement : ... *qualitatem significant, ut album ; quantitatem, ut bicubitum.* Ainsi donc, les noms se référant à une qualité ou une quantité, signifient cette qualité même, démontrant par leur attribution que celle-ci « est-dans » le sujet. En même temps, ils peuvent déterminer le sujet en exprimant par leur attribution que le sujet est tel par cette qualité :

> sic utique, quia dantur a qualitate vel quantitate, ita et qualitatem praedicant, quam appositam demonstrant inesse subiectis ; interdum dicuntur significare qualia, quoniam appositione sua declarant qualia sint subiecta.

Là ne réside pas la grande différence pour qui veut entendre, continue Jean encore, puis il coupe court à son exposé : le sens le plus approprié d'un mot est celui qui pénètre l'intelligence aux premiers sons [1].

De Bernard de Chartres à Jean de Salisbury, une évolution notable s'est opérée dans l'analyse de la signification des mots. D'abord, il s'agissait du rapport entre les diverses espèces de mots, principalement entre le verbe et le nom correspondant. La tendance des auteurs allait à identifier le sens premier des mots, en distinguant pour chaque espèce une « consignification » différente. C'est toujours la même qualité-forme qui est désignée,

---

[1] *Metalogicon*, lib. III, c. 2 (édit. WEBB, p. 127) : « Illud vero quod audita voce concipit intellectus, ipsius familiarissima significatio est ».

tantôt à la manière d'une substance, tantôt à la manière d'une action. Ces « manières » constituent les espèces des mots, modifiant la signification principale et commune. Désormais, Jean de Salisbury, lui, sous l'emprise des *Catégories* d'Aristote, en arrive à dédoubler le sens des seuls dénominatifs. Pour lui, les noms concrets possèdent une signification double selon les modes d'attribution possibles. Ainsi, tout nom concret peut exprimer la chose subsistante ayant une qualité par laquelle elle est dite telle, aussi bien que la qualité même qui est cause du nom. Le choix entre ces deux éventualités dépend de la manière dont le mot est employé dans une proposition.

III

La théorie de Jean de Salisbury sur la signification des noms concrets ne repose pas uniquement sur la connaissance de la *Logique Nouvelle*. Les éléments prépondérants de ses objections contre l'opinion de maître Bernard, nous les trouvons déjà chez Gilbert. En commentant l'adage de Priscien, Gilbert suit sa propre voie et s'écarte des solutions proposées par la plupart de ses contemporains, comme aussi par son maître Bernard. Il évite de polémiser avec lui, ne rencontre pas sa pensée mais avance résolument la thèse opposée. Son commentaire sur Boèce rend l'adage de Priscien comme suit :

> omne vero nomen diversa significat, substantiam scilicet et qualitatem.

Il ne prend pas le *et* de la formule commentée pour une particule conjonctive (*substantiam cum qualitate*) mais disjonctive, équivalent à *vel*. D'où cette interpolation du mot *diversa*. Conçue de cette façon, la règle veut dire que tout nom concret, « blanc » par exemple, peut signifier la chose qui est dite blanche (*substantia nominis*) ou bien ce par quoi elle est dite blanche (*qualitas nominis*). Il insiste fort sur le fait qu'il s'agit non pas de noms équivoques mais de noms univoques à double sens, bien que cette multiplicité de sens soit autre que celle des équivoques.

Motivant la possibilité de ce double sens, Gilbert, tout comme Jean de Salisbury faisant la critique de Bernard, procède en logicien. La signification du mot, prétend-il, se trahit par la manière dont il est attribué au sujet. Ainsi, dans les propositions *album est corpus*, *album est accidens*, le mot *album* est le même.

Cependant, par la nature de la chose (*rerum proprietas*) et par la fonction différente remplie par le mot dans l'une et l'autre proposition, le sens en est nettement différent dans les deux cas. Dans la première proposition, *album* signifie ce qui est blanc, dans la seconde il désigne ce par quoi une chose est blanche. Car, la nature de la chose ne permet pas que « ce qui est » blanc, soit un accident et que « ce par quoi » une chose est blanche, soit une substance [1].

Cette distinction d'origine grammaticale entre la *substantia* et la *qualitas nominis* revêt une importance capitale dans la philosophie porrétaine, en considération de ses prolongements en logique et en philosophie.

L'interpénétration des points de vue grammatical et logique surgit un peu partout dans le commentaire de Gilbert, notamment lorsqu'il formule : ce que la grammaire appelle *qualitas*, est appelé *praedicamentum* dans la logique ou la dialectique [2]. Une autre expression nous paraît même suggérer le passage de l'une à l'autre discipline : il dit par exemple qu'un prédicat appartenant au prédicament de « lieu », n'indique pas, d'après son sens grammatical *ou* logique, une qualité inhérente au sujet [3]. Faisant immédiatement après remarquer que la différence de terminologie est basée sur une différence de raison ou de manière de voir, Gilbert veut maintenir la distinction entre les deux disciplines. Il ajoute toutefois clairement que la même réalité est exprimée par des termes différents.

Analysant de façon un peu étrange le sens des mots *aliquid et nihil*, Gilbert nous donne un exemple marquant de sa méthode. Du point de vue grammatical, la *qualitas* des deux noms est

---

[1] *Contra Eut. et Nest.* (HARING, p. 302 s, PL, 1382 C). Gilbert cite encore plusieurs exemples et il poursuit : « Et huiusmodi infinitae sunt orationes, quae sub eisdem nominibus (non modo aequivocis aut quolibet schematis genere translatis verum etiam univocis) de aliis atque aliis debere intelligi, ipsa rerum proprietas et orandi regula prudentem docet interpretem. Omne vero nomen diversa significat, substantiam videlicet et qualitatem : ut album id, quod appellatur 'album' (quod est substantia nominis) et id, quo appellatur 'album' (quod est eiusdem nominis qualitas). Sub eodem igitur nomine, quod est 'album', si quis dicat 'album est corpus, album est accidens', rerum proprietatem secutus interpres illud (sicut dictum est) de eo, quod appellatur 'album', quod vere est corpus : hoc vero de eo, quo appellatur 'album', quod vere est accidens, interpretabitur. Neque enim id, quod album est, accidens esse : neque id, quo album est, corpus esse rerum permittit proprietas ».
[2] *De praedicatione* (HARING, p. 89 ; PL, 1303 B).
[3] *De Trinitate* (HARING, p. 70 ; PL, 1285 D).

identique, à savoir la qualité, réelle ou fictive, de ce qui est et de ce qui n'est pas. Pourtant, leur *substantia* est autre. La « substance » du mot *aliquid* est ou bien ce qui est ou bien ce qui est imaginé mais n'est pas réellement. La « substance » du mot *nihil* est ce qui est imaginé et n'est pas. Est également différente la manière dont la « qualité » est exprimée par les deux mots : dans le terme *aliquid*, la « qualité » est attribuée à la substance, soit en réalité soit par fiction ; dans le terme *nihil*, cette « qualité » est éliminée ou désignée comme non présente [1]. Il est évident que dans cette analyse, la *qualitas* grammaticale prend la valeur d'une qualité ou forme réelle, qui est cause de l'être de la chose. Dans le même ordre d'idées, Gilbert parle de la *qualitas vini* et de la *qualitas aquae*, entendant par là l'être formel du vin et de l'eau [2]. Ailleurs, il note expressément que les subsistances de l'homme, de la pierre, etc. sont les « qualités » de ces noms [3]. Parfois, il diversifie la définition de l'être formel de deux choses, par exemple « substance » et « nature », en partant de la qualité différente de leurs noms [4].

Une fois établie la connexion entre les distinctions prenant origine dans des disciplines différentes, le vocabulaire technique de ces disciplines devient interchangeable. En ce cas, la distinction grammaticale entre *substantia* et *qualitas* égalera en valeur la distinction logique entre sujet et prédicat, ou les distinctions philosophiques entre matière et forme, subsistant et subsistance, *quod est* et *quo est*. Ainsi, l'analyse grammaticale et logique équivaut à une spéculation sur la nature même des choses. Car, de même que tout nom concret peut signifier et la *substantia* et la *qualitas*, ainsi toute chose subsistante se décompose en ce qui est (*quod est*) et ce par quoi la chose est (*quo est*), c.à.d. en être-substance et être-subsistance ou forme.

Rappelons ici la proposition de Jean de Salisbury qui veut que la valeur philosophique des analyses grammaticales provienne de ce que la grammaire est essentiellement une imitation de la nature. Gilbert se range à ses côtés, quand il dit que l'invention du nom n'est pas sans rapport avec la nature de la chose désignée par ce nom :

---

[1] *Contra Eut. et Nest.* (Haring, p. 263 s ; PL, 1362 BC).
[2] *Ibid.* (Haring, p. 298 s ; PL, 1380 s).
[3] *Ibid.* (Haring, p. 279 ; PL, 1370 D).
[4] *Ibid.* (Haring, p. 269 ; PL, 1364 AB).

secundum grammaticae denominationis proprietatem, qua nomen ab aliqua dictione non sine rei significatae participatione assumitur...[1]

La comparaison des deux expressions, *homo est risibilis*, et *homo est individuorum forma*, montre clairement combien facile est le passage de l'analyse grammaticale à la critique philosophique du sens des noms :

> ... « hominis » nomen quidquid in una id in altera affirmatione significat, idest et id, quod intelligitur homo, et id, quo esse debet homo. Quorum significatorum illud, quod primo exposuimus, grammatici vocant « substantiam ». Illud vero, quod secundo exposuimus, cuiuscumque generis sit, in omni facultate « qualitatem » appellant. Sed in prima affirmatione non id, quo est homo (idest nominis qualitas), sed is, qui ea est homo (idest nominis substantia), risibilis esse proponitur. In secunda vero affirmatione non is, qui est homo, sed id, quo est homo (idest nominis qualitas), individuorum forma dicitur [2].

Nous en arrivons toujours à la même distinction. L'analyse grammaticale dédoublant la signification des noms se trouve en parallèle, d'abord avec le dédoublement de la fonction logique en sujet et prédicat, ensuite avec une décomposition de la chose même en *quod est* ou substance, et *quo est* ou forme. Les termes de *substantia nominis*, sujet et *quod est*, en provenance de disciplines distinctes expriment la même réalité, aussi bien que les termes de *qualitas nominis*, prédicat et *quo est*.

Ce parallélisme évident établi par Gilbert entre les points de vue de la grammaire, de la dialectique et de l'ontologie, s'explique par sa philosophie de type platonicien. Pour lui, la forme tient la primauté en tout ordre. Ontologiquement, c'est par la forme que la chose est ou est telle ; logiquement, c'est la forme qui, comme prédicat, est attribuée à la chose-sujet ; grammaticalement, c'est encore la forme qui a donné son nom à la chose.

Quoiqu'il en appelle à l'autorité d'Aristote, la théorie de Bernard de Chartres sur la signification des noms, est de type platonicien. Quant à Gilbert, bien qu'il défende une théorie distincte de celle de son maître Bernard, il reste malgré tout fidèle au même fond platonicien.

La conception de la primauté de la forme se manifeste déjà dans l'analyse grammaticale des noms. Plusieurs fois, Gilbert

---

[1] *Ibid.* (HARING, p. 271 ; PL, 1366 C).
[2] *Ibid.* (HARING, p. 302 ; PL, 1382 BC).

souligne que le nom est emprunté à la forme par laquelle la chose est ou est telle. La question de l'être est toujours liée à la question du nom. L'homme est homme et est appelé homme en vertu de l'humanité qui se trouve en lui comme forme. L'âme humaine est raisonnable et est appelée raisonnable en vertu de la raison qui se trouve en elle comme forme. A propos de toute chose, deux questions se posent, à savoir la question de l'être de la chose, et la question de l'attribution du mot « *est* ». Les deux questions reçoivent la même réponse : c'est la forme qui est cause de l'être de la chose et qui est cause de l'attribution du mot « *est* ». Elles ne sont pourtant pas aussi générales que le terme *esse* pourrait le faire croire. Ici, Gilbert ne traite pas de l'être-exister, mais de l'être formel ou essentiel [1], il coule sa théorie en formules typiques : un nom est une *dictio qua forma exponitur*, et : un prédicat n'est rien d'autre qu'une *forma praedicata* [2].

Cette doctrine de Gilbert n'apporte en somme qu'une mise au point de celle trouvée chez Boèce. Point n'est besoin de suppléer beaucoup à la théorie de ce dernier sur le nom d'une statue. La statue n'est pas dénommée d'après l'airain dont elle est faite, mais d'après la figure qu'elle représente ; l'airain ne reçoit pas son nom d'après sa matière mais d'après sa forme ; la matière elle-même n'est pas désignée d'après la matière première mais d'après sa propre forme première (il s'agit de la matière-corps qui est informée par la *forma corporeitatis*). Comme quoi les divers noms appliqués à une même chose le sont toujours en raison des formes par lesquelles la chose est telle. L'homme est appelé *animatum* de par l'*animalitas* qui l'a fait tel, tout comme il est appelé coloré de par la couleur [3].

Gilbert entendra donc toujours le prédicat comme une forme, jamais comme une matière. Ceci vaut autant pour la matière première, que pour la matière informée, la matière-corps. En règle générale, tout ce qui est (par l'être-forme), toute chose subsistante, toute chose concrète, ne servira jamais de prédicat. Les prédicats sont les formes ou ce qui est à la manière d'une forme. C'est le même être formel que la science mathématique abstrait

---

[1] Voir *De Trinitate* (Haring, p. 50 ; PL, 1269 A) ; *Contra Eut. et Nest.* (Haring, p. 294, 304 s, 292 ; PL, 1378 A, 1384 A, 1376 A).

[2] *De Trinitate* (Haring, p. 51 ; PL, 1269 C).

[3] *De Trinitate* (Haring, p. 50 ; PL, 1269 A).

des choses concrètes, ce qu'on appelle, suivant les points de vue : genre, espèce, nature, subsistance, *quo est* ou *esse* [1].

Cette thèse, Gilbert la soutient devant la constatation que l'usage courant accepte parfois l'interchangeabilité des noms concrets et abstraits. Il croit cet usage parfaitement justifié, puisqu'en réalité les formes sont inséparables des choses concrètes. Néanmoins, aucune espèce, aucun genre peut être sujet, ni une *substantia secunda* [2] (ce qui est pour Gilbert la substance concrète) prédicat. Cette thèse coïncide d'autre part avec les dénominations des prédicaments employés par Boèce. Parmi ceux-ci figurent, en effet, tantôt des noms concrets tels que *ad aliquid*, *ubi*, *quando*, etc., tantôt des noms abstraits, tels que *qualitas*, *quantitas*, etc. Boèce s'exprime de la sorte nullement par inadvertance, mais dans la conviction que les noms concrets appartiennent au même genre que les noms abstraits. Ces derniers pourtant, indiquant immédiatement la *qualitas* par laquelle la chose est ce qu'elle est et ce qu'elle est dite, sont les premiers dans les dénominations des prédicaments, ceux-ci n'étant qu'une classification de prédicats, c'est-à-dire de formes [3].

L'identification entre la forme-être et la forme-prédicat apparaît nettement dans l'étude de Gilbert sur les noms d'une chose composée. Sa théorie de la composition est extrêmement réaliste. D'après lui, l'être total est la somme de toutes les formes partielles, sans toutefois constituer une forme nouvelle absorbant toutes les qualités des parties composantes. Chaque élément composant, en possession de ses propres formes, se retrouve dans la chose composée. Et par conséquent, toutes les formes composantes se retrouvent dans l'être total de la chose composée. En découle que tout être ou toute forme de chacune des parties est prédicable du tout. Aussi Gilbert se refuse-t-il à admettre que les noms des parties ne puissent être dits du tout si ce n'est tous ensemble. Repoussant le fondement de cette théorie, c.-à-d. l'idée que les formes des parties se perdent dans la nouvelle forme du tout composé, Gilbert rejette aussi la conclusion. Il insiste : les natures de l'âme et du corps, se réunissant sans se mélanger, peuvent être attribuées, avec toutes leurs propriétés,

---

[1] *Contra Eut. et Nest.* (Haring, p. 299 ; PL, 1381 A). Voir aussi *ibid.* (Haring, p. 302 ; PL, 1382 B) et *De hebdomadibus* (Haring, p. 199 s ; PL, 1325 C).
[2] *De Trinitate* (Haring, p. 53 ; PL, 1271 C).
[3] *De Trinitate* (Haring, p. 65 s ; PL, 1281 D s).

à l'homme tout entier. Pour la même raison on prêtera les noms de l'une des natures à l'autre, et l'on dira par exemple : le raisonnable est blanc. Bien que le prédicat « blanc » soit propre au corps, on ne lui refusera pas son attribution au « raisonnable », qui est un nom revenant à l'homme à cause de sa rationalité.

Il est enfin requis de distinguer la *praedicatio accidentalis* de la *praedicatio consequens*. Il y a *praedicatio consequens*, quand le prédicat est attribué au sujet d'après ses propres subsistances ou formes. Ainsi l'on dira : le corps est coloré, ou : l'homme est coloré, parce que la couleur provenant de la corporéité est une subsistance propre tant du corps que de l'homme. Il y a *praedicatio accidentalis*, quand les prédicats attribués au sujet expriment les propriétés d'une autre subsistance, faisant partie de l'unité de l'être composé. Par exemple, lorsqu'on dit que le raisonnable est coloré, il y a *praedicatio accidentalis*, parce que la rationalité, appartenant en propre à une autre subsistance, n'est pas un nom de la corporéité [1].

IV

C'est à l'autorité d'Aristote et d'Aristarche que Gilbert a recours pour sa théorie des prédicaments [2]. Avec Boèce, il fait valoir qu'il ne s'agit pas de choses mais de mots (*de vocibus*) [3], et il adapte ces auteurs à sa propre terminologie, alléguant que la liste des prédicaments n'est pas une classification de choses mais de prédicats. Cette division de prédicats est valable pour toute science, bien qu'elle prenne origine dans les sciences naturelles. C'est pourquoi il ajoute : *proprie vel transumptione* : *proprie* pour les sciences naturelles ou la physique, *transumptione* pour les autres sciences qui, en guise de métaphores, empruntent leur terminologie à la physique [4].

Du terme prédicament Gilbert fait le synonyme de prédicat. C'est la dénomination logique de ce que le grammairien appelle *qualitas*. Il pourrait donc y avoir un nombre indéterminé de

---

[1] *De Trinitate* (HARING, p. 54 ; PL, 1272 C) ; *Contra Eut. et Nest.* (HARING, p. 342 s, 345 ; PL, 1404 A s, 1405 C s).
[2] *De Trinitate* (HARING, p. 65 ; PL, 1281 C).
[3] *In Categorias Aristotelis*, I (PL, LXIV, 162 B). Voir B. GEYER, *Geschichte der patristischen und scholastischen Philosophie*, p. 206.
[4] *De Trinitate* (HARING, p. 65 ; PL, 1281 C).

prédicaments, autant qu'il y a de prédicats ou de noms, quoique la liste d'Aristote, dressée d'après les genres, n'en compte que dix.

Comme il est question d'une classification de ce qui se dit des choses subsistantes, les prédicaments sont avant tout des dénominations de formes, de subsistances, de qualités, de quantités, etc. « Substance » est bien le nom le plus général de la subsistance commune des choses, celle par laquelle elles sont ; *qualitas* est la dénomination la plus commune de toutes les qualités, *quantitas* de toutes les quantités, etc. Les dénominations abstraites sont donc premières, même si de bonnes raisons peuvent justifier l'emploi des noms concrets. En l'absence d'un nom spécial pour désigner la plus commune de toutes les choses subsistantes, nous recourrons au même terme de substance, comme le font Porphyre et Boèce [1]. Et voici la raison pour laquelle Gilbert n'appelle pas la substance individuelle une *substantia prima*, comme le fait Aristote, mais une *substantia secunda*. Le formel ayant pour lui la primauté, l'être subsistant, la chose concrète, le sujet de tous les prédicats, n'est que secondaire chez lui. C'est la subsistance, l'être formel, qui est première [2].

La primauté du formel est aussi d'importance dans l'autre division traditionnelle, celle entre *substantia* et *accidens*. En premier lieu, Gilbert signale que cette division n'est pas un regroupement des dix *genera*, mais une classification de tous les prédicaments ou prédicats [3]. La nouvelle classification, loin d'être un résumé de la première, ou une autre du même type, est faite d'un autre point de vue.

La division en dix prédicaments est une classification de genres mathématiques, basée sur l'abstraction mathématique qui sépare les formes des choses concrètes. Seront groupées d'après leur nature même les formes ou les quasi-formes. Nous disons « quasi-formes », car il semble bien que dans la pensée de Gilbert, l'on puisse abstraire les propriétés n'exprimant pas l'être interne du sujet, telles que le lieu, le temps, etc. A la remorque de l'usage courant, noms concrets et abstraits auront une même acception, c.à.d. celle qui s'applique au sujet [4].

---

[1] *De Trinitate* (HARING, p. 65 s ; PL. 1281, CD).

[2] *Ibid.* (HARING, p. 53 ; PL, 1271 C). Voir BOETHIUS, *In Categorias Aristotelis*, I (PL, LXIV, 182 B).

[3] *De Trinitate* (HARING, p. 66 ; PL, 1282 B).

[4] *Ibid.*

La division entre *substantia* et *accidens* est une division logique qui concerne la fonction du prédicat ou de la forme attribuée. Du point de vue logique, on range parmi les prédicats substantiels tout ce qui appartient à l'être même de la chose. Par contre, tout ce qui est en dehors de l'être est classé parmi les prédicats accidentels. L'être total des choses se divisant adéquatement en subsistances générales, différentielles et spéciales, elles seront, dans la logique, toutes considérées comme la substance des choses. Les prédicats n'exprimant pas pareilles subsistances, sont à compter parmi les accidents [1].

De là que la signification du terme « substance » diffère dans les deux divisions. Considéré dans sa propre nature, un prédicat qui exprime la « substance » de la division logique, est à ranger sous un autre prédicament que celui de substance. Ainsi la *rationalitas*, consignée par le logicien comme la substance d'une personne raisonnable, est cataloguée sous le prédicament de *qualitas*. Vraiment difficile parfois à trancher est la question du genre propre des prédicats réunis par le logicien sous le terme « substance ». Quant aux subsistances simples, l'abstraction mathématique nous révèle leur genre, et par conséquent leur place parmi les prédicaments. Ainsi l'*animatio* appartient au genre *habitus*, la *rationalitas* au genre *qualitas*. Quant aux subsistances composées, elles ne peuvent être rattachées à un seul genre. Puisque l'*humanitas* par exemple est composée de l'*animatio*, de la *rationalitas* et d'autres subsistances partielles, qui, dans l'être total de l'homme, ne perdent pas leur propre genre, elle sera classée d'après toutes ses parties composantes [2].

Pour éviter toute confusion dans sa terminologie, Gilbert appelle l'attention sur le double sens que le terme « substance » peut assumer dans la logique. Par rapport aux choses dans lesquelles elle est, la « substance » est tout ce qui fait être les choses. Dans un sens secondaire, cette même substance s'appellera aussi

---

[1] *De Trinitate* (Haring, p. 66 ; PL, 1282 B) : « Praedicamentorum omnium decem genera posuit. Nunc eadem non dico genera sed praedicamenta omnia in duobus locis naturalium colligit quae sunt : substantia et accidens. Quidquid enim est subsistentium esse, eorumdem « substantia » dicitur. Quod utique sunt subsistentium omnium speciales subsistentiae et omnes, ex quibus hae compositae sunt (scilicet eorundem subsistentium, per quas ipsa sibi conformia sunt), generales et omnes, per quas ipsa dissimilia sunt, differentiales ».

[2] *De Trinitate* (Haring, p. 66 ; PL, 1282 BC).

la « substance » des formes ou des accidents qui, dans la chose, viennent après l'être substantiel. Non pas que la substance soit l'être même des formes accidentelles, mais elle est la cause par laquelle ces formes accidentelles peuvent être dans les choses subsistantes. Ce sens là du mot « substance » équivaut alors au sens secondaire du mot « matière ».

Dans la division logique, le terme « accident » comprend tous les prédicats appliqués à un sujet qui est déjà complet à l'égard de son être substantiel. Les prédicats accidentels n'expriment pas l'être propre de la chose subsistante. L'étymologie du mot marque le rapport avec les subsistances de la chose : ils ne sont pas « dans » la chose (*insunt*), mais « avec » la chose (*adsunt*). Pour distinguer entre les prédicats-substances et les prédicats-accidents, Gilbert reprend à Boèce, sans commentaire, le critère de la nature du sujet dont les prédicats sont dits [1].

Ces deux divisions ne comprenant que les prédicats naturels, il y a lieu d'étudier encore la *praedicatio topica* ou la *praedicatio a disserendi ratione* [2]. C'est à peine si Gilbert décrit la nature propre à cette classe de prédicats. Il se contente de citer quelques exemples et d'en tirer les conclusions. *Disserendi ratio* est la définition de la logique. On recherchera dès lors les noms donnés aux prédicats d'après leur valeur logique. Jean de Salisbury, dans son *Metalogicon*, les appellera les *nomina secundae impositionis*, formule aristotélicienne pour les noms logiques inventés après réflexion et donnés aux prédicats [3]. Gilbert met l'accent sur cette attribution topique pour éviter la confusion capable d'empêcher la définition exacte des noms. Ainsi, dans les propositions « *homo est risibilis* » et « *homo est individuorum forma* », le nom *homo*, pris en soi, peut avoir un double sens : il peut exprimer la *substantia nominis* ou bien la *qualitas nominis*. Dans la première proposition il s'agit d'une *praedicatio naturalis*, exprimant une propriété de la chose concrète. En conséquence, le terme *homo* signifie la *substantia nominis*, l'homme concret. Dans l'autre proposition, le prédicat est un terme logique, attribué à la forme abstraite, à la subsistance de l'homme concret. Le

---

[1] *Ibid.* (p. 67 ; PL, 1282 CD).
[2] *Contra Eut. et Nest.* (HARING, p. 281 s, 344 ; PL, 1372 B, 1404 D).
[3] Voir plus haut, p. 114.

terme *homo* signifie non la *substantia* mais la *qualitas nominis* [1]. Voilà pour quel motif la règle générale, établissant qu'une chose subsistante ne peut être que sujet d'une proposition, vaut uniquement pour une *praedicatio naturalis*, la *praedicatio topica* admettant que le nom-sujet signifie la *qualitas nominis*.

---

[1] *Contra Eut. et Nest.* (HARING, p. 302 ; PL, 1382 BC).

CHAPITRE II

THEORIE DE L'ETRE

Sommaire. — I. La forme comme l'être des choses : quelques formules, la distinction entre *esse* et *quod est*, le rapport entre les deux, les notions de participation, *habitus*, création, génération. — II. Matière et forme : matière première, matière formée, forme exemplaire, forme native, figure. — III. Pluriformité et unité : composition, les conditions fondamentales, composition du *quod est*, composition de l'*esse*. — IV. L'unité dans l'être : l'unité comme attribut transcendental, l'unité par *habitus*, l'unité par *singularis proprietas*. — V. Individuel et universel : singulier et individuel, abstraction et universalité, sens de la conformité.

I

Nous venons de montrer chez Gilbert l'apparent parallélisme entre la grammaire, la logique et la philosophie ; il permet de passer facilement d'un domaine à l'autre : le nom désigne la forme de la chose ; la forme, dans une proposition, est attribuée à la chose ; la forme encore est l'être de la chose.

Le développement de la théorie de l'être de Gilbert rejoint les formules de Boèce, les précisant par des distinctions particulières.

Dans les *Opuscula theologica*, Gilbert se trouve confronté avec le fameux adage : *omne esse est ex forma*. Il le commente comme suit :

> *Namque* et in naturalibus *omne* subsistentium *esse ex forma est*, idest de quocumque subsistente dicitur « est », formae quam in se habet participatione dicitur [1].

A Boèce encore il emprunte un exemple pour illustrer sa théorie. La statue n'est pas dite statue à cause du bronze qui est sa matière. La forme du bronze est l'être du bronze ; comme telle, elle est la matière de la statue. La statue est dite telle à cause de la forme qui est dans le bronze et y représente l'animal dont elle

---

[1] *De Trinitate* (HARING, p. 50 ; PL, 1269 A).

est l'effigie. Le bronze n'est pas non plus tel à cause de la terre (*terra*) qui est sa matière. La forme de la terre est l'être de la terre ; comme telle, elle est la matière du bronze. Le bronze est bronze de par sa propre forme, celle qui est « créée » en lui, quand la pierre se désagrège par la chaleur. Et ainsi de suite, jusqu'à ce qu'on arrive à la matière première dépourvue de forme [1].

Cette analyse fait voir que le terme *esse* n'est pas employé par Gilbert au sens d'existence. C'est la forme même qui est l'être des choses, parce que les choses en doivent d'être telles qu'elles sont et qu'elle permet de les dire telles. L'être ne résulte pas de la forme, la forme est l'être même [2]. Gilbert ne distingue guère entre les termes *esse*, forme, subsistance, essence, nature, genre, etc. La corporéité, par exemple, se présente tantôt comme subsistance, tantôt comme forme, tantôt comme être, etc., du corps concret [3]. Lorsqu'il décrit les relations entre la chose et sa forme, Gilbert emploie parfois les prépositions *unde, ex* ou *ab*, ou sans plus, l'ablatif : *corpus est corporalitate*. La forme ou la subsistance de la chose est appelée le *quo est*, la chose elle-même existant concrètement est le *quod est* [4].

Cette dernière distinction entre *quo est* (ou *esse*) et *quod est*, Gilbert l'a trouvée dans les règles formulées par le *De hebdomadibus* de Boèce. Le commentaire de Gilbert l'interprète comme suit :

> *Diversum est esse*, idest subsistentia, quae est in subsistente, *et id quod est*, idest subsistens in quo est subsistentia, ut corporalitas et corpus, humanitas et homo [5].

---

[1] *Ibid.* Comparer les analyses du même texte chez Thierry de Chartres et Clarembault d'Arras. Leur but, très rapproché de la théorie aristotélicienne, n'est pas de souligner le rôle du formel, mais d'arriver au terme de l'abstraction mentale, c. à. d. la découverte de la matière qui est sans formes. Voir W. JANSEN, *Der Kommentar des Clarenbaldus von Arras zu Boethius De Trinitate. Ein Werk aus der Schule von Chartres im 12. Jahrhundert. Aus den Handschriften zum erstenmal herausgegeben und untersucht*, Breslau, 1926, p. 11″, 44″ ; N.M. HARING, *The Creation and Creator of the World according to Thierry of Chartres and Clarenbaldus of Arras*, dans *Archives d'Histoire doctrinale et littéraire du Moyen Âge*, t. XXII, 1956, p. 140, 206.

[2] *De Trinitate* (HARING, p. 47 ; PL, 1266 B) : « Illud etiam quorumlibet subsistentium esse, ex quo unumquodque eorum est aliquid, et quod eorum, quae sibi adsunt, praedictum est esse materia, eorundem subsistentium dicitur 'forma' : ut corporalitas omnium corporum ».

[3] *Ibid.* Voir aussi p. 46, PL, 1265 D.

[4] Voir p. ex. *De Trinitate* (HARING, p. 46 s, 48 s ; PL, 1266 AB, 1267 C) ; *De hebdomadibus* (HARING, p. 189 ; PL, 1318).

[5] *De hebdomadibus* (HARING, p. 189 ; PL, 1318 C).

Aux yeux de Gilbert, cette distinction prend une importance capitale, parce qu'elle est d'application dans chaque science : en grammaire, c'est la distinction entre ce qui est ou est tel (*substantia nominis*) et ce par quoi la chose est dite telle (*qualitas nominis*) ; en logique, c'est la distinction entre sujet et prédicat ; en ontologie, c'est la distinction entre la chose qui est et ce par quoi elle est, entre le subsistant et la subsistance, entre la chose et sa forme, sa nature, son être.

Dans le texte de Boèce, la règle implique la distinction entre ce qui est et l'être même de ce qui est, puisque la chose concrète ne s'identifie ni à sa forme ni à son être. Au cas où la chose est composée, c'est la composition de tous les éléments qui fait la chose. La chose composée est plus que sa forme, plus que son être. Cependant, distinction ne veut pas dire existence séparée. L'être ou la forme ne peuvent exister tout seul. Aussi Boèce l'affirme-t-il : *ipsum esse nondum est*, l'être même n'est pas encore. Il n'y a pas d'être sinon dans un sujet concret. Par suite, l'abstraction mathématique, par laquelle on abstrait la forme de la matière ou l'être de la chose concrète, n'exprime pas la réalité telle qu'elle est [1].

Si l'abstraction n'est que « fiction », la distinction se maintient malgré tout. Pour Gilbert, plus que pour Boèce, elle est la base de toute sa philosophie. Nous avons vu déjà [2] que la diversité entre l'être et ce qui est, a été, pour Gilbert, la raison d'interpoler le mot *diversa* dans l'adage de Priscien : *omne nomen diversa significat, scilicet substantiam et qualitatem*. L'analyse des dix prédicaments dépendait, elle aussi, de cette distinction fondamentale [3]. D'une part, les noms abstraits des *genera* étaient considérés comme premiers, attendu qu'ils exprimaient les formes attribuées aux sujets. D'autre part, l'usage des noms concrets n'était pas exclu, car, vu l'inséparabilité de l'être et de ce qui est, les noms concrets ne signifient pas un autre *genus*. Bien que la

---

[1] *De hebdomadibus* (HARING, p. 189 ; PL, 1318 C) : « *Ipsum enim* quod per abstractionem quodammodo ab illo, in quo est, intellectus separat, *esse nondum est*. Non ait : non est, sed nondum est. Dum enim ipsam illam simplicem puramque formam, ut in seipsa est, intuemur (quod est eam aliter quam sit attendere), quodammodo non est, eo quod non qualiter attenditur est. Etsi enim abstracta attenditur, est tamen inabstracta ».

[2] Voir p. 123.

[3] Voir p. 130 s.

chose concrète elle-même ne puisse être prédicat, son nom concret signifie exclusivement sa propre forme.

Il y a non seulement distinction entre *esse* et *quod est*, mais il n'y a même pas similitude générique entre les deux. Gilbert insiste fortement sur la diversité totale de ces deux éléments :

> Esse namque et id quod est nullo prorsus conveniunt genere [1].

A son avis, une similitude générique ou une conformité n'est possible qu'entre des formes ou dans le domaine de l'être des choses. Les formes seules ou ce qui est du domaine de l'être peuvent constituer les *genera*. Ce qui pose donc une distinction irréductible entre l'être et ce qui est, et pose également une irréductibilité entre les deux sens du mot *substantia*, entre *substantia quae* et *substantia qua* :

> Hic diligenter est attendendum quod subsistens cum subsistentia vel accidentibus nullo prorsus genere seu ratione convenit. Nam et subsistens et subsistentia dicuntur substantiae vel subjecta, alia tamen et alia ratione [2].

Comme il y a, dans toute chose composée, distinction entre l'être et ce qui est, il n'y a pas moins unité entre les deux dans la chose une. Toutefois, ce n'est pas par composition qu'ils sont unis entre eux. Gilbert définit leur mode d'union par les mots techniques de participation, habitus, génération, création.

Boèce connaît une double participation : l'une par laquelle la chose concrète possède son être, l'autre par laquelle elle a reçu ses formes accidentelles. Gilbert, par ailleurs, commente : une chose est (*est*) par la participation à sa forme, et elle est quelque chose (*aliquid est*) de par la participation à ses formes accidentelles. Par nature, la première participation précède l'autre, comme l'être substantiel existe avant l'être accidentel [3]. En s'appuyant sur la troisième règle du *De hebdomadibus*, il affirme que seul ce qui est peut participer à autre chose, mais que l'être lui-même ne peut participer à rien. La chose subsistante peut, en marge de sa propre subsistance, participer à toutes sortes de formes accidentelles, qui relèvent de la puissance de sa subsistance. Par contre, l'être est déjà une subsistance, et non

---

[1] *De Trinitate* (HARING, p. 52 ; PL, 1270 D).

[2] *Contra Eut. et Nest.* (HARING, p. 258 ; PL, 1359 BC).

[3] *De hebdomadibus* (HARING, p. 192 ; PL, 1320 AB). Voir aussi *De Trinitate* (HARING, p. 50 ; PL, 1269 A).

une substance, c'est-à-dire il n'est pas porteur de formes par lesquelles il serait ou serait-quelque-chose. L'être ainsi ne peut participer à rien, ni à une subsistance ni à d'autres formes, qui le détermineraient quantitativement ou qualitativement [1].

Avec amples détails, Gilbert revient à la théorie de la participation pour élaborer le problème du rapport entre l'*esse* et *id quod est*. Ce passage est à retrouver dans son commentaire sur la distinction de Boèce entre l'être-par-participation et l'être-par-substance. Il s'interroge sur la signification de cette antithèse : une chose subsistante peut-elle seulement participer à des formes accidentelles et non à l'être substantiel ? Pour résoudre la difficulté, il a recours à une différenciation en plusieurs sens du terme participation.

On parlera de participation, quand une chose subsistante possède quelque chose, sa nature par exemple, par laquelle elle est ou est quelque chose. « Nature » est ici synonyme de « forme ». Aussi, quand il distingue en une même chose plusieurs natures ou formes, Gilbert parle de plusieurs participations. D'abord, la chose subsistante participe à une nature qui est première en ce sens qu'elle n'a d'autre cause que la cause primordiale (*causa primordialis*). Cette nature première est la subsistance la plus générale, présente en toute chose subsistante. Après cette nature première, la chose concrète participe encore à une autre nature ou forme, qui a pour cause la subsistance la plus générale, en plus de la cause première. Car cette deuxième forme appartient à la puissance de la forme générale et elle y est présente comme propriété inamovible. C'est pourquoi elle est dite la compagne (*comes*) de la subsistance la plus générale. Gilbert distingue ensuite, dans la chose concrète, d'autres formes ou natures, dont il explique les relations entre elles et avec la chose concrète à l'aide d'une terminologie logique, conformément à sa théorie du parallélisme entre le point de vue logique et le point de vue ontologique. Ces formes sont appelées les genres, les genres subalternes, les différences et les espèces de la chose concrète. Les subsistances différentielles ou les différences, entrant en composition avec les subsistances générales ou *genera*, forment les genres subalternes, les *genera subalterna* de la logique, ou bien elles

---

[1] *De hebdomadibus* (HARING, p. 190 ; PL, 1318 D s).

forment avec les *genera subalterna* les subsistances spéciales ou les espèces.

Dans cette multiplicité de formes, dont la composition constitue l'être substantiel de la chose concrète, Gilbert distingue déjà une double participation : l'une par laquelle la chose elle-même a part à toutes ses formes, l'autre par laquelle les formes antérieures ont part aux formes postérieures. Toutes ces formes ou subsistances composent l'être substantiel de la chose concrète, de telle sorte que la génération et la corruption de la chose dépendent de leur présence ou de leur absence. Ainsi, il n'y a pas opposition entre l'« être par participation » et l'« être par substance ». Car ce n'est que par participation que toute chose concrète possède son être substantiel [1].

Il existe d'autres formes encore dans la chose concrète, n'appartenant pas à l'être substantiel et appelées en grec *symbebèkota*, en latin *accidentia*. Pour leur imposer un nom en termes logiques, Gilbert les définit comme des différences, ajoutées non seulement aux *genera* mais aussi aux différences substantielles. Puisqu'elles relèvent de la puissance de l'espèce, elles n'en sont pas parties composantes et n'affectent en rien l'être substantiel de la chose. Il s'ensuit que la manière dont la chose participe à ces formes accidentelles, est différente de la première participation. C'est ainsi que Boèce entend l'opposition entre l'être par participation et l'être par substance.

---

[1] *De hebdomadibus* (HARING, p. 198 ; PL, 1324 AB) : « Cum enim subsistens in se aliquid (ut naturam qua sit vel aliquid sit) habet, dicitur quod ipsum eâ naturâ participat. Natura vero quae, quoniam inest subsistenti, dicitur ab eo participari, alia ita prima est, ut nullam prae se, quam sequatur, nisi primordialem habeat causam (ut ea, quae omni subsistenti inest, generalissima subsistentia). Alia huius primae quodammodo comes est et, post causam primordialem, illam quoque ita causam habet, ut ad potentiam eius ipsa pertineat et proprietate, qua sine ea esse non possit, adhaereat. Tales sunt omnes differentiae illae, quaecumque vel huic generalissimo proximae cum ipso quaedam contractioris similitudinis constituunt genera (quae a logicis sub naturali quae ab ipsis est, subsistentium appellatione 'subalterna' vocantur) vel subalternis similiter adhaerentes quamlibet sub ipsis subsistentiam specialem componunt. Hac omnes non modo habitu illo, quo inhaerent subsistenti, verum etiam illo, quo generibus eius praedicta potestate atque proprietate adhaerent dicuntur 'haberi'. Ac per hoc duplici ratione participantur. Quoniam tamen harum accessione subsistens, in quo habent fieri, generatur et decessione corrumpitur, non tam participatione quam substantia (sicut genera ipsa quibus adsunt vel species de quibus sunt) subsistenti inesse dicuntur ».

Il est intéressant de remarquer, dans ce texte, la terminologie de la logique aristotélicienne ; elle est employée dans un sens fréquent chez les philosophes de mentalité platonicienne : *genus, differentia, species* signifient autant de formes distinctes, composant l'être substantiel de la chose composée. Leur place dans l'arbre de Porphyre aide grandement à créer une hiérarchie dans cette multiplicité de formes.

Les rapports entre l'*esse* et l'*id quod est* sont discutés par Gilbert dans un texte de son commentaire sur le dernier opuscule théologique de Boèce. Il tâchera de définir les différents modes de conjonction et de fixer la définition de la composition au sens strict. Voici le texte de Gilbert :

> Esse vero et id, quod est, nec eiusdem generis nec eiusdem sunt rationis. Et idcirco illorum conjunctio compositio esse non potest. Quodam tamen rationali habitu interveniente, unum quiddam est (sive simplex sive compositum), quod ita mens concipit, ut in eo id, quod est, et esse vel quod ei adest, genere et ratione esse diversa cum assensione percipiat. Videt enim in illo uno et ipsum esse, quo id quod est sit, et etiam id quod est, quod illo esse sit. Videt et quaedam alia, quae proprietatis ratione adsunt quidem ipsi esse, insunt vero vel extrinsecus affiguntur ei, quod est. In hoc igitur uno id, quod est, habet esse, quo est, et ea quae ipsum esse quoquomodo sequuntur. Ipsum quoque esse et ea, quae ipsum sequuntur, habent id quod est : de quo vere dicantur. Quae, nisi diversa essent, habere haberique non possent. Nihil enim omnino vel esse in se vel habere se potest nec aliquo modo sibi conjungi. Diversa igitur inter se sunt, quae sibi invicem conjunguntur. Sed si omni genere omnique ratione, etsi in uno, conjunguntur, minime tamen vel in eo commisceri vel illud componere possunt [1].

Gilbert refuse donc d'admettre qu'il y ait composition entre *esse* et *id quod est*. Pour lui, il ne s'agit pas d'une composition au sens strict mais bien d'une conjonction de deux éléments, conjonction caractérisée par le terme technique de *habitus*. *Habitus* est pour Gilbert ici comme dans le texte cité plus haut, synonyme de participation. Il dit formellement qu'« avoir-en-soi » n'est rien d'autre que « participer » à l'être.

Le texte cité commence par affirmer que l'être et ce qui est ne sont pas du même genre ni de la même *ratio*. Il y a donc diversité totale qui empêche les deux éléments de former une composition au sens strict. Car la composition ne se fait qu'entre

---

[1] *Contra Eut. et Nest.* (HARING, p. 300 ; PL, 1381 BC).

des formes, qui ont toujours entre elles une ressemblance quelconque. « L'être » et « ce qui est » sont unis entre eux dans la chose qui est une, non pas par composition mais par un habitus mutuel. Gilbert ajoute aussitôt que cette unité entre l'être et ce qui est n'a rien à voir avec la question de la simplicité ou de la complexité de la chose, car celle-ci est d'un autre ordre. Il poursuit : c'est ainsi que l'intelligence l'entend quand elle affirme que ce qui est et l'être et tout ce qui accompagne l'être, sont divers. Car, dans la chose une, elle perçoit l'être lui-même par lequel le *quod est* est, et le *quod est*, qui est par l'être. Elle distingue d'autres formes encore présentes (*adsunt*) comme propriétés de l'être et qui sont dans (*insunt*) le *id quod est* ou y sont rattachées extérieurement (*extrinsecus affiguntur*). Dans la chose une, ce qui est possède (*habet*) l'être et toutes les formes accompagnant l'être, tout comme l'être et les formes qui l'accompagnent possèdent (*habent*) le *quod est*, dont ils sont prédicables. L'habitus mutuel précisément rend compte de la distinction entre l'être et ce qui est : il n'y a rien qui existe en soi ou qui puisse se posséder soi-même ou être accolé à soi-même.

Qui voudrait interpréter la distinction faite par Gilbert comme une distinction de raison — ainsi l'ont fait, à la suite d'Othon de Freising, plusieurs de ses meilleurs disciples — croirait trouver dans ce texte une précieuse confirmation [1]. En effet, l'accent est mis sur l'activité de la raison (*quod ita mens concipit*) qui distingue deux aspects dans la chose une. Or, en soutenant que l'union entre l'être et ce qui est, n'exclut pas la simplicité de la chose, Gilbert nie catégoriquement que cette union soit une composition au sens strict. Et enfin, l'habitus unissant l'être et le *quod est*, est appelé *rationalis*, c'est-à-dire logique.

Cependant, cette interprétation contredit la pensée de Gilbert. Ici, comme ailleurs, il s'efforce de souligner l'irréductibilité de l'*esse* et de *quod est*, irréductibilité qui ne se conçoit pas par une simple distinction de raison, mais par l'absence totale de conformité. De même, en ce qui concerne cette distinction, l'être et les formes accidentelles se trouvent au même niveau dans leur opposition au *quod est* : les formes accidentelles autant que l'être « sont dans » le *quod est*. En outre, toute l'argumentation

---

[1] OTHON DE FREISING, *Gesta Friderici Imperatoris*, lib. I, c. LXI (MGH. SS, t. XX, p. 384).

n'a d'autre sens que de prouver que l'être et le *quod est* se distinguent de façon réelle, justement à cause de leurs rapports mutuels. Il est vrai, Gilbert insiste sur l'activité de la raison décomposant toute chose concrète en *esse* et *quod est*. Ne convient pas du tout ici la notion d'une distinction de raison telle que la comprend la logique aristotélicienne. Lorsqu'il emploie la formule *cum assensione percipiat*, il entend désigner par là une manière adéquate de connaître la réalité telle qu'elle est. Le terme *rationalis* ou logique signifie plutôt le contraire d'une distinction de raison pure, parce que les distinctions logiques sont parallèles aux distinctions réelles. Le *rationalis habitus* n'est pas un habitus que distingue la seule raison, mais un habitus contraire au *naturalis habitus*, qui existe entre des choses pouvant s'unir dans une composition au sens strict, comme le corps et l'âme.

Le premier texte étudié traite de la participation, l'autre de l'habitus. Remarquons que le premier met l'accent sur le *quod est* comme chose subsistante qui participe à l'être. La chose subsistante est ce qu'elle est et ce qu'elle est dite en participant à sa subsistance. Ainsi, l'homme est une substance existante qui est homme et qui est dite homme du fait qu'elle prend part à l'humanité se trouvant en elle comme une forme. A la suite de Boèce, le *quod est* signifie ici le tout, la substance concrète qui se distingue de son être. Par opposition à l'être, réunissant dans la chose tout ce qui est formel et tout ce qui est reçu, le *quod est* signifiera le principe matériel qui reçoit l'être comme une forme. Quant au deuxième texte, Gilbert y distingue la chose une, l'être et ce qui est : dans la chose une, le *quod est* et l'*esse* sont unis comme deux principes qui se possèdent mutuellement. Il ne faut pas s'étonner de cette ambiguïté du terme *quod est*. Car, en tant que sujet des formes et des prédicats, la chose concrète évoque par elle-même l'idée d'un principe matériel recevant tout ce qui est formel dans la chose une.

L'union de ce qui est et de l'être, ou du *subsistens* et de la *subsistentia*, se réalise, d'après Gilbert, par ce qu'il appelle création ou génération. Il penche, s'écartant en cela de ses contemporains, pour l'emploi de ces deux mots comme quasi-synonymes :

> Creatio namque subsistentiam inesse facit, ut id cui inest, ab ea

> aliquid sit. Concretio vero eidem subsistentiae naturas posterioris rationis accommodat, ut id cui cum illa insit, simplex non sit... [1]

La création fait donc *inesse* la subsistance, la concrétion ajoute des formes ultérieures qui existent dans la chose concrète comme dans leur sujet. Gilbert ne maintient certes pas toujours la distinction entre création et concrétion, de sorte qu'il parle aussi d'une *concreta subsistentia* lorsqu'il veut désigner une subsistance qui se trouve dans un sujet subsistant. En somme, les formules *creata subsistentia* et *concreta subsistentia* expriment l'union des deux éléments de toute chose concrète. Et, lorsque Gilbert nie que l'essence divine soit une *concreta subsistentia*, il exclut de l'essence divine tout « être-dans » ou « être-uni » à un sujet [2].

Toujours suivant notre auteur, la génération est la réception de la forme par la chose concrète :

> *At vero id quod est, accepta* in se *forma essendi*, id est ea quam abstractim intellectus concipit subsistentia (quae acceptio dicitur « generatio ») *est atque ... consistit* ut corpus, eo quod ut esse corporalitatem habet, est corpus ; et homo eo quod humanitatem [3].

Aucune différence essentielle dès lors entre les notions de création et de génération, toutes deux manifestant l'union de la chose subsistante et de la subsistance. Les mots *accommodat* du premier texte et *acceptio* du deuxième s'y trouveraient seulement dans le but de nuancer quelque peu : la création réfère à une cause extrinsèque, tandis que la génération est conçue comme une action ou une passion de la chose elle-même.

Assez surprenante est l'omission par Gilbert de la notion aristotélicienne de génération, qui lui est familière grâce à Boèce. La génération ne se dit pas seulement de l'union entre matière et forme, mais s'étend aussi aux substances immatérielles, enseigne-t-il, et il distingue dans les créatures spirituelles un *esse* et un *quod est*, appelant leur union également une génération. En résumé, le terme de génération, d'origine physique, porte aussi loin que la distinction réelle entre *esse* et *quod est*.

Le commentaire de Gilbert sur le dernier des opuscules théologiques de Boèce rapproche les notions de création et de génération. Il y est démontré que toutes les substances créées

---

[1] *De Trinitate* (HARING, p. 48 ; PL, 1267 AB).
[2] Voir *Contra Eut. et Nest.* (HARING, p. 261 ; PL, 1361 A).
[3] *De hebdomadibus* (HARING, p. 189 ; PL, 1318 C).

sont soumises aux six espèces de mouvement, théorie aristotélicienne tirée des explications de Boèce sur les Catégories. Mais Gilbert, comme Boèce, définit la génération autrement qu'Aristote : *generatio est ingressus in substantiam*. Parmi les six espèces de mouvement, cinq sont communes aux substances matérielles et immatérielles. La conclusion s'impose aussitôt : toute chose créée est engendrée :

> Ideoque quidquid per creationem incipit alicuius generis esse, id recte dicitur generari.

Par l'extension de la notion de génération, il la rend applicable tant aux choses temporelles qu'aux permanentes. Toute créature qui n'est pas par elle-même et qui n'a pas toujours existé, est devenue, par création ou par génération, ce qu'elle est de par sa forme ou sa subsistance [1].

Ces textes seuls de son commentaire nous donnent une définition de *creatio*. Ne faut-il pas se demander par conséquent si Gilbert ne veut prendre position devant les tentatives contemporaines d'harmoniser la notion chrétienne de création et celle du *Timée* de Platon. Sans doute, il admet la *creatio ex nihilo*. Sa glose sur le psautier reprend la doctrine de saint Augustin disant que le Verbe de Dieu a engendré du néant la matière informe, qui par la même action créatrice a reçu ses formes [2]. Le commentaire sur Boèce passe sous silence la théorie augustinienne. Nulle part l'origine de la matière n'est associée à la notion chrétienne de la création. Elle ne figure même pas dans son énumération des effets de la causalité universelle de Dieu, alors qu'on y trouve les subsistances, les accidents et même les *rationes logicae* [3]. Assez rapproché du *Timée*, Gilbert soumet à l'action

---

[1] *Contra Eut. et Nest.* (HARING, p. 268 ; PL, 1364 D) : « Hic commemorandum videtur quod Aristoteles ait sex esse species motus, quae sunt : generatio, corruptio, augmentum, diminutio, alteratio, secundum locum mutatio. Harum quinque non solum corporeorum sunt sed etiam incorporeorum. Generatio namque est ingressus in substantiam. Ideoque quidquid per creationem incipit alicuius generis esse, id recte dicitur 'generari'. Quod utique omnibus temporalibus atque perpetuis convenit. Haec enim omnia non semper fuerunt. Ideoque quidquid secundum quodlibet genus sunt, per generationem hoc esse coeperunt».

[2] In ps. 32 (Bibl. Nationale à Paris, cod. 12004, fol. 39ᵛ) : « *Quoniam ipse dixit et facta sunt*. De informi materia dixit ut fieret formata, et facta sunt. *Ipse* etiam *mandavit*, idest verbo praecepit ut informia de nichilo crearentur, *et creata sunt* ».

[3] Voir *Contra Eut. et Nest.* (HARING, p. 292 ; PL, 1377 B). Voir aussi *De Trinitate* (HARING, p. 50 ; PL, 1269 A) ; *Contra Eut. et Nest.* (HARING, p. 273 ; PL, 1367 B).

créatrice divine les seules œuvres du Démiurge platonicien dont il retient le nom dans le mot d'*Opifex*. D'autre part, il ne se rallie ni formellement ni implicitement à la théorie platonicienne d'une matière coéternelle à Dieu, principe préexistant de toute chose créée. Hésite-t-il encore devant l'adaptation du Timée aux premiers chapitres de la Genèse ? A cette tâche, ses collègues de Chartres s'étaient attelés. L'identification du Démiurge ou *Opifex* au Dieu créateur du ciel et de la terre, contraint Thierry de Chartres et Guillaume de Conches à l'élargissement de la notion platonicienne de l'action créatrice divine. Ils ne conçoivent pas la matière comme un principe préexistant, base nécessaire de l'œuvre du Démiurge ; elle est pure puissance n'existant pas par elle-même, mais capable de recevoir des formes. Comme telle, elle doit son être au Verbe créateur [1].

II

La notion de création rapprocha l'une de l'autre la distinction entre *esse* et *quod est* et la distinction entre matière et forme. Le passage portant sur la définition de la création nous offre pareillement une classification des sciences d'après la manière dont l'objet de la science, la forme ou l'être, est abstrait de la matière. Gilbert nous précise le domaine de la science naturelle : il embrasse les formes non abstraites ne pouvant exister que dans la matière. Celles-ci sont envisagées dans leur existence concrète et matérielle, et c'est pourquoi la matière est appelée la concrétion de toutes les formes. Poursuivant, il en arrive à la définition citée de la création, dans laquelle, sans la moindre justification, les termes de forme et matière sont remplacés par les mots subsistance et subsistant. Même constatation pour l'extension de la notion de génération. Ce terme qui servait primitivement à désigner en physique l'union de matière et de forme, il le transpose sur un plan plus étendu où il va signifier toute union entre *esse* et *quod est*. De même, dans les exemples donnés, le mot « corps » est tantôt synonyme de matière, tantôt de subsistant,

---

[1] Voir J. M. PARENT, *La doctrine de la création dans l'École de Chartres. Étude et textes*, Paris-Ottawa, 1938, p. 40 s ; N. M. HARING, *The Creation and Creator of the World according to Thierry of Chartres and Clarenbaldus of Arras*, dans *Archives d'Histoire doctrinale et littéraire du Moyen Âge*, t. XXII, 1956, p. 137-216.

tandis que le mot « corporéité » désigne la forme autant que la subsistance. L'identification de l'être avec la forme entraîne bien l'ambiguïté des termes et l'interpénétration des distinctions d'origine différente.

L'exposé systématique de la signification des termes « matière » et « forme » fait partie de la description des sciences [1]. Prenant exemple sur Boèce, Gilbert reprend la terminologie de son schéma aux œuvres logiques d'Aristote, mais en réalité la pensée reste imprégnée de platonisme.

Au fragment du Timée, traduit et commenté par Chalcidius, Gilbert emprunte la théorie de la matière première. Il y puise la série des noms de ce que les disciples de Platon désignent par *hyle* [2]. Plus fidèle à Chalcidius que ses contemporains, Thierry de Chartres et Guillaume de Conches, il ne se soucie guère d'adapter la notion de matière première à l'idée chrétienne de création. Nul indice chez lui fait prévoir la lente évolution substituant l'idée aristotélicienne d'une matière-pure puissance à l'ancienne notion platonicienne d'une matière préexistante [3]. La matière première demeure bien un substrat informe (*materia informis*), assise nécessaire de tout ce qui se produit dans le monde et restant immuable et informe, même quand elle se revêt des formes des choses [4]. Différents noms expriment ce qu'elle est : le receptacle, le lieu dans lequel les formes sont posées, la mère et le sein de toutes choses [5]. Le rôle attribué à la matière première dans le devenir et dans l'être des choses ne reçoit qu'une vague description : la matière recueille les formes [6] ; les choses ne se réalisent que par la coopération de la matière première [7]. La matière première, à l'encontre de la matière formée, est dite être par elle-même et non à cause de telle ou telle forme. Elle ne doit pas son existence à l'être-forme, comme c'est le cas de toutes les choses du monde :

---

[1] *De Trinitate* (HARING, p. 46-48 ; PL, 1266-1267).

[2] Voir É. GILSON, *Note sur les noms de la matière chez Gilbert de la Porrée*, dans *Revue du Moyen Âge latin*, t. II, 1946, p. 173-176.

[3] Voir J. M. PARENT, *La doctrine de la création dans l'École de Chartres*, p. 41 ; N. M. HARING, *The Creation and Creator of the World*, p. 137-216.

[4] *De Trinitate* (HARING, p. 46 ; PL, 1265 D) : « ...ipse Plato nominat primam materiam eo quod in ea formantur quaecumque recipiuntur ab ea, cum tamen ipsa nullam ex eis contrahat formam ».

[5] *De Trinitate* (HARING, p. 46, 48 ; PL, 1265 D, 1267 D).

[6] *Ibid.* (p. 46, PL, 1265 D).

[7] *De hebdomadibus* (HARING, p. 189 ; PL, 1318 C).

materia prima est sed non est aliquid [1]. Elle est totalement abstraite, séparée de toute forme, simple et sans mouvement. Elle ne cadre vraiment pas avec l'objet des sciences naturelles, mais avec celui de la théologie qui est la science des principes simples et abstraits des choses créées [2]. Stable et immuable, la matière première est universelle et une, d'une identité réelle, pour tous les corps et pour tout ce qui convient aux corps [3].

Outre la matière première, Gilbert connaît une autre matière qu'il appelle la *materia formata* ou *materia corporum*. Participant à une forme sans laquelle elle ne peut exister, elle n'est matière qu'au sens dérivé. Si l'on peut dire de la matière première qu'elle est sans être quelque chose (*est sed non est aliquid*), il faut dire de la matière *formata* qu'elle n'est pas simplement tout en étant quelque chose (*non est sed est aliquid*), c'est-à-dire qu'elle n'est pas simplement mais qu'elle est telle à cause de la forme qu'elle a reçue [4].

Cette signification du mot « matière » s'applique en premier lieu aux quatre éléments. Gilbert de nouveau a puisé sa théorie dans Chalcidius sans reprendre pour autant ses longues discussions sur l'harmonie des éléments. Il se contente d'assigner aux éléments leur place particulière, quand il commente l'axiome de Boèce : *omnis similitudo appetenda*. Le feu et la terre se trouvent aux extrémités ; tiennent l'intervalle l'air et l'eau, respectivement l'air plus proche du feu, l'eau plus proche de la terre. Leur force naturelle fait tendre les éléments à leur place exacte : par sa légèreté et sa mobilité, l'air se rapproche plus du feu que de la terre ; par sa densité, l'eau s'éloigne du feu et tend vers la terre. En vertu du principe voulant que toute chose aspire à son

---

[1] *Contra Eut. et Nest.* (HARING, p. 334 ; PL, 1399 C).
[2] *De Trinitate* (HARING, p. 46, 48 ; PL, 1266 D, 1267 D).
[3] *Contra Eut. et Nest.* (HARING, p. 334 ; PL, 1399 C).
[4] *Contra Eut. et Nest.* (HARING, p. 333 s ; PL, 1399 C) : « ... habet revera *communem materiam* : non modo hylem quam Plato silvam nominat (quae quidem secundum philosophos est, sed non est aliquid) verum etiam illam, quae non suo nomine dicitur esse, sed secundum suam perpetuam subsistentiam dicitur aliquid esse. Quibus solis nomen materiae recte convenit. Nihil enim vere et suo nomine 'materia' vocatur nisi hyle (quae est, sed non aliquid est) et corpus (quod non est, sed aliquid est). Illa itaque omnium corporum et eorum, quae sunt in corporibus, est materia : haec vero omnium, quae primam ac perpetuam subsistentiam eius in ipsa sequuntur ». Voir aussi *De Trinitate* (HARING, p. 46 s ; PL, 1265 D).

analogue, les éléments reprennent leur place, recouvrent toujours leur équilibre et engendrent l'harmonie et l'ordre cosmique [1].

Le nom de matière est ensuite affecté dans le même sens aux divers corps, comme l'airain, la cire, la pierre, etc., de sorte que « matière » et « corps » sont devenus synonymes. Possédant leur *mutuam concretionem* dans la matière première, les corps se composent de *quod est* et de *quo est* comme toute chose concrète. Pour cette raison, Gilbert qualifiera les corps de matière au sens dérivé, insistant sur le fait qu'ils ne sont ni simples ni abstraits, car en considération de plusieurs formes, soit substantielles, soit accidentelles, la matière formée est ce qu'elle est [2].

Le sens du terme « matière » est par la suite étendu à toutes les choses subsistantes en tant qu'elles reçoivent des formes ultérieures ou accidentelles. Ce qu'illustre l'exemple de la statue : la terre, l'airain, etc. sont aussi bien des formes que des matières : des formes en tant que reçues dans une matière antécédente, des matières en tant que sujet des formes ultérieures [3].

Attendu que pour Gilbert les corps-matière doivent leur être à leur subsistances ou formes, on ne s'étonnera pas qu'il décrive l'universalité de la matière de toutes les choses corporelles de la manière dont il définit l'universalité des formes. A toutes les formules de Boèce sur l'universalité de la matière il impute un double sens selon qu'il s'agit de la matière première ou de la matière-corps. La matière première est en effet commune à toutes les choses matérielles, commune et universelle puisqu'elle est réellement une et identique à elle-même. Au contraire, la matière *formata* ou le corps, n'est pas une et identique pour toutes les choses corporelles. Chaque chose possédant sa propre matière ou son propre corps, il y aura autant de matières que de choses corporelles. La communauté ou l'universalité de cette matière s'explique non pas par une identité réelle mais par une *conformitas*, c'est-à-dire une unité fondée sur une ressemblance réciproque. Et Gilbert de reprendre la formule de Boèce *communis et eadem materia*, en ajoutant *genere* au mot *eadem*. Le changement des choses réclamant une identité de matière dans les choses changeantes, est alors envisagé comme une transformation,

---

[1] *De hebdomadibus* (HARING, p. 195 ; PL, 1322 BC).
[2] Voir *De Trinitate* (HARING, p. 46, 47 ; PL, 1265 D, 1266 C) ; *Contra Eut. et Nest.* (HARING, p. 333 s ; PL, 1399 C).
[3] *De Trinitate* (HARING, p. 50 s ; PL, 1269 BC).

c'est-à-dire que la *qualitas* ou la forme ou la nature d'une chose est remplacée dans le sujet par une autre *qualitas*, tandis que la matière reste tout à fait semblable. Bref, la matière-corps est la base commune des formes se succédant l'une à l'autre [1].

Encore dans ce contexte, Gilbert étendra le sens du mot matière aux subsistances mêmes, pour autant qu'elles sont cause de ce que les choses corporelles peuvent être matière ou sujet des formes ultérieures. Ces formes ultérieures appartenant à la puissance des subsistances premières, c'est à cause de celles-ci et avec elles que les formes ultérieures sont dans la chose subsistante comme dans leur sujet. Dans un sens emprunté, les formes premières seront alors appelées la matière des formes ultérieures [2].

Le texte sur la division des sciences revêt aussi le terme *forma* de plusieurs significations.

La forme première, la forme par excellence, est la forme divine, l'*essentia opificis*, cause de tout être. C'est même à l'essence divine seule que ce nom de forme convient dans toute sa plénitude. Toutes les autres formes ne sont et ne sont dites formes que par participation extérieure à la forme divine. Nous nous étendrons sur cette théorie lors de l'examen de la connaissance humaine de Dieu.

Le terme *forma* est donné par après aux idées exemplaires des choses créées. Gilbert rejoint l'essentiel de la doctrine platonicienne des idées. Le nom même de *sincerae substantiae* attribué aux idées, fait écho à la conception platonicienne où les idées ont plus de réalité que les choses corporelles qui ne sont qu'imitation et représentation du monde « réellement réel » des exemplaires éternels [3]. Son platonisme est bien plus traditionnel que celui de Thierry de Chartres et Guillaume de Conches, lesquels, à l'exemple de saint Augustin et plusieurs autres théologiens, identifient le monde idéal de Platon, existant par lui-même, à l'intelligence divine, cause formelle, de par sa sagesse, de l'univers créé [4]. Il semble adopter les positions de son maître

---

[1] *Contra Eut. et Nest.* (HARING, p. 333 s ; PL, 1399 CD).
[2] *De Trinitate* (HARING, p. 47 ; PL, 1266 BC).
[3] *Ibid.* (p. 47 ; 1266 D).
[4] Voir J. M. PARENT, *La doctrine de la création dans l'École de Chartres*, p. 44 ; N. M. HARING, *The Creation and Creator of the World*, p. 166.

Bernard qui soutenait que les idées, bien qu'éternelles, sont extérieures à Dieu. Les idées dépendent de Dieu et Lui sont postérieures par nature, puisqu'elles sont engendrées en vue de la création du monde sensible. Le Dieu créateur n'est donc pas le Démiurge platonicien qui se soumet au monde exemplaire des idées dans son action créatrice, mais il est le Maître souverain qui, dans sa Sagesse, conçoit les idées éternelles, exemplaires du monde à créer. Chez Gilbert aussi, le monde idéal des *sincerae substantiae*, prototype de toute créature, existe par lui-même. Quant à leur nature, il affirme que les idées sont *ex silva et intelligibili specie*, sans expliquer la teneur de cette formule. En tout cas, la *silva* ou la matière première, entrant dans l'être des formes prototypes ne permet pas d'identifier les idées avec l'intelligence divine.

Avec toute la tradition platonicienne, Gilbert tient les idées pour éternelles, leur appliquant l'attribut divin *aeternus* [1] ou la formule *semper sunt* [2]. Il différencie pourtant le mot *aeternus* des termes *semper sunt* ou *perpetuus* [3]. Les substances qui sont toujours (*semper* ou *perpetuus*) subsistent néanmoins dans le temps. Mais, une fois créées, elles ne sont pas soumises au changement de la génération et de la corruption, ressemblant en cela à l'être divin. C'est pourquoi Boèce les appelle immortelles et mêmes divines, bien que leur être soit inférieur à l'être divin dont l'éternité transcende le temps. Comme il n'ajoute rien aux exemples traditionnels dont Boèce se sert pour des choses perpétuelles, tel le ciel et les autres corps célestes, Gilbert ne nous dit pas s'il conçoit l'éternité des idées à la manière des choses perpétuelles. S'il en était ainsi, l'éternité des idées ne serait pas une coéternité avec Dieu et avec l'intelligence divine, selon la modification apportée à la doctrine platonicienne par les autres maîtres chartrains [4]. Une analogie entre l'être des idées et des choses perpétuelles est certes suggérée par l'emploi d'une même formule pour définir leur rapport avec le monde créé. Il décrit l'union des substances éternelles avec le monde créé comme une apposition externe (*extrinseca appositione*). De la même façon, la

---

[1] *De Trinitate* (HARING, p. 57 ; PL, 1274 D).

[2] *Ibid.* (p. 48 ; 1267 D).

[3] *Ibid.* (p. 72s ; 1287 A,D). Voir aussi *Contra Eut. et Nest.* (HARING, p. 266 ; PL, 1363 C).

[4] *De Trinitate* (HARING, p. 72 ; PL, 1287 B) ; *Contra Eut. et Nest.* (HARING, p. 266 ; PL, 1363 C).

présence des idées dans le monde sensible ne se réalise pas par l'entrée en composition des idées avec les choses corporelles, mais à la manière de l'attrait d'un idéal lointain (*quasi e regione appositae*) [1]. Quoique les textes soient trop vagues pour en donner une interprétation définitive, il n'en reste pas moins que les idées occupent une place particulière dans le système du monde de Gilbert. Elles ne s'identifient ni avec Dieu ni avec l'intelligence divine, mais avec Dieu et la matière première elles se rangent parmi les principes du monde créé [2]. Elles sont éternelles mais leur éternité n'est pas coéternité avec Dieu. Elles sont abstraites, simples et sans mouvement, ne s'engageant pas dans le temps comme les substances perpétuelles du ciel et des corps célestes. Cependant, sans parler formellement de la création des idées — il restreint le terme de création aux seules choses dont il faut distinguer l'être et le *quod est* — Gilbert n'avance pas que les idées soient indépendantes de la causalité divine. En vérité, il laisse cette question en suspens.

Apparemment, un écho de cette doctrine se retrouve dans une formule de Geoffroy d'Auxerre au Concile de Reims ; elle résume la position de Gilbert : selon la doctrine porrétaine, il existe en Dieu, en dehors des propriétés personnelles, un grand nombre de choses éternelles, qui sont sans commencement, qui ne sont pas Dieu et ne sont pas créées par Dieu [3]. Cette théorie, Geoffroy la dit hérétique, mais elle paraît expliquée par le remarquable commentaire de Jean de Salisbury sur la troisième thèse du Concile de Reims qui renvoie à la théorie des *vitae rationes* de saint Augustin. Assurément, elle est un peu obscure, elle est différemment interprétée par les théologiens, mais est-il nécessaire de crier immédiatement à l'hérésie, si Gilbert y voit les vérités éternelles, connues de Dieu, toujours vraies, indépendamment de l'existence des choses finies [4] ? C'est bien là l'essentiel du platonisme, puisque, dans cette acceptation, les idées existent par elles-mêmes, restent toujours les prototypes du monde créé, sans être affectées par les déficiences des choses-images.

---

[1] *De Trinitate* (HARING, p. 72 ; PL, 1287 C).
[2] *Ibid.* (p. 71 ; 1286 D s).
[3] GEOFFROY D'AUXERRE, *Epistola* (PL, CLXXXV, 590).
[4] *Historia Pontificalis*, c. 13 (édit. POOLE, p. 32 s).

Gilbert impose les mêmes noms aux idées et aux quatre éléments : feu, air, eau et terre. A son avis, les noms des éléments dérivent des noms des idées, vu que les éléments sont déduits des idées (*deductae — deductionis consortio*). Il note toutefois que les idées ne sont pas les éléments constitutifs des choses comme des principes immanents. On dit bien que les idées sont dans les corps mais ce n'est pas de la façon dont la forme est dans la matière ou la corporéité dans le corps. Elles sont dans les choses comme l'exemplaire est présent à son image, comme ajouté de loin : *quasi e regione appositae* [1]. Les idées restent donc totalement abstraites et simples, et ne sont pas soumises au mouvement du monde sensible. Elles rentrent dès lors dans l'objet de la théologie, qui considère les principes simples et abstraits des choses créées, tels que Dieu et la matière première.

L'emploi courant du mot *forma* désigne la forme qui est dans la matière et dont elle ne peut être séparée. Cette forme, Gilbert l'appelle la *forma nativa*, terme dérivé de la *nativitas* qui préside à la génération de toutes les choses créées (*generationis nativitate*) [2]. En ce sens, Gilbert voit dans la *forma nativa* le synonyme de *natura*. Les autres dénominations employées dans son commentaire, sont : *formae sensilium, formae corporales* ou *formae naturales*. Chaque fois qu'il traite de la forme sans plus, il entend parler de cette *forma nativa*. Nous savons déjà que cette forme est l'être des choses dans lesquelles elle est. Ainsi, la corporéité est la forme et l'être du corps, parce que c'est à cause de cette forme que le corps est ce qu'il est et ce qu'il est dit. Nous savons également quel rôle ces formes jouent dans la philosophie de Gilbert, et nous en préciserons la nature ultérieurement.

La quatrième signification du mot *forma* concerne les figures, c'est-à-dire les formes de la quatrième *species qualitatis*, et aussi toutes les formes accidentelles. L'être de ces formes est un

---

[1] *De Trinitate* (HARING, p. 47 ; PL, 1266 C) : « Non enim sunt id, quod esse dicuntur, ex multiplici essentia. Nec eidem assistunt in eis, quorum illae vel ipsa possint esse materiae. Nam quod sensibilibus 'inesse' dicuntur, non ideo est quod illis insint atque haereant inabstractae (qualiter corporalitas inest corpori) sed quia, cum ab eis abstractae sint et eis minime concretae, tamen quasi e regione appositae, ut ab illis tamquam exemplaribus sensilia tamquam imagines ab Opifice deducantur, deductionis consortio non modo sensibilibus ipsae sed et ipsis sensilia 'inesse' dicuntur ».

[2] Voir *Contra Eut. et Nest.* (HARING, p. 271 ; PL, 1366 C).

« être-dans » (*inesse*) la chose subsistante participant aux formes accidentelles. Leur rapport avec les subsistances ou les formes substantielles de la chose est caractérisé comme un *adesse*, car les formes accidentelles sont comprises dans la puissance ou la *potestas* des subsistances dont elles sont les qualités.

III

Nous l'avons déjà constaté : Gilbert refuse de considérer l'union de l'être et de ce qui est comme une composition [1]. Pour lui, la question de la simplicité et de la nature composite des choses appartient à un autre domaine.

Gilbert admet plusieurs sortes d'union entre deux choses, mais toute union n'est pas composition [2]. Il y a d'abord l'*appositio* par laquelle il ne se produit entre deux choses qu'un habitus mutuel, comme entre un bâton et l'or qui le recouvre ou entre la main et l'odeur qu'une pomme y a laissée. Ici, il n'est pas question d'une unité naturelle. Au contraire, la composition d'une part — subdivisée en composition au sens strict et en mélange — et l'union particulière entre *esse* et *quod est* d'autre part constituent chacune une unité naturelle.

Pour qu'il y ait composition au sens strict, Gilbert pose les conditions suivantes. En premier lieu, l'être des parties composantes doit constituer l'être du tout, ou encore : toutes les subsistances, tant communes que spéciales, ainsi que les formes accidentelles des parties, doivent former l'être total de la chose composée. Il n'en découle pas pour autant que les parties composantes se résorbent l'une dans l'autre ; au contraire, elles conservent leur propre nature et tout ce qui lui appartient. Dans l'homme par exemple, l'être du corps et l'être de l'âme sont présents avec tous leurs accidents et propriétés [3]. A bon droit, Gilbert en tire cette conclusion : toutes ces formes, tant substantielles

---

[1] Voir plus haut, p. 157 s.

[2] *Contra Eut. et Nest.* (HARING, p. 299 s ; PL, 1380).

[3] *Ibid.* : « Unde manifestum est unum esse aliquid, in quo diversa sibi invicem conjuncta dicuntur. Cui uni sunt esse omnes speciales et hae, ex quibus speciales constant, subsistentiae illorum, quae in ipso sibi invicem conjunguntur : et praeter has illae etiam, quae in eodem creantur ex habitu conjunctorum : ut homini, qui ex corpore et spiritu sibi conjunctis unus est, sunt esse omnes corporis atque spiritus subsistentiae et aliae quaedam, quae in ipso ex eorum fiunt concursu ».

qu'accidentelles, peuvent être appliquées non seulement à chacune des parties mais encore au tout composé [1]. Par contre, s'il y a mélange, il se produit une certaine confusion des qualités des parties composantes. Il se forme une nouvelle qualité caractéristique du tout composé. Par le mélange du noir et du blanc il se constitue une mixtion de couleur différente de celle des parties composantes. Il se peut aussi que la qualité d'une des parties soit tellement dominante qu'elle absorbe les qualités de l'autre partie.

La deuxième condition posée par Gilbert pour qu'il y ait composition au sens strict, est l'existence d'une certaine conformité entre les parties appelées à former une composition. N'est pas toujours exigée une ressemblance générique, c'est-à-dire une ressemblance entre les subsistences génériques des parties, il suffit une ressemblance *in ratione*. Celle-ci, nous pouvons la regarder, à l'aide des exemples de Gilbert, comme une ressemblance d'après la fonction logique : un nom commun peut être décerné à des choses dont la ressemblance relève non d'une *praedicatio naturalis* par laquelle on attribue des formes réelles au sujet, mais d'une *praedicatio topica*, dans laquelle il s'agit de noms qui sont attribués *a praedicandi ratione*. Par exemple, le corps et l'esprit ne se ressemblent pas d'une manière générique, puisque la corporéité et la spiritualité sont des genres divers. Ils se ressemblent cependant *in ratione*, du fait qu'ils sont tous les deux sujet de tout ce qui peut leur être attribué et que, par ailleurs, aucun d'eux ne peut être prédicat. De même, la *rationalitas* et l'*animatio*, bien que de genres différents, se ressemblent en ce qu'elles sont l'être des choses subsistantes, dans lesquelles elles sont. Or, le corps et l'esprit d'une part, l'*animatio* et la *rationalitas* d'autre part, peuvent former une composition. Il suffit donc d'une ressemblance *in ratione*.

Il a été dit plus haut que Gilbert refuse le nom de composition à l'union spéciale entre l'être et ce qui est, précisément parce qu'il n'y a entre eux aucune ressemblance ni de nature ni de raison. Pourtant, grâce à cette union particulière, ils forment une unité naturelle.

---

[1] *Ibid.* : « Et quoniam hominis ex corpore et spiritu compositio ita fit, quod nec utrumque nec alterum in eo confunditur, omnes illae (quas modo diximus) subsistentiae et qualitates et intervallares mensurae immo etiam intervallarium termini de ipso homine recte dicuntur. Haec enim spiritus corporisque conjunctio compositio est, non commixtio ».

Par sa théorie de la composition, Gilbert s'écarte notablement de Boèce. Dans les règles du *De hebdomadibus*, ce dernier avait défini les substances simples d'après l'identité parfaite de leur être et de ce qu'ils sont, tandis qu'il avait caractérisé les choses composées par la distinction de ces deux éléments. Voici ces deux règles :

> Omne simplex esse suum et id quod est unum habet ; — omni composito aliud est esse, aliud ipsum est.

Elles sont, aux yeux de Boèce, une explication de celle plus générale qui affirme pour toute chose la distinction entre l'être et ce qui est. Par ces règles, il écarte la distinction pour les substances simples, et limite la portée de la règle générale aux seules choses composées.

Pour les intégrer dans son système, Gilbert se voit obligé de donner une explication très subtile aux règles de Boèce. Pour en arriver à une définition des choses composées il n'aura pas recours à l'identité ou l'absence d'identité de l'être et du *quod est*, mais se contentera de l'analyse séparée de l'être et du *quod est*, s'interrogeant sur la pluralité dans chacun d'eux.

Commentant la huitième règle de Boèce — *omni composito aliud est esse, aliud ipsum est* — Gilbert avance la possibilité d'une double composition. La première se définit par une pluralité dans le *quod est*[1]. Certaines choses subsistantes, en effet, sont composées de plusieurs choses subsistantes. Tout en formant les parties d'une unité concrète naturelle, les parties composantes peuvent exister par elles-mêmes. Ainsi, l'homme est composé de chair et d'os, ou de corps et d'âme. Considérées en elles-mêmes, ces parties sont des choses subsistantes, possédant existence par elles-mêmes. Tout en conservant leurs propres subsistances ou formes, elles constituent, par leur composition, l'homme complet. Or, rappelons-nous que, suivant Gilbert, les formes propres

---

[1] *De hebdomadibus* (HARING, p. 193 s ; PL, 1321 AB) : « Duobus modis compositio accipitur. Unus est, quo subsistens aliquod ex subsistentibus inter se diversis et a quibus compositum ipsum aliud est dicitur esse compositum... Alius vero compositionis est modus, quo non quidem subsistens ex subsistentibus — nam quantum ad hoc simplex est — sed et multis, quorum unoquoque est, et multis, quorum unoquoque aliquid est, eius constat proprietas ut hominis spiritus qui — unus et simplex quantum ad hoc quod non ex diversis subsistentibus constat — et multis subsistentiis est et multis earum accidentibus aliquid est, ideoque compositus nec ipsum quod est ».

de chacune des parties composantes sont prédicables aussi bien des parties que du tout composé, étant donné qu'elles sont l'être tant des parties que du tout.

La première composition, celle qui se trouve à l'intérieur du *quod est*, n'est guère élaborée par Gilbert. Son attention se fixe davantage sur la deuxième composition, celle de la subsistance ou de l'être même de la chose composée. Cette composition, il la déduit du fait que toutes les subsistances des parties sont présentes telles quelles dans le tout composé. Elle ne s'identifie pas à la composition du *quod est*, il est bien possible qu'il y ait pluralité de subsistances — au moins par l'addition de formes accidentelles à la forme substantielle — dans une chose dont le *quod est* est simple. Un autre indice de la composition de l'être est la distinction de la subsistance totale en des subsistances génériques, spécifiques et différentielles.

A la lumière de cette théorie, Gilbert paraphrase la huitième règle de Boèce comme suit :

> *Omni composito*, id est omni subsistenti, *aliud est esse*, quo scilicet est, *ipsum* vero *est aliud* alio quodam, quo scilicet aliquid est [1].

Gilbert change en « *omne subsistens* » la formule du texte de Boèce « la chose composée », et il étend par là la composition de l'être à toutes les choses créées : toute chose est simplement par son être, elles est d'une manière accidentelle (*aliquid est*) par d'autres formes distinctes de l'être. Aussi, cette règle-là ne peut valoir que pour Dieu seul dont l'être est simple, elle ne vaut pour aucune des choses créées, même pas pour celles qui sont appelées simples.

Ici encore, nous trouvons la formule de Boèce transformée d'une manière qui caractérise bien Gilbert. Il ne reprend pas sans plus l'identification du *quod est* et de l'*esse* divin, proposée par Boèce. Il démontre séparément la simplicité et du *quod est* et de l'être divin. La simplicité divine consiste en ce que l'être divin n'est pas composé de plusieurs formes ou subsistances mais par l'essence divine, unique et indivisible. La multiplicité des prédicats attribués à Dieu n'exprime pas de formes différentes, mais une seule et même forme. De plus, l'être substantiel de Dieu

---

[1] *De hebdomadibus* (HARING, p. 194 ; PL, 1321 C).

n'est pas tel qu'il soit accompagné de formes accidentelles. Gilbert entend donc lire la règle de Boèce comme suit :

> *Omne simplex esse suum et id quod est unum habet.* Id est, si quis de eo quod vere est simplex, dicat « est », et item dicat « est aliquid », nullus intelligere debet, quod secunda oratione praedicaverit de ipso, aliquid proprietate aliqua diversum ab eo quod praedicaverit in prima [1].

Les règles déterminées par Boèce, Gilbert les commente à la lumière de sa théorie déjà exposée sur les conditions requises pour la composition au sens strict. Il n'y aborde ni la distinction ni l'identité entre l'être et ce qui est, cette question, selon lui, restant étrangère au problème de la simplicité ou de la composition des choses. Sa définition des termes *simplex* et *compositum*, employés par Boèce, s'écarte résolument du sens que celui-ci leur attribue.

Boèce se sert encore d'autres formules pour exprimer la simplicité divine par contraste avec la composition des choses créées : *divina substantia est id quod est ; — reliqua autem non sunt id quod sunt* [2]. Il en estime l'emploi autorisé par le fait que toute chose créée est ce qu'elle est par l'être de toutes les parties dont elle se compose. Ainsi donc, le tout composé ne s'identifiera guère avec une de ses parties composantes. Tout comme lors de l'interprétation des règles précédentes, Gilbert élude, en paraphrasant cette formule, la chose subsistante, le *quod est*. L'être formel seul, composé de l'être de toutes les parties, l'intéresse réellement. Il prend la formule *divina substantia est id quod est* comme énonçant l'identité, dans l'essence divine, de tout l'être formel que nous lui attribuons par une multiplicité de prédicats. La simplicité de Dieu ne se définit pas par une identité entre le *quod est* et l'*esse* divin mais par la simplicité de l'être divin lui-même :

> *atque ideo* vere *est unum et* adeo simplex in se et sine his, quae adesse possunt solitarium, ut recte de hoc uno dicatur quod de ipso principio, cuius usia est, dicitur, scilicet : *est id quod est.* Sicut enim non est, quo Deus sit, nisi simplex atque sola essentia idest usia, sic non est, unde usia ipsa sit, nisi quoniam ea simplex et solus Deus est [3].

---

[1] *Ibid.* (p. 193 ; 1320 D).
[2] *De Trinitate* (HARING, p. 51 ; PL, 1269 D s).
[3] *Ibid.*

La formule *reliqua autem non sunt id quod sunt* inspire à Gilbert un long développement sur la définition de la composition marquant les choses créées. Embarrassé à l'extrême par le texte de Boèce où la composition des choses créées est expliquée en ces termes : *unumquodque enim habet esse ex his ex quibus est, idest ex partibus suis*, c'est-à-dire ses parties concrètes, Gilbert se résigne à admettre qu'on peut, sans examen profond, considérer les parties concrètes comme éléments composants de la chose. Aussitôt il met en avant son opinion : nulle partie concrète ne peut jamais entrer dans l'être du tout. Seul le formel et non pas le concret peut être l'*esse*. En conséquence il faut dire que l'être du tout est composé de l'être de chacune des parties. Le *reliqua* de la formule de Boèce, Gilbert le comprend à la fois comme l'*esse* et comme le *quod est*. De cette manière réapparaît clairement la divergence de conception entre Boèce et lui ; il ne s'agit pas des rapports entre l'*esse* et le *quod est*, mais des rapports entre des éléments se trouvant à l'intérieur et de l'*esse* et du *quod est*.

Gilbert traite d'abord de la composition dans l'être des choses. L'être des choses composées n'est pas seulement composé mais, par surcroît, il n'est pas solitaire (*solitarium*), c'est-à-dire l'être substantiel des choses est accompagné de plusieurs formes accidentelles. Qui plus est, chacune des subsistances partielles apporte à son tour ses propres accidents. Cette pluralité de l'être se révèle dans la pluralité des prédicats accordés aux choses et désignant autant de formes. La composition de l'être se manifeste aussi par la pluralité des effets produits dans le sujet. Car, la forme totale de l'homme fait que le sujet qui la possède, est homme, tandis qu'une partie de la même forme le rend sensible, une autre le rend animé, une autre encore le rend raisonnable, etc. En ne considérant même qu'une partie de l'être total, elle produira néanmoins dans le sujet plusieurs effets : la *rationalitas* par exemple, ainsi que toute autre qualité, fait que l'homme est un *qualis*, son effet propre étant de le rendre raisonnable. La blancheur est une qualité comme toutes les autres qualités, une couleur comme les autres couleurs, une blancheur à côté des autres blancheurs. Par elle le sujet est donc *quale*, coloré et blanc.

De la sorte Gilbert se rallie à un réalisme platonicien rigoureux et enseigne sans détours la pluriformité des choses. S'il évite d'affirmer explicitement qu'il y a autant de formes que de distinctions possibles, telle est bien l'idée fondamentale de sa théorie réaliste. Il accepte une multiplicité pour l'être substantiel comme pour l'être accidentel. Constatons une fois de plus qu'il décompose la *tota forma substantiae* en plusieurs formes partielles, qu'il cherche à les classer en genres, espèces et différences, en employant les formules et les distinctions de la logique aristotélicienne. Sa théorie de l'être des choses créées est un aboutissement direct de l'analyse grammaticale et logique des noms et des prédicats. La pluralité des noms attribués aux choses signifie une pluralité de qualités ; la pluralité des prédicats attribue au sujet une pluralité de formes. En conclusion, l'être est composé d'un nombre équivalent d'éléments qui produisent, en tant que formes partielles, la forme ou la subsistance totale de la chose concrète.

IV

La théorie de l'unité et de la pluralité transcendentales concorde parfaitement avec l'exposé qui précède. Gilbert paraît concevoir cette unité comme une forme distincte présente dans la chose, sans qu'elle puisse pourtant être classée dans un des dix genres. Elle est une sorte de forme accidentelle rattachée à tout prédicat, de quelque genre qu'il soit. Chaque forme étant une de par sa propre unité qui l'accompagne toujours, Gilbert dit qu'une chose est ce qu'elle est de par sa forme et qu'elle est une de par l'unité qui accompagne cette forme [1].

Toute forme conserve sa propre unité, lors même qu'elle entre avec d'autres formes dans la complexité d'une seule et même chose pour en constituer l'être total. Dans une même chose existent donc plusieurs unités tout comme plusieurs formes partielles, le nombre des unités correspondant à celui des formes. Il est probable qu'il s'agit ici d'une réminiscence des nombres idéaux de Platon. Ainsi Gilbert déduira l'unité ou la pluralité

---

[1] *De praedicatione* (HARING, p. 96 ; PL, 1309 A) : « Hic commemorandum videtur quod unitas omnium a se diversorum in quolibet facultatum genere praedicamentorum comes est. Nam de quocumque aliquid praedicatur, id praedicato quidem est hoc, quod nomine ab eodem sibi indito et verbi substantivi compositione (cuius adminiculo praedicatur) esse significatur. Sed unitate ipsi coaccidente est unum : ut album albedine quidem album est sed unitate coaccidente albedini unum ».

dans l'être des choses, du nombre de prédicats qui lui sont attribués :

> ut album albedine quidem album est sed unitate coaccidente albedini unum. Et simul albedine et eius comite unitate est album unum. Quapropter, cum multa praedicantur de uno, quodammodo illud unum est multa, quoniam scilicet est multis. Quamvis enim non sit numerus eius, quod multis est, est tamen numerus et eorum, quorum unoquoque est, et unitatum illis accidentium, quarum unaquaque unum est. Cum vero unum praedicatur de multis, multa sunt unum : et cum multa de multis, multa sunt multa. Nam iuxta numerum eorum, quae praedicantur, unorum est etiam earum, quae illis accidunt, per quamdam conformationem numerus unitatum. Et caret unitas numero cum illius unius praedicati, cui coaccidit, nullus est numerus [1].

A coup sûr, Gilbert cherche à construire une unité dans la pluralité des formes qui composent l'être de chaque chose composée. Tout d'abord, il attribue une « unité accompagnante » aussi bien à chaque forme partielle qu'à la forme totale, de sorte que l'unité de la chose dépasse la somme des unités partielles.

Ayant encore de Boèce retenu l'adage classique : *unum et esse convertuntur*, il le jugera lieu commun et s'imposant par lui-même [2]. A vrai dire, nous remarquons ainsi son ignorance de la signification originale de l'adage aristotélicien car il lui donne un sens conforme à sa propre doctrine. Il l'examine d'abord d'après les lois grammaticales : l'unité de la chose exige l'emploi du verbe *esse* au singulier, comme la pluralité des choses demande le pluriel. Ensuite, il fonde l'unité de la chose sur la *singularis proprietas*, c'est-à-dire sur l'être complet en tant que réunissant tout ce qui se trouve d'être dans la chose concrète. L'être total est singulier (*singulare*) pour chaque chose, c'est-à-dire unique et incommunicable à toute autre chose. Grâce à son être propre, toute chose s'oppose comme une unité à toutes les autres choses unes. Dans ce sens il faut dire : tout ce qui est, est un, et tout ce qui est un, est. C'est pourquoi chaque chose possède un nom propre, indice de la *singularis proprietas* [3].

---

[1] *Ibid.*

[2] *Contra Eut. et Nest.* (HARING, p. 305 ; PL, 1384 C).

[3] *Ibid.* (p. 306 ; 1384 D) : « ...sicut simplex ita et compositum suae proprietatis singularitate est unum ». Voir aussi *ibid.* (p. 304 ; 1383 C) : « *Nomen quippe ipsum* quod est 'Christus', *unum quiddam significat*, idest ipsum, qui dicitur 'Christus', et ex multis collectam proprietatem, qua dicitur 'Christus'. Et hoc intelligitur ex *singularitate* huius *vocabuli*, quod est 'Christus' ».

Faisant appel à sa distinction habituelle entre *subsistens* et *subsisientia*, Gilbert s'évertue à établir respectivement l'unité de l'un et de l'autre élément.

Nombre de choses composées sont formées par l'union de plusieurs parties subsistantes. Ainsi, dans l'homme, sont réunis ce qui est corps et ce qui est âme. Cette union, appelée par Gilbert une *unio integritatis*, est constituée par un habitus mutuel entre les deux parties concrètes. Or, il ne s'agit ici que d'un habitus extrinsèque qui rapproche les choses l'une de l'autre, sans transformation de leur être propre. Gilbert soutiendra qu'un tel habitus ne constitue pas l'être ou la subsistance des parties composantes. C'est là d'ailleurs la condition de tout habitus, non seulement de l'habitus des catégories aristotéliciennes, comme le rapport de l'homme avec ses vêtements, mais aussi de ce que Gilbert appelle l'*habitus naturalis*, c'est-à-dire le rapport formant une unité naturelle, tel le rapport entre le corps et l'âme. Cet habitus naturel est appelé « substance » par plusieurs philosophes, ajoute-t-il, parce que l'arrivée (*accessus*) ou le départ (*abscessus*) de ce rapport déterminent la génération ou la corruption de la chose [1].

Gilbert reviendra à cette doctrine, quand il parlera de l'union du corps et de l'âme. Entre eux il existe un rapport réciproque d'*animatio* et d'*incorporatio*. S'il reconnaît que l'on peut appeler ces rapports des subsistances de l'âme et du corps, la génération et la corruption de l'animal en dépendant, il s'en tient nonobstant à sa théorie qui n'accepte pas que ces subsistances ajoutent un être nouveau aux parties composantes. Celles-ci étaient déjà subsistantes avant d'être affectées par ces nouveaux rapports, et, tout en entrant dans une composition, elles conservent leur être propre. Gilbert préfère de loin avancer que les rapports entre corps et âme sont vraiment des subsistances, mais seulement

---

[1] *De Trinitate* (HARING, p. 75 s ; PL, 1289 CD) : « Nam etsi quis naturalem habitum cogitet (quem multi philosophi dixerunt esse substantiam et eius vel accessu generationem vel abscessu corruptionem contingere : ut animatum, manutum, capitatum et huiusmodi), nec eo etiam id, cuius ad aliud concursu vocatur 'habitus', esse aliquid intelligitur. Nam etsi esse hominem (quod est esse aliquid) confert vel aufert partim animatum, partim capitatum, partim manutum, minime tamen vel corpus, cui conjungitur anima, vel truncus humani corporis, cui jungitur caput, vel lacertus, cui jungitur manus, (et quorum concursu in homine quodlibet praedictorum dicitur 'habitus') hac junctura est aliquid ».

en fonction de la génération et de la corruption de la chose composée. De cette manière, la distinction reste intacte entre ces habitus et les vraies subsistances des parties composantes et du tout composé, telles, par exemple, la *corporalitas* et la *spiritualitas*. Ces dernières subsistances sont permanentes, alors que les habitus d'*animatio* et d'*incorporatio* peuvent disparaître. L'âme de l'homme ne cesse jamais d'être esprit et le corps reste toujours corps. De même, l'homme reste toujours corps et âme, quoiqu'il cesse d'être homme ou animal quand disparaît l'habitus réciproque entre le corps et l'âme [1].

Le lien d'unité noué par Gilbert entre les parties concrètes d'une chose composée est donc bien faible. Les parties composantes d'un tout continuent d'exister côte à côte, formant une unité grâce à un rapport extérieur qui ne les affecte point dans leur être propre. Tout ce qu'elles contiennent en fait de forme et d'accidents, elles le conservent sans que rien n'y soit changé. C'est d'ailleurs ce qui fait dire à Gilbert que tout être et toute forme attribués à chacune des parties peuvent être attribués également au tout composé. Pourtant, l'effet produit par ce *naturalis habitus* est un *unum naturale*, non une unité artificielle ou accidentelle. C'est justement l'existence de cette unité naturelle qui rend possible la distinction entre cet habitus et celui qui ne cause qu'une unité accidentelle, tel celui qu'il y a entre l'homme et ses vêtements.

---

[1] *Contra Eut. et Nest.* (*Haring*, p. 322 ; PL, 1393 BC) : « Sciendum tamen esse aliqua, quae cum sint alicuius horum generum, tamen secundum illa dicitur esse generatio et corruptio subsistentis : ut incorporatio et animatio, quae sunt habitus genere. Cum enim corpus animatur vel anima incorporatur, fit hac corporis et animae conjunctione generatio animalis : itemque corporis et animae disiunctione eiusdem animalis corruptio. Unde animatio corporis et incorporatio animae subsistentiae esse videntur. Et sunt utique : sed neque animae neque corporis sed illius, quod ex his compositum est, animalis. Anima namque praeter sui incorporationem perfecte est anima. Et corpus praeter animationem perfecte est corpus. Animal vero nec est nec potest esse animal praeter animae incorporationem et corporis animationem. Ideoque animae et corporis sunt extrinseci habitus : animalis autem suae generationis et corruptionis subsistentiae. 'Generationis et corruptionis' dico, quoniam sunt aliae verioris nominis subsistentiae, quae numquam a subsistente recedentes 'perpetuae' vocantur : ut corporalitas et illa, qua anima est et dicitur genere 'spiritus', quae non modo corporis et animae verum etiam hominis sunt perpetuae subsistentiae. Sicut enim anima hominis numquam desinit esse genere spiritus neque corpus eius esse genere corpus, ita homo, etsi remoto corporis et animae habitu desinit esse homo et animal, numquam tamen desinit esse corpus et spiritus ».

Le plus souvent, Gilbert passe sous silence ce mode de composition dans les choses concrètes. La question de la complexité de la chose, selon lui, doit être placée avant tout sur le plan de l'être ou du formel. A la lecture, dans son auteur, de la formule : le tout composé reçoit son être de ses parties, il la paraphrasera toujours comme suit : L'être du tout est composé de l'être de chacune des parties composantes. L'unique justification de la première expression pour lui est qu'effectivement l'être n'est jamais abstrait mais concrété dans une chose subsistante. A cause de son état concret, il sera désigné par les dénominations concrètes.

Maintes fois, Gilbert décrit le rapport entre l'être du tout et l'être des parties. Il répète invariablement : l'être des parties est également l'être du tout. Ainsi, l'homme est corps de par le même être par lequel le corps est corps, tout comme il est âme par le même être par lequel l'âme est âme [1]. Gilbert n'entend point ici poser le problème de l'unité parce qu'il n'y a pas de distinction numérique entre l'être du tout et l'être de la partie. Il ne s'agit en l'occurrence d'une union entre plusieurs subsistances : numériquement, c'est la même subsistance qui constitue l'être du corps et l'être de l'homme. En ce cas nul besoin de parler d'union (*unio*) mais plutôt d'unité (*unitas*), unité déterminée par la singularité de la nature en question. La même nature une et singulière se trouve ainsi dans deux choses : la nature du corps n'est pas seulement dans le corps mais aussi dans l'homme. Malgré tout, il y a une différence entre l'être du corps et l'être de l'homme, car l'homme est bien tout ce qu'est son corps, mais le corps n'est pas tout ce qu'est l'homme. Gilbert exprime cette distinction par une formule caractéristique, difficile à traduire : l'homme et son corps diffèrent, non pas *corporis et hominis, sed tantum hominis numero*. Le corps n'est pas une unité autre que l'homme total, mais l'homme, possédant encore d'autres subsistances que celles de son corps, est bien une autre unité que son corps [2].

---

[1] Voir *De Trinitate* (HARING, p. 53, 54 ; PL., 1271 B, 1272 B).

[2] *De hebdomadibus* (HARING, p. 194 s ; PL, 1321 D s) : « Illam enim, quae vero nomine dicitur, unitatem sola naturae singularis proprietas facit. Quae natura quandoque in uno tantum est ut quaelibet illa, qua supercoelestis spiritus aliquis unum aliquid est, quandoque in multis quae, etsi non alterutrius, saltem alterius numero constat esse diversa ut quaelibet humani corporis natura, quae non modo in corpore hominis verum etiam in ipso qui ex corpore constat, videlicet in homine, esse dicitur et de ipso homine praedicatur, cum tamen corpus hominis atque homo non et corporis et hominis sed tantummodo hominis

Cette théorie, Gilbert derechef la précise d'une autre manière : Platon et son esprit sont différents, mais ne sont pas deux : *diversa quidem sed non duo*. Tous deux, ils possèdent la même subsistance, et pareillement ils sont le même subsistant, étant justement ce qu'ils sont en vertu de la même subsistance. Ce qui nous permet de dire que Platon est la même chose que son esprit et qu'il est son esprit : *Plato (est) unus rationalis et idem quod suus immo qui suus spiritus*. Une distinction numérique n'est possible qu'entre Platon et une autre chose subsistante, en possession elle-même d'une nature singulière, autre que celle de Platon [1].

La vraie composition se rencontrant sur le plan du formel ou de l'être, l'unité de la chose, elle aussi, doit être cherchée dans l'unité de sa forme. En dépit de leur distinction, les formes multiples de la chose composée forment une unité inhérente à la *singularis proprietas* de la chose. Est en question une unité naturelle, opposée à l'unité qui gouverne certaines sortes d'unions telles que l'*appositio*, l'unité d'ordre, l'unité de langage, l'unité par universalité, etc [2].

Pour définir cette unité naturelle, Gilbert n'en appelle pas à la théorie aristotélicienne de la puissance et de l'acte, mais à la doctrine platonicienne de la participation. Quoique sa terminologie soit empruntée à la logique d'Aristote, elle exprime néanmoins des rapports de type platonicien. Auparavant nous avons vu qu'à l'instar de Boèce, Gilbert admet une double participation : la participation du sujet à sa subsistance et la participation de la chose, déjà en possession de son être complet, à des formes ultérieures. Il construit d'ailleurs toute une hiérarchie de participations : le sujet participe à ses formes ultérieures par l'intermédiaire des formes premières, théorie probablement transposée de la doctrine émanatiste néoplatonicienne. Gilbert est d'avis que les formes ultérieures sont suscitées non seulement par la cause première (*causa primordialis*), par l'*Opifex*, mais aussi par la

---

numero differant. Non enim corpus hominis est naturae suae proprietate aliud unum quam homo. Sed homo multarum naturarum suarum proprietatibus est aliud unum quam hominis corpus. Unde homo et corpus, ex quo ipse constat, non sibi unita sed vere unum atque idem dicuntur. Non tamen quod corpus illud omnino sit idem quod homo, sed quod homo idem omnino quod corpus illud est. Unio vero semper illorum est, quae diversa sunt utriusque numero ».

[1] *De Trinitate* (HARING, p. 44 ; PL, 1263 CD).
[2] *De praedicatione* (HARING, p. 91 ; PL, 1305 A) ; *De hebdomadibus* (HARING, p. 195 ; PL, 1322 A) ; *Contra Eut. et Nest.* (HARING, p. 298 s ; PL, 1380 C).

subsistance la plus générale, ces formes ultérieures appartenant à la puissance de la première subsistance. Pour sûr, nous ne reconnaissons guère ici la signification aristotélicienne du terme *potentia*. Gilbert en fait le synonyme de *potestas* : les formes ultérieures se trouvent dans la puissance des formes antérieures, en ce qu'elles sont comme les qualités indispensables adhérentes (*adhaerent*) aux subsistances premières et sans lesquelles celles-ci ne pourraient exister.

La hiérarchie des formes et des subsistances est exprimée par des dénominations empruntées à la logique aristotélicienne. La subsistance première de la chose est appelée *subsistentia generalis* ou *generalissima*. Elle est le genre suprême de la chose. La subsistance suivante, appelée *differentialis subsistentia*, appartient à la puissance du genre suprême et est rattachée à celui-ci comme qualité indispensable. Par leur union, ces deux subsistances constituent les *genera subalterna* auxquels se rattachent, suivant les mêmes rapports, les différences ultérieures. L'ensemble constitue ainsi les espèces qui sont l'être ou la subsistance propre de la chose concrète[1]. Voilà comment Gilbert utilise l'arbre de Porphyre. Les maîtres postérieurs s'éloignent considérablement du sens original de ce schéma néoplatonicien, tandis que Gilbert reste très près de sa signification primitive. Il se rend compte que ce schéma a un sens logique, et par sa théorie personnelle des universaux, il est à même de s'en servir comme d'une description de la hiérarchie existant dans les éléments réels de la chose composée. Le genre suprême est donc la *generalis subsistentia*, l'espèce une *specialis subsistentia*. Les deux subsistances se différencient réellement l'une de l'autre, en tant que subsistances distinctes des parties ; aussi en vertu de leurs rapports mutuels, exprimés par leur place dans l'arbre de Porphyre, elles forment l'être total ou la nature propre de la chose.

Les formes accidentelles sont décrites, de façon identique, comme les différences des genres d'abord, des espèces et des différences ensuite. Elles sont les différences des genres et des différences, parce que celles-ci, comme subsistances partielles, apportent leurs accidents propres ; elles sont les différences des espèces, parce que la concrétion (l'union des genres et des différences) amène un groupe nouveau d'accidents. Par exemple :

---

[1] *De hebdomadibus* (HARING, P. 198; PL, 1324 AB).

couleur est un accident de la corporéité, la rationalité est un accident de la spiritualité, la capacité de rire un accident de tout l'être humain. Toutes ces formes accidentelles se retrouvent à leur place appropriée dans la chose composée [1].

La totalité des formes substantielles et accidentelles, ainsi organisée, constitue dès lors la propriété (*proprietas*) de la chose concrète, par laquelle elle est une et singulière, et par là même opposée aux autres choses, qui sont unes et singulières d'une manière analogue.

La terminologie aristotélicienne de matière et de forme sera employée par Gilbert pour exprimer cette même doctrine, mais il donnera à ces termes une autre valeur. Il demeure fidèle à sa doctrine de la pluriformité des choses concrètes, en appelant les subsistances premières la matière des subsistances ultérieures. Il concède que son appellation est plutôt figurée, puisque la matière propre de toute forme est la chose subsistante elle-même, les formes étant dans la chose (*insunt*). Or, les subsistances premières sont appelées matière, non pas parce que les formes ultérieures se trouveraient en elles comme dans un sujet, mais parce qu'elles sont cause de ce que la chose concrète peut servir de sujet aux formes suivantes. Aussi Gilbert évite-t-il d'identifier subsistance et matière ; il dit que les subsistances remplissent, dans un certain sens, la fonction de la matière (*vicem tenet materiae*) ou possèdent une certaine ressemblance avec la matière [2].

Les rapports entre les subsistances demeurent toutefois extrinsèques. Par son union avec d'autres subsistances ou par sa participation, la subsistance première reste inchangée : elle reste ce qu'elle était, elle conserve sa condition propre, ses propres accidents et son propre sujet.

A partir de cette théorie Gilbert refuse de considérer l'âme humaine comme une *entelecheia* ou une forme. A la hauteur de la doctrine aristotélicienne sur ce point, il la rejette, parce qu'elle ne cadre pas avec son système dualiste ni avec sa théorie de la multiformité. L'âme humaine, dit-il, n'est pas une forme mais une chose subsistante avec ses propres subsistances et ses propres formes accidentelles. Elle est néanmoins une partie constitutive de l'homme, et par suite elle n'est pas une personne. Elle est

---

[1] *Ibid.* (p. 198 ; 1324 BC).
[2] *De Trinitate* (HARING, p. 46, 67 ; PL, 1265 D, 1282 CD).

dans le tout, ou forme un tout avec le corps, mais, entre l'âme et le corps la relation n'est qu'externe [1].

V

Sa conception de l'unité substantielle s'éclaire davantage à la lumière de la signification donnée par Gilbert aux termes de singulier, individuel et personnel. Il nous offre un long exposé sur leur sens et leur distinction lors de la discussion de la doctrine sabellienne sur les personnes divines [2] et la théorie de Nestorius sur la personnalité du Christ [3]. Ces distinctions lui paraissent d'une importance telle qu'il y revient maintes fois. Nous nous trouvons, en effet, en présence des théories fondamentales par lesquelles il se dissocie de tous ses contemporains.

La doctrine aristotélicienne de la matière comme principe de l'individualité est complètement étrangère à Gilbert. Sa mentalité platonicienne l'incite à déterminer la perfection que représente, d'après lui, l'individualité, en fonction de l'être, donc de la forme.

Gilbert est convaincu de la distinction à faire entre singulier, individuel et personnel, car, bien que ces termes s'emploient fréquemment comme synonymes, surtout les termes singulier et individuel, ils n'ont pourtant pas la même signification. Ce qui est personnel, est aussi singulier et individuel ; ce qui est individuel, est aussi singulier, mais pas nécessairement personnel ; et ce qui est singulier, n'est pas nécessairement individuel ni personnel [4].

Le début de son commentaire sur le *De Trinitate* énonce déjà certaines règles qui régissent sa théorie de la singularité des choses. Il y explique que, dans l'ordre naturel, le nombre des choses subsistantes dépend du nombre des propriétés (*proprietates*), et qu'une propriété singulière fait une seule chose subsistante singulière [5]. Si l'on peut dire de trois hommes qu'ils sont

---

[1] *Contra Eut. et Nest.* (HARING, p. 281 ; PL, 1371 D).

[2] *De Trinitate* (HARING, p. 81 s ; PL, 1294), exposé annoncé plus haut : *ibid.* (p. 63 ; PL, 1279 D).

[3] *Contra Eut. et Nest.* (HARING, p. 282 s ; PL, 1372 s).

[4] Voir *Contra Eut. et Nest.* (HARING, p. 283 ; PL, 1372 D) ; *De Trinitate* (HARING, p. 81 ; PL, 1294 A).

[5] *De Trinitate* (HARING, p. 35 ; PL, 1256 A) : « Est enim proprium naturalium quod sicut numero diversorum proprietates diversae sunt ita quoque subsistentiae numero sunt diversae : et quod una singularis subsistentia nonnisi

« homme », c'est qu'ils le sont par trois natures numériquement distinctes, donc par trois humanités. Chacun des trois possède sa forme ou son être propre, en vertu duquel il est homme. S'ils étaient « homme » de par une seule et singulière forme humaine, nous ne pourrions dire qu'ils sont trois hommes, nous devrions dire au contraire qu'ils sont un seul homme. Trois formes sont ici envisagées, désignées par le même nom, sans qu'à cette unité de nom corresponde une unité de forme [1].

Ces observations, Gilbert les répète au moment de son explication sur la distinction entre singularité et individualité, tout en y joignant aussitôt la distinction fondamentale entre l'être et ce qui est : il y a dans toute chose distinction entre l'être et ce qui est. Or, le *quod est* n'est pas singulier par lui-même, mais par la singularité de son être. Autant il est impossible à plusieurs choses d'être par un même *esse*, autant il leur est interdit d'être unes par un seul et même *esse*. Comme quoi, la singularité d'une chose concrète dépend de la singularité de son être. Le texte suivant exprime cette pensée de façon concise :

> In naturalibus enim, quidquid est, alio, quam ipsum sit, aliquid est. Et quoniam id, quo est aliquid, singulare est, id quoque, quod eo est aliquid, singulare est. Nam plura numero sicut uno singulari non sunt aliquid, ita unum aliquid sine numero esse non possunt. Itaque singularitate eius, quo est, singulare est etiam id, quod eo aliquid est [2].

On ne peut donc parler d'une distinction numérique entre les choses que lorsqu'elles possèdent des natures numériquement distinctes [3]. Pour ce motif Gilbert a nié la distinction numérique entre la partie et le tout, par exemple entre l'esprit humain et l'homme total. Certes, entre les deux il existe une distinction, mais non pas numérique, étant donné qu'il s'agit d'une seule et même nature.

L'assertion de Clarembault d'Arras dans son commentaire sur le *De Trinitate* est assurément conforme à la vérité : Gilbert admet plusieurs humanités [4]. Il ne s'érige pas — et certes,

---

unum numero faciat subsistentem ». Voir aussi *ibid.* (p. 42 ; 1262 A) : « Numero diversorum diversas numero esse naturas ».

[1] *Ibid.*
[2] *Ibid.* (p. 81 ; 1294 A).
[3] Voir *ibid.* (p. 45 ; 1264 D).
[4] Voir W. JANSEN, *Der Kommentar des Clarenbaldus von Arras zu Boethius De Trinitate*, Breslau, 1926, p. 45".

Clarembault l'accepterait pour excuse — en physicien pour qui l'humanité se compose d'âme et de corps, de chair et d'os etc., et pour qui l'humanité de l'un est distincte de l'humanité de l'autre. Sa théorie de la singularité des formes est de la même portée que celle de Boèce et de Clarembault : ce n'est qu'un essai de solution à la question philosophique de l'universalité et de l'individualité.

Le maître d'Arras enseigne que les hommes sont un *in substantia humanitatis* et que la division numérique est due à la *varietas accidentium* [1]. Il adopte ainsi la position de Boèce qui plus d'une fois dans ses commentaires sur Aristote attribue la distinction numérique des choses à la *varietas accidentium* [2]. Commentant le passage du *De Trinitate* où nous retrouvons cette doctrine, Gilbert rejette avec force cette théorie réaliste et y oppose la thèse suivant laquelle chaque chose concrète possède sa propre nature singulière numériquement distincte de la nature de toute autre chose, fondement de la singularité de chaque chose et de la multiplicité des choses. La formule de Boèce, *numero differentium accidentium varietas facit*, il la modifie en remplaçant le mot *facit* par *probat* : la diversité des accidents n'est qu'une propriété adventice et, par conséquent, l'indice plutôt que la cause de la singularité [3].

Pour définir l'individualité, Gilbert recourt plutôt qu'à Boèce lui-même, à Porphyre qu'il connaît par la traduction de Boèce. Il lui emprunte la définition suivante :

> individua autem dicuntur huiusmodi, quoniam ex proprietatibus consistit unumquodque eorum, quarum collectio numquam in alio quolibet erit. Socratis enim proprietates numquam in alio quolibet erunt particularium eaedem [4].

---

[1] W. Jansen, *op. cit.*, p. 77". Voir les mêmes objections contre la doctrine de Gilbert dans un commentaire anonyme, conservé à la Bibliothèque nationale de Paris, cod. 14489, fol. 29, édité partiellement dans J. M. Parent, *La doctrine de la création dans l'École de Chartres*, p. 203 s. Voir aussi N. M. Haring, *A Commentary on Boethius' De Trinitate by Thierry of Chartres* (Anonymus Berolinensis), dans *Archives d'Histoire doctrinale et littéraire du Moyen Âge*, t. XXIII, 1957, p. 283, n. 6 : « Hic autem cavendum est a veneno quorundam qui divisionem dant formis, cum earum sit unio, non divisio, dicentes plures humanitates esse et unumquemque hominem habere propriam humanitatem, et esse plures humanitates in se et abstractas esse unam per indifferentiam ».

[2] Voir PL, LXIV, 146 B, 116 C, 129 s. Voir aussi M.-D. Roland-Gosselin, *Le « De ente et essentia » de S. Thomas d'Aquin. Texte établi d'après les manuscrits parisiens. Introduction, notes et études historiques*, Kain (Belgique), 1926, p. 56 s.

[3] *De Trinitate* (Haring, p. 44 ; PL, 1264 B).

[4] PL, LXIV, 114 B.

Boèce commente cette définition sans insister sur le terme de *collectio*, et il entend les *proprietates* dont parle Porphyre comme des formes accidentelles. Par contre, dans son commentaire sur le *Peri hermeneias* [1], il invente, par analogie avec le terme abstrait de *humanitas*, le mot *platonitas*, qui, en opposition avec le mot *humanitas*, ne convient qu'à Platon seul. C'est le seul texte de Boèce qui définisse l'individualité de cette façon [2].

Gilbert rassemble les éléments de Porphyre et du *Peri hermeneias* de Boèce. Sa définition de l'individualité est presque littéralement celle de Porphyre :

« individua » dicuntur huiusmodi, quoniam unumquodque eorum ex talibus consistit proprietatibus, quorum omnium cogitatione facta collectio numquam in alio quolibet alterutrius numero particularium naturali conformitate eadem erit [3].

Il reprend à Boèce le terme de *platonitas* pour donner, dans une autre définition, un nom propre à la *collectio* des qualités dont parle Porphyre :

restat igitur, ut illa tantum sint individua quae, ex omnibus composita, nullis aliis in toto possunt esse conformia : ut ex omnibus, quae et actu et natura fuerunt vel sunt vel futura sunt Platonis, collecta platonitas [4].

Les modifications apportées par Gilbert à la définition de Porphyre sont toutes bien raisonnées et servent surtout à sauvegarder la distinction entre le singulier et l'individuel. La singularité des choses peut s'accompagner d'une conformité ou d'une universalité. Or, l'individualité excluant toute conformité ou universalité, une chose est donc singulière quand elle existe par elle-même, tout en formant une unité universelle avec d'autres choses. L'individualité maintenant est incompatible avec cette unité d'universalité :

---

[1] *Editio secunda*, PL, LXIV, 463 A.
[2] Voir M.-D. ROLAND-GOSSELIN, *Le « De ente et essentia » de S. Thomas d'Aquin*, p. 56 s ; M. BERGERON, *La structure du concept latin de personne. Comment, chez les latins, 'persona' en est venu à signifier 'relatio'. Commentaire historique de I Pars, q. 29, a. 4*, dans *Études d'Histoire littéraire et doctrinale du XIIIe siècle*, 2me série, Paris-Ottawa, 1932, p. 132 s.
[3] *Contra Eut. et Nest.* (HARING, p. 283 ; PL, 1372 D).
[4] *De Trinitate* (HARING, p. 81 ; PL, 1294 B).

> dicendum est quod sicut dividuum non modo actuali verum etiam naturali similitudine : ita quoque individuum non modo actuali verum etiam naturali dissimilitudine dicitur [1].

A l'*eaedem* de Porphyre Gilbert ajoute les mots *naturali conformitate eadem*, parce que, selon lui, l'individualité des choses consiste précisément dans cette non-conformité. En effet, les subsistances se ressemblent toutes : l'âme d'un homme ressemble ou est toujours conforme à l'âme d'un autre, tant en fait que par nature. Impossible dès lors de parler ici d'individualité, malgré la singularité des deux âmes. Quant aux choses composées, il y a ressemblance entre elles en raison de certaines parties de leur être. L'être de l'âme et du corps de plusieurs hommes présente toujours une conformité, il n'est pas individuel. De même, l'espèce *humanitas* comporte une ressemblance entre les hommes, dont la nature, bien que singulière, est pourtant ressemblante. Si ces formes seules sont envisagées, les hommes ne sont pas individus [2].

L'inclusion d'une *conformitas naturalis* dans la définition de l'individualité permet à Gilbert d'attirer l'attention sur le fait que le manque actuel de conformité ne suffit pas à définir celle-ci. Il le démontre par quelques exemples qui illustrent de manière suggestive le point de départ grammatical et dialectique de sa philosophie. « Homme » et « soleil » sont, en grammaire, des substantifs, en dialectique des choses divisibles (*dividua*). Pour le grammairien, « Platon » et « sa blancheur » sont des noms propres (*propria*) ; pour le dialecticien, des choses indivisibles (*individua*). « Homme » est, tant par nature qu'en fait, un nom substantif et divisible, le mot « soleil » ne l'est que par nature et non par fait. Tout comme il existe une multitude d'hommes qui, tant par nature qu'en fait, se ressemblent, il existe, non de fait, mais par nature, plusieurs soleils. « Homme » et « soleil » ne sont donc pas des noms empruntés à la nature propre et entière d'un seul homme ou d'un seul soleil, comme le nom de Platon, mais ils le sont à quelques subsistances partielles présentant ou pouvant présenter une conformité avec d'autres subsistances numériquement distinctes et singulières. En considération de cette conformité, au moins possible, « homme » et « soleil »

---

[1] *Contra Eut. et Nest.* (HARING, p. 282 ; PL, 1372 B).
[2] Voir *De Trinitate* (HARING, p. 81 ; PL, 1294 B).

ne sont pas des noms propres et individuels, mais *dividua* et universels [1].

Unanimement, Porphyre et Gilbert fondent l'université des choses sur la collection de toutes les propriétés ou de tous les éléments formels. Cette collection de formes, tant substantielles qu'accidentelles, diffère d'une chose à l'autre : non seulement elle est singulière, mais de plus elle ne ressemble à aucune autre collection. D'appartenance absolue à une seule chose et à aucune autre, elle ne sera attribuable qu'à une seule chose. Ainsi Platon existe singulièrement par tous les éléments formels qu'il possède. Par la même totalité des formes il est aussi individuel, la collection des formes n'offrant aucune conformité avec la collection de propriétés par lesquelles un autre homme existe. Chaque partie séparément présente cependant une ressemblance avec la partie correspondante de la nature d'autres hommes, et par là, elle n'est pas individuelle, quoique dans le langage courant et en raison de sa singularité elle soit souvent dite individuelle.

Le terme de *collectio* de la définition de Porphyre amène souvent Gilbert à parler d'une *cogitatione facta collectio*. Il le fait pour ne pas suggérer que la *platonitas*, par exemple, est une forme nouvelle dans laquelle toutes les parties composantes seraient absorbées. Cette addition servira à mettre en relief sa théorie de la pluriformité. Les formes existent en réalité comme distinctes, même entrées dans l'être total de la chose. La raison uniquement les unifie en les opposant à la totalité de l'être des autres choses. Cette précision, Gilbert la reprend à Boèce qui, dans le passage cité, appelle la *platonitas* un *fictum vocabulum*.

Ayant ainsi établi la distinction entre singularité et individualité, Gilbert traitera de la personne [2]. Il commence par insister de nouveau sur la singularité des formes des choses subsistantes. Etant donné qu'une chose existe par la concrétion de plusieurs formes, aucune de ces formes ne peut être simultanément la forme d'une autre chose. S'il peut y avoir conformité, la singularité n'en ressent d'atteinte pour autant. Il en découle qu'une chose, par toutes ses formes, existe par elle-même et se distingue de toute autre chose. Or, c'est aussi par la singularité de son être que la chose est une. Donc, par sa singularité et son individualité,

---

[1] *Contra Eut. et Nest.* (HARING, p. 282 ; PL, 1372 BC).
[2] *De Trinitate* (HARING, p. 82 ; PL, 1294 D s).

chaque chose est une par elle-même (*per se una*). Ceci ne suffit pourtant pas pour être une personne. Car il y a beaucoup de choses qui sont unes par elles-mêmes, mais qui sont dans une autre chose, comme le corps et l'âme sont dans l'homme. Ceux-ci sont distincts l'un de l'autre par la collection de tous leurs éléments formels et, par conséquent, uns par eux-mêmes. Pourtant, vu la composition de leur être, constituant l'être de l'homme entier, il apparaît entre les deux une certaine communauté, de sorte qu'ils n'existent pas parfaitement par eux-mêmes : *non omnino per se sunt*. Ils ne peuvent donc être une personne comme Platon ou Cicéron, distincts l'un de l'autre par leur être entier, si bien qu'il n'existe rien de commun entre eux. Pour démontrer que l'âme humaine ne peut être une personne, Gilbert revient aux mêmes considérations, pour conclure : l'âme humaine, pas plus que toute autre partie de la substance humaine, ne peut être ni individu ni personne [1].

Gilbert ne fait pas la distinction entre individu et personne, orsqu'il les oppose au singulier et à l'universel, et il utilise les arguments de l'individualité pour la personnalité. A son avis, les deux sont identiques d'après leur contenu et l'usage seul a réservé la dénomination de « personnes » aux substances individuelles de nature raisonnable.

L'exposé de Gilbert au sujet de l'être des choses fait une large part à la doctrine aristotélicienne de l'abstraction, parvenue jusqu'à lui par Boèce. Il la réformera afin de l'adapter à sa conception platonicienne des formes.

Gilbert parlant de la *forma abstracta* et de la *forma inabstracta*, n'a pas l'intention d'exprimer une opération de la raison séparant les formes de leur sujet concret. Ces termes désignent plutôt le mode d'être propre aux formes. Les formes abstraites sont celles qui, dans leur existence réelle, ne sont pas unies à la matière, par exemple Dieu et les idées. La substance divine est une forme abstraite, son principe n'étant ni la matière première ni la matière-corps. Les idées, immatérielles également, sont par conséquent abstraites. On dit bien qu'elles sont dans les corps, mais ce n'est pas de la façon dont une forme est dans la matière. Elles sont dans les choses comme l'exemple est dans la représentation [2].

---

[1] *Contra Eut. et Nest.* (HARING, p. 283 ; PL., 1373 A).
[2] *De Trinitate* (HARING, p. 47 ; PL, 1266 C s).

Les *formae naturales* ou *nativae* sont non-abstraites, parce que concrétées en réalité dans la matière, elles en sont inséparables : *rei etenim actus formas semper continet inabstractas* [1]. Ces formes n'ont d'existence sans la matière, elles n'existent que dans les choses subsistantes : *quae nisi subsistentibus insint, omnino nihil sunt* [2]. Ceci vaut aussi pour les formes accidentelles [3]. Les formes non-abstraites sont étudiées en science naturelle telles qu'elles sont en réalité. Ainsi le terme « non-abstrait » sert à caractériser et les objets de cette science et la manière de voir propre aux sciences naturelles [4].

Cependant, Gilbert connaît encore l'abstraction en tant qu'opération de la raison : l'abstraction de la science mathématique ou de la *disciplinalis ratio*. Elle consiste en une séparation (*separatio*) ou une considération disjonctive (*separatim considerare*) de choses qui, en réalité, ne sont pas séparées et sont inséparables. Par l'abstraction mathématique, la raison considère les choses de manière tout autre que dans la réalité. C'est pourquoi Gilbert appelle l'abstraction une fiction : *fingentes eis nulla omnino alia inesse* [5]. Comme nous le verrons plus loin, l'abstraction est la fonction propre des mathématiques, dont le but est l'étude du formel dans les choses. Car, à qui ignore la fonction du formel dans les choses existantes, il est impossible de connaître les choses elles-mêmes. Le résultat de l'abstraction est bien d'isoler le formel ou l'être ou les subsistances de la chose concrète [6].

Nous remarquons une fois de plus que Gilbert ajuste le procédé technique de l'abstraction aristotélicienne à ses idées purement platoniciennes. L'abstraction sert à isoler le formel de la chose concrète ; la séparation ainsi opérée par elle s'accomplit entre ce qui constitue les deux principes de toute chose subsistante : le matériel et le formel, le subsistant et la subsistance, le *quod est* et l'*esse*.

L'abstraction, en séparant le formel du matériel, sépare aussi l'universel du particulier. L'universel, étant l'être de ce qui est

---

[1] *Ibid.* (p. 49 ; 1267 D) ; voir aussi *ibid.* (p. 45 ; 1264 CD).
[2] *Ibid.* (p. 49 ; 1268 B).
[3] *De hebdomadibus* (HARING, p. 202 ; PL, 1326 D).
[4] *De Trinitate* (HARING, p. 48 ; PL, 1267 A).
[5] *Ibid.* (p. 45 ; 1264 C). Voir *ibid.* (p. 48 ; 1267 B).
[6] *Ibid.* (p. 48 ; 1267 C).

d'une manière concrète, n'aura d'existence que lorsqu'il se trouve dans le particulier comme dans son sujet :

> universalia, quae intellectus ex particularibus colligit, sunt, quoniam particularium illud esse dicuntur, quo ipsa particularia aliquid sunt. Particularia vero non modo sunt, quod utique ex huiusmodi esse sunt, verum etiam substant, quoniam eorum, quae universalibus adsunt, accidentium subjecta sunt [1].

L'exposé le plus détaillé de l'universalité, nous le découvrons dans le commentaire sur le dernier traité de Boèce, à l'endroit où Gilbert tente de déterminer les substances susceptibles d'être appelées personnes [2]. Le texte débute par la division des substances. La première se fait d'après les différences naturelles et distingue entre substances matérielles et immatérielles. Vient ensuite la division en substances universelles et particulières ou individuelles ; celle-ci s'opère d'après « des différences rationnelles et topiques », et sans se référer aux unités naturelles, elle se fait d'après les fonctions logiques. D'où les définitions données par Gilbert à l'occasion de ce texte de Boèce :

> *Substantiarum aliae sunt universales*, substantialis formae similitudine ; *aliae* sunt *particulares*, idest individuae plenarum proprietatum dissimilitudine.

Gilbert construit la doctrine de l'universalité sur l'adage de la singularité des choses subsistantes et de leur être qu'il formule dès le début de son commentaire sur le *De Trinitate* : *numero diversorum diversas numero esse naturas* [3]. Il est absolument certain de la pluralité numérique des choses et de celle de leurs formes. Chaque chose possède son être propre, numériquement distinct de l'être de toute autre chose. Lors même de l'attribution d'un seul nom à plusieurs choses concrètes, celui-ci n'exprime pas une seule forme mais bien plusieurs formes distinctes. La combinaison de plusieurs choses en un seul sujet de la phrase exige la reconnaissance de la multiplicité du prédicat, car il exprime plusieurs formes. Cette multiplicité n'exclut aucunement le rapport de similitude (*similitudo*) ou de conformité (*conformitas*), existant tant entre les choses singulières elles-mêmes

---

[1] *Contra Eut. et Nest.* (HARING, p. 287 ; PL, 1374 D).
[2] *Ibid.* (p. 279 s ; 1370 s).
[3] *De Trinitate* (HARING, p. 42 ; PL, 1262 A).

qu'entre leurs formes singulières. Par cette conformité nous est définie l'universalité. Celle-ci fait que l'unité du nom attribué exprime une certaine unité, qui n'est pas pour autant une unité numérique. Au contraire, l'unité d'universalité suppose la pluralité numérique :

> Cum enim dicitur « Plato est homo, Cicero est homo, Aristoteles est homo », non solum de alio sed et singularitate sui aliud dicitur secunda affirmatione quam prima, et aliud tertia quam prima vel secunda. Quamvis enim secunda et tertia primae praedicativum repetant nomen, rem tamen praedicatam non repetunt. Sed quamvis conformes, tamen diversas (immo quia conformes, ergo numero diversas) a se invicem naturas de numero a se diversis affirmant. Et haec trium de tribus praedicatorum necessaria differentia non patitur hanc adunationem, ut dicatur « Plato et Cicero et Aristoteles sunt unus singulariter homo » [1].

Nous avons vu plus haut que la critique de Clarembault d'Arras vise ce point de la doctrine de Gilbert [2], et le texte cité démontre assez clairement que Gilbert ne s'arrête guère au seul point de vue physique, mais qu'il parle aussi en logicien et en mathématicien, selon le sens que ces termes prennent pour lui. Il refuse formellement d'admettre avec Clarembault, voire avec Boèce, qu'il y ait une autre unité entre les formes de chaque chose que celle du nom, fondée sur une unité de conformité ou d'universalité. S'il reprend les termes courants de *unum genere* et *unum specie*, il se hâte d'ajouter qu'il s'agit là d'une unité de conformité entre des formes numériquement distinctes : *illae, quae diversarum naturarum adunat conformitas, genere vel specie unum dicuntur* [3]. « Homme » et « cheval », par exemple, ont le genre commun d'*animal*. Bien que différentes, leurs subsistances sont animales de sorte qu'il y a entre les deux une conformité substantielle. Il en va de même de l'unité spécifique de deux hommes possédant l'espèce commune de *homo*. Leurs subsistances, numériquement distinctes, forment seulement une unité spécifique pour autant qu'elles se ressemblent substantiellement et qu'elles rendent ressemblants leurs sujets respectifs.

Gilbert tient à souligner la réalité de cette ressemblance. Il n'est pas question d'une *conformitas imitatione*, à la manière de

---

[1] *Ibid.* (p. 42 ; 1262 A, p. 44 ; 1263 C) ; *De praedicatione* (HARING, p. 91 ; 1305 A).

[2] Voir plus haut, p. 187 s.

[3] *De Trinitate* (HARING, p. 44 ; 1264 B).

reproduction conforme à son exemple ni d'une *conformitas imaginaria*, construite par la raison seule, mais d'une *conformitas substantialis*. Dans le cas d'une unité générique et spécifique, précise enfin Gilbert, il vaudrait mieux parler d'une union que d'une unité. Car, une unité au sens strict n'est constituée que par une seule et même nature, par une *singularitas naturae*. Ainsi Tullius et Cicéron, Platon et son esprit, etc., possèdent la même nature et sont donc parfaitement uns.

La doctrine de Boèce se révèle transformée par Gilbert d'une manière profonde, et sur ce point son commentaire de la formule de Boèce est particulièrement intéressant. Nombre de substances universelles, dit Boèce, sont prédicables de plusieurs sujets, comme homme et animal ; certaines sont genres et d'autres espèces. Par contre, les substances particulières ne sont pas prédicables, par exemple Cicéron et Platon, cette pierre et ce morceau de bois [1]. Cette distinction de Boèce Gilbert la double par une autre qui lui est chère entre substances-subsistances (*esse*) et substances-subsistantes (*quod est*). L'universalité s'applique tant aux choses subsistantes qu'aux subsistances, et les choses concrètes sont universelles quand elles sont conformes, c'est-à-dire quand elles se ressemblent par leurs formes. Toutefois, l'universalité de ces choses n'implique pas qu'elles deviennent applicables à plusieurs sujets, mais qu'elles sont « *dividua* », c'est-à-dire qu'il y a multiplicité à l'intérieur du genre ou de l'espèce. Effectivement, toutes les substances concrètes sont particulières ou individuelles puisque, par l'ensemble de leurs propriétés, non-conformes à quelque autre substance. Les subsistances sont universelles par la ressemblance réelle des effets produits dans les choses concrètes. Elles seront attribuées à plusieurs choses subsistantes qui se ressemblent, comme l'homme et l'animal. En réalité, les subsistances sont multiples, parce que toute chose concrète possède sa propre subsistance singulière. Elles sont particulières ou individuelles par leur rassemblement dans une collection qui ne peut être attribuée qu'à une seule chose subsistante.

En vertu de cette théorie, les termes *genus*, *differentia* et *species* prendront pour Gilbert un double sens. D'une part, ils conservent leur signification originelle en tant qu'universaux,

---

[1] *Contra Eut. et Nest.* (HARING, p. 279 s ; PL, 1370 D s).

et d'autre part ils peuvent servir à désigner une partie de l'être réel de la chose concrète. Nous avons déjà rencontré cette dernière signification, alors que Gilbert se servait du schéma de l'arbre de Porphyre pour décrire les rapports réels entre les parties composantes de l'être de toute chose concrète [1]. Genre, différence et espèce n'indiquent pas ici les fonctions formelles des prédicats universaux mais la hiérarchie des parties composantes de l'être. Elles sont égales aux termes *subsistentia generalis, specialis et differentialis*. L'espèce désigne tout l'être substantiel de la chose subsistante ; le genre et la différence en sont les parties composantes. Dès lors les genres, les espèces et les différences ne sont pas réellement communs et identiques. Le texte suivant est le limpide résumé de la théorie de Gilbert et de l'adaptation du texte de Boèce à sa conception personnelle :

> *Rursus substantiarum aliae sunt universales* substantialis formae similitudine. *Aliae* sunt *particulares*, idest individuae plenarum proprietatum dissimilitudine. Quae vero sunt universales quaeve particulares, descriptionibus et exemplis demonstrat dicens : *universales sunt quae* plures secundum se totas inter se suis effectibus similes *de* pluribus *singulis* subsistentibus inter se vere similibus *praedicantur* : *ut homo, animal, lapis, lignum caeteraque huiusmodi, quae* quantum ad subsistentias, quae horum nominum sunt qualitates, *vel genera sunt* ut animal, lapis, lignum, *vel species* ut homo. *Nam et homo* videlicet subsistentia specialis (quae est huius nominis qualitas) : una quidem conformitate sed plures essentiae *singularitate de singulis hominibus : et animal de singulis animalibus : lapisque ac lignum de singulis lapidibus ac lignis* generaliter *dicuntur*. *Particularia vero* idest individua, quae sua dissimilitudine ea, quae similitudo substantialis facit dividua, partiuntur, *sunt* illae *quae* ita de uno dicuntur quod de *aliis* numero ab illo uno *minime praedicantur, ut Cicero, Plato...* [2]

Ainsi, le texte difficile de Boèce s'incorpore et s'enchaîne parfaitement à la doctrine gilbertine : les genres et les espèces, ou en général, les universaux, sont les subsistances ou les formes des choses concrètes. Comme telles, elles sont nombreuses, leur nombre correspondant au nombre concret des choses subsistantes. La ressemblance réciproque ou la conformité, aussi réelle que les subsistances elles-mêmes, cause l'unité générique et spécifique et fournit de la sorte l'explication du donné traditionnel des universaux.

---
[1] Voir plus haut, p. 184 s.
[2] *Contra Eut. et Nest.* (HARING, p. 279 ; PL, 1370 D).

Il nous faut encore noter le parallélisme, revenant continuellement et sans cesse, entre les points de vue grammatical, dialectique et philosophique. Le nom attribué à la chose concrète désigne non la *substantia* mais la *qualitas nominis*, il sert de prédicat et est attribué aux choses concrètes. *Qualitas nominis* et prédicat sont en réalité la forme ou la subsistance de la chose concrète par laquelle elle est ce qu'elle est. C'est la subsistance qui est propre à la chose et absente dans toute autre chose. Elle est en même temps universelle, offrant une certaine ressemblance avec d'autres *qualitates*, d'autres prédicats, d'autres subsistances, par lesquelles d'autres choses sont ce qu'elles sont. Cette ressemblance justifie la définition traditionnelle suivant laquelle l'universel est applicable à plusieurs, elle explique à la fois que ces subsistances numériquement distinctes sont désignées du même nom.

Quelques formules employées par Gilbert en guise de définition, et dont la terminologie est fortement influencée par le texte de Boèce, révèlent encore d'autres aspects de la doctrine de l'universalité.

Boèce constate, entre l'homme et le bœuf, l'unité de leur être-animal commun : *una animalis communione*. D'après leur genre, ils ont donc une substance commune : *communis secundum genus substantia*, et une même nature en vertu d'une unité universelle : *eademque universalitatis collectione natura*. Et Gilbert de commenter : hommes et bœufs sont différents à cause de leur nature propre et de leur espèce. A cette différence d'espèce s'adjoignant une communauté de genre, notamment par une conformité substantielle, la définition du « genre » est conçue en ces termes :

> genus vero nihil aliud putandum est, nisi subsistentiarum secundum totam earum proprietatem ex rebus secundum species suas differentibus similitudine comparata collectio [1].

Le terme de *collectio* vient de Boèce, est expliqué par les mots *similitudine comparata* et bien utile pour marquer qu'il ne s'agit pas d'une unité naturelle, mais, au contraire, d'une union d'éléments multiples. Partant, le texte de Boèce est mis en consonnance avec les autres passages où l'unité naturelle est formellement opposée à l'unité universelle. Aussitôt Gilbert complète la définition par la phrase suivante :

---
[1] *Contra Eut. et Nest.* (HARING, p. 315 ; PL, 1389 D).

> Qua similitudinis comparatione omnes illae subsistentiae dicuntur unum universale, unum dividuum, unum commune, unum genus, una eademque natura. Hac igitur communi natura homines (sicut dictum est) bovesque iunguntur [1].

Cette explication met encore davantage en lumière la double fonction de l'arbre de Porphyre dans le système de Gilbert : il représente la hiérarchie existant entre les subsistances de la même chose, et l'extension de la conformité entre les choses concrètes. Le genre suprême est en ce cas la subsistance première et la plus universelle, car par elle il y a conformité entre le plus grand nombre de choses. En joignant les différences aux genres, on y joint une subsistance ultérieure, tout en restreignant la ressemblance aux autres choses. En conséquence, ces différences :

> cum ipso (scilicet genere supremo) quaedam contractioris similitudinis constituunt genera (scilicet subalterna)... [2]

Telle est aussi la doctrine résumée par Jean de Salisbury dans cette description :

> Porro alius, ut Aristotilem exprimat, cum Gilleberto episcopo Pictavensi, universalitatem formis nativis attribuit et in earum conformitate laborat. Est autem forma nativa originalis exemplum et que non in mente Dei consistit, sed rebus creatis inhaeret. Hec greco eloquio dicitur idos, habens se ad ideam ut exemplum ad exemplar ; sensibilis quidem in re sensibili, sed mente concipitur insensibilis ; singularis quoque in singulis, sed in omnibus universalis [3].

Toute réalité est donc particulière et singulière, les choses subsistantes autant que leurs subsistances, formes, natures, espèces, propriétés, accidents, qualités, ou toute appellation qui puisse dénommer les éléments composants l'être de la chose. L'être créé est en effet toujours concrété, si non dans la matière, du moins dans un *quod est*. Il ne peut être que dans un sujet : *ipsum esse nondum est*. Il n'existe que pour autant que la chose concrète existe par lui. Par conséquent, tout être est particulier ou singulier et toute universalité réelle devient impossible. L'unité universelle toutefois est de certaine manière une réalité, puisque fondée

---

[1] *Ibid.*
[2] *De hebdomadibus* (HARING, p. 198 ; PL, 1324 B).
[3] *Metalogicon*, lib. II, c. 17 (édit. WEBB, p. 94).

sur une conformité réelle entre toutes les formes. La raison perçoit cette conformité par l'abstraction de formes non-abstraites. Et de par cette conformité elle rassemble les formes en une unité de genre ou d'espèce.

Jean de Salisbury, dans le texte cité, fait allusion à l'exemplarisme platonicien : la *forma nativa*, dite universelle à cause de sa ressemblance avec d'autres formes, est une représentation des idées divines. Gilson en appelle au même texte pour mettre l'accent sur le rapport entre le fond métaphysique de la doctrine gilbertine et la doctrine de la participation. L'universalité des *formae nativae* consiste dans leur conformité mutuelle, celle-ci se basant sur leur participation aux idées éternelles [1].

Il est hors de doute, pour Gilbert les *formae nativae* n'existent que par participation aux idées éternelles. Elles sont à leur égard comme est une reproduction à l'égard de son modèle ; elles possèdent une certaine conformité avec les idées : *ab exemplari suo conformativa deductione veniunt*. Bien qu'il soit fort probable que la conformité réciproque, et donc l'universalité, repose sur la conformité des formes créées avec les idées, pas un texte du commentaire n'en donne une confirmation explicite. Gilbert constate la conformité sans en chercher la justification dernière [2]. Dans les textes apportés par Gilson elle reste tout aussi introuvable, mais nous penchons pour cette interprétation, vu sa complète concordance avec la doctrine générale de Gilbert.

Une autre hypothèse possible serait que Gilbert considère la *conformitas* comme une sorte de transcendental, à la manière de l'unité qu'il nous a décrite. Celle-ci, accompagnant chaque prédicat à la manière d'une forme, ne figure pas dans la liste des prédicaments [3]. Par analogie, il se pourrait que Gilbert conçoive la *conformitas* présente dans chaque chose comme accompagnant la forme. Il est vrai qu'aucune preuve de cette interprétation n'a pu être trouvée parmi les affirmations formelles de Gilbert.

Ébaucher correctement la position de Gilbert n'est pas chose facile : est-il réaliste ou réaliste modéré ?

---

[1] É. GILSON, *Le platonisme de Bernard de Chartres*, dans *Revue néoscolastique*, t. XXV, 1923, p. 15 s.
[2] *Art. cit.*, p. 16, n. 1.
[3] Voir plus haut, p. 178 s.

Sa mentalité platonicienne lui a fait accepter sans discussion la réalité des universaux. C'est un fait que Jean de Salisbury le range parmi « ceux qui cherchent à déterminer ce que les universaux sont en réalité », et qui implicitement défendent la thèse réaliste. Jean compose une sévère critique de cette position, qui ne peut se prévaloir de l'autorité d'Aristote. Mêler à pareille question l'autorité du Stagirite, dit-il, paraît superflu, car il nie catégoriquement l'existence réelle des universaux [1]. Telle n'est point le sentiment de Gilbert. S'il affirme avec conviction que la conformité n'est pas imaginaire ou inventée par la raison, mais réelle et substantielle, qu'elle est une qualité réelle des choses, c'est bien parce que pour lui les universaux sont réels. D'autre part, Gilbert rejette avec acharnement la thèse du réalisme extrême si âprement combattue par Abélard dans la personne de Guillaume de Champeaux [2]. Sans hésitation, remarquons-le, il s'écarte ici de Boèce, n'acceptant en aucun endroit qu'il y ait une seule *substantia humanitatis* pour tous les hommes. Toutes les fois que Boèce parle de l'unité universelle, Gilbert en profite pour déclarer que cette unité n'est pas une unité de nature, de forme ou d'être, que les choses mêmes et tous les éléments de leur être sont singuliers et numériquement distincts.

Nous ne trouvons trace chez Gilbert de la théorie de son maître Bernard de Chartres, suivant laquelle les idées seules sont les universaux véritables ; l'universalité ne peut être appliquée à aucune des choses ou formes créées ; par conséquent, il n'y a ni genres ni espèces dans le monde créé, il y en a seulement dans le monde des idées incréées. Il nous paraît bien difficile de suivre Gilson désireux de voir dans la doctrine gilbertine un développement et une mise au point de celle de Bernard [3]. Gilbert admet des genres et des espèces dans le monde créé, en attribuant l'universalité aux formes ou subsistances des choses. Plus significatif et important nous semble que la doctrine des universaux de Gilbert ne fait aucune allusion au rapport entre les formes et les idées, même si ce rapport peut avoir inspiré sa théorie de la *conformitas*. Relevons chez lui ce pas décisif vers un

---

[1] *Metalogicon*, lib. II, c. 17 et c. 20 (édit. WEBB, p. 91 et 97).
[2] Voir *Historia calamitatum* (PL, CLXXVIII, 119 AB).
[3] *Art. cit.*, p. 5 et 16.

aristotélisme opposé au platonisme plus traditionnel de son maître Bernard.

Le bien-fondé des critiques adressées par les nominalistes au réalisme outré, fut certes reconnu par Gilbert. Aussi rompit-il définitivement avec les conceptions qui admettaient une unité réelle entre les choses qui sont dites universelles. Il passe sous silence la thèse de Bernard de Chartres, selon laquelle les idées elles-mêmes sont genre et espèce, la rejettant implicitement en assignant ces termes aux formes mêmes des choses. Il combat, par ailleurs, de toutes ses forces et sans citer de nom, la thèse réaliste de l'unité réelle des genres et des espèces. Il n'accepte d'unité parfaite que dans le nom, et ne voulant donner son adhésion au nominalisme strict de Roscelin ni à la thèse plus modérée d'Abélard, il cherche à appuyer l'unité du nom sur une concordance réelle entre les choses multiples désignées par le nom. Avec raison l'on pourrait décerner à Gilbert le titre de nominaliste modéré. Nous préférons pourtant la dénomination traditionnelle de réaliste modéré : la théorie entière de Gilbert ne prend-elle pas racine dans le réalisme platonicien ?

Jean de Salisbury nous le dit : Gilbert aimerait bien suivre Aristote, mais il lui en coûte trop d'admettre, avec son élève, que les genres et les espèces n'existent pas en réalité mais dans la raison seulement (*non esse sed intelligi tantum*), comme l'entend Aristote. Au jugement de Jean, il est à classer parmi ceux qui *inepte quaeruntur quid, quantum, aut quale est*[1]. Nous ne constatons nulle part dans ses analyses de l'universalité une intervention des qualités propres du concept rationnel, résultant de la seule abstraction. S'il se rapproche de cette thèse dans ses considérations sur les attributions et sur l'abstraction, ses conceptions platoniciennes sur l'être formel des choses, le retiendront de faire le pas décisif vers la conception aristotélicienne.

La consonnance de sa théorie avec d'autres représentants du réalisme modéré n'a vraiment rien d'étonnant, pas plus que cet accord avec ce que G. Lefèvre appelle la troisième conception de Guillaume de Champeaux[2] ; celle qui abandonne l'identité et l'unité réelle de l'universel, en adoptant la doctrine de la *similitudo*. Son développement de ce concept de *similitudo* nous

---

[1] *Metalogicon*, lib. II, c. 20 (édit. WEBB, p. 97).
[2] G. LEFÈVRE, *Les variations de Guillaume de Champeaux et la question des universaux. Étude suivie de documents originaux*, Lille, 1898, p. 14, 25 s.

faisant défaut, il est difficile de dire si sa doctrine rencontre tout à fait celle de Gilbert.

Geyer rapproche la doctrine gilbertine de celle de la *collectio* de Joscelin de Soissons, rapprochement plausible à condition que celui-ci soit l'auteur de l'ouvrage *De generibus et speciebus*. Geyer s'en réfère au terme de *collectio* employé par Gilbert dans sa définition de « genre ». Il y a affinité entre les deux théories pour autant que toutes deux cherchent l'unité universelle, non dans la réalité, mais dans l'union, réalisée par la raison, des éléments qui se trouvent dans les choses individuelles et qui diffèrent numériquement [1]. Toutefois, la doctrine de Gilbert ne réserve pas le terme de *collectio* à la définition de l'universalité ; il est employé également pour définir l'individualité. Ce qui constitue l'universalité, c'est précisément la *conformitas*, base de la *cogitatione facta collectio*.

Tout bien considéré, notre préférence va à la présentation différente de Jean de Salisbury qui, ainsi que le démontre son exacte formulation de la doctrine de Gilbert, était parfaitement au courant des positions des maîtres et de leurs différences.

---

[1] Voir plus haut, p. 191 s ; B. GEYER, *Geschichte der patristischen und scholastischen Philosophie*, p. 239, 212.

LIVRE IV

LA THÉOLOGIE ET LA MÉTHODE THÉOLOGIQUE

CHAPITRE PREMIER

LA CONNAISSANCE THÉOLOGIQUE

Sommaire. — I. Le *Prologue* du Commentaire de Boèce : nature de la théologie. — II. La connaissance de Dieu : *docta ignorantia*, la connaissance en général, la connaissance *per remotionem*, la théorie de l'*intelligentia*, l'influence du pseudo-Denys. — III. Connaissance de la foi : la définition de la foi, l'*assensio* de la foi, foi et raison. — IV. Foi et théologie : la foi comme point de départ, l'argument d'autorité, la méthode des *rationes*, un topique théologique.

I

Dans le *Prologue* qu'il a ajouté à son commentaire de Boèce, Gilbert détermine dans une esquisse rapide la nature de la théologie et la tâche du théologien. Dès le début il insiste, d'une part, sur l'incompréhensibilité du mystère divin, objet de la théologie, et d'autre part, sur l'existence indéniable d'une connaissance humaine de l'incompréhensible et d'une expression humaine de l'inexprimable. Dieu est le mystère infini qui se soustrait à la spéculation humaine et qui ne peut être exprimé de façon adéquate par la parole humaine. Néanmoins, l'homme possède une connaissance du mystère divin qui mérite entière confiance, puisqu'elle repose sur des arguments irréfutables et sur l'autorité la plus haute et la plus illustre.

Parmi les sources de notre connaissance de Dieu, Gilbert distingue d'emblée les auteurs *antiqui* et *posteri*. Les premiers sont ceux que nous appelons aujourd'hui les auteurs sacrés. Aidés par l'inspiration divine, ils ont vu et compris (*videntes intellexerunt*) les mystères et les font connaître aux simples fidèles, le plus souvent même au moyen de signes et de symboles. Les *posteri* se différencient des *antiqui* par leur manière de parler, mais les mots qu'ils emploient ont un sens identique. Ils expliquent et confirment le langage symbolique des auteurs sacrés, par leur autorité personnelle d'abord, ensuite par l'apport de raisons (*rationes*) propres à la théologie ou empruntées à la sagesse humaine mais reçues dans le domaine théologique. Gilbert classe Boèce dans la catégorie des *posteri*.

Gilbert garde pour lui le rôle effacé du théologien. Il se flatte de ne rien ajouter à la doctrine professée par les *antiqui* et les *posteri*. Il expose les sentences d'un auteur d'après le sens conforme à sa pensée et avec les arguments avancés. Pour mieux encore éclairer sa conception de la tâche et de la position du théologien, il oppose les *auctores* qui enseignent de leur propre autorité, aux *lectores* qui reproduisent la doctrine d'autrui. Ainsi font de manière uniquement matérielle et en se servant des mêmes arguments, les *lectores recitatores*, alors que les *lectores interpretatores* se doivent d'interpréter et d'éclaircir les passages obscurs de leurs auteurs, se référant à toutes les ressources des arts libéraux. Gilbert veut être considéré comme un lecteur-interprète. Il affirme d'ailleurs explicitement prendre grand soin de s'en tenir à la doctrine authentique de son auteur et de respecter ses paroles autant que ses intentions. A ceux qui l'ont attaqué sur ce point, il adresse les reproches les plus âpres trouvés sous sa plume. Ses contradicteurs sont des gens qui prétendent tout connaître sans avoir jamais rien appris. Ils se disent philosophes sans en avoir l'intelligence. Ils n'hésitent même pas à porter atteinte à la réputation et à la vie privée de leur adversaire. Leur doctrine théologique ne s'éloigne pas grandement de celle des hérétiques, qu'ils prétendent détester avec toute l'Église catholique. Leurs théories n'apportent rien de nouveau, si bien qu'on peut les réfuter au moyen d'arguments dont les Pères se sont servis pour combattre les hérésies classiques. Gilbert dit ne pas s'étonner de cette mentalité de ses adversaires : si l'on ne lit et ne relit pas les auteurs classiques de la théologie, si l'on ne s'efforce pas d'acquérir la science indispensable, si l'on ne l'entretient pas par une étude et un exercice assidus, on ne peut comprendre ce dont il s'agit. C'est pourquoi Gilbert ne se soucie guère de se défendre contre des gens toujours à l'affût d'hérésies. Il en appelle aux lecteurs avisés et experts qui se rendront compte que ses écrits sont solidement fondés sur des arguments sérieux et que, de plus, ils concordent à tel point avec les auteurs compétents qu'ils font figure de plagiat plus que d'invention personnelle [1].

---

[1] Voir *Prologue* (édit. HARING, p. 33 ; GRABMANN, *Geschichte*, t. II, p. 417-419).

La fermeté, la précision inhérente aux formules du *Prologue*, démontre une conception bien réfléchie et personnelle de la nature de la théologie et des exigences propres à cette science. Le texte de Boèce se prête difficilement à un exposé systématique de tous les aspects de sa conception théologique, mais Gilbert a discuté et formulé, dans des digressions nombreuses, éparses à travers son commentaire, les théories fondamentales et les principes méthodiques qui dominent ses grandes thèses théologiques. C'est à la lumière de ces digressions, parfois rapides et comme marginales, parfois étendues et d'une finesse subtile, que les grandes lignes tracées par le *Prologue* prennent un relief éclatant.

A notre avis, la plupart des historiens de la théologie de Gilbert ont sous-estimé ces éléments de valeur certaine. D'où les réponses faciles à la question de savoir si Gilbert n'a pas poussé trop loin l'application théologique des principes empruntés à une dialectique réaliste, s'il n'a pas violé la transcendance du mystère divin en dépassant les bornes de l'intelligence humaine [1]. Dans l'historiographie de la théologie du XIIe siècle, Abélard semble avoir absorbé toute l'attention, de sorte que Grabmann pouvait s'engager sur un terrain vierge, en donnant dans sa *Geschichte der scholastischen Methode* une description de quelques points saillants de la théologie de Gilbert [2]. Chenu a constaté par ailleurs que Gilbert a été bien négligé par les historiens des conceptions de la nature de la théologie. Il a prouvé, en effet, que l'opinion hautement appréciée d'Alain de Lille était en majeure partie et dans bon nombre de ses expressions, empruntée à Gilbert [3]. Hayen est moins bienveillant dans son appréciation de la méthode théologique de Gilbert. Son étude approfondie confirme pratiquement le jugement de saint Bernard : celui-ci considérait son adversaire comme un dialecticien dangereux qui n'hésitait pas à soumettre les dogmes de la foi à l'orgueil de la raison humaine. Plus nuancé, Hayen reproche au théologien de Chartres son manque de sentiment de la transcendance divine qui l'a poussé à une application trop audacieuse des

---

[1] Voir aussi N. M. HARING, *The Case of Gilbert de la Porrée, Bishop of Poitiers*, dans *Mediaeval Studies*, t. XIII, 1951, p. 11.

[2] M. GRABMANN, *Geschichte der scholastischen Methode*, t. II, p. 409-430.

[3] M. D. CHENU, *Un essai de méthode théologique au XIIe siècle*, dans *Revue des sciences philos. et théolog.*, t. XXIV, 1935, p. 260.

rationes naturales au mystère de la Trinité. Tout en relevant quelques restrictions faites par Gilbert, il est d'avis que son réalisme de dialecticien l'a empêché d'élaborer une théorie des rapports entre le mystère divin et l'esprit humain, capable de satisfaire aux exigences de l'orthodoxie [1]. L'étude sur la théologie trinitaire de Gilbert par Williams propose une description par trop peu détaillée de sa mentalité et sa méthode théologique. Gilbert y est présenté comme un logicien friand de distinctions et de sous-distinctions, ne se préoccupant guère de la matière en question ni de la valeur réelle de toutes ces distinctions [2]. Haring, dans un excellent article sur la théologie trinitaire de Gilbert, ne fait pas une analyse complète de la théologie du Porrétain. Néanmoins, ses observations pénétrantes sur la valeur des distinctions discutées et son interprétation lucide de la pensée de Gilbert, ont préparé la voie à une plus ample étude de cette théologie qui, pendant presqu'un siècle [3], fut une source vivifiante pour beaucoup de théologiens éminents [4].

II

Gilbert avait souligné dans son *Prologue* l'impénétrabilité du mystère divin. Pourtant, avoir le sentiment de la transcendance divine, ce n'est pas professer un agnosticisme absolu, mais plutôt une ignorance dans le sens de la *docta ignorantia* dont parle saint Augustin [5]. Gilbert emploie le terme de saint Paul *incomprehensibilis*, usité dans un sens plus technique par les Pères et par son contemporain Abélard [6]. Le *Prologue* affirme

---

[1] A. HAYEN, *Le concile de Reims et l'erreur théologique de Gilbert de la Porrée*, dans *Archives d'Histoire doctrinale et littéraire du Moyen Âge*, t. X, 1935/36, p. 83 et n. 1.

[2] M. E. WILLIAMS, *The Teaching of Gilbert Porreta on the Trinity as found in his commentaries on Boethius*, Rome, 1951, p. 128-130.

[3] N. M. HARING, *The Case of Gilbert de la Porrée*, dans *Mediaeval Studies*, t. XIII, 1951, p. 11.

[4] M. A. SCHMIDT, *Gottheit und Trinität, nach dem Kommentar des Gilbert Porreta zu Boethius De Trinitate*, Bâle, 1956, p. 24-50.

[5] Gilbert emploie cette formule sans citer saint Augustin dans sa glose de *Rom.* 8,26 (Cod. BRUGES, 78, fol. 15ᵛᵃ) : « quid oremus sicut oportet nescimus. Nam esse fidem quod quaerimus scimus, sed quale sit nondum novimus. Quae ut ita dicatur docta ignorantia per Spiritum qui adiuvat infirmitatem nostram, in nobis est ».

[6] *Prologue* (édit. HARING, p. 32 ; GRABMANN, *Geschichte*, t. II, p. 418) : « Deus enim, de quo his agitur libris, magnitudine interminabilis, contemplatione

que Dieu n'est pas inintelligible mais incompréhensible : *contemplatione incomprehensibilis, sermone inexplicabilis recte intelligitur et laudabiliter praedicatur* [1].

Sous ce rapport, Gilbert ne distingue pas la connaissance de foi et la connaissance naturelle de Dieu. De cette dernière, il parle dans sa glose de l'épître aux Romains en commentant le mot *invisibilia* employé par saint Paul [2]. Selon lui, l'Apôtre emploie intentionnellement le pluriel (*invisibilia*) pour exprimer les multiples chemins de la connaissance de Dieu à partir du monde créé. On peut connaître Dieu par voie de causalité, à l'aide de l'intelligence on peut même voir l'invisible (*conspiciuntur*, d'après le mot de saint Paul), sans pour autant atteindre ici-bas une intelligence compréhensive de la substance divine. Notre connaissance de foi, par exemple celle du mystère de la sainte Trinité, est marquée de la même imperfection. Sont d'importance dès lors les formules de Boèce, *vix dici potest*, et *vix intelligi potest*, qui suggèrent une certaine connaissance du mystère divin, qui n'est cependant pas en état d'atteindre la transcendance divine [3].

Gilbert recourt à l'antithèse entre « connaître » et « comprendre » pour accuser davantage la différence entre notre connaissance des choses naturelles et notre connaissance de Dieu. Son point de départ est la formule de Boèce : (*naturae est earum rerum ... quae, cum sint,*) *quoquomodo intellectu capi possunt*. Le commentaire

---

incomprehensibilis, sermone inexplicabilis... ». Pour Abélard, voir par ex. *Epistola ad Rom.* IV,2 (PL, CLXXVIII, 937). Cfr J. SIKES, *Peter Abailard*, Cambridge, 1932, p. 36.

[1] *Prologue* (édit. HARING, p. 32 ; GRABMANN, *Geschichte*, t. II, p. 418). Voir aussi *C. Eut. et Nest.* (édit. HARING, p. 261 s ; PL, 1361A s) : « Nam intelligibilis quidem est : non vero comprehensibilis ». La même opposition chez HUGUES DE SAINT-VICTOR, *De sacramentis*, lib. I, p. III, c. 31 (PL, CLXXVI, 234 B).

[2] *In Rom.* I, 20 (cod. BRUGES, 78, fol. 3ra) : « Pluraliter dicit 'invisibilia', quia quamvis Deus ex diversitate non constet, nobis tamen eum per ea quae facta sunt cognoscendi modus est multiplex : sicut quod immensus ex quantitate, aeternus ex perpetuitate elementorum intellectu conspiciuntur. Sed diligenter attendendum, quod dicens 'conspiciuntur' nominat tamen invisibilia quae conspiciuntur, quae et vere sunt invisibilia, quia nec Deus corpus est nec corporea nec imaginaria visione sed tantum intellectu conspiciuntur, id est ea vi mentis quae intellectus dicitur, quae species intelligibiles sine corpore vel corporis imagine conspici solet, nisi quod in hac vita ad comprehendendam divinam substantiam etiam intelligibilis illa vis mentis non sufficit ».

[3] Voir *De Trinitate* (édit. HARING, p. 80 ; PL, 1293 D).

de cette formule contient les éléments principaux de sa théorie de la connaissance [1].

Le commentaire de Gilbert s'ouvre sur la formule platonicienne, suivant laquelle notre connaissance porte aussi bien sur ce qui est que sur ce qui n'est pas. L'intelligence « conçoit » les deux, encore que le concept de ce qui n'est pas, ne soit qu'une opinion (*opinio*). Seul le concept de ce qui est, reçoit à juste titre le nom de concept au sens strict. Les concepts sont ensuite divisés d'après leur contenu et d'après la manière de considérer les choses. Il aborde enfin la distinction prédominante entre ce qui est et l'être, entre la substance et la forme : on connaît les substances concrètes par leurs causes formelles, on connaît les causes formelles par leur capacité. La chose blanche se fait connaître par sa blancheur, la blancheur elle-même est connue par sa capacité de blanchir la chose blanche. Cette distinction va de pair avec la distinction entre la science naturelle et la science mathématique.

Poursuivant son commentaire, Gilbert analyse les divers moments préparatoires à la formation d'un concept. Cette analyse ne constitue pas une critique de la connaissance, mais plutôt une description psychologique assez sommaire, lui fournissant d'ailleurs des conclusions importantes. Il opine pour un parallélisme évident entre la formation des concepts rationnels et l'origine des impressions sensibles. Au début on tâtonne dans l'hésitation et le vague : les sens ne distinguent guère leurs propres objets, les couleurs et les sons, du fait qu'ils se ressemblent tous. Petit à petit, la perception devient plus nette. De même, la connaissance rationnelle s'avère difficile à cause de la ressemblance et de la pluralité des choses, qui se présentent simultanément. Il en résulte une connaissance d'abord vague et confuse, et ce n'est que lentement, à mesure qu'on sépare les natures semblables — travail de l'abstraction — qu'on obtient une connaissance précise de la chose. La première opération de la raison consiste donc en une sorte d'évaluation, donnant comme un pressentiment (*tamquam praesagus*) de la connaissance à atteindre. Cette connaissance est déjà une certaine perception de la chose (*praesaga perceptio*) à laquelle manque cependant

---

[1] *C. Eut. et Nest.* (édit. HARING, p. 259-263 ; PL, 1360 B -1362 A).

l'assentiment à la vérité de la chose (*sine assensione perceptio*). Gilbert appelle ce premier stade de prise de connaissance *imaginatio* ou *imaginarius intellectus*, désignant par là que, par cette connaissance, la raison est bien parvenue à l'image de la chose, sans parvenir à la chose elle-même, représentée par l'image.

Nous ne pouvons parler d'un concept au sens strict, d'un *intellectus*, qu'après avoir séparé (*selegerit*) la chose des autres choses multiples et semblables, qu'après avoir saisi la nature propre de la chose et après avoir donné à la perception première l'assentiment de la raison. La similitude de la chose, en effet, n'est présente dans l'âme qu'après avoir été séparée de toute autre chose, en considération de sa nature ou de son être propre. La connaissance *per causam* est donc une connaissance de la propriété (*proprietas*) de la chose, une connaissance des éléments formels, par lesquels la chose est ce qu'elle est, distincte de toute autre chose. Le formel n'est pas seulement « cause » de ce que la chose est, mais aussi de ce qu'elle est connaissable.

Cette définition de la nature de la connaissance humaine des choses concrètes (des *nativa*) permet à Gilbert d'accentuer l'impénétrabilité des *genuina*, c'est-à-dire des principes des *nativa*, comme Dieu, les idées éternelles et la matière première. Aux *genuina* il manque précisément ce qui nous fait connaître les choses naturelles. Car il n'existe pas de subsistances donnant l'être aux *genuina*, ni qualités ni quantités faisant qu'elles soient telles ou telles, ni non plus de formes accidentelles. Par conséquent, la raison humaine ne peut réaliser les conditions nécessaires à la formation du concept de Dieu : il n'y a rien qui soit cause ou que la raison puisse concevoir comme cause de sa substance. Pour marquer l'opposition entre Dieu et les choses créées, Gilbert emploie la formule classique : *Deus est essentia*. Bien qu'on puisse interpréter grammaticalement le mot *essentia* comme un nominatif, dans la terminologie générale de la philosophie porrétaine tout porte à croire à l'emploi d'un ablatif. Dieu est par son essence, il n'est pas, comme les choses naturelles, par des subsistances et des formes accidentelles. Nous ne concevons point l'être divin comme défini par de tels principes.

Dans l'intention de sauvegarder la possibilité d'une connaissance de Dieu, Gilbert fait appel à une formule rappelant la *theologia negationis* du pseudo-Denys. Nous pouvons connaître

Dieu dans une certaine mesure, lorsque, éloignant de lui tous les principes de l'être créé (*per remotionem*), nous le séparons (*selegens*) de toutes les autres choses et que nous percevons avec l'assentiment de notre raison (*cum assensione percipiens*), qu'il est réellement. Il ne s'agit pas ici d'une connaissance de la nature propre de Dieu ; ainsi nous ne possédons pas de lui un concept parfait ni complet, pas plus que nous possédons pareil concept, aux dires des philosophes, de la matière première. C'est ainsi que Gilbert distingue l'intelligibilité et la compréhensibilité de Dieu dans la formule : *intelligibilis quidem est, non tamen comprehensibilis*. *Comprehendere* désigne une connaissance de la nature propre de la chose, de ce qui constitue son être. En cette matière, le vocabulaire d'Abélard n'est pas encore tellement précis [1]. Gilbert, lui, a défini d'une manière exacte les termes qu'il utilise. *Comprehendere* signifie une connaissance parfaite et adéquate : *perfectus et integer intellectus*, parce qu'elle implique la connaissance de la nature propre de la chose connue. Opposé au *comprehendere*, l'*intelligere* désigne la connaissance en général. Gilbert soutient que le terme *intelligere* signifie, selon plusieurs auteurs, tantôt l'*opinio*, tantôt l'*imaginatio*, ou encore la connaissance négative de Dieu. Pour cette raison, Boèce, dans sa définition, parlera d'un *quoquomodo intellectu capi possunt*.

Notons, à propos de ce texte, que Gilbert, sans vouloir polémiser, prend position à l'égard des théories en cours au sujet de l'*intellectus* et de l'*intelligere* [2].

Nombre de ses contemporains aiment analyser les données physiologiques et psychologiques de la connaissance humaine. Le plus souvent ils distinguent quatre facultés : le *sensus*, l'*imaginatio*, la *ratio* et l'*intellectus* ou *intelligentia*. A part la dernière, on attribue à toutes ces facultés cognitives, même à la *ratio*, un organe corporel rigoureusement localisé. La connaissance attribuée à la *ratio* est une connaissance des choses perceptibles, des formes qui sont dans la matière. Cet acte de connaître ne

---

[1] Voir J. COTTIAUX, *La conception de la théologie chez Abélard*, dans *Revue d'hist. ecclésiast.*, t. XXVIII, 1932, 535. Voir aussi J. SIKES, *Peter Abailard*, Cambridge, 1932, p. 36.

[2] Pour une description de ces théories, voir W. JANSEN, *Der Kommentar des Clarenbaldus von Arras zu Boethius De Trinitate*, Breslau, 1926, p. 43-68.

comporte pas d'abstractions, d'analyses ni de synthèses qui transforment l'objet sensible. L'*intellectus*, au contraire, est la faculté supérieure ; elle est immatérielle et n'a besoin, pour son acte, d'aucun organe corporel. Nous voici en présence d'une survivance des conceptions néo-platoniciennes qui, voyant dans l'*intellectus* une participation à l'intelligence suprême, divinisent l'âme humaine. Par l'*intellectus* l'âme connaît la forme divine, l'*ousia* divine et immatérielle, et nombreux sont les théologiens contemporains qui l'entendent comme une vision immédiate et innée de l'essence divine. Ces idées, propagées par les écrits d'Hermès Trismégiste et transmises par Boèce, ont eu, au Moyen Age, une longue histoire, aussi bien chez les auteurs mystiques que chez les théologiens spéculatifs.

Si Gilbert ne se risque pas à des spéculations aussi dangereuses, nous trouvons chez lui quantité d'exposés où perce l'influence de ces théories. Il garde néanmoins son esprit critique et ne reprend que les éléments cadrant avec son système personnel.

Quant à la sensibilité, il en donne une brève mais excellente description. La sensibilité est une faculté de l'âme humaine. Du fait que les sens extérieurs ne peuvent connaître que des corps et par des moyens corporels, on dira avec raison qu'elle perçoit par l'intermédiaire du corps : *a corpore dicitur anima habere quod sentit*. De là son ralliement aux auteurs qui soutiennent la corporalité des sens. En ce qui concerne les facultés intellectuelles, la *ratio* et l'*intellectus*, il n'admet ni la possibilité ni la nécessité d'aucun organe corporel. Car, bien qu'elle réside dans le corps, l'âme humaine connaît par l'acte propre de la raison : *proprio rationis actu* [1].

Dans son introduction au *De hebdomadibus* de Boèce, Gilbert distingue plusieurs degrés de la vie humaine, caractérisés par leur mode de connaître. En premier lieu la vie de la foule, qui ne s'élève pas au-dessus des sens et de l'imagination. A cette vie s'oppose la vie de ceux qui, *primo quasi rationis motu*, tendent vers une connaissance dépassant les sens et l'imagination.

---

[1] *C. Eut. et Nest.* (édit. HARING, p. 265 ; PL, 1363 B) : « Non solum enim extra corpora sed etiam in corpore manentes animae rationales non corporis vi sed rationis proprio actu intelligunt. In sentiendis vero corporibus, seu visu seu auditu seu gustu seu aliis huiusmodi sensibus, etsi animae sensibilitas ista propria sit, quia tamen his sensibus non nisi corpora nec nisi corporeis instrumentis possunt sentiri, a corpore dicitur anima habere quod sentit. Et multo scripturarum usu sensus ipsi dicuntur 'corporei' ».

Les philosophes, vrais amateurs de la sagesse, méprisent le premier mode de vie, mais ne refusent pas pour autant leur aide aux hommes de bonne volonté. Ensuite, Gilbert distingue trois degrés de vie rationnelle sans assigner à chacun une faculté spéciale de connaissance. Il vise évidemment les trois parties de la spéculation scientifique : la science naturelle (*scientia rationalis*), la science mathématique (*scientia disciplinalis*) et la théologie (*scientia intellectualis*). Cette dernière se manifeste par l'usage de la faculté de l'intelligence : *ea vis mentis quae intellectus vocatur*.

Gilbert juge en effet que l'intelligence est une faculté supérieure capable de réaliser ce qu'il appelle un *altior intellectus*, une connaissance sans voiles, inaccessible pour le commun des mortels, mais, pour les privilégiés, claire vision des mystères de la sagesse. Sans doute, cette antithèse fait pendant à la distinction augustinienne entre la *ratio inferior* et la *ratio superior*, entre la science et la sagesse [1]. Gilbert distingue ainsi raison et intelligence, plus fréquemment encore *rationalis* en *intellectualis*. Ces termes-ci doivent marquer la différence d'objet et de méthode des sciences naturelles et de la théologie. La *scientia rationalis* a pour objet les formes concrétées dans la matière ; elle n'abstrait pas mais elle a besoin du concours de la sensation et de l'imagination. A cette science s'ajoute la *scientia disciplinalis*, s'occupant des mêmes formes concrétées tout en faisant abstraction de la matière. Par opposition à ces deux sciences traitant du monde concret, la théologie est qualifiée de *scientia intellectualis* ou *sapientia*, dont l'objet est tout ce qui est parfaitement abstrait. Elle est une spéculation portant sur les choses suprêmes et excédant la connaissance des autres choses (*omnia nativa transcendens*). Elle atteint la vérité d'une manière plus sûre que les sciences naturelles. La raison en est dans les objets mêmes : alors que la science rationnelle considère ce qui est perceptible et changeant, la science intellectuelle contemple ce qui dépasse les sens et est immuable [2].

Malgré les fortes expressions : *figit intuitum, inspicit, sine secreto*, etc., Gilbert n'admet nullement une vision de l'essence divine. Comparant la méthode intellectuelle à celle de la science naturelle, il demande simplement de considérer l'objet divin

---

[1] *De hebdomadibus* (édit. HARING, p. 183 ; PL, 1314 D).
[2] *De Trinitate* (édit. HARING, p. 48-49 ; PL, 1267 A-D).

d'après les principes propres à la théologie et non suivant les principes valables uniquement pour les choses naturelles. Car celles-ci sont concrètes et matérielles, abstraites seulement par une opération de la raison. Telle est la glose qu'il ajoute à la formule de Boèce, demandant de considérer, en théologie, la forme simple sans se laisser distraire par les choses qui ne sont que les images de l'objet suprême de la connaissance humaine [1]. Si Gilbert avait été partisan de la théorie d'une *intelligentia* comme faculté divinisant l'âme humaine et d'une vision immédiate de l'essence divine, il aurait trouvé, tout comme plusieurs de ses contemporains, un appui solide dans le texte de Boèce. Sa glose sur l'épître aux Romains est plus explicite encore. Gilbert reconnaît dans l'*intellectus* la faculté suprême de connaissance, seule en état de connaître les mystères divins, parce que seule capable de saisir les formes intelligibles sans y conclure la matière et sans avoir besoin d'une image corporelle. Il ajoute toutefois que même cette faculté intellectuelle ne saurait comprendre (*comprehendere*), en cette vie, la substance divine [2].

Dans le passage cité à propos de la connaissance négative de Dieu, Gilbert emploi les termes *intelligere* et *intellectus* dans un sens plus large, mais sa doctrine est en complète concordance avec les autres textes. *Intellectus* désigne ici le concept, et il prouve précisément qu'un concept parfait et adéquat (*integer et perfectus intellectus*) n'est possible que des choses naturelles. Pour ce qui concerne Dieu, nous n'avons de lui qu'un *intellectus* imparfait et inadéquat, étant donné que nous ne connaissons pas la nature divine.

Demander à Gilbert comment nous nous trouvons en possession d'un concept univoque de l'être divin, objet de l'intelligence humaine, est chose impossible d'après Hayen. Il est bien vrai, et nous le verrons plus loin, que l'être divin est, pour Gilbert, la *ratio propria* de la théologie. Mais, de l'avis de Hayen, le dialecticisme pur du Porrétain serait encore trop éloigné d'une « métaphysique de la connaissance », pour qu'on puisse l'accuser d'innéisme ou d'ontologisme [3]. Dans les textes cités, Gilbert

---

[1] *De Trinitate* (édit. HARING, p. 50 ; PL, 1269 D).

[2] Voir le texte cité plus haut, p. 211, n. 2. Il est remarquable que Gilbert cite un texte de Hermès sur les idoles sans mentionner la théorie de l'*intelligentia*. (Voir *In Rom.*, Ms. BRUGES, 78, fol. 3rb).

[3] A. HAYEN, *Le concile de Reims*, dans *Archives d'Histoire doctrinale et littéraire du Moyen Âge*, t. X, 1935/36, p. 82.

semble pourtant dépasser le dialecticisme lui reproché par Hayen. En vérité, sa théorie de la connaissance et sa psychologie sont encore assez primitives, tout comme celles de la plupart des philosophes médiévaux avant l'épanouissement de la psychologie et de la métaphysique aristotéliciennes. De toute évidence, Gilbert s'efforce d'établir les lois de la connaissance humaine d'après la nature de son objet. Nous l'avons vu, c'est bien la métaphysique platonicienne de l'être qui domine sa conception. Et, toujours dans les textes cités, il se révèle suffisamment métaphysicien pour rejeter en termes clairs l'ontologisme et déterminer d'une manière explicite la transcendance de l'être divin par rapport à l'esprit humain. Nous essayerons par après d'analyser le contenu du concept de l'être divin.

L'exposé de Gilbert sur la connaissance de Dieu *per remotionem* présente une remarquable ressemblance avec la doctrine du pseudo-Denys sur la théologie négative. Il n'en est pas moins difficile de préciser la part d'influence exercée par ce dernier sur la pensée du théologien chartrain. La distinction dionysienne entre la *theologia affirmationis* et la *theologia negationis* semble, en effet, avoir été complètement négligée après Jean Scot Erigène. Nous constatons d'autre part un regain d'intérêt pour Denys dans la première moitié du XIIe siècle. Hugues de Saint-Victor, à l'apogée de sa carrière scientifique au temps de Gilbert, a publié à cette époque son commentaire sur le *De hierarchia caelesti*. Découlant de son esprit néoplatonicien on trouve un égal renouveau d'intérêt pour Denys dans le milieu de l'École de Chartres. Le commentaire anonyme de Boèce, que nous retrouvons parmi les œuvres de Bède, publié vraisemblablement peu après le Concile de Reims, attribue explicitement à Denys la théorie de la *theologia affirmationis et negationis* [1].

Jean de Salisbury l'a connue et citée également [2]. Grabmann signale un manuscrit des commentaires de Gilbert, datant du

---

[1] Voir PL, XCV, 397 CD-398. Voir aussi B. GEYER, *Geschichte der patristischen und scholastischen Philosophie*, Berlin, 1928, p. 137 ; M. GRABMANN, *Die theologische Erkenntnis- und Einleitungslehre des heiligen Thomas von Aquin, auf Grund seiner Schrift in Boethium De Trinitate*, Fribourg (Suisse), 1948, p. 10 ; N. M. HARING, *A Commentary on Boethius' De Trinitate by Thierry of Chartres (Anonymus Berolinensis)*, dans *Archives d'Histoire doctrinale et littéraire du Moyen Âge*, t. XXIII, 1957, p. 257-265.

[2] *Metalogicon*, lib. II, c. 20 (édit. WEBB, p. 110).

XIIe siècle, et portant sur la feuille de garde antérieure une division des sciences conforme à la distinction dionysienne avec indication expresse du nom de l'auteur [1]. Bien d'autres théologiens encore qui se rattachent à l'École de Chartres, tels Simon de Tournai et Amaury de Bène, ont été touchés par le néoplatonisme de Denys. Cependant, il est surprenant de ne pas retrouver dans les écrits apologétiques des partisans de Gilbert dans lesquels les textes patristiques abondent, aucune citation du pseudo-Denys [2].

On peut se demander si, au moment de la rédaction de sa théorie sur la connaissance de Dieu, Gilbert n'avait pas sous les yeux les spéculations du pseudo-Denys ou s'il ne les connaissait grâce aux écrits de ses contemporains, tel Hugues de Saint-Victor. Le fait est que Gilbert utilise le seul élément de *negatio* ou de *remotio* sans la *theologia affirmationis* qui en est le pendant chez Denys et qui est également reprise par les auteurs mentionnés. En réalité il l'emploie, quand il attribue à Dieu les perfections des choses créées. Mais dans les textes cités plus haut, aucune allusion n'y est faite. Par sa théorie il ne s'éloigne guère de Boèce, auquel il a emprunté le terme de *remotio*. Il a développé le texte de son auteur selon sa propre conception au sujet de l'application des règles grammaticales en théologie et du rôle du formel dans l'être des choses et dans notre connaissance de ce qui existe. Le terme de *remotio* rejette la possibilité d'attribuer à Dieu les prédicats propres aux choses naturelles, attendu qu'ils désignent une *qualitas* attribuée au sujet, puisque le sujet est ce qu'il est de par cette qualité. La négation d'une connaissance conceptuelle parfaite de Dieu est donc inspirée par le sentiment de l'insuffisance des prédicats naturels.

Nous constatons le même agnosticisme relatif, fondé sur la même critique grammaticale des *nomina*, chez plusieurs maîtres

---

[1] M. Grabmann, *Geschichte der scholastischen Methode*, t. II, p. 45.

[2] La *Defensio* du Vat. lat. 561 (voir F. Pelster, *Die anonyme Verteidigungsschrift der Lehre Gilberts von Poitiers im Cod. Vat. lat. 561*, dans *Studia Mediaevalia in honorem R. J. Martin*, Bruges, 1948, p. 113-146) ne cite ni Denys, pas plus que le *Liber de homoysion et homoeysion* du cod. Cambridge, University Library, Ii.IV.27. Le *Liber de diversitate naturae et personae* contenu dans le même codex, cite Denys deux fois, mais non pour sa conception de la théologie. L'auteur anonyme du Dialogue entre Everardus et Rathius par contre, connaît la théorie de Denys (N. M. Haring, *A Latin Dialogue on the Doctrine of Gilbert of Poitiers*, dans *Mediaeval Studies*, t. XV, 1953, p. 262).

du XIIe siècle. Chenu a démontré que l'origine grammaticale des théories sur la théologie négative est encore clairement apparente jusqu'au XIIIe siècle [1]. Bien qu'il soit difficile d'établir un rapport direct entre la théorie de Gilbert et les formules du pseudo-Denys, il est certain que les théories porrétaines ont été une préparation idéale à la diffusion de la distinction dionysienne. Alain de Lille en témoigne, lorsqu'il rapproche de la terminologie dionysienne les formules grammaticales empruntées à Gilbert [2].

III

Sans faire allusion dans son *Prologue* à la connaissance de Dieu *per remotionem*, Gilbert doit l'avoir eue présente à l'esprit en comparant l'incompréhensibilité du mystère divin avec la connaissance théologique dont jouissent, grâce à l'inspiration divine, les auteurs sacrés [3].

Son commentaire de Boèce traite tellement peu de la foi divine, que nous avons du mal à en retrouver les traits essentiels. Ce fait est conditionné, comme nous le verrons plus loin, par la nature de sa méthode théologique se limitant à donner la justification rationnelle de ce que l'on admet dans la foi. Nous ne trouvons qu'un seul texte qui oppose l'Esprit de Dieu, source d'une connaissance supra-humaine, à l'esprit du monde qui inspire « la foi des philosophes » [4]. La connaissance de la foi surnaturelle est plus digne et plus sûre que toute connaissance purement humaine, tant sous le rapport des choses divines que sous le rapport des choses relatives aux sciences naturelles. Ailleurs est mentionnée la prophétie qui, sous la révélation du Saint Esprit, manifeste ce qui est mystère pour la raison humaine [5].

---

[1] M. D. CHENU, *Grammaire et théologie au XIIe et XIIIe siècles*, dans *Archives d'Histoire doctrinale et littéraire du Moyen Âge*, t. X, 1935/36, p. 5-28.

[2] Voir *Regulae de sacra theologia*, reg. 17 et 18 (PL, CCX, 629 D, 630 AB).

[3] Voir *Prologue* (HARING, p. 32 ; GRABMANN, *Geschichte*, t. II, p. 418).

[4] De *Praedicatione* (HARING, p. 90 ; PL, 1304 A) : « Spiritus enim, qui ex Deo est, dat hanc ipsi fidei prae rationibus dignitatem et in theologicis et etiam in his, quae infra theologica sunt : naturalibus scilicet et huiusmodi aliis, quorum rationibus philosophorum fidem spiritus huius mundi supposuit ».

[5] *C. Eut. et Nest.* (HARING, p. 321 ; PL, 1392 C) : « ... prophetiis, quibus divino Spiritu revelante plurima, quae humanam latebant rationem, manifesta patuerunt ».

Ces expressions ne sont pas accidentelles. Au contraire, elles justifient les déclarations — souvent répétées — sur l'incapacité pour l'expression humaine de rendre de façon adéquate la réalité divine. Elles concordent aussi avec le contenu de la glose de Gilbert sur l'Épître aux Romains [1]. Les formules de l'Apôtre l'invitent à insister davantage sur le caractère surnaturel de la foi, sur la nécessité de la grâce et sur la voix intérieure qui est la voix du Saint-Esprit. La méthode théologique de Boèce, au contraire, a attiré l'attention de Gilbert moins sur le caractère surnaturel de la foi que sur sa certitude absolue et sur son rôle de point de départ dans la spéculation théologique souhaitant confirmer les vérités de la foi à l'aide de « raisons » scientifiques.

Le commentaire de Boèce reproduit mot à mot la définition de l'acte de foi en général dans la glose de l'Épître aux Hébreux :

> quae quidem (fides) generaliter est veritatis cuiuslibet rei cum assensione perceptio [2].

Il paraît probable que cette définition fut inspirée par le « *cum assensione cogitare* » de saint Augustin. A cela près toutefois que Gilbert, ou bien ne s'est pas rendu compte du sens attribué par saint Augustin au terme de *cogitare*, ou bien l'a négligé. L'étude sur la psychologie de la foi faite par Englhardt montre que cette définition a été reprise à Gilbert par plusieurs auteurs et prêtée à saint Augustin. Geoffroy de Poitiers cite même l'*Enchiridion*, mais on l'y chercherait en vain. C'est précisément à Gilbert qu'on est redevable de la large diffusion de cette définition, surtout dans le milieu de l'École de Chartres. Il est même permis de parler d'une tradition porrétaine, distincte de celle de l'École d'Abélard et de celle d'Hugues de Saint-Victor [3].

---

[1] Voir p. ex. *In Rom.* 5,1 (Ms. BRUGES 78, fol 8ᵛᵃ) : « ... manifestum est igitur quod nos quoque sumus justificati ex fide, idest gratis per gratiam ipsius quod fide per eandem gratiam nobis data sentimus. Sic enim intelligendum est quod ait 'ex fide', ne forte fides quoque ipsa superba sit, et dicat sibi homo fidelis ». *Ibid.* (fol. 19ʳᵃ) : « Docet quidem Deus intrinsecus, quia fides est cordis, non ad aliquem sensum pertinet corporis ».

[2] *De Trinitate* (HARING, p. 41 ; PL, 1261 B). Comparer avec *In Hebr.* (ms. BRUGES 78, fol. 101ᵛᵃ). Voir infra p. 222, n. 2.

[3] Voir G. ENGLHARDT, *Die Entwicklung der dogmatischen Glaubenspsychologie in der mittelalterlichen Scholastik vom Abaelardstreit (um 1140) bis zu Philip dem Kanzler († 1236)*, Munster, 1933, p. 41 s, voir aussi p. 8.

Après la formule générale, suit la définition spéciale de la foi religieuse :

> Sed ad quorumdam maxime perceptionem invisibilium hoc nomen per excellentiam usus contraxit, ut scilicet fides dicatur, qua rationalis mens vere et cum assensione percipit id, quod est omnium esse, et eum, quo ab omnibus honorandus est, cultum et quae gratiae ipsius praemia cultorum unitas sperat [1].

La même spécification de la foi en général se retrouve dans la glose de l'Épître aux Hébreux. Après quelques exemples de vérités naturelles dont la connaissance peut aussi être appelée une *perceptio cum assensione* sans intervention de la vertu surnaturelle de la foi, Gilbert précise que les choses invisibles dont parle la définition, doivent avoir un sens religieux pour relever du domaine de la foi [2].

A bon droit Hayen fait remarquer la concordance entre cette définition et celle donnée par Abélard au début de son *Introductio* [3]. La différence pourtant est digne d'être notée. Là où Abélard parle d'une *existimatio*, Gilbert emploie la formule *perceptio cum assensione*. Ici encore, loin d'être fortuite, la modification apportée nous apparaît comme une prise de position consciente vis-à-vis des conceptions des maîtres contemporains [4].

---

[1] *De Trinitate* (HARING, p. 41 ; PL, 1261 BC).

[2] *In Hebr.* 11,1 (Ms. BRUGES 78, fol. 101ᵛᵃ) : « Hic dicendum quod fides est veritatis cuiuslibet rei cum assensione perceptio. Plurima tamen sunt quae si quis aliter quam sint cum assensione percipiat, non dicitur inde fidelis (*lire* : infidelis). Non enim Iacob dicendus est infidelis eo quod viventem filium a bestia credebat occisum. Neque Petrus, qui cum vere educebatur de carcere, existimabat se visum videre. In eodem quoque genere, si quis prout est etiam cum assensione rei veritatem percipiat, non ideo fidelis vocatur. Ut si de vi et numero electorum, de motu et ordine, et de effectibus siderum, de generibus et naturis creaturarum, de spatiis locorum et temporum, de signis eventurorum, et postremo si quis rerum potuit cognoscere causas, unde tremor terris, qua vi maria alta tumescunt obicibus ruptis rursumque in seipsa resident, et multa huiusmodi sicut se habent percipiat, non ideo a nobis fidelis dicitur. Ex quo manifestum est rerum invisibilium et ad religionem pertinentium per quandam excellentiam fidem vocari ».

[3] PL, CLXXVIII, 981 C et 1051 D. Voir A. HAYEN, *Le Concile de Reims et l'erreur théologique de Gilbert de la Porrée*, dans *Archives d'Histoire doctrinale et littéraire du Moyen Âge*, t. X, 1935/36, p. 77 ; J. COTTIAUX, *La conception de la théologie chez Abélard*, dans *Revue d'histoire ecclésiast.*, t. XXVIII, 1932, p. 288.

[4] Pour l'histoire de cette définition, surtout chez les auteurs de la dernière moitié du XIIᵉ siècle, voir G. ENGLHARDT, *Die Entwicklung der dogmatischen Glaubenspsychologie*, Munster, 1933, p. 79-113.

Hayen suppose que la connaissance de Dieu *per remotionem* et celle de la foi sont chose identique pour Gilbert. Dès lors, la définition de la foi pourrait se formuler comme suit : la foi est une *perceptio Dei caeteris convenientium remotione cum mentis assensione*. L'*assensio* de la définition porrétaine serait alors le résultat d'une réflexion rationnelle, aboutissant à la *remotio* de Dieu de tout ce qui convient aux choses créées. Hayen voit son interprétation confirmée par l'aphorisme qui figure comme conclusion au commentaire sur le *De praedicatione* de Boèce :

> ut primum ex fide auctoritas rationi : deinde ex ratione assensio fidei comparetur.

La définition de la foi, ainsi formulée par Gilbert, se rapporterait par conséquent selon Hayen, à la foi complète, celle qui comprend la réflexion rationnelle [1].

S'il en était ainsi, Gilbert n'échapperait pas au reproche de rationalisme lui adressée par Hayen. Car, en ce cas, l'assentiment aux mystères de la foi ne s'achèverait que moyennant un travail de l'intelligence naturelle. Cependant, à notre avis, Hayen par cette interprétation ne respecte pas suffisamment les formules de Gilbert. La formule « *perceptio cum assensione* », nous la rencontrons et dans la définition de la foi et dans les définitions des autres genres de connaissance. Il en a déjà été question plus haut. En cherchant à définir chacun d'eux, Gilbert combine les termes *assensio* et *perceptio* de plusieurs manières. La première espèce de connaissance, la connaissance rationnelle encore imparfaite de l'*imaginatio*, est définie comme une *perceptio sine assensione*, tandis que la connaissance parfaite et complète l'est comme une *perceptio cum assensione*. Cette dernière formule exprime l'élément générique tant dans la définition de la connaissance parfaite que dans celle de la connaissance négative, et enfin dans la définition de la connaissance de la foi. A cet élément générique s'ajoutent les spécifications différentes. Pour la première, c'est la compréhension de la nature propre de la chose. Quant à la deuxième, c'est l'éloignement de tout ce qui pourrait être la nature propre des autres choses. Enfin, pour ce qui est de la foi, la spécification vient de la nature même de l'objet de la connaissance, c.à.d. des *invisibilia*, déterminés plus exactement

---

[1] A. HAYEN, *Le Concile de Reims*, p. 77 s.

comme étant Dieu créateur de toutes choses, le culte qui lui est dû et la récompense qu'attendent les fidèles, ou, d'après les termes de la glose de saint Paul, les *invisibilia* « ayant un sens religieux ». Gilbert distingue ainsi connaissance *per remotionem* et connaissance de la foi.

Pour expliquer le *quoquomodo intellectu capi possunt* du texte de Boèce, Gilbert oppose à la connaissance du non-être qu'il appelle *opinio*, la connaissance de l'être, elle-même subdivisée en connaissance des *nativa* et connaissance des *genuina*. La connaissance des *nativa* se fait par un concept parfait et complet contenant la nature propre de la chose connue. La connaissance des *genuina*, au contraire, ne sera jamais parfaite et complète, étant donné qu'une connaissance de la nature propre de ces choses nous est impossible. Il faut se contenter ici d'une connaissance *per remotionem*. Gilbert conçoit l'objet de la connaissance *per remotionem* plus large que l'objet de la foi, parce qu'elle comprend non seulement Dieu, mais aussi les idées et la matière première qui ne relèvent pas du domaine religieux.

Par la suite, la description de la connaissance des *genuina* se fait par analogie à celle des *nativa*. Toute connaissance véritable se produit en séparant son objet de tous les autres environnants et similaires. Pour ce qui est des choses physiques, on les sépare des autres choses concrètes à l'aide de leur nature. Cette première perception se complète par l'assentiment de la raison :

> (cum) de inter caetera rem adminiculo suae proprietatis selegerit ac per hoc praecedenti perceptioni assenserit [1].

La connaissance des *genuina* exige la même séparation, non par le recours à leur nature propre qui est pour nous inconnaissable mais par le rejet de tout ce qui revient aux choses physiques. La notion de séparation se présente alors tel un élément générique dans les définitions des deux modes de connaissance :

> De inter caetera tamen per horum omnium ab illo remotionem ipsum selegens et eum vere esse cum assensione percipiens, qualitercumque intelligit [2].

---

[1] *C. Eut. et Nest.* (HARING, p. 261 ; PL. 1390 D.)
[2] *Ibid.* (p. 261 ; PL, 1361 A).

Faut-il dès lors s'étonner que la définition de la « foi complète », telle que l'entend Hayen, ne se retrouve pas chez Gilbert ? Il n'a établi aucun rapport entre la description de la connaissance négative et celle qu'il donne de la foi. Aussi sommes-nous persuadés qu'il est nécessaire de toujours envisager la foi comme une connaissance spéciale. Il est vrai, la formule *perceptio cum assensione* suggère un certain rapport entre les deux genres de connaissance, mais, à notre avis, il ne s'agit pas pour autant d'une identification complète de leurs éléments spécifiques. La formule citée nous paraît une réaction contre Abélard qui avait appelé la foi une *existimatio* ou *aestimatio*. Selon toute apparence, Gilbert et la plupart de ses contemporains étaient convaincus que le vocabulaire d'Abélard pourrait être entendu comme une dévaluation de la certitude de la foi. Par les termes *perceptio cum assensione*, il veut exclure toute ambiguïté et accentuer à tout le moins l'équivalence de la certitude de la foi à celle de la connaissance parfaite. Ce qui ne signifie pas que la nature de l'acte de foi soit semblable à celle de l'acte de la connaissance naturelle. A dire vrai, Alain de Lille semble établir un rapport entre la connaissance de la foi et la connaissance *per remotionem*, en ajoutant à la définition de Gilbert la formule *sine causarum cognitione*. Nous considérons cette addition comme une précision de la nature des *invisibilia* plutôt que comme une identification de la connaissance de la foi et de la connaissance négative. Toutefois, même si le disciple avait identifié les deux espèces de connaissance, cela ne prouve pas que le maître en ait fait autant [1].

Hayen fait remarquer que Gilbert semble subordonner l'*assensio* de la foi à la réflexion rationnelle. Cela nous paraît peu fondé et ne se justifierait que lorsque l'*assensio* de la foi s'identifie à l'*assensio*, dont parle l'adage relevé par Hayen. Pour Gilbert, l'*assensio* de la foi, loin de résulter de la réflexion rationnelle, la précède au contraire. La définition de la foi, dont l'*assensio* est un élément essentiel, est avancée au début du commentaire, uniquement en vue de définir la nature propre des vérités dont on cherchera, tout le long du commentaire, la confirmation rationnelle en ayant recours à la recherche scientifique. L'autre *assensio*, celle

---

[1] Voir le texte de la *Summa de virtutibus et vitiis* (Ms. PARIS, Bibl. Nat. lat. 3238, fol. 84ᵛᵃ), cité par ENGLHARDT, *op. cit.*, p. 402.

dont parle l'adage en question, ne se produit qu'après l'achèvement de la réflexion scientifique se faisant à l'aide des *rationes*. *Primum ex fide auctoritas rationi : deinde ex ratione assensio fidei* ne peut donc se trouver au début du commentaire pour exprimer le point de départ de la recherche, mais à la fin pour résumer le résultat de la recherche rationnelle appliquée aux vérités déjà acceptées sans aucune réserve par l' *assensio* de la foi. Il s'agit d'un nouvel assentiment de nature rationnelle, ajouté à l'assentiment inconditionné de la foi. La formule de Gilbert n'est qu'une paraphrase de la formule de Boèce : *si poteris, fidem rationemque conjunge*. La réflexion théologique ne vise pas à soutenir une foi hésitante, mais à démontrer l'accord entre la doctrine de la foi et les principes de la raison humaine, accord qui ne risque pas de porter préjudice ni à la foi ni à l'intelligence :

> (Peto) ne rationi per fictam fidem vel fidei per fabricatam rationem praejudices [1].

Faute d'effort intellectuel, on s'expose à aboutir à une conviction théologique supprimant la foi. Ainsi la foi authentique a été altérée chez les hérétiques par des arguments rationnels mal appliqués. D'autre part, le refus d'aborder les problèmes posés à la raison humaine par les vérités mystérieuses de la foi, reviendrait à admettre un inassouvissement intellectuel insurmontable chez les amateurs de toute étude scientifique sans préjudice de la foi. La tâche du théologien est de résoudre les problèmes qui peuvent surgir des contradictions apparentes entre la doctrine de la foi et les principes de la raison humaine [2]. C'est

---

[1] *De praedicatione* (HARING, p. 98 ; PL, 1310 CD) : « Quod Pater et Filius et Spiritus sanctus non de divinitate substantialiter praedicantur, mihi videor praedictis ratiocinationibus, quae ex catholica fide habent initium, demonstrasse. Tuum tamen, o Johannes, super his iudicium expecto. *Si* ergo *haec se habent recte* secundum locos rationum theologicis convenientium *et si* etiam rationes sunt *ex fide*, id est iuxta catholicam fidem, *peto ut* tuae contestationis auctoritate *me instruas*, id est in eorum, quae dicta sunt, intelligentia confirmes. *Aut si forte diversus es* a me aliter sentiendo de *aliqua re*, id est de aliquo praedictorum, peto ne rationi per fictam fidem vel fidei per fabricatam rationem praejudices. Sed *diligentius*, id est valde diligenter *intuere quae dicta sunt* vel esse catholicae fidei vel ex his, quae tenet fides catholica, sequi. *Et si* utcunque *poteris, fidem rationemque conjunge*, ut scilicet primum ex fide auctoritas rationi : deinde ex ratione assensio fidei comparetur ».
[2] *De hebdomadibus* (HARING, p. 184 ; PL, 1315 C).

pourquoi, dans le *Prologue* du dernier traité, Gilbert appelle Boèce un *catholicus*, pour autant que celui-ci donne son adhésion à la doctrine de la foi, et un *philosophus*, pour autant qu'il parvient à appliquer les principes de la raison humaine aux données de la foi [1].

L'*assensio* dont parle l'adage étudié, est bien, d'après nous, l'assentiment de la raison humaine donné à la vérité de la foi, assentiment qui est l'aboutissement d'une réflexion naturelle. Elle est autre que l'assentiment, partie intégrante de la foi complète et définie par Gilbert comme une *perceptio cum assensione*. En ce sens, la formule finale du *De praedicatione* devient la reproduction toute personnelle des paroles célèbres de saint Augustin : *intellige ut credas, crede ut intelligas*, ou bien : *proficit ergo intellectus noster ad intelligenda quae credit et fides proficit ad credenda quae intelligit* [2].

IV

Le *Prologue* exalte la connaissance du mystère divin au-dessus de toute autre connaissance, tant sur le plan de la certitude que sur celui de la créance qu'on lui doit. Cette excellence n'est pas la marque distinctive de la foi seule, mais également de la connaissance théologique issue de la foi et recevant sa certitude de l'autorité la plus haute en même temps que des principes rationnels les plus solides [3]. La transcendance de l'objet divin lui-même, l'assistance du Saint-Esprit, base et norme de toute connaissance théologique, est son plus sûr garant.

---

[1] *C. Eut. et Nest.* (HARING, p. 251 ; PL, 1355 C).
[2] Voir *Sermo 43*, c. 7, n. 9 (PL, XXXVIII, 258). *Enarrationes in ps. 118, sermo 18*, n. 3 (PL, XXXVII, 1552).
[3] *Prologue* (HARING, p. 32 ; GRABMANN, *Geschichte*. t. II, p. 417) : « Quid autem probabilius eo quod, cum inexpugnabilibus rationibus constet, summis tamen ac celeberrimis auctoribus nititur » ? « Probabilius » signifie ici : solide, certain, comme dans la formule « *probati auctores* ». Le terme se trouve en parallèle avec *inexpugnabilis*, ou comme chez Pierre Lombard avec *irrefragabilis*. (Voir *Sententiae*, libr. I, dist. 19, c. 7 (édit. QUARACCHI, 1916, t. I, p. 338). Voir aussi J. COTTIAUX, *La conception de la théologie chez Abélard*, dans *Revue d'hist. ecclésiast.*, t. XXVIII, 1932, p. 805, n. 3). C'est à tort qu'Englhardt conclut de ce terme que, selon Gilbert, les conclusions de la réflexion théologique ne sont que probables. (Voir G. ENGLHARDT, *Die Entwicklung der dogmatischen Glaubenspsychologie*, Munster, 1933, p. 119).

La foi est le point de départ de toute réflexion théologique. Par conséquent, Gilbert, avant d'aborder un problème théologique, se croit obligé à déterminer exactement le contenu de la foi. La question de l'unité dans la Trinité est dominée par la conviction des fidèles, selon laquelle le Père et le Fils et le Saint-Esprit ne sont qu'un seul Dieu. La question de la pluralité des personnes divines est résolue, avant tout examen rationnel, par la doctrine de l'Église disant que le Père est quelqu'un d'autre que le Fils et que le Saint-Esprit [1]. Gilbert fait siens les mots de Boèce suivant lesquels il faut, dans tout problème théologique, commencer par ce qui constitue la donnée la plus certaine et la plus fondamentale de toute connaissance, la donnée de la foi catholique. Ces mots de Boèce lui présentent l'occasion de situer la certitude de la foi vis-à-vis de la connaissance humaine.

D'abord, il distingue deux domaines de connaissance : la théologie d'une part, et les sciences naturelles d'autre part. En science naturelle, ce n'est pas la foi mais la raison qui prime : *non ratio fidem, sed fides sequitur rationem*. Il va de soi, cette foi n'est pas la foi surnaturelle, puisqu'il ne s'agit pas de vérités religieuses. Il s'agit d'une foi humaine que l'on accorde aux auteurs dont l'autorité n'est pas discutée. En science naturelle, certes, existent aussi des *auctores* [2]. Gilbert n'a pas haute idée de la certitude obtenue en science naturelle. Selon lui, la valeur et la nécessité des règles régissant la recherche scientifique ne sont que relatives, puisqu'elles ne reposent pas sur une immutabilité de nature mais seulement de fait. En effet, dans le domaine des choses créées, il n'y a rien qui, de soi, ne soit changeant, il n'existe aucune nécessité absolue, attendu qu'il n'est nécessaire à aucune chose créée d'être ou de ne pas être.

En théologie, Gilbert reconnaît la primauté de la foi sur la raison :

> In theologicis autem, ubi est veri nominis atque absoluta necessitas, non ratio fidem sed fides praevenit rationem. In his enim non cognoscentes credimus sed credentes cognoscimus [3].

---

[1] Voir *De Trinitate* (HARING, p. 42 ; PL, 1262 A) ; *ibid.* (p. 50 ; 1268 D) ; *ibid.* (p. 64 ; 1280 CD) ; *De praedicatione* (HARING, p. 90, 91, 98 ; PL, 1303 D, 1304 D, 1310 D) ; *C. Eut. et Nest.* (HARING, p. 317, 341 ; PL, 1390 D, 1403 B).
[2] *De hebdomadibus* (HARING, p. 199, 197 ; PL, 1325 A, 1323 BC).
[3] *De praedicatione* (HARING, p. 90 ; PL, 1304 A).

Cette formule rappelant la terminologie de saint Augustin, met en lumière l'indépendance de la foi par rapport à la raison humaine. Tout en passant sous silence les *motiva credibilitatis*, Gilbert a influencé, par sa formulation, les recherches des théologiens postérieurs concernant le rôle de l'activité intellectuelle préalable à la foi. Il met en évidence le motif de l'indépendance de la foi : c'est l'inspiration de l'Esprit Saint qui, dépassant les principes de la raison humaine, accorde une connaissance des choses divines ainsi que des choses créées objets de la science naturelle et pour lesquelles les principes de la philosophie suffisent par eux-mêmes [1]. Pour un motif semblable la certitude de la foi l'emporte sur celle de la science naturelle. De plus, la foi porte sur des choses éternelles et immuables qui, de ce fait, offrent une inébranlable assise pour une connaissance certaine.

Cependant, si Gilbert affirme que la connaissance des choses créées, donnée par la foi, est plus sûre que celle de la science naturelle, il ne faudrait pas entendre cette affirmation comme si la foi constituait à ses yeux l'unique point de départ possible de toute science. Dans ce cas, la distinction entre la science naturelle sous la conduite de la raison, et la théologie où la foi a la priorité, n'aurait plus de sens. Il oppose d'ailleurs explicitement au Saint-Esprit l'esprit du monde qui, moyennant les principes de la philosophie et les données de la raison, fait connaître les choses terrestres. En principe, Gilbert admet la distinction entre les sciences naturelles et la science de la foi, d'abord parce qu'elles ont un objet différent, ensuite parce qu'elles proviennent d'une source différente. Cette distinction est pourtant atténuée conformément à la tradition augustinienne, voulant que la foi, par sa plus grande certitude, joue un rôle important à l'égard de la connaissance des choses créées qui, de soi, relèvent du domaine de la science naturelle. Ceci vaut surtout pour l'homme spirituel qui préfère la certitude de la foi, même en sciences naturelles, à la certitude qui ne s'appuie que sur l'inconsistance des choses matérielles. Pour l'homme qui a le sentiment du spirituel, la foi plus que la raison est juge et norme de toute connaissance [2].

---

[1] Voir le texte cité p. 220, n. 4, dans lequel Gilbert parle d'une « foi », inspirée par l'« esprit du monde ».

[2] *De praedicatione* (HARING, p. 90 ; PL, 1304 B) : « Nam et in naturalibus et in aliis omnem rationem spiritualium fides antevenit, ut fide magis, prius quam

Dans cet exposé fondamental, Gilbert tient le juste milieu entre le fidéisme et le rationalisme. Il sait apprécier le travail de l'intelligence humaine sans méconnaître la transcendance de la foi.

Si la foi se situe à l'origine de toute réflexion théologique, il est de première nécessité de mettre en valeur l'argument d'autorité. Dans la mesure où il est impliqué dans la conviction religieuse du peuple chrétien, l'argument d'autorité est toujours présent à la pensée de Gilbert. En entamant quelque nouvelle question théologique, il tente chaque fois la description exacte du contenu de la foi, afin de déterminer l'orientation de la réflexion rationnelle. Ainsi, la solution d'un problème théologique donnée *ex catholicorum auctoritate* enlève tout doute au croyant [1]. C'est l'application pratique de la formule générale : *primum ex fide auctoritas rationi*.

D'après le *Prologue*, nous devons notre connaissance de Dieu aux *antiqui* qui, possédant le privilège de l'inspiration divine, ont percé quelque peu le mystère de Dieu. Aux *antiqui* succèdent les *posteri* qui, d'autorité, enseignent la même doctrine. Les théologiens modernes, parmi lesquels Gilbert se range, empruntent à ces deux groupes d'auteurs les sources de leur théologie, en même temps que les normes qui jugeront de la valeur de leurs spéculations théologiques [2]. Le premier groupe, celui des *antiqui*, réunit incontestablement les auteurs de l'Écriture Sainte. C'est par eux que le contenu de la doctrine catholique est fixé avec précision, bien qu'ils ne rendent pas superflu le travail théologique, vu leur langage souvent symbolique. Le groupe des théologiens postérieurs est également bien circonscrit par le terme technique de *lectores*. Ils sont divisés en *recitatores* et *interpretatores*. Il leur revient d'expliquer les problèmes théologiques sans dévier de la doctrine des « auteurs authentiques », sans même ajouter des éléments nouveaux au dépôt de la tradition [3]. Les

---

ratione, omnia judicent. Ac per hoc non modo theologicarum sed etiam omnium rerum intelligendarum catholica fides recte dicitur esse exordium sive nulla incertitudine nutans sed etiam de rebus mutabilibus certissimum atque firmissimum fundamentum ».

[1] Voir *De Trinitate* (HARING, p. 64 ; PL, 1280 B) ; *De praedicatione* (HARING, p. 91 ; PL, 1304 D) ; *C. Eut. et Nest.* (HARING, p. 341 ; PL, 1403 B).
[2] *Prologue* (HARING, p. 32 ; GRABMANN, *Geschichte*, t. II, p. 418).
[3] *Prologue (ibid.).*

posteri, moins bien définis, se situent entre ces deux groupes. Bien que leurs écrits ne jouissent pas de la garantie de l'inspiration divine, ils sont nantis d'une autorité indubitable. Aussi, avec les *antiqui*, ils forment le groupe des *auctores authentici*, dont la doctrine doit être suivie sans réserve par tout théologien. Gilbert applique les termes de *auctor*, *auctoritas* et *authenticus* aussi bien aux *antiqui* qu'aux *posteri*, tantôt à leurs personnes, tantôt à leurs écrits [1]. Les *posteri* diffèrent des *antiqui*, comme exégètes du langage parfois obscur et symbolique de l'Écriture Sainte. Ils consolident sa doctrine tant par leur autorité personnelle que par l'apport d'une argumentation rationnelle. Ce dernier point les incorpore au groupe des théologiens.

Vraisemblablement les *posteri* correspondent aux auteurs patristiques, quoique la terminologie ne soit pas encore nettement établie. Tantôt, Gilbert range Boèce parmi les *auctores*, tantôt il le rapproche des théologiens en l'opposant à saint Augustin qui est le maître authentique de Boèce lui-même [2]. L'autorité des *posteri* est inattaquable. Maintes fois leurs paroles sont citées sous le titre de *sacra scriptura*. Dans la circonstance Gilbert subit l'influence de son époque aux citations encore imprécises des « autorités » [3]. Il nous est pourtant loisible de circonscrire les limites de cette autorité. Apparemment les *posteri* possèdent une autorité personnelle, en dehors des arguments qu'ils mettent en ligne. Gilbert se targue de sa fidélité à la doctrine des auteurs authentiques, et il insiste sur le fait que cette concordance avec la doctrine des *posteri* est un critère d'orthodoxie. Il approuve hautement la méthode consistant à démontrer une thèse théologique au moyen de citations patristiques [4].

Comme dans son traité il veut suivre une méthode différente de celle de l'École de Laon et de la plupart de ses contemporains, Gilbert n'a pas cherché à justifier entièrement la théorie concernant l'argument d'autorité. Le *Prologue* sous ce rapport

---

[1] Voir M. D. CHENU, *Introduction à l'étude de saint Thomas d'Aquin*, Paris, 1950, p. 109 s.

[2] *De Trinitate* (HARING, p. 41 ; PL, 1261 B).

[3] Voir *C. Eut. et Nest.* (HARING, p. 342 ; PL, 1404 A) ; *ibid.* (p. 330, 1397 C). Voir aussi J. COTTIAUX, *La conception de la théologie chez Abélard*, dans Revue d'hist. ecclésiast., t. XXVIII, 1932, p. 788.

[4] Voir *Prologue* (HARING, p. 33 ; GRABMANN, *Geschichte*, t. II, p. 418). Voir aussi *De praedicatione* (HARING, p. 89 ; PL, 1303 A).

est plus explicite que tout son commentaire. La manière même d'utiliser les textes patristiques révèle très peu de chose sur sa pensée en la matière. Le problème des contradictions entre des textes authentiques, auquel ses contemporains s'intéressaient beaucoup et qui a trouvé son expression la plus marquante dans le *Sic et non* d'Abélard, n'apparaît nulle part dans le commentaire de Gilbert. Une seule fois il analyse un texte patristique produit par les hérétiques à l'appui de leurs erreurs. Rejetant l'interprétation erronée des hérétiques, il rétablit le sens exact du texte en recourant à des moyens grammaticaux et dialectiques [1].

Gilbert reconnaît assurément le rôle décisif du magistère de l'Église en fait de foi et d'interprétation théologique. Il en fait mention en passant, sans donner une justification de principe de l'activité du magistère. Pour juger de l'orthodoxie d'une théorie, dit-il, il faut s'inspirer de trois critères : *rerum veritas, theologica ratio et auctoritatis ecclesiasticae usus* [2]. La dernière norme coïncide pratiquement avec la conviction de la foi, point de départ de la réflexion théologique. Il reconnaît également qu'une décision solennelle du magistère tranche la discussion et lie les consciences. Faisant état de la théorie d'un théologien allemand qui prétend que les corps humains, après la résurrection, se résorbent dans la divinité, il la rejette comme une hérésie déguisée, ayant échappé à la condamnation solennelle du magistère de l'Église, parce que l'auteur la propageait sous le couvert de la clandestinité [3].

Il est regrettable que Gilbert n'ait pas cherché ou n'est pas parvenu à développer ces éléments d'une manière plus détaillée et plus systématique. A en juger par ses brèves remarques, il semble bien qu'il en avait une conception bien nette. Pour sûr, sa théorie présente des lacunes qui ne sont pas uniquement à inscrire au compte des conceptions de son temps mais à imputer à un manque d'intérêt de sa part. Il préférait s'engager sur une voie nouvelle et personnelle pour établir la théorie et les lois de cette méthode plutôt que d'échafauder un exposé systématique d'un procédé généralement suivi par ses contemporains.

---

[1] *C. Eut. et Nest.* (HARING, p. 329 s ; PL, 1397).
[2] *Ibid.* (HARING, p. 294 ; PL, 1378 A).
[3] *Ibid.* (HARING, p. 330 ; PL, 1397 C).

La méthode préférée de Gilbert est la méthode rationnelle, c'est-à-dire la démonstration de la concordance parfaite entre les données de la foi et les principes de la raison humaine. Il ne s'attarde guère à justifier le bien-fondé de cette méthode. Il s'en réfère à l'exemple des *auctores* qui, eux, ont toujours combattu les hérésies par des arguments rationnels [1]. Les hérétiques, de leur côté, se sont servis de pareilles *rationes* pour sanctionner leurs erreurs. Le problème à résoudre n'est point l'emploi même des *rationes*, mais davantage celui des lois régissant un tel emploi.

Gilbert démontre la nécessité de cette méthode par l'analyse de l'origine profonde des deux grandes hérésies de l'antiquité chrétienne : l'arianisme et le sabellianisme. Ces erreurs s'expliquent par la contradiction apparente entre la doctrine de la foi et les principes de la raison humaine. Non pas que ces principes soient faux en eux-mêmes, mais les hérétiques les ont utilisés de façon totalement abusive. Ils ont ainsi sacrifié la foi à une chimérique dictée de la raison. Par conséquent, la méthode rationnelle doit recéler les moyens propres à démasquer l'abus de la raison commis par les deux hérésiarques [2]. Gilbert s'est rendu compte que chaque hérétique a son propre choix de textes et qu'une réfutation au moyen de ses propres armes, c'est-à-dire l'argumentation scientifique, s'avère nécessaire. Pour le croyant aussi, cette méthode acquiert une importance capitale. La contemplation de l'harmonie entre les vérités admises par sa foi et celles acquises par sa conviction philosophique lui procure une satisfaction intellectuelle très pure. D'ailleurs, l'intervention des hérétiques peut faire naître le problème des rapports entre la foi et la raison, aussi bien pour les simples fidèles que pour les spécialistes en matière philosophique.

Gilbert a formulé les principes de cette méthode à plus d'une reprise. Sans nul doute, l'importance accordée à l'application de ces *rationes* était extrême. Il les appelle *inexpugnabiles*, *evidentissimae* et, comme Anselme de Cantorbéry, *necessariae*. Les termes de *demonstrare*, *ostendere*, *manifestare* et autres, expriment la même appréciation [3]. Comme la foi se trouve à l'origine

---

[1] *Prologue* (HARING, p. 33 ; GRABMANN, *Geschichte*, t. II, p. 417).
[2] Voir *De Trinitate* (HARING, p. 35 s ; PL, 1256).
[3] Voir *Prologue* (HARING, p. 33 ; GRABMANN, *Geschichte*, t. II, p. 419). Voir aussi *C. Eut. et Nest.* (HARING, p. 251 ; PL, 1355 CD) ; *De Trinitate* (HARING, p. 37, 61 ; PL, 1257 D, 1278 C).

de la réflexion théologique, il faut que les *rationes* se basent sur la foi : *fidei fundamento nituntur* [1], qu'elles soient selon la foi : *iuxta fidem* [2]. La thèse identique a été exprimée par la formule déjà rencontrée : *primum ex fide auctoritas rationi, deinde ex ratione assensio fidei*. Les *rationes* reposent sur la foi, puisque la doctrine de la foi constitue la matière de la réflexion rationnelle ; elles sont selon la foi, puisqu'elles aboutissent aux mêmes conclusions. Ainsi la foi forme le cadre dans lequel l'intelligence humaine poursuit son propre effort, suivant une méthode qui lui est particulière.

La théologie de Gilbert n'est aucunement déductive. S'il semble admettre la possibilité d'une conclusion théologique au sens strict [3], sa méthode ne consiste pas à ériger les doctrines de la foi en prémisses indispensables d'une argumentation théologique, méthode inaugurée par Guillaume d'Auxerre et perfectionnée par Thomas d'Aquin. Gilbert considère le contenu de la foi comme objet de la recherche ; sa vérité (pour autant qu'elle est accessible à la raison humaine) doit être prouvée par des *rationes*. L'article de la foi reste en dehors du raisonnement proprement dit, celui-ci n'en fait pas partie comme une des prémisses. L'argumentation se déroule d'après ses propres lois rationnelles et nous recouvrons la doctrine de la foi dans la conclusion du raisonnement. Ainsi cette méthode approche de près celle d'Anselme de Cantorbéry, la méthode de la *fides quaerens intellectum*, en ce sens que la foi inspire une réflexion rationnelle aboutissant à l'assentiment intellectuel des vérités déjà admises par la foi seule. A cause de cette double adhésion, Gilbert décerne à Boèce, pour lui le théologien modèle, deux titres d'honneur : « catholique » par sa foi, « philosophe » par sa compréhension des *rationes* étayant la doctrine de la foi.

On discerne dès lors un double assentiment aux vérités de la foi, l'assentiment du fidèle et celui du philosophe : *tam philosophicis ratione quam catholicis fide certa sunt quae demonstret (Boethius)* [4]. Soulignons que pour les « philosophes » Gilbert

---

[1] *C. Eut. et Nest.* (HARING, p. 251 ; PL, 1355 C).
[2] *De praedicatione* (HARING, p. 98 ; PL, 1310 D).
[3] *De praedicatione* (HARING, p. 98 ; PL, 1310 D) : « ... diligenter *intuere quae dicta sunt* vel esse catholicae fidei vel ex his, quae tenet fides catholica, sequi ».
[4] *C. Eut. et Nest* (HARING, p. 252 ; PL, 1356 A). Voir aussi *ibid.* (p. 251 ; 1355 C).

n'admet pas d'autre source de connaissance ni de certitude plus parfaite que pour le simple croyant. La certitude propre à la foi précède toute argumentation et constitue en même temps la base et la norme de la certitude acquise par l'intelligence en recourant à l'argumentation théologique. Aussi, une lecture attentive de Gilbert nous apprend qu'il ne dénie pas la foi à quiconque a démontré les vérités de la foi par voie rationnelle. Suivant la formule *fide catholicus, ratione philosophus*, la foi et l'intelligence subsistent dans le même sujet. Gilbert paraît négliger le problème de l'élimination de la foi par l'expérience de la raison, ce qui fit l'objet d'une discussion passionnée chez plusieurs contemporains lors de l'examen de la formule de saint Grégoire : *fides non habet meritum cui humana ratio praebet experimentum* [1]. Son commentaire de Boèce le passe totalement sous silence. Un tel problème d'ailleurs y ferait figure de corps étranger.

A plusieurs reprises, Gilbert fait remarquer que même la méthode rationnelle ne conduit pas à une compréhension parfaite du mystère de la foi. L'incompréhensibilité initiale de la donnée de la foi reste entière, malgré une argumentation complète. A l'exemple de Boèce, Gilbert fait dépendre la lumière intellectuelle, elle aussi, de la grâce divine : au moyen des *rationes*, nous pénétrons dans le mystère de Dieu aussi loin que la lumière de la grâce divine nous éclaire [2]. Autant le poids de notre intelligence humaine nous tient éloignés de la compréhension parfaite, autant notre attachement affectif doit suppléer au manque de notre connaissance proprement dite [3].

Sa théorie d'une méthode rationnelle fait de Gilbert le fondateur d'une sorte de topique théologique. Pareil topique est élaboré pleinement dans les *Regulae theologicae* d'Alain de Lille et n'est autre chose que l'énumération des règles générales dont on démontre l'application théologique [4]. Le caractère topique de cette théologie ressort clairement de l'ordre assez arbitraire des règles, comme du lien assez lâche entre les principes et

---

[1] Pour les théologiens de l'École porrétaine postérieure, voir G. ENGLHARDT, *Die Entwicklung der dogmatischen Glaubenspsychologie*, Munster, 1933, p. 102 s.
[2] *De Trinitate* (HARING, p. 38 ; PL, 1259 B).
[3] *De Trinitate* (HARING, p. 88 ; PL, 1300 C).
[4] *Regulae de sacra theologia* (PL, CCX, 617, 684).

l'application théologique. Lang fait remonter cette méthode à Alain lui-même [1]. Si le genre littéraire comme tel semble bien avoir été inauguré par le théologien de Lille, la théorie et la méthode ont été empruntées à Gilbert, et la dépendance d'Alain sous ce rapport a été établie de façon décisive par Chenu [2].

Pour sa théorie sur l'application théologique des *rationes*, Gilbert a repris le contenu boécien du terme de *loci*. Celui-ci se présente comme une combinaison de la conception aristotélicienne voyant dans le *topos* une proposition, et celle de Cicéron voyant dans les *loci* les éléments d'une proposition [3]. Traduisant le mot grec *topos*, Gilbert parlera de *topica generalis* [4], de *locus* ou *localis ratio*[5]. Dans la plupart des cas ce terme désigne une proposition, par exemple dans le cas de *maxima propositio*, emprunté à Boèce [6]. Ailleurs pourtant et surtout quand il parle des *loci naturales* ou des *rationes naturales*, il entend par ce terme les éléments d'une proposition [7]. Dans la seconde partie du commentaire du *De Trinitate*, tous les prédicaments sont englobés dans ce terme. Cette double signification du terme *locus* donne une certaine ambiguïté à la théologie de Gilbert. D'une part, il s'agit d'un vrai topique théologique pour autant qu'un nombre de règles générales soit appliqué à des doctrines théologiques différentes et peu cohérentes. D'autre part, l'application des *rationes naturales* aboutira à une élaboration remarquable de la théorie de l'analogie. Se pose dès lors le problème de savoir jusqu'à quel point les termes techniques de la philosophie, appliqués à la réalité divine, gardent leur sens primitif. Dans la méthode théologique de Gilbert, le dernier aspect de l'emploi des *rationes* est le plus important.

---

[1] A. Lang, *Die loci theologici des Melchior Cano und die Methode des dogmatischen Beweises. Ein Beitrag zur theologischen Methodologie und ihrer Geschichte*, Munich, 1925, p. 62, n. 8.

[2] M. D. Chenu, *Un essai de méthode théologique au XIIᵉ siècle*, dans *Revue des sciences philos. et théolog.*, t. XXIV, 1935, p. 260.

[3] Voir A. Lang, *op. cit.*, p. 58.

[4] *De hebdomadibus* (Haring, p. 188 ; PL, 1317 C) ; *C. Eut. et Nest.* (Haring, p. 259 ; PL, 1359 C).

[5] *De Trinitate* (Haring, p. 37, 66 ; PL, 1258 BC, 1282 B) ; *De hebdomadibus* (Haring, 185, 186 ; PL, 1315 D, 1316 D) ; *C. Eut. et Nest.* (Haring, p. 259 ; PL, 1359 C).

[6] *De hebdomadibus* (Haring, p. 188 ; PL, 1317 C).

[7] *De Trinitate* (Haring, p. 66 ; PL, 1282 B).

Gilbert emploie quantité de synonymes pour le terme *locus*, et à mesure qu'il explique ces divers termes, il énumère aussi les fonctions diverses des *loci*. La signification des mots *regula* et *terminus* se rapproche de celle de *locus*. Le mot *regula* conservant le sens de frontière et de ligne circonscriptive, signifie qu'une règle générale comprend, à la manière d'un lieu, plusieurs règles ou *loci* plus restreints. *Terminus* a la même signification locale comme point de départ et fin de l'argumentation [1]. Le terme de *regula* est fréquemment employé dans le commentaire du *De hebdomadibus*. C'est Boèce qui a donné ce nom aux principes généraux commandant son argumentation. Gilbert a repris cette terminologie, mais l'emploi en est rare dans ses autres commentaires [2]. Restent enfin les termes de *conceptiones* [3], *generalis sententia* [4], *leges* [5]. La phrase suivante réunit plusieurs synonymes :

> Prima quam ponit regula omnium quae sequuntur, immo omnium — cuiuscumque facultatis sint — generalium sententiarum, quam etiam hoc loco conceptiones vocat, est locus [6].

Lorsqu'il explique le sens et la portée des règles générales, il en fait l'énumération, tout en y accolant le nom qu'elles portent dans les différentes disciplines où elles sont appliquées :

> « Communes loci » rhetorum et « maximae propositiones » dialecticorum et « theoremata » geometrarum et « axiomata » musicorum et « generales sententiae » ethicorum seu philosophorum... [7]

L'introduction au *De hebdomadibus* contient bon nombre de termes grecs, doublés d'une traduction latine. Ils indiquent tous la même chose, mais de points de vue différents. Le terme grec de *paradoxa* est rendu par *admirationes*, la « dignité » de ces principes excitant l'admiration des philosophes. Ils s'appellent *emblemata* ou *enthymemata* ou *propositiones*, car ils posent toutes sortes de problèmes à cause des métaphores employées pour les

---

[1] *De hebdomadibus* (HARING, p. 186 ; PL, 1316 D).
[2] *De praedicatione* (HARING, p. 98 ; PL, 1310 B).
[3] *De hebdomadibus* (HARING, p. 186 ; PL, 1316 D, 1317 A).
[4] *Ibid.* (p. 186 ; 1316 D).
[5] *De praedicatione* (HARING, p. 89 ; PL, 1303 A).
[6] *De hebdomadibus* (HARING, p. 186 ; PL, 1316 D).
[7] *Ibid.*

éclaircir. Le nom de *hebdomades* ou *conceptiones* désigne le rapport avec l'*altior intelligentia*, seule faculté capable de les connaître [1].

Le terme le plus souvent usité est celui de *rationes*. Le début du commentaire de Gilbert est marqué par un long exposé sur les *rationes communes* et les *rationes propriae* [2]. Sa préférence pour ce terme, repris à Boèce, il ne la justifie point. Ce mot lui a probablement paru le plus approprié pour réunir en un seul terme la double signification du mot *topos*, et pour désigner les principes de la raison humaine par opposition aux données de la foi. Aussi, il ne peut être révoqué en doute que le terme soit synonyme des mots susmentionnés, comme il ressort de combinaisons telles que *localis ratio*, etc [3]. Et dans les passages cités, là où il est question des principes topiques, on rencontre le terme de *ratio* dans le sens cicéronien du terme *topos*. Tel par exemple le prologue du *De hebdomadibus*.

En prenant les *rationes* au sens aristotélicien de propositions ou de thèses, Gilbert se rallie à la doctrine connue, selon laquelle les *rationes* sont indémontrables et évidentes par elles-mêmes. Boèce parle à ce propos de *communis animi conceptio*, faisant de plus la distinction entre les règles qui sont évidentes pour tout le monde et celles que ne le sont que pour les initiés. Gilbert de même considère les *rationes* comme des vérités qui ne demandent aucune preuve pour être évidentes : *quam quisque probat auditam*. Si certaines de ces propositions ne sont pas évidentes pour tout le monde mais seulement pour les initiés, cela s'explique par la difficulté de saisir d'emblée, à cause des équivoques possibles, le sens des termes employés [4]. Cette théorie concorde avec les distinctions faites dans l'introduction au *De hebdomadibus*, voulant que la diversité des principes corresponde aux divers degrés de la connaissance humaine. Les principes suprêmes, ceux de la sagesse, sont vraiment évidents par eux-mêmes, mais compris uniquement par ceux qui ont atteint le sommet de la connaissance humaine, c.à.d par l'*intelligentia* [5].

---

[1] *De hebdomadibus* (HARING, p. 183 ; PL, 1315 A).
[2] *De Trinitate* (HARING, p. 34 ; PL, 1255 B).
[3] *De hebdomadibus* (HARING, p. 187 ; PL, 1316 D).
[4] *De hebdomadibus* (HARING, p. 187 ; PL, 1316 D s).
[5] Pour le terme de *hebdomade*, voir U. DEGL'INNOCENTI, *Nota al « De Hebdomadibus » di Boezio*, dans *Divus Thomas* (Plaisance), t. XLII, 1939, p. 397-399. Selon Gilbert, le terme signifie un principe de la sagesse suprême.

Par contre, la *ratio* étant prise au sens de *locus* cicéronien, indiquant donc les éléments d'une proposition, exclut plusieurs caractéristiques qui n'appartiennent qu'à des propositions. Toutefois, le caractère indémontrable et évident attribué aux propositions, est rappelé dans l'assertion que les *rationes* relèvent d'une science plus familière et plus accessible. D'un domaine connu on avance ici vers un autre moins bien connu [1].

La première fonction des règles est de rendre intelligible la chose ou la thèse à laquelle elles s'appliquent. Devient intelligible toute thèse à prouver réduite à une règle qui, elle, n'exige aucune preuve. Gilbert cite l'exemple notoire de la thèse posant que les substances immatérielles n'occupent pas de place. Cette proposition est comprise dans la règle générale suivant laquelle la propriété d'une chose ne peut exister sans celle-ci : *quod soli alicui proprium est, id sine eo esse non potest*. La couleur, par exemple, est une qualité corporelle ne pouvant exister que dans un corps. De la même manière les choses spirituelles ne peuvent occuper de place, car « être-situé » est une qualité des seules choses matérielles. La première règle générale, appelée par Gilbert règle dialectique (*maxima propositio et topica ratio*), renferme la seconde règle de la science naturelle (*naturalis haec*). La première est générale et évidente pour tout le monde, la seconde ne l'est que pour les initiés à la physique [2].

Les règles générales constituent donc le « lieu » où se trouvent les arguments [3], le point de départ de toute argumentation [4]. La force de l'argumentation en dépend [5], et la conclusion doit être vérifiée par un recours aux mêmes principes qui ont servi de point de départ [6]. Ce faisant, l'application correcte des règles met fin aux problèmes nés d'un emploi abusif des principes [7].

Englhardt se trompe quand il écrit que Gilbert n'accorde qu'une probabilité plus ou moins grande aux résultats de la

---

[1] *De hebdomadibus* (HARING, p. 183 ; PL, 1316 D).
[2] *De hebdomadibus* (HARING, p. 187-188 ; PL, 1317 A-B).
[3] *De hebdomadibus* (HARING, p. 186, 187, 196 ; PL, 1316 D, 1317 A, 1322 D).
[4] *De Trinitate* (HARING, p. 34, 50 ; PL, 1255, 1268 D) ; *De praedicatione* (HARING, p. 90 ; PL, 1304) ; *C. Eut. et Nest.* (HARING, p. 336 ; PL, 1400D).
[5] *De hebdomadibus* (HARING, p. 197 ; PL, 1323 D).
[6] *De Trinitate* (HARING, p. 50 ; PL, 1268 D) ; *De hebdomadibus* (HARING, p. 186, 196 ; PL, 1316 CD, 1322 D).
[7] *Prologue* (HARING, p. 32 s ; GRABMANN, *Geschichte*, t. II, p. 417 s) ; *C. Eut. et Nest.* (HARING, p. 255 s ; PL, 1357 D, 1358 A).

réflexion théologique, s'appuyant sur ces *rationes* [1]. Ce que Gilbert appelle la dialectique, est loin d'être un arsenal d'arguments probables comme elle était conçue dans la conception aristotélicienne. Il est bien conscient de la distinction entre arguments probables et nécessaires, ainsi que des règles qui s'y rapportent. Mais en parlant de sa méthode rationnelle, il emploie les formules : être démontré, être certain, être évident et indubitable ; il se sert de qualifications telles que *certa, indubia, firmissimae,* et autres équivalentes. Cette insistance sur la certitude et la nécessité des argumentations théologiques a pour but d'assurer à la théologie une place nullement inférieure à celle des autres sciences. Il est vrai que pour la connaissance humaine du mystère divin, plusieurs restrictions s'imposent, mais ces restrictions ne vont pas, selon Gilbert, jusqu'à rabaisser le résultat de la recherche théologique à une probabilité plus ou moins grande.

---

[1] G. ENGLHARDT, *Die Entwicklung der dogmatischen Glaubenspsychologie*, Munster, 1933, p. 119. Voir *supra*, p. 225, n. 3.

CHAPITRE II

LA THÉOLOGIE COMME SCIENCE

Sommaire. — I. La théologie comme science particulière : analogie avec les autres sciences, division des sciences, méthodologie. — II. Les *rationes* théologiques : les *rationes* propres à la théologie, la distinction entre « être » et « être quelque chose », Dieu en tant que l'être des choses créées, panthéisme chartrain, le concept de l'être. — III. Les *rationes naturales* dans la théologie : l'emploi de comparaisons, le transfert proportionnel de termes. — IV. La méthode théologique : méthode positive, méthode rationnelle, technique de la *quaestio*, les sources de cette théorie.

I

Nous avons vu que Gilbert opposait la théologie, en tant que science de la foi, aux autres sciences où la raison humaine est la source de toute connaissance. Dans le rapport entre la science de la foi et les sciences naturelles, il mettra en relief avec plus d'insistance encore un autre aspect, notamment que la théologie, en tant que science, n'est nullement inférieure aux sciences profanes. La théologie jouit de toutes les caractéristiques d'une science particulière, avec ses principes propres et sa méthode scientifique à elle. Chenu a fait remarquer qu'aucun prédécesseur de Gilbert n'avait tenté d'assigner à la théologie une place de science spéciale dans le domaine du savoir humain [1]. Depuis le début du christianisme, les théologiens se sont appliqués à l'étude du rapport existant entre la foi et les sciences profanes, entre la foi et la raison. Du temps de Gilbert, au lendemain de la controverse entre dialecticiens et anti-dialecticiens, l'emploi de la dialectique en théologie était pratiquement admis par la plupart des théologiens. La distinction entre la connaissance de la foi et la connaissance scientifique n'était encore envisagée que sous

---

[1] M. D. CHENU, *Un essai de méthode théologique au XIIe siècle*, dans *Rev. des sciences philos. et théolog.*, t. XXIV, 1935, p. 261.

l'angle de la distinction entre la foi surnaturelle et la raison humaine. Comme avant lui nul essai n'a pu être enregistré pour définir la distinction entre la théologie et la science humaine à l'intérieur même du domaine des sciences, la théorie de Gilbert devient un chaînon de première importance dans l'histoire de la théologie.

Gilbert en est arrivé là par sa réflexion sur l'application des *rationes* en théologie. Il ne devait même plus se demander si cette application était légitime ; car, l'ayant rencontrée chez les Pères, il ne pouvait la désapprouver chez les hérétiques. L'origine des erreurs n'était due, somme toute, qu'à l'emploi impropre et abusif des *rationes*, ce qui l'engagea à rechercher des règles qui y mettraient bon ordre. C'est ainsi qu'il proposa comme une découverte décisive, la distinction entre les principes communs valables pour toute science, et les principes spéciaux et propres à une science particulière [1]. Dans tous ses commentaires, il revient constamment à cette découverte personnelle.

Au début du commentaire sur le premier traité de Boèce, Gilbert en fait un large exposé. Analysant en détail les erreurs d'Arius et de Sabellius, prototypes de toutes les hérésies, il relève que ces deux erreurs proviennent, chacune à sa manière, de la négligence de la distinction fondamentale entre les principes communs et les principes propres : l'une a limité arbitrairement les principes de portée générale à un domaine particulier, l'autre a étendu les principes spéciaux au delà de leur propre portée. Voilà pourquoi Gilbert souligne que la tâche qui incombe avant tout au philosophe, plus exactement au théologien spéculatif, est de maintenir la distinction entre ces deux classes de principes et de signaler partout et toujours les fautes commises à l'égard de cette loi élémentaire. Aussi exige-t-il que le théologien possède la science comme un habitus dont il ne se défait pour ainsi dire jamais : *quodam difficile movendo scientiae habitu*. Il est indispensable d'étudier à fond les principes de la science, de les tenir en mémoire et de s'entraîner à leur emploi, aussi bien par des tournois sophistiques que par un travail philosophique sérieux [2]. Gilbert voulait rester fidèle à son idéal scientifique lorsqu'il s'engageait dans la controverse avec les

---

[1] *De Trinitate* (HARING, p. 34 ; PL, 1255 BC). Voir aussi *C. Eut. et Nest.* (HARING, p. 301 ; PL, 1381 D).

[2] Voir p. ex. *De Trinitate* (HARING, p. 34 ; PL, 1255 B) ; *De hebdomadibus* (HARING, p. 185, 186, 188 ; PL, 1316, 1317, 1318 A).

Cornificii qui croyaient pouvoir se dispenser du labeur scientifique. Pour la même raison, il jugeait stérile et inutile une discussion théologique avec un homme comme saint Bernard, dont la formation scientifique était, à ses yeux, insuffisante.

Une description limpide de la nature des principes généraux fait défaut dans l'œuvre de Gilbert, bien qu'il donne bon nombre d'exemples dont on peut déduire qu'il vise les règles générales de la grammaire et de la dialectique. Parfois nous rencontrons aussi comme principes généraux des thèses de physique ou des propositions formulées en termes de physique. Dans ce cas, il s'agit toujours de propositions, de *rationes* prises dans le sens du *topos* aristotélicien, et non de parties de propositions. Ces principes généraux sont applicables à toutes les branches de la science ou du moins à la plupart d'entre elles. Les principes spéciaux, par contre, ne sont valables que dans le domaine d'une science particulière. C'est pourquoi ils portent dans les diverses disciplines des noms différents : les *communes loci* de la rhétorique, les *maximae propositiones* de la dialectique, les *axiomata* de la musique, etc [1]. Ainsi, chaque science a ses règles ou ses principes propres qui, dans ce domaine particulier, remplissent la même fonction que les principes généraux dans la science en général. Ils sont indémontrables et évidents par eux-mêmes, du moins pour les initiés de cette discipline. Ils constituent le point de départ et la fin des argumentations et rendent intelligibles les conclusions. Enfin, ils sont compris dans les principes généraux dont ils sont une application spéciale à un domaine particulier [2].

Ainsi, toutes les sciences s'élaborent de la même manière : elles sont conditionnées par un certain nombre de règles évidentes par elles-mêmes et généralement valables, qui régissent toute l'argumentation et auxquelles toute preuve doit être ramenée. L'intelligibilité des conclusions de la science est à ce prix. Or, l'organisation de la théologie, selon Gilbert, n'est pas différente de celle des autres sciences. Elle aussi a ses principes bien propres et bien particuliers. Par conséquent, la théologie se présente comme une science particulière se situant au même niveau que les autres sciences [3].

---

[1] *De hebdomadibus* (HARING, p. 186 ; PL, 1316 D).
[2] *Ibid.*
[3] *De Trinitate* (HARING, p. 45 ; PL, 1265 A).

Emboîtant le pas à Boèce, Gilbert affirme que les sciences se sont surtout inspirées de l'exemple d'organisation de la « mathématique »[1]. Cette affirmation porte bien le sceau de l'École de Chartres, si réputée pour son vif intérêt témoigné aux études mathématiques. Sa préférence pour le *Quadrivium* a profondément influencé Gilbert, ainsi que sa préoccupation de donner à la théologie un statut de science exacte, avec ses règles et ses lois qui déterminent d'une part l'intelligibilité de l'objet de la science théologique et, d'autre part, permettent l'élaboration d'un système rigoureux mettant en évidence les résultats de la réflexion théologique.

Dissertant sur la division des sciences faite par Boèce en vue de définir avec exactitude la méthode qu'il se propose de suivre, Gilbert trouve l'occasion d'assigner à la théologie la place qui lui convient. A la fois, il délimite la nature et la méthode de la science théologique et précise la nature et la portée des principes.

Gilbert caractérise les sciences et leurs principes d'après leur objet[2]. Les principes appartiennent, selon lui, tantôt à une science spéciale, tantôt à une catégorie spéciale d'objets. En vertu de ce dernier critère, il lui est loisible d'apporter des nuances plus délicates à la portée des principes allégués, précisément parce que la diversité des objets est plus grande que celle des sciences. Ainsi, par exemple, il distingue entre les règles applicables à des divisions et celles applicables à des définitions[3]. Dans la christologie, il cite des règles valables pour le *genus praevaricatorum* mais inapplicables à l'humanité du Christ qui n'appartient pas au genre humain déchu[4].

Le *De Trinitate* de Boèce comporte une division des sciences du type aristotélicien : *naturalis, mathematica, theologica.*

---

[1] *De hebdomadibus* (HARING, p. 186 ; PL, 1316 C) : « Ut *igitur* tuae satisfaciam postulationi, feci sic *ut fieri solet in mathematica* disciplina, idest arithmetica, geometrica, musica, astronomica, *et in caeteris etiam* pluribus *disciplinis* ut in praedicamentis et analeticis, in quibus quaedam secuturis tractatibus necessaria praeponuntur, videlicet *praeposui terminos regulasque* ».
[2] *De Trinitate* (HARING, p. 65 ; PL, 1281 A) : « ... cum facultates secundum genera rerum de quibus in ipsis agitur diversae sint... »
[3] P. ex. *De Trinitate* (HARING, p. 34 ; PL, 1255 B).
[4] *C. Eut. et Nest.* (HARING, p. 356 ; PL, 1411 B).

La définition et la description de chacune d'elles comportent un mélange d'éléments aristotéliciens et platoniciens. Reprenant cette division, Gilbert la lie au schéma platonico-stoïcien qu'il pourrait avoir connu également par Boèce : *physica, ethica, logica*. Gilbert partage cette influence stoïcienne avec d'autres représentants de l'École de Chartres [1]. La théorie de maître Bernard présentant l'éthique comme la principale des disciplines philosophiques en est l'illustration la plus typique [2].

Gilbert construit sa théorie des sciences en les distinguant en sciences théoriques et pratiques [3] : les premières traitent de l'être, de la nature, des qualités et de la fin des choses créées ; les disciplines pratiques au contraire orientent vers l'action. Parmi les dernières, il ne cite nommément que la médecine et la magie. Bien vite il les néglige comme débordant le cadre de son commentaire. La première division des sciences théoriques se fait selon la conception platonicienne : physique ou *scientia naturalis*, éthique ou *scientia moralis* et logique ou *scientia rationalis*.

Gilbert identifie la *scientia naturalis* de la première division à celle généralement dénommée la science spéculative et subdivisée d'après le schéma aristotélicien, à l'instar de Boèce, en *scientia naturalis* (au sens strict), *mathematica* et *theologica* [4]. Ailleurs, la science mathématique est divisée en *arithmetica, geometrica, musica* et *astronomica*, les quatre disciplines du

---

[1] Pour les classifications médiévales, voir J. MARIÉTAN, *Problème de la classification des sciences d'Aristote à St. Thomas*, Paris, 1901, sur Gilbert, p. 142-145 ; L. BAUR, *Dominicus Gundissalinus De divisione philosophiae, herausgegeben und philosophiegeschichtlich untersucht. Nebst einer Geschichte der philosophischen Einleitung bis zum Ende der schoslastik*, Munster, 1903, surtout, p. 349-378 ; M. GRABMANN, *Geschichte der scholastischen Methode*, t. II, p. 28-48. Pour la période préscolastique, voir surtout A. VAN DE VIJVER, *Vroeg-middeleeuwse wijsgerige verhandelingen*, dans *Tijdschrift voor Philosophie*, t. IV, 1942, p. 159.

[2] Voir plus haut, p. 130.

[3] Gilbert emploie dans ce contexte le terme de *speculatio*. On trouve aussi chez lui le terme de *facultas* au sens de discipline ou science : *De Trinitate* (HARING, p. 35, 65 ; PL, 1255 C, 1281) ; *De hebdomadibus* (HARING, p. 183 ; PL, 1315 A) ; *C. Eut. et Nest.* (HARING, p. 250, 258, 301 ; PL, 1355 A, 1359 A, 1381 D, 1382 A). Voir B. GEYER, *Geschichte der patristischen und scholastischen Philosophie*, p. 352. Le terme de *disciplina* est réservé à la traduction du mot grec de *mathesis*. Une seule fois (*De hebdomadibus*, HARING, p. 186 ; PL, 1316 C) ce terme comprend toutes les parties de la philosophie, y compris les branches des *artes*. Voir M. D. CHENU, *Notes de lexicographie philosophique médiévale. Disciplina*, dans *Rev. des sciences philos. et théol.*, t. XXV, 1936, p. 690-691.

[4] *De Trinitate* (HARING, p. 46 ; PL, 1265 BC).

Quadrivium[1]. De même, chacune des disciplines du *Trivium* ici rassemblées sous le nom général de logique ou *scientia rationalis*, se retrouve plus loin sous leur nom particulier. La découverte de nouveaux écrits d'Aristote fit ajouter au triptyque traditionnel quelques disciplines nouvelles, telles que l'*analytica* et les *praedicamenta*.

Une présentation schématique nous donne le tableau suivant :

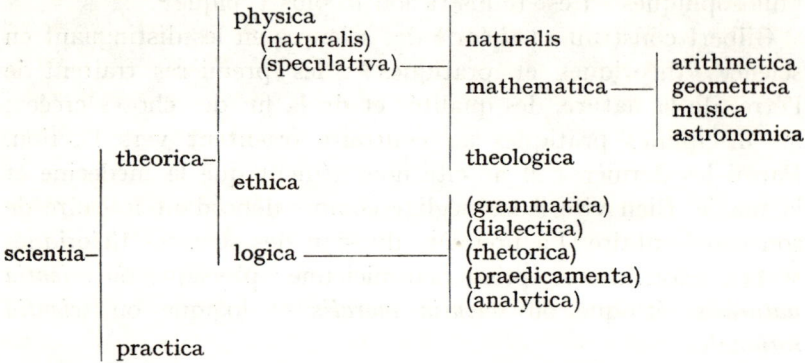

Suivant en cela Boèce, et dans le même esprit platonicien, Gilbert ne s'occupe que de la définition des sciences particulières de la trilogie : physique, mathématique et théologie. Elles sont définies d'après leur objet et leur mode d'abstraction, ainsi que d'après les facultés cognitives variant pour chacune d'elles.

Ainsi, la science physique est appelée *naturalis*[2], parce qu'elle traite des choses concrètes, telles qu'elles sont, de par leur nature, avec la matière et dans la matière. Elle est appelée *rationalis*, parce que la *ratio* est la faculté qui, par l'intermédiaire des sens et de l'imagination, connaît le concret.

Vient ensuite la science mathématique. Pour définir cette science, Gilbert ne connaît pas les mêmes scrupules que Clarembault d'Arras[3]. Partant de l'étymologie du mot grec de *mathesis* et de la traduction latine de *disciplina*, sa définition élucide le but de cette science. L'opération propre à cette science est l'abstraction, c'est-à-dire la séparation des formes et de tout

---

[1] *De hebdomadibus* (HARING, p. 186 ; PL, 1316 C).
[2] *De Trinitate* (HARING, p. 65 ; PL, 1281 A).
[3] Voir W. JANSEN, *Der Kommentar des Clarenbaldus von Arras zu Boethius De Trinitate*, Breslau 1926, p. 38 s.

ce qui est connaissable, de la matière. En physique, pour savoir ce qu'est un corps concret, il faut savoir ce que est et ce que fait la forme de la corporéité. A moins d'arriver au formel grâce à l'abstraction mathématique, le physicien, en effet, ne peut connaître parfaitement les choses concrètes. Comme ces formes ne sont pas réellement abstraites et ne peuvent être actuellement séparées du concret, on dira que la science mathématique ne considère pas les choses telles qu'elles sont en réalité. Boèce la qualifie d'*inabstracta*, selon la nature de la chose considérée, en ajoutant *sine motu*, selon le point de vue de cette science. Certes, si l'on fait abstraction de la matière, cause du mouvement, on fait également abstraction du mouvement des choses matérielles.

La théologie, enfin, envisage les choses abstraites par elles-mêmes et ne réclamant aucune opération de la raison pour être séparées de la matière. Elle considère les principes ontologiques des choses : Dieu, les idées éternelles et la matière première. Elle est appelée *abstracta* d'après la nature de son objet, *intellectualis* d'après son mode de connaissance. Aussi bien les choses simples sont mieux connues par la connaissance intellectuelle de la théologie que ne le sont les choses perçues par la connaissance naturelle et par l'abstraction mathématique. Les *inabstracta*, en effet, sont moins connaissables : ils ne sont pas toujours, ils ne sont pas dépourvus de mouvement, bien que la science mathématique ne leur prête ni matière ni mouvement.

> In naturalibus rationabiliter, in mathematicis disciplinaliter, in theologicis intellectualiter (versari oportet).

Conformément aux définitions données, Gilbert paraphrasera cette règle méthodique de Boèce :

In naturalibus rationabiliter : devant l'ambiguïté d'un nom désignant le *quod est* autant que le *quo est*, il faut porter l'attention sur ce qui, en vertu de leur concrétion, est propre au *quod est* et au *quo est*, et distinguer ce qui est propre de ce qui est commun à toutes les sciences. Cette paraphrase de Gilbert souligne que la nature propre et la portée des principes physiques dépend de la diversité comme de l'inséparabilité, dans les choses matérielles, du *quod est* et du *quo est*.

In mathematicis disciplinaliter : les principes propres de la science mathématique empruntent leur sens et leur portée à la nature de l'objet considéré qui, en réalité, n'est pas sans être concrétée dans la matière. Il est vrai, l'opération propre de cette science consiste dans l'abstraction de la matière et en conséquence de cette abstraction ses principes revêtent un sens spécial et propre. La différence entre les *rationes naturales* et les *rationes mathematicae* est signalée par Gilbert d'une manière succincte mais assez obscure par la phrase suivante :

> In naturalibus enim dicitur homo « species generis », i. e. animalis aut corporis. In mathematicis vero non generis sed « individuorum » tantum dicitur « species » homo. Ideoque naturalis concretionis proprietate dicitur genus de specie praedicari. Mathematicae vero abstractionis proprietate non genus sed generis genus de ea, quae non generis sed individuorum tantum species est, vere et consequenter praedicari conceditur [1].

Ce passage, il faut l'entendre comme suit. Il est dans la manière de voir de la science physique que le terme *homo* s'applique à la forme concrétée ou matérialisée, donc à ce qui est la nature ou l'être formel de la substance concrète. Comme telle, la nature est une spécification ajoutée à une forme plus générale, le *genus*, auquel elle appartient. A cette nature, prise comme sujet d'une phrase, est attribué le *genus*, p. ex. *homo est animal*. Par l'abstraction mathématique, le mot *homo* désigne la forme en tant que séparée de la substance concrète. Comme toutes les formes abstraites, la forme d'*humanitas* constitue la nature d'une substance concrète et individuelle (*individuorum species*), et, comme telle, elle se classe parmi les dix prédicaments constituant les différentes catégories (*genera*) des *genera*. Par conséquent, il faut attribuer aux formes abstraites l'un ou l'autre nom des prédicaments (*genera generum*), p. ex. *humanitas est substantia, rationalitas est qualitas*, etc.

In theologicis intellectualiter : la théologie considère les choses réellement abstraites, sa manière de voir est *intellectualis*. Cette qualification entend ne pas baser la compréhension des choses théologiques sur les propriétés des choses concrètes ou sur celles qui ne sont séparées de la matière que par l'abstraction mathématique — ce qui est l'œuvre de la raison (*ratio*) —, mais sur les principes propres à la théologie, — ce qui est l'œuvre de l'intelligence. Il ne faut pas chercher à concevoir les choses

---

[1] *De Trinitate* (HARING, p. 49 ; PL, 1269 BC).

divines à la manière de choses qui sont la simple image de ce qui existe réellement [1].

Constatons une fois de plus que, dans cette description, la théorie des principes de la science découle de l'analyse grammaticale. Définissant la nature et la portée des principes, Gilbert partira de la distinction, d'origine grammaticale, des significations du nom : tout nom concret peut indiquer deux choses, ou bien la *substantia* ou *quod est*, c'est-à-dire la chose concrète, ou bien la *qualitas* ou *quo est*, c'est-à-dire le formel séparable de la matière par l'acte d'abstraction. Or, les principes de la science physique impliquent que la chose concrète et son être sont différents sans possibilité d'existence distincte. Quant à la science mathématique, ses termes expriment d'une manière directe la *qualitas* ou le formel, tout en maintenant la relation avec la *substantia* ou la substance concrète, sans laquelle le formel ne pourrait exister.

Comparés aux principes de ces deux sciences, les principes de la théologie peuvent être définis d'une manière négative. Ils appartiennent à une catégorie toute autre, l'objet de la théologie étant parfaitement abstrait et simple, et ne pouvant être compris à l'instar d'un *quo est* concrété dans un *quod est*. Il n'y a ici ni concrétion ni abstraction mathématique. La forme divine est une forme abstraite par elle-même.

Cette division ne situe pas les sciences au même rang, elle les dispose suivant un ordre hiérarchique à l'aide de deux critères. Le premier est l'ordre des objets considérés. Au degré inférieur se trouvent les *nativa* ou les choses concrètes et matérielles

---

[1] *De Trinitate* (HARING, p. 49 s ; PL, 1268 BC) : « Quamvis *igitur* rerum speculationibus subjectarum aliquae sint rationes communes, plurimas tamen proprias esse necesse est. Ac per hoc *in naturalibus* ... *rationabiliter* ut (scilicet posito nomine quo et id, quod est, et id, quo est, significatur) ea vi mentis, qua concreta reri debet, diligenter attendat : quid proprie sibi vel quod est vel quo est concretionis consortio exigat, et quid caeterarum speculationum locis communicet. In *mathematicis* ... *disciplinaliter* ut ... sic eorum propria ad disciplinam faciendam attendat, ut communes sibi cum caeteris speculationibus rationes ad ipsa minime contrahat ... *In divinis quoque*, quae non modo disciplina verum etiam re ipsa abstracta sunt, *intellectualiter versari oportebit* i.e. ex propriis theologicorum rationibus illa concipere et non ex naturaliter concretorum aut disciplinaliter abstractorum proprietatibus judicare. Quod autem hoc ita velit intelligi, aperit cum subjungit : *neque* oportebit *diduci* ad aliqua creata, quae vere existentium sunt *imaginationes, sed potius ipsam* ex suis rationibus *inspicere* singularem ac simplicem *formam* ».

qui sont reléguées au rang d'images du vraiment réel et sont du domaine de la physique. Vient ensuite le formel ou l'être des *nativa* qui est premier et principe des choses concrètes ; il relève des sciences mathématiques. Pour finir les *genuina*, étant entièrement abstraites, dépassent toutes les autres choses (*omnia nativa transcendens*) et concernent la science suprême, la théologie.

A l'hiérarchie des objets correspond, d'autre part, un ordre des facultés cognitives et des manières de voir. La connaissance de la raison, dépendant des sens et de l'imagination, occupe le degré inférieur. Vient ensuite la connaissance mathématique qui a pour objet le concret et le sensible, et faisant abstraction de la matière et du mouvement ne recherche que l'élément formel. Enfin, surpassant le tout, se place la théologie qui atteint son objet immatériel de la manière la plus parfaite, parce qu'opérant par l'*intelligentia* qui est la faculté humaine suprême.

Cette conception de la hiérarchie des sciences trouve son expression la plus éloquente dans le prologue du commentaire sur le *De hebdomadibus* [1]. Gilbert est d'avis qu'il est impossible aux vrais philosophes de communiquer à chacun toute la richesse de leur sagesse. Il y en a qui se contentent de la connaissance inférieure, la connaissance des sens et de l'imagination qui leur est commune avec les bêtes. Le philosophe ne peut s'occuper d'eux. D'autres, par un premier mouvement de la raison, tendent vers une connaissance de ce qui est supérieur aux sens et à l'imagination. Malheureusement la plupart d'entre eux s'arrêtent aux apparences extérieures, à un schéma assez pauvre ne franchissant pas l'analyse de la signification des noms. Pour celui qui est outillé de la sorte, l'erreur est toute proche, ou bien il montrera une certaine lourdeur d'esprit insurmontable. Contraint d'abandonner ces hommes superficiels afin de ne pas prostituer la beauté de la sagesse, le philosophe offre aux autres son assistance grâce à la *via rationum*. Cette voie est multiple. Le plus grand nombre de ces chercheurs de vérité seront conduits par la voie publique, celle des *rationes* qui sont communes et évidentes à tous, avançant par là jusqu'à la connaissance des images de ce qui est obscurci dans le monde du concret et du matériel. C'est là la voie de la physique. Les autres, moins nombreux, parviendront au delà du concret et du matériel. La science supérieure et mathématique les conduira à la connaissance de

---

[1] *De hebdomadibus* (HARING, p. 182 ss ; PL, 1313-1315).

la nature et de la propriété des choses. Les y attend une plus pure compréhension de la beauté de la sagesse qui y rayonne. Reste encore la poignée de ceux qui, indifférents à leur propre gloire, sont amoureux de la sagesse suprême. Ils cheminent par une autre voie que la voie publique des *rationes* naturelles et mathématiques. Par la facilité de l'esprit appelée *intellectus*, ils aboutiront à la contemplation des secrets de la sagesse, ils comprendront combien les *rationes* de la sagesse diffèrent de celles des autres sciences. Ils seront convaincus du manque total de termes appropriés capables d'exprimer les *rationes* de la sagesse ainsi que de l'existence d'innombrables problèmes quasi insolubles provenant de l'emploi pourtant indispensable de termes propres à d'autres sciences.

Cette description des sciences place certainement Gilbert dans la tradition du platonisme chrétien qui réservait la sublime science théologique à l'élite intellectuelle et qui estimait l'*intellectus fidei* au dessus de la foi simple des humbles croyants. Science au sens strict, avec ses règles et ses principes propres, la théologie est également la science suprême qui doit son excellence à son objet surpassant celui des autres sciences et à la certitude qu'elle donne. Pour Gilbert, il n'y a point de doute que la théologie se situe à la première place dans le schéma des sciences, dressé par Aristote. A noter cependant que cette théologie, tout comme chez Anselme de Cantorbéry, souffre d'une certaine ambiguïté. D'une part, on insiste sur le fait que la théologie trouve son origine dans la foi surnaturelle, d'autre part, lorsqu'elle est définie comme science, elle ne se distingue guère de la *prima philosophia* d'Aristote. Comparée aux autres sciences selon des critères uniquement philosophiques, son objet et ses principes se définissent d'une manière philosophique. Voilà pourquoi d'autres choses encore ne relevant pas de la foi, telles les idées éternelles et la matière première, deviendront, ensemble avec Dieu, objets de la théologie. Par suite de quoi, la place occupée par la théologie dans le schéma aristotélicien ne manifeste guère les caractéristiques propres à la théologie comme science de la foi [1].

---

[1] Voir M. D. CHENU, *Les « philosophes » dans la philosophie chrétienne médiévale*, dans *Rev. des sciences philos. et théolog.*, t. XXVI, 1937, p. 27-40 ; W. JANSEN, *Der Kommentar des Clarenbaldus von Arras zu Boethius De Trinitate*, Breslau, 1926, p. 36.

II

Après cette définition négative de la nature des principes théologiques, Gilbert en brosse une autre, positive celle-ci, et vraiment remarquable : les principes propres à la théologie découlent du fait que Dieu seul est « l'être » et peut être dit « être ». Tout principe, toute règle exprimant l'être au sens plein et propre, appartient rigoureusement à la théologie. Gilbert expose sa thèse dans son commentaire du *De Trinitate* après l'exposé de la division des sciences et dans la paraphrase des règles données par Boèce au début du *De hebdomadibus*.

Dans son *De Trinitate*, Boèce soutient que la théologie étudie ce qui est forme pure, ce qui n'est pas image, ce qui est l'être-même et l'origine de tout être. Expliquant pourquoi la forme divine est appelée l'être, il ajoute : parce que tout être provient de la forme. Gilbert commente Boèce en ces termes :

> Essentia vero, quae principium est, omnia creata praecedit : illis omnibus, ut « esse » dicantur, impertiens et a nullo alio, ut ipsa sit, sumens. Ideoque vero nomine forma *neque imago est*. Et cum de ea quis loquens dicit « essentia est », sic debet intelligi : essentia est illa res, *quae est ipsum esse* i. e. quae non ab alio hanc mutuat dictionem *et ex qua est esse* i. e. quae caeteris omnibus eandem quadam extrinseca participatione communicat. Non enim de quolibet suae essentiae proprietate dicitur « est ». Sed ab eo, qui non aliena sed sua essentia proprie est, ad illud quod creata ab ipso forma aliquid est et ad ipsam creatam formam et denique ad omnia quae de ipsis vere dicuntur (quoniam ex eo tamquam ex principio sunt) dictio ista transumitur, ut de unoquoque divinae formae participatione recte dicitur « est »[1].

Dieu seul est l'être et mérite d'être appelé « l'être ». Tout ce qui n'est pas Dieu, n'est pas au sens strict, car l'être ne lui appartient pas en propre. Si une chose est dite être, ce n'est qu'en vertu d'une participation extrinsèque à l'être divin. Ce texte prélude à une autre distinction, celle entre l'*esse simpliciter* et l'*esse aliquid*. Les choses créées sont quelque chose (*aliquid sunt*) grâce aux formes propres inhérentes auxquelles elles participent. Par contre, si elles sont dites être tout court, c'est à cause de leur dépendance totale à l'égard de la causalité divine. Seulement, il ne s'agit ici que d'une dénomination extrinsèque,

---

[1] *De Trinitate* (HARING, p. 50 ; PL, 1268 D).

la participation de la créature à l'être divin, elle aussi, ne pouvant être qu'extérieure.

Cette théorie est développée dans le commentaire du *De hebdomadibus* [1]. La deuxième règle de cet écrit de Boèce se prononce en faveur de la distinction entre *esse* et *quod est*. La septième règle en viendra circonscrire l'universalité : elle ne convient pas aux choses simples, où l'*esse* et le *quod est* s'identifient. Et suivant la huitième règle elle ne s'applique qu'aux choses composées : pour chaque chose composée, l'*esse* diffère du *quod est*. Ces règles président à la discussion du problème dont s'occupe le *De hebdomadibus*, elles définissent les rapports entre la chose concrète et son être, entre la substance première et sa forme. Leur explication démontre clairement le dessein délibéré de l'auteur. Pour Boèce, les substances simples ne sont autre chose que la forme qui les fait être ce qu'elles sont. Les substances composées, au contraire, ne s'identifient pas avec leur forme, leur matière faisant partie également de leur substance. De plus, elles reçoivent diverses formes accidentelles impossibles à ramener à la forme substantielle ou à la matière [2].

Parallèlement à cette distinction fondamentale de Boèce, Gilbert distingue deux méthodes : celle de la théologie et celle des sciences physiques. En théologie, le terme *esse* doit être entendu comme suit :

> Nam in theologica, divina essentia, quam de Deo praedicamus cum dicimus « Deus est », omnium creatorum dicitur esse. Cum enim dicimus « corpus est » vel « homo est » vel huiusmodi, theologici hoc esse dictum intelligunt quadam extrinseca denominatione ab essentia sui principii. Non enim dicunt corporalitate corpus esse sed esse aliquid ; nec humanitate hominem esse sed esse aliquid. Et similiter unumquodque subsistens essentia sui principii praedicant non esse aliquid sed esse ; illa vero, quae in ipso creata est, subsistentia non esse sed esse aliquid [3].

Ainsi la théologie fait du terme *esse* un nom propre à Dieu. Attribué aux créatures, il n'exprime pas directement leur être propre mais plutôt leur dépendance à l'égard de l'être de leur

---

[1] *De hebdomadibus* (HARING, p. 188-195 ; PL, 1318-1322).

[2] Sur l'interprétation du texte de Boèce, voir p. ex. M. D. ROLAND-GOSSELIN, *Le « De ente et essentia » de S. Thomas d'Aquin*, Kain (Belgique), 1926, p. 142-145 ; H. J. BROSCH, *Der Seinsbegriff bei Boethius. Mit besonderer Berücksichtigung von Sosein und Dasein*, Innsbruck, 1931.

[3] *De hebdomadibus* (HARING, p. 188 ; PL, 1318 A).

Créateur. Leur être propre, dû à la participation à la propre subsistance inhérente, n'est qu'un être-quelque-chose (*esse aliquid*).

Tout autre est le sens du terme *esse* pour les philosophes. Faisant abstraction du rapport des choses créées au Créateur, ils entendent par ce terme, employé sans autre qualification, ce que les théologiens expriment par *esse aliquid*, donc par l'être propre des choses. D'ailleurs, même parmi les philosophes, les conceptions sur la signification du terme varient. Certains le conçoivent comme un terme équivoque, désignant tantôt l'être substantiel, tantôt l'être accidentel. Gilbert accorde sa préférence à une autre théorie qui, déjà en philosophie, distingue entre être et être-quelque-chose : « être » exprimant l'être substantiel ou ce que les choses sont par leurs subsistances, « être-quelque-chose » l'être accidentel ou ce que les choses sont par leurs formes accidentelles [1].

La distinction philosophique proposée par Gilbert entre *esse* et *esse aliquid* s'inspire du texte de Boèce. Aux substances créées, celui-ci octroie une double participation : l'une par laquelle la chose participe à son être ou à sa forme substantielle, participation par laquelle elle est ; l'autre par laquelle la chose se revêt de formes accidentelles, par lesquelles elle est de telle ou telle qualité accidentelle. Contrairement à Boèce qui n'attache aucune valeur théologique à cette distinction, Gilbert l'étend au rapport entre l'être divin et l'être créé.

Indépendamment de la formule *forma ex qua est esse*, Boèce désigne la causalité de l'être divin par rapport aux créatures par d'autres formules, tout aussi « émanatistes », mais il se distance de l'émanatisme néo-platonicien, en rejetant une participation réelle et intrinsèque des choses naturelles à l'être divin. Les termes d'origine néo-platonicienne doivent nettement indiquer la causalité de Dieu, s'étendant à toutes choses, mais il paraît indubitable qu'aux yeux de Boèce, il s'agit d'une causalité efficiente, non formelle [2]. Le même souci d'éviter le monisme a conduit Gilbert à sa théorie de la participation extrinsèque des *nativa* à l'être divin.

Le commentaire sur la cinquième règle du *De hebdomadibus* amène Gilbert à avancer une nouvelle distinction afin de rattacher

---

[1] *Ibid.*
[2] Voir H. J. Brosch, *op. cit.*, p. 94-100.

à sa propre conception métaphysique la théorie de la participation extrinsèque et de la dénomination extérieure [1]. La règle de Boèce est ainsi formulée :

> diversum est « tantum esse aliquid » et « esse aliquid in eo quod est ».
> Illic enim accidens, hic substantia significatur [2].

La paraphrase de Gilbert s'écarte légèrement de la terminologie de son auteur elle accorde la règle de Boèce avec la théorie personnelle de Gilbert à l'aide des distinctions suivantes.

Il commence par rappeler que, du point de vue philosophique, l'être substantiel relève de la subsistance, l'être accidentel des formes accidentelles. En disant qu'une chose est telle ou telle, on peut parfois ajouter « en ce qu'elle est » (*in eo quod est*). En certains cas, cette addition sera impossible, car le prédicat ne se rapporte qu'à un être accidentel. En effet, la qualification « en ce qu'elle est » signifie que la chose est dite ce qu'elle est à cause d'une subsistance ou d'une forme substantielle. Or, — et voici le point décisif — cette subsistance n'est pas nécessairement la subsistance propre de la chose. Il se peut maintenant que la chose soit dite telle à cause de la subsistance de celui qui l'a produite. Donc, une chose peut être dite telle ou telle, ou bien de par son propre être substantiel ou bien de par l'être substantiel de celui qui la rend telle ou telle. Un exemple éclaircira cette distinction remarquable. On peut dire d'une chose qu'elle est en cuivre, qu'elle est humaine et qu'elle est triangulaire. Il convient d'ajouter à la première qualification « *in eo quod est* », parce que la chose est en cuivre en elle-même, de par sa propre subsistance. En disant que la chose est humaine, on peut ajouter la même précision. Non pas que la chose soit humaine de par son propre *genus*, mais à cause de l'humanité qui est le *genus* propre à l'artisan qui a produit la chose. Le prédicat « triangulaire » attribué à la chose n'exprime qu'un être accidentel venant d'un accident de figure. Dès lors, on ne peut pas dire que la chose est triangulaire en elle-même ou en ce qu'elle est.

Ces distinctions préparent la solution de la question principale du *De hebdomadibus* : les choses créées sont-elles bonnes par participation ou par substance ?

---

[1] *De hebdomadibus* (HARING, p. 191 ; PL, 1319 B-1320 A).
[2] *Ibid.* (HARING, p. 191 ; PL, 1319 B).

D'accord avec Boèce, Gilbert déclare que cette alternative ne s'impose pas absolument. Les choses créées ne peuvent être bonnes par participation : conformément à la troisième règle, leur bonté ne serait alors qu'une bonté accidentelle, comme la blancheur participée n'est qu'accidentelle. Elles ne peuvent non plus être bonnes par leur substance : cela reviendrait à dire qu'elles sont bonnes par elles-mêmes, que leur bonté et leur être sont identiques, ce qui ne peut être vrai que pour Dieu [1]. Une troisième possibilité permet de dire que les choses sont bonnes en ce qu'elles sont, sans que leur essence et leur bonté s'identifient pour autant. Voilà ce qui résulte de l'analyse de l'exemple cité.

Le prédicat « humain », en effet, peut être entendu en deux sens. Dire qu'une substance sensible est humaine, c'est dire qu'elle l'est par sa propre subsistance. En attribuant le même prédicat à une chose inanimée ou artificielle, on ne prétend pas dire qu'il convient à cette chose en raison de sa subsistance propre, mais en raison de la subsistance de celui qui l'a produite. Gilbert comprend de la même façon la dénomination « bon ». Nous disons de Dieu qu'il est bon. Ici, le nom désigne l'être de Dieu, la bonté et l'être se confondant en Lui. C'est la première manière d'entendre l'*esse bonum*. D'autre part, les philosophes reconnaissent que toutes les choses créées sont bonnes également, bonnes en ce qu'elles sont. Cependant, cet attribut ne renvoie pas à leur propre subsistance, pour la bonne raison que celle-ci n'est pas identique à leur bonté. Il s'agit bien plus d'une métonymie par laquelle ce qui convient au sens plénier au Créateur est transféré aux effets de la causalité créatrice [2]. Ce nom atteint néanmoins les choses sous tous leurs aspects : d'après tout leur être et d'après tous les éléments de leur être, elles se réfèrent à Dieu comme à leur cause et à leur origine. Dès lors, dire des choses inanimées et artificielles qu'elles sont humaines, ou parler

---

[1] *Ibid.* (HARING, p. 197-202 ; PL, 1323 D-1327).

[2] *De hebdomadibus* (HARING, p. 205 ; PL, 1328 D) : « Sicut *enim* duobus modis dicitur 'humanum', primum scilicet generis proprietate (ut animal humanum) et secundum denominatione, quoniam ex eo fluxit, cuius humanum est esse (ut opus humanum), ita duobus modis dicitur 'bonum', *primum* scilicet *bonum* quod *est* vere *bonum, quoniam est* bonum *in eo quod est*, scilicet suae essentiae veritate. *Secundum vero bonum ipsum quoque bonum est*, non quidem essentiae veritate sed quadam denominatione, quae graece 'metonomia' vocatur »

d' « être » et d' « être-bon » à propos des choses créées, ce n'est pas désigner la subsistance propre des choses, mais bien la subsistance ou l'essence de celui qui les a créées. Ces expressions sont à concevoir comme une appellation extérieure ou figurée correspondant à une participation extrinsèque des choses à l'être et à la bonté de Dieu [1]. Les textes de Gilbert ne laissent aucun doute sur ce point :

> Est enim denominatio quod dicuntur esse « bona », (sicut quod dicuntur « esse ») quandoquidem ille, a quo sunt et bona sunt, sic vere et substantialiter bonus est sicut vere et substantialiter est [2].

Et quelques lignes plus loin :

> Sicut ergo ab eo, qui vere est, denominative de quolibet secundum ethicos aut theologicos per se praedicatur « est », ita quoque secundum eosdem de quolibet per se praedicatur « bonum » [3].

Cette théorie est étroitement liée à la formule connue : l'essence divine est l'être de toutes choses, ou ses équivalents : la forme divine est l'être de toute chose ; Dieu est la forme de toutes choses créées par Lui [4]. Par ces formules, Gilbert semble se rallier à une tradition platonicienne qui causa de multiples disputes.

Déjà Jean Scot Erigène avait avancé une formule analogue [5]. L'École de Chartres aussi et surtout Thierry de Chartres [6] et Clarembaut d'Arras [7] l'avaient admise. C'est Amaury de Bène

---

[1] *De hebdomadibus* (HARING, p. 205 ; PL, 1329 AB) : « Haec autem a primi Boni essentia ad esse illorum, quae sunt et aliquid sunt, transumptiva denominatio seu denominativa transumptio facit, ut non modo sint bona sed etiam in eo, quod sunt, bona sint quaecumque hac denominatione sunt bona ».

[2] *De hebdomadibus* (HARING, p. 209 ; PL, 1331 B).

[3] *Ibid.* (p. 210 ; PL, 1331 D).

[4] Voir *De hebdomadibus* (HARING, p. 180 ; PL, 1318 A) ; *De Trinitate* (HARING, p. 51 ; PL, 1269 D) ; *C. Eut. et Nest.* (HARING, p. 273 ; PL, 1367 B).

[5] *De divisione naturae*, lib. I (PL, CXXII, 443 B) : « Ipse namque omnium essentia est ».

[6] *De sex dierum operibus* (édit. B. HAURÉAU, *Notices et extraits de quelques manuscrits latins de la Bibliothèque nationale*, t. I, Paris, 1890, p. 63) : « divinitas singulis rebus forma essendi est ». *In librum hunc* (édit. W. JANSEN, *Der Kommentar des Clarenbaldus von Arras zu Boethius De Trinitate*, Breslau, 1926, p. 16') : « Illud enim constat esse verissimum, quod forma divina omnes est formae ».

[7] *In Boethium De Trinitate* (édit. W. JANSEN, *op. cit.*, p. 58').

qui l'a discréditée en lui donnant un sens nettement panthéiste. En se réclamant du témoignage de Jean Scot et des maîtres de Chartres, il les a rendus suspects auprès des théologiens postérieurs. Thomas d'Aquin d'ailleurs reproche à la formule d'Amaury de présenter Dieu comme la cause formelle de toute créature [1]. Ce jugement déjà défavorable de ses contemporains et de ses adversaires fut repris par la suite par plusieurs historiens modernes qui n'hésitèrent pas d'accuser Jean Scot ainsi que les maîtres chartrains d'un panthéisme moniste. L'expression « panthéisme chartrain » nous vient de De Wulf [2].

Capelle qui a étudié le décret de 1210 condamnant les théories de Jean Scot et d'Amaury, reconnaît que ce dernier a emprunté une partie de sa documentation au *De divisione naturae* d'Érigène, mais il n'admet pas qu'on pourrait déjà retrouver chez Scot les grandes lignes du panthéisme d'Amaury [3]. C'est ce que Cappuyns a démontré d'une manière péremptoire à propos de Jean Scot Erigène [4]. L'accusation de panthéisme à l'adresse des maîtres chartrains s'appuyait principalement sur l'autorité de Hauréau [5] et de Clerval [6]. Ce dernier croit avoir retrouvé chez Bernard de Chartres les principes conduisant au panthéisme larvé de ses disciples, Thierry et Bernard Silvestre. En ce qui concerne les théories de Thierry, W. Jansen se rallie sans réserve à la thèse de Clerval ; il se dit convaincu de l'apparition d'une même doctrine, quoique sous des formules moins osées, chez Clarembault d'Arras, disciple de Thierry [7]. Geyer, dont la présentation des doctrines chartraines doit beaucoup à l'étude de W. Jansen, nuance davantage sa pensée. Il est d'avis que les formules du commentaire sur Boèce, portant l'*incipit* « *In librum*

---

[1] *Summa theolog.*, P. I, q. 3, art. 8 : « Alii autem dixerunt Deum esse principium formale omnium rerum ; et haec dicitur fuisse opinio Almarianorum ».

[2] M. DE WULF, *Histoire de la philosophie médiévale*, éd. 1924, t. I, p. 180.

[3] G. C. CAPELLE, *Autour du décret de 1210. III. Amaury de Bène. Étude sur son panthéisme formel*, Paris, 1932, p. 51-67.

[4] M. CAPPUYNS, *Jean Scot Érigène, sa vie, son œuvre, sa pensée*, Louvain, 1933, p, 126-268.

[5] B. HAURÉAU, *Histoire de la philosophie scolastique*, t. I, Paris, 1872, p. 403 ; ID., *Notices et extraits de quelques manuscrits latins de la Bibliothèque Nationale*, t. I, p. 70.

[6] A. CLERVAL, *Les Écoles de Chartres au Moyen Age du Ve au XVIe siècle*, Paris, 1895, p. 253 s.

[7] W. JANSEN, *Der Kommentar des Clarenbaldus von Arras zu Boethius De Trinitate*, Breslau, 1926, p. 85-94.

hunc », et dont la paternité revient vraisemblablement à Thierry, sont plus franchement panthéistes que les textes du *De sex dierum operibus* qui, lui, est incontestablement authentique. S'il crédite Clarembault d'une prudence plus grande que son maître, il lui reproche néanmoins de ne pas avoir entièrement évité ses formules dangereuses [1].

Dans une édition revue de son *Histoire de la philosophie médiévale*, De Wulf admet que Thierry n'est pas à ranger parmi les philosophes panthéistes, celui-ci se prononçant ouvertement pour une dualité entre Dieu et la création. Maintenant son accusation à l'adresse de Bernard Silvestre, il continue à parler d'un « panthéisme chartrain » [2]. Après la publication d'une étude très nuancée de Gilson sur le système cosmogonique de Bernard Silvestre [3], De Wulf se vit obligé de renoncer à son expression de « panthéisme chartrain » [4]. Son article dédié à M. Grabmann soumet les textes des maîtres chartrains à un nouvel examen et arrive à la conclusion qu'une interprétation panthéiste des systèmes de Thierry et de Clarembault aboutirait à des contradictions inexplicables. Les formules suspectes de panthéisme doivent être comparées avec les textes de Boèce. La dernière édition de son *Histoire* présente une image des maîtres chartrains revue en fonction de cette conclusion [5]. La solide étude de Parent enfin sur la doctrine de la création dans l'École de Chartres efface à tout jamais la suspicion de panthéisme. Il est vrai, les formules sont encore loin d'être parfaites et, détachées du contexte, il est aisé de les interpréter dans un sens panthéiste. Toutefois, et sans aucun doute possible, les maîtres chartrains ont admis une dualité entre Dieu et le monde. Ils décernent une forme substantielle à toutes les choses créées ; la doctrine de la création est un des thèmes favoris de leurs ouvrages ; la formule discutée *Deus est forma essendi* ou *Deus est forma omnium rerum*

---

[1] B. GEYER, *Geschichte der patristischen und scholastischen Philosophie*, Berlin, 1928, p. 235 s.

[2] M. DE WULF, *Histoire de la philosophie médiévale*, 5e éd., Louvain, 1924, p. 144, 180.

[3] É. GILSON, *La cosmogonie de Bernardus Silvestris*, dans *Archives d'Histoire doctrinale et littéraire du Moyen Âge*, t. III, 1928, p. 5-24.

[4] M. DE WULF, *Le panthéisme chartrain*, dans *Aus der Geisteswelt des Mittelalters*, t. I, Munster, 1935, p. 282-288.

[5] M. DE WULF, *Histoire de la philosophie médiévale*, 6e éd., Louvain, 1934, p. 178-194.

ils l'expliquent dans le sens d'une causalité efficiente, non dans celui d'une causalité formelle [1].

Pour Gilbert, l'expression *prima forma* qualifie l'essence divine qui est la cause et l'origine de tout être substantiel et accidentel [2]. Cette formule est équivalente à une autre selon laquelle l'essence divine est appelée l'être de toutes choses, car le terme d'*esse* ne convient dans son sens plénier qu'à elle seule. Toutes les autres choses lui empruntent l'être, et par conséquent le nom d'être [3]. L'essence divine est l'unique forme véritable, et toutes les formes créées ne sont appelées formes qu'au sens dérivé :

> Multa sunt, quae vocantur « formae » : ut corporum figurae et alia quae in subsistentibus creatione seu concretione fiunt, quibus id, cui insunt, aut aliquid est aut aliquid esse doctrinae ordine demonstratur. Sed haec omnia prae se habent sua, ex quibus aliqua ratione deducuntur aut ad illa spectant, principia. Ideoque mutuata ab alio nuncupatione potius quam rationis veritate « formae » nominantur. Essentia vero, quae principium est, omnia creata praecedit : illis omnibus, ut « esse » dicantur, impertiens et a nullo alio, ut ipsa sit, sumens. Ideoque vero nomine forma *neque imago est* [4].

Ce texte lave Gilbert de tout soupçon de panthéisme. La dualité entre Dieu et le monde est évidente, puisque les créatures possèdent leur propre être créé de par leurs propres formes substantielles et accidentelles. Tout comme Thierry de Chartres, Gilbert semble avoir prévu le danger d'une interprétation panthéiste de ses formules. Aussi affirme-t-il explicitement que Dieu ne peut être dit la forme des choses créées à l'instar d'une forme inhérente. Dieu n'est donc pas ce qu'on pourrait appeler une partie essentielle des choses créées [5]. Pour caractériser la causalité divine, Gilbert a repris à son auteur plusieurs formules

---

[1] J. M. PARENT, *La doctrine de la création dans l'École de Chartres. Étude et textes*, Paris-Ottawa, 1938, p. 82-90 ; N. HARING, *The Creation and Creator of the World according to Thierry of Chartres and Clarenbaldus of Arras*, dans *Archives d'Histoire doctrinale et littéraire du Moyen Age*, t. XXII, 1955, p. 137-216 ; F. BRUNNER, *Études sur le sens et la structure des systèmes réalistes*, dans *Cahiers de civilisation médiévale*, t. I, 1958, p. 295-317.

[2] *De Trinitate* (HARING, p. 47 ; PL, 1266 B).

[3] *De hebdomadibus* (HARING, p. 188 ; PL, 1318 A).

[4] *De Trinitate* (HARING, p. 50 ; PL, 1268 D).

[5] *C. Eut. et Nest.* (HARING, p. 273 ; PL, 1367 C) : « Nequaquam tamen secundum illam rationem, qua subsistentium 'formas' logici vocant ipsas eorum, quibus aliquid sunt, generales aut speciales aut differentiales subsistentias aut (secundum quartum genus qualitatis) etiam quasdam accidentales ipse

d'origine émanatiste. Mais, l'emploi au même titre de ces formules pour exprimer la causalité propre aux choses créées, paraît leur enlever leur signification première [1].

La manière dont Gilbert explique l'être divin, éclaire sa conception des principes propres à la théologie. Dieu seul est être et forme au sens plénier et réel. Il en découle qu'au sens propre et premier, les noms de forme et d'être ne conviennent qu'à Dieu. Gilbert met en avant un rigoureux parallélisme entre l'ordre logique et l'ordre ontologique : puisque Dieu, en tant que cause universelle de toute chose, est l'être premier, le nom d'*esse* ne peut être attribué premièrement et proprement qu'à l'essence divine. Conséquemment, l'être des choses créées dérivant de l'être divin, le nom d'*esse* ne leur appartient qu'en un sens dérivé et impropre. L'être et la forme, d'après leur signification première, constituent donc le domaine propre de la théologie, et le contenu exclusif des principes théologiques. En raison de quoi, Gilbert distingue deux manières d'entendre les règles établies par Boèce au début du *De hebdomadibus*. Elles sont théologiques lorsqu'elles s'appliquent à l'être pur et simple de Dieu ou bien à l'être créé en tant que dérivé du Créateur. En revanche, elles sont philosophiques lorsque, abstraction faite de la relation à Dieu, elles expriment l'être qui n'est pas simplement mais qui est être-quelque-chose, l'être résultant des subsistances propres des choses créées. A ces traits spécifiques des principes théologiques s'en ajoutent d'autres secondaires, comme par exemple l'abstraction et la simplicité.

De ce qui précède, il découle que Dieu est l'objet premier et principal de la théologie et que l'être divin commande la portée et la valeur des principes théologiques. Les choses créées ne font partie de la théologie qu'en qualité d'objets secondaires. Étant donné qu'elles sont ce qu'elles sont de par leur relation à Dieu, elles dépassent le terrain de la science naturelle ou mathématique et pénètrent par là sur celui de la théologie. Il en va de même du

---

est forma ». A comparer avec la formule de THIERRY DE CHARTRES (édit. W. JANSEN, *Der Kommentar des Clarenbaldus von Arras zu Boethius De Trinitate*, Breslau, 1926, p. 6') : « licet ergo divina forma omnes sit formae, eo scilicet quod est omnium rerum perfectio et integritas, non licet concludere quod divina forma sit humanitas. Divinitas enim immateriari non potest ». Voir aussi *ibid.*, p. 21'.

[1] Voir p. ex. *De hebdomadibus* (HARING, p. 204 ss ; PL, 1328 et 1329).

terme « bon » : dans son sens plénier, il ne revient qu'à Dieu et décerné aux choses créées, son emploi est impropre et figuré :

> Quod unumquodque subsistentium aliquid est, est ex propria forma, quae inest materiae. *Sed* quod eorundem vel quorumlibet aliorum unumquodque (non dico naturali vel etiam mathematica speculatione « est aliquid », sed theologica dico simpliciter) est, ex forma, quae non est in materia, est, quia revera *divina substantia est forma sine materia* [1].

Et ailleurs :

> Quicquid enim naturaliter de subsistente dicitur, aut eius substantia aut eius accidens recte intelligitur. Praeter haec tamen de ipso extra naturalium facultatem plurima dicuntur, inter quae illa etiam sunt quae de eodem denominative praedicantur [2].

Le concept de l'être chez Gilbert, d'après l'interprétation de Hayen, serait une donnée première qu'il ne justifie pas. Il se contenterait de le définir comme tous les autres concepts, tel celui de l'idée exemplaire et de la matière première. Il ne se serait pas aperçu qu'à bon droit on peut lui demander comment il a pu parvenir à ce concept de l'être divin sans admettre une intuition intellectuelle de l'essence divine. Sa mentalité de dialecticien l'aurait empêché de poser pareille question métaphysique et de se rendre compte du danger d'ontologisme ou d'innéisme [3].

Certes, nulle part Gilbert ne se soucie de faire une critique explicite du concept de l'être, mais ce serait exagéré de réduire son système à un dialecticisme formaliste sans valeur philosophique. Adhérent à la tradition platonicienne, tout comme la majorité de ses contemporains, il professe que l'être est ce qui est au-dessus du sensible, somme et perfection de tout ce qui est. Les Pères lui ont appris à identifier avec Dieu l'être suprasensible de cette tradition et il l'admet comme un fait acquis. Saint Augustin, Boèce aussi, lui ont indiqué cette voie. Il fait prévaloir la théorie de l'exemplarité et de la causalité divines par rapport à tout ce qui est, au contenu et à la valeur objective du concept de l'être ; il la prend comme le fondement de ses théories sur les rapports entre l'être divin et l'être créé,

---

[1] *De Trinitate* (HARING, p. 51 ; PL, 1269 C).

[2] *De hebdomadibus* (HARING, p. 205 ; PL, 1328 D).

[3] A. HAYEN, *Le concile de Reims et l'erreur théologique de Gilbert de la Porrée*, dans *Archives d'Histoire doctrinale et littéraire du Moyen Âge*, t. X, 1935/36, p. 82.

et entre l'intelligibilité du mystère divin et celle de la nature créée.

Cette conception philosophique d'origine platonicienne a été enrichie par la révélation chrétienne. La règle appelée par Gilbert *ratio indifferentiae* précise le principe capital de la théologie posant que l'être au sens plénier s'applique à Dieu seul. Cette *indifferentia* est une donnée de foi : la communauté d'être et de substance entre les trois personnes divines [1]. Ainsi, le contenu du concept de l'être relève aussi bien de la philosophie que de la foi. Rien de surprenant à cela : les *rationes* de la théologie s'établissent *ex fide* ou *iuxta fidem*.

Dès lors, la teneur générale des idées de Gilbert répond à la critique faite par Hayen. Gilbert est convaincu de tenir un concept de l'être propre à la théologie. Celui-ci s'explique par la tradition du platonisme chrétien où les éléments purement philosophiques et les données de la foi s'emboîtent indissolublement.

III

A l'imitation d'autre sciences, la théologie non seulement fait appel à ses propres principes, mais emprunte aussi ses *rationes* aux sciences naturelles. Lorsque Gilbert parle de *rationes naturales* ou *rationes naturalium*, il entend par là autant les propositions, les règles et les lois que le vocabulaire et les termes techniques des sciences naturelles. Déjà dans le *Prologue* de son commentaire, il fait ressortir la distinction entre les *rationes* propres à la théologie et les *rationes* des autres sciences admises dans le domaine théologique :

> ... (rationibus), quas vel theologiae majestas sibi proprias vindicat vel humanae philosophiae ad ipsam qualiscumque proportio communis admittit [2].

Cet usage en vigueur chez la plupart de ses contemporains, Gilbert se croit dispensé de le justifier. Il se limite à formuler les lois régissant l'emploi des *rationes* empruntées. Le motif et les limites du transfert sont énoncés par la formule de *proportio communis*. Nous la retrouvons fréquemment, en particulier

---

[1] Voir *De Trinitate* (HARING, p. 42 ; PL, 1262 C).
[2] *Prologue* (HARING, p. 33 ; GRABMANN, *Geschichte*, t. II, p. 418).

chaque fois que Gilbert veut confirmer le donné de la foi à l'aide des *rationes naturales*. Il distingue alors entre les principes propres à la théologie et les *rationes* empruntées. Tandis que les premiers appartiennent exclusivement à la théologie et ne peuvent donc être appliqués qu'au sens propre, les principes de la science naturelle ont trait à la nature des choses créées. Leur application à la théologie ne vaut alors qu'en considération d'un certain rapport entre la réalité divine et celle de la nature créée. Bien que Gilbert semble ignorer le terme, nous voici au cœur du problème de l'analogie.

Abordant la distinction des personnes divines, Gilbert entame résolument la discussion de ce problème. Il est d'avis que le théologien a de préférence recours à des raisons philosophiques pour faire connaître cette distinction. Plus détaillée, plus accentuée sur certains points, nous retrouvons cette discussion dans son commentaire des épîtres de saint Paul.

En guise d'introduction, Gilbert, dans sa deuxième partie de la théologie trinitaire, justifie brièvement l'emploi de comparaisons provenant de l'ordre naturel, comparaisons utilisées par Boèce pour éclaircir tant soit peu le mystère de la sainte Trinité. Le droit de se servir de comparaisons qui paraît légitime dans le domaine naturel à cause de la ressemblance des divers cas, l'est également en théologie, celle-ci devant se servir parfois d'exemples de l'ordre naturel pour résoudre les problèmes de l'ordre surnaturel. Bien entendu, la portée de la comparaison sera au préalable exactement circonscrite, car la ressemblance des choses comparées entre elles n'est pas toujours manifeste. Dans toute comparaison, il y a des points de ressemblance et des points de différence. Toutefois, la différence ne suffit pas à rejeter toute comparaison, et d'autre part, la ressemblance ne permet pas l'identification des choses comparées [1]. Comme, chez Gilbert, le terme de *proportio* exprime et le motif et les limites de l'emploi des comparaisons, la détermination exacte

---

[1] *De Trinitate* (HARING, p. 62 s ; PL, 1279 A) : « Si quis horum aliquid ex aliorum comparatione volens intelligi ... Errant tamen aliqui in comparationibus, immo ex comparationibus, cum aut, si quid in eis est dissimile, illas omnino abjiciendas existimant aut in his, propter quae non fit illarum inductio, easdem usurpant ».

de la *proportio* prendra une importance décisive dans sa méthode théologique [1].

Mettant à profit les paroles de l'épître aux Hébreux *qui cum sit splendor gloriae eius*, Gilbert développe sa théorie des comparaisons reprises à l'ordre naturel et les normes à suivre absolument en l'occurrence. L'Apôtre, fait-il observer, ne recule pas devant l'emploi de termes naturels pour exprimer la réalité divine ; toutes les créatures ne chantent-elles pas la louange de Dieu ? Cependant, ces comparaisons n'impliquent pas une assimilation du divin aux choses naturelles. La ressemblance n'est que proportionnelle, les choses éternelles ayant entre elles, plus ou moins, les mêmes rapports que les choses naturelles :

> Nam etsi aeternis temporalia unius ad alterum simplici collatione comparari non possunt, proportionaliter tamen, quemadmodum in sua ratione temporale temporali, ita in sua aeternum aeterno confertur.

Sans employer le mot, Gilbert fait en cet endroit une description remarquable de l'*analogia proportionalitatis*.

Nous trouvons chez l'Apôtre les expressions : *candor lucis aeternae, speculum majestatis Dei, splendor gloriae, figura substantiae eius*, etc., indiquant le rapport du Fils au Père. Mais aucun de ces noms ne parvient à cerner adéquatement la Sagesse divine, parce que subsiste toujours quelque inégalité entre les noms et la chose signifieé. Il y a «proportion des rapports» entre les membres de la comparaison : dans l'ordre naturel, les noms de *splendor, figura*, etc., expriment un certain rapport de la chose signifiée à la substance dont elle provient ; ainsi, dans l'ordre éternel, il y a un rapport de provenance du Fils au Père. De la même façon, Gilbert décrit les rapports entre le feu et la clarté, entre un père et son fils, pour les appliquer ensuite au Père et au Fils dans la Trinité. A côté de certaines différences restent aussi des points communs. Quelques aspects de ces deux exemples empruntés à l'ordre naturel sont utilisés, d'autres négligés : quoique simultanés, le feu et la clarté ne sont pas la même substance ; le père et le fils sont de la même substance mais ne sont pas pour autant simultanés. Aussi, pour les appliquer au mystère de la

---

[1] *De Trinitate* (HARING, p. 87 ; PL, 1300 A) : « Nos qui ex horum (scilicet naturalium) aliqua proportione theologica cogitamus... ».

sainte Trinité, il est fait appel à la simultanéité du premier rapport et à la consubstantialité du second [1].

---

[1] *In Hebr. I, 3* (ms. BRUGES 78, fol. 93ra) : « Hic eum per naturam commendat, et quoniam Deum laudant omnia opera eius, ponit nomina creaturarum. Nam et si aeternis temporalia unius ad alterum simplici collatione comparari non possunt, proportionaliter tamen, quemadmodum in sua ratione temporale temporali, ita in sua aeternum aeterno confertur. Ideoque ut intelligentiam nostram ad theologicorum altitudinem trahens scriptura suspendat, ipsa theologica temporalium nominibus de ipsis loquendo quodammodo inclinat, et cum de Dei sapientia loquens ait : 'candorem lucis aeternae et speculum maiestatis Dei', sic et in hoc loco de Christo qui est Dei sapientia, Apostolus dicit : 'est splendor gloriae et figura substantiae eius'. Ecce aeternae sapientiae Dei nec candor, nec speculum nec splendor nec figura temporalis similis esse potest. Proportionaliter tamen, quemadmodum haec se habent temporalium propria ratione ad illa ex quibus sunt, ita aeternorum ratione sapientia Dei quae est ex ipso, Christus scilicet, se habet ad Deum, et ideo his nominibus appellatur. Ut autem horum unum et specialiter illud quod ab Apostolo positum est, sit in ratione exempli : splendor ad ignem ita se habet, quod non ignis est ex splendore, sed splendor ex igne. Similiter non Deus ex Christo est, sed Christus ex Deo. Item si quis lucernam accendat, non ignis sine splendore, nec splendor sine igne, sed ibi simul cum igne splendor consistit. Itaque haec temporalia quidem sunt, quoniam esse coeperunt, sed quoniam alterum ab altero non praeceditur, immo ex quo in lucerna coepit esse ignis, coepit splendor esse cum eo, coaeterna sunt. Similiter quoniam nec Pater nec Filius ex eo esse coepit, coaeterna sunt, et sic quidem ex coaevorum ignis scilicet et splendoris proportione Patrem et Filium intelligimus coaeternos, quamvis ibi splendor ex igne, et hic Filius ex Patre sit. Sed attendendum quod hic ignis et splendoris coaevitas, non omnomodo aequalitas est. Splendor enim qui de igne effunditur, minus lucet quam ignis ipse. Ideoque ex aliorum proportione quorum alterum est ex altero, et si non coaevum, tamen consubstantiale, filius patri consubstantialis ostenditur. Nascitur ergo homo de homine. Nec est horum alter alteri coaevus, quia natus ab eo de quo natus est, tempore praeceditur. Tamen et ille homo et iste homo, idest eiusdem substantiae. Ecce de utrisque proportionalibus, idest igne et splendore, itemque homine et homine, in proportione aliquid assumitur et aliquid relinquitur. Cum enim ignis et splendor coaevi sint, sed non eiusdem substantiae, homo vero et homo eiusdem substantiae sed non coaevi, illorum coaevitas, istorum consubstantialitas ad proportionem assumitur, et est Filii ad Patrem omnimoda aequalitas, quandoquidem Patri Filius et coaeternus est, sicut igni splendor coaevus, et consubstantialis, sicut homini homo consubstantialis est. Sicut enim quod de homine natum est, homo est, ita quod de Deo natum est, est id quod ille de quo natum est, idest est Deus. Differt tamen ratio. Nam homo est homo, duo homines sunt. Pater vero et Filius unus Deus est. Illi ergo speciali unione, isti essentiae singularitate unus sunt. Unde ait Apostolus : qui est splendor Patris, idest ex Patre, ei coaeternus et cum ipso eiusdem singulariter gloriae est, et figura, idest imago, et speculum eius, idest in quo Pater et est et cognoscitur, sicut ipse ait : Pater in me est, et : qui vidit me, videt et Patrem. Nec mirum quoniam est cum ipso singulariter substantiae eius. Si enim in Scripturarum confirmationibus ea ratio est, ut exemplar in imagine, et esse dicatur et videri, multo magis propter essentiae singularitatem qua Pater et eius imago unum sunt, recte dicitur Pater et esse et cognosci in Filio ».

En vertu d'une *proportio communis*, les comparaisons prises dans l'ordre naturel peuvent donc servir à l'explication approximative du mystère divin. De la même manière, il est possible et légitime d'attribuer à Dieu des noms empruntés aux choses créées. Ici encore, l'usage en est déjà garanti par les Pères et par les auteurs reconnus ; sa justification paraît superflue. A noter pourtant que ce langage n'est nullement figuré, à la manière de saint Paul, mais qu'il transfère à la théologie des termes techniques appartenant aux sciences naturelles en vue de compléter le vocabulaire théologique. La nécessité de ce transfert s'impose, selon Gilbert, par l'insuffisance du langage humain et les lacunes de nos concepts exprimant les choses divines. Le *vix intelligi potest* dont parle Boèce, entraîne nécessairement le *vix dici potest*. Nos concepts de Dieu correspondent imparfaitement à leur objet, nous ne disposons ni de termes ni de noms capables d'exprimer l'essence divine de manière appropriée et exhaustive. Néanmoins, nous possédons un certain concept du divin et pouvons l'exprimer d'une certaine façon. Nous nous en approchons en quelque sorte grâce à la proportion qui existe entre lui et le domaine propre de notre connaissance naturelle. Par l'effet de la même proportion, nous lui appliquerons des noms provenant du domaine naturel [1].

La physique surtout nous prête ses termes techniques, parce qu'elle nous semble bien abordable et que son vocabulaire nous est familier : elle fournira quantité de termes à la théologie comme aux autres sciences [2]. Afin de sauver la transcendance du mystère divin, Gilbert répète sans cesse que l'emploi des termes naturels en théologie est à ramener exclusivement à une similitude proportionnelle. Sans se lasser, il blâme ceux qui de la communauté des noms ont conclu à l'équivalence du divin et du naturel. Cette faute fondamentale lui apparaît avoir souvent suscité l'hérésie. Dès lors, le théologien prendra à cœur de stigmatiser ces erreurs, de rechercher la proportion entre les deux domaines et de marquer leurs différences [3]. Gilbert ne s'est pas privé de le faire dans son commentaire sur Boèce dont une grande partie consiste en un examen critique des noms naturels attribués à

---

[1] Voir *De Trinitate* (HARING, p. 77, 80 s ; PL, 1290 D, 1293 D).
[2] *Ibid.* (p. 65 ; PL, 1281 A).
[3] *Ibid.* (p. 57 ; PL, 1274 CD). Voir aussi la glose citée de Hebr. I,3.

Dieu par la tradition théologique [1]. Son analyse porte principalement sur les dix prédicaments qui, dans leur sens propre, intéressent directement les sciences naturelles.

Il s'interroge d'abord sur la définition et la signification exactes des noms et des termes en question dans leur domaine, afin de mesurer la différence et la ressemblance entre leur sens propre et leur sens dérivé, car, appliqués à Dieu, ils perdent nécessairement leur sens original. La méthode théologique chère à Gilbert consiste en premier lieu à délimiter la signification exacte des *nomina* — domaine de la grammaire scientifique — pour en arriver à une analyse critique des noms divins qui précisera dans quelle mesure la signification primitive a changé et quelle est la raison de ce changement.

Maintes fois Gilbert souligne que la signification des noms divins ne dépend pas de la nature des choses créées, auxquelles ils sont empruntés, mais bien de la nature des choses divines auxquelles ils sont attribués. Par conséquent, c'est la théologie elle-même qui définit leur sens exact. Elle le fait en comparant la signification primitive du terme emprunté au concept de Dieu, tel qu'il est donné par la foi et les principes proprement théologiques. Invariablement la conclusion sera l'élimination de la signification des noms divins, de tout ce qui appartient aux choses créées, et seul subsistera ce qui est compatible avec le donné de la foi et avec le concept de l'être divin [2].

Les exposés théoriques faits par Gilbert à ce sujet, sont peu nombreux mais d'une précision insigne. Et sa pratique théologique confirme qu'il avait une idée nette du problème de l'analogie des noms divins. Avec un grand esprit de suite, il a appliqué ces règles théoriques concernant l'emploi des noms empruntés à l'ordre naturel. Les chapitres suivants en donneront la preuve.

Une fois changés et modifiés dans leur signification primitive, les principes de la physique forment, avec les principes propres à la théologie, l'ensemble des *rationes philosophicae* ou *rationes philosophorum*. Les unes et les autres sont englobées dans cette formule : *argumentis probata fides catholica continet* ... [3] Comme

---
[1] *De Trinitate* (HARING, p. 65 ; PL, 1281 BC).
[2] *Ibid.* (p. 67, 88 ; PL, 1283 C, 1300 A).
[3] *C. Eut. et Nest.* (HARING, p. 342 ; PL, 1403 D).

rationes, elles se distinguent de la foi pure, étant des moyens rationnels pour élucider les données de la foi et pour les démontrer le mieux possible. Quand Boèce, confirmant la doctrine de la foi à l'aide des *rationes*, est appelé *philosophus* [1], point n'est besoin de distinguer entre l'usage qu'il fait des *rationes* propres à la théologie et celui des *rationes* empruntées à la physique. Néanmoins, il reste du devoir du philosophe-théologien de distinguer les différentes classes de *rationes* et de déterminer exactement leur signification et leur portée, afin de flétrir l'abus qu'en font les hérétiques [2]. Ainsi, après avoir, dans son commentaire du *De Trinitate*, confirmé et expliqué le mystère de la foi par des *rationes* tant théologiques que philosophiques, Gilbert est en droit de conclure que la doctrine de la foi est suffisamment démontrée : *secundum locos rationum theologicis convenientium* [3].

IV

Déjà ébauchée dans les grandes lignes, Gilbert élabore une théologie s'écartant notablement de la théologie traditionnelle dont il avait pris connaissance pendant son séjour à l'École de Laon. Toutefois sa préférence pour la méthode rationnelle ne l'empêche nullement d'apprécier la théologie traditionnelle [4]. Dans son introduction au deuxième traité de Boèce, il approuve l'usage de démontrer les questions obscures et difficiles de la théologie par la citation d'une série de témoignages autorisés. Lui-même d'ailleurs pratiquera cette méthode dans ses gloses sur le psautier et sur les épîtres de saint Paul. La théologie étant une science « obscure », le recours à ce procédé lui semble légitime, nécessaire même ; et l'argument d'autorité est à ses yeux pleinement valable et indispensable. Son commentaire de Boèce nous montre sa conviction et son dessein de ne s'écarter en rien de la vraie doctrine des Pères [5].

La sincérité de Gilbert est confirmée par la manière dont il met cette méthode en parallèle avec celle qu'il prétend avoir

---

[1] *Ibid.* (p. 251 ; PL, 1355 C).
[2] *Ibid.* (p. 301 ; PL, 1381 C).
[3] *De praedicatione* (HARING, p. 98 ; PL, 1310 D).
[4] *Ibid.* (p. 89 ; PL, 1303 A) : « ... (sicut in re propter difficultatem obscura et propter obscuritatem difficili fieri solet) multis vel probatarum scripturarum testimoniis persuadet ».
[5] *Prologue* (HARING, p. 33 ; GRABMANN, *Geschichte*, t. II, p. 418).

connue par Boèce et qu'il veut pratiquer lui-même. Et de poursuivre dans l'introduction citée :

> ... sed, quia nec malevolus nec tardus est suus cui scribit auditor, sola propria unumquodque praedicandi ratione demonstrat [1].

La méthode nouvelle suppose donc un lecteur averti : il sera bienveillant, puisqu'il connaît déjà et admet les arguments d'autorité dirigeant la recherche, et que, de plus, il a reçu une formation scientifique : *non tardus* veut dire *non tardus ingenio*. Ceci est absolument requis pour qu'il tire avantage de la méthode rationnelle suivie par Boèce et par son commentateur. Car il s'agit bien d'une théologie s'adressant à des spécialistes, une théologie plus profonde valable uniquement pour autant que le lecteur soit de taille à la recevoir. Pareilles dispositions sont déjà stipulées dans le prologue général de Gilbert. Il y fait ressortir que la méthode de Boèce est inaccessible aux orgueilleux — ceux qui ne s'inclinent pas devant l'autorité — et aux ignorants, profanes à la méthode scientifique. Recueilleront les fruits de cette théologie seuls les épris de la sagesse, qui, respectueux de l'autorité de l'Écriture, apprécient aussi sa richesse [2].

La théorie de Gilbert sur la nature et la méthode de la théologie s'avère de beaucoup plus compréhensive qu'on ne serait tenté de le croire en étudiant la méthode pratiquée dans son commentaire sur Boèce. Il ne considère point la théologie rationnelle comme la méthode exclusive pour pénétrer la vérité divine. Tout au plus s'adresse-t-elle à une élite intellectuelle, imprégnée de l'esprit de l'Écriture sainte et des Pères, et passionnée d'un vrai amour de la science [3]. La méthode scientifique se révèle, bien davantage que la méthode traditionnelle, apte à combattre les hérésies sorties des spéculations rationalistes et à satisfaire l'esprit de l'homme de science [4]. Sans faire explicitement appel dans son argumentation à l'argument d'autorité, cette théologie ne déborde pourtant jamais du cadre de la foi. La foi lui fournit son point de départ ; c'est elle encore qui

---

[1] *De praedicatione* (HARING, p. 89 ; PL, 1303 B).
[2] *Prologue* (HARING, p. 33 ; GRABMANN, *Geschichte*, t. II, p. 418).
[3] *Ibid.*
[4] *De Trinitate* (HARING, p. 36 ; PL, 1257 C).

lui pose les normes et les règles à suivre dans la recherche
scientifique ; c'est elle enfin, qui jugera des conclusions obtenues.

Pour décrire concrètement la méthode, Gilbert saisit l'occasion
fournie par les premiers mots de Boèce : *investigatam diutissime
quaestionem...* Il cherche à définir la nature, la forme et la solution
d'un problème théologique, d'une *quaestio*. La *quaestio* se présente
comme suit :

> ex affirmatione et ejus contradictoria negatione quaestio constat.
> Non tamen omnis contradictio quaestio est. Cum enim altera contradictionis pars esse vera, altera vero nulla prorsus habere veritatis
> argumenta videtur... aut cum neutra pars veritatis et falsitatis
> argumenta potest habere..., tunc contradictio non est quaestio. Cujus
> vero utraque pars argumenta veritatis habere videtur, quaestio est [1].

Ainsi, la *quaestio* comme telle ne peut être posée sans une série
d'arguments donnés en faveur de chacune des thèses opposées.
Cependant, le choix de la *quaestio* comme procédé technique
n'inclut pas l'existence d'un problème réel. Il en est ainsi pour
maints problèmes théologiques : la thèse alors est indiscutable
en soi et, hautement soutenue par la foi, elle n'exige aucune
démonstration. Seule la stupidité des hérétiques nous force à
transformer en problèmes, des vérités dont on ne peut douter [2].

Les causes de contradiction, d'après Gilbert, peuvent être
multiples. Les six manières qui mènent à une équivoque sophistique, sont généralement connues : la multiplicité des termes
univoques et équivoques, celle des modes, des parties, des temps
et des rapports, mais l'application des distinctions appropriées
résout toutes les difficultés de ce genre [3]. Quoiqu'à cet endroit
Gilbert passe rapidement sur l'emploi de la dialectique, son
prologue désigne celle-ci comme une arme indispensable au
théologien désireux de supprimer les causes de nombreux problèmes [4]. Un problème résultant de la combinaison de différentes
manières de parler lui servira d'exemple. Une contradiction
comme : le jour est gai — le jour n'est pas gai, peut être levée
en distinguant deux façons de parler. Considérée comme

---

[1] *Ibid.* (p. 37 ; PL, 1258 A).
[2] Voir le prologue du *C. Eut. et Nest.* (HARING, p. 250 s ; PL, 1355 A-D).
[3] *De Trinitate* (HARING, p. 37 ; PL, 1258 B).
[4] *Prologue* (HARING, p. 33 ; GRABMANN, *Geschichte*, t. II, p. 418).

métonymie la première affirmation est conforme à la vérité, la seconde est véridique dans son sens littéral [1].

En théologie, il est un problème qui demande une attention toute spéciale, c'est celui du danger d'équivoque provenant de l'emploi des *rationes* empruntées aux sciences. Les hérésies ont succombé à ce danger au grand détriment de l'orthodoxie. Là aussi se dresse l'écueil sur lequel peut s'échouer la nouvelle conception de la théologie. Si on manie cette méthode sans discernement, le choix entre les deux assertions contradictoires paraît impossible, car à les voir sous des angles différents, elles prennent toutes deux des apparences de vérité. Analysons la thèse : aucune espèce ne peut être attribuée à son *genus*. D'après les règles de la définition, cette thèse peut être acceptée, parce que précisément l'espèce est définie par son *genus*. Mais, suivant les règles de la division, le contraire est également vrai, puisque par l'énumération de ses espèces le *genus* est décrit adéquatement.

Des distinctions pertinentes apporteront la solution au problème. D'abord, on divise le principe général qui peut s'entendre en plusieurs sens, pour appliquer ensuite les parties respectives aux thèses opposées engendrant la contradiction. Pour la théologie, cela revient pratiquement à faire une distinction entre les divers principes en cause : premièrement entre les principes généraux et spéciaux ; puis entre les principes propres à la théogie et les règles en provenance d'autres sciences. Encore faut-il déterminer le terrain sur lequel ces règles sont applicables et la manière dont elles doivent être comprises. Alors seulement sera signalée et prévenue la restriction arbitraire des règles générales ainsi que toute extension illégitime des règles spéciales. Cette méthode solutionnera à peu près tous les problèmes théologiques [2].

La *quaestio* reste *informis* aussi longtemps que l'ambiguïté ne s'est pas dissipée devant l'application des distinctions nécessaires et que par conséquent la vérité demeure voilée. Elle deviendra *formata* après l'emploi des distinctions, mais reste incomplète tant qu'on n'aura pas donné les arguments qui prouvent la partie vraie de la contradiction. Car, de même que la

---

[1] *De Trinitate* (HARING, p. 37 ; PL, 1258 B).
[2] *Ibid.* (p. 37 s ; PL, 1258 B-D).

difficulté est issue de l'apport d'arguments contradictoires, la vérité doit être établie par des preuves directes et par la solution des objections [1].

Voici maintenant le processus à suivre : la *quaestio* : laquelle des parties contradictoires est la vraie ? — le doute (*dubitatio*) : des arguments contradictoires, lequel est l'argument décisif ? — la solution (*solutio*) : l'application des distinctions en vue d'éliminer l'ambiguïté, — la confirmation (*confirmatio*) : l'apport des arguments établissant définitivement la vérité d'une des parties contradictoires.

Cette technique de la *quaestio*, nous la trouvons réalisée à la perfection dans le commentaire du *De hebdomadibus*. Après l'introduction et l'exposé des principes qui régissent l'argumentation, vient la *quaestio* : *prius quaerit (scil. Boethius) : ea quae sunt, an bona sint an non* [2]. Un problème réel est ici affronté, non un problème fictif qui aurait plutôt sa place dans le domaine de la sophistique. Après avoir reproduit les arguments pour ou contre chacune des deux thèses contradictoires, Gilbert passe à la distinction entre le *bonum primum* et le *bonum secundum* facilitant l'appréciation des arguments contraires. Faisant usage d'arguments directs et indirects, il s'applique à refuter les arguments de la thèse négative pour enfin prouver la vérité de la thèse adoptée. Résultat de ce travail : non seulement la preuve de la vérité est faite, mais de plus le sens à lui donner ou ne pas lui donner est clairement indiqué.

Il semble bien que Gilbert estimait hautement cette technique de la *quaestio* pour y avoir trouvé le procédé le mieux en harmonie avec la théologie scientifique dont il avait tracé le statut. Cette façon de travailler met en évidence la nature spéciale des principes théologiques et l'emploi des *rationes* empruntées y est contrôlé en fonction de la transcendance de l'essence divine.

Nous constatons que le commentaire de Gilbert sur Boèce cherche toujours à garder la structure de la *quaestio*. Entravé en tant que commentateur par le déroulement de son texte, une procédure moins rigoureuse lui était imposée sans pour autant perdre de vue les traits essentiels déjà décrits par lui. Sa théorie et sa pratique sont à coup sûr à la base du développement inouï

---

[1] *Ibid.* (p. 38 ; PL, 1259 A).
[2] *De hebdomadibus* (HARING, p. 196 ; PL, 1323).

de ce procédé technique de la théologie spéculative. Chez ses contemporains plus jeunes et chez les théologiens postérieurs, la *quaestio* est devenue le genre littéraire le plus caractéristique de l'époque en même temps que l'instrument le plus perfectionné d'une spéculation profonde.

Déjà Grabmann qui, dans sa *Geschichte der scholastischen Methode*, consacra un chapitre remarquable à la *quaestio* porrétaine et qui en mesurait l'importance pour le développement de la méthode scolastique, est allé à la recherche des sources de la théorie de Gilbert. Les œuvres logiques traditionnelles, comme l'*Isagoge* de Porphyre, les *Catégories* et le *Peri hermeneias* d'Aristote, ne semblent pas, selon lui, expliquer tous les éléments. De la *logica vetus*, il n'y a que le *De differentiis topicis* de Boèce à prendre en considération, et encore, il n'explique que partiellement la théorie porrétaine. Grabmann construit alors deux hypothèses : ou bien Gilbert a prolongé d'une façon personnelle les données de Boèce, ou bien il avait déjà pris contact avec d'autres écrits logiques d'Aristote, dont la diffusion en Occident n'est connue que fragmentairement. Il penche pour la dernière hypothèse et rappelle prudemment que l'état actuel de notre connaissance des documents rend impossible une conclusion définitive [1].

Plusieurs érudits se sont ralliés à l'opinion de Grabmann. Dans son introduction à l'édition du commentaire sur Boèce de Clarembault d'Arras, W. Jansen apporte quelques éléments nouveaux en faveur de l'influence de la *Logica nova* [2]. Chenu, lui aussi, est convaincu de cette influence et appelle Gilbert le maître de la richesse nouvellement révélée aux latins par l'intermédiaire d'une première collection de traductions [3].

Gilbert, toujours fidèle à son habitude de ne pas faire de citations formelles, se garde de nous renseigner sur cette influence. Lorsque, pour l'élaboration de sa doctrine, il a recours à des sources, il les traite avec une indépendance telle qu'elles ne sont guère reconnaissables et s'intègrent admirablement à son

---

[1] M. Grabmann, *Geschichte der scholastischen Methode*, t. II, p. 424-430.
[2] W. Jansen, *Der Kommentar des Clarenbaldus von Arras zu Boethius De Trinitate*, Breslau, 1926, p. 70 s.
[3] M. D. Chenu, *Un essai de méthode théologique au XIIe siècle*, dans *Revue des sciences philos. et théolog.*, t. XXIV, 1935, p. 263.

système personnel. Certes, il n'est pas l'inventeur de la *quaestio*. Celle-ci surgit quasi spontanément de l'examen des auteurs classiques faisant autorité dans la spéculation théologique et philosophique. La *quaestio* grandit en importance dans les écrits des auteurs médiévaux par un nouvel apport de la documentation patristique qui en même temps fit sentir le besoin d'harmoniser les *sententiae* apparemment contradictoires. Le *Sic et non* d'Abélard fut, sur l'heure, l'exemple le plus marquant de cette préoccupation [1].

La contribution personnelle de Gilbert haussa la *quaestio* au rang de méthode générale débordant les limites de la problématique relevée dans les textes patristiques. Cette méthode qui assurait à la théologie un statut particulier en tant que science spéciale, s'épanouit chez lui en un système qui se rapproche d'une véritable théologie rationnelle. Aussi appartient-elle au domaine d'une élaboration spéculative des données de la foi plutôt qu'à celui d'une interprétation dialectique des textes patristiques.

La théorie de Gilbert, telle que nous la découvrons dans son *De Trinitate*, paraît être chargée de plusieurs éléments du *De differentiis topicis* de Boèce et du commentaire de ce dernier sur les *Topica* de Cicéron [2]. Nulle citation pourtant, ni explicite ni implicite, mais plutôt un résumé, simplifiant le texte de Boèce et le rendant plus intelligible. L'insistance sur les règles pour réfuter les sophismes, aussi bien que les exemples utilisés font soupçonner l'influence de l'*Elencheia* d'Aristote [3]. Les renvois fréquents à la *quaestio* et aux tournois sophistiques comme exercice intellectuel, sourdent vraisemblablement de la même source.

L'influence éventuelle de la *Logique nouvelle* ne peut faire oublier le rôle primordial joué par les œuvres théologiques de Boèce et par le *De hebdomadibus* en particulier dans l'élaboration de cette théorie. Sans l'analyse de la structure de ce traité, Gilbert

---

[1] Poir une exposition générale de l'origine de la *Quaestio*, voir R. M. MARTIN, *Œuvres de Robert de Melun*, t. I, *Quaestiones de divina pagina. Introduction*, p. XXXIV-XLVI.

[2] Comparer p. ex. les descriptions de Gilbert (*De Trinitate*, HARING, p. 37 s ; PL, 1258 B, 1259 A) de la question sophistique avec les définitions données par Boèce (*De differentiis topicis*, PL, LXIV, 1076 C ; *In topica Ciceronis*, ibid., 1048 D).

[3] Voir W. JANSEN, *Der Kommentar des Clarenbaldus von Arras zu Boethius De Trinitate*, p. 70.

n'aurait peut-être jamais songé à ériger la *quaestio* en méthode propre de la théologie scientifique. Toutes les parties du schéma de Gilbert s'y retrouvent. L'ambiguïté résultant de l'abus des règles, réprouvé déjà par Boèce lui-même, est l'élément sur lequel Gilbert revient constamment. Son apport personnel consistera principalement en une schématisation plus serrée et une distinction plus nette des étapes de la *quaestio*, tout comme dans l'importance attachée à cette méthode rationnelle.

Ce qui précède nous incite à croire que les éléments principaux de la théorie de la *quaestio*, telle que Gilbert la présente, s'expliquent suffisamment par les sources traditionnelles, notamment par les écrits de Boèce. Il va sans dire que Boèce avait épluché tous les écrits logiques d'Aristote, y compris les écrits restés inconnus aux logiciens médiévaux, et dont il fit ample usage dans ses propres ouvrages. Seuls quelques points secondaires de la théorie de Gilbert trahissent l'influence de la *Logique nouvelle*, dont, somme toute, il ne possédait qu'une connaissance superficielle. Il n'a nullement profité de la théorie aristotélicienne de la démonstration scientifique qui, au témoignage de Jean de Salisbury, fut la plus grande découverte du milieu du XIIe siècle. Ce n'est qu'à la fin de son commentaire du dernier traité de Boèce, que Gilbert effleure l'*argumentationis necessariae artem* [1]. Il a laissé à ses disciples, en premier lieu à Jean de Salisbury qui se familiarisa avec la *Logique nouvelle* des *Analytiques*, le soin d'intégrer cette nouvelle richesse à sa théorie de la méthode scientifique.

Il est hors de doute qu'il a préparé les esprits à faire bon accueil à la *Logique nouvelle*, excitant la curiosité intellectuelle de ses disciples, les convaincant de la nécessité d'une méthode strictement scientifique pour la théologie. Les théories d'Aristote sur l'argumentation scientifique furent de la sorte mieux approfondies et il est compréhensible que les auteurs de la deuxième moitié du XIIe siècle, surtout ceux qui subirent l'ascendant de Gilbert, aient à tel point apprécié les exposés techniques du Stagirite sur le statut des sciences et sur l'art d'argumenter. L'éminent précurseur que fut Gilbert ne put lui-même en retirer tout l'avantage voulu.

---

[1] *C. Eut. et Nest.* (HARING, p. 336, 354 ; PL, 1400 D, 1410 C). Voir aussi M. D. CHENU, *Un essai de méthode théologique au XIIe siècle*, dans *Revue des sciences philos. et théolog.*, t. XXIV, 1935, p. 264 s.

LIVRE V

LA THÉOLOGIE TRINITAIRE

CHAPITRE PREMIER

LE COMMENTAIRE DU *DE TRINITATE*

Sommaire. — I. Introduction : genre du traité, description des hérésies trinitaires, *De Deo uno et trino ?* — II. L'unité des personnes divines : 1. Problématique : argumentation de Boèce. — 2. Argumentation de Gilbert : point de départ grammatical, unité de l'essence divine, opposition à la multiplicité des choses créées, interprétation des formules traditionnelles, absence d'accidents en Dieu. — III. La distinction des personnes divines : 1. Problématique : l'énumération et la répétition, description du sabellianisme et de la doctrine catholique, les principes naturels engagés dans cette question. — 2. Les prédicaments en théologie ; les trois premiers prédicaments, les autres prédicaments, la relation. — 3. La relation en Dieu. — 4. Conclusion.

C'est en commentant les deux premiers traités de Boèce, que Gilbert éprouve ses conceptions sur les problèmes concernant le dogme trinitaire. La vive opposition de ses contemporains à ce sujet déclencha une si violente dispute qu'elle aboutit à une intervention officielle du Pape. Cette partie de l'œuvre de l'évêque de Poitiers contient en effet les formules fameuses qui, pendant des siècles, ont été reproduites dans les écrits des théologiens et critiquées en fonction de l'interprétation donnée par saint Bernard.

I

Fidèle à son rôle de commentateur, Gilbert, dans ses exposés, se conforme au texte de son auteur tant pour la méthode à suivre que pour la marche de la pensée. Mais il se sert allègrement de nombreuses distinctions et précisions des termes de Boèce et introduit des développements plus ou moins longs pour proposer ses propres conceptions, quoiqu'il prétende ne jamais s'écarter de la doctrine de son auteur.

Le premier ouvrage de Boèce traite de deux questions : comment les trois personnes divines sont-elles un seul Dieu ; comment

Dieu un est-il trois personnes ? Ce sont les problèmes de l'*unitas* et de la *numerositas Trinitatis* [1]. Voilà marquée la division du traité aussi bien chez Boèce que chez Gilbert. Les hérésies dont il faut tenir compte conduisent tout naturellement à la forme de la *quaestio*. La différence évidente entre la conviction des fidèles et l'enseignement des hérétiques constituera le point de départ du problème. Après avoir dégagé les principes scientifiques régissant les solutions contraires, l'ambiguïté des arguments sera levée et la conviction des fidèles fortifiée par des arguments positifs.

Déjà dans sa description des hérésies trinitaires [2], Gilbert insiste sur l'importance primordiale de l'emploi correct des principes scientifiques et de l'appréciation exacte de leur portée pour garantir l'orthodoxie des spéculations théologiques. Énumérant toutes les possibilités d'erreur en la matière, il s'attardera à faire l'analyse d'une des hérésies classiques qui n'a pas su les surmonter.

Il semble un fait attesté que les hérésies classiques proviennent de cette thèse-ci : toute chose subsistante possède sa propre subsistance ; ou de la thèse inverse : la présence de plusieurs subsistances comporte l'existence de plusieurs choses subsistantes, tout comme une seule subsistance ne fait qu'une seule chose subsistante. Gilbert, qui admet la valeur du principe et de la conclusion, blâme l'usage qu'en font les hérétiques, considérant que le principe n'est propre qu'aux sciences naturelles et ne peut être employé tel quel en théologie.

Selon Arius, ce principe, appliqué au mystère de la Trinité, signifie qu'une seule substance divine ne fait qu'un seul Dieu. Il l'entend de telle manière que le Père seul est Dieu, reléguant le Fils et le Saint Esprit au rang de créatures. Noetius, Sabellius, Praxeas, Hermogène et Priscillien, partant du même principe, concluent de même : une seule subsistance ne fait qu'une seule chose subsistante, mais leur explication sacrifie la distinction réelle des personnes à l'unité divine. Dans l'opinion de Gilbert, ils péchaient ainsi contre la règle générale qui, n'admettant pas d'exception, énonce que les propriétés personnelles de plusieurs personnes ne peuvent convenir à une seule.

---

[1] Voir *De Trinitate* (Haring, p. 42, 85 ; PL, 1262 A, 1297 C).
[2] *De Trinitate* (Haring, p. 35 s ; PL, 1256 B-1257 C).

D'autres hérésies encore, dont le semi-arianisme, sont rangées par Gilbert sous le même principe philosophique. Elles confessaient, conformément à la foi catholique, que le Père, le Fils et le Saint Esprit sont trois personnes distinctes en un seul Dieu, mais s'écartaient de l'orthodoxie, lorsqu'elles affirmaient que chaque personne divine avait sa propre essence ou subsistance divine. Par là, elles reconnaissaient avec la multiplicité des personnes une multiplicité dans l'essence divine composée de plusieurs subsistances semblables ou « conformes ». Tablant sur sa propre théorie de l'universalité, Gilbert situera d'emblée cette hérésie entre l'arianisme qui enseigne une pluralité d'essences pour les trois personnes et le sabellianisme qui défend une unité d'essence divine absolue. Les semi-ariens conçoivent, en effet, l'unité des personnes comme une unité d'universalité, c'est-à-dire une unité par « conformité » entre des choses qui, numériquement, sont plusieurs.

Macédonius, le dernier de cette série d'hérétiques cités par Gilbert, déduisait du même principe qu'il existe une essence commune au Père et au Fils, essence qui serait le Saint-Esprit.

Après la rapide description de ces quelques hérésies classiques, Gilbert fait mention, sans y accoler de nom, d'une erreur de son temps et imputée le plus souvent à Abélard. Cette théorie distingue en Dieu plusieurs formes ayant leurs propriétés respectives ; la pluralité des personnes divines pourra s'expliquer alors en attribuant au Père la puissance, au Fils la sagesse et au Saint-Esprit la bonté. Dans l'unité de l'essence divine surgit une triade de propriétés personnelles. A ce propos Gilbert dénoncera encore la transposition illicite d'un principe valable dans le seul domaine de la physique. Dans l'ordre physique, en effet, les propriétés irréductibles attribuées au même sujet se rapportent à diverses parties formelles ou subsistances partielles qui, réunies, constituent la subsistance totale du sujet : par exemple, la couleur à la corporéité, la « passion » à la sensibilité, le discernement à la rationalité qui, une fois réunies, constituent l'être ou la subsistance totale de l'homme qui est coloré, sensitif et raisonnable.

L'esquisse de toutes ces hérésies laisse prévoir en quel sens Gilbert dirigera son argumentation. La distinction et l'analyse des principes rationnels appliqués aux données de la foi, de concert avec les règles décidant de l'usage de ces principes, lui donneront sa principale physionomie.

En fin d'introduction, Gilbert résume en deux thèses la problématique traitée par Boèce en faisant appel à sa distinction favorite entre les principes propres à la théologie et ceux relevant des sciences naturelles. La thèse de l'unité des personnes divines sera confirmée à l'aide des principes spécifiquement théologiques ; la thèse de la pluralité des personnes le sera par des principes appartenant aux sciences naturelles [1].

Dans cette double thèse avancée par Gilbert, Hayen croit déceler la division classique du traité *De Deo uno et trino* ; cette division, en outre, irait de pair, d'après lui, avec la méthode à suivre : méthode théologique pour établir la simplicité de Dieu, méthode des sciences naturelles pour confirmer la distinction des personnes divines [2].

A notre avis, les questions soulevées dans le traité de Boèce et de Gilbert ne s'identifient guère à ce que les théologiens postérieurs, Thomas d'Aquin par exemple, entendaient par la division du *De Deo uno et trino*. Pour Gilbert, c'est la doctrine révélée sur la Trinité qui forme la matière et le point de départ des questions posées. Voilà pourquoi les deux grandes thèses de la théologie de Gilbert battent en brèche les hérésies trinitaires de l'antiquité chrétienne. La première réfute l'arianisme qui se présente comme la négation de l'unité d'essence des trois personnes, la seconde le sabellianisme qui néglige la distinction réelle des personnes divines. Sans doute retrouvons-nous la matière du traité classique *De Deo uno et trino* exposée dans le commentaire de Gilbert, mais elle y est ordonnée de façon différente. La démonstration de l'unité divine opposée à la pluralité des choses créées étayera avant tout l'unité essentielle des trois personnes divines. Bref, il s'agit ici d'une partie de la théologie trinitaire.

De la démonstration de l'existence de Dieu, quelques contemporains de Gilbert déduisent l'unité de l'essence divine [3].

---

[1] *De Trinitate* (HARING, p. 37 ; PL, 1257 CD).

[2] A. HAYEN, *Le concile de Reims et l'erreur théologique de Gilbert de la Porrée*, dans *Archives d'Histoire doctrinale et littéraire du Moyen Âge*, t. X, 1935/36, p. 55.

[3] Voir p. ex. le *Summa Sententiarum*, tract. I, c. 4 ss (PL, CLXXVI, 47), où l'argumentation de l'unité divine a été déduite de la démonstration rationnelle de l'existence de Dieu.

Bien qu'il ne suive pas cette voie, il serait excessif d'avancer avec le *Liber de vera philosophia* que Gilbert la rejetait [1]. Sa glose sur le fameux texte de saint Paul disant la connaissance de Dieu accessible aux païens accepte volontiers le bien fondé d'une démonstration rationnelle de l'existence de Dieu. A partir de cette démonstration, il a montré également le moyen d'arriver à une théologie de l'unité de l'essence divine [2]. De même, son commentaire de Boèce présente la vérité de l'existence de Dieu comme évidente à tous les hommes, tant aux simples qu'aux savants [3]. Ailleurs, il admet une démonstration de l'existence de Dieu à partir de la pluralité de formes dans les choses créées pour en arriver à l'existence d'un esprit-ordonnateur [4].

La deuxième partie du commentaire diffère considérablement du *De Deo trino* de la théologie postérieure. Une partie notable de ce deuxième traité est consacrée à l'analyse critique des prédicats naturels attribués à Dieu. S'il est vrai que cette critique vise la relation, d'autres attributs divins y sont encore examinés, tels que l'omniprésence, l'éternité, etc., matière présentement renvoyée au traité *De Deo uno*.

Le commentaire de Gilbert ne donne pas autre chose qu'une théologie trinitaire qui s'appuie sur la doctrine révélée concernant les trois personnes, leur unité et leur distinction, ou, selon la terminologie de Boèce, l'*unitas* et la *numerositas Trinitatis*.

II

I. — La première question, l'*unitas Trinitatis*, oppose la doctrine catholique et la théorie hérétique, toutes deux soutenues pourtant par de sérieux arguments. Purement théolo-

---

[1] Voir M. CHOSSAT, *La Somme des Sentences. Œuvre de Hugues de Mortagne vers 1155*, Louvain, 1923, p. 938.

[2] *In Rom.* I, 20 (ms. BRUGES, 78, fol. 3ra) : « Sic ergo per ea quae dicta sunt summae illius Trinitatis, quae Deus est, iudicia gentiles philosophi habuerunt. De hoc, quia scilicet cum per naturalem rationem *cognovissent Deum*, usque adeo ut faterentur *unum* esse principium, ex quo omnia, et eadem omnia esse facta per Verbum ». Dans ce texte, Gilbert est d'accord avec plusieurs de ses contemporains pour dire que les païens pouvaient acquérir, par leur raison, une certaine connaissance de la Trinité. Voir J. COTTIAUX, *La conception de la théologie chez Abélard*, dans *Rev. d'hist. ecclésiast.*, t. XXVIII, 1932, p. 282.

[3] *C. Eut. et Nest.* (HARING, p. 203 ; PL, 1327 B).

[4] *Ibid.* (p. 204 ; PL, 1328 C).

gique, la question naquit de l'appréciation divergente des principes régissant les argumentations.

Gilbert donne à la conviction des fidèles la forme d'un syllogisme : le Père est Dieu, le Fils est Dieu, le Saint Esprit est Dieu ; donc le Père et le Fils et le Saint Esprit sont un seul Dieu. Il considère la conclusion faite en vertu de la *ratio indifferentiae*, comme valable seulement en théologie, puisqu'il n'y a aucune diversité de nature entre les personnes divines.

Le caractère théologique de cette argumentation éclate tout d'abord en la comparant aux conclusions contraires dérivant des principes des sciences naturelles. Partant de la règle de la physique selon laquelle une distinction numérique de choses subsistantes est l'indice d'une distinction numérique de subsistances, il faut argumenter comme suit : Platon est homme, Aristote est homme, Cicéron est homme ; donc Platon, Aristote, et Cicéron sont trois hommes. L'analyse grammaticale de ces propositions démontre que le nom attribué est toujours le même, sans avoir toujours la même signification. Le prédicat désigne chaque fois une autre humanité ; en effet, les formes de Platon, d'Aristote et de Cicéron, bien que conformes ou similaires, sont numériquement distinctes. Est donc à éviter toute confusion entre le nom attribué (*nomen praedicativum*) et la chose attribuée (*res praedicata*) : la répétition du nom ne signifie guère la répétition de la chose attribuée. En physique, la conclusion est irréprochable : la distinction des trois sujets ne permet pas d'affirmer que Platon, Aristote et Cicéron sont un seul homme.

Cette *ratio differentiae* qui est du domaine naturel, les hérétiques la transposent à la théologie. Ils préfèrent comprendre la triple répétition du nom « Dieu » dans l'énoncé de la foi comme une pluralité de choses attribuées, par conséquent comme une pluralité de natures. Ainsi, l'application du principe naturel conduit à l'erreur de l'arianisme professant que les trois personnes ne sont pas un seul et même Dieu, mais qu'il existe entre elles un ordre hiérarchique, d'après leurs mérites respectifs. En effet, sans diversité de natures, ni nombre ni ordre hiérarchique possibles. Les semi-ariens repoussent l'idée d'une hiérarchie des personnes divines et se rallient à la théorie des natures conformes. Gilbert veut bien reconnaître que de cette manière une certaine unité est sauvegardée. Malheureusement, cette unité n'est qu'une unité d'universalité, une unité de conformité ou de similitude impliquant une pluralité numérique de choses ressemblantes. Or, seule l'unité numérique garantit l'unité et la simplicité de l'essence divine [1].

L'exposé de Gilbert met en lumière que l'opposition entre la doctrine catholique et l'hérésie prend racine dans une conception différente de la portée des *rationes* régissant les argumentations. Pour les hérétiques les principes des sciences naturelles peuvent être repris en théologie, tandis que les catholiques sont convaincus qu'ils valent uniquement pour les choses créées et que la théologie possède des principes propres en parfaite harmonie avec la nature de l'objet théologique.

A ce développement se rattache une classification des sciences et une étude des principes spéciaux de chacune ; l'exposé en a été fait dans un chapitre précédent [2]. Pour compléter le schéma de la *quaestio*, Gilbert fait connaître le déroulement de l'argumentation de la théologie catholique suivant les principes spécifiquement théologiques et met en garde contre les erreurs de l'argumentation hérétique.

Après ces considérations préliminaires, Gilbert rédigera comme suit la thèse qu'il défendra dans la première partie de son commentaire : le Père, le Fils et le Saint-Esprit sont ce qu'ils sont de par une essence divine qui est une, singulière et parfaitement simple. Les *rationes* proprement théologiques apporteront la preuve qu'en définitive et à l'encontre des hérétiques, la position catholique est bien conforme à la nature de l'essence divine [3].

L'argumentation de Boèce [4] oppose constamment l'être de Dieu à l'être des choses créées. Il est de toute importance de signaler qu'il s'agit ici ni de l'être existentiel ni de l'être distinct de l'essence : dans ce contexte il s'agit toujours de l'être essentiel, c'est-à-dire de l'essence ou de la forme des choses.

La participation à une pluralité de formes comporte pour toute chose concrète une multiplicité ou une composition de son

---

[1] *De Trinitate* (HARING, p. 42-46 ; PL, 1262 A-1265 C).
[2] *De Trinitate* (HARING, p. 46-50 ; PL, 1265 C-1268 C). Voir livre IV, chap. II, p. 241-252.
[3] *De Trinitate* (HARING, p. 50 ; PL, 1268 CD).
[4] Voir p. ex. M. D. ROLAND-GOSSELIN, Le « *De ente et essentia* » de S. Thomas d'Aquin, Kain (Belgique), 1926, p. 143s ; H. J. BROSCH, *Der Seinsbegriff bei Boethius. Mit besonderer Berücksichtigung von Sosein und Dasein*, Innsbruck, 1931, p. 110 s.

être. Toute chose concrète est « ceci et cela » : l'homme, par exemple, est corps et âme. Par conséquent, la substance totale de la chose créée ou « ce qu'elle est » ne s'identifie à aucune des parties composantes. Il est de même interdit de dire que l'une ou l'autre des parties est ce que la chose est elle-même. Ainsi, la substance totale de la chose créée ne s'identifie pas à la forme, parce que, dans toute chose, il y a plus que la seule forme. En outre, à cause de la concrétion de la forme dans la matière, celle-ci devient capable de recevoir plusieurs formes accidentelles, qui, à leur tour, contribuent à composer l'être total de la chose et, par suite, à la rendre plus complexe.

L'être divin diffère foncièrement de celui des choses créées. D'abord, la substance divine est forme sans matière, forme simple et sans parties composantes ; d'où impossibilité d'affirmer que la substance divine a reçu l'être de plusieurs éléments différents. Dans l'être divin ne se retrouve que la seule forme immatérielle, car la substance divine n'est en effet autre chose que sa forme qui la fait être ce qu'elle est. L'immatérialité de la forme divine exclut encore la présence en Dieu de formes accidentelles, aucune forme ne pouvant être sujet d'accidents et seule la matière pouvant recevoir des formes accidentelles, en vertu de sa forme inhérente. Force nous est de rejeter ainsi toute pluralité dans l'être divin, pluralité supposant diversité. En Dieu n'existe donc pas non plus de nombre ; la vérité de la doctrine catholique se confirme inébranlablement : le Père, le Fils et le Saint-Esprit sont un seul Dieu.

Aussi la remarquable formule doctrinaire de Boèce retient-elle l'entière attention de Gilbert : *Divina substantia est forma sine materia, atque ideo unum est et id quod est* [1]. Dans les règles du *De hebdomadibus* se trouve une formule équivalente : *Omne simplex esse suum et id quod est unum habet* [2]. Ceci en opposition aux choses créées dont il est dit : *reliqua autem non sunt id quod sunt* [3], ou bien : *omni composito aliud est esse, aliud ipsum est* [4].

II. — Qui se contente de la lettre du texte, rattache l'argumentation de Gilbert à celle de Boèce. Mais Gilbert se hâte d'appliquer ses distinctions favorites, et lui donne ainsi un sens personnel.

---

[1] *De Trinitate* (HARING, p. 51 ; PL, 1269 D).
[2] *De hebdomadibus* (HARING, p. 192 ; PL, 1320 B).
[3] *De Trinitate* (HARING, p. 51 ; PL, 1270 A).
[4] *De hebdomadibus* (HARING, p. 193 ; PL, 1321 A).

Il part de l'assertion de Boèce qu'il faut, en théologie, se tourner vers la forme divine qui est vraiment forme, et non vers ses images créées. Il en profite pour établir la transcendance des principes théologiques et insiste sur le fait que les noms de *forma* et d'*esse* sont proprement et premièrement des noms de l'essence divine : l'être comme tel (*esse simpliciter*) ne pouvant être, au sens propre, que l'essence divine elle-même.

Les choses créées ne sont pas par elles-mêmes, elles ne sont que quelque chose (*aliquid sunt*). Le nom d'*esse* ne leur revient qu'au sens impropre et dérivé, pour autant qu'elles sont ce qu'elles sont par une participation extérieure à l'être divin. Ainsi, en disant des choses créées qu'elles sont, on ne les considère pas du point de vue des sciences naturelles, d'après leur propre nature, mais du point de vue théologique, d'après leur dépendance à l'égard de Dieu [1].

La différence entre l'argumentation de Boèce et celle de son commentateur saute aux yeux à l'approche du point central de l'argumentation. Alors que pour Boèce elle se concentre complètement autour de l'identité de la substance et de la forme divines, Gilbert vise à démontrer l'unité et la singularité de l'être ou de la forme divine elle-même. Chez lui, la question de l'identité entre Dieu et sa forme divine ou sa divinité n'est même pas posée directement.

Le point de départ de Gilbert explique cette divergence. Il a formulé la doctrine catholique en trois propositions : le Père est Dieu, le Fils est Dieu et le Saint-Esprit est Dieu. D'où la conclusion : le Père, le Fils et le Saint Esprit sont un seul Dieu [2]. Dans ces propositions, le nom « Dieu » fait office de prédicat [3]. Or, comme le *nomen praedicativum* désigne toujours une nature ou une forme, la tâche de Gilbert sera de démontrer que le prédicat, quoique répété trois fois, n'implique pas autant de natures divines. D'emblée s'impose alors la distinction entre la *ratio differentiae* valable pour toute chose créée, et la *ratio indifferentiae* connue du seul théologien et selon laquelle la nature divine ne peut être multipliée. Ainsi, la *ratio indifferentiae* s'érige en critère universel de tout jugement porté sur

---
[1] *De Trinitate* (Haring, p. 50 s ; PL, 1268 D-1269 D).
[2] *Ibid.* (p. 50 ; PL, 1268 D).
[3] Voir Livre III, chap. I, p. 146.

ce qui se dit de Dieu. Tel est le point de vue indispensable à la compréhension de toutes les distinctions de Gilbert, ainsi que des changements qu'il apporte aux formules de Boèce.

Lorsque Boèce traite de l'identité entre *substantia divina* et *forma divina*, Gilbert interprète le terme de *substantia* non au sens concret, mais au sens abstrait et formel. Dans ce contexte la substance divine ne recouvre point pour lui la substance existant concrètement, mais la nature, c'est-à-dire non pas l'être-subsistant mais l'être-subsistance. Les règles de la grammaire admettent les deux sens, à moins que le contexte ne requiert l'un d'eux. Or, Gilbert entend que tout terme servant de prédicat désigne le formel ou l'abstrait. Par conséquent, la démonstration de l'unité divine équivaut, d'après lui, à la démonstration de l'unité de ce qui est représenté par les prédicats des propositions citées, savoir de l'unité de l'essence ou de la forme divine [1].

Ce déplacement du sens de l'argumentation concorde parfaitement avec la doctrine philosophique de Gilbert déjà précédemment analysée. Il considère la composition des choses comme une multiplicité de formes, ou substantielles ou accidentelles. S'il est vrai que souvent une composition du *quod est* ou de la chose concrète s'ajoute à la composition de l'être ou de la forme, elle est loin d'être indispensable pour parler de choses composées. Même le *quod est* étant simple, la substance de la chose peut être encore composée, précisément à cause de la pluralité du *quo est*. Aussi les termes de *simplex* et de *compositum* revêtent chez Gilbert un sens plus restreint que chez Boèce et désignent toujours une simplicité ou une composition de l'être ou de l'élément formel de la chose. A chaque distinction ou pluralité dans les autres éléments d'une chose, Gilbert applique non le terme de *compositio* mais le terme plus général de *conjunctio*. Ainsi, matière et forme, *quod est* et *quo est*, substance et subsistance, qui dans les choses créées sont *aliud et aliud*, sont « jointes » l'une à l'autre, sans que leur conjonction constitue une composition au sens strict. Pareille conjonction n'exclut même pas la simplicité de l'être [2].

---

[1] *De Trinitate* (HARING, p. 51 ; PL, 1269 C) : « ... eam (scil. formam divinam) vere unam ex comparatione naturalium, quorum nullum suae naturae simplicitate est unum, demonstrat ».
[2] Voir Livre III, chap. 2, p. 159 s, 172-178.

Gilbert tente de résoudre la première question de la théologie trinitaire à l'aide de ces thèses fondamentales de sa philosophie. Le problème que les trois propositions suscitent, se ramène à celui de l'unité essentielle des trois personnes divines. Les termes *simplex* et *compositum* du texte de Boèce ne l'entraînent pas dans une discussion sur l'identité ou la distinction du concret et de l'abstrait, du *quod est* et du *quo est*, de Dieu et de la divinité. La question de l'*unitas Trinitatis* lui paraît complètement résolue par la démonstration de l'unité de l'essence divine, malgré une distinction éventuelle entre Dieu et la divinité. Pour lui, Dieu est simple et les trois personnes ne sont qu'un seul Dieu, en raison de la simplicité de l'essence divine : *ea (essentia* — à l'ablatif —*) simplex et solus Deus est* [1].

Gilbert ne recourt guère dans son argumentation à la doctrine qui, au Concile de Reims, soulevait l'opposition de saint Bernard, et, quand le texte de Boèce ne peut s'entendre autrement que d'une identité de la substance concrète et de la forme abstraite, il réussit encore, grâce à ses distinctions, à faire prévaloir sa propre théorie de la simplicité de Dieu. Dès le début de son argumentation, alors que Boèce enseigne que la substance divine est une forme immatérielle : *divina substantia est forma sine materia*, Gilbert apporte une modification, subtile en apparence, qui change toute la portée de l'argumentation. Il entend le terme de *substantia divina* au sens formel : l'être divin ou la forme divine. « La substance divine est immatérielle », signifie alors : elle n'a pas comme principe la *hyle* ; elle n'a pas besoin d'être concrétée dans la matière comme en un sujet ; elle n'est pas elle-même matière en tant que sujet de formes accidentelles. Elle est forme ; on peut prétendre qu'elle « est en » Dieu ; toutefois cet « être-dans » n'entraîne point des formes accidentelles en Dieu, comme c'est le cas pour les formes des choses créées. A tout point de vue, le terme de matière reste étranger à l'être divin [2].

La première immatérialité par laquelle l'« être-dans » de la forme divine dans la matière est exclu, semble évidente à Gilbert et il ne s'y attarde guère. Boèce, au contraire, situe cette immatérialité au centre de l'argumentation servant à prouver la simplicité et l'unité absolue de Dieu. Gilbert, traitant de

---

[1] *De Trinitate* (HARING, p. 51 ; PL, 1269 D).
[2] *Ibid.*

l'immatérialité et de l'abstraction de la forme divine, relève toujours deux autres aspects : d'abord, l'essence divine est seule et singulière, c'est-à-dire qu'elle existe séparément de toute autre essence, si bien que dans l'essence divine n'entre aucune composition d'éléments essentiels ou formels ; ensuite, la forme divine n'occasionne nullement des formes accidentelles en Dieu.

Bien intéressante à suivre est son interprétation de l'exposé de Boèce :

> *Divina substantia est forma sine materia.* Nam neque hylem tamquam sui principium et materiam, in qua eam esse necesse sit, habere potest usia principii neque sic inest principio, i. e. Deo, ut posterioris rationis naturas aliquas vel se componentes vel sibi adjacentes habeat in illo, ex quibus ipse sit et quarum (ex causa prioris, ad cujus pertineant potestatem) materia esse possit. Ipsa enim et principio caret et compositione. Nec est, quo sit, principium (ex quo et per quod et in quo sunt omnia) nisi ipsa. *Atque ideo* vere *est unum* et adeo simplex in se et sine his, quae adesse possunt, solitarium, ut recte de hoc uno dicatur quod de ipso principio, cujus usia est, dicitur, scilicet : *est id quod est*. Sicut enim non est, quo Deus sit, nisi simplex atque sola essentia, i. e. usia, sic non est, unde usia ipsa sit, nisi quoniam ea simplex et solus Deus est [1].

Boèce poursuit son argumentation en opposant l'unité divine à la composition des choses créées : *reliqua enim non sunt id quod sunt*. Les choses qui existent concrètement, ne sont pas ce qu'elles sont, car elles tiennent leur être de leurs parties composantes ; l'homme par exemple se compose d'une âme et d'un corps. Ici encore, Gilbert transporte la formule au plan du formel, quand il paraphrase comme suit :

> scilicet : non est simplex aut solitarium illud, unde quodlibet eorum « esse aliquid » dicitur [2].

A cet endroit nous trouvons l'exposé détaillé de la composition des choses créées qui fut précédemment examiné [3]. L'être des choses présente toujours une composition tant de formes substantielles que de formes accidentelles, toutes distinctes les unes des autres, et qui, dans une certaine hiérarchie, concourrent à la constitution de l'être total de la chose. Et cette composition précisément exclut toute identité entre la substance de la chose

---

[1] *Ibid.* (p. 51 ; PL, 1269 D)
[2] *Ibid.* (p. 51 ; PL, 1270 A).
[3] Voir Livre III, chap. II, p. 172-178.

et l'une quelconque des parties composantes. Boèce dit : *in parte igitur non est quod est*. Cette formule, Gilbert également l'entend au plan du formel et l'explique en ce sens que l'être total de la chose est composé, parce que comprenant les formes de toutes les parties qui, même dans la composition, restent distinctes, au moins numériquement, les unes des autres.

Point de ressemblance donc entre l'être divin et l'être des choses créées: dans l'être divin on ne peut distinguer de parties composantes. Seule existe la divinité ou la forme divine pure et simple par laquelle Dieu est ce qu'il est :

> Non enim est a divinitate aliud, quo Deus sit. Nec est unde divinitas ipsa sit, nisi quod ea Deus est [1].

La lecture de tout ce passage montre suffisamment les efforts de Gilbert pour infléchir la terminologie de Boèce. Chaque fois que celui-ci parle de la chose concrète et des parties concrètes composantes, il est obligé de donner aux termes concrets leur sens formel : l'être des parties distinctes. Rien d'étonnant dès lors que Gilbert, dans ce contexte, soutient que son auteur emploie une terminologie qui, aux yeux des non-initiés, apparaît comme une sorte de langage secret [2].

Lorsque Boèce affirme l'identité de la substance divine et de l'être divin dans la formule : *divina substantia est id quod est*, Gilbert l'interprète sans hésiter à sa manière : *divina essentia est id quod est* [3]. Il considère la formule comme une locution figurée, une métonymie fondée sur la simplicité parfaite de l'essence divine. Selon les règles de la grammaire, c'est de Dieu seul en tant que subsistant qu'on pourrait dire qu'il est ce qu'il est. L'expression est valable parce que l'essence divine qui fait que Dieu est ce qu'il est, est parfaitement simple et une.

Gilbert emploie encore une autre formule classique affirmant non seulement que Dieu est ce qu'il est, mais aussi que Dieu est son essence même : *Deus est ipsa essentia*. De nouveau il refuse d'accepter cette formule au sens d'une identification absolue de Dieu et de son essence, qui détruirait toute distinction entre les noms concrets et les noms abstraits. Il faut y voir une manière de parler, une locution emphatique dont la grammaire

---

[1] *De Trinitate* (HARING, p. 55 s ; PL, 1273 C).
[2] *Ibid.* (p. 52 ; PL, 1270 C).
[3] *Ibid.* (p. 51 ; PL, 1269 D).

présente des parallèles. Quand on dit de quelqu'un « qu'il est tout sagesse », on parle d'une personne à la sagesse extraordinaire et qui semble n'être que sagesse. Mais on ne veut pas du tout dire que la sagesse est la seule forme par laquelle cette personne est ce qu'elle est. Il y a en elle certes d'autres formes encore, par exemple la couleur et la quantité, mais le caractère dominant et marqué de sa sagesse justifie cette façon de parler. A plus forte raison peut-on dire de Dieu qu'il est son essence même, puisque Dieu est ce qu'il est par son essence et par rien d'autre.

Ce passage du texte de Gilbert durement critiqué par saint Bernard et par bien d'autres théologiens, se lit comme suit :

> Unde etiam usus loquendi est, ut de Deo dicatur non modo « Deus est » verum etiam « Deus est ipsa essentia ». Recte utique. Si enim de aliquo, qui non modo sapiens sed etiam coloratus et magnus et multa huiusmodi est, ex sapientiae prae caeteris abundantia dicitur : « tu quantus quantus es, totus sapientia es » (tamquam nihil aliud sit quod sibi esse conferat nisi sola sapientia) multo proprius Deus, cui diversa non conferunt, ut sit, dicitur « ipsa essentia » : et aliis nominibus idem ut « Deus est ipsa divinitas sua, ipsa sua sapientia, ipsa sua fortitudo » et huiusmodi alia [1].

De l'avis de Gilbert, les deux formules se rencontrent : Dieu est ce qu'il est par une essence une et simple et singulière. Tout ce qu'on peut lui attribuer, s'identifie avec cette essence simple, tous les noms et attributs divins n'ont d'autre signification que celle d'essence.

Gilbert accentue fortement cette théorie dans son commentaire de la septième règle du *De hebdomadibus* : *omne simplex esse suum et id quod est unum habet* [2]. Chez Boèce, cette règle énonce la même théorie que les formules du *De Trinitate* : en toute chose simple, la substance concrète et son être coïncident totalement. Dans son commentaire, Gilbert maintient néanmoins la distinction entre l'*esse* et le *quod est*. Il entend la formule de Boèce en ce sens que, pour toute chose simple, il y a simplicité parfaite tant de l'*esse* que du *quod est*. Pour cette raison, la réalité divine est absolument unique et incomparable à quelque réalité créée. Les choses naturelles, en effet, sont composées de plusieurs

---

[1] *De Trinitate* (HARING, p. 51 ; PL, 1269 D).
[1] *De hebdomadibus* (HARING, p. 193. PL, 1320 D s).

façons : elles ne sont pas seulement *creata* mais aussi *concreta*. Les réalités dont s'occupe la mathématique, savoir les formes abstraites des choses naturelles, révèlent leur composition par la pluralité des effets produits dans les choses où elles sont. Dieu seul est complètement simple. La pluralité des prédicats qui lui sont attribués, est due non pas à une composition de l'être divin, mais plutôt à notre manque de termes appropriés, qui nous oblige à recourir à des expressions dérivées qui lui sont impropres. C'est ce qui nous fait dire qu'il y a en Dieu une essence par laquelle il est ce qu'il est, une sagesse par laquelle il est sage, une puissance par laquelle il est tout-puissant, etc. Cette manière défectueuse de parler, il nous faut la corriger aussitôt en remarquant que tous ces attributs recouvrent exactement l'essence simple et individuelle de Dieu. L'essence en vertu de laquelle nous disons qu'il est (*est*), n'est autre chose que ce qui est désigné par les prédicats exprimant qu'il est quelque chose (*aliquid est*) :

> Si quis de eo, quod vere est simplex, dicat « est » et item dicat « est aliquid », nullus intelligere debet, quod secunda oratione praedicaverit de ipso, aliquid proprietate aliqua diversum ab eo quod praedicaverat in prima... nulla ratione intelligi debet aliud esse, quo est, et aliud esse, quo potens est, quoniam et Patri et Filio et amborum Spiritui idem omnino est et esse et potentem esse. Similiter illorum trium cuilibet idem est esse et sapientem esse. Item cuilibet illorum idem est esse et bonum esse, et huiusmodi. Quod in non-simplicibus, quod sunt omnia quae creata subsistunt, minime verum est [1].

La distinction numérique des choses d'une même espèce s'explique, selon Boèce, par les accidents. Ainsi la démonstration de l'absence de tout accident en Dieu constitue un chaînon indispensable dans sa preuve de la simplicité et de l'unité divines. Aussi se termine-t-elle par l'affirmation qu'aucune forme ne peut être sujet d'accidents, si ce n'est en un sens impropre et pour autant qu'elle soit cause des accidents dans la matière où elle se trouve elle-même. L'essence divine, étant forme immatérielle, ne peut en aucun cas être cause d'accidents en Dieu. La distinction numérique des personnes divines n'implique point une distinction à l'intérieur d'une espèce.

---

[2] *De hebdomadibus* (HARING, p. 192. PL, 1320 B s).

Gilbert avance que la forme même est le principe de l'individualité et de la distinction numérique à l'intérieur de l'espèce [1]. Toute forme est singulière, puisque toute chose possède sa propre forme, numériquement distincte de toute autre forme. L'unité spécifique n'est donc pas une unité réelle mais une unité universelle, elle se construit en vertu d'une ressemblance entre plusieurs formes numériquement distinctes. Il enseigne formellement que la variété des accidents n'est pas cause mais indice de la pluralité numérique ou individuelle. Par conséquent, la démonstration de l'absence d'accidents en Dieu n'est guère nécessaire pour établir l'unité parfaite de l'essence divine. Elle n'en constitue qu'un aspect spécial. Cette mise au point permet à Gilbert de s'approprier toute l'argumentation de son auteur. Une forme ne peut s'appeler matière ou sujet d'accidents si ce n'est au sens impropre et dérivé, et dans la mesure où la matière à cause d'elle peut être sujet de formes accidentelles. S'appuyant sur son auteur, Gilbert continue à parler d'un « être-dans » de l'essence divine, tout en faisant remarquer qu'elle n'est pas en Dieu de la même manière que les formes naturelles sont dans les choses créées. L'essence divine n'est pas une forme concrétée, elle n'est pas liée à la matière. Donc, elle est sans les accidents inhérents à la concrétion.

Cette première réflexion théologique mène Gilbert à une conclusion bien différente de celle de Boèce. Qu'il en a conscience est mis en lumière par son commentaire sur l'argumentation finale de Boèce. Celui-ci conclut en disant :

> Igitur in eo nulla diversitas ; nulla ex diversitate pluralitas ; nulla ex accidentibus multitudo ; atque idcirco nec numerus.

Les parties de cette conclusion complexe correspondent aux diverses étapes de la démonstration. Gilbert, lui, convaincu d'avoir atteint le but beaucoup plus tôt, ne conçoit pas cette formule boécienne comme une conclusion, mais plutôt comme l'introduction à une autre manière de présenter la même doctrine : *hoc igitur ostenso iterum infert idem* [2]. Aussi, lorsque, un peu plus loin, il lit chez son auteur qu'une personne divine ne diffère pas de l'autre par des accidents ou des différences accidentelles, il se hâte d'y ajouter les différences substantielles qui, d'après lui,

---

[1] Voir Livre III, chap. II, p. 186 s.
[2] *De Trinitate* (Haring, p. 57 ; PL, 1274 D).

sont le constitutif de l'individualité et de la distinction numérique [1].

Alors surgit pour Gilbert une difficulté qui, dans la théorie de Boèce, n'avait pas du tout de raison d'être. En effet, malgré la démonstration de l'unité de l'essence divine, l'adversaire ne peut pas abandonner l'idée d'une multiplicité en Dieu. Mais celle-ci sera entendue par lui de la même manière que dans les choses naturelles, et dans le même sens qu'on dit de Platon, d'Aristote et de Cicéron qu'ils sont trois hommes. Boèce a pu esquiver la difficulté en démontrant qu'en Dieu il n'y a pas de formes accidentelles donnant lieu à une multiplication numérique au sein de l'unité spécifique. C'est pourquoi il s'en réfère à nouveau à la simplicité et à la singularité de la forme divine. L'exemple emprunté à l'ordre naturel dénote plusieurs formes numériquement distinctes, et distinctes par une variété d'accidents. En Dieu, par contre, il n'y a que l'essence singulière et simple, sans aucune forme accidentelle. D'après Boèce, il suit de là que les deux cas ne sont pas identiques [2].

Aux yeux de Gilbert, cette argumentation ne deviendra péremptoire que par l'application de la distinction entre l'*esse* et l'*esse aliquid*. L'essence divine est l'*esse simpliciter*, l'être pur et simple, l'être illimité et indistinct. Elle est singulière, sans aucune multiplication numérique, sans aucune composition avec quelqu'autre forme, ni dans une unité substantielle ni dans une unité d'universalité. Les formes ou les subsistances des choses créées, au contraire, ne sont pas telles qu'on puisse les qualifier d'*esse simpliciter*. Elles sont un *aliquid esse*, c'est-à-dire qu'elles sont limitées et déterminées et, par conséquent, distinctes de l'*aliquid esse* de toute autre chose. Partant, toute chose créée possède son *esse* propre, sa forme ou sa nature ou sa subsistance particulière.

Nous arrivons ici à la différence fondamentale entre la réalité divine et la réalité du monde créé, car il est bien évident que la *ratio* proprement théologique est la *ratio indifferentiae*, tandis la *ratio* physique est la *ratio differentiae*.

Après cette argumentation, Gilbert revient aux propositions formant le point de départ de la *quaestio*. Dans l'ordre naturel,

---

[1] *Ibid.* (p. 57 ; PL, 1275 A).
[2] *Ibid.* (p. 58 ; PL, 1275 CD).

il est exact de dire que Platon, Aristote et Cicéron sont trois hommes, mais si, en théologie, on affirme que le Père, le Fils et le Saint-Esprit sont trois dieux, on est évidemment hérétique. Dans le premier cas à coup sûr, les trois prédicats attribués à trois sujets différents, désignent trois formes distinctes par lesquelles chacune des trois personnes est homme. Bien que le nom désignant ces natures distinctes, soit le même, il s'agit après tout d'une multiplicité. Si le nom est simplement répété, les natures sont énumérées dans les propositions citées. En revanche dans les propositions théologiques, le nom tout aussi bien que la chose désignée sont répétés. En théologie, la répétition du nom signifie non pas une énumération de formes distinctes, mais une indication de la même forme en d'autres mots, une énumération fictive de ce qui en réalité est un et simple. Telle est la raison interdisant de parler de trois dieux à propos du Père, du Fils et du Saint-Esprit ; ils sont un seul et même Dieu par l'essence divine qui ne connaît pas de nombre [1].

III

I. — Avant de formuler le deuxième problème de la théologie trinitaire, Gilbert attire l'attention sur la manière ingénieuse dont Boèce passe des exemples qui ont servi à démontrer l'unité de l'essence divine, au problème de la pluralité des personnes [2]. Dans les propositions exprimant la foi catholique en l'unité divine, le nom « Dieu », trois fois répété, indiquait une seule et même chose : l'essence divine. Poursuivant son argumentation, Boèce cite deux séries d'exemples empruntés à l'ordre naturel. Dans *ensis, mucro, gladius*, la même chose est répétée par l'emploi d'un *multivocum* ; dans *sol, sol, sol*, par un *univocum*.

L'analyse grammaticale nous permet de déceler la différence entre ces exemples et la réalité divine, à laquelle ils sont appliqués. Les deux exemples renferment une répétition non seulement du *quo est* mais aussi du *quod est*, attendu que ces noms désignent tant la forme par laquelle la chose est telle que la chose elle-même qui est telle par la forme. Par contre, dans les propositions :

---

[1] *De Trinitate* (Haring, p. 61 ; PL, 1278 A-C).
[2] *Ibid.* (Haring, p. 62 ; PL, 1278 C).

le Père est Dieu, le Fils est Dieu et le Saint Esprit est Dieu, le nom « Dieu », trois fois répété, qualifie la même essence simple, mais non attribuée à la même personne. Ainsi donc sont énumérés ceux qui sont Dieu ; ce par quoi ils sont Dieu est simplement répété : *eorum quidem, qui sunt Deus, numeratio facta est ; eius vero, quo sunt Deus, repetitio* [1].

Faisant l'analyse des exemples cités, Gilbert esquisse d'abord un schéma des différentes combinaisons possibles entre le *quod est* et le *quo est*. Alléguant que selon les règles grammaticales un même nom peut signifier le *quod est* tout autant que le *quo est*, il parvient aux possibilités suivantes :

1. le *quod est* et le *quo est* sont énumérés ;
2. le *quod est* et le *quo est* sont répétés ;
3. le *quod est* est répété, le *quo est* énuméré ;
4. le *quod est* est énuméré, le *quo est* répété ;

Le schéma se complique encore du fait que la même chose peut être désignée soit par un *multivocum* (A), comme *ensis, mucro, gladius*, soit par un *univocum* (B), comme *sol, sol, sol*.

Mettons en parallèle maintenant les cas différents. A vrai dire, par *animal rationale* (3), on fait une énumération, tout comme par « homme et pierre » (1A). Et pourtant les deux cas ne sont point identiques : dans le premier on énumère le *quo est* et on répète le *quod est*, tandis que dans le second on énumère les deux éléments. Sans négliger le point de comparaison et sans identifier complètement les deux cas, la comparaison se justifie par la ressemblance partielle. Autre exemple : en attribuant deux fois le nom « homme » à Platon et à Cicéron (1 B), ou en disant de Platon seul qu'il est un « animal raisonnable » (3), on compte deux choses, tout comme dans l'expression « âme raisonnable, homme raisonnable » (4). Dans le dernier exemple, le *quo est* n'est pas énuméré mais répété, la rationalité étant la même dans l'âme et dans l'homme ; mais le *quod est* est énuméré l'âme et l'homme étant des choses distinctes. En somme, le point de comparaison n'est que partiel, le premier cas énumérant aussi bien le *quo est* que le *quod est*, alors que le dernier n'énumère que le *quod est* [2].

---

[1] *De Trinitate* (HARING, p. 62 ; PL, 1278 C).
[2] *Ibid.* (p. 62 s ; PL, 1278 D-1279 D).

Après cette introduction, Gilbert traite la question suivant le schéma habituel. Il analyse en premier lieu la position des hérétiques, les causes suscitant l'erreur et les fautes commises contre les principes de la théologie, le tout suivi de l'énoncé de la doctrine catholique telle qu'elle est professée dans la foi. Enfin, il se met à la recherche et à l'application des principes rationnels conducteurs de l'argumentation.

A la foi catholique affirmant la distinction des personnes divines, s'oppose l'hérésie classique du sabellianisme. Ici surgit le malentendu déjà signalé à propos de la portée des comparaisons tirées de l'ordre naturel. Bien que toute comparaison ne peut être rejetée sous prétexte que forcément elle est boiteuse, on n'en est pas autorisé pour autant à en tirer des conclusions dépassant le point exact de comparaison. Les sabelliens opèrent néanmoins de cette manière avec les exemples classiques précisant le sens de la pluralité des personnes divines telle qu'elle est énoncée dans la profession de foi. On connaît les comparaisons fameuses de la littérature patristique : l'esprit, la connaissance et l'amour d'une âme (*unius animae mens, notitia, amor*) ; la mémoire, l'intelligence et la volonté du même esprit (*unius mentis memoria, intelligentia et voluntas*) ; la splendeur et la chaleur d'un même rayon.

Alléguant l'exemple d'un rayon suscitant chaleur et clarté, les sabelliens prétendent que le Père, le Fils et le Saint-Esprit, qui par leur nature sont Dieu et par leurs propriétés personnelles Père, Fils et Saint-Esprit, ne sont qu'une seule chose subsistante (*unus subsistens*). D'autres exemples les entraînent à des conclusions analogues.

Gilbert relèvera leur double erreur. Il leur reproche d'abord d'ignorer que le terme de *substantia*, dans l'ordre naturel, peut prendre deux sens. Aussi sont-ils incapables de concevoir les distinctions nécessaires tout comme de saisir la vraie portée des comparaisons données par les Pères. La deuxième erreur, plus grave encore, réside dans la confusion des concepts des propriétés personnelle, singulière et individuelle. Gilbert y reviendra ailleurs. Cette deuxième hérésie contre le dogme trinitaire, il l'explique comme il a expliqué l'erreur de l'arianisme sur l'unité de l'essence divine. Encore une fois chez les sabelliens l'abus des principes naturels est évident.

La première partie de la théologie trinitaire n'exigeait aucunement l'emploi des principes naturels, puisqu'il s'agissait de l'essence divine strictement réservée à la spéculation purement théologique. Pour ce qui est de l'autre question, l'emploi des principes naturels est permis, à condition de reconnaître la transcendance divine n'admettant les principes naturels que moyennant une transposition proportionnelle. Ceci mène droit au problème de l'analogie, le sens propre des *rationes naturales* étant modifié par leur emploi en matière théologique [1].

A l'opposé de l'hérésie sabellienne se situe la doctrine catholique [2]. À la question : celui qui est Père est-il le même que celui qui est Fils ? tout catholique répondra négativement d'après la formule de Boèce : *idem equidem est, non vero ipse*. En y appliquant sa distinction du *quod est* et du *quo est*, Gilbert interprète cette formule de telle manière que les trois personnes sont « la même chose » par l'unité de l'essence divine, mais qu'elles ne sont pas « le même », à cause des noms distincts qui ne désignent pas une hypostase unique :

> *Idem equidem est* usiae, i. e. essentiae, quae de ipsis vere dicitur, singularitate. *Non vero est ipse*, scilicet non est his subjecta nominibus hypostasis una, i. e. subsistens unus et solus una et solitaria proprietate, qui et Pater et Filius et Spiritus sanctus sit diversa ratione. Non enim Pater et Filius et Spiritus sanctus sunt homohypostaseon sed homo-usion : videlicet non unius subsistentis vel essentis sed unius subsistentiae vel essentiae [3].

« Père, Fils et Saint-Esprit » ne sont pas des noms différents (*multivocum*) indiquant une seule et même chose comme *ensis, mucro, gladius*. Les trois personnes sont certes *homousion* mais non pas *homoupostatoi* ; en d'autres termes : ils sont d'une seule subsistance ou essence singulière mais non d'un seul subsistant ou *essens* [4].

Les dernières lignes de son texte imposent à Gilbert une certaine réserve. Il s'en voudrait de concevoir cette formule de telle façon que les personnes divines ne soient pas un seul subsistant ou *essens*. Elles le sont, en effet, en vertu de l'unicité de leur subsistance ou essence divine. Elles ne sont qu'un seul Dieu comme il a été démontré dans la première question. La distinction

---

[1] *De Trinitate* (HARING, p. 63 ; PL, 1279 C).
[2] *Ibid.* (p. 64 ; PL, 1280 D).
[3] *Ibid.*
[4] *Ibid.*

exprimée par les sujets différents des propositions citées, est d'une nature toute spéciale : elle ne traduit pas une pluralité de subsistances mais uniquement une pluralité de propriétés personnelles incommunicables et, de plus, prédicables à une seule personne [1].

Il est donc clair que la *ratio indifferentiae*, importante dans la preuve de l'unité essentielle des trois personnes, ne s'étend pas à tout ce qui est en Dieu. L'*indifferentia* des trois personnes quant à l'être est intimement liée à une *differentia* se signalant par l'attribution à l'une des personnes d'une propriété intransmissible à d'autres. Pour faire ressortir le rapport et la différence des deux problèmes de la théologie trinitaire, Gilbert explicite la deuxième question en ces termes :

> Cum vero dicitur « Deus, Deus, Deus » (primum de Patre, secundum de Filio, tertium de Spiritu sancto...), eorum quidem, qui sunt Deus numeratio facta est ; eius vero, quo sunt Deus, repetitio [2].

A cet endroit, la distinction entre le *quod est* et le *quo est* s'avère vraiment indispensable. Le *quo est* ou l'essence divine est une et simple, malgré trois subsistants ou trois *qui sunt*. L'essence singulière et simple est par conséquent attribuée à plusieurs sujets, formant un nombre. En plus de l'unité, existe aussi un nombre en Dieu.

Ce nombre présente un caractère bien particulier, étant donné qu'il se rapporte non à une pluralité de subsistances, mais à une pluralité de propriétés personnelles incommunicables ; d'où résulte qu'unité et pluralité peuvent être accordées sans préjudice ni pour l'une ni pour l'autre. Le mystère de la Trinité reste pourtant entier, aucune des comparaisons empruntées à l'ordre naturel ne fournissant une solution adéquate au problème posé par la foi à la raison humaine, et cela en dépit des distinctions et des réserves subtiles apportées pour corriger ou modifier le contenu de nos concepts défectueux. Il faut toujours rester conscient de la transcendance du mystère divin comme le dit Boèce : *vix intelligi potest* et *vix dici potest*. D'autre part, la

---

[1] *De Trinitate* (HARING, p. 64 ; PL, 1280 D) : « Quod autem dico 'non unius subsistentis vel essentis' non ideo dico, quod velim intelligi illos tres unum subsistentem vel essentem non esse (nam vere sunt unus subsistens vel essens una, qua sunt, usia) sed quod numquam de aliquo illorum ea, quae de alio, praedicatur personalis proprietas ».

[2] *Ibid.* (p. 62 ; PL, 1278 D).

doctrine de la foi demande la réflexion théologique. Celle-ci est rendue possible grâce à un certain vocabulaire approprié, tout imparfait et défectueux qu'il soit. Notre connaissance, même *ex parte*, n'est pas tout à fait négative et nos expressions, même inadéquates, ne sont pas dépourvues de sens [1].

La suite du commentaire oriente tous les exposés vers ce problème. Cette deuxième partie, de loin la plus étendue de tout le traité, doit son importance tout autant au problème envisagé qu'à l'exposé méthodique de Gilbert sur l'application des prédicaments naturels en théologie.

Pour la question de la *numerositas Trinitatis*, le théologien s'en rapportera aux principes de la science naturelle ou aux *rationes naturales* [2]. Cette sentence — fondamentale dans l'argumentation de Gilbert — ne cherche pas à mettre en évidence pourquoi les principes spécifiquement théologiques sont insuffisants en l'occurrence, ni pourquoi il faut étudier le problème à l'aide des principes naturels. Il constate la différence des méthodes respectives suivies par Boèce et l'approuve sans commentaire. Persuadé que l'application des *rationes naturales*, c'est-à-dire des prédicaments de la logique aristotélicienne, n'est pas l'invention de Boèce, il n'y voit que la continuation légitime de l'usage consacré par les auteurs autorisés et reconnus par l'Église [3]. La longue histoire de la théologie abonde en pareilles transpositions de termes tirés de la science physique. Forcément, la théologie, à l'instar de toute autre science, empruntera une grande partie de son vocabulaire aux choses concrètes, objet propre de la raison humaine [4]. Ceci s'avère d'autant plus nécessaire que le domaine de la connaissance abordé par la théologie est moins accessible à notre intelligence.

Nous voici au cœur du problème de l'analogie. Dans cette deuxième partie du commentaire il nous faut élucider comment Gilbert la conçoit. Des considérations parallèles se retrouvent dans la glose de l'épître aux Hébreux, à propos des noms naturels attribués par saint Paul au Fils de Dieu. Ce texte a été commenté dans le chapitre précédent [5].

---

[1] *Ibid.* (p. 81 ; PL, 1293 D).
[2] *Ibid.* (p. 65 ; PL, 1281 C).
[3] *Ibid.* (p. 65 ; PL, 1281 B).
[4] *Ibid.* (p. 65 ; PL, 1281 A).
[5] Voir p. 266, n. 1.

Lorsqu'il s'agit de l'unité de l'essence divine, la théologie peut se servir de ses principes propres et suivre la méthode « intellectuelle », car elle peut partir du concept de l'être et de la *ratio indifferentiae*, propre à l'essence divine. Et pourtant, l'insuffisance de cette méthode se révèle par la nécessité d'exprimer la simplicité absolue de l'être divin par une pluralité de concepts et de noms. Dans la question de la pluralité réelle des personnes divines, la carence de la *ratio indifferentiae* est totale. Ici, il faut faire appel aux *rationes naturales*, la pluralité appartenant en propre au domaine des choses naturelles. Le problème à résoudre à présent est celui de la relation entre la pluralité en Dieu et celle propre aux choses créées. Après consultation de la table des catégories établie par Aristote, Gilbert tente une description de la signification de nos concepts et des noms attribués à Dieu, de concert avec une détermination d'un prédicament capable d'expliquer la pluralité des personnes divines, et la définition de son utilisation en théologie [1].

Dans cette matière l'analyse grammaticale constitue encore le commencement de la réflexion théologique. La critique de Gilbert ne se rapporte pas immédiatement aux concepts humains par lesquels nous cherchons à comprendre le mystère divin mais concerne plutôt le langage humain et le vocabulaire technique exprimant la doctrine de la foi. Il se croit dès lors obligé à dresser les règles d'application des noms naturels à Dieu et à en définir le sens théologique. En somme, la critique grammaticale lui semble l'outil le plus souple de la réflexion théologique. Partant d'une critique grammaticale de la *significatio nominis* s'étendant à toutes les dénominations à répartir selon les prédicaments d'Aristote, Gilbert en arrive à une théologie des noms divins qui fera époque dans l'histoire de la théologie.

II. — Bien que l'analyse grammaticale des prédicaments soit entreprise par Gilbert pour préparer la discussion des relations divines, cette étude critique possède une valeur intrinsèque. Tous les prédicaments sont étudiés successivement, les prédicaments de substance, de temps et de relation étant gratifiés d'une attention spéciale [2].

---

[1] *De Trinitate* (HARING, p. 64 ; PL, 1281 A).
[2] *De Trinitate* (HARING, p. 65-80 ; PL, 1281 A-1293 B).

Il y a lieu avant tout de tenir compte de la règle générale qui exige que les prédicaments soient en théologie uniquement appliqués *secundum proportionem*. Si la théologie a ses principes à elle, dans leur sens propre applicables à Dieu seul, les sciences physiques de leur côté disposent de la table des catégories attribuables dans leur sens propre aux seules choses naturelles. Transposées dans un domaine étranger, ces catégories perdent leur sens primitif et naturel et sont employées au sens impropre et figuré. Ainsi, là où Boèce dit que tous les prédicats, quel que soit le sujet qu'ils déterminent, se rangent sous la division des dix prédicaments, Gilbert précise : *proprie vel transumptione* : *proprie*, si le sujet auquel le prédicat est attribué relève de la science physique, *transumptione*, si le sujet appartient à un autre domaine de la connaissance [1].

A partir de l'analyse grammaticale des termes employés, la théologie en arrive à déterminer : *quae (scilicet praedicamenta) et ex quo sensu vel de subsistentibus vel de Deo dicuntur* [2]. Avant d'entamer une analyse détaillée, Gilbert donne à cette question une réponse générale : le *modus praedicandi* reste identique en science physique et en théologie, mais la signification pleine (*plenitudo sensus*), primitive et naturelle dans la science physique, se perd dans l'application théologique.

La substance, le premier des prédicaments, sera aussi le premier à subir ce traitement. La manière dont Gilbert illustre le texte de Boèce, trahit clairement sa conception personnelle :

> *Nam* quae vocatur eius *substantia*, *in illo* quidem de quo praedicatur, est ; sed *non* in eo *vere est substantia*. Idest : non ea rationis veritate, qua dicitur « substantia » quodlibet illud esse, quo subsistens est aliquid, est substantia quod in eo est. Sed aliqua rationis proportione vocatur « substantia » [3].

Chose remarquable, ici son analyse du concept de substance met surtout en valeur « l'être sujet d'accidents », alors que, d'habitude, il définit la substance comme la subsistance ou l'être de la chose subsistante, ou encore comme la chose subsistante elle-même pour autant qu'elle subsiste par cette subsistance. La signification principale restant latente, Gilbert utilise l'aspect

---

[1] *Ibid.* (HARING, p. 65 ; PL, 1281 C).
[2] *Ibid.*
[3] *Ibid.* (p. 66 ; PL, 1283 AB).

secondaire pour démontrer dans quelle mesure la signification complète du terme doit changer en théologie. Cet aspect, pour sûr, est indispensable au concept de substance dans l'ordre naturel, les choses créées disposant toujours de formes accidentelles. Les formes premières se dénomment alors sujet ou matière ou « substance » par rapport aux formes accidentelles subséquentes, car par elles précisément la chose elle-même peut être le sujet ou la substance des formes accidentelles.

Au terme « substance » contenant « ce par quoi Dieu est », Gilbert préfère le mot « essence », celui-ci pouvant avec raison être dit de Dieu *recte*, c'est-à-dire au sens propre : c'est en effet *proprie* que Dieu est ce qu'il est par son essence [1]. Tiennent ici un rôle prépondérant l'étymologie et le vocabulaire augustiniens où le terme d'*essentia* dérive de *esse*, comme *sapientia* de *sapere*. Par ce terme, Gilbert juge plus clairement exprimée que par le mot *substantia* la différence entre l'*esse* de Dieu et l'*esse aliquid* des choses créées. Ainsi, le sens impropre et figuré du terme de *substantia* est ramené au sens théologique du mot *essentia*. Par ailleurs Gilbert se contentera de mettre en évidence l'unité de la substance divine en opposition avec la multiplicité des formes constituant la substance des choses créées.

Pour désigner la forme divine simple et unique, force nous est de recourir à une pluralité de termes. Or, tous ces mots gardent le *modus significandi* qu'ils ont dans l'ordre naturel. Nous disons de Dieu qu'il est Dieu, qu'il est juste et grand, comme s'il était tout cela et par sa substance et par sa qualité et par sa quantité. Conséquemment les attributs s'ordonnent suivant les catégories respectives de *substantia*, de *qualitas* et de *quantitas* ; en d'autres mots, nos modes d'attribution (*modi praedicandi*) restent identiques et en science naturelle et en théologie.

Pourtant, il est notoire que la signification des termes change. Au sens naturel, le mot « substance » signifie « être sujet de formes accidentelles », mais, appliqué à Dieu, ce sens du terme doit être rejeté. La simplicité de Dieu exclut également une

---

[1] *De Trinitate* (HARING, p. 68 ; PL, 1283 C) : « Quapropter nequaquam rationis proprietate vocatur substantia, sed quoniam eo Deus proprie est, recte nominatur essentia ». A notre avis, cette préférence pour le terme *essentia*, en opposition avec la *subsistentia* des choses créées, ne signifie pas que cette distinction est le point de départ du système porrétain, comme le veut prouver M. A. SCHMIDT, *Gottheit und Trinität*, Bâle, 1956, cfr p. 8.

interprétation qualitative ou quantitative des termes qui, dans l'ordre naturel, désignent une qualité ou une quantité, distincte de la substance. La seule et unique acception de ces mots demeure l'essence simple et singulière ; ou encore, ce par quoi Dieu est n'est autre chose que ce par quoi il est juste et grand :

> Quod in eo « qualitas » sive « quantitas » vocatur, non est quod dicitur, sed illa, quam diximus, singularis et simplex ac solitaria ab omnibus, quae accidere possunt, essentia. Et sic rectissime vocatur, quidquid in eo quasi post substantiam tamquam forma diversa ab eadem substantia praedicatur [1].

A n'en pas douter, l'enseignement de Gilbert ratifie l'identité réelle des divers prédicats appliqués à Dieu. Tout comme pour la démonstration de l'unité essentielle des personnes divines, il développe l'existence en Dieu d'un seul *quo est*, lequel, à l'encontre des subsistances des choses créées, n'est ni multiple ni composé.

Tandis que les trois premiers prédicaments indiquent l'être interne et réel des choses (la chose subsiste par sa subsistance, elle est juste par la qualité, elle est grande par sa quantité, etc.), les autres prédicaments, au contraire, désignent non pas l'être de la chose, mais l'affectent d'un rapport extrinsèque à une autre chose. Ces modes d'attributions restent les mêmes en théologie : Dieu est comme par une subsistance, il est juste comme par une qualité, à cette différence près, que dans les choses créées subsistance et qualité se distinguent effectivement comme autant de formes. De la sorte Boèce prétend de l'homme qu'il n'est pas homme entièrement : *homo non integre ipsum est*. Il entend par là que l'être total de l'homme est plus que l'« être-homme » (*homini esse*, — conformément à l'usage aristotélicien, il emploie le datif du nom joint à l'indicatif du verbe *esse*) ou que la forme humaine. L'« être-homme » est autre chose que l'être-juste, etc. Impossible de retenir ces distinctions à propos de Dieu : Dieu est, en effet, entièrement lui-même, il est tout Dieu, il est donc être-Dieu.

Gilbert se rallie à cet exposé de Boèce, mais il y introduit ses distinctions favorites. Il avance que, dans les choses naturelles, les prédicats des trois premières catégories marquent autant de formes distinctes qui, toutes, contribuent à l'être total de la chose

---

[1] *De Trinitate* (HARING, p. 68 ; PL, 1284 B).

dans laquelle elles sont. Elles comprennent les genres, les espèces et les qualités différentielles, les unes bien diverses des autres.

Gilbert fait observer que, dans l'ordre grammatical, beaucoup de qualités sont négligées lors de l'attribution à un sujet d'un prédicat déterminé. Par exemple, en disant que tel homme est juste, on lui concède la justice seule, et non la grandeur ou l'humanité. Puisque l'attribution d'un prédicat à une chose a pour seul but l'expression de son être, il est impossible de ne rien attribuer à Dieu si ce n'est son être pur et simple, quels que soient les termes employés. Aussi, tous les prédicats attribués à Dieu signifient-ils la même chose, à tel point qu'il n'est rien en Dieu que nous ne disions par chacun d'eux [1].

Les prédicats des autres catégories se distinguent de ceux des premières en ce qu'ils n'expriment pas l'être de la chose dont ils sont dits. Ils présupposent la chose déjà existante par sa propre subsistance, par ses propres qualités et quantités. En effet, n'est-ce pas à une chose bien réelle qu'il y a lieu d'appliquer des prédicats qui la rapportent à autre chose ? Gilbert se prévaut ici d'une théorie chère aux grammairiens et dialecticiens de son temps, d'après laquelle les prédicats de ces catégories ne se confondent pas avec l'être interne des choses, c'est-à-dire avec les éléments par lesquels la chose est ce qu'elle est [2].

L'utilisation du prédicament de « lieu » implique qu'une chose se trouve en quelque endroit, et il en découle un rapport certain à autre chose, à savoir aux quantités voisines délimitant la place occupée. Car, « être-placé » exige une délimitation par d'autres choses, et l'attribution d'un prédicat de cette catégorie sous-entend déjà l'existence de la chose : elle est ce qu'elle est par autre chose que par le « lieu » qu'elle occupe.

Dire de Dieu qu'il est omniprésent (*ubique*), équivaut à l'emploi d'un prédicament de lieu. La forme d'attribution (*modus praedicationis*) est certes identique à celle de l'ordre naturel, mais la signification du prédicat a changé. Pour Dieu, il n'en résulte pas un « être dans un lieu », parce que Dieu n'est entouré ni délimité par les quantités des autres choses ni par ses limites quantitatives propres. Le sens profond de cet attribut local ne peut être que

---

[1] *De Trinitate* (HARING, p. 69 ; PL, 1285 B).
[2] *Ibid.* (p. 69 ; PL, 1285 CD).

l'englobement de tous les lieux par la présence divine : il est omniprésent, mais guère comme en un lieu [1].

L'énoncé que Dieu est toujours (*semper est*) inspire à Gilbert une assez longue étude sur le prédicament de temps. Les prédicats de cette catégorie établissent un rapport extérieur, notamment une comparaison avec le temps d'une autre chose. Gilbert fait remarquer que la comparaison ne porte pas nécessairement sur le même temps, mais, le cas échéant, sur des temps différents : il est possible, par exemple, de comparer le temps présent d'une chose au temps passé d'une autre. Mais le prédicat « être-toujours » nécessite que la chose a été, est et sera pendant tous les temps passés, présents et futurs des autres choses. Les attributions de temps ne sont pas absolues et leurs significations diffèrent. Ainsi, en disant qu'une chose est aujourd'hui, nous ne la mettons pas en rapport avec tous les temps, mais seulement avec le temps compris entre le commencement et la fin de cette journée. Quant aux expressions « toujours » et « jamais », il ne s'agit pas là d'une quantité limitée de temps, à laquelle on compare la chose qui est toujours, mais au contraire de tous les temps de toutes les choses existantes.

L'exposé subtil de Gilbert paraît admettre pour toute chose temporelle une pluralité de temps, désignés par plusieurs prédicats de temps. Chaque chose y possède même ses temps singuliers, numériquement différenciés des temps correspondants de toute autre chose. De la sorte, le prédicament « demain » mesure deux temps distincts lorsqu'il est appliqué à deux choses distinctes. Le parallélisme imaginé par Gilbert entre les prédicats réservés à une forme interne et ceux alloués à un rapport extérieur, semble quelque peu bizarre : ce qui est exprimé par les prédicats des deux catégories différentes est singulier pour toute chose singulière et numériquement distinct des qualités correspondantes d'une autre chose.

Cette précision une fois faite, Gilbert étudie la thèse boécienne qui permet de dire du ciel et des choses immortelles en général qu'elles sont toujours. Il est à noter que chacune de ces choses possède un temps propre eu égard à la succession et au changement des qualités internes. L'unité du temps est en réalité un

---

[1] *Ibid.* (p. 67-70 ; PL, 1285 C-1286 B).

rassemblement de temps différents, fondé sur la continuité du changement ou sur la permanence des qualités internes. Cette théorie de l'unité du temps est liée sans aucun doute à celle de l'unité par l'universalité des formes inhérentes des choses et c'est cette unité qui autorise la distinction en périodes différentes, telles un mois, une année, etc.

Dire de Dieu qu'il est toujours ou qu'il est éternel, revient à employer une forme d'attribution (*modus praedicationis*) identique à celle des prédicats naturels, si bien que ces attributs se rangent sous le prédicament de temps. Sans être totalement différente, la signification des noms est autre. Il existe une *proportio communis* entre les prédicats de l'ordre naturel et ceux de la théologie, par le fait de la comparaison des temps dans les deux cas. La durée d'une chose se mesure d'après le temps propre lui assigné par le créateur, alors que celle de Dieu ne se mesure pas par le temps mais par l'éternité. En conclusion, comparer le temps et l'éternité dépassant tous les temps, comporte un défaut sensible. En disant de Dieu qu'il est éternel, on énonce non seulement qu'il a été dans le passé, qu'il est dans le présent et qu'il sera dans l'avenir, mais aussi qu'il était avant et sera après tous les temps [1].

A cela Gilbert ajoute que l'éternité convient à Dieu tant en fait que par nature, marquant ainsi la différence entre l'éternité de Dieu et la permanence de certaines choses créées. Il repousse l'existence de choses qui n'ont pas commencé d'exister, bien que certaines choses soient sans fin. Cette permanence toutefois n'est possible qu'en fait et n'est jamais liée à la nature même des choses créées. Toute chose dépend de la volonté divine, tant pour son existence, que pour sa durée. La puissance du créateur s'étend sur leur commencement autant que sur leur fin, bien qu'en réalité il les laisse subsister sans fin. Par sa nature toute chose créée a une fin et sa durée s'étend entre deux limites dans le temps : son commencement et sa fin ; le seul fait de la permanence n'y change rien. De là que Dieu seul peut être considéré comme sans commencement ni fin, en fait et par nature ; il est avant

---

[1] *De Trinitate* (HARING, p. 72 ; PL, 1287 B) : « *At de Deo non ita* dicatur 'semper est'. Intelligitur quidem collatio atque collectio, sed differt. Nam in caeteris, quae dicuntur semper esse, tempora temporibus conferuntur. In hoc vero aeternitas temporibus. Deus enim est, quod est, non mora temporis sed aeternitatis ».

et après tous les temps. Son éternité n'est pas un *intervallum* comme c'est le cas pour les choses créées.

Ainsi, la permanence ou la perpétuité de certaines choses se réduit à une durée temporelle. Leur perpétuité est une succession sans fin de périodes contiguës, déterminées par le changement, autrement dit par l'apparition et la disparition de certaines formes. La comparaison de l'éternité avec le temps créé ne se fait pas entre deux choses égales. D'un côté, il y a le temps comprenant un rassemblement de plusieurs moments, de l'autre côté, il y a l'éternité de Dieu interdisant tout rassemblement de moments successifs, étant donné qu'il n'est pas éternel par une succession de temps, mais par le moment unique de son éternité.

Libre donc à Gilbert d'entendre les expressions de Boèce de telle manière, qu'elles disent que l'être-toujours de Dieu est un être-présent. Le temps des choses créées est un temps courant (*tempus currens*), tandis que le présent divin est une durée éternelle, permanente et immuable. Sous ce rapport, apparaît le parallélisme entre l'éternité et l'essence divines : de même qu'il n'y a qu'une seule essence simple et unique par laquelle Dieu est ce qu'il est, il n'y a aussi qu'une seule *mora aeternitatis* par laquelle Dieu est éternel [1]. Il est important de signaler qu'ici Gilbert n'identifie aucunement l'essence et l'éternité divine et de souligner son souci — le même que dans l'analyse des relations divines — de garder distinctes les dénominations désignant une réalité interne et les prédicats exprimant un rapport extrinsèque à autre chose.

Souvent sont attribués à Dieu les prédicats *perpetuus* et *sempiternus*, bien qu'ils expriment, au sens propre, autre chose que l'éternité. Leur sens renferme une durée temporelle, c. à d. le total des moments qui mesurent le mouvement ou le changement des qualités d'une chose. Les deux termes diffèrent l'un de l'autre, la *perpetuitas*, à l'encontre de la *sempiternitas*, ne contenant

---

[1] *De Trinitate* (HARING, p. 74 ; PL, 1288 C) : « Ac per hoc : sicut est una singularis et individua et simplex et solitaria essentia, qua aeternus ipse fuit, est, erit Deus, ita est una singularis et individua et simplex et solitaria mora, quae vocatur 'aeternitas', qua Deus ipse fuit, est et erit aeternus. Ipse namque est est et est Deus et est Deus essentia. Est vero aeternus mora. Et sic quidem hoc nomine quod est ' nunc ', cum dicitur ' Deus est nunc ', una tantum singularis intelligitur mora, quae vocatur ' aeternitas ', qua etiam sine principio fuisse et sine fine futurus praedicatur ».

pas de comparaison à d'autres temps. Tous les deux ils n'expriment qu'une durée temporelle, pâle réplique du présent infini de l'éternité divine [1].

La forme d'attribution (*modus praedicationis*) et la signification des prédicaments *actio* et *habitus* reçoivent une description pareille. L'application à une chose des prédicats faisant partie de ces catégories, présuppose le sujet existant déjà de par ses propres subsistances internes. Ce sont des prédicats externes affectant la chose d'un rapport à autre chose. Comme le prédicament *habitus* est étudié dans d'autres passages, notamment dans celui qui a trait au rapport entre le *quod est* et le *quo est*, Gilbert omet de déterminer de quelle façon la signification de ces prédicaments se modifie lorsqu'on les attribue à Dieu. Quant aux prédicaments suivants il se borne également à relever que tous ils présentent les mêmes caractéristiques [2].

Le prédicament de relation appartient au dernier groupe des prédicaments. Il s'ensuit que les relations signifiées par les dénominations relatives, attribuent au sujet un rapport à autre chose. Ne désignant pas un être intrinsèque, elles admettent l'être de la chose déjà présent par l'effet des formes internes :

> Et dicimus relationes de his, quae per eas referuntur, relativis nominibus sic praedicari, qualiter loca et tempora et caetera, quae praediximus rei circumstantias, et extrinsecus affigi : scilicet his, de quibus praedicantur, minime conferre, ut aliquid sint, quamvis, quidquid eis refertur, non esse aliquid non possit [3].

Tiré de Boèce, l'exemple du maître et de l'esclave illustre la nature propre de ces prédicats. « Être-maître » comporte la possession d'un esclave. A défaut d'esclave, le maître cesse d'exister en tant que tel, c'est-à-dire que le prédicat relatif perd son sens lorsqu'est supprimé le terme externe de la relation, ce qui n'arrive pas dans le cas des accidents appliqués *per se* au sujet. En effet, la blancheur est une forme accidentelle de la chose blanche elle-même, mais la servitude (*servitus*) n'est pas un accident *per se* du maître. Gilbert admet bien un certain

---

[1] *De Trinitate* (HARING, p. 71-75 ; PL, 1286 B-1289 B).
[2] *Ibid.* (p. 75-78 ; PL, 1289 B-1291 C).
[3] *Ibid.* (p. 78 ; PL, 1291 D).

pouvoir (*potestas*) présent dans le maître comme un accident, mais ce pouvoir se perd quand l'esclave cesse d'être esclave. Par suite, il est décerné au maître comme un accident, non comme un accident *per se* [1].

Cette analyse montre dès maintenant la raison qui incitera Gilbert, dans sa théologie trinitaire, à n'étudier la relation que sous l'angle formel et à passer sous silence la question de l'identité réelle des relations et de l'essence divine. Une vue claire sur la théorie du fondement de la relation lui fait encore défaut. L'exemple employé, en effet, ne donne pas le pouvoir comme le fondement de la relation mais comme la relation elle-même. Identiquement, la *servitus* n'est pas une forme accidentelle de l'esclave qui serait, elle, le fondement de la relation ; bien au contraire, elle est la relation elle-même. Les dénominations relatives de « maître » et d'« esclave » font du pouvoir et de la servitude des relations ; tout comme les autres prédicats, ils indiquent ce que le grammairien appelle la *qualitas nominis* représentée directement par le nom abstrait comme une « quasi-forme », telle que l'humanité, le lieu ou le temps exprimés par les autres prédicaments.

Si cette théorie peut paraître étrange, elle est pourtant en harmonie parfaite avec sa théorie générale des prédicaments et éclairée par une interprétation ingénieuse des formules de Boèce. Dans le texte affirmant que l'attribution relative n'ajoute rien au sujet, Gilbert change *praedicatio relativa* en *relatio praedicata*, comme il parle aussi de *forma praedicata*. Le propre de la relation consiste dans ce que les choses auxquelles elle est attribuée, sont ce qu'elles sont par rapport à un autre : *quae hoc ipsum, quod sunt, aliorum vere et dicuntur et sunt*.

Dans ce contexte, Gilbert interprète le concept de relation réciproque en s'éloignant considérablement des définitions usuelles. La réciprocité ne se trouve pas, d'après lui, dans la correspondance d'une relation à une autre, mais dans la possibilité de leur inversion. La *vicissitudo* est une *vicissitudo commutationis cuiusdam*. Il ne considère jamais les relations de père et fils, de double et moitié, comme réciproques, parce que le père de quelqu'un ne peut jamais être son fils, de même que le double d'une quantité ne peut jamais en être la moitié. Par contre,

---

[1] *Ibid.* (p. 79 ; PL, 1292 BC).

les relations de gauche et droite sont réciproques, parce qu'on peut les intervertir en changeant les positions [1].

III. — Après ces considérations préliminaires, Gilbert s'attaque au deuxième problème de la théologie trinitaire. Des modifications, en apparence assez subtiles, apportées au texte de Boèce, mettent en relief la portée de ses formules. Il développe sa thèse centrale à peu près comme suit : les prédicats non attribués à une chose en fonction de ce qu'elle est, n'intéressent en rien l'être de la chose dont ils sont dits. La présence ou l'absence des relations ne touchent aucunement l'essence elle-même.

Lorsque Boèce déclare que le Père et le Fils diffèrent l'un de l'autre par la relation seule, Gilbert ajoute qu'ils ne diffèrent par aucun prédicat désignant leur nature (*nullo naturae praedicamento*) ; et il précise que la formule boécienne « *sola relatione* » indique la relation par laquelle le Père est rapporté au Fils et le Fils au Père : *sola relatione qua et ad Filium Pater et ad Patrem Filius dicitur*.

Il faut à nouveau remarquer ici l'appel fait à l'analyse grammaticale en matière théologique avant même d'entamer le problème sous son aspect philosophique. La forme d'attribution (*modus praedicationis*) et la signification grammaticale des dénominations l'emportent dans l'élaboration des données révélées. La pensée théologique de Gilbert entend expliquer la distinction des personnes divines à partir de la distinction entre les prédicats désignant un rapport extrinsèque. Parce que la relation n'est pas attribuée comme une forme interne par laquelle Dieu est ce qu'il est en tant que Dieu, la diversité des relations n'entraîne pas en lui une distinction d'ordre absolu. Et il donne à entendre que cette affirmation n'est pas une nouveauté mais une doctrine sanctionnée par une tradition vénérable [2].

---

[1] *De Trinitate* (HARING, p. 78-80 ; PL, 1291 D-1293 B).

[2] *De Trinitate* (HARING, p. 80 ; PL, 1293 CD) : « ... (si) *relatio vero non praedicatur ad id, de quo praedicatur, quasi id ipsa relatione sit et de re, de qua dicitur*, nequaquam praedicatur ea praedicatione, quae vocatur 'praedicatio *secundum rem*', quia id, de quo praedicatur, vel esse vel aliquid esse ea non potest, manifestum est quod relatio *non faciet* illam *alteritatem* quae dicitur *rerum* i.e. illam quam ea faciunt, quae secundum rem praedicari dicuntur, et quorum quolibet id, de quo praedicatur, aliquid est : *sed potius, si dici potest*, faciet alteritatem quae dicitur *personarum*. Nec hanc interpretationem aliquis tamquam verbum profanae novitatis exsufflet quoniam *quidem id*, scilicet hanc Patris et Filii alteritatem qua Pater et est et dicitur alter a Filio et Filius alter a Patre, nullius

Appliqués à Dieu, les prédicats relatifs retiennent leur forme d'attribution (*modus praedicationis*) en se classant avec les prédicats naturels parmi les prédicaments de relation. Leur signification se présente cependant différemment, parce que se pliant aux exigences de l'essence divine. En ce domaine surtout, l'impénétrabilité du mystère divin se fait sentir : l'intelligence parfaite de la distinction des personnes divines s'avère impossible malgré le fait que la doctrine de la foi ne soit pas totalement dépourvue de sens. Sous cette réserve, Gilbert s'attèle à une analyse détaillée du concept de personne distinct des notions de singularité et d'individualité [1].

D'emblée Gilbert déclare que la dénomination de personne n'a son sens plénier que dans l'ordre des choses naturelles. L'homme est ce qu'il est en vertu de ses propriétés absolues. Ces mêmes propriétés l'opposent comme un tout singulier et individuel à d'autres choses qui, elles aussi, sont individuelles et singulières par l'ensemble de leurs propriétés absolues. La distinction personnelle qui, dans les substances de nature rationnelle, se joint à l'individualité, est pareillement commandée par les propriétés absolues. Seulement lorsque les personnes sont distinctes l'une de l'autre, interviennent les prédicats relatifs désignant leur rapport à autre chose. Aussi, n'est ce pas grâce à de tels prédicats relatifs que la distinction des personnes s'établit ; ils n'en sont qu'un signe plus évident [2].

Cet exposé se rapproche de celui du rôle joué par la *varietas accidentium* comme constitutif de l'individualité. Boèce considère la variété des formes accidentelles comme la cause de la distinction numérique à l'intérieur de l'espèce, mais pour Gilbert elle n'est qu'un effet ou un indice de la pluralité résultant des formes substantielles.

Fort de la doctrine de la foi, Gilbert conteste que le terme de *persona* puisse conserver sa signification primitive et naturelle en théologie. D'une part, la foi nous oblige à admettre que le Père est un autre que le Fils et le Saint-Esprit ; le Fils est un autre que

---

naturalis praedicamenti nisi relationis tantum diversitate eo modo nunc interpretatus sum (dicens hanc alteritatem esse personarum) *quomodo* ab aliis pluribus ante me *interpretatum est* ».

[1] *De Trinitate* (HARING, p. 81-83 ; PL, 1294 A-1296 C). Voir Livre III, chap. II, p. I. 191 s.

[2] *De Trinitate* (HARING, p. 83 ; PL, 1295 CD).

le Père et le Saint-Esprit ; le Saint-Esprit est un autre que le Père et le Fils. D'autre part, il est non moins certain que chacun des trois est ce qu'il est par l'essence divine, unique, singulière, individuelle et non-divisée. Pour ce qui est de l'essence, on ne constate pas la moindre différence, chacune des personnes étant par la même essence divine que les autres. Tous ensemble, ils sont un seul Dieu, ils sont simples sans composition, individuels sans ressemblance avec d'autres, uniques sans communication avec d'autres essences. La division des propriétés absolues, dans l'ordre naturel élément constitutif de la distinction personnelle, est donc exclue en théologie. Tandis que pour une personne naturelle nous admettons que par ce qu'elle est, elle n'est pas une autre, il nous faut dire des personnes divines que l'une est par cela même par quoi l'autre est :

> Quod enim de naturalibus dictum est personam aliquam ita esse per se unam, ut nullo illorum, quibus est ipsa, sit alia : non convenit theologicis personis. Immo eodem, quo est una, est alia.

Alors s'impose la recherche de la *proportio* justifiant l'emploi théologique du terme de *persona*. En Dieu existent certaines propriétés qu'il est impossible d'attribuer toutes à une seule personne. Des propriétés comme la *generatio*, la *nativitas* et la *connexio*, tellement distinctes l'une de l'autre, reviendront à des sujets distincts. L'engendrant n'est pas né ; celui qui est né, n'est pas engendrant et leur connexion n'est pas l'un ou l'autre des conjoints. Ils sont tous trois « un autre », et c'est justement à cause de ces propriétés externes qu'ils sont autres. Ce qui dans l'ordre naturel n'est qu'un signe distinctif devient ici marque constitutive :

> Ex his ergo manifestum est hoc nomen, quod est « persona », theologis minime convenire secundum plenitudinem eius, a qua nomen est, rationis sed ex proportione, quae in eiusdem rationis parte convenit, a naturalibus ad illa esse transumptum. Quod enim de naturalibus dictum est personam aliquam ita esse per se unam, ut nullo illorum, quibus est ipsa, sit alia : non convenit theologicis personis. Immo eodem, quo est una, est alia. Sunt tamen quaedam, quae sicut in naturalibus ita et in theologicis uni convenire non possunt. Immo sicut ipsa sunt a se invicem alia, ita de aliis a se invicem dicuntur : ut generatio, nativitas, atque connexio. Haec enim de uno eodemque dici non possunt. Non enim genitor natus est nec natum genitori connectit. Neque natus est genitor nec natum genitoremque connectit. Et qui ab utroque procedens eorumdem connexio est, neuter horum est idest nec natus nec genitor. Sed alius est qui est genitor, alius est qui est

genitus, alius qui est genitoris natique connexio. Sic igitur theologica cum naturalibus in parte rationis illius idest personalitatis, a cujus plenitudine naturalibus hoc nomen inditum est, convenire intelliguntur, et in parte differre [1].

Une nouvelle fois la critique grammaticale ouvrira la voie à l'élaboration théologique du mystère de la Trinité. Appliquant aux personnes divines les dénominations concrètes de *genitor*, *natus*, etc., il est question des propriétés rencontrant les noms abstraits de *generatio*, *nativitas*, etc. Gilbert ne différencie guère les propriétés et les relations exprimées et attribuées par les dénominations relatives. Les propriétés des personnes divines sont les relations elles-mêmes, tout comme la puissance est la relation propre du maître et la servitude celle de l'esclave. Ne sont visées ici que les relations unilatérales n'appartenant en propre qu'à l'un des *relativa*, mais ces propriétés n'étant que des relations ou des rapports extérieurs, elles ne confèrent un être interne à celui auquel elles sont attribuées.

De cette façon et à l'aide des *rationes naturales* Gilbert tentera de tirer au clair la distinction des personnes divines. Après avoir démontré que les propriétés personnelles se rangent sous les prédicaments de relation et s'opposent par conséquent à tous les autres désignant l'essence divine, il en conclut que les propriétés personnelles ne sont pas des *nomina essentiae*.

Personne divine et personne humaine n'ont point, en effet, un même principe constitutif, c'est ce qu'implique l'extériorisation des propriétés personnelles par rapport à l'essence divine. Que l'homme soit une personne, cela vient de sa nature d'homme et non pas de relations quelconques. En Dieu, au contraire, l'essence ne peut être source de pluralité ; en vertu de leur essence les personnes divines ne constituent toujours qu'un seul *subsistens* et un seul *essens*. C'est pourquoi on ne saurait expliquer la pluralité des personnes divines qu'en faisant appel aux propriétés personnelles ou relations, et c'est grâce à celles-ci que la pluralité de personnes ne compromet en aucune façon l'absolue unité de l'essence divine :

In quo maxime illud est attendendum quod naturales personae his, quibus unaquaeque aliquid est, prius a se invicem sunt aliae, ut de his per haec a se aliis deinde huiusmodi extrinsecus affixa praedica-

---

[1] *De Trinitate* (HARING, p. 83 ; PL, 1295 CD).

> menta dicantur : quorum oppositione etsi non sint alia, recte tamen eorum, quibus sunt, oppositione probantur esse alia. Theologicae vero personae, quoniam eius, quo est, singularitate unum sunt et simplicitate id quod sunt, essentiarum oppositione a se invicem aliae esse non possunt. Sed harum (quae dictae sunt) extrinsecus affixarum rerum oppositione a se invicem aliae et probantur et sunt [1].

L'antithèse entre les *nomina essentiae* et les *nomina personae* fait indubitablement envisager Gilbert les relations divines sous leur aspect purement formel. Son insistance sur la différence de sens des noms essentiels et relatifs, le séduit à outrer l'opposition entre l'essence et les propriétés personnelles. D'où la singulière interprétation du texte de Boèce qui suit immédiatement. Boèce a certainement voulu, dans la formule *substantialis est ei (i. e. Patri) productio Filii*, identifier l'essence et les propriétés personnelles, mais Gilbert comprend la substantialité de la génération divine comme une consubstantialité du Père et du Fils : par la génération, le Fils est ce qu'il est par la même substance que le Père. Il traduit alors *substantialis generatio* par : *generatio in substantiam, scilicet id, in quod ex se Filium generatione produxit, nonnisi substantia est*. Il se sert de cette formule pour mieux mettre en valeur la distance entre la génération divine et la génération naturelle qui est *partim substantialis, partim accidentalis*. Le père engendre son fils tout autant selon sa substance, donc comme homme, que selon ses accidents, par exemple comme coloré, comme ayant des dimensions quantitatives, etc. Il est certain que la génération décerne au père et au fils des accidents nouveaux faisant défaut auparavant, alors que dans la génération divine, la substance du Père est la même que celle du Fils. Le Père engendre le Fils dans la même substance, et la génération n'ajoute rien ni à l'un ni à l'autre. A bon droit Gilbert déduira de là que la *productio* n'est pas un *nomen essentiae* [2].

IV. — Cette analyse critique une fois achevée, Gilbert reprend les formules initiales de sa réflexion théologique. Il réaffirme qu'il n'est pas fait d'énumération du *quo est* mais bien des *qui sunt* dans les propositions : le Père est Dieu, le Fils est Dieu,

---

[1] *De Trinitate* (HARING, p. 83 ; PL, 1295 D).
[2] *Ibid.* (p. 84 ; PL, 1296 D).
[3] *Ibid.* (p. 85 ; PL, 1297 B).

le Saint Esprit est Dieu [3]. Ces propositions, précise-t-il, en usant du nom de « Dieu », ne font que répéter ce par quoi les trois personnes sont Dieu, c'est-à-dire l'essence qui est la même, une et simple, pour toutes les personnes. En même temps, se fait une énumération réelle, car, malgré l'unité de l'essence, il y a en Dieu des propriétés non communes aux trois personnes. Le Père est un autre que le Fils et le Saint-Esprit de par sa propriété personnelle qui ne peut être dite des deux autres personnes. Tel est le sens de la sentence boècienne : *substantia continet unitatem, relatio multiplicat trinitatem* [1].

Cette méthode donne à la critique grammaticale le moyen de cataloguer les diverses dénominations applicables à Dieu. Gilbert en fait un résumé à la fin de son commentaire.

Les prédicats désignant l'essence divine sont communs aux trois personnes, de même que ceux dits « selon l'essence », bien qu'ils soient *ab extrinseco*. Appartiennent à cette catégorie en plus des prédicats dits *per se*, tels que ceux de temps, de lieu et d'action, ceux qui expriment un rapport à autre chose, tels que l'*auctoritas* et la *principalitas*. Tous ces prédicats se disent des trois personnes en commun.

D'une toute autre catégorie, le nom de personne n'est pas dit « selon l'essence ». Il est vrai, cette dénomination ne se situant pas parmi les noms relatifs, elle est dite *per se* de chacune des personnes. Toutefois, grande est la différence entre ces noms et les prédicats absolus ; ils doivent leur attribution non pas à l'*indifferentia* de l'essence divine mais à la pluralité des propriétés incommunicables. En conséquence, le nom de personne n'est pas attribué en commun et au singulier à l'ensemble des personnes, mais se dit de chacune des personnes au singulier et de toutes ensemble au pluriel [2].

Boèce avance quelques exemples pris dans l'ordre naturel pour les appliquer à la réalité divine, tels que : *aequale aequali aequale est ; simile simili simile est ; idem ei quod est idem idem est*. En application de sa théorie de la singularité des formes, Gilbert, plus que Boèce, fait ressortir la distance séparant ces exemples de la réalité divine. Le terme de *aequale* est lié, d'après lui, à des choses numériquement distinctes mais aux mêmes dimensions quantitatives ; *simile* désigne l'unité par universalité ou conformité

---

[1] *Ibid.* (p. 86 ; PL, 1298 AB).
[2] *Ibid.* (p. 85 ; PL, 1297 CD).

existant entre des formes numériquement distinctes. Il s'agit dans les deux cas, non d'une identité mais d'une certaine union entre des choses qui se distinguent de par leurs propres formes. Quant au troisième cas, il l'explique comme suit : le raisonnable est le même que le raisonnable, c.à.d. l'âme raisonnable est « le même » que l'homme raisonnable. En ce cas-ci, identité ou unité réelle se confondent en raison de la rationabilité de l'âme et de tout l'homme, quoique se différenciant comme la partie et le tout. Gilbert fait appel au dernier exemple pour illustrer la réalité divine. En effet, de même que l'unité du *quo est* n'empêche pas la distinction réelle de l'âme et de l'homme, ainsi, en théologie, l'identité absolue de tout ce que sont le Père, le Fils et le Saint-Esprit, n'enlève rien à la réalité de leurs distinctions relatives.

Bien entendu, tout exemple est entaché d'une inaptitude quasi complète pour exprimer la réalité divine d'une manière adéquate. Une distinction relative ne suppose-t-elle pas dans l'ordre naturel une distinction absolue, alors qu'en Dieu il y a simplicité et identité parfaites dans tout ce que sont les personnes, et la pluralité numérique n'existe que par les seules relations [1].

Que la compréhension profonde du mystère divin est loin de la portée de l'intelligence humaine, Gilbert en est persuadé. Il termine comme il a commencé, en faisant observer que la réalité divine est absolument transcendante à tout instrument naturel mis en œuvre pour acquérir une exacte intelligence de la doctrine de la foi. Faute de s'en tenir là, vient poindre le risque d'abaisser la réalité divine au niveau des choses créées auxquelles fut emprunté l'appareil scientifique.

---

[1] *Ibid.* (p. 86 ; PL, 1299).

CHAPITRE II

LES THÈSES DISCUTÉES DE LA THÉOLOGIE TRINITAIRE

Sommaire. — I. Les distinctions contestées : *status quaestionis*. — II. La distinction entre *Deus* et *divinitas* : critique de saint Bernard, de Geoffroy d'Auxerre, interprétation moderne. — III. Le problème avant Gilbert : avant le douzième siècle, la critique des théories du maître d'Angers par Abélard. — IV. La portée de la distinction dans le système de Gilbert : point de départ grammatical, nature de la distinction, conclusion. — V. La distinction entre l'essence et les relations : portées de la distinction, analyse des hérésies, la théorie d'Abélard, rapports de celui-ci avec Gilbert, critique de la théorie du maître de Bourgogne par Abélard, réponse de Gilbert, opposition de saint Bernard, critique de Geoffroy d'Auxerre, interprétations modernes, conclusion.

I

Du commentaire de Gilbert nous avons tracé en grandes lignes les théories fondamentales. Au cours des débats aux synodes de Paris et de Reims, elles étaient résumées en quelques thèses principales et violemment attaquées par les adversaires. En voici les points essentiels :

1. La distinction entre Dieu et la divinité, entre Dieu et une *forma divinitatis*, entre *Deus* et *divinitas*, ou encore entre un *quod est* et un *quo est* divin.

2. La distinction entre les personnes et leurs propriétés, entre le Père et la paternité, entre le Fils et la filiation, etc.

3. La distinction entre l'essence divine et les propriétés personnelles ou les relations.

4. La négation de la formule selon laquelle la nature divine est incarnée.

Sans contredit, le commentaire de Gilbert contient toutes ces distinctions et pour confirmer son accusation, Geoffroy d'Auxerre n'a rencontré aucune difficulté pour citer plusieurs textes ; il aurait pu en trouver d'autres. Il semble bien que Gilbert n'ait guère prévu l'opposition qu'allait susciter sa doctrine. Bien que toute son argumentation soit basée sur ces distinctions, jamais il ne cherche dans son texte à se disculper d'avance des erreurs qui lui seront imputées. Il ne s'inquiète ni de l'interprétation de saint Bernard qui y retrouvait des distinctions réelles ni de la conception de quelques uns de ses disciples qui y voyaient uniquement des distinctions de raison.

En général, la première distinction est considérée comme la plus importante. Les écrits de saint Bernard, postérieurs au Concile de Reims, réfutent en maints endroits la doctrine de Gilbert, et par dessus tout la distinction incriminée. Geoffroy d'Auxerre soutient son maître en stigmatisant cette première thèse comme la *radix omnium malorum* [1]. A l'unanimité les études récentes les plus fouillées de la doctrine de Gilbert, celles de Hayen, Williams, Haring et Schmidt en conviennent et donnent à ces distinctions une même valeur, leur cherchant une raison commune [2].

Les deux premières distinctions assurément présentent une même structure : dans les deux cas il s'agit d'une distinction entre un *quod est* et un *quo est*, respectivement entre *Deus* et *divinitas* et entre *Pater* et *paternitas*. La troisième, qui tire son origine des mêmes théories philosophiques, se situe, elle, sur un autre plan : elle ne traite que du *quo est*, soit de l'essence divine et des propriétés personnelles. La dernière formule mise en cause porte sur la nature de l'union hypostatique et provient toujours de source tout à fait semblable.

Avec raison les auteurs cités, afin de déterminer la nature de ces distinctions, se sont employés à dégager les principes mêmes de la pensée de Gilbert, le caractère général de sa philosophie et de sa méthode théologique. En regard de la polémique contemporaine, le progrès est appréciable : les polémistes ne considéraient-ils pas les formules sans se soucier de la conception générale dont elles découlaient ni de la place leur assignée ?

---

[1] *Libellus* (PL, CLXXXV, 597 C).

[2] A. Hayen, *Le Concile de Reims et l'erreur théologique de Gilbert de la Porrée*, dans *Archives d'Histoire doctrinale et littéraire du Moyen Âge*, t. X, 1935/36, p. 55, voir aussi p. 62 ; M. Williams, *The teaching of Gilbert Porreta on the Trinity as found in his commentaries on Boethius*, Rome, 1951, p. 127 s ; N. M. Haring, *The Case of Gilbert de la Porrée*, dans *Mediaeval Studies*, t. XIII, 1951, p. 8 ; M. A. Schmidt, *Gottheit und Trinität*, Bâle, 1956.

II

Au dire de Geoffroy d'Auxerre, Gilbert proposa lui-même, lors des débats au Concile de Reims, sa thèse principale en ces termes :

forma Dei et divinitas qua Deus est, ipsa non est Deus [1].

En vain rechercherait-on pareille formulation dans le commentaire de Gilbert ou dans d'autres relations sur les discussions, mais rien non plus ne permet de mettre en doute sa présentation ou à tout le moins son approbation par l'évêque. Othon de Freising, d'autre part, atteste que les adversaires proposèrent leurs thèses en termes analogues ; de plus il aurait été facile à Gilbert d'interpréter cette formule dans le sens de son commentaire.

Saint Bernard attachait à la distinction un sens extrêmement réaliste. Aux premières escarmouches du consistoire de Paris, il attaqua l'interprétation par Gilbert de la fameuse formule : *Deus est divinitas*. L'évêque ne voulait voir dans cette expression qu'une manière de parler se justifiant seulement par la simplicité parfaite de l'essence divine : en Dieu aucune pluralité de formes qui, toutes ensemble, seraient l'être divin total : *cui (Deo) diversa non conferant ut sit*. L'abbé riposta : comme s'il y avait une seule forme qui serait la cause de l'être divin : *quasi conferat unum* [2].

Les objections de saint Bernard devinrent plus pénétrantes encore au Concile de Reims. Il combat la distinction entre Dieu et la divinité, y flairant une distinction réelle entre Dieu et une forme par laquelle Dieu serait ce qu'il est : selon lui, la théorie de Gilbert prônait que : *divina essentia ... non est Deus, sed est forma qua est Deus*. Il s'évertue bel et bien à repousser toute formule où le rapport entre Dieu et l'essence divine s'exprime par une forme ablative ou une construction causale. Et de blâmer durement pareille terminologie comme une nouveauté dangereuse [3]. Aussi, les citations de textes patristiques faites par Geoffroy d'Auxerre [4] et par l'auteur anonyme d'un écrit conservé dans

---

[1] *Epistola* (PL, CLXXXV, 589 D).
[2] *Ibid.* (588 B) à comparer avec Gilbert, *De Trinitate* (HARING, p. 51 ; PL, 1270 A).
[3] *Epistola* (PL, CLXXXV, 589 D).
[4] *Ibid.* (PL, CLXXXV, 590 BC) ; *Libellus* (ibid., 599-603).

le Cod. n. 278 de la Bibliothèque Vaticane [1], ont pour but de refuser à la formule porrétaine son appartenance au vocabulaire des Pères. Fort astucieusement ne sont sollicités que des textes où des termes abstraits tels que *substantia, natura, essentia* et *forma* sont à lire au nominatif pour affirmer formellement l'identité réelle de Dieu et la divinité.

Les partisans de Gilbert, à leur tour, alignèrent contre cette accusation de nouveauté profane une série imposante de textes. Ainsi, Jean de Salisbury découvre l'emploi du terme *forma Dei* chez saint Paul [2]. L'auteur anonyme du *Liber de homoysion*, défenseur convaincu des théories porrétaines, s'empresse d'insérer dans son œuvre un paragraphe spécial intitulé : *probat per auctoritates sanctorum istum loquendi modum, divinitas qua Deus est et ex qua sive in qua sive per quam Deus subsistit*. Il se réjouit d'y déplier tout un éventail de textes d'auteurs latins à l'autorité établie et reconnue : saint Augustin, saint Hilaire, Boèce et d'autres qui tous admettent pareille terminologie sans justification aucune. L'auteur s'enhardit même à affirmer péremptoirement que les formules de la « science naturelle » leur ont servi de modèles, assertion qui ne fut pas de nature à apaiser saint Bernard [3].

La distinction même, si âprement combattue par Geoffroy [4], entre la *substantia quae est* et la *substantia qua est*, appliquée à Dieu, n'est pas une trouvaille de Gilbert. Le texte suspecté par son adversaire, renforce simplement par sa paraphrase l'expression de Boèce : *refertur ad substantiam qua est (scil.*

---

[1] Chez J. Leclercq, *Textes sur saint Bernard et Gilbert de la Porrée*, dans *Mediaeval Studies*, t. XIV, 1952, p. 108 s.

[2] *Historia Pontificalis*, c. 13 (édit. Poole, p. 38).

[3] *Liber de homoysion et homoeysion*, dans Ms. Cambridge, Univ. Libr. Ii, IV, 27, fol. 12^r : « Non me latet multos subsannare atque indignari nobis, cum dicimus deitas qua deus est vel adiectis propositionibus, ex qua sive in qua vel per quam Deus est et subsistit, tamquam novitas profana sit, et non frequentissimus usus et auctenticus utpote a sacrae scripturae priscis doctoribus confirmatus. Itaque si scripta sanctorum hanc loquendi formam habere inveniuntur, quae in naturalibus est, sicut humanitas forma hominis dicitur qua est et ex qua et in qua et per quam subsistit homo, sic deitas, sive essentia, sive natura, sive genus, sive substantia, sive proprietas nominetur, forma Dei dicatur qua est et ex qua et in qua et per quam est et subsistit Deus, cur quisquam nobis succenseat, quod propter has rationes nomen substantiae translatum ad Dei essentiam significandam asserimus ? »

[4] *Epistola* (PL, CLXXXV, 602 BC).

Deus) [1]. Il est néanmoins vrai qu'il a fait d'une distinction qui, chez Boèce, n'apparaît qu'au second plan, la pierre angulaire de son système.

Saint Bernard, devant ces pièces à conviction, a vraisemblablement battu en retraite et dans son dernier ouvrage, inachevé, il approuve l'emploi des formes ablatives, tout en rappelant promptement qu'il faut identifier réellement Dieu et sa divinité :

> Deum divinitate esse negas ? Non, sed eandem divinitatem qua est, Deum nihilominus assero, ne Deo excellentius aliquid esse assentiar [2].

Néanmoins, il persistait dans sa critique non pas tant de la formule elle-même que de l'interprétation donnée par Gilbert qui insiste trop sur la distinction sans reconnaître expressément l'identité réelle de Dieu et de la divinité. Bernard le soupçonnait fort de rejeter cette identité de façon explicite et d'avoir enseigné la composition réelle de Dieu et de la divinité, c.à.d. de Dieu et d'une forme qui le fait être Dieu, ce qui comporte, dans le cas de Dieu et sa divinité, une distinction égalant celle de deux choses différentes (*inter rem et rem*). Dès cet instant son adversaire se trouve placé devant la question inévitable : lequel des deux, donc, est premier : Dieu ou l'essence divine ?

A Reims déjà, saint Bernard était convaincu d'avoir trouvé là l'argument décisif pour rejeter les distinctions de Gilbert, et ses écrits postérieurs sont truffés de la même objection. A l'occasion d'un de ses *Sermons sur le Cantique*, magnifiant la grandeur de l'âme, il condamne tant et plus l'erreur porrétaine. Il avance la thèse que l'âme et la grandeur de l'âme se distinguent l'une de l'autre, puisque la grandeur est une forme de l'âme, et comme la forme ne peut s'identifier à son sujet, bien que les deux soient en réalité inséparables, il conclut qu'en toutes choses semblables, il y a distinction et pluralité. Tel n'est pas le cas en Dieu qui est la simplicité même et en qui toute pluralité se réduit à l'unité. Si nous parlons de la grandeur par laquelle Dieu est grand, et de tous les autres attributs désignant les perfections divines, nous nous déclarons hérétiques, tant que nous ne soutenons pas l'identité de Dieu et de ses perfections. L'erreur du porrétanisme consiste précisément dans la transposition en Dieu

---

[1] *Ibid.* (598 D et 589 D).
[2] *In Canticum canticorum, sermo 80* (PL, CLXXXIII, 1169).

de la distinction de la forme et du sujet qu'elle informe. En retenant une *substantia quae Deus est* et une *substantia qua Deus est*, Gilbert défend une distinction en Dieu entre deux substances qui sont soit de rang égal, soit l'une supérieure à l'autre. Saint Bernard juge pareille assertion absurde et en opposition directe avec la foi catholique [1].

Le *De consideratione* de saint Bernard s'en prend à la même théorie et en confirmation de sa critique, le saint abbé allègue l'expression célèbre attribuée par Geoffroy d'Auxerre à saint Augustin : *Quid est Deus ? Quo nihil melius cogitari potest* [2]. Rien que par cette formule, dit Bernard, l'admission d'une *forma divina qua Deus est*, devient impossible. Ne faudrait-il pas en l'espèce reconnaître cette forme comme étant supérieure à Dieu lui-même, puisqu'elle serait la cause par laquelle Dieu est ce qu'il est [3] ?

Le jugement final porté par saint Bernard est irrévocable, impitoyable : par ses distinctions, Gilbert a porté atteinte à la doctrine catholique de la simplicité parfaite de Dieu. Sa distinction entre Dieu et la forme ou la nature divine, entre Dieu et la divinité, aboutit à un rapport réel entre Dieu et l'essence divine, rapport uniquement concevable comme une relation entre cause et effet, si bien que la divinité, en tant que cause formelle, serait supérieure à Dieu lui-même. L'erreur commise est de rabaisser la réalité divine au niveau des choses créées, où de telles distinctions s'imposent.

Aussi détaillé que soit l'exposé de Geoffroy d'Auxerre et garni de textes de son adversaire étayant ses accusations, son interprétation n'en rencontre pas moins celle de saint Bernard. Lui aussi voit dans la reconnaissance d'une distinction réelle en Dieu l'erreur congénitale du porrétanisme. La divinité serait en Dieu comme une forme qui n'est pas Dieu lui-même, mais c'est là une distinction empruntée à l'ordre naturel, telle qu'elle existe entre l'homme et sa forme humaine : transplantée en théologie, elle devient irrecevable.

Geoffroy reconnaît honnêtement que le texte du commentaire identifie cette forme avec la sagesse et avec les autres perfections

---

[1] *Ibid.*,
[2] *Libellus* (PL, CLXXXV, 601 B).
[3] *De consideratione* (libr. V, c. VII) PL. CLXXXII, 797).

divines. Son antagonisme n'en est pas diminué pour autant : en l'occurrence, la seule différence entre Dieu et les créatures consisterait en ce que celles-ci sont par plusieurs formes, alors que Dieu n'est que par une seule forme. L'explication fournie par Gilbert des formules classiques, telles que *divinitas est Deus*, met aux mains de Geoffroy la preuve d'une erreur similaire et capitale : la distinction entre la chose et sa forme est transposée en théologie, ce qui conduit nécessairement à la négation de la simplicité absolue de Dieu [1].

Des siècles durant, sous des aspects à peine différents, l'interprétation de Geoffroy et de saint Bernard a prévalu. Depuis l'auteur anonyme d'un commentaire de Boèce datant du XIIe siècle, reprochant à Gilbert d'avoir transposé en Dieu les notions de causalité et de participation [2], jusqu'à Hayen qui conçoit les distinctions comme une conséquence du réalisme dialectique professé par Gilbert, la plupart des auteurs suivent saint Bernard pour expliquer les distinctions porrétaines comme ayant une portée réelle et objective. Cette théorie, on la flétrit comme fort dangereuse pour le moins et portant certes préjudice à la foi catholique de la simplicité parfaite de Dieu. Othon de Freising rapporte que certains des meilleurs disciples de Gilbert proposèrent d'entendre la distinction comme étant de pure raison, mais ils trouvèrent bien peu d'audience.

Hayen énumère quelques auteurs scolastiques, tels que Gerson, Vasquez, Petau, Duplessis d'Argentré et Noël Alexandre, qui ont comparé les distinctions de Gilbert à la célèbre *distinctio formalis a parte rei* de Duns Scot, ou même les considèrent comme équivalentes. Plusieurs de ces auteurs ont même cru discerner dans les décisions du Concile de Reims une condamnation virtuelle de la doctrine scotiste. Ainsi le réalisme outré imputé à Gilbert par saint Bernard est mitigé jusqu'à devenir un objectivisme de type scotiste, la distinction ne se ramenant pas à celle entre *res et res* mais à celle entre une chose et sa forme interne. Parmi les historiens modernes, Hauréau est d'avis que Gilbert, par suite d'une philosophie réaliste, en est arrivé à une thèse semblable à celle de Duns Scot, et encore que tous ceux qui,

---

[1] *Libellus* (PL, CLXXXV, 597 C-603).
[2] PL, XCII, 403.

comme Gilbert, préconisent le réalisme hérité de Platon, se voient contraints à pareille conclusion.

Hayen repousse ce parallèle forcé entre le porrétanisme et le scotisme. S'il répugne à comparer une théorie d'inspiration purement dialectique à une conception authentiquement métaphysique, il suggère toutefois une parenté plus profonde entre les deux systèmes, pour autant qu'ils aboutissent tous deux à la conception de l'univocité de l'être, chacun de son point de vue et selon ses lignes propres [2]. Il en résulte qu'à tous deux, il demeure impossible de concevoir l'analogie de l'être et d'ébaucher une doctrine de la connaissance analogique de Dieu. Hayen rejoint plutôt l'opinion de Hayd : pour Gilbert il s'agit d'une distinction objective de chose et de forme ; et plus encore, celle avancée par de Régnon qui conçoit les distinctions théologiques de Gilbert comme une conséquence inévitable de son réalisme conceptualiste et comme un prolongement de ce réalisme philosophique en théologie [3].

Par la suite, Hayen s'efforce de pénétrer la nature de la distinction porrétaine par une analyse détaillée de sa théorie de la connaissance [4]. Gilbert lui semble moins un métaphysicien qu'un dialecticien réaliste pour qui l'ordre logique est rigoureusement parallèle à l'ordre ontologique. Il n'a nullement songé au mode abstractif de la connaissance humaine ni à l'élément subjectif de nos concepts. D'où la structure de l'être concorde de façon parfaite avec l'appareil de nos concepts rationnels. La distinction de raison lui reste inconnue : les distinctions découvertes par l'esprit sont objectives comme autant d'aspects réels de la chose elle-même. Ainsi, le mode propre de nos concepts abstraits est projeté dans l'ordre ontologique : l'être des choses est déterminé par des formes abstraites, telles que nous les connaissons au moyen des concepts abstraits. Le mode d'être des choses recouvre entièrement le mode de la pensée et celui de l'attribution. Hayen est convaincu de traduire la pensée de Gilbert en lui imputant la thèse de la primauté de l'entendement

---

[1] Voir A. HAYEN, *Le concile de Reims et l'erreur théologique de Gilbert de la Porrée*, dans *Archives d'Histoire doctrinale et littéraire du Moyen Âge*, t. X, 1935/36, p. 89.
[2] *Ibid.*, p. 90-91.
[3] *Ibid.*, p. 64.
[4] *Ibid.*, p. 65-75.

sur le réel, malgré l'absence de pareille assertion dans le commentaire du *De Trinitate* [1].

Cette théorie de la connaissance a une résonnance jusque dans le domaine de la connaissance théologique de Dieu. Les distinctions des concepts abstraits sont projetées en Dieu : nous le connaissons par le concept abstrait de la divinité, et par la suite la divinité sera envisagée comme une forme par laquelle Dieu est ce qu'il est.

Bref, Hayen est amené à conclure que la distinction entre Dieu et la divinité est le prolongement en Dieu de la distinction perçue par l'intelligence entre l'objet concret de sa connaissance et la forme abstraite par laquelle il le connaît. Il est bien question d'une « extrapolation en tout objet, et donc en Dieu lui-même, du mode de connaissance propre à notre entendement discursif » [2]. S'il est vrai que Gilbert n'entendait pas les principes dialectiques de notre connaissance comme les principes ontologiques de Dieu, ainsi que saint Bernard le prétendait, ils étaient pour lui néanmoins autant de points de vue réels expliquant le mystère divin. A coup sûr et malgré le souci d'orthodoxie et l'affirmation formelle du contraire, un réalisme tel qu'il compromet la simplicité et l'indépendance divines, aurait mérité une condamnation sévère [3].

Les études les plus récentes de la doctrine de Gilbert se distancient de l'interprétation de Hayen. Ils reconnaissent avec lui qu'il faut chercher l'explication dans la nature spéciale du vocabulaire grammatical et dialectique de Gilbert, mais repoussent l'intégrale extension de ses distinctions au domaine théologique [4].

III

De la lecture du commentaire de Gilbert ressort sur-le-champ sa détermination de sacrifier aux exigences d'une terminologie strictement logique un langage ratifié par une longue et vénérable tradition. Geoffroy et d'autres ne manquent pas de l'attaquer sur

---

[1] *Ibid.*, p. 69.
[2] *Ibid.*, p. 74.
[3] *Ibid.*, p. 85 s.
[4] Voir M. WILLIAMS, *The teaching of Gilbert Porreta on the Trinity*, Rome, 1951, p. XIV ; N. M. HARING, *The Case of Gilbert de la Porrée*, dans *Mediaeval Studies*, t. XIII, 1951, p. 11, 18 ; M. A. SCHMIDT, *Gottheit und Trinität*, Bâle, 1956, p. 174.

ce point faible et alignent sans difficulté une série imposante de textes patristiques, confirmant l'équivalence des dénominations concrètes et abstraites, attribuées à Dieu. Ces textes en appelaient à la simplicité parfaite de Dieu comme motif de cette identification [1].

Déjà cette théorie fut formulée par saint Augustin et résumée de manière succincte par saint Grégoire dans ses *Moralia*. Geoffroy exhiba les deux textes au cours de la discussion au Concile de Reims [2]. Les théologiens postérieurs à l'âge patristique avaient repris et transmis ces idées sans y découvrir quelque piège sournois. Un texte d'Alcuin dont la paternité, au dire de Geoffroy, revient à saint Grégoire, nous en fournit la preuve [3].

Le succès remporté pendant la période préscolastique par la philosophie néo-platonicienne et dû aux écrits pseudo-dionysiens, fit naître un engouement pour les termes abstraits. Jean Scot Erigène, grand propagandiste de la théologie dionysienne, parle indistinctement de Dieu et de la divinité, jugeant les deux termes tout à fait synonymes. Les expressions abstraites, telles que *bonitas*, *essentia*, *veritas*, etc., lui semblent les dénominations préférées de la réalité divine [4], et il ne s'inquiète point de savoir si les termes abstraits et concrets s'identifient en théologie. Dire de Dieu *plus quam essentia est* ou *superessentialis est* revient au même. A plusieurs reprises, il met en avant la raison traditionnelle de l'identification de tous les attributs divins, comme par exemple dans sa formule fameuse : *Nil ei cointelligitur quod sibi coessentiale non est* [5], se gardant toutefois de déclarer identiques termes abstraits et concrets.

Nous ne trouvons trace de distinction entre Dieu et la divinité chez Anselme de Cantorbéry. Son *Monologion* consacre un paragraphe entier à prouver l'identité des termes abstraits et concrets, tels que justice et juste. Pareille argumentation aurait rempli d'aise saint Bernard dans ses démêlés avec Gilbert : prétendre que

---

[1] Geoffroy d'Auxerre, *Libellus* (PL, CLXXXV, 599-603) ; *Epistola* (*ibid.*, 590 BC).

[2] Geoffroy d'Auxerre, *Libellus* (PL, CLXXXV, 603) ; Grégoire le Grand, *Moralia*, lib. XVI, (PL, LXXV, 1147 B) : « Deus hoc est quod habet : habet enim aeternitatem, et ipse est aeternitas ».

[3] Alcuin, *De Trinitate*, lib. II, c. 14 (PL, CI, 33 A) ; Cfr Geoffroy d'Auxerre, *Libellus* (PL, CLXXXV, 603).

[4] Voir *De praedestinatione* (PL, CXXII, 390 C) ; *De divisione naturae* (*ibid.*, 452 B, 458 C, 459 CD, 462 CD et passim).

[5] *De divisione naturae*, lib. II (PL, CXXII, 527 B).

Dieu est juste par sa justice, équivaudrait à admettre une participation, si Dieu n'était pas sa justice [1]. De toute évidence Abélard aussi confondait le concret avec l'abstrait, et dans la série des attributs divins, il énumère : *unum bonum, unum immensum ... unam substantiam, sive essentiam incommutabilem* [2].

Par Abélard nous apprenons que cette théorie n'allait pas sans soulever des objections. Dans sa *Theologia christiana*, il critique quelques opinions vraisemblablement apparentées à la théorie de Gilbert [3]. Il y revient dans son *Introduction* ; cet ouvage mentionne quatre théologiens renommés : *unus in Francia, alter in Burgundia, tertius in pago Andegavensi, quartus in Bituricensi*. A l'aide des passages parallèles de la *Theologia christiana* et des quelques renseignements peu nombreux tirés d'autres sources, G. Robert a établi les identifications suivantes, sinon incontestables, du moins plausibles : Abélard parle successivement d'Albéric de Reims, de Gilbert l'Universel, maître à Auxerre, d'Ulger, écolâtre et plus tard évêque d'Angers, et enfin de Joscelin, plus tard évêque de Soissons [4].

Abélard épluche tout d'abord la doctrine de maître Albéric, dénonçant la grave hérésie qu'elle renferme : il aurait enseigné que Dieu s'engendre lui-même, lorsque le Père engendre le Fils. Évidemment, cette doctrine ne ressemble en rien à celle de Gilbert [5].

Gilbert l'Universel, le « maître de Bourgogne », professait d'après Abélard une distinction entre les propriétés personnelles d'une part et la nature divine d'autre part [6], ce qui rapproche

---

[1] *Monologion*, c. XVI (édit. F. X. Schmidt, t. I, p. 30).

[2] *Introductio* I (PL, CLXXVIII, 987 A). Voir aussi *ibid.*, 988 C.

[3] *Theologia christiana* III (PL, CLXXVIII, 1254 D s). *Ibid.*, IV (1285 A s). *Introductio*, II, (1056 Bs).

[4] G. Robert, *Les écoles et l'enseignement de la théologie pendant la première moitié du XIIe siècle*, Paris, 1909, p. 198-202. Avec quelque réserve les conclusions de Robert sont reprises par J. Cottiaux, *La conception de la théologie chez Abélard*, dans *Revue d'histoire ecclésiastique*, t. XXVIII, 1932, p. 258-259 Voir aussi J. Sikes, *Peter Abailard*, Cambridge, 1932, p. 263-266 ; A. Hayen, *Le concile de Reims et l'erreur théologique de Gilbert de la Porrée*, dans *Archives d'Histoire doctrinale et littéraire du Moyen Âge*, t. X, 1935/36, p. 46, n. 3.

[5] Sikes (*op. cit.*, p. 265) se trompe en lisant dans un texte de l'*Historia Pontificalis* (c. 8, édit. Poole, p. 20), qu'Albéric et Gilbert l'Universel auraient été, tous deux, élèves de Gilbert Porreta.

[6] Abélard, *Introductio*, II (PL, CLXXVII, 1056 D) : « Alter quoque totidem erroribus involutus, tres in Deo proprietates secundum quas tres distinguuntur personae, tres essentias diversas ab ipsis personis et ab ipsa divinitatis natura

indéniablement cette théorie de celle de Gilbert Porreta. Deutsch estime la ressemblance suffisante pour identifier « le maître de Bourgogne » à l'évêque de Poitiers [1]. Avec raison tous les érudits d'aujourd'hui ont abandonné cette opinion [2], vu l'inconciliabilité de la formulation respective des deux théories.

Il nous semble qu'Abélard s'en prend davantage à une théorie antérieure de quelques années à celle de Gilbert Porreta. Comme, de l'avis de tous, la *Theologia christiana* et la partie citée de l'*Introductio* ont été achevées avant 1126 [3], il nous faut quelque peu éloigner de cette époque la rédaction, sinon la diffusion de cette insigne théorie de Gilbert. D'ailleurs, l'identification de Gilbert avec le maître de Bourgogne paraît fort improbable, puisque c'est à l'École de Chartres que le futur évêque de Poitiers a passé les meilleures années de son professorat.

Ulger d'Angers, troisième des théologiens, enseigne une doctrine qui n'est certes pas reçue par le Porrétain, mais qui trahit d'après l'exposé fait par Abélard, une origine et une affinité incontestables avec les distinctions du commentaire du *De Trinitate*. Le maître d'Angers ferait la distinction entre les noms concrets et les noms abstraits, entre le Dieu juste et la justice par laquelle Dieu est juste. Ainsi son système attribuerait tous les noms à Dieu de la même façon qu'aux créatures ; en d'autres mots : les noms sont empruntés aux formes qui, elles, se distinguent *essentialiter* des choses auxquelles ils sont attribués. Abélard croit qu'à la naissance de cette théorie a présidé l'adage tiré de la grammaire de Priscien et connu de tous les « artistes » : *proprium est nominis substantiam et qualitatem significare*. Ulger l'explique comme suit : d'après sa définition, tout nom exprime

---

constituit, ut scilicet paternitas Dei, vel filiatio vel processio, res quaedam sint tam ab ipsis personis quam ab ipso Deo diversae ». Voir aussi l'exposé plus étendu dans *Theologia christiana*, III et IV (PL, CLXXVII, 1254 D s et 1285 BC).

[1] S. M. DEUTSCH, *Peter Abälard, ein kritischer Theologe des 12. Jahrhunderts*, Leipzig, 1883, p. 261, n. 2.

[2] Voir p. ex. A. HAYEN, *Le concile de Reims et l'erreur théologique de Gilbert de la Porrée*, dans *Archives d'Histoire doctrinale et littéraire du Moyen Âge*, t. X, 1935/36, p. 47, n. 3 ; J. SIKES, (*Peter Abailard*, p. 264, cfr p. 153 ss) estime que la théorie attribuée par Abélard à Albéric, est réellement la théorie de Gilbert Porreta.

[3] Voir p. ex. J. COTTIAUX, *La conception de la théologie chez Abélard*, dans *Revue d'histoire ecclésiastique*, t. XXVIII, p. 262 ; J. SIKES, *Peter Abailard*, p. 265 s.

des qualités propres ou communes aux corps ou aux choses auxquelles il est appliqué, et cette loi s'impose forcément tant à Dieu qu'aux créatures [1].

Cette remarque d'Abélard nous met sur la voie pour remonter aux sources de cette théorie. Les premières spéculations sur les dénominations de Dieu sont nées du besoin éprouvé par une théologie scientifique pour rédiger des lois et des règles précises, régissant la manière de parler de Dieu. A ce moment-là, ni la métaphysique ni la théorie de la connaissance, mais seule la grammaire était à même de les fournir. Les règles de la théologie scientifique de cette période n'étaient pas déduites de la donnée de la simplicité de Dieu ni de la nature des concepts formés de l'essence divine par l'intelligence humaine. Pour Ulger et ses contemporains, la question primordiale était de savoir si l'analyse des noms, élaborée dans la grammaire scientifique, était également applicable aux dénominations divines. Les manuels de Priscien et de Donat constituaient pour eux l'arsenal le plus complet d'instruments scientifiques et de vocabulaire utilisable par la théologie.

Précédemment nous avons constaté le passage insensible de la critique grammaticale à la spéculation philosophique. Nous assistons maintenant à semblable transition de l'analyse grammaticale à la doctrine théologique. Les textes de la sainte Écriture et de la tradition théologique sont confrontés avec les règles de la grammaire, et l'analyse grammaticale de la signification des noms attribués aux choses créées s'applique pareillement aux dénominations divines. Ainsi, les distinctions grammaticales valables en science naturelle, sont transposées en théologie. Dans ce cas, la valeur réelle des distinctions, aisément admise dans le domaine des choses créées, n'est pas formellement transmise à la réalité divine, malgré l'absence de réserves expresses. Lorsque les adversaires, tel maintenant Abélard, critiquent ces

---

[1] *Theologia christiana*, IV (PL, CLXXVII, 1285 BC) : « ... in tantam proripere ausus est insaniam, ut omnium creaturarum nomina ad Deum translata, ipsi quoque Deo convenire velit ex quibusdam formis diversis essentialiter ab ipso Deo sicut et in creaturis ... Necnon et propria ipsius Dei nomina vult in ipso Deo ita qualitates aut formas ponere, sicut et in creaturis ... Quod maxime ex eo astruere nititur quod ait Priscianus 'proprium esse nominis substantiam et qualitatem significare', et ex ipsa nominis definitione qua asserit unumquodque nomen subjectis corporibus vel rebus proprias vel communes distribuere qualitates ».

théories, s'aveuglant sur la seule simplicité absolue de Dieu, ils se montrent par trop sévères, car les tenants de ces théories ne prétendaient nullement sacrifier la simplicité divine à des considérations purement philosophiques.

Ce qu'on a appelé le rationalisme grammatical se heurta déjà antérieurement à quelque résistance. Dès avant Abélard, plusieurs théologiens renvoyèrent à la célèbre sentence de saint Grégoire : *Indignum vehementer existimo, ut verba coelestis oraculi restringam sub regulis Donati* [1]. Pierre Damien, avant saint Bernard, s'était fait le champion des opposants à l'infiltration grammaticale et dialectique en théologie, et il n'avait pas caché son aversion et son indignation contre ceux qui séduisaient les esprits par leurs arguties. Il ne se priva pas de mettre ses moines en garde contre le *grammaticorum vulgus* [2] à la prétention démesurée d'accéder à la compréhension des textes sacrés. Qui se passionne pour la sagesse et veut l'acquérir par la contemplation, ne voit dans les *artes* qu'une *adulterina lux* [3].

L'analyse grammaticale transférée aux textes sacrés et tellement dénigrée par Pierre Damien, n'avait alors en rien l'air d'un outil bien perfectionné. Mais au temps d'Abélard et grâce à la pénétration de la dialectique dans cette discipline, les analyses et les distinctions grammaticales s'étaient affinées jusqu'à devenir un instrument subtil et pénétrant. A en juger sur la description par Abélard de la théorie d'Ulger, la critique grammaticale était devenue la base principale d'un traité spéculatif des noms divins. Ces règles grammaticales frayèrent le chemin à des formules qu'un « artiste » aussi avisé qu'Abélard même ne pouvait guère apprécier.

Il est difficile de se former une idée exacte de la portée de la doctrine incriminée, en se basant seulement sur les indications fort sommaires d'Abélard. Une étude plus fouillée des écrits théologiques des premières décades du XIIe siècle nous permettra de saisir la pensée profonde de ces maîtres et de dégager leur méthode. Qu'il nous soit simplement permis de signaler d'ores

---

[1] S. Gregorius Magnus (PL., LXXVII, 1140) cité par Abélard, *Theologia christiana*, IV (PL, CLXXVII, 1285 C). Voir aussi M. D. Chenu, *Grammaire et théologie aux XII et XIIIe siècles*, dans *Archives d'Histoire doctrinale et littéraire du Moyen Âge*, t. X, p. 5-7, 28.

[2] *De perfectione monachorum*, c. 11 (édit. Brezzi-Nardi, p. 254).

[3] *De sancta simplicitate scientiae inflanti anteponenda*, c. 8 (édit. Brezzi-Nardi, p. 192).

et déjà que la technique dépeinte par Jean de Salisbury comme spécifique pour l'École de Chartres, n'était pas inconnue au-delà de l'entourage de maître Bernard [1].

Il ne fait pas de doute qu'Ulger, lui aussi, ait lié la spéculation grammaticale au réalisme du type platonicien qui accordait aux prédicats une valeur objective. L'adage grammatical de Priscien revêtait pour lui un sens philosophique : l'attribution d'un prédicat à un sujet quelconque, signifie que l'on « pose » dans ce sujet une forme ou une qualité par laquelle il est tel. Voilà qui expliquerait la critique assez modérée d'Abélard sur la théorie grammaticale d'Ulger. Tout en ne partageant pas sa conception de la valeur objective des prédicats, il s'oppose avec force à l'application des règles grammaticales à l'analyse des noms divins, car cela mènerait à accorder une valeur réelle aux distinctions entre Dieu et les prédicats qu'il faut lui attribuer. Il voit l'erreur dans l'assimilation de la valeur des noms divins à celle des prédicats des choses créées, et il croit lire dans les formules d'Ulger, que la puissance, la justice, la clémence, la fureur, etc., attribuées à Dieu par les termes puissant, juste, clément, furieux, etc., seraient des choses ou des qualités distinctes de Dieu lui-même. Il résume l'opinion suspecte en disant : *ut quot fere vocabula de Deo dicuntur, tot in Deo res diversas constituat* [2].

Abélard, morigénant Ulger d'Angers, lui adresse les mêmes reproches que saint Bernard adressera à l'évêque de Poitiers : le passage injustifié de la grammaire conceptuelle à une théologie imprégnée de réalisme philosophique.

Parmi les contemporains, Abélard est le seul à déceler les origines premières de cette théorie théologique et à la réfuter, peut-être bien dans le but de couper court aux effets d'une logique jugée fausse. Le *Liber de Trinitate* de Gauthier de Mortagne reprend, mais avec moins de rigueur, quelques uns des éléments traités par Abélard et ouvre le feu contre la théorie qui distingue les attributs divins de la substance divine. Il n'admet pas de qualités en Dieu : *quae non sunt idem cum Deo, seu alia res quam divina substantia* [3]. Chez lui, nulle référence transparente à

---

[1] M. D. CHENU, *Grammaire et théologie aux XIIe et XIIIe siècles*, dans *Archives d'Histoire doctrinale et littéraire du Moyen Âge*, t. X, 1935/36, p. 27-28.

[2] *Introductio*, II (PL, CLXXVII, 1057 B).

[3] GAUTHIER DE MORTAGNE, *Liber de Trinitate* (édit. PEZ, *Thesaurus anecdotorum novissimorum*, t. II, p. 67-70).

une théorie philosophique concevant les attributs comme des formes distinctes du sujet concret. Le cas est pareil pour la *Summa Sententiarum* disposant pourtant des exposés d'Abélard. La théorie de Gilbert l'Universel y est mentionnée et malmenée, mais celle d'Ulger est passée sous silence, et l'auteur en est persuadé : noms concrets et abstraits ont valeur de synonymes [1].

Le système transmis et passé au crible par Abélard, révèle un stade antérieur à la doctrine de Gilbert Porreta. La description de l'*Introductio* et de la *Theologia christiana* se rapporte vraisemblablement à la situation d'avant 1125. Les deux maîtres rabroués par Abélard ont, en effet, quitté leur chaire pour l'épiscopat bien avant le maître de Chartres. Gilbert l'Universel fut sacré évêque de Londres en 1127. Ulger qui, pendant de nombreuses années, avait professé à Angers, fut promu évêque de cette ville vers 1125 [2]. Ils quittèrent donc tous deux l'enseignement au moment où Gilbert acceptait la fonction de chancelier à l'École de Chartres et n'était pas encore parvenu au sommet de sa carrière scientifique.

Malgré la parenté des points de départ et la similitude des formules, les inquiétudes d'Abélard et de ses contemporains ne concernent pas le porrétanisme tel que nous le connaissons par les œuvres de Gilbert lui-même. Il est bien vrai que, pour eux comme pour Gilbert, l'adage grammatical de Priscien régissait l'analyse critique de la signification des noms. Il y a également conformité dans les conséquences philosophiques qui s'expliquent par un réalisme d'allure platonicienne, voyant dans les noms d'une chose l'expression des formes attribuées au sujet, et distinguant ainsi les noms concrets qui signifient le sujet, des noms abstraits qui désignent les formes attribuées. Tout ceci a conduit les prédécesseurs de Gilbert, tel Ulger d'Angers, à faire par exemple une distinction entre le Dieu juste et la justice divine, etc. Mais nul texte, à notre connaissance, nous autorise à conclure que ces maîtres se croyaient acculés à étendre cette distinction à Dieu et à la divinité. C'est contre cette extension de la distinction que les adversaires de Gilbert menaient campagne estimant la retrouver dans ces récits ; elle était à leurs yeux l'erreur capitale du porrétanisme. Les décisions

---

[1] *Summa Sententiarum*, voir p. ex. PL, CLXXVI, 60.

[2] Voir G. ROBERT, *Les écoles et l'enseignement de la théologie pendant la première moitié du XIIe siècle*, Paris, 1909, p. 202.

du Concile de Reims enfin marquent une étape décisive dans l'histoire de la théologie des « noms divins ». Les maîtres qui, après 1148, traitaient de la simplicité divine et s'attelaient aux mêmes questions qu'Abélard, que Gauthier de Mortagne et que la *Summa Sententiarum*, ne laissent subsister aucun doute : ils entament franchement le procès de la doctrine porrétaine [1].

IV

Les théories combattues par Abélard et la distinction entre Dieu et la divinité paraissent bien remonter à une source commune. Gilbert, il est vrai, s'avança plus loin que ses prédécesseurs, ou mieux encore, il ramena la distinction entre les noms concrets et abstraits à la distinction fondamentale entre Dieu et la divinité.

A l'instar du maître d'Angers, Gilbert aussi unissait l'adage grammatical de Priscien au réalisme platonicien. C'est ainsi qu'il a conclu, comme nous l'avons vu, à un certain parallélisme entre les distinctions d'ordre différent, à savoir grammatical, dialectique et philosophique. A l'origine, la distinction entre Dieu et la divinité restait d'ordre grammatical, c'est-à-dire une distinction du genre existant entre la *substantia* et la *qualitas nominis*. Ensuite, elle passe au domaine de la logique en devenant la distinction entre le sujet et le prédicat. Quoi de plus naturel que de l'étendre par après au domaine de la philosophie, comme la distinction entre le *quod est* et le *quo est*, entre la chose subsistante et la subsistance, entre la chose concrète et la forme qui en est séparable par l'abstraction mathématique.

Ce qu'Abélard blâme par dessus tout chez Ulger, c'est de n'avoir pas su enrayer l'extension de ces distinctions à la réalité divine. En ce qui le concerne, les moyens d'investigation nous manquent : Abélard ne déguise-t-il pas la conception du maître ? La désapprobation de saint Bernard atteint Gilbert sur ce même point, mais dans son cas nous pouvons interroger ses propres écrits.

---

[1] Les auteurs modernes sont encore divisés sur ce point. SIKES (*Peter Abailard*, p. 148) avance, sans citer des textes explicites, qu'Abélard s'en prend à la distinction fondamentale de Gilbert entre Dieu et la divinité. CHOSSAT (*La Somme des Sentences. Œuvre de Hugues de Mortagne vers 1155*, p. 91-115) est convaincu que Gauthier de Mortagne réfute pour le moins un 'porrétanisme embryonnaire', et la *Summa Sententiarum* un 'porrétanisme dans son plein épanouissement'. Contra : A. HAYEN, *Le concile de Reims et l'erreur théologique de Gilbert de la Porrée*, p. 47-48, et N. M. HARING, *The Case of Gilbert de la Porrée, Bishop of Poitiers*, p. 3-4.

Dans la pensée de Gilbert, ces distinctions mesurées d'abord selon une optique différente, se rejoignent objectivement pour les choses naturelles. En effet, dans les choses créées et dans les sciences naturelles, tout ce qui s'appelle *substantia nominis*, sujet, chose subsistante et *quod est*, est, en réalité, chose identique. Il en va de même pour *qualitas nominis*, prédicat, *subsistance* et *quo est*. La valeur de la distinction perçue par la raison n'est pas d'ordre purement rationnel, mais d'ordre objectif et réel. Alors, Gilbert n'hésite pas à considérer le vocabulaire propre des diverses disciplines comme interchangeable. Les termes grammaticaux et logiques servent souvent à une distinction de valeur réelle, mais quelquefois aussi les expressions désignant directement la distinction réelle, ne se rapportent qu'à une distinction d'ordre grammatical et logique.

Or, cette interchangeabilité, Gilbert la maintient en théologie. Utilisant le vocabulaire grammatical, il dédouble le sens du mot *Deus* en distinguant la *substantia nominis* directement exprimable par le terme concret, et la *qualitas nominis*, immédiatement indiquée par le mot abstrait *divinitas*. Il emploie le vocabulaire logique lorsqu'il affirme que, dans toute proposition disant quelque chose de Dieu, c'est la divinité qui est désignée et attribuée par le prédicat. Il fait usage enfin de la terminologie philosophique là où il distingue entre un *quod est* et un *quo est* divins, entre Dieu et une *forma divina qua Deus est*.

A présent peut bien surgir cette question : Gilbert veut-il jusqu'en théologie prolonger le parallélisme non seulement du vocabulaire des trois disciplines mais aussi de la valeur objective de ce qu'on entend par les distinctions employées ? Ceux qui, depuis saint Bernard jusqu'à Hayen, voient la distinction entre Dieu et la divinité comme une distinction réelle ou du moins objective, répondent affirmativement. Haring repousse pareil arrêt comme par trop simpliste et injuste. Et Williams, au bout de son enquête, émet l'avis que rien dans les textes de Gilbert justifie l'interprétation des distinctions théologiques dans le sens réaliste.

L'exposé des principes fondamentaux de l'œuvre de Gilbert nous a révélé que l'analyse grammaticale lui sert de base à toute recherche scientifique, aussi bien philosophique que théologique. Il revient fréquemment sur la nécessité d'une terminologie précise et correcte, s'accordant aux règles de la grammaire ; ce qui l'incite à commencer, même en théologie, par une critique grammaticale, définissant adéquatement les termes employés. La première partie de sa théologie trinitaire, présentée sous la forme technique de la *quaestio*, débute par la formulation en trois propositions de la donnée de la foi et de thèses similaires empruntées à la science naturelle. La conviction des fidèles peut s'exprimer comme suit : le Père est Dieu, le Fils est Dieu et le Saint Esprit est Dieu ; donc le Père, le Fils et le Saint-Esprit sont un seul Dieu. En science physique il faut dire : Platon est homme, Aristote est homme, Cicéron est homme ; donc Platon, Aristote et Cicéron sont trois hommes. La confrontation des conclusions respectives provenant de ces deux groupes de prémisses, fait naître le problème théologique de l'*unitas Trinitatis*.

L'analyse de ces propositions appelle une première distinction, celle entre le *nomen praedicativum* et la *res praedicata* désignée, elle, par le nom attribué. En conformité avec sa théorie générale posant que la forme d'attribution (*modus praedicationis*) est la même pour les sciences naturelles et pour la théologie, Gilbert affirme que les propositions envisagées entendent le *nomen praedicativum* ou terme attribué comme exprimant le principe formel, respectivement l'humanité et la divinité. Cette terminologie, il la conserve tout au long de l'argumentation, afin de marquer plus clairement la différence entre la réalité divine et les exemples en provenance de l'ordre naturel. Mais, d'après lui, il serait inconséquent d'en venir de l'analogie de la forme d'attribution à la signification identique des noms dans les deux domaines. De là son insistance sur la modification obligatoire du sens des termes usités. Dans les exemples repris à l'ordre naturel, le même nom indique trois fois une autre forme singulière, tandis que, dans les propositions théologiques, toujours une seule et même forme est désignée.

De toute évidence, l'argumentation atteint ici son point culminant. En effet, l'unité singulière de la forme divine, malgré la désignation par différents attributs divins, s'oppose à la pluralité des formes créées désignées par les mêmes noms selon leur sens primitif et naturel. Cette prise de position écarte Gilbert de la théorie d'Ulger, tant décriée par Abélard. Loin d'admettre la pluralité des noms conduisant à la pluralité de formes ou de propriétés en Dieu, il soutient franchement — et Geoffroy doit en convenir [1] — que tous les noms attribués à Dieu par l'Écriture sainte et par la raison humaine, ne recouvrent jamais autre chose que l'essence divine, une, singulière et indivise. Sa fermeté fait supposer que Gilbert guerroie non pas contre une quelconque erreur possible mais contre un système défendu par un des théologiens contemporains.

Le même souci de sauvegarder la simplicité de l'essence divine, fait surface lors de sa description de la nature de la théologie [2] et cette inquiétude le poursuit également au moment de définir la connaissance négative de Dieu [3]. Fouillant minutieusement l'argumentation de Boèce, il saisit chaque occasion pour rejeter toute pluralité de formes en Dieu [4], et il prend nettement position au moyen d'une de ses formules de nature grammaticale qui définit la différence entre les noms naturels et les noms divins par le fait qu'un nom naturel (par exemple « juste ») n'exprime pas toutes les propriétés du sujet, alors que chaque nom divin exprime tout ce par quoi Dieu est ce qu'il est, c.à.d. toute l'essence divine [5].

Les méandres de cette argumentation ont complètement détourné l'attention de la première distinction, celle entre Dieu et la divinité, entre la *substantia* et la *qualitas nominis* du terme *Deus*. L'ensemble des arguments ultérieurs se résoud pour Gilbert en une démonstration de la simplicité de ce qui est désigné par la *qualitas nominis*.

Rien d'extraordinaire à ce que, à partir de ce moment, Gilbert laisse choir cette distinction. Il ne fait pas dépendre de la distinction possible entre le *quod est* et le *quo est* sa définition de

---

[1] *Libellus* (PL, CLXXXV, 597 CD).

[2] *De Trinitate* (HARING, p. 47 ; PL, 1266 C).

[3] *C. Eut. et Nest.* (HARING, p. 261 s ; PL, 1360 D).

[4] Voir p. ex. *De Trinitate* (HARING, p. 51, 55 s ; PL, 1270 A, 1273 CD); *De praedicatione* (HARING, p. 89 ; PL, 1303 AB).

[5] *De Trinitate* (HARING, p. 69 ; PL, 1285 AB) : « *Differt* tamen una (scil. dictio) ab alia in eo *quod* altera nulla, altera plurima, quibus illud (de quo loquimur) vere esse praedicari potest, dimittit. Cum enim dicitur 'homo est justus' non dicitur esse justus toto, quo ipse est. Sed divise, justitia sola, dicitur esse justus, a qua non modo sui proprietate verum etiam specie atque genere multa diversa sunt, quibus idem eadem ratione est : ut forma ipsa, qua homo est. Nam vere (ut novis loquar verbis) *alter homo, alter* est *justus*. Id est : aliud est id, quo est homo, aliud id quo est justus. Cum *vero* dicitur 'Deus est justus', toto eo, quo ipse est, dicitur esse justus. Nec aliquid prorsus quo ipse sit, dictio haec dimittit. Nam *Deus, idem ipsum est quod est justum*, i.e. eodem, quo est Deus, est justus ».

la composition des choses créées, cette composition ressortissant de l'être ou du formel. Nulle chose sera qualifiée de composée qu'en vertu d'une pluralité de formes partielles constituant l'être total de la chose, ou encore en vertu d'une pluralité de formes accidentelles s'ajoutant à la forme substantielle. Pour démontrer la simplicité de Dieu, est uniquement requise la preuve de la simplicité de l'essence ou de la forme divine et celle de l'absence de toute forme accidentelle.

La deuxième partie de la théologie trinitaire, traitant du problème de la *numerositas Trinitatis*, réserve une autre fonction à la distinction entre subsistant et subsistance, *quod est* et *quo est*. Des mêmes propositions, Gilbert déduira que dans le Dieu un et simple existe une pluralité numérique de personnes divines. L'analyse grammaticale des propositions montre que le *quo est* divin est toujours le même, c.à.d. l'essence une et simple, mais que les *qui sunt* sont multiples, étant donné que c'est toujours à une autre personne que s'attribue l'essence divine. Cette distinction grammaticale entre un *quo est* singulier et un *quod est* pluriel, ébauche déjà, d'après Gilbert, une explication de la doctrine de foi, en liant une pluralité de personnes à une unité de l'essence. Dès lors, il devient possible d'évaluer à leur juste valeur, les comparaisons explicatives reprises de l'ordre naturel.

D'après la conception de Geoffroy d'Auxerre il est question de trois personnes, présentées comme trois *singularia* ou comme trois choses que l'on peut énumérer et qui sont un seul Dieu par la forme divine simple, comme s'il s'agissait d'un *forma deifica* ou d'une *mater Trinitatis*. Il en conclut que l'essence divine numériquement une, serait présente dans plusieurs sujets [1]. Un développement de cette sorte ne rejoint guère la doctrine de Gilbert qui abhorre pareille interprétation. Car, en admettant que les trois personnes sont un seul Dieu de par la même essence une et indivisible, il nie que cette essence soit présente dans les trois personnes à la manière des formes créées, comme le suppose Geoffroy. Ses distinctions à lui ne constituent qu'une explication provisoire d'ordre grammatical et dialectique, ce qui est mis en lumière par la correction ajoutée aussitôt : Dieu n'est qu'un seul subsistant ou *essens*, parce qu'il n'y a qu'une seule subsistance divine. Aussi, aux yeux de Gilbert, la présentation de

---

[1] *Libellus* (PL, CLXXXV, 604 AB).

Geoffroy cacherait une espèce d'arianisme, mais en ce stade initial de son argumentation, il se borne à constater qu'à partir de l'essence divine simple il est impossible d'arriver à la pluralité des personnes. Pour parvenir à la distinction des personnes, obligatoire selon la foi, il faut trouver une autre solution dans la pluralité des propriétés ou des relations personnelles.

Les recherches de Haring et Williams ont guidé les commentaires sur la théorie porrétaine vers d'autres interprétations indubitablement plus satisfaisantes. A leur avis, les fameuses distinctions qui dominent les deux questions principales de la théologie trinitaire de Gilbert, s'arrêtent au point de vue grammatical et dialectique. D'ailleurs, pas le moindre texte de Gilbert engage à accepter le sens réaliste de ces distinctions ni ne démontre que le théologien de Chartres se doutait de prêter le flanc aux critiques de ses contemporains.

Lorsqu'au début de la deuxième question, sa distinction fait figure de point d'appui à son argumentation, il commence par dire : *in naturalibus enim aliud est quod est, aliud quo est*[1]. Nous ne trouvons pas l'antithèse attendue : *in divinis autem*, mais l'identification entre les ordres naturel et théologique fait également défaut. Pas plus qu'ailleurs dans son exposé, le divin *quod est* et le divin *quo est* ne sont opposés l'un à l'autre au même titre que *aliud et aliud*. Toutefois, il met l'accent sur la nécessité de cette distinction dans l'analyse théologique des textes sacrés, afin de faire droit aux exigences de la grammaire et de la dialectique scientifique.

Relevons ici la nette réserve manifestée par Gilbert dans son traité de l'union hypostatique, qu'il fait connaître à l'aide de la même distinction. Il commence par définir les diverses façons dont, dans l'ordre naturel, deux choses ou deux parties peuvent être liées l'une à l'autre. Cette théorie de la composition lui offre le moyen d'entamer une assez longue digression sur la distinction et le mode d'union entre le *quod est* et le *quo est*. Et de conclure en ces termes : *sed haec omnia non nisi de rebus creatis intelligi volumus*. De là sautant à l'application théologique, il dit : *in theologicis enim aliqua quidem similiter, aliqua vero aliter esse sequentia nos docebunt*[2]. On verra plus loin que Gilbert

---

[1] *De Trinitate* (HARING, p. 62 ; PL, 1278 D).
[2] *C. Eut. et Nest.* (HARING, p. 301 ; PL, 1381 D).

ne dépasse en rien le point de vue grammatical et dialectique qui exclut toute interprétation réaliste de la distinction.

Par ailleurs d'autres indices encore apparaissent. Les notions associées à la distinction du *quod est* et du *quo est* et qui font toucher sa valeur réelle pour les choses créées, ne sont jamais mises en rapport avec la même distinction appliquée à l'ordre divin. Ici Gilbert n'a point en vue le *rationalis habitus* par lequel le divin *quod est* et le divin *quo est* seraient unis, ni la *creatio*, la *concretio* ou la *participatio*. Il se garde de parler de toute espèce de causalité du *quo est* à l'égard du *quod est* divin, et ne fait appel qu'à des termes généraux et vagues : « par lequel », *a qua, qua, unde*, etc. Et c'est précisément contre ce rapport supposé de causalité et de participation que saint Bernard et ses contemporains décochaient leurs traits [1].

Si nous envisageons de manière unilatérale l'interprétation réaliste des distinctions porrétaines, les deux points fondamentaux de la conception théologique de Gilbert, la théorie des principes propres à la théologie et celle de la connaissance négative de Dieu, nous apparaîtront impénétrables, sinon incohérents.

Gilbert met en avant que les principes spécifiquement théologiques sont à distinguer des principes de la science physique et mathématique, à cause de la simplicité tout autant que de l'abstraction de la forme divine. D'accord avec Boèce, il enseigne que la forme divine n'existe pas comme une forme reçue dans la matière et qu'elle n'est pas en Dieu à la manière des subsistances des choses créées qui, elles, sont dans les choses comme dans leurs sujets. Il se confirme, dans la suite de l'argumentation, que le premier aspect de l'abstraction de la forme divine vient à disparaître et que toute l'attention se porte vers l'autre : cet état séparé de la forme divine, liée à nulle autre forme substantielle ou accidentelle. Mais en philosophie, c'est justement la distinction entre le *quod est* et le *quo est*, ainsi que leur union par la *creatio* et la *concretio*, qui sert de base à la pluralité des formes dans les choses créées.

La conception de la théologie négative se dégage de la même théorie de la simplicité de Dieu. Gilbert se dit persuadé de l'impossibilité de connaître Dieu à la manière des choses créées, vu cette absence totale d'*adminicula* qui nous aident à concevoir

---

[1] Ps.-Bède, *In Boethium De Trinitate* (PL, XCII, 403).

adéquatement les choses créées. Ces *adminicula* de l'esprit humain consistent dans les subsistances, formes tant substantielles qu'accidentelles, ces principes de l'être de la chose, et grâce auxquels le *quod est* est ce qu'il est et est intelligible. L'abstraction mathématique coopère à la formation d'un concept approprié par la séparation des éléments formels de la chose concrète. Ce procédé des sciences physique ou mathématique est inapplicable à la connaissance de Dieu, les formes et les subsistances lui faisant défaut. Le texte de Gilbert, à vrai dire, ne caractérise pas la différence entre Dieu et les choses créées par une identification en Dieu de ce qui est distinct dans l'ordre des choses créées, mais celle-ci paraît bien être la cause profonde de l'opposition, d'un côté de l'*esse* divin et de l'*aliquid esse* des choses créées, et de l'autre de la simplicité de l'essence divine et du caractère composite de tout ce qui n'est pas Dieu.

Gilbert ne soupçonne guère les difficultés qui allaient immanquablement sourdre de son attachement intransigeant à la terminologie grammaticale et dialectique. Aussi négligea-t-il de développer les restrictions qui auraient apaisé les craintes des théologiens orthodoxes. Et ce n'est pas non plus pénétrer la pensée porrétaine que de prétendre avec Hayen qu'il a transposé sans plus en théologie les procédés de la science naturelle ou d'affirmer qu'il a tout ignoré de la connaissance analogique, comme le prouve sa thèse de l'univocité de l'être [1]. Si Gilbert s'était mis à creuser les réserves avancées par lui-même, il n'aurait jamais adopté une position aussi inébranlable contre les attaques de saint Bernard et, malgré certaines équivoques inévitables, il ne se serait pas accroché aussi farouchement aux règles grammaticales et dialectiques. Par réaction, il s'enhardit à sacrifier aux exigences de sa propre terminologie, peu courante chez ses collègues, un vocabulaire consacré par une longue tradition théologique dont l'expression la plus remarquable se retrouve chez saint Augustin.

Comment alors s'étonner de la protestation véhémente des théologiens traditionnels ? Lorsqu'on alléguait les sentences où les termes concrets et abstraits s'identifient, tels que : *deus est divinitas, deus est essentia sua, deus est veritas*, on entendait

---

[1] A. HAYEN, *Le concile de Reims et l'erreur théologique de Gilbert de la Porrée*, dans *Archives d'Histoire doctrinale et littéraire du Moyen Âge*, t. X, 1935/36, p. 86-91.

par là affirmer une identité réelle, marquer la différence entre Dieu et les choses créées et exprimer distinctement la simplicité absolue de Dieu. Gilbert, désavouant ces formules et les considérant comme une « manière de parler », n'avait pas l'intention de nier la simplicité divine, mais redoutait l'abandon des règles de la logique ainsi que des exigences d'une terminologie concise et scientifique. Savoir ce que l'on dit, réclame selon lui l'observance des règles de la grammaire dans toutes les sciences, la théologie y comprise.

Il faut bien en convenir : la doctrine de Gilbert est à concevoir ni comme une hérésie, ni comme une erreur théologique. Certes, il n'y a pas lieu de mettre en doute sa bonne foi, et impartialement examiné, son système doctrinal ne porte pas atteinte à l'orthodoxie, pour peu que l'on soit familiarisé et avec le sens propre de sa terminologie et avec ses théories sur la valeur et la signification des noms qui, elles, s'écartaient souvent et notablement des conceptions de ses contemporains. Ses disciples intimes, au courant de sa pensée, étaient assurés de l'intégrité de sa foi personnelle et aussi de l'orthodoxie de sa doctrine. D'autre part, il serait injuste de blâmer vertement saint Bernard pour sa tenace opposition : sa formation grammaticale et dialectique n'était pas au niveau de la subtilité des discussions de l'école. Disons-en autant des théologiens traditionnels contemporains dont le bagage grammatical et dialectique se bornait à celui des manuels classiques. Bien compréhensible dès lors est leur désaveu des distinctions porrétaines, à leur avis tellement contraires à la tradition théologique et même à la doctrine de la foi.

Pour dissiper tout malentendu, une intervention du Magistère de l'Église était nécessaire. En fait, la décision du Concile de Reims contient la confirmation de l'identité réelle entre Dieu et la divinité. D'autre part, la doctrine de Gilbert sans encourir de condamnation formelle, vit se fixer ses formules prêtant à quelque double sens suspect en un sens orthodoxe strict, repris désormais par ses meilleurs disciples.

V

Les arguments réunis par Gilbert autour de la première question de la théologie trinitaire l'étaient en vue de démontrer l'impossibilité de poser une distinction réelle en Dieu à partir de l'essence ou des prédicats essentiels. Pourtant, la *differentia* des personnes divines liée, selon la doctrine de la foi, à l'*indifferentia* de l'essence, ne peut être conçue comme une distinction purement nominale pareille à celle des attributs divins. Afin d'éviter l'erreur du sabellianisme, Gilbert se rallie à la thèse de saint Augustin pour qui la distinction des personnes s'explique comme une distinction de relations opposées : *substantia continet unitatem, relatio multiplicat trinitatem* [1]. Cette formule lui servira de base à son exposé sur la *numerositas Trinitatis*.

Rappelons que Gilbert recourt, pour démontrer la diversité des personnes, aux *rationes* provenant des sciences naturelles, et notamment aux prédicaments de la logique aristotélicienne. Par suite, il imprime à son exposé un caractère rigoureusement logique afin de circonscrire le sens exact du *modus praedicationis* et de la *significatio nominis*. Il estime cette méthode entièrement justifiée, attendu que la forme d'attribution est la même pour la théologie et pour les sciences naturelles, nonobstant la signification différente des noms. Aussi, après la division des noms divins suivant les dix catégories, s'impose une analyse critique de leur signification pleine et primitive dans la science naturelle, ainsi qu'une étude de la modification de sens subie par leur attribution à la réalité divine. Ce procédé présidera à tout l'exposé de la deuxième question de la théologie trinitaire.

Un appui précieux, incalculable pour la méthode de Gilbert fut le deuxième opuscule de Boèce portant le titre significatif : *Utrum Pater et Filius et Spiritus sanctus de divinitate substantialiter praedicentur* [2]. Cet opuscule ne fait que reprendre le thème, déjà traité dans le *De Trinitate* de la transposition des dénominations naturelles en théologie. L'introduction de Gilbert reproduit en majeure partie la conclusion du premier traité : les prédicaments propres aux sciences naturelles sont transposés en théologie et attribués à Dieu suivant une certaine proportion, bien qu'ils diffèrent d'après leur *genus* et leur *ratio*. Les modes d'attribution d'après lesquels les attributs se reportent à Dieu et aux choses créées sont subdivisées de la manière suivante :

> ... de Deo quoque quemadmodum et de subsistentibus alia quidem secundum se, alia vero ex collatione alterius ad alterum : et eorum,

---

[1] *De Trinitate* (Haring, p. 86 ; PL, 1298 AB).
[2] *De praedicatione* (Haring, p. 88-98 ; PL, 1301-1310).

quae « secundum se », alia quasi rem, alia quasi rei circumstantias demonstrantia (qualia sunt etiam, quaecumque ex collatione) praedicari [1].

Les prédicats des trois premières catégories servent à désigner l'essence ou l'être divin ; celui-ci étant parfaitement simple et un, la pluralité des prédicats essentiels signifie non pas une pluralité de formes en Dieu mais une seule forme simple et singulière. Quant aux autres prédicats, ils n'expriment pas l'essence ou l'être mais seulement les *circumstantias rei*. Il est de la plus haute importance de noter que ces prédicats présupposent l'existence de la chose comme de ses propriétés essentielles. Les nouveaux attributs ne font ni augmenter ni amoindrir l'être de la chose.

Au sein de ces dernières catégories, Gilbert introduit la distinction entre la relation et les autres prédicaments. Intensément marquée en est la différence, tant et si bien que les derniers se rapprochent davantage des prédicats des trois premières catégories. Ils sont dits, en effet, *secundum essentiam*, et cela de deux façons : ou bien *per se*, comme l'éternité, l'omniprésence et l'activité, ou bien *ad aliud* comme l'autorité et la puissance. Contrairement aux noms relatifs, leur analogie avec les prédicats essentiels consiste dans leur application à Dieu en vertu de l'*indifferentia* de l'essence divine. Cette indifférence nécessite la modification de sens de ces prédicats lorsqu'on les reprend en théologie, pour les attribuer en commun aux trois personnes divines, sans introduire pour autant quelque nombre en Dieu. Tout comme les trois personnes ne sont qu'un seul Dieu, elles ne sont qu'un seul éternel, un seul omniprésent, un seul créateur, un seul seigneur et maître de toute créature, etc [2].

A remarquer que Gilbert, dans son introduction au *De praedicatione*, et malgré l'*indifferentia*, reste un partisan convaincu du maintien de la distinction entre les catégories de prédicats. C'est là une exigence de saine théologie pour parer au désarroi des esprits simples bien vite tentés, à cause de la simplicité de Dieu, de considérer toutes les dénominations divines comme étant de même nature et de même *ratio*, et par conséquent enclins à identifier, par exemple, l'essence de Dieu et son unité, son éternité,

---

[1] *Ibid.* (p. 88 ; PL, 1301 D).
[2] *De Trinitate* (HARING, p. 85-86 ; PL, 1297 C-1298 B).

voire le Père et la paternité, l'unique et l'unité, l'éternel et l'éternité. Non pas que cette distinction amène Gilbert à la négation de la simplicité absolue de Dieu qui lui paraît aussi évidente pour le théologien que pour ceux qu'il appelle les esprits simples ; il ne s'agit pour lui que d'une terminologie correcte et précise, prévenant une confusion de termes qui mettrait en péril toute théologie scientifique et ouvrirait la voie et à l'arianisme et au sabellianisme. Il est fort probable que Gilbert savait bien que ces distinctions, précisément à cause de la simplicité divine, s'arrêtent au domaine grammatical et logique et que seules les justifient les déficiences de la science humaine tant de fois obligée d'exprimer par une pluralité de noms ce qui, en soi, est parfaitement un et simple.

Gilbert s'aidera de la même méthode pour commenter le deuxième opuscule de Boèce qui tente d'élucider le mode d'attribution et le sens des dénominations « Père, Fils et Saint-Esprit » :

> Ostendit autem illa et de diversis praedicari et esse diversa non modo ab invicem verum etiam ab essentia, quae diversis nominibus una de eisdem dicitur, de quibus et illa diversa, salva Dei simplicitate, dicuntur [1].

Ce point de vue concorde intégralement avec les exposés de la deuxième question du *De Trinitate*. L'analyse critique des prédicats naturels appliqués en théologie avait abouti à la définition de la nature propre de l'attribution relative. Celle-ci se définit, contrairement à l'attribution absolue ou attribution *secundum essentiam*, comme un mode d'attribution extrinsèque, sans désignation de l'être des choses, mais simplement de l'être *ad aliud*.

Traduite en terminologie grammaticale, cette thèse peut s'énoncer comme suit : la *qualitas nominis* de chacun des noms relatifs est différente autant de celle des autres noms relatifs que de celle des dénominations absolues. L'essence exprimée par les prédicats absolus s'oppose dès lors aux relations, telles la paternité, la filiation et la *connexio*. Les relations aussi, en tant que relations, sont contraires entre elles. En termes logiques et limpidement exposée, une thèse identique se lit dans l'introduction du second opuscule :

---

[1] *De praedicatione* (HARING, p. 89 ; PL, 1303 A).

> Illius enim proprietas praedicationis qua, de quo unum horum praedicatur, aliud praedicari non potest, satis patenter ostendit (Boethius) non modo inter se verum etiam ab omnibus illis, quae de illorum subjectis communiter dicuntur, et ab eo maxime, quod unum de tribus multis nominibus substantialiter praedicatur, haec esse diversa [1].

Par toutes ces formules, Gilbert se confine dans le domaine grammatical et logique ; également par la formule *extrinsecus affixa* qui oppose les relations ou les propriétés personnelles à l'essence commune. Attaquée de front par ses adversaires comme la plus typique des expressions de sa théorie, elle n'est pourtant pas une trouvaille de Gilbert lui-même. Elle lui est venue de Boèce, qui, voulant exprimer l'opposition entre noms relatifs et substantiels, lui assigne un sens similaire [2], et malgré les expressions hardies y intégrant la pluralité numérique et la distinction de *genus et ratio*, l'unique préoccupation qui y a présidé est la définition du mode d'attribution. Car Gilbert, qui cherche à situer l'unité et la pluralité numériques dépendant du prédicament dont l'unité est le *comes*, ainsi que la diversité en *genus et ratio*, reste cantonné dans les limites de la distinction prédicamentale.

Ainsi s'explique pourquoi Gilbert oppose les relations qui sont des *relationes praedicatae* non seulement entre elles, mais aussi à l'essence divine, tout en affirmant que cette pluralité de relations n'amène qu'une pluralité numérique de personnes et n'attente pas à la simplicité de Dieu.

Plus aisément compréhensibles sont les formules de Gilbert si l'on se souvient de sa description des hérésies trinitaires et des principes philosophiques qu'il croyait en être le fondement. Le début de son prologue au *De Trinitate* met en vedette un de ces principes :

> sicut numero diversorum proprietates diversae sunt, ita quoque subsistentiae numero sunt diversae [3].

C'est à l'absence de distinction entre les notions de substance et de personne qu'il impute des erreurs théologiques comme

---

[1] *Ibid.* (p. 89 ; PL, 1303 B).
[2] *De Trinitate* (HARING, p. 77 ; PL, 1291 B).
[3] *Ibid.* (p. 35 ; PL, 1256 B).

l'arianisme. Parti de la distinction des personnes divines et de la pluralité des propriétés personnelles, Arius en vint à accepter une pluralité de substances divines ; il se jugea réduit à abandonner la doctrine de l'unité parfaite de la substance divine et de l'égalité du Père, du Fils et du Saint Esprit.

Le seul moyen de parer à cette hérésie réside, d'après Gilbert, dans une distinction entre l'essence ou la subsistance et les personnes et les propriétés personnelles. Or, celle-ci est indiquée par la distinction entre deux catégories de prédicats : celle des noms absolus excluant toute différence et toute pluralité en Dieu, et celle des noms relatifs faisant comprendre la diversité et la pluralité des personnes.

Le sabellianisme prête le flanc à une critique analogue. La même thèse de l'identification de la substance divine et des propriétés personnelles a donné naissance à cette erreur, bien qu'elle ait pris le contre-pied de l'arianisme. Tout comme la pluralité de subsistances en Dieu est inadmissible, raisonnent les sabelliens, il convient de repousser toute distinction entre les personnes et toutes les propriétés personnelles. Gilbert répond à cette fausse doctrine par le principe philosophique qui, selon lui, ne tolère aucune exception : les propriétés personnelles de plusieurs personnes sont inapplicables à une seule d'entre elles.

La formule traditionnelle : *substantia continet unitatem, relatio multiplicat trinitatem*, s'entend alors au sens d'une *substantia praedicata* et d'une *relatio praedicata* : les prédicats absolus, exprimant l'unité de la substance divine, doivent être dits *indifferenter* des trois personnes, tandis que les prédicats relatifs, désignant la pluralité numérique des personnes divines, sont dits de chacune d'elles séparément. Par l'identification des propriétés personnelles ou relations (il s'agit toujours de *relationes praedicatae* ou d'une *praedicatio relativa*) avec l'essence, disparaîtrait le plus sûr moyen d'exprimer la diversité des personnes divines. Le sabellianisme deviendrait par conséquent inévitable.

Le commentaire de Gilbert sur le deuxième opuscule de Boèce mentionne, outre l'arianisme, le semi-arianisme et le sabellianisme, une autre hérésie présentée par Philastre sous le nom de Métangismonisme : le Fils est dans le Père comme le vase plus petit dans le plus grand. Gilbert y découvre quelque erreur de triformisme, hérésie prête à agréer l'unité divine, mais la voyant constituée de parties. L'unité de l'essence renfermerait ainsi une diversité de parties correspondant à la pluralité des personnes. Gilbert aussitôt condamne cette erreur qui ne peut sauvegarder la simplicité parfaite de l'essence divine, vu que les parties correspondant aux propriétés personnelles éclateraient alors en autant d'essences partielles composantes de l'essence totale.

A cette hérésie Gilbert associe une autre dont il rend responsables plusieurs théologiens apparemment contemporains : *aliqui opinantes*. Ils attribuent à Dieu la puissance, la sagesse et la bonté comme autant de propriétés personnelles réellement distinctes, et assurent que Dieu est Père de par sa puissance, Fils de par sa sagesse et Saint-Esprit de par sa bonté. Gilbert riposte aussitôt : ce serait admettre une multiformité en Dieu [1]. Lorsqu'au début de son *De Trinitate*, il décrit la même théorie, il évoque « plusieurs essences qui seraient des parties distinctes d'une chose subsistante », et qui contribueraient à l'explication de la diversité des personnes. Il croit y reconnaître un principe propre à la science physique, appliquant les qualités distinctes d'une chose à des subsistances partielles distinctes. Si, en science physique, on a le droit de dire que la couleur appartient à la corporéité de l'homme, la « passion » à la sensibilité, le discernement à la rationalité [2], ce principe pourtant n'est jamais valable en théologie, puisque contraire à la *ratio indifferentiae*.

Cité par Gilbert, le trinôme puissance, sagesse et bonté, rappelle la théorie trinitaire d'Abélard, mais son explication varie de celle de ses contemporains. Insinuant que cette théorie comprenait la diversité des personnes comme une distinction d'attributs réellement communs, ceux-ci lui firent de vives remontrances à propos de ce nouveau sabellianisme.

Malgré son accord avec Abélard pour certifier que la tradition théologique atteste par ces attributs la pluralité des personnes,

---

[1] *De praedicatione* (HARING, p. 92 ; PL, 1305 C-1306 A).

[2] *De Trinitate* (HARING, p. 36 ; PL, 1257 B) : « Aliqui vero sic Deum asserunt esse triformem, ut unius diversis essentiis tanquam diversis partibus assignent alii quidem quod Pater est, alii vero quod Filius est, alii autem quod Spiritus sanctus est idem ipse unus et solus : ut omnipotentiae dedunt quod ipse est Pater, sapientiae quod est Filius, bonitati quod est Spiritus sanctus. Et hoc quoque ex illa naturalium ratione, quod unius subsistentis diversis subsistentiis diversa addicta sunt : ut unius hominis corporalitati color, sensibilitati passio, rationalitati discretio... ».

Hugues de Saint-Victor se saisit de chaque occasion pour répéter que ces noms n'indiquent pas de façon formelle les propriétés personnelles [1]. Ce qu'ils expriment réellement, est commun [2], c.à.d. qu'ils sont dits *secundum substantiam* et attribués à toutes les personnes non au pluriel mais au singulier [3] ; ces prédicats, attribués à l'une des personnes, n'en voient pas leur sens élargi ; attribués à toutes les personnes en commun, leur signification n'en est pas pour autant réduite [4]. Sur ce sujet, Hugues opine que l'Écriture Sainte utilise ces dénominations, non pour exprimer une distinction réelle entre ce qui est formellement exprimé par ces attributs, mais pour éliminer toute conception erronée sur les personnes divines. On pourrait également dégager de ces formules de l'Écriture qu'il s'agit d'une transposition de dénominations prises à ce qui, dans les *vestigia Trinitatis*, est réellement distinct, par exemple la puissance, la sagesse et la bonté de l'esprit humain [5]. D'où Hugues en arrive à considérer les propriétés assignées par Abélard aux personnes divines, comme des appropriations. Il ne veut les dénommer *propria* ou *proprietates* qu'en y ajoutant un *quasi* :

> Et sic quidem distinxit veritatem ad imaginem per quam invenerat veritatem, ut quod hic proprium inventum est ad significationem, illic quasi singulare diceretur ad proprietatem [6].

Accusé par ses adversaires de sabellianisme, Abélard s'en défend avec raison [7]. Il accepte volontiers la distinction réelle entre les personnes divines [8]. Mais il est bien vrai qu'il désigne la puissance, la sagesse et la bonté comme des *proprietates* ou propriétés assignées par Abélard aux personnes divines, comme des appropriations. Il ne veut les dénommer *propria* ou *proprie-* de ces attributs, il les conçoit toutefois comme ayant des définitions différentes et par conséquent comme des prédicats distincts

---

[1] *De sacramentis libr. I, c. 3* (PL, CLXXVI, 228 B).
[2] *Ibid.*, 227 C.
[3] *Ibid.*, 229-230.
[4] *Ibid.*, 233 BC.
[5] *Ibid.*, 227-230.
[6] *Ibid.*, 229 C.
[7] Voir J. COTTIAUX, *La conception de la théologie chez Abélard*, dans Revue d'histoire ecclésiast., t. XXVIII, 1932, p. 810.
[8] *Tractatus de unitate et trinitate divina* (édit. STÖLZLE (Fribourg Br. 1891), p. 32).
[9] *Ibid.*, p. 60-61.

et distribués entre des personnes, par là aussi aptes à exprimer la diversité des personnes sans nécessiter une identification sabellienne [1]. Probablement la désignation de ces qualités comme des *propria* ne constitue pour Abélard qu'un moyen dialectique opportun pour distinguer réellement les personnes divines [2], car il n'avait nullement l'intention de sacrifier l'identité des attributs et de l'essence divine. En d'autres mots, du point de vue dialectique, ces attributs seront à ranger parmi les prédicats dits *secundum substantiam*. La théorie d'Abélard en la matière n'est pas contraire à celle de Hugues de Saint-Victor. Dans son *Tractatus* d'abord, ensuite dans sa *Theologia* [3], il redit à maintes reprises qu'on ne peut imaginer ces *propria* comme des formes. Il renvoie à la logique aristotélicienne, où le terme de *proprium* ne communique pas de forme au sujet auquel il est attribué. Abélard achève sur cet avis : si l'on veut à tout prix garder le terme de *formae*, celles-ci ne seront jamais conçues comme distinctes de la substance elle-même : *certum est ipsas omnino non esse diversas res ab ipsis substantiis quibus insunt* [4].

Cette déclaration n'impressionna guère la plupart de ses contemporains, certes pas les partisans d'un réalisme dialectique. Ceux-ci n'hésitaient pas à prendre les termes tels quels et à les expliquer ensuite selon leurs théories logiques personnelles. Ils ne voyaient aucun inconvénient à cette manœuvre peu scrupuleuse, étant donné le désaccord général sur l'interprétation des termes. Même parmi les théologiens hautement versés dans les subtilités dialectiques et possédant un vocabulaire technique assez précis, l'accord sur la valeur et le sens exact des termes et des distinctions dialectiques faisait encore défaut.

Cette situation se trouve illustrée dans les débats souvent acharnés autour de la question des universaux qui a tant passionné les contemporains d'Abélard et de Gilbert. En théologie aussi, le manque d'unanimité avait des conséquences très graves. Parmi les études publiées par des érudits modernes, il n'en est guère une qui ne constate que les théories controversées furent

---

[1] *Theologia christiana*, IV (PL, CLXXVIII, 1256 D).

[2] Voir J. Cottiaux, *art. cit.*, p. 811 s.

[3] *Tractatus* (édit. Stölzle, p. 61) ; *Theologia christiana* (PL, CLXXVIII, 1254 BC).

[4] *Theologia christiana*, III (PL, CLXXVIII, 1254 C).

comprises dans un sens divergent de celui auquel tenait l'auteur, voire qu'une même théorie se vit persécutée sous des noms d'hérésies contradictoires. Tout ceci se manifeste chez ceux qui, ignorant les subtilités dialectiques, jugeaient les formules d'après la signification naturelle des mots employés, mais également chez les maîtres experts en science dialectique et capables d'interpréter les formules dans le sens proposé par leur auteur. La réhabilitation, suite à des études récentes, de plusieurs maîtres suspectés depuis des siècles, est assurément le fruit d'une meilleure compréhension des intentions profondes des auteurs.

Abélard lui-même s'égare parfois dans des interprétations arbitraires et douteuses. Pour nous rafraîchir la mémoire, citons sa déformation de la pensée du maître angevin, expliquée dans le sens d'une négation formelle de la simplicité divine. Par ailleurs, nous devons en convenir, il nous fournit la clé à la pensée d'Ulger en nous indiquant la thèse grammaticale, source de la théorie répudiée [1].

Devant cette situation confuse, il nous paraît assez vraisemblable que la théorie vivement censurée par Gilbert soit celle d'Abélard [2]. L'anonymat dont le Chartrain la couvre fait penser à une erreur contemporaine, car il avait pris l'habitude de mettre les théories qu'il réprouve en rapport avec les hérésies classiques. A son avis — exprimé dès l'abord dans le nouveau prologue — les erreurs récentes en regard de celles de l'antiquité chrétienne, ne contiennent rien de nouveau, si bien qu'elles peuvent être réfutées par les arguments dont s'étaient servi les Pères.

Gilbert trouve que la puissance, la sagesse et la bonté sont des propriétés que l'on attribue aux personnes divines en commun et qu'ils désignent une *forma praedicata*. Si l'on veut soutenir que ces propriétés constituent les caractéristiques des personnes divines, il faut admettre également que les propriétés personnelles sont des parties composantes de l'essence divine. Or, d'après sa définition, une propriété personnelle est incommunicable, par conséquent attribuable à une seule personne. D'une part, en tant que *proprietates personarum*, la puissance, la sagesse et la bonté seraient réellement distinctes l'une de l'autre. Mais d'autre

---

[1] Voir plus haut, p. 330-335.
[2] A. LANDGRAF (*Einführung in die Geschichte der theologischen Literatur der Frühscholastik*, Ratisbonne, 1948, p. 68) se rallie à cette opinion.

part, elles sont des attributs « selon la substance », elles doivent être attribuées en commun aux trois personnes. L'unique issue qui reste serait de les concevoir comme des formes partielles composantes de l'essence divine totale et donc attribuables à la substance divine.

Pour consolider cette affirmation, Gilbert recourt à un exemple d'ordre naturel qui reflète ses propres vues, non celles d'Abélard. Cet exemple fait correspondre les propriétés diverses de l'homme, telles que la corporéité, la sensibilité et la rationalité, à autant de subsistances diverses qui, toutes ensemble, forment la subsistance entière de l'homme. La critique de Gilbert, au lieu de s'attaquer à un sabellianisme renouvelé, vise avant tout une négation de la simplicité absolue de l'essence divine, soit une sorte d'arianisme déguisé [1].

La théologie trinitaire d'Abélard défend une thèse directement opposée à une doctrine imputée à Gilbert l'Universel et comparable à celle du théologien de Chartres. Ceci confirme notre hypothèse : la théorie anonyme combattue par notre Gilbert Porreta est bien celle d'Abélard. Celui-ci ne déclare-t-il pas expressément s'être appesanti sur la théorie qui exige le rejet de toute distinction réelle entre les propriétés personnelles et l'essence divine, à l'encontre de plusieurs théologiens d'une orthodoxie non suspecte, qui professent cette « distinction insensée » débouchant sur une hérésie manifeste [2] ? Lui-même a proposé comme propriétés personnelles des attributs absolus ayant une définition différente, tandis que ses adversaires assignaient comme telles des relations, comme la paternité, la filiation et la *processio*. De ce fait, ils distinguaient entre les propriétés personnelles d'une part, et Dieu et les personnes elles-mêmes d'autre part : *ut proprietates ipsas personarum alias res esse ab ipso Deo vel ab ipsis personis* [3]. Abélard rapporte qu'on en était arrivé à cette théorie sous prétexte que, si les propriétés désignant la diversité des personnes n'étaient pas distinctes de la substance divine (*diversas res esse*), la communauté de l'essence divine empêcherait de démontrer la réalité des personnes divines. Il riposte à l'aide d'un argument d'ordre dialectique : les partisans de cette théorie conviennent d'une essence divine, unique et individuelle,

---

[1] Voir le texte cité plus haut, p. 349, n. 2.
[2] *Theologia christiana*, III (PL, CLXXVIII, 1254 CD).
[3] *Ibid.*, 1254 D.

renfermant les dites propriétés (*cui tres illas proprietates inesse dicunt*). Dès lors se pose cette question : la différence entre Dieu le Père et Dieu le Fils, est-elle plus grande que celle entre l'homme, père de quelqu'un et le même homme qui est fils d'un autre homme ? Si la réponse est négative, pourquoi dire que cet homme est père et que le même homme est fils, alors qu'on s'obstine à nier que Dieu le Père est le même que Dieu le Fils ? Voilà qui est insensé, juge Abélard, qui fait s'étirer la discussion [1].

L'argument qu'il considère irréfutable est celui que saint Bernard sortira plus tard contre Gilbert : comment ose-t-on poser en Dieu quelque chose qui ne soit pas Dieu lui-même :

> Quomodo praesumit christianus quod etiam gentilis et quislibet abhorret infidelis, aliquid videlicet in Deo fingere quod non sit ipse ? [2]

Abélard, continuant son raisonnement, conclut sans détours que cette théorie introduit en Dieu une composition : la divinité et la paternité seraient ainsi deux essences distinctes de Dieu lui-même (*alia essentia ab ipso Deo*). Si tel était le cas, Dieu le Père se décomposerait en deux parties : sa divinité et sa paternité.

Les partisans de ces opinions se réclament de la nature relative des propriétés personnelles, pour les distinguer de l'essence divine. Par elles en effet l'essence divine se rapporte à autre chose. Mais sans détours Abélard repousse cette explication qui imposerait une distinction similaire entre le pouvoir par lequel Dieu est appelé Seigneur et l'essence divine : Dieu changerait dès qu'il commence à être Seigneur.

En confirmation de ces arguments rationnels, Abélard allègue un texte assez long de saint Augustin : y est démontré que l'emploi traditionnel du terme *relatio* désignant les propriétés personnelles, n'inclut pas pour autant une distinction réelle entre les propriétés et Dieu lui-même, la substance divine étant tellement simple qu'il n'y a rien d'autre en elle. La deuxième partie de la théorie est repoussée par un témoignage de saint Jérôme qui accepte l'identité réelle entre les propriétés et les personnes. Il termine sur un éventail d'exemples d'ordre naturel où des relations comme la similitude et l'opposition ne se différencient guère du sujet auquel elles se rattachent. La nature de ces relations est semblable à celle de la paternité et de la

---

[1] *Ibid.*, 1255 A.
[2] *Ibid.*, 1255 B.

filiation : ne serait-ce pas absurde d'enseigner que le père acquiert une qualité nouvelle (*res nova*) par la naissance d'un fils qui lui ressemble, relation qui disparaîtrait à la mort de l'enfant [1] ?

Toutes ces raisons font qu'Abélard se prononce pour l'identification des relations personnelles avec l'essence divine et qu'il fait valoir la seule différence de définition entre les propriétés personnelles, — différence qui peut expliquer la diversité des personnes :

> Personam itaque hoc loco diversam ab altera dicimus eo quod diffinitione ab ea disjungitur, hoc est proprietatis suae singularitate, ut videlicet hoc sit huius proprium quod non sit alterius [2].

La doctrine qui oppose surtout Abélard à Gilbert l'Universel, a trait à la distinction entre l'essence divine et les propriétés personnelles, et celle-ci est considérée comme réelle comme existant entre *res* et *res*, entre essence et essence. C'est aussi la raison pour laquelle, après une critique fondée sur un réalisme dialectique, la théologie trinitaire d'Ulger d'Angers lui répugne. Ces deux doctrines, il les croit interdépendantes et d'ordinaire il décrit d'abord la théorie de la distinction entre l'essence divine et les propriétés personnelles ; ensuite, celle de la distinction entre l'essence et les autres attributs comme la résultante absurde de la première [3]. Sans invoquer l'adage grammatical de Priscien comme origine de la seconde théorie, c'est bien l'application des distinctions grammaticales qui, d'après lui, unit étroitement les deux théories critiquées [4].

La description sommaire et tendancieuse d'Abélard nous laisse toutefois supposer qu'il existe bien quelque affinité entre les théories des deux Gilbert [5]. Mais, bien sûr, l'habileté dialectique plus poussée du maître de Chartres a su améliorer la

---

[1] *Ibid.*, 1256 C.
[2] *Ibid.*, 1256 D.
[3] Voir *Theologia christiana*, (PL, CLXXVIII, 1285 B) ; *Introductio*, II (*ibid.*, 1056 D-1057 A).
[4] *Theologia christiana*, (PL, CLXXVIII, 1285 C).
[5] Pour DEUTSCH (*Peter Abälard, ein kritischer Theologe des XII. Jahrhunderts*, Leipzig, 1883, p. 261, n. 2) cette affinité a donné lieu à l'identification de Gilbert avec le maître réfuté par Abélard. J. SIKES (*Peter Abailard*, p. 156, 264) également est convaincu que la doctrine incriminée par Abélard est celle de Gilbert. Voir aussi plus haut, p. 335, n. 1.

formulation assez rudimentaire du diacre d'Auxerre et infirmer la critique d'Abélard. L'impression dont nul ne peut se défaire est que Gilbert Porreta harcèle sans cesse l'exposé d'Abélard, ses réponses faisant échec à toutes les objections rencontrées dans la *Theologia*.

Dès l'abord, Gilbert rejette dans sa réfutation que la puissance, la sagesse et la volonté soient des propriétés personnelles. Il lui semble impossible d'expliquer la diversité réelle des personnes par une distinction entre des prédicats portant sur l'essence divine. Sans exception, tous ces noms doivent se rapporter « indifféremment » aux trois personnes, et ce nonobstant leur diversité et leur place dans les prédicaments divers. Sinon, on se dirige droit vers l'arianisme qui professe la pluralité, voire la diversité d'essences entre les personnes divines. A moins d'admettre dans l'essence divine une composition de formes partielles capable d'expliquer la pluralité et la diversité des personnes.

Gilbert préféra de loin prouver la diversité des personnes par la nature spéciale des prédicats relatifs, en identifiant propriétés personnelles et relations. Ainsi, la pluralité des attributs absolus, désignant l'essence une et simple, n'a rien à voir avec la pluralité et la distinction des personnes. Il se débarrasse par là même de l'objection d'Abélard prétendant que c'est là une distinction entre *res* et *res*, ou entre essence et essence. La paternité n'est pas en Dieu telle une autre essence, comme si le Père se composerait de divinité et de paternité, les deux se rapportant l'une à l'autre comme l'essence totale à l'une de ses parties composantes. Il n'accepte pas non plus la paternité en Dieu comme une essence ou une qualité ajoutant quelque chose de substantiel ou d'accidentel à l'être divin. Et toujours il répète avec conviction qu'une chose doit exister complètement et entièrement avant d'être affectée d'un rapport extrinsèque. Pas question donc d'une composition de l'être divin, ni d'un changement provoqué par une relation dans l'essence divine. Ainsi, l'unité et la simplicité de l'essence divine ne sont pas mises en cause par la pluralité et la distinction des relations personnelles et Gilbert se sent à l'abri du reproche d'absurdité qui, suivant Abélard, souille immanquablement pareille théorie.

Pour exprimer cette différence entre les attributs absolus et les prédicats relatifs, Gilbert adopte la formule *extrinsecus affixa*, en sorte que les prédicats relatifs, ne désignant nullement l'essence commune des trois personnes, ne portent préjudice à la simplicité de l'essence ni à l'*indifferentia* existant entre les personnes pour tout ce qui concerne l'être divin. Est en cause donc le seul mode d'attribution (*modus praedicationis*) propre aux prédicats relatifs.

Une des objections amène Abélard à présenter les relations de la même manière que les autres prédicaments désignant un rapport extérieur, tels que : seigneur, créateur, égal, opposé, etc. Sur-le-Champ Gilbert critique cette idée, fort de sa division plus nuancée des prédicaments extérieurs. Entre les prédicats absolus et relatifs, il intercale une troisième catégorie, celle des prédicats extérieurs dits *secundum essentiam*. Ils se distinguent des prédicats absolus, — qui, eux, se rattachent directement à l'essence même, — parce que liés à un rapport extérieur. C'est pourquoi, tout comme les prédicats relatifs, ils sont dits *extrinsecus affixa*. Mais ils sont attribués « selon l'essence », ainsi sont-ils dits de l'essence elle-même : tels les attributs seigneur, créateur, etc. Ils se rapportent donc sans distinction et au singulier à toutes les personnes, sans introduire de nombre en Dieu. Les *relativa* qui ne désignent pas l'essence et ne sont pas attribués « selon l'essence », peuvent seules exprimer la pluralité des personnes sans mettre en danger la doctrine de l'unité et de la simplicité de l'essence divine. Du parallèle établi par Abélard entre la paternité et, entre autres, la puissance et la similitude, Gilbert n'en veut pas ; pareillement il écarte les exemples des *relativa* s'identifiant avec la chose à laquelle ils sont attribués.

Tous les efforts d'Abélard tendant à renverser la thèse du maître de Bourgogne n'ont pas réussi à convaincre Gilbert de l'« absurdité » de la théorie des relations. Bien au contraire, l'étude comparée des deux théories a confirmé sa conviction que la relation est le seul prédicament en état d'exprimer la pluralité et la distinction des personnes divines sans attenter à l'unité et à la simplicité de l'essence. D'autre part, cette controverse l'a conduit à une considération purement formelle des relations et à négliger leur rapport réel avec l'essence divine. La théorie de son homonyme était issue de l'application des règles grammaticales et dialectiques, et Abélard non plus n'avait dépassé le stade de la dialectique : n'exige-t-il pas uniquement des noms personnels que, par leur définition, ils ne s'impliquent pas ?

Gilbert enfin, reste tout aussi fidèle au point de vue grammatical et dialectique, lorsqu'il sépare les noms relatifs des attributs absolus pour désigner la pluralité des personnes.

Qu'on ne s'étonne donc pas de l'absence de tout exposé des rapports réels entre les propriétés personnelles et l'essence divine, en d'autres mots, d'un examen fouillé de la question si la forme d'attribution des *extrinsecus affixa* a, oui ou non, une valeur réelle.

De la part de saint Bernard, ce défaut inhérent à la dialectique provoqua une véritable levée de boucliers : il croyait discerner chez son adversaire une distinction réelle entre les propriétés personnelles et l'essence divine, de telle manière que les relations ne soient pas Dieu lui-même. Il ne pouvait la concevoir autrement que comme une division réelle de la substance divine. Aussi s'aveugla-t-il sur la formule employée par Gilbert au cours des débats au Concile de Reims : *Confiteor Patrem alio esse Patrem, alio esse Deum* [1]. Alors que par elle, Gilbert voulait simplement dire qu'en attribuant la divinité au Père, on n'a encore rien dit de la personnalité du Père, saint Bernard y retrouvait une distinction objective entre la paternité et la divinité. L'abbé passe sous silence la précision adjointe en termes exprès par Gilbert : *nec tamen esse hoc et hoc*, ce qui revient à dire que la différence entre le Père en tant que Dieu et le Père en tant que Père, n'est pas une distinction numérique et réelle.

L'étude critique faite par Geoffroy d'Auxerre est à l'unisson de celle de son maître [2]. Déjà la présentation annonce la même attitude face à la théorie porrétaine. Selon lui, Gilbert enseignait une pluralité de propriétés personnelles et de choses éternelles qui ne seraient pas Dieu lui-même. Par conséquent, il faudrait admettre non seulement une trinité mais au moins une quaternité en Dieu, et, toujours d'après Gilbert, il existerait plusieurs unités en Dieu. D'abord, l'unité de la substance divine par laquelle les trois personnes sont un ; ensuite, les unités accompagnant les propriétés personnelles et qui font que les personnes sont trois. Geoffroy s'inquiète du danger d'un élargissement du principe et, par conséquent, de l'introduction en Dieu d'autres

---

[1] Othon de Freising, *Gesta Friderici Imp.*, lib. I, c. LIV (MGH.SS, t. XX, p. 379).
[2] *Libellus* (PL, CLXXXV, 609 A-613 C).

relations encore ; ce pas franchi mènerait à un nombre indéfini de relations.

Pour en arriver à cette constatation, Geffroy se base sur de nombreuses citations tirées du commentaire de Gilbert. Il interroge en premier lieu le texte qui parle de la distinction numérique des personnes, admettant que des unités « transcendentales » accompagnent tout prédicament. Puisque l'unité des personnes est déjà établie en vertu de l'unité substantielle, il y a, conclut-il, au moins quatre unités. En outre, à cette distinction numérique se joindrait encore une *diversitas generis et rationis*.

S'autorisant de Boèce, Geoffroy s'oppose à cette théorie pour nier en Dieu toute distinction numérique. Il y aurait moyen, affirme-t-il, d'attribuer les propriétés personnelles à Dieu de manière collective et dire, par exemple, que Dieu est trois personnes. L'appellation par Gilbert des propriétés personnelles comme *res oppositas* excite son indignation ; offensante pour les oreilles de catholiques lui paraît l'expression : les personnes sont *relationum subjecta*. Afin de parer à tout cela, Geoffroy fait appel — il en est convaincu — à l'authentique doctrine des Pères qui impose clairement, dans la substance divine, l'absence totale de distinction entre ce qui est substantiel et ce qui est accidentel. Tout ce qui peut être compris dans cette substance, est substance même : *quidquid in ea (scil. substantia) intelligi potest, esse substantiam* [1]. Ce principe à lui seul suffit à récuser la formule *extrinsecus affixa*, parce qu'elle donne lieu à une composition réelle entre les propriétés et l'essence. Comment Gilbert se figure pareille construction, lui semble une énigme insoluble. Les propriétés ne peuvent pas être rattachées de l'extérieur à l'être divin : elles ne s'identifieraient pas à la vérité et à l'éternité divines. Il est tout aussi impossible qu'elles soient ajoutées par après. Au texte fameux cité par Gilbert : *in substantia unitas, in personis proprietas et in maiestate adoretur aequalitas*, pour souligner l'« être-dans » des propriétés dans les personnes, Geoffroy rétorque par « le principe premier de l'exégèse catholique »,

---

[1] *Libellus* (PL, CLXXXV, 610 B). Cet énoncé ressemble beaucoup à la formule fameuse : « Quidquid in Deo est, Deus est », qui, dans les débats d'environ 1190, servit de cible aux attaques des partisans de Gilbert. Voir R. M. MARTIN, *Œuvres de Robert de Melun. I. Quaestiones de divina pagina* (Spicilegium sacrum Lovaniense), Louvain, 1932, p. 26, n. ad lin. 6. Voir aussi N. M. HARING, *The Porretans and the Greek Fathers*, dans *Mediaeval Studies*, t. XXIV, 1962, p. 181-209.

selon lequel il n'est pas permis de concevoir les propriétés ni comme implantées ni comme rattachées : *nec affixas recipit (scil. fides catholica) nec infixas* [1]. Tout au plus veut-il reconnaître que le « maître des propriétés » ne conçoit pas comme des formes accidentelles attribuées à la substance divine les relations qui remplissent plutôt le rôle d'intermédiaires entre la substance et les accidents. Toutefois, de cette façon on en arrive à une quaternité en Dieu.

Toute la critique de Geoffroy suppose que la terminologie de Gilbert dépasse le domaine grammatical et dialectique, et que les distinctions apportées sont d'une valeur philosophique et objective.

En effet, il n'y a que la voie philosophique qui mène à une quaternité. Gilbert avance que les propriétés personnelles comportent chacune son unité propre, ce qui ne pose aucun problème, parce que, d'après lui, tout prédicament est accompagné de son unité propre. Dès lors, ces unités, tout comme les propriétés elles-mêmes, se distinguent l'une de l'autre. En outre, Gilbert affirme que ces unités ne peuvent être la substance divine. Il argumente suivant un ordre purement dialectique : si les unités étaient la substance, alors les formes accidentelles — à savoir les unités attribuées par mode de formes accidentelles — seraient accompagnées d'une substance. En conséquence une substance deviendrait accident d'une substance [2].

Sans contredit, Gilbert accepte quatre unités : l'unité correspondant à la substance divine, et les trois unités correspondant aux trois propriétés personnelles. Mais ces unités qui ne sont pas du même ordre, suivent la distinction faite entre les prédicats, de sorte qu'elles sont de nature semblable à ceux-ci. En soutenant que chaque nombre est attribué d'une manière absolue, on attribue un sens absolu au terme *Trinitas*. Pourtant, à cause de la conjonction de ce terme avec les prédicats relatifs, il est lié au prédicament de relation. Ainsi, pas plus que la distinction des propriétés personnelles n'entame la simplicité divine, les trois unités correspondant au nombre des personnes ne portent atteinte à l'unité divine [3].

---

[1] *Libellus* (PL, CLXXXV, 610 D).
[2] *De praedicatione* (HARING, p. 96 ; PL, 1309 AB).
[3] *Ibid.*, p. 96-97 ; PL, 1309 D-1310 C.

Sondant cette théorie de Gilbert, Hayen fait observer derechef sa mentalité dialectique. Le Porrétain part de la définition de la composition, disant que celle-ci ne peut ressortir qu'au domaine du formel. Sur ce principe alors, il se hâte d'enter une distinction d'ordre dialectique entre les propriétés personnelles et l'être divin. Ces propriétés conçues comme ne regardant d'aucune façon l'être divin n'apportent par conséquent aucune division dans la substance divine. Que Gilbert n'enseigne pas une quaternité divine, qu'il ne considère pas les propriétés personnelles comme des principes ontologiques, Hayen serait bien en peine de le nier. Pourtant, le réalisme dialectique du Porrétain conduit nécessairement à une conception réaliste et objective des distinctions posées en Dieu [1].

Sur ce point Williams et Haring marquent très fort leur désaccord avec la méthode et les conclusions de Hayen. Ils jugent, en effet, gratuite son hypothèse suivant laquelle Gilbert n'aurait pas fait de réserves expresses dans l'application des principes de sa philosophie réaliste au domaine de la théologie. Williams, après une analyse détaillée de la critique de Geoffroy, réussit à prouver que pas un des textes de Gilbert, cités par son adversaire, impose nécessairement une interprétation réaliste. Non sans succès, il trace même un remarquable parallèle entre la théorie de Gilbert et le texte suivant de saint Thomas d'Aquin :

> Differt tamen proprietas personalis ab essentia, secundum modum intelligendi et significandi. Nam essentia dicitur absolute ; proprietas vero personalis importat relationem. Unde patet quod unitas personae non ponit numerum cum unitate essentiae quasi realiter ab ea differens, sed solum secundum modum intelligendi [2].

Williams estime la doctrine de Gilbert très proche de la formule de saint Thomas. Celui-ci, il est vrai, ne s'arrête pas à l'aspect formel des relations et se plaît à développer l'idée de l'identité réelle des propriétés personnelles avec l'essence divine. Gilbert se limite à l'aspect formel qui exige la distinction, mais néglige d'en déterminer la valeur réelle. Saint Thomas, lui, se borne à prendre connaissance de cette différence de point de vue et

---

[1] A. HAYEN, *Le concile de Reims et l'erreur théologique de Gilbert de la Porrée*, dans *Archives d'Histoire doctrinale et littéraire du Moyen Âge*, t. X, 1935/36, p. 61 s.

[2] S. THOMAS, *Quodlibetum* 6, q. 1, art. 1, cité par M. WILLIAMS, *The Teaching of Gilbert Porreta*, Rome, 1951, p. 104.

fait comprendre que Gilbert n'envisage les relations que d'après leur aspect formel.

A notre avis, cette interprétation de Williams cerne de près l'idée générale de la théorie porrétaine. Pourtant, la question se pose si cette limitation du point de vue n'a pas provoqué, voire nécessité, la contradiction des contemporains, soucieux de l'orthodoxie des formules théologiques. En effet, les théories de Gilbert contiennent une équivoque non encore résolue, si bien qu'elles risquent d'étayer de graves erreurs théologiques.

D'une part, ses analyses théologiques supposent toujours les personnes divines réellement distinctes. Tout au début de son commentaire, il prend à partie le sabellianisme et démontre que les personnes sont réellement distinctes en raison du principe général qui interdit l'attribution des propriétés personnelles à une seule personne. Sa conviction l'a incité à accepter, contrairement à plusieurs théologiens de son temps, une pluralité numérique entre les personnes divines et à dire que chaque personne est *per se una*. Othon de Freising rapporte que Gilbert allégua cette définition en réponse à l'assemblée générale du Concile de Reims qui lui enjoignait de répondre de son insistance sur la distinction entre les personnes. Othon se fait l'écho des remous bruyants que soulevèrent les paroles de Gilbert [1].

Les difficultés attachées à l'emploi de cette formule, se manifestent clairement dans les discussions suscitées par la définition de Boèce : *persona est rationalis naturae individua substantia*. Le dernier terme surtout en était responsable. Par ce terme Boèce veut traduire le mot grec *hypostasis*, l'équivalent du mot latin *persona*. Mais étymologiquement (*impositio nominis*), le terme signifie « être sujet de formes accidentelles ». Pour reproduire maintenant en latin, ce que les grecs entendent par la formule classique, notamment qu'il n'y a en Dieu qu'une seule *ousia* mais trois *hypostaseis*, il s'exprime comme suit :

> Et quidem, secundum hunc modum, dicere unam Trinitatis essentiam, tres substantias, tresque personas [2].

---

[1] Othon de Freising, *Gesta Friderici Imperatoris*, lib. I, c. LIII (MGH.SS, t. XX, p. 380).
[2] *C. Eut. et Nest.* (Haring, p. 294 ; PL, 1378 AD).

Aussitôt il fait observer que cette formule ne s'accorde pas avec le vocabulaire de l'Église latine. Pour ce seul motif, qui lui semble péremptoire, il refuse d'entériner cette traduction littérale de la formule grecque et de parler de trois substances pour désigner la diversité des personnes.

Le commentateur qu'est Gilbert, se doit de suivre Boèce. Il propose une interprétation plus correcte de la formule en réservant le mot *substantia* comme la traduction du mot *hypostasis*, équivalent du mot *persona*. D'autre part, le sens habituel du terme de *substantia* désigne quelque chose d'ordre absolu : « être sujet d'accidents », être cause de l'existence de formes accidentelles. Ce sens naturel ne peut être sauvegardé en Dieu. Le terme ne peut exprimer que la causalité de Dieu à l'égard de tout ce qui existe. C'est ainsi que Dieu est dit *substantia omnium rerum*, parce qu'il donne l'être à toutes les choses. Pareille signification exclut l'emploi du mot au pluriel : le Père, le Fils et le saint Esprit ne sont qu'un seul principe et une seule cause de tout ce qui n'est pas Dieu. D'ailleurs, dit-il, l'usage et, à sa suite, la raison théologique tout aussi impérativement, interdisent l'emploi du terme au pluriel. De fait, le vocabulaire des sciences naturelles relie étroitement l'emploi du terme à l'être des choses auxquelles il est attribué, une chose étant substance, c'est-à-dire porteuse de formes accidentelles, en vertu de sa subsistance. En découle que la singularité de la substance correspond à la singularité de la subsistance et la pluralité de substances à une pluralité de subsistances :

> Unus enim homo, una singulari humanitate plurimis accidentibus substans per ipsam non nisi unus homo, et una substantia dicitur.

C'est ce qui fait qu'en théologie l'on dira, vu que les personnes divines ne sont qu'en vertu d'une essence singulière et individuelle, qu'elles ne sont qu'une seule substance, le seul principe de toutes choses.

Somme toute, il est clair que Gilbert adhère non sans réserve à l'application de la définition de Boèce. A preuve, son souci constant de préserver l'unité de l'essence divine et de limiter la diversité des personnes à une distinction entre les propriétés personnelles ou les relations.

Haring donne un bref aperçu de l'emploi de cette définition par les prédécesseurs et les contemporains de Gilbert ; cela nous permet de comprendre l'étonnement, voire l'indignation, de l'assemblée devant la réponse de Gilbert. L'anathème venait frapper l'application théologique de cette définition classique de la personne, par crainte de sombrer dans l'arianisme, une fois poussée trop loin la distinction numérique des personnes divines [1]. Tel est, à coup sûr, le reproche lancé par Geoffroy contre Gilbert. Il lui oppose un long texte de Boèce, niant, dit-il, toute distinction numérique en Dieu, tout nombre se rapportant à des choses réellement distinctes :

> manifeste siquidem numerus est quo numeramus, numerus rerum ad invicem differentium.

Geoffroy prétend bien éliminer de l'ineffable Trinité non seulement cette *numeralis differentia* mais toute espèce de nombre [2].

Inébranlable est la conviction de Gilbert : sa théorie, conçue comme une réfutation directe du sabellianisme, ne le conduit pas à l'erreur de l'arianisme. S'il insiste sur la réalité de la distinction des personnes, il ne se rallie pas pour autant à une division de l'essence ou de la substance divine. Bien au contraire, il met tout en œuvre pour garantir l'unité et l'indivisibilité de l'essence. Son explication de la pluralité des personnes à l'aide des relations, il la met en avant parce qu'il est impossible de parvenir à la pluralité à partir de l'essence, celle-ci n'admettant que la *ratio indifferentiae* qui exclut toute pluralité en Dieu. Attendu que la foi nous oblige à chercher également une *ratio differentiae* comme explication de la pluralité réelle des personnes, il devient indispensable de recourir à des *rationes* non pas purement théologiques mais empruntées à la science physique dont le domaine propre est la pluralité. Gilbert croit la *ratio relationum* seule capable de satisfaire aux exigences de la théologie, car, à condition de perdre sa signification primitive, elle est seule à même d'expliquer une pluralité qui ne soit pas d'ordre essentiel. Cette considération fait s'étendre à l'extrême limite notre connaissance analogique de Dieu.

Cette prise de position rend évidemment impossible la discussion du rapport réel entre l'essence et les propriétés personnelles. Poser pareille question, c'est abandonner le point de vue qui est à l'origine de cette théorie.

---

[1] N. M. HARING, *The Case of Gilbert de la Porrée, Bishop of Poitiers*, dans *Mediaeval Studies*, t. XIII, 1951, p. 18-20.
[2] *Libellus* (PL, CLXXXV, 611 C).

LIVRE VI

LA CHRISTOLOGIE

CHAPITRE I

LE COMMENTAIRE DU *CONTRA EUTYCHEN ET NESTORIUM*

Sommaire. — I. Introduction, forme du traité. — II. Définitions de *natura* : définitions générales, définition spéciale. — III. Définition de *persona* : division de la substance, la substantialité de l'âme humaine, étymologie du mot *persona*, les termes essence, subsistance, substance et personne en théologie. — IV. *Contra Nestorium* : distinction entre nature et personne, description de l'hérésie nestorienne, la conjonction en général, la composition proprement dite, les natures dans le Christ, l'unité du Christ, le mystère de l'union hypostatique, la notion d'assomption. — V. *Contra Eutychen* : description de l'hérésie eutychienne, la condition de l'homme, la notion de mélange, absence de mélange entre les natures divine et humaine, la condition de l'humanité du Christ.

I

La discussion sur la christologie de Gilbert fut moins passionnée que celle autour de sa théologie trinitaire. La plupart des théologiens la tinrent pour un corollaire de l'erreur fondamentale du porrétanisme, de sorte qu'elle passa presque inaperçue. L'*Eulogium* de Jean de Cornouailles, source importante pour notre connaissance des théories christologiques de la première moitié du XIIe siècle, ne cite la doctrine de Gilbert que pour mémoire. Il la range au nombre des théories hétérodoxes dont il conseille la condamnation officielle au Pape Alexandre III, bien qu'il avoue sur l'heure ne pas s'être donné la peine d'éplucher les textes de Gilbert [1]. A quelques formules près, citées un peu partout, il en fut ainsi pendant des siècles : la théorie porrétaine est restée ensevelie sous des accusations fort vagues et inexactes.

---

[1] Jean de Cornouailles, *Eulogium* (édit. Haring, dans *Mediaeval Studies*, t. XIII, 1951, p. 263).

Un historien de l'école protestante allemande, J. Bach, a réagi [1]. Il alla jusqu'à prétendre que la christologie occupe une position centrale dans la théologie de Gilbert et qu'autour d'elle se groupent toutes les autres thèses, y compris les plus fameuses, de sa philosophie et de sa théologie. N'empêche que Bach porte sur cette théorie de l'évêque un jugement peu favorable, jugement dont l'influence perce à travers les présentations modernes de la christologie porrétaine.

La consciencieuse étude de Haring sur Gilbert procède à un nouvel examen des textes et aboutit à une conclusion plus nuancée et plus indulgente aussi pour leur auteur [2]. Il n'a pu pénétrer parfaitement la conception propre de Gilbert, puisqu'il se voyait obligé, dans le cadre d'une étude assez rapide, de mettre de l'ordre dans le chaos des débats christologiques de l'époque. Nul doute pourtant que son travail a jeté les bases d'une meilleure intelligence de la théorie porrétaine.

Le *Contra Eutychen et Nestorium*, dernier des opuscules théologiques de Boèce, dépasse en ampleur les traités consacrés à la Sainte Trinité. Aussi Gilbert se contentera-t-il d'un commentaire assez sommaire. A part certaines explications de vocabulaire, il suit généralement mot à mot le texte de son auteur. Sur les points principaux, une glose plus étendue traduit ses vues personnelles et son attitude à l'égard des théories de ses contemporains.

Avant d'entamer la discussion des deux hérésies opposées, Boèce commence par analyser quelques définitions de « nature » et de « personne ». Gilbert juge ces considérations préliminaires indispensables pour prouver la distinction entre la nature et les personnes divines, distinction tellement nécessaire au démêlement des problèmes posés par les hérétiques et à l'établissement de la donnée de la foi à l'aide d'une méthode rationnelle. Déjà s'ébauche le point de vue grammatical et dialectique, cher à Gilbert, au moment où il nous prévient que le travail du commentateur consiste non pas dans la recherche des origines du vocabulaire théologique (*impositio nominis*) mais dans l'analyse de la signification des termes (*significatio nominis*) et de la manière dont ils sont attribués (*modus praedicationis*) [3].

---

[1] J. BACH, *Die Dogmengeschichte des Mittelalters vom christologischen Standpunkte*, Vienne, 1875, t. II, p. 145.

[2] N. M. HARING, *The Case of Gilbert de la Porrée*, dans *Mediaeval Studies*, t. XIII, 1951, p. 26-40.

[3] *Contra Eut. et Nest.* (HARING, p. 258 ; PL, 1359 A).

II

Gilbert est d'avis que la définition de la nature doit assurément précéder celle de la personne. Existant naturellement, la personne est *ex naturis*, elle est ce qu'elle est par sa nature ou ses natures ; la nature est l'être de la personne. Or, la définition de ce qu'est l'être prend toujours le pas sur la définition de ce qui est par lui [1].

D'abord Gilbert se penche donc sur la notion de *natura*. N'étant pas univoque, elle s'emploie de multiples manières, selon plusieurs significations et dans plusieurs sciences. La définition que Boèce en donne en premier lieu, est simplement descriptive et énumère les choses auxquelles le terme *natura* peut être appliqué :

> Natura igitur aut de solis corporibus dici potest, aut de solis substantiis, idest corporeis aut incorporeis, aut de omnibus rebus quae quocumque modo esse dicuntur [2].

Le terme *substantia*, fait remarquer Gilbert, n'a pas ici son sens premier de subsistance par laquelle les choses sont ce qu'elles sont, mais de chose subsistante qui est par elle-même. C'est aux choses subsistantes, bien sûr, que le terme nature est attribué. Toutefois, par l'addition de *quocumque modo esse dicuntur*, une portée plus générale est attribuée à la définition. Elle comprendra les choses subsistantes, les subsistances, les accidents, et même Dieu et la matière première, bref des choses qui n'ont aucun rapport entre elles. Par cela même, il devient évident que le terme nature pris dans ce sens général, ne peut être qu'une *topica generalis* qui, n'exprimant rien qui soit propre à toutes ces choses, requiert pour chaque cas une détermination plus précise.

Là-dessus Gilbert insère une remarque à propos du caractère particulier d'une définition. Il distingue deux espèces de définitions : les premières expriment la nature ou l'être des choses définies et en plus font l'énumération des choses auxquelles cette nature peut être attribuée ; les deuxièmes se taisant sur la nature ou sur l'être même, se bornent à énumérer les choses auxquelles le terme est applicable. Gilbert en fait sentir toute la divergence dans une phrase concise mais à peu près intraduisible :

---

[1] *Ibid.*
[2] *Ibid.* (Haring, p. 258 ; PL, 1359 B).

> Diffinitionum aliae sunt quibus ostenditur non modo quod esse dicitur, verum etiam esse quod dicitur ; aliae vero quibus tantum quod esse dicitur, et nequaquam esse quod dicitur [1].

La première définition, signalée comme *topica generalis*, s'applique à tout ce qui est d'une façon quelconque ; elle fait ainsi partie de la dernière catégorie. Au lieu de faire connaître l'être des choses, elle se limite à énumérer les choses auxquelles est applicable le terme nature. La définition suivante est du même genre :

> Natura est earum rerum (*Gilbert ajoute* : hae res sunt naturae) quae, cum sint, quoquomodo intellectu capi possunt [2].

Elle est à tel point générale qu'elle peut embrasser tout ce qui existe, vu son applicabilité à tout ce qui est intelligible. Nous avons reproduit, dans un chapitre antérieur, la digression mémorable ajoutée à cette définition, sur les différents modes de la connaissance humaine, y inclus celle *per remotionem* [3]. Ce contexte donne au terme de nature un sens si large qu'il peut se rattacher non seulement aux substances naturelles, mais encore à Dieu et même à la matière première. Seul est exclu ce qui n'est pas, puisque le non-être est inconnaissable.

Plus restrictive que les deux premières est cette définition :

> natura est vel quod facere vel quod pati potest [4].

A la hauteur du désaccord entre les philosophes à propos de l'activité et de la passivité des choses, Gilbert est porté à étendre le sens de la définition. Il rappelle succinctement la conception platonico-stoïcienne suivant laquelle *facere* convient exclusivement aux êtres vivants, Dieu, l'esprit, les êtres animés, tandis que *pati* est le propre des *sensibilia*, tels les animaux, leurs âmes et aussi certains esprits. Par après, il fait mention d'autres philosophes qui rejoignent plutôt la conception aristotélicienne. D'après eux, l'activité et la passivité conviennent à toutes les choses corporelles et aux âmes des choses sensibles, tous les êtres corporels et les âmes de certains êtres corporels jouant un rôle dans le processus

---

[1] *Ibid.* (Haring, p. 259 ; PL, 1359 D).
[2] *Ibid.* (Haring, p. 259 ; PL, 1360 A).
[3] *Contra Eut. et Nest.* (Haring, p. 260-262 ; PL, 1360 B-1361 D). Voir plus haut, p. 211-214.
[4] *Contra Eut. et Nest.* (Haring, p. 265 ; PL, 1362 D).

de la *generatio* et de la *corruptio*. Boèce est gagné à cette opinion ; son commentateur marche sur ses traces et disserte même sur plusieurs difficultés liées à la théorie.

Reconnaître que les choses corporelles agissent et pâtissent, ne fait naître aucun problème. La difficulté surgit lorsqu'il s'agit des âmes des choses sensibles qui sont des substances incorporelles. Pourtant, l'examen des actes de connaissance propres aux âmes sensibles montre leur activité et leur passivité. L'âme humaine qui est dans un corps, exerce une activité pure dans la connaissance intellectuelle, acte propre de la raison accompli sans l'aide de quelque organe corporel. La connaissance sensible, en revanche, est assujettie à une certaine passivité. En effet, la sensibilité, tout en étant propre à l'âme, ne peut s'exercer qu'en dépendance d'un organe corporel. Aussi dira-t-on : *a corpore dicitur anima habere quod sentit*. Pareillement, l'acte d'appétition est soumis à une certaine passivité de l'âme humaine pour autant que le corps engendre certaines passions et affections. D'ailleurs, les passions de l'âme sont causées par le corps et sont dites corporelles : *animae propriae passiones a corpore ei esse et etiam « corporales » vocantur*.

Gilbert tentera du reste à étendre la définition discutée aux êtres purement actifs, comme Dieu et les « autres choses spirituelles ». Pour y parvenir, il en envisagera le *vel — vel* comme une disjonction. L'activité de Dieu par rapport à toutes les créatures est évidente. Le terme d'« autres choses spirituelles », exprime pour Gilbert les substances incorruptibles pas du tout passives, parce que soustraites au changement. Elles sont actives dans la mesure où elles agissent sur la matière et les choses matérielles, soit par leur énergie propre, soit comme instruments de la causalité divine.

Selon Boèce, la définition est applicable à toutes les substances, si bien qu'elle est la définition véritable du terme *substantia*. Insatisfait à cause de son oubli total de la différence entre les notions de substance et de nature, Gilbert préfère rappeler la division antérieure des divers genres de définition et soutient l'impossibilité d'identifier la définition de nature et celle de substance sauf au cas d'une énumération des choses auxquelles ces termes sont attribués. Boèce aurait incontestablement raison, si les termes de nature et de substance étaient des *multivoca*, des noms différents désignant la même *qualitas*. Il n'est pas douteux que ce qui est nature peut être aussi substance ; toutefois, les notions d'« être-nature » et d'« être-substance » sont différentes. La définition réelle de nature est loin de recouvrir celle de substance.

La définition suivante vient d'Aristote :

> natura est motus principium per se et non per accidens [1].

A la suite de Boèce, Gilbert estime cette définition admissible pour les seules choses matérielles. Après une description rapide des six espèces de mouvement consignées par Aristote, dont les cinq premières, à savoir *generatio*, *corruptio*, *augmentum*, *diminutio*, *alteratio*, se rapportent aux choses matérielles autant qu'aux choses immatérielles et quelques-unes d'entre elles même autant aux choses subsistantes qu'aux subsistances, il s'arrête à la sixième espèce de mouvement, notamment le mouvement local qui ne se rencontre que chez les choses corporelles. Si l'on est tenté d'appliquer la définition aux seules choses matérielles, il sera absolument requis de voir dans le mouvement dont parle la définition, un mouvement local.

Notons avec intérêt qu'arrivé à l'explication du *per se et non per accidens*, Gilbert se plaît à insister sur le point de vue grammatical et dialectique. Tandis que Boèce cherche la cause *per se* du mouvement dans la nature elle-même, Gilbert s'évertue à préciser cette assertion, conformément à sa propre théorie de la nature des choses. Il tient ferme à chercher le principe du mouvement précisément dans cette subsistance, totale ou partielle, à laquelle le mouvement appartient en propre, et non pas dans une autre subsistance ou forme accidentelle ajoutées à la première. Dans une subsistance composée de plusieurs subsistances partielles, chacune des parties possède ses propres qualités, seulement attribuées à la subsistance totale pour autant qu'elle se compose des subsistances partielles. Ainsi, la couleur, la santé, la science, etc., appartiennent à la subsistance humaine dans la mesure où celle-ci se compose des subsistances de corporéité, de sensibilité et de rationalité, auxquelles les qualités citées appartiennent en propre. Il en va de même du mouvement : un lit fait de bois repose sur le sol non par sa forme accidentelle d'être-lit mais par sa forme substantielle d'être-bois. Ce lien essentiel entre les subsistances et les qualités correspondantes (*rerum*

---

[1] *Contra Eut. et Nest.* (HARING, p. 268 ; PL, 1364 D).

consequentia) n'est pas toujours rendu par le langage ordinaire. Souvent nous utilisons des conjonctions entre sujet et prédicat appelées conjonctions accidentelles par les dialecticiens. Dans la proposition *durum est album*, par exemple, le nom du sujet n'exprime pas la cause immédiate de la blancheur mais une cause éloignée. Tel est aussi le cas pour la proposition *rationale est album*. La dureté qui est la *qualitas* du mot *durum*, n'est pas une subsistance cause de la blancheur. La conjonction des deux termes dans la proposition citée ne sera fondée que lorsque la dureté est liée, dans la chose subsistante, à une autre subsistance cause immédiate et *per se* de la blancheur. En somme, notre définition de la nature *per se* voudra dire que la nature elle-même est le principe direct du mouvement.

Les définitions descriptives que l'on vient de lire, avaient pour seul but d'arriver à la définition réelle de l'*esse-natura* ou de la *proprietas huius nominis quod est natura*. Le nom de *natura* s'applique tantôt aux seules choses corporelles, tantôt à toutes les choses subsistantes, ainsi qu'à tout ce qui peut s'appeler substance et accident et à leurs principes. Relevons néanmoins que cette appellation de nature ne peut pas être attribuée à un principe qui ne provient pas d'une naissance (*creationis nativitate*). L'étymologie du mot (*impositio nominis*) et la réalité (qui d'ailleurs n'est pas étrangère à l'étymologie) destinent le nom en propre aux *nativa*, c'est-à-dire aux choses qui sont engendrées. Bien entendu, le nom n'est pas applicable à tous les *nativa* ; la nature étant nature de quelque chose, ce « quelque chose » ne s'appelle pas nature :

> Unde illa, quae vere sunt aliquid (hoc est : quae aliis, quam ipsa sint, vere subsistunt), non sunt aliquorum naturae sed eorum potius aliqua sunt naturae [1].

Enfin, l'appellation de nature doit être écartée de l'être accidentel, afin d'être gardée à l'être substantiel des choses subsistantes. La nature donc est ce qu'est l'être des choses subsistantes, ce qui leur est inhérent et ce qui, par sa disparition, produit la corruption de la chose.

L'être substantiel est d'ailleurs multiple, en ce sens qu'il est constitué de plusieurs subsistances partielles, ordonnées entre

---

[1] *Contra Eut. et Nest.* (HARING, p. 271 ; PL, 1366 C).

elles d'une manière hiérarchique. Les subsistances premières et plus générales sont le fondement des subsistances ultérieures et plus particulières qui, comme propriétés, s'ajoutent à la puissance des premières. Tel est le cas pour les subsistances différentielles jointes aux subsistances génériques ; comme constituant une détermination ultérieure des subsistances génériques, elles sont appelées à bon droit les natures de ces dernières :

> Horum etiam, quoniam ratione quaedam praecedunt, quaedam vero sequuntur et proprietatis ratione priorum addicta sunt potestati, non tam priora posteriorum quam posteriora priorum appellantur « naturae » : ut differentias generum. Recte utique, quoniam generatio semper, corruptio saepe contingit : et in subsistentibus, quibus insunt, generum (quibus adsunt, sicut jam dictum est) potestatem sequuntur [1].

La dernière spécification d'ordre substantiel sera désignée par la définition suivante :

> natura est unamquamque rem informans specifica differentia [2].

Semblable définition s'avère inapplicable à un grand nombre de choses qui, d'après les précédentes descriptions, pouvaient se réclamer du nom de nature. Stipulons avant tout son entière inapplicabilité à Dieu : bien qu'il soit la forme de toutes les choses créées, il ne l'est pas dans le sens où les formes natives ou propres sont dans les choses. Ensuite, elle n'est pas plus valable pour la matière première, qui n'est pas une nature, parce qu'elle n'est forme d'aucune chose subsistante. Quant aux choses subsistantes, matérielles et immatérielles, celles-ci ne sont pas formes mais porteuses de formes. Ainsi donc, la définition ne s'applique convenablement qu'au formel dans les choses subsistantes. Mais sont exclues, parmi les formes substantielles, la *substantia specialis* aussi bien que la *substantia generalis* comme n'étant pas les déterminations spécifiques et dernières de la chose subsistante. La première, quoique *forma individuorum*, se présente comme matière ou sujet des formes ultérieures, l'autre est la spécification première des choses subsistantes. En conséquence, au sens le plus restreint, la définition de la nature ne vaut que pour la différence spécifique ou la subsistance différentielle qui, appartenant au domaine de la puissance de la *subsistentia*

---

[1] *Ibid.* (p. 272 ; PL, 1366 CD).
[2] *Ibid.* (p. 272 ; PL, 1367 B).

generalis, fait partie comme telle de la *subsistentia specialis*, de l'être total et substantiel de la chose subsistante [1].

Au terme de cette analyse, Boèce et Gilbert concluent tous deux qu'il faut entendre le terme de nature d'après cette dernière définition, lorsque, en théologie, il est question des deux natures du Christ. Les hérétiques, eux aussi, font de même.

A cette conclusion Gilbert apporte une importante restriction, qui prouve, une fois de plus, sa prudence dans l'emploi analogique des termes naturels en théologie. La signification naturelle et primitive du terme de nature, écrit-il, revendique une différence spécifique s'unissant à la subsistance générique pour former la subsistance spécifique de la chose. Dans l'ordre naturel, elle constitue nécessairement une partie d'une subsistance composée. Or, Dieu qui est absolument simple, sans composition aucune de son être, l'est de telle manière qu'il est dit de lui : *ipse est id quod est esse*. Dieu n'est donc pas ce qu'il est de par une subsistance spécifique ou différentielle, et s'il est dit une nature autre que l'homme, il ne l'est certes pas par une forme générique s'associant une différence spécifique pour la constitution de la subsistance spéciale. Lorsqu'on parle en christologie de deux natures, rien ne permet de les concevoir, l'une comme la subsistance différentielle de Dieu, l'autre comme celle de l'homme. Toutefois, en modifiant la définition selon les lois de la théologie négative, elle peut être transposée en théologie. Voici la formule de Gilbert, très claire mais combien difficile à traduire :

> ... duas in Christo naturas constituere, sic intelligendum videtur : quod, quamvis non sit altera Dei, altera hominis specifica differentia, secundum hoc tamen dicitur « altera » quod, quae est hominis specifica, non est Dei : et quae est Dei non-specifica, non est hominis [2].

III

Pour définir la signification du terme de personne, le même procédé est employé par Boèce et Gilbert. Ils énumèrent d'abord les choses auxquelles ce terme peut être attribué et passent ensuite à la définition proprement dite de l'être-personne. Les

---

[1] *Ibid.* (p. 272 s ; PL, 1367 AD).
[2] *Ibid.* (p. 273 ; PL, 1368 AB).

équivoques issues de la traduction malaisée des termes grecs, sont résolues par une analyse détaillée du mot (*impositio nominis*).

Le terme de personne est un *nomen naturae*, c.à.d. applicable à une nature, non à toutes les choses appelées nature d'après une des définitions antérieures. Sinon, quel avantage y aurait-il d'élaborer une définition pour exprimer la distinction entre ce qui est nature et ce qui est personne ? Ces deux termes, en effet, ne désignent-ils pas une *qualitas* différente et les définitions de l'être-nature et de l'être-personne ne sont-elles pas différentes ? De plus, il existe une distinction entre les choses appelées natures et celles appelées personnes.

Vu que le nom de personne est toujours attribué à une nature, la division des choses qui sont dites natures, montrera à quelle nature l'appellation de personne est attribuable.

La première division entrant en ligne de compte est celle de substance et d'accidents. Puisque tout ce qui est dans une personne ou lui appartient comme une propriété, ne peut être personne, impossible d'appliquer ce terme aux accidents. Les substances sont divisées en corporelles et incorporelles, les premières en vivantes et non-vivantes, les vivantes en sensibles et non-sensibles, les sensibles en raisonnables et non-raisonnables. Boèce refuse l'appellation de personne à toutes ces catégories, excepté aux natures raisonnables. Pour ce qui est des substances inanimées, Gilbert fait observer que ce refus se base et sur la nature de la chose et sur l'usage philosophique. Sans l'opposition de cet usage, les animaux — toujours selon la définition — auraient droit à l'appellation de personne. La preuve en est renvoyée aux exposés ultérieurs [1].

La deuxième division comprend les substances universelles et particulières. Les premières ne sont pas des personnes, seules les substances particulières et individuelles méritent ce nom. Gilbert entend « particulier » au sens d'« individuel ». Tout ce qui existe est singulier sans que cette singularité exclut l'universalité ou l'individualité. Il y a, en effet, universalité par une certaine conformité entre plusieurs choses ; il y a individualité pour autant que l'ensemble des propriétés d'une chose est incompatible à l'être entier de toute autre chose. Si l'on s'en tient à la définition de personne, toutes les substances

---

[1] *Contra Eut. et Nest.* (p. 275-278 ; PL, 1369-1370).

individuelles peuvent être appelées personne, mais sous la contrainte de l'usage philosophique le nom est assigné aux seules natures raisonnables. Ainsi nous aboutissons à la définition suivante :

> persona est naturae rationalis individua substantia [1].

Une digression sur la nature de l'âme humaine entraîne Gilbert à serrer de plus près la portée de cette définition. Il s'érige en antagoniste de la doctrine aristotélicienne qui considère l'âme comme une *entelecheia*, la forme du corps. Souscrivant l'opinion de la majorité de ses contemporains, il se rallie à la théorie platonico-augustinienne et tient l'âme pour une substance, puisqu'elle a ses formes propres, tant substantielles qu'accidentelles, et qu'elle est de nature raisonnable. C'est à l'âme seule, partie composante de l'être humain, qu'appartient la connaissance. Eu égard à l'indépendance de l'intelligence vis-à-vis du corps, l'acte de connaissance de l'âme humaine n'est influencé ni par son union ni par sa séparation du corps. Aussi, Gilbert dit que l'âme humaine, d'après son *genus*, est esprit ; d'après son espèce, elle est âme ; par l'ensemble de ses propriétés incommunicables, elle est une substance individuelle. D'autre part, l'âme humaine fait partie de l'homme, donc d'une personne. Il en découle qu'elle ne peut être elle-même une personne, et cela en raison d'une autre définition avancée par Gilbert et discutée au concile de Reims : *omnis persona est per se una*.

Dès maintenant il est de la dernière évidence qu'au sens plénier l'appellation de personne doit être déniée à l'âme humaine, car l'ensemble des propriétés d'une personne est incommunicable à toute autre chose. Or, l'ensemble des propriétés de l'âme est attribuable en même temps à l'âme et à l'homme dont l'âme est une partie.

Pour finir, Gilbert établit qu'aucune partie d'une forme composée n'est individuelle au sens strict. Malgré l'emploi fréquent des mots 'singulier' et 'individuel' comme synonymes, cette coutume est loin d'être complètement fondée. Toute partie d'une forme composée est de soi *dividum*, divisible et communicable à autre chose. Quant à l'âme humaine, elle n'est ni une personne, ni individuelle au sens strict. Et Gilbert de conclure :

---

[1] *Ibid.* (p. 281 ; PL, 1371 D).

> Itaque anima eius, cuius tota forma pars est formae Platonis, non vero nomine dicitur « individua ». Ideoque, quamvis ipsa sit rationalis naturae substantia, nequaquam tamen potest esse persona. Et generaliter (sicut dictum est) nulla cuiuslibet personae pars est persona, quoniam partis eius ex omnibus, quae ipsi convenire intelliguntur, collecta proprietas naturaliter est dividua. Ex his ergo intelligitur, quia persona adeo est per se una quod eius tota proprietas nulli prorsus secundum se totam similitudine conferri potest, nulli ad constituendam personalem proprietatem conjungi [1].

Une fois la définition fixée, Boèce s'attache à analyser en détail l'étymologie du mot *persona*. Gilbert suit le texte de près et montre que, malgré son peu de connaissance de la langue, le sens de la terminologie théologique des grecs ne lui est pas tout à fait étranger. Seulement, comme il fallait s'y attendre, il n'en dégage pas un seul élément nouveau utile à l'histoire du terme. Boèce avait stabilisé pour longtemps le vocabulaire, et les auteurs du Moyen Age, peu rompus au grec, auront quelque difficulté à se former un jugement objectif ou encore à corriger les nombreuses inexactitudes de Boèce [2].

De la comparaison des terminologies grecque et latine, il ressort qu'elles ne sont point parallèles. Le mot grec *prosopon* et le latin *persona* proviennent tous deux du théâtre, le premier désignant, au sens original, le masque de théâtre, le second le son renforcé (*per-sonus*) par la concavité du masque. Par la suite, ces termes se reportèrent sur les personnages représentés par les auteurs à l'aide de ces masques, pour être imposés à la fin — en négligeant leur appartenance au théâtre — à tous les hommes individuels. A vrai dire, cet usage est impropre et métaphorique. Boèce estime plus grande la richesse du grec que celle du latin, puisque la langue grecque dans l'expression *hypostasis* possède un terme propre pour indiquer l'homme individuel. Les latins, à défaut d'un terme approprié, se voient obligés de recourir à l'emploi figuré du mot *persona*. La signification du mot *hypostasis* est pourtant plus large : elle comprend non seulement les substances raisonnables mais toutes les substances

---

[1] *Contra Eut. et Nest.* (p. 283 ; PL, 1373 A).
[2] Voir l'écrit porrétain *Liber de diversitate naturae et personae*, de la fin du XIIe siècle (édit. N. M. Haring, *The* Liber de diversitate naturae et personae *by Hugh of Honau*, dans *Archives d'Histoire doctrinale et littéraire du M.A.*, t. XXIX, 1962, p. 103-216). Cfr J. de Ghellinck, *L'histoire de ' persona ' et d'' hypostasis ' dans un écrit anonyme porrétain du XIIe siècle*, dans *Revue Néoscolastique* (Hommage à M. De Wulf), 1934, p. 111-127.

individuelles, comme le montre l'adage grec, traduit en latin comme suit :

> essentiae in universalibus quidem esse possunt, in solis vero individuis et particularibus substant [1].

Substant traduit le mot grec *hyphistantai*. Un peu plus loin, Boèce remplace le terme *essentiae* par le mot *substantiae*. D'où, pour Gilbert, l'occasion de signaler à nouveau la double signification du mot substance. Au sens abstrait, il désigne l'être des choses subsistantes ; au concret, les choses subsistantes elles-mêmes. C'est cette dernière signification qu'emploie le texte cité. La signification naturelle et propre du mot dérive du verbe *substare* : être sujet des formes accidentelles. Les formes accidentelles qu'elle reçoit en elle ou qui lui sont unies extérieurement, sont cause de l'appellation *substantia* pour une chose individuelle [2].

En dehors des termes *substantia* et *essentia*, Boèce se sert aussi, dans le même contexte, du mot *subsistentia*. Les trois mots possèdent un sens distinct, aussi bien que les équivalents grecs. *Ousiôsis* et *ousiôsthai* correspondent à *subsistentia* et *subsistere* ; *substantia* et *substare* se traduisent en grec par *hypostasis* et *hyphistastahi* [3].

Pour ce qui est de l'application de ces termes, Gilbert paraît éprouver quelque difficulté dans l'adaptation de ses conceptions personnelles au texte de Boèce. Pour celui-ci *subsistere* signifie « être en soi-même », c'est-à-dire être indépendant de formes accidentelles. Les genres et les espèces *subsistunt tantum*, tandis que les choses individuelles *non modo subsistunt verum etiam substant*. D'après Gilbert, les genres et les espèces sont les *subsistentiae generales et speciales* des choses individuelles. Il admet en outre une relation entre ces subsistances et les formes accidentelles. Les dernières accompagnent (*adsunt*) les premières qui, elles, font que les choses subsistantes peuvent être sujet des formes accidentelles. Mais pour toutes les deux, pour les subsistances comme pour les choses subsistantes, l'indépendance de leur être envers les formes accidentelles reste incontestable.

---

[1] *Contra Eut. et Nest.* (HARING, p. 286 ; PL, 1374 B).
[2] *Ibid.* (p. 287 s ; PL, 1374-1375 B).
[3] *Ibid.* (p. 289 ; PL, 1375 D).

De l'avis de Gilbert, il s'en dégage une conclusion fort importante : le mot grec *hypostasis* désigne, de soi, non seulement les substances de nature intellectuelle, mais toutes les substances individuelles. Dans ce sens le mot latin *substantia* est l'équivalent exact du mot grec. Par après seulement, les théologiens grecs ont restreint la signification du mot *hypostasis*, de sorte qu'il a fini par devenir un *nomen melioris naturae*, employé de préférence pour les substances individuelles de nature intellectuelle. Par contre, le mot latin *substantia* n'a pas subi cette restriction et est resté en usage pour toutes les substances individuelles [1].

Voici donc quatre termes dont les théologiens ont tiré parti pour désigner Dieu aussi bien que les substances créées ; en grec : *ousia, ousiôsis, hypostasis* et *prosopon* ; en latin : *essentia, subsistentia, substantia* et *persona*. Gilbert qui les considère comme une partie indispensable du vocabulaire d'une théologie scientifique, surpasse ici de loin par son examen profond l'analyse extrêmement succincte de Boèce.

Appliqué à l'homme, le terme d'essence marque la subsistance spéciale qui, toujours semblable, est conforme à la subsistance spéciale des choses appartenant à la même espèce. Cette subsistance est ce par quoi l'homme est ce qu'il est dit être. Elle sera dénommée substance dans la mesure où celle-ci est le sujet, non de la subsistance mais des formes accidentelles. Celles-ci sont dans la chose subsistante de telle façon qu'elles suivent la subsistance dont elles sont les compagnes (*adsunt — comites subsistentiae*). L'homme recevra l'appellation de ' personne ' en tant qu'il est individuel, en d'autres mots, en tant que, par l'ensemble de ses propriétés, il n'est pas conforme à autre chose et, de plus, en tant qu'il est de nature intellectuelle [2].

Impossible de reporter sur Dieu les mêmes termes, à moins de le faire analogiquement et de leur enlever de la sorte leur sens naturel et primitif. Lorsque le terme d'essence est dit de Dieu, il ne peut indiquer une universalité de l'essence divine, comme s'il existait plusieurs essences conformes ou similaires dans le Père, le Fils et le Saint-Esprit. L'essence divine, à l'encontre de la subsistance humaine, est individuelle autant qu'elle

---

[1] *Ibid.* (p. 290 ; PL, 1376 BC).
[2] *Ibid.* (p. 291 ; PL, 1376 CD).

est singulière et unique. Telle est l'acception dans la formule du premier traité : *Deus est essentia*. Dans un autre sens encore, Dieu est appelé *essentia* et cela dans la mesure où il est l'*esse* de toute chose. Car, toutes les choses créées ne sont et ne sont dites *esse* que pour autant qu'elles sont « de Lui et par Lui et en Lui ».

Le terme ' subsistance ' attribué à Dieu signifie que Dieu existe parfaitement en Lui-même, indépendamment de formes accidentelles et sans la moindre union avec elles.

Tout autre que dans les sciences naturelles, est également la signification du terme ' substance ' appliqué à Dieu. Dieu ne peut être appelé substance, en tant qu'il serait sujet d'accidents. « *Substat omnibus* » peut se dire de lui en tant que cause réelle, être réel et principe réel de toutes choses.

L'application théologique du terme ' substance ' dans le texte de Boèce rend la tâche ardue pour Gilbert. D'abord expliqué d'après l'étymologie, Boèce conçoit par après le terme dans un passage ultérieur comme désignant les personnes divines :

> Unde etiam dicimus unam esse oysian vel oysiosin, id est essentiam vel subsistentiam deitatis, sed tres hypostaseis, id est tres substantias [1].

Pour le terme ' substance ' Gilbert admet l'emploi du pluriel par Boèce, les personnes divines étant toutes trois cause, être et principe de toutes choses, encore qu'elles soient, par l'effet de leur essence commune, une seule cause, un seul être et un seul principe. Le sujet de la proposition (c.à.d. les trois personnes) est mis au pluriel, à cause de la pluralité des propriétés personnelles. Les lois grammaticales demandent le pluriel aussi pour le prédicat de la proposition, bien qu'il n'y ait qu'une seule raison pour laquelle chacun des trois et les trois ensemble sont une seule cause, un seul être et un seul principe. Pareillement, parlant de *tres personae aeternae et divinae*, les adjectifs « divin » et « éternel » peuvent prendre la marque du pluriel, quoiqu'il n'existe qu'une seule divinité et une seule éternité par lesquelles les personnes divines sont divines et éternelles.

Sur la teneur exacte des termes boéciens, le commentaire de Gilbert est certes embrouillé : il ne voit pas ou ne veut pas voir que Boèce emploie le terme *substantia* comme synonyme de *persona*. Il s'obstine à parler de *substantia* au sens de ce qui

---

[1] *Contra Eut. et Nest.* (p. 293 s ; PL, 1378 A).

soutient une autre chose ; en science naturelle notamment la substance est appelée de ce nom en fonction des formes accidentelles ; en théologie, Dieu est appelé substance en fonction des créatures. Dans ce dernier cas, l'usage théologique tout aussi bien que la raison philosophique et la vérité elle-même interdisent de parler d'une triple substance en Dieu [1]. Et ce qui est vrai du terme de substance, vaut tout autant pour les verbes *subsistere* et *substare*, qui se disent en considération de la même subsistance singulière. Toute chose est dite *subsistens* pour autant qu'elle existe en elle-même, sans aucune dépendance des accidents. Elle peut encore être dite *substans* en raison de la même subsistance et dans la mesure où elle reçoit en elle les formes accidentelles qui accompagnent la subsistance. Dès lors, le nombre de subsistances détermine le nombre de choses subsistantes ; s'il n'y a qu'une seule subsistance, il n'y a qu'une seule chose subsistante et une seule substance ; s'il y en a plusieurs, les choses subsistantes ou les substances sont aussi plusieurs. Par conséquent, comme il n'existe qu'une seule essence ou subsistance divine et que les trois personnes ne sont qu'en fonction de cette essence unique, il s'ensuit qu'on ne peut parler que d'une seule substance divine. Les trois personnes ne sont qu'une seule *substantia divina*, une seule cause, un seul être et un seul principe de toutes les choses créées. Dans cet exposé, Gilbert rejoint vraiment et sans restriction la tradition latine et supprime tout rapport entre les termes *hypostasis* et *substantia*. Il tient le terme *substantia* pour un *nomen essentiae* dont l'application au pluriel à Dieu entraîne nécessairement une pluralité d'essences divines.

IV

Dans la pensée de Boèce et de son commentateur, cette étude préliminaire des définitions de nature et de personne les conduisait à la réfutation des hérésies de Nestorius et d'Eutychès, toutes deux nées d'une fausse conception de la distinction entre les notions de nature et de personne. L'hérésie nestorienne soutient que toute nature est une personne : Nestorius ne pouvait s'imaginer un dédoublement de la nature sans un dédoublement de la personne ; de là qu'il professait l'existence de deux

---

[1] *Ibid.*

natures et de deux personnes dans le Christ. Mais Eutychès, à partir du même principe philosophique, s'empêtre dans la conclusion inverse : pour lui, l'unicité de la personne du Christ implique l'unicité de sa nature. De prime abord, l'analyse des définitions démasque l'erreur des deux hérésiarques : ne montre-t-elle pas suffisamment que les notions de nature et de personne ne s'identifient pas, ou encore, d'après la terminologie chère à Gilbert, que les deux termes n'ont pas la même *qualitas* ? Heureusement, la doctrine catholique se révèle comme une position intermédiaire entre les deux hérésies extrêmes, en enseignant qu'il y a dans le Christ une personne et deux natures [1].

Dans leur critique du nestorianisme, Boèce et Gilbert recourent à un processus analogue à celui de leur théologie trinitaire. Selon la méthode de la *quaestio*, pratiquée d'ailleurs d'une manière assez libre, ils alignent en premier lieu les oppositions entre la doctrine catholique et l'hérésie. A quoi succède une analyse de l'application théologique des principes philosophiques et du sens des termes transposés. Enfin, après un examen critique des preuves de Nestorius, suivent les démonstrations rationnelles confirmatives de la doctrine catholique.

L'argumentation contre Nestorius tourne entièrement autour de l'unité du Christ. Nestorius voit Dieu et l'homme unis dans le Christ d'une manière telle qu'il y a non seulement deux natures mais aussi deux personnes. Boèce objecte à cette théorie qu'elle envisage l'union entre Dieu et l'homme comme une simple juxtaposition, une union *juxta appositionem*. Dès lors, il est mis fin à l'union hypostatique du Christ.

Développant ensuite cet argument de Boèce, Gilbert entreprend une assez vaste description des divers modes d'union [2].

De l'union dite *juxta appositionem* ne découle pas qu'une chose soit une. Les propriétés des choses ainsi unies restent tout à fait séparées. Par exemple, dans une crosse garnie d'or, les deux matières (*corpora*) sont simplement superposées l'une à l'autre sans atteindre une unité effective. Même s'il arrive que les propriétés passent partiellement d'une chose à une autre, telle l'odeur du vin persistant dans le tonneau, il n'en résulte pas une chose réellement une. Ce qui saute aux yeux dans

---

[1] *Contra Eut. et Nest.* (p. 296 ; PL, 1379 BC).
[2] *Contra Eut. et Nest.* (p. 298-301 ; PL, 1380-1382).

le mode d'attribution. Dans la juxtaposition les qualités d'une chose s'attribuent à l'autre seulement par manière de parler et au sens figuré. On ne donne pas à l'or les qualités du bois. Lorsqu'on parle d'un vêtement sale ou d'une arme peinte, il ne s'agit que de prédicats extrinsèques n'entrant pas dans la substance de la chose.

Contrairement au mode de conjonction illustré par ces exemples, l'union de l'âme et du corps constitue un seul homme substantiellement un. Afin de saisir la nature de cette union, il faudrait, selon Gilbert, s'arrêter à des considérations fort élémentaires concernant l'unité et la composition que nous présentent les règles du *De hebdomadibus* : *simplex est quod esse suum et id quod est unum habet*, et : *omni composito aliud est esse, aliud ipsum est*[1]. Ces règles, en vérité, sont universelles : en effet, tout ce qui est, est ou simple ou composé. Pour l'intelligence de ces règles, Gilbert renvoie à son commentaire de l'opuscule précédent ; il se contente pour l'instant d'en faire les applications utiles à ses spéculations sur les choses composées.

La condition première de la composition demande une certaine conformité entre les parties composantes. Bien que cette conformité ne doive pas absolument comporter une communauté de formes génériques ou spécifiques, il faut au moins une conformité en *ratio*. Ainsi, le corps et l'âme peuvent s'assembler en une composition malgré leur différence de nature. Ils possèdent pourtant en commun cette *ratio*-ci : ils sont tous deux porteurs de formes et sujet de prédicats et il leur est impossible d'être attribués à autre chose. De même, les subsistances simples qui sont d'un genre différent, présentent la *ratio* commune suivante : elles constituent l'être des choses dans lesquelles elles sont. Comme nous l'avons vu, par ce manque de conformité Gilbert motive son refus de parler d'une composition entre l'*esse* et le *quod est*[2]. Toute conformité entre eux, et en *genus* et en *ratio*, est absente et, à strictement parler, leur union — union par mode d'*habitus* — n'est donc guère une composition. Bref, tout ce qui peut se dire sur le problème de la simplicité et de la composition, n'a aucun rapport avec la manière dont sont unis l'*esse* et le *quod est*.

---

[1] *Ibid.* (p. 299 ; PL, 1380 C).
[2] *Ibid.* (p. 300 ; PL, 1381 B). Voir plus haut, p. 170 s.

Il y a deux sortes de compositions, celle du *quod est* et celle de l'*esse*. Glissant sur la première, Gilbert porte tout son intérêt sur celle de l'*esse* des choses. Composé, le *quod est* renferme aussi en soi une composition de l'*esse* ; simple, l'*esse* lui-même peut encore être composé.

Pour la composition au sens strict il est avant tout nécessaire que les parties composantes constituent une chose qui est une (*aliquid unum*). L'être ou l'essence totale de cette chose une se compose en ce cas-là de toutes les subsistances propres des parties composantes, des subsistances générales et spéciales, et des formes accidentelles qui les accompagnent par l'effet de la concrétion :

> Unde manifestum est unum esse aliquid, in quo diversa sibi invicem conjuncta dicuntur. Cui uni sunt esse omnes speciales et hae, ex quibus speciales constant, subsistentiae illorum, quae in ipso sibi invicem conjunguntur : et praeter has illae etiam, quae in eodem creantur ex habitu conjunctorum [1].

De cette composition, l'homme, qui est un en vertu de l'union de l'âme et du corps, est l'exemple le plus typique. Son être ou sa subsistance totale est composé de toutes les subsistances et formes, tant substantielles qu'accidentelles propres à l'âme et au corps. La théorie logique de Gilbert prescrit alors que tous les prédicats attribués à l'âme et au corps, en vertu de leur propre nature, peuvent être également attribués à l'homme total. Ceci est vrai pour les prédicats substantiels et pour les prédicats accidentels. A ces prédicats se joignent encore les prédicats qui expriment les qualités résultant de l'union des deux parties. Telles sont les règles d'attribution déduites de la nature propre de la composition. L'union des parties composantes n'implique pas un changement des qualités de ces parties : toute composition n'est pas un mélange, bien que tout mélange soit une composition au sens large. Dans un mélange, les parties composantes se confondent ; elles forment une nouvelle qualité propre au produit mélangé et absorbant les qualités des parties. Partant, la chose nouvelle, produit d'un mélange, ne requiert nullement les qualités des parties. En revanche, dans la composition au sens strict, les parties composantes subsistent, gardent

---

[1] *Contra Eut. et Nest.* (Haring, p. 299 ; PL, 1380 CD).

leurs natures propres et leurs propres formes substantielles et accidentelles :

> Quae vero sine commixtione fit, compositio ipsis componentibus suas quascumque naturas retinet, et, ut eaedem dicantur de composito, facit : sicut corporis et spiritus naturae non modo de corpore et spiritu verum etiam de homine vere dicuntur et aliae quaedam, quae in ipso (sicut dictum est) ex eorum fiunt ad compositionem concursu [1].

Après ce tour d'horizon sur la composition, Gilbert déclare en termes clairs que seul dans le domaine naturel cette théorie atteint sa valeur pleine et entière. Quiconque désire appliquer les lois de la composition au problème de l'union hypostatique, doit tenir compte des règles régissant la transposition proportionnelle des termes naturels au domaine de la théologie [2]. Prenant position contre Nestorius, Gilbert soutiendra que l'union des deux natures dans le Christ est une composition. De la sorte il confondra aussi la doctrine d'Eutychès prétendant que cette union est un mélange de deux natures. Faisant appel à son procédé habituel, il établit d'abord minutieusement la signification naturelle des termes employés pour définir ensuite la modification qu'ils subissent du fait de leur application en théologie.

Tout l'exposé de Gilbert se concentre autour de deux formules classiques, considérées par Boèce comme équivalentes : dans le Christ, il y a union entre la divinité et l'humanité ; dans le Christ, il y a union entre Dieu et l'homme [3]. Au cours du commentaire de ces deux formules, brille de tout son éclat la théorie personnelle de Gilbert ; nous pouvons y constater clairement, comme dans sa théologie trinitaire, que l'analyse grammaticale, la définition et la critique du vocabulaire lui servent de base à l'élaboration d'une terminologie théologique correcte et à l'établissement du sens exact des « autorités ».

Gilbert en est convaincu : la première formule de Boèce exprime de la manière la plus rigoureuse la nature de l'union hypostatique. Elle est une union entre la divinité et l'humanité, c'est-à-dire une union entre deux natures, et ce point-là ne suscite guère de désaccord entre la doctrine catholique et le nestoria-

---

[1] *Ibid.* (p. 299 ; PL, 1381 A).
[2] *Ibid.* (p. 300 ; PL, 1381 D).
[3] *Ibid.* (p. 301-304 ; PL, 1382 A-1383 D).

nisme. Le terme de nature est pris dans le sens de la dernière définition citée : *unamquamque rem informans specifica differentia.*

Encore que la deuxième formule, légitime et autorisée, repose sur une tradition vénérable, il est néanmoins impossible d'y introduire un sens concret, c'est-à-dire de lui faire désigner une union entre deux choses subsistantes, Dieu et l'homme, qui sont ce qu'ils sont en vertu de leur nature divine et humaine. Ici comme ailleurs, la règle générale conserve ses droits ; elle vaut pour tous les domaines et dans toutes les sciences sans exception : les choses qui sont unies, se distinguent l'une de l'autre par leurs propriétés respectives. Malgré leur union, elles restent ce qu'elles sont, en sorte que dans la chose nouvelle existe un double *quod est*. Or, dans le Christ, il ne peut y avoir de distinction entre celui qui est Dieu et celui qui est homme (*qui est Deus — qui est homo*). Le même Christ, le même *qui est*, est Dieu par son essence divine, homme par sa subsistance humaine. L'union hypostatique ne se fait donc pas dans le domaine du concret ou du *qui est*. Son argumentation dialectique, Gilbert l'achève en faisant observer que le Christ (*qui est Christus*) ne peut s'unir à lui-même, parce que non distinct de lui-même par une propriété quelconque ; or la distinction est une condition nécessaire à toute composition [1].

La deuxième formule rejoint indiscutablement l'explication et le sens de la première : il y est question d'une union entre la divinité et l'humanité, entre la nature divine et la nature humaine. De la part des règles de la grammaire, cette explication ne rencontre guère d'obstacle, mais il est à conseiller de recourir à la règle générale qui régit la signification des mots : *omne vero nomen diversa significat, substantiam videlicet et qualitatem* [2]. Cette règle impose de choisir la signification qui est déterminée et par la nature de l'union et par le contexte dans lequel le terme est usité. Les noms « Dieu » et « homme » désignent la *qualitas*, non la *substantia nominis*, c.à.d. cet aspect formel qu'isole l'abstraction mathématique et qu'explicite le nom abstrait. De fait, on ne discute pas ici sur le *quod est* ou la chose subsistante, mais sur le *quo est* ou la nature. Telle est la raison pour laquelle la première formule de Boèce (union de la divinité et de l'humanité) sera prise dans sa signification première,

---

[1] *Ibid.* (p. 301 s ; PL, 1382 B).
[2] *Ibid.* (p. 302 ; PL, 1382 D).

tandis que la deuxième expression, formulée de façon concrète (union de Dieu et de l'homme), sera perçue comme désignant les éléments abstraits ou formels auxquels sont empruntés les noms concrets.

Ce développement réapparaîtra à chaque phase décisive dans la réflexion théologique. Gilbert avec instance nous le rappelle chaque fois qu'il invoque la nécessité de la méthode rationnelle ou qu'il s'attaque à fond aux contempteurs des principes fondamentaux régissant l'explication des textes traditionnels [1].

En application de ces principes, Gilbert paraphrase la comparaison, faite par le *Symbolum Athanasianum*, entre l'union de l'âme et du corps dans l'homme, et celle de Dieu et de l'homme dans le Christ. A vrai dire, il n'existe pas d'identité absolue entre les deux cas : dans l'homme, en plus d'une union entre ce que est l'être de l'âme et ce que est l'être du corps, il y a aussi une union de ce qui est âme et de ce qui est corps, donc une union tant du *quo est* que du *quod est*. Cela vaut aussi, bien sûr, pour le Christ en tant qu'homme : ses parties composantes ne sont pas seulement ce que est l'être de son âme et celui de son corps, mais aussi son âme et son corps mêmes. Dans pareil mode d'union pourtant, on ne reconnaît point le modèle type de l'union hypostatique. Effectivement, on n'y retrouve qu'une union entre la divinité et l'humanité, c'est-à-dire entre les natures divine et humaine, non pas entre Dieu et l'homme en tant que choses subsistantes ; le Christ, bien sûr, ne serait pas un, si l'union hypostatique était une union entre des choses subsistantes ou une union *iuxta appositionem*. En effet, si le Christ n'est pas un, *naturaliter unum*, il n'est pas du tout.

Le centre de son argumentation — l'unité du Christ — Gilbert tient à l'entourer d'un luxe de détails [2]. L'hérésie à abattre est le nestorianisme dont l'erreur première justement détruit cette unité du Christ.

Comme premier indice d'unité, Gilbert pose l'unité de nom. Le nom du Christ indique bien quelque chose qui est une, soit qu'il exprime la *substantia nominis*, savoir celui qui est le Christ (*qui est Christus*), soit encore la *qualitas* nominis ou *proprietas*

---

[1] *Ibid.* (p. 303 ; PL, 1383 B).
[2] *Contra Eut. et Nest.* (p. 304-308 ; PL, 1383 D-1385 D).

par laquelle le Christ est ce qu'il est, propriété d'ailleurs composée de plusieurs éléments.

Afin de définir la nature de l'unité du Christ, Gilbert réintroduit dans son commentaire de l'argument de Boèce sa théorie de la composition au sens strict : si, dans le Christ, les deux personnes, Dieu et l'homme, persistent, les deux natures ne s'uniraient que *iuxta appositionem*. Il fait remarquer que Boèce écrit délibérément : si les deux personnes persistent, *si duabus personis manentibus*, et non : si les deux substances persistent : *si duobus quae sunt manentibus* [1]. Sous peine de s'attirer de graves ennuis, le terme de personne est de rigueur. Certaines choses composées ne possèdent-elles pas des parties composantes qui sont des *quod est*, des substances concrètes ? Ainsi, la chair et les os sont les parties composantes concrètes de l'homme, non pas simplement juxtaposées, mais formant une composition réelle. Aussi, les natures de ces parties concrètes ne sont pas unies entre elles par simple juxtaposition mais par une composition au sens strict. Inversément, une composition de natures n'entraîne pas nécessairement une composition du *quod est*. Par exemple, la nature de l'âme humaine est composée de plusieurs subsistances partielles, mais son *quod est* est simple. En l'homme donc réside une composition des parties concrètes, des choses qui sont (*quae sunt*), telles que les os et la chair, le corps et l'âme, mais il ne s'agit pas, tant s'en faut, de composition au sens strict entre plusieurs personnes. Si les personnes s'unissent l'une à l'autre, ce ne peut être que par manière de simple juxtaposition et leurs natures respectives n'arrivent jamais à constituer une seule nature ou une seule propriété.

A la lumière de cette théorie, la doctrine de Nestorius sur l'union hypostatique paraît insoutenable. Si, dans le Christ, la personne divine et la personne humaine demeurent, les natures divine et humaine ne pourraient jamais former une *proprietas Christi*, qui est une et qui est le constitutif de l'unité du Christ. Or, s'il n'est pas un, le Christ n'est pas du tout. Être et être-un sont chose identique [2].

Les lois grammaticales sont en parfait accord sur cette explication. A l'unité de la nature ou de la propriété du sujet correspond, dans toutes les propositions, le singulier du verbe.

---

[1] *Ibid.* (p. 304 ; PL, 1383 D).
[2] *Ibid.* (p. 305 ; PL, 1384 B).

D'autre part, une pluralité de propriétés ne s'unissant pas dans un même sujet exige un verbe au pluriel, tandis qu'une pluralité de qualités appartenant à la même chose, est reliée au sujet par un verbe au singulier. Pas moyen de dire : Platon sont blanc, sont astronome, etc., il faut bien dire : Platon est blanc, est astronome, etc. Cette règle grammaticale qui vaut pour les choses simples, vaut également pour les choses composées qui sont unes par la singularité de leur nature composée [1].

Du Christ semblablement, il dit au singulier qu'il est un. Il l'est en raison de la singularité de sa propriété. Gilbert ajoute que, grâce à cette même propriété individuelle, le Christ est également une seule personne. D'ores et déjà il apparaît que, dans le Christ, il n'existe point deux personnes dont l'une serait homme et l'autre Dieu. A noter qu'au lieu de se servir de la formule *aliud et aliud*, Gilbert la remplace par *unus et alter : Sed essent duo Christi, unus ille qui esset Deus, alter ille qui esset homo* [2].

Dans sa critique du nestorianisme, Boèce s'était demandé comment Nestorius réussit à donner le même nom aux deux personnes du Christ. Gilbert, lui, le perçoit plus nettement : le même nom, désignant une *qualitas* attribuée à plusieurs personnes, doit à tout le moins s'appuyer sur une conformité substantielle, existant entre les propriétés des choses qui portent le même nom, mais pareille conformité maintenant est absolument impossible entre une personne divine et une personne humaine.

C'est sur ces disputations que s'achève, suivant Gilbert, l'argumentation dialectique qui rembarre Nestorius. En plus de cela, quelques arguments supplémentaires d'ordre rhétorique viendront confirmer les conclusions obtenues. Elles nous procureront d'ailleurs plusieurs précisions sur la position de Gilbert [3].

Le thème rhétorique initial du raisonnement boécien, n'est autre que le « prodige de l'Incarnation », c.à.d. la conjonction de la nature de Dieu avec la nature humaine. Gilbert y joint la description de ce qui, dans l'Incarnation, est « le devenir ». Nul rapport entre ce « devenir » et l'être Dieu ou l'être personne

---

[1] *Ibid.* (p. 305 s ; PL, 1384 C).
[2] *Ibid.* (p. 306 ; PL, 1385 A).
[3] *Ibid.* (p. 308-316 ; PL, 1385 D-1390 C).

ou l'être un, et pourtant, par l'Incarnation le Christ est devenu ce qu'il n'était pas : il était Dieu et Fils de Dieu, il était personne et un, mais l'union de deux natures différentes n'existait pas en lui. L'union hypostatique fait devenir un le Fils de Dieu par la conjonction des deux natures, de sorte qu'il est *unum totum, unum compositum*. C'est là une « nouveauté digne d'admiration »[1]. Ceci comporte bien quelque analogie avec la composition telle qu'elle se trouve dans l'ordre naturel. Plusieurs choses s'unissent dans la même personne d'un homme, tel le corps, la chair, les os, le sang et l'âme, mais elles présentent toutes entre elles une certaine ressemblance et une certaine conformité, conditions indispensables à toute composition. Voilà pourquoi, nul exemple repris à l'ordre naturel correspond à ce qui se réalise dans l'union hypostatique. Bien que vraie composition, elle s'effectue, en effet, entre natures totalement dissemblables.

La théorie de Nestorius réduit ce prodige à néant, car si, lors de l'union des natures, les personnes divine et humaine étaient demeurées, rien de miraculeux ne se serait passé. A ce compte-là, les deux personnes auraient été distinctes tout autant après qu'avant l'Incarnation. La relation entre le Fils de Dieu et cette personne humaine ressemblerait en tout point à celle de Dieu avec quelque autre personne humaine[2].

L'omniprésence de Dieu n'apporte pas davantage d'explication à l'union de la divinité et de l'humanité dans le Christ. Dieu est présent en toute chose et en tout homme, par son omniprésence, par la plénitude de son essence. En plus, il réside en l'homme par sa grâce et par les dons du Saint-Esprit, mais pour cette raison seule, nul homme ne peut s'arroger l'appellation « Dieu », ces modes d'union n'étant pas une composition entre l'essence divine et la subsistance humaine. Dans le Christ, et spécialement dans son corps et dans son âme humaines, Dieu est présent de la même manière, grâce à son omniprésence et à sa grâce. Toute la Trinité, le Père, le Fils et le Saint-Esprit, habite dans l'humanité du Christ. Pour ce qui est du rapport entre les personnes divines et la personne du Christ, Gilbert dit que le Père et le Saint-Esprit sont dans le Christ, mais ils restent distincts de lui par leurs propriétés personnelles. La

---

[1] *Ibid.* (p. 309 ; PL, 1386 A).
[2] *Ibid.* (p. 309 s ; PL, 1386 CD).

personne du Fils n'est pas dite être dans la personne du Christ, vu l'état d'identité parfaite, sans la moindre différence de propriétés. L'Écriture sainte corrobore cette interprétation par les paroles mêmes du Christ : *Pater in me est, et ego in Patre* ; il ne dit pas : *et ego in me*, mais : *et ego in Patre*. Il est acquis dès lors que la personne du Fils est dans le corps et dans l'âme humaines du Christ, de la même manière que les personnes du Père et du Saint-Esprit ; elle y est présente par la totalité de sa personnalité, distincte toutefois du corps et de l'âme par ses propriétés personnelles.

L'union hypostatique permet à l'essence divine par laquelle le Fils est avec le Père et le Saint Esprit *singulariter et individualiter*, de s'unir dans le Christ, à son corps et à son âme subsistante et même à toute son humanité. Malgré la présence divine dans chacune d'elles, rien de pareil ne se produit dans quelque autre personne humaine. La personne du Fils, dont l'essence divine s'unit à la subsistance humaine, est par conséquent Dieu et homme [1].

Dans cette argumentation rhétorique Gilbert montre que le nom du Christ ne recouvre pas simplement une quelconque personne humaine, intermédiaire de Dieu dans l'opération de ses miracles. Cela ravalerait l'union hypostatique au rang de banalité ; elle ne se distinguerait pas de l'union entre Dieu et les autres choses, même inanimées, dont il se sert pour accomplir des miracles. Sans doute, Dieu est admirable dans ses saints, mais ce n'est pas un motif pour donner à tous le nom du Christ : ils n'en sont que l'image lointaine. La différence fondamentale ressort du seul fait que les saints sont en toute réalité des personnes humaines, alors que la propriété personnelle du Christ, c.-à-d. ce par quoi il est une seule personne, se compose des natures et humaine et divine. Nous touchons ici au cœur de la théorie de Gilbert sur la personne du Christ. Il professe explicitement que l'unité de la personne du Christ est constituée par une propriété personnelle composée de la nature divine et de la nature humaine employant dans ce contexte, les termes *constare* et *composita* : la foi catholique commande que l'union hypostatique s'entende de manière telle que la *personalis proprietas* ou *individualis proprietas* du Christ soit composée des deux natures

---

[1] *Ibid.* (p. 310-311 ; PL, 1386 D-1387 B).

divine et humaine. En suite de quoi, le Christ est vraiment une seule personne, mais bien en deux natures [1].

Au contact d'une formule de Boèce devant laquelle il s'attarde au beau milieu des arguments rhétoriques, Gilbert fait la lumière sur sa position à l'égard de certaines opinions contemporaines. La formule en question se lit comme suit : *humanitas assumpta a divinitate* [2].

Toujours fidèle à sa méthode, il circonscrit d'abord le sens exact de la formule par l'analyse grammaticale et dialectique sans perdre de vue la nature des choses auxquelles elle s'applique. Le recours à cette méthode en l'occurence lui semble obligatoire, attendu qu'il est des auteurs assez effrontés pour interpréter différemment les mêmes formules, ou qui, inversément, expriment parfois la même vérité en termes différents. Tel est le cas dans les deux formules : *Deus assumpsit hominem* et *divinitas assumpsit humanitatem*. Les termes de la première se rapportent à une substance concrète ou une personne ; ceux de l'autre désignent des natures. *Deus* et *homo* sont des dénominations empruntées à des natures différentes mais ayant trait à la même personne, cependant que *divinitas* et *humanitas* sont affectés à des natures différentes. S'il est vrai que, conformément à la règle grammaticale, tout nom peut signifier ou la substance ou la qualité de la chose, les termes employés peuvent indiquer tantôt tous les deux soit la nature, soit la personne, tantôt le premier la personne et l'autre la nature, ou vice-versa. A tout moment la nature de la chose considérée décide du sens à donner aux mots employés.

Les formules citées désignent la personne par les premiers termes, les sujets de la proposition et la nature par les seconds, prédicats attribués aux sujets. Ainsi donc, *deus* et *divinitas* indiquent la personne divine ; *homo* et *humanitas*, la nature humaine. En guise de confirmation, Gilbert allègue deux arguments d'autorité : d'abord, la formule fabriquée au moyen de textes augustiniens, qu'on trouve aussi chez Pierre Lombard et que les *Sententiae divinitatis* attribueront plus tard à saint Augustin lui-même : *non enim assumpsit persona personam, neque natura naturam, neque natura personam, sed tantummodo*

---

[1] *Ibid.* (p. 311-313 ; PL, 1387 B-1388 B).
[2] *Ibid.* (p. 313 ; PL, 1388 C).

persona naturam [1] ; ensuite, l'expression inspirée de saint Paul : *formam enim servi nihil nisi Christus accepit*. Pour pouvoir se baser sur ce dernier texte, Gilbert prend le terme de *forma* au sens strict.

Suivent les arguments rationnels. Nestorius entend sans exception tous les termes des formules ci-dessus, sujets et prédicats, comme se rapportant à la personne : celui qui était Dieu, a assumé celui qui est homme. Pour réfuter pareille hérésie, Gilbert reprend patiemment tous les arguments précédents. Le Christ est un, il est Dieu et homme ; impossible qu'il s'assume lui-même. De plus, l'assomption d'une personne humaine par une personne divine est complètement impensable : pas plus qu'une chose est à même de s'assumer elle-même, elle ne peut assumer ce qui est totalement autre. A l'assomption, comme d'ailleurs à toute composition, une certaine conformité entre les deux éléments est indispensable. Or, il n'existe de différence plus grande que celle existant entre des choses distinctes de par leurs propriétés personnelles irréductibles.

Ainsi cet ensemble d'arguments inébranlables vient confirmer la conclusion dégagée à force de réflexion théologique. Dieu et l'homme, dans le Christ, ne sont pas deux personnes ; le Christ n'est qu'une seule personne qui est Dieu par son essence divine et qui est homme par sa subsistance humaine. Sur cette profession prend fin la réfutation de l'hérésie nestorienne [2].

V

Gilbert montre beaucoup moins de personnalité en passant sous la loupe l'argumentation de Boèce contre l'eutychianisme. Il avance pas à pas dans l'ample exposé de son auteur et sa théorie particulière ne se fait jour qu'à deux moments importants : une première fois lorsqu'il examine la possibilité d'un mélange des deux natures dans le Christ, et puis quand il définit la condition propre de l'humanité assumée par la personne divine.

---

[1] *Contra Eut. et Nest.* (p. 313 ; PL, 1288 C). Voir *Sententiae divinitatis* (édit. B. GEYER, Munster, 1909, p. 53 "); PIERRE LOMBARD, *Libri Sententiarum*, dist. III, 5, 1 (édit. Quaracchi, t. II, 1916, p. 566).
[2] *Contra Eut. et Nest.* (p. 316 ; PL, 1390 C).

Pas plus qu'à Boèce, n'échappe à Gilbert la ressemblance frappante entre le nestorianisme et l'eutychianisme, qui tous deux rejettent un dédoublement de la nature n'entraînant pas un dédoublement de la personne. Cependant, l'application de ce principe philosophique a mené ces erreurs à des positions doctrinales opposées. Alors que Nestorius admet la doctrine catholique des deux natures mais dédouble la personne, Eutychès, lui, retient l'unité de la personne mais en rejetant la dualité des natures, la nature divine et la nature humaine, cette dernière toutefois s'évanouissant comme telle dès l'union hypostatique, parce que absorbée par la nature divine.

Boèce se demande encore si l'union dont parle Eutychès, est l'incarnation du Verbe dans le sein de la Vierge, ou si c'est la réunion du corps et de l'âme du Christ par sa résurrection. Il s'interroge de même sur l'opportunité de ranger Eutychès parmi les partisans de Valentinien, défenseur acharné de l'erreur préconisant que le Christ n'aurait pas pris la chair au sein de la Vierge. Pour sortir de l'impasse, Boèce examinera les différentes interprétations de l'eutychianisme ; sa réfutation abattra l'erreur en démontrant que la foi catholique pose que l'humanité du Christ est empruntée à Marie et est née d'elle. Gilbert n'approfondit pas la matière, sauf pour une explication intéressante traitant de la transmission du péché originel par la génération humaine. Après la création d'Adam et d'Ève tout homme naissait de l'homme et de la femme : *ministra originali concupiscentia, deciso utriusque corpore* [1]. Tout homme est dès lors soumis à la mort, punition du péché des premiers parents.

L'occasion d'insérer un exposé sur la condition (*status*) de la nature humaine semble propice à Gilbert et malgré le renvoi des détails vers la fin de l'opuscule de Boèce, il choisit cet endroit pour développer déjà les éléments essentiels permettant les précisions que nécessitent la définition de la nature humaine. Gilbert croit devoir distinguer entre la nature abstraite d'une chose et sa condition. La nature est ce par quoi la chose est ce qu'elle est essentiellement ; elle comprend toutes les formes étudiées plus haut et classifiées sous les trois premiers prédicaments. La condition concrète de la chose, elle, est désignée par les autres prédicaments. Cette distinction s'impose : les choses, tout en

---

[1] *Contra Eut. et Nest.* (p. 320 ; PL, 1392 B).

conservant leur nature propre (subsistances, qualités et quantités) se modifient par des accidents qui déterminent leur place, leurs habitus, leurs relations, etc., en sorte que la chose elle-même ne change pas, mais subit néanmoins diverses modifications relatives à ses qualifications extrinsèques [1].

Parmi ces accidents extérieurs, certains maintenant suscitent la naissance ou la destruction d'une chose, tels l'*incorporatio* et l'*animatio* qui, d'après leur propre *genus*, appartiennent au prédicament d'habitus. Par exemple, l'être animal naît de l'union du corps et de l'âme ; il périt par la disjonction de ces parties composantes. Ceci incite d'ailleurs plusieurs philosophes à appeler l'*incorporatio* et l'*animatio* les subsistances de l'être animal, mais arrache à Gilbert la remarque qu'elles ne sont pas des subsistances du corps et de l'âme mais seulement du tout composé. En effet, pour ce qui est de sa nature et de son être, l'âme ne dépend pas de son union avec le corps, pas plus que le corps ne reçoit sa nature et son être de l'animation. Aussi, Gilbert préfère-t-il ne pas les appeler subsistances au sens strict. Les subsistances proprement dites, des parties comme du tout composé, sont les formes propres des parties composantes, en raison desquelles celles-ci sont ce qu'elles sont, indépendamment de leur union avec autre chose. Elles sont également inaliénables et permanentes, vu que l'homme demeure corps et âme, alors même que périssent l'union et l'habitus entre l'âme et le corps [2]. Grâce donc à leurs subsistances propres, dons de la puissance divine, les choses existent en elles-mêmes ; et par leurs habitus extérieurs elles subissent, toujours selon la volonté divine, des modifications de condition.

Cette analyse a frayé la voie à la discussion des divers *status hominis* qui, selon la théologie traditionnelle, sont définis en fonction du péché originel. D'après la foi catholique, en effet, l'union de l'âme et du corps aurait été, sous l'influence de la toute-puissance divine, permanente et éternelle, si le péché n'était intervenu. L'instabilité de cette union pesant sur la condition présente de l'humanité déchue, est punition du péché, punition seulement abolie par la résurrection qu'opéreront les mérites du Christ. Il s'ensuit qu'il faut décomposer en trois périodes l'histoire de l'humanité : avant et après le péché et après la restauration.

---

[1] *Ibid.* (p. 321-325 ; PL, 1393 A-1395 A).
[2] *Ibid.* (p. 322 ; PL, 1393 BC).

Gilbert les décrit de la façon suivante : avant le péché l'homme pouvait rester en vie ; après la restauration il ne peut plus mourir ; avant le péché il pouvait mourir, après le péché il devait mourir [1].

La nécessité de mourir après et à cause du péché a conduit nombre de philosophes à regarder la mortalité comme un élément essentiel de la nature de l'homme venant inévitablement se rattacher à la définition de la nature humaine. Immédiatement une question les occupe : après la résurrection, l'homme demeure-t-il dans la même nature, étant donné la disparition de cette subsistance partielle qu'est la mortalité ?

Gilbert réprouve pareille inquiétude car ni la mortalité ni l'immortalité ne peuvent être considérées comme des subsistances de l'homme. Elles appartiennent à la condition de l'humanité qui varie, par la volonté divine, au cours des différentes étapes. Il admet par contre que la présence de ces conditions fera la preuve qu'une personne est vraiment homme, étant donné que l'on a à faire ici à des qualités invariables quoique non-essentielles. Avec toute l'insistance possible, il fait remarquer l'inapplicabilité de cette argumentation à un homme né en dehors des lois et des conditions naturelles. Il serait absurde de prétendre que le Christ, non-assujetti à la mort après le péché de nos premiers parents, ne soit pas vraiment homme. Né, il est vrai, sans l'intervention de la concupiscence originelle agissant par l'union d'un homme et d'une femme, il se voyait soustrait au péché originel et au désordre qui en résultait. Mais il s'est fait homme par sa propre volonté et toutes ses souffrances, sa mort, sa résurrection et sa vie glorieuse étaient parfaitement volontaires. Aux yeux de Gilbert, la négligence de cette condition exceptionnelle de l'humanité du Christ a obscurci chez plusieurs théologiens la vérité de l'Incarnation.

La contre-offensive menée contre l'erreur d'Eutychès vise en premier lieu la théorie du mélange dont il se sert pour expliquer l'union hypostatique. Tout en commentant le texte de Boèce, Gilbert ne renonce pas à sa propre philosophie. D'abord, il écarte

---

[1] *Contra Eut. et Nest.* (p. 323 ; PL, 1393) : « Ante peccatum ergo fuit et post reformationem futurus est immortalis. Sed ante peccatum, quia potuit non mori. Post reformationem vero, quia non poterit mori. Ante peccatum tamen potuit mori. Post peccatum vero non potuit non mori. Unde neque mori neque non mori ante peccatum impossibile fuit. Sed (sicut dictum est) et post peccatum non potest non mori et post perfectam reformationem non poterit mori ».

l'idée d'un mélange de natures. Puisque le mélange présuppose une matière commune, il est impossible et inconcevable que les formes ou les natures abstraites s'unissent tel un mélange. Un mélange n'est possible qu'entre des choses subsistantes et concrètes qui sont ce qu'elles sont par leurs natures. Parler d'un mélange de natures, voilà une expression figurée et impropre. Une terminologie bien établie exige la distinction entre la *commixtio* qui se rapporte à des choses subsistantes et la *confusio* qui peut se faire entre des formes ou des natures [1]. Lorsque Boèce affirme donc que la divinité et l'humanité ne s'unissent pas dans le Christ à la manière d'un mélange, il veut, d'après Gilbert, rejeter l'emploi même impropre et figuré du terme. Comme cet emploi ne se justifierait que si celui qui est Dieu était mêlé à celui qui est homme, semblable mélange est totalement impensable.

L'argument de Gilbert contre Eutychès est en tout point pareil à celui donné contre Nestorius. Pour tout mélange, les règles générales de la composition réclament au préalable la distinction entre les choses à mélanger. Donc il ne peut y avoir mélange dans le Christ, car bien qu'il soit Dieu et homme, il n'y a pas en lui deux personnes dont l'une serait Dieu et l'autre homme. La même personne qui est Dieu par son essence divine, est homme par sa subsistance humaine. Aussi, Gilbert tient pour superflue toute argumentation spéciale contre l'eutychianisme. Si Boèce se décide à discuter de tout point la position d'Eutychès, c'est qu'il vise à l'intégrité de son exposé. Il est ainsi confronté avec trois éventualités : par le mélange, ou bien Dieu s'est changé en l'homme, ou bien l'homme est changé en Dieu, ou bien Dieu et l'homme s'entremêlent de telle façon qu'aucun des deux ne garde sa propre nature.

La première hypothèse est rejetée comme absurde. La deuxième, celle de l'absorption de la nature humaine dans la nature divine, est considérée plus attentivement. S'écartant ici de son auteur, Gilbert argumente à partir de deux textes patristiques bien connus, cités par les hérétiques en faveur de leur opinion [2]. Le premier est un passage du *Symbolum athanasianum : non conversione divinitatis in carnem, sed assumptione humanitatis in Deum*. Si l'on entend les termes de *conversio* et *assumptio*

---

[1] *Contra Eut. et Nest.* (p. 328 ; PL, 1396 C).
[2] *Ibid.* (p. 329 s ; PL, 1397 CD).

comme synonymes, la théorie d'Eutychès marquerait un point, d'autant plus que cette interprétation semble se confirmer grâce au texte de saint Hilaire : *Christus ante passionem partim homo, partim Deus, in passione totus homo, post resurrectionem totus Deus.* Ce dernier texte se retrouvait sous la plume d'« un théologien allemand » (Gilbert paraît ignorer son nom) pour appuyer sa théorie voulant que non seulement dans le Christ mais aussi dans tous les hommes ressuscités, la nature humaine soit absorbée par la divinité [1].

D'abord, Gilbert fait valoir que les termes de *conversio* et *assumptio* ne sont pas du tout synonymes. Le premier désigne un changement de substance, ce qui n'est pas la signification du second. Celui-ci doit être entendu comme une assomption de ce qui est déchu, donc plutôt comme une glorification. En effet, l'assomption de la nature humaine par la divinité veut dire que Dieu porte à la gloire divine ce qui est réprouvé et humilié. A aucun moment il ne vint à l'esprit d'Hilaire de soutenir que le Christ a changé de nature, il voulait dire simplement que l'une ou l'autre de ses deux natures a prévalu au gré des besoins de son œuvre rédemptrice.

Après quoi, Boèce pose deux conditions indispensables pour qu'il y ait mélange : la première est que des choses mélangées ont besoin d'une matière commune ; l'autre qu'entre elles une interaction soit possible. Gilbert souscrit à cette argumentation, l'agrémentant par quelques remarques explicatives pour l'accorder à sa terminologie favorite.

La communauté de matière requise à tout mélange exclut une union de ce genre entre choses matérielles et immatérielles, de mêmes qu'entre des choses immatérielles elles-mêmes. Puisque cette matière commune n'est pas la matière première mais la matière-corps [2], la communauté de matière nécessaire au mélange doit être comprise comme une unité par universalité, définie par Gilbert de la même manière que l'universalité des formes. Du moment que la matière singulière d'une chose est conforme ou ressemblante à la matière d'une autre, survient l'unité d'universalité, celle-ci n'impliquant guère une unité numérique.

---

[1] *Ibid.*
[2] *Ibid.* (p. 334 ; PL, 1399 CD).

La deuxième condition du mélange sera définie et expliquée à l'aide de quelques exemples, de préférence à la manière abstraite. L'eau et le vin peuvent s'entremêler, puisque les qualités de l'un peuvent agir sur celles de l'autre. A remarquer cependant que cette manière de parler est impropre et figurée : ce ne sont pas les qualités des choses qui peuvent agir et pâtir mais les choses elles-mêmes qui sont actives et passives en vertu de leurs qualités.

De tout cela il ressort qu'un mélange entre la divinité et l'humanité est impossible. D'abord, la première condition n'est pas réalisée. Le corps humain, étant matériel, ne peut être absorbé par la divinité immatérielle. Pareillement, leur immatérialité même, qui n'admet aucune communauté de matière, rend impossible le mélange entre la divinité et l'âme humaine du Christ. Ensuite, et pour la même raison, s'avère impossible l'union entre la divinité et l'humanité de façon telle qu'elles perdent toutes deux leur nature propre, en formant une chose nouvelle possédant une nature nouvelle propre.

Face à l'hérésie d'Eutychès, il faut en venir à cette conclusion générale : l'union entre Dieu et l'homme ou entre la divinité et l'humanité ne peut être conçue à la manière d'un mélange.

Après cette réfutation de l'eutychianisme, Gilbert revient à l'analyse des modes d'attribution en vue d'une explication positive de l'union de la divinité et de l'humanité dans le Christ [1].

Quoique la passion ne soit pas le propre de la nature divine mais bien de la nature humaine, et que le Christ n'ait pas souffert dans sa nature divine mais bien dans sa nature humaine, nous disons, et à bon droit, que Dieu a souffert. Ce procédé d'attribution prouve sans réplique que l'union des deux natures n'est pas une simple juxtaposition. Gilbert répète ici la formule du *Symbolum Athanasianum : sicut anima rationalis et caro unus est homo, ita Deus et homo unus est Christus.* Par ses natures divine et humaine, le Christ est un, d'une manière singulière et individuelle, comme d'ailleurs tout homme est un et singulier par la composition de ses subsistances partielles. L'union de ces dernières, qui ne sont pas seulement l'être des parties composantes mais aussi l'être du tout composé, permet d'attribuer au tout les prédicats propres aux parties. Les exemples classiques

---

[1] *Ibid.* (p. 342 s ; PL, 1404 A).

démontrent que cette union rend même interchangeables les noms qui sont propres au tout et ceux qui le sont aux différentes parties. Les expressions suivantes concordent parfaitement avec les règles de la grammaire : *octo animae intraverunt in arcam* ; *rationale est album* ; *corpus vel album est rationale vel musicum* [1]. Les termes d'*animae, album, rationale*, malgré leur appartenance directe à l'une des subsistances partielles, s'appliquent également à l'homme entier.

Il convient toutefois de distinguer les différents modes d'attribution. Il y a une *connexio consequens*, quand les noms du sujet et du prédicat se rapportent à la même subsistance. Il y a une *connexio accidentalis*, quand les noms du sujet et du prédicat désignent des subsistances différentes, bien que liées l'une à l'autre dans un tout composé [2].

Les formules des textes authentiques relatifs au Christ, s'accordent également aux règles de la grammaire. Attendu que la nature divine et la nature humaine s'unissent réellement dans le Christ, il est tout à fait légitime de désigner la personne du Christ par des noms tantôt divins, tantôt humains, et de lui attribuer des qualités, des actions et des passions qui sont propres à l'une ou à l'autre de ses deux natures. Voilà comment se justifient des expressions comme : Dieu a souffert, bien que le rapport entre Dieu et la souffrance ne soit pas *consequens* mais *accidentalis* [3]. L'unité personnelle seule du Christ nous met à même d'expliquer ces modes d'attribution. Si, dans l'union hypostatique, les personnes divine et humaine restaient distinctes, il serait tout à fait impossible de comprendre l'usage traditionnel de la *communicatio idiomatum*.

La dernière partie de l'opuscule de Boèce fait l'exposé de la condition de l'humanité adoptée par le Christ. Gilbert considère ce traité comme un simple appendice qui néanmoins fraye le chemin à une nouvelle *quaestio*, comportant la formulation des thèses contraires, des arguments pour et contre, des distinctions aptes à soulever l'ambiguïté de la question, enfin l'argumentation positive confirmant la doctrine catholique. La proposition à examiner est d'importance vu sa relation intime avec le donné

---

[1] *Ibid.* (p. 343 ; PL, 1404 B).
[2] *Ibid.* (p. 343 s ; PL, 1404 CD).
[3] *Ibid.* (p. 344 s ; PL, 1405 AB).

de la foi qui dit que le Christ a adopté la nature humaine dans le sein de la Vierge. Dans la supposition que le Christ avait pris la chair dans son état de péché, on serait tenu de reconnaître sa sujétion au péché et à la mort, ainsi que l'expérience de notre penchant au mal dans sa propre chair. Les difficultés ne s'aplanissent point en supposant qu'il a adopté la nature humaine telle qu'elle était avant le péché : en ce cas, il devrait avoir le penchant au mal, dont témoigne la chute d'Adam. D'autre part, avant la chute, l'homme n'était pas mortel, si bien que le Christ n'aurait pu subir la mort expiatoire au profit du genre humain déchu.

En renvoyant au développement antérieur des traits essentiels de la condition de la nature humaine, Gilbert abrège ici considérablement son commentaire sur l'exposé de Boèce. Il se contente d'appliquer les principes formulés. Le Christ ne s'est pas fait homme suivant les lois naturelles, notamment par la concupiscence originelle agissant par les rapports charnels entre l'homme et la femme. Il s'ensuit que son adoption de la nature humaine n'entraîne pas nécessairement telle ou telle condition de son humanité. Sa volonté divine a pu choisir librement la condition s'harmonisant au mieux avec le but de l'Incarnation [1].

Cette conclusion révèle une concordance parfaite avec les règles de la théologie rationnelle. Comme il est dit, il faut distinguer entre les principes généraux et les principes spéciaux appartenant exclusivement à une science particulière ou à une catégorie spéciale de choses. Ainsi, la Christologie, subdivision de la théologie, possède ses règles particulières nettement distinctes des règles générales d'une anthropologie naturelle. La transcendance de l'humanité du Christ nous oblige à renoncer aux règles uniquement valables pour le genre humain, le *genus praevaricatorum* [2].

---

[1] *Ibid* (p. 349-357 ; PL, 1407 C-1412).
[2] *Ibid*. (p. 354, 356 ; PL, 1410 BC, 1411 B).

CHAPITRE II

LA DOCTRINE DE L'UNION HYPOSTATIQUE

Sommaire. — I. Introduction : situation historique de la théorie de Gilbert, la décision doctrinale du Concile de Reims, signification des formules de Gilbert. — II. L'*unio hypostatica* : critique de la doctrine de Gilbert chez les contemporains, chez les modernes. Les théories contemporaines : le « nihilisme christologique », théorie de Pierre Lombard, théorie d'Abélard : union des natures, unité de personne. — III. Position de Gilbert : plaidoyer en faveur de la méthode rationnelle, réfutation de la théorie de l'*homo assumptus*, opposition contre l'admission d'un *quod est* humain dans le Christ, Gilbert partisan du « nihilisme » ? la *singularis proprietas Christi*, théorie de la subsistance ou de l'habitus ? — IV. Conclusion.

I

Comparée aux théories de l'union hypostatique si âprement discutées par les théologiens de son temps, la christologie de Gilbert se pare d'une clarté lumineuse et surprenante. Sa position doctrinale dans cette controverse captive bien plus l'attention que sa polémique avec saint Bernard, laquelle sera finalement étouffée par la décision du Concile de Reims. Celle-ci ne se comprend d'ailleurs pleinement qu'à la lumière de cette primordiale question : comment formuler théologiquement l'union hypostatique ? Il est fort malaisé de dégager la position de Gilbert dans l'enchevêtrement des opinions souvent inextricables pour l'historien du dogme christologique au XIIe siècle. Fidèle à sa méthode coutumière, le maître de Chartres poursuit son propre chemin sans rencontrer les conceptions divergentes, sans entamer la discussion immédiate avec les contemporains. Sans se préoccuper apparemment du développement ultérieur de la théologie christologique, il se laisse guider par le texte de Boèce qu'il accepte volontiers et déploie sa doctrine comme une défense du dogme catholique contre des hérésies depuis longtemps abattues. Pareille méthode n'est pas une nouveauté chez les maîtres du XIIe siècle. Attachés à la tradition patristique et convaincus de la coïncidence de leurs théories avec celles des Pères, ils continuent toujours à réfuter les hérésies classiques que l'on s'imaginait indestructibles. Cela explique qu'on resserre dans les limites éprouvées la réflexion théologique tout comme la discussion avec les contemporains. Ainsi s'explique aussi cet assentiment plénier de Gilbert à la réfutation des hérésies de Nestorius et d'Eutychès d'après les exposés de Boèce, ainsi que la conformité des grandes lignes de son argumentation avec le cadre traditionnel.

Nombre de digressions sur le texte de Boèce dépassant largement la réfutation du nestorianisme classique, nous avertissent immédiatement qu'à l'intérieur du cadre traditionnel s'est insinuée une prise de position personnelle à l'égard des opinions contemporaines. L'étude approfondie du texte de Gilbert nous apprend d'ailleurs que la théorie d'Abélard et les réactions qu'elle suscita chez les théologiens traditionalistes n'ont pas échappé à l'attention du maître chartrain. La comparaison entre sa théorie particulière et la schématisation des théories christologiques, devenue courante depuis le Lombard, montre en suffisance le rôle proéminent tenu par Gilbert. Ses formules ont inspiré une multitude de théologiens du XIIe siècle dont les théories préludent aux solutions équilibrées des grands maîtres du XIIIe. Il fut, sans contredit, un « leading mind »[1]. Qu'à sa théorie une place fut attribuée parmi les trois courants christologiques décrits par Pierre Lombard, n'a rien qui puisse nous étonner.

Au cours des discussions du Concile de Reims, saint Bernard et ses partisans ont extrait du commentaire de Gilbert sur le dernier opuscule de Boèce, la thèse suivante :

> divina natura non est incarnata.

Geoffroy d'Auxerre renchérit : *nec naturam humanam susceperit*. On y opposa la doctrine catholique en ces termes :

> credimus ipsam divinitatem, sive substantiam divinam sive naturam divinam dicas, incarnatam, sed in Filio esse [2].

---

[1] N. M. HARING, *The Case of Gilbert de la Porrée*, dans *Mediaeval Studies*, t. XIII, 1951, p. 32.
[2] Voir GEOFFROY D'AUXERRE, *Libellus* (PL, CLXXXV, 617) ; OTHON DE FREISING, *Gesta Friderici Imp.*, lib. I, c. LII et c. LVIII (MGH.SS, t. XX, p. 379 et p. 383).

Les comptes-rendus des discussions du Concile glissent sur la matière. Geoffroy ne s'en prend qu'à la théologie trinitaire de Gilbert et se borne à égratigner au passage ses vues sur l'union hypostatique, les traitant de *virulenta propago* de la distinction entre Dieu et la divinité [1]. Il croit ferme que Gilbert attribue l'incarnation à la personne du Verbe et qu'il rejette implicitement toute participation de la nature divine :

> ut incarnationem sic tribueret personae Filii, ut ipsi divinitati eam omnino negaret [2].

Il cite le texte de Gilbert où, dans les termes *divinitas* et *humanitas*, celui-ci distingue entre la nature et la personne. A son avis, il ne s'agit point ici d'une simple précision grammaticale, mais bel et bien d'une distinction réelle et objective entre la nature et la personne. Il trouve beaucoup à redire à cette « absurdité » déjà dénoncée par Gerhoh de Reichersberg :

> proprietas eius (i. e. Filii) forinsecus ei affixa incarnata et Filii divinitas ab incarnatione penitus est aliena [3].

Les autres rapporteurs du Concile de Reims ne s'arrêtent guère longuement devant cette théorie de Gilbert. Après l'avoir mentionnée, Othon de Freising la fait suivre du texte du Concile de Tolède, cité par l'évêque en confirmation de ses formules. Il rapporte aussi que l'interprétation de saint Bernard déclancha parmi les cardinaux présents un mouvement d'indignation, mais il n'en précise pas le motif [4]. Son explication de la décision officielle du Concile laisse l'impression de vouloir réduire toute la discussion à une différence d'accent :

> cum illi profiterentur naturam incarnatam, sed in Filio, iste personam Filii incarnatam, non sine sua natura [5].

Le dernier chapitre du compte-rendu de Jean de Salisbury a pour but de défendre fort sommairement la formule critiquée. Il reconnaît la possibilité d'une interprétation mauvaise — tel est d'ailleurs le sort réservé à chaque formule, à chaque texte,

---

[1] GEOFFROY, *ibid.* (PL, CLXXXV, 613).
[2] *Ibid.*, 614 A.
[3] GERHOH DE REICHERSBERG, *Liber de novitatibus* (MGH, *Libelli de lite* III, 1897, p. 292).
[4] *Gesta Friderici Imp.*, lib. I, c. LVII (MGH.SS, t. XX, p. 383).
[5] *Ibid.* (c. LXI, p. 384).

mais il s'agit de les bien entendre, sans malveillance, et de rechercher objectivement l'intention réelle de l'auteur aussi bien que les erreurs qu'il combat. Le fait est que la thèse en question riposte aux erreurs sabellianistes et manichéennes sur l'union hypostatique et qu'elle prétend mettre en évidence l'attribution de l'incarnation, non à toutes les personnes divines mais à la seule personne du Fils. Pour cela même les termes de *divinitas, deitas, divina essentia incarnata est*, etc., doivent tous s'interpréter de la façon que voici :

> ac si verbis diceretur : Filius qui plenitudine divinitatis et veritate naturae non adoptione Deus est, ille inquam incarnatus est [1].

L'addition de *plenitudine divinitatis* dans le texte de Jean a la même valeur que le *non sine sua natura* d'Othon. Leur but à tous deux est de débouter Geoffroy d'Auxerre, lorsqu'il accuse Gilbert d'exclure de l'incarnation toute participation de la nature divine.

En vérité, Jean et Othon sont mieux placés que le fanatique Geoffroy pour comprendre la pensée de leur maître. Mais toute leur attention se porta sur les événements du Concile de Reims et sur les formules élaborées à cette occasion, et rien nous prouve qu'ils ont rapporté l'essentiel de la doctrine christologique de Gilbert. C'est en vain que nous chercherions dans le texte du maître l'expression controversée sous sa forme litigieuse. De même, la réfutation du patripassianisme, dont parle Jean, est reléguée loin à l'arrière-plan dans la pensée de l'évêque.

Du texte même de Boèce ressort le thème central du commentaire : donner pour base solide à la défense de la foi catholique la distinction entre la nature et la personne, afin d'exterminer pour toujours les erreurs du nestorianisme et de l'eutychianisme. Comme le constate Geoffroy d'Auxerre, le terme abstrait de *divinitas* de la formule de Boèce (*la divinité a assumé l'humanité*) est remplacé dans le texte de Gilbert par le terme concret : *divinitas, hoc est Deus Dei Filius* [2], et ailleurs :

> Attende quod ait : « divinitas quae suscepit ». Et intellige quod Christus, qui ante susceptionem hanc Deus erat, suscepit... [3]

---

[1] JEAN DE SALISBURY, *Historia Pontificalis*, c. 14 (édit. POOLE, p. 39).
[2] *Contra Eut. et Nest.* (HARING, p. 331 ; PL, 1398 B).
[3] *Ibid.* (p. 345 ; PL, 1405 D).

En voici la raison péremptoire : *quia non natura, sed persona suscepit naturam*. Cette terminologie particulière et délibérément adoptée par Gilbert revient tout le long du commentaire. Le passage le plus marquant et le plus développé est celui où il fait une analyse serrée des formulations abstraites et concrètes senties par la plupart des théologiens comme entièrement synonymes. Les textes traditionnels se lisent comme suit : *deus assumpsit hominem*, ou bien : *divinitas assumpsit humanitatem* [1].

La théorie grammaticale et dialectique de la signification des noms dont le rôle fut prépondérant dans sa théologie trinitaire, obligea Gilbert à préciser le sens de ces formules. Il ne cesse d'insister sur son idée déjà connue, concernant les deux acceptions applicables à chaque nom, même quand les noms concrets sont par eux-mêmes des *nomina personarum* et les noms abstraits des *nomina naturarum*. Dans le langage courant certainement, les noms concrets et abstraits sont souvent interchangeables, au point que les premiers désignent la nature, les autres la personne. Par suite de quoi, le sens d'un nom n'est pas fixé à priori et seul le déterminera l'usage qu'on en fait dans les propositions et la nature des choses auxquelles il s'applique :

> non tam ex dictionibus sensum quam ex sensu dictiones judicaturus, quid secundum grammaticos locutio, quid secundum rhetores elocutio lectoribus intelligendum ministret ex rerum ipsarum proprietatibus disce [2].

Vu le contexte, ce principe restreint, selon Gilbert, la signification des termes *divinitas* et *deus*, *humanitas* et *homo* dans les expressions précédentes :

> non enim assumpsit persona personam neque natura naturam neque natura personam sed tantummodo persona naturam [3].

Pour confirmer son point de vue, Gilbert invoque la formule suivante qui, faisant clairement allusion à saint Paul, *Phil*. 2, 7, prend la valeur d'un argument scripturaire : *formam enim servi nihil nisi Christus accepit*. Ces arguments suffisent à Gilbert. Aussi argumentera-t-il continûment contre Nestorius en précisant

---

[1] Geoffroy d'Auxerre, *Libellus* (PL, CLXXXV, 614).
[2] *Contra Eut. et Nest.* (Haring, p. 313 ; PL, 1388 C).
[3] *Ibid.*

les termes *homo* et *humanitas* et en démontrant l'impossibilité de l'assomption d'une personne humaine dans le Christ.

A en juger par ce texte, Geoffroy avait raison quand il assure que Gilbert voit en la personne divine du Fils le principe actif dans l'incarnation et qu'il incline à interpréter dans ce sens tous les textes sacrés, y compris ceux qui désignent formellement la nature divine. Il est également vrai que cette théorie christologique de Gilbert est intimement liée à la distinction faite entre Dieu et la divinité ou, en l'occurrence, entre les personnes et la nature divine. Mais sciemment ou non, Geoffroy néglige complètement la portée restreinte de ces formulations et il fausse la pensée de son adversaire en lui attribuant le dessein d'exclure de l'incarnation toute participation de la nature divine.

Othon de Freising a mieux compris l'intention de son maître, bien que la formulation de sa conclusion générale écarte plus explicitement toute interprétation réaliste de la distinction entre la personne et la nature.

II

Les interprétations proposées quasi-unanimement par les historiens du siècle passé font de Gilbert le propagateur d'un semi-arianisme renouvelé [1]. Bien qu'il n'ait pas retrouvé chez lui les thèses condamnées par l'Église ancienne, J. Bach est persuadé que les spéculations du chartrain conduisent vers l'arianisme ou le nestorianisme. Cet érudit croit en outre déceler encore d'autres erreurs liées à la thèse principale de la christologie porrétaine, et notamment la négation d'une vraie *communicatio idiomatum* et un adoptianisme renouvelé désavouant l'adoration de l'humanité du Christ [2]. Cette appréciation de Bach, nous la retrouvons plus ou moins nuancée chez les auteurs postérieurs. Ainsi Portalié [3] et Vernet [4] font allusion au semi-nestorianisme de Gilbert qu'ils rapprochent des théories d'Abélard et de Pierre Lombard, malgré certaines différences considérables. Ces auteurs,

---

[1] A. MICHEL, art. *Incarnation*, dans *Dict. de théol. cath.*, t. VII, 2, c. 1520, parle d'une 'opinion hérétique'.

[2] J. BACH, *Die Dogmengeschichte des Mittelalters vom christologischen Standpunkte*, Vienne 1875, t. II, p. 149 ss.

[3] Art. *Abélard*, dans *Dict. de théol. cath.*, t. I, c. 416.

[4] Art. *Gilbert de la Porrée*, dans *Dict. de théol. cath.*, t. VI, 2, c. 1353.

et bien d'autres encore [1], lui trouvent des relations avec le néo-adoptianisme et surtout avec le soi-disant nihilisme christologique du XIIe siècle.

L'imputation n'est pas nouvelle : elle se fonde sur les jugements portés sur Gilbert par certains contemporains tels que Geoffroy d'Auxerre, Gerhoh de Reichersberg et son frère Arno, Jean de Cornouailles et Gauthier de Saint-Victor.

Dans sa lettre au cardinal Albin, Geoffroy d'Auxerre rapporte qu'après les débats sur la théologie trinitaire, deux autres erreurs furent discutées au Concile de Reims. Il en parle d'une manière assez neutre : c'est qu'à ce moment-là il ne s'y intéressait guère et que maintenant elles lui paraissent de minime importance. Tout au plus, peut-il certifier qu'un répertoire des erreurs méritant condamnation aux dires de plusieurs, fut, sur l'ordre du Pape et publiquement déchiré par un diacre de l'Église romaine. Il s'agissait probablement des erreurs sur lesquelles le cardinal désirait recueillir des informations, telles les théories néo-adoptianistes et la négation de l'adoration de l'humanité du Christ. Geoffroy se glorifie d'avoir consulté à ce propos les autres écrits du Porrétain, entre autres, son commentaire des Psaumes et celui des épîtres de saint Paul. Il affirme avoir trouvé un texte rejetant une *adoratio* au sens strict de l'humanité du Christ et n'admettant qu'une *dulia*, adoration au sens large et qu'on peut rendre également aux créatures [2].

Denifle a démoli ce reproche sérieux en apportant la preuve de l'erreur grossière de Geoffroy sur la citation. Celui-ci avait sous les yeux la glose du Lombard ; la légèreté de son accusation peut être dévoilée aisément à la lecture de la glose de Gilbert sur le même texte où la doctrine contraire est défendue avec force [3].

Geoffroy et Gerhoh de Reichersberg inculpent Gilbert une deuxième fois inconsidérément à propos du passage de sa glose sur *Phil. 2, 9*. Ils se flattent d'y retrouver la doctrine selon laquelle l'expression *nomen quod est super omne nomen* n'est pas attribuée au Christ en tant qu'homme. Le Christ serait appelé le fils adoptif de Dieu devant qui le monde entier n'a pas à fléchir le genou [4].

---

[1] Voir A. LANDGRAF, *Die Stellungnahme der Scholastik des XII. Jahrhunderts zum Adoptianismus*, dans *Divus Thomas* (Frib.) t. XIII, 1935, p. 257.
[2] *Epistola* (PL, CLXXXV, 592).
[3] H. DENIFLE, *Die abendländische Schriftausleger*, p. 358-360.
[4] ID., *ibid.*, p. 341.

C'est à nouveau Denifle qui stigmatise le manque de pénétration de Geoffroy à qui la teneur exacte du texte de son auteur échappe complètement. Non seulement tronque-t-il le texte, mais il ne reproduit qu'une seule des deux opinions contraires recueillies par Gilbert aux sources patristiques. En outre, il ne se rend pas compte de ce que l'évêque se déclare d'accord avec saint Augustin qui enseigne exactement le contraire de la théorie à laquelle il croit avoir à redire. C'est bien par ignorance de la méthode du *Sic et non* que les adversaires de Gilbert en sont arrivés à cette flagrante méprise [1].

Landgraf est revenu sur la question dans son étude sur le prétendu adoptianisme au XIIe siècle. Il s'en réfère à la glose de Gilbert sur *Rom. 1*, dans laquelle l'adoptianisme est formellement rejeté. Le texte appelle le Christ le Fils réel de Dieu, parce qu'il est avec Lui la même substance [2].

Sont ainsi réduites à néant les imputations de Geoffroy et de ses partisans sur l'adoptianisme et le semi-arianisme de Gilbert. Comme de raison, Jean de Cornouailles se montre plus prudent et plus réservé. S'il range Gilbert parmi les adeptes de la seconde théorie du schéma proposé dans la *VIe Distinctio* du *Livre III* des *Sentences* de Pierre Lombard (qui, selon lui, avec la troisième du même schéma, contient l'erreur du nihilisme christologique, erreur qu'il se propose de réfuter dans son *Eulogium*), il reconnaît néanmoins en toute honnêteté que sa manière de voir repose sur la seule autorité des contemporains. Pour ne pas avoir lu lui-même les œuvres de Gilbert, il glisse sur sa théorie, se limitant à une critique des maîtres dont il est à la hauteur par une lecture personnelle [3].

Il faut en convenir : la critique de la christologie du Porrétain par J. Bach n'est pas une reprise pure et simple des accusations de Geoffroy. Sans avoir contrôlé par lui-même les citations de Geoffroy — il les tient d'ailleurs pour exactes — il tente de se former une idée de la théorie gilbertine en recourant aux principes dialectiques des commentaires de Boèce, mais finalement il confirme la sentence de ses dévanciers : la doctrine

---

[1] *Ibid.*, p. 346.

[2] A. LANDGRAF, *Die Stellungnahme der Scholastik des XII. Jahrhunderts zum Adoptianismus*, dans *Divus Thomas* (Frib.), 1935, p. 267.

[3] *Eulogium* (édit. HARING, p. 263).

christologique de Gilbert paraît entachée d'arianisme et de nestorianisme.

Aux yeux de Bach, la christologie est l'âme de toute la théologie porrétaine, et notamment de la distinction — d'une valeur capitale en ce domaine — entre le *quo est* ou la nature et le *quod est* ou la personne. Malgré l'attention soutenue apportée par les contemporains et les théologiens postérieurs aux thèses de la théologie trinitaire, celle-ci ne s'explique qu'en fonction de la solution donnée au problème de l'union hypostatique [1].

Bach voudrait pénétrer dans la pensée de Gilbert par l'étude de l'anthropologie porrétaine, mais, fait-il remarquer sur-le-champ, le maître de Chartres ne possède guère la notion de l'unité vivante (*lebendige Einheit*) de l'homme. Il perçoit celui-ci comme un amalgame de diverses formes substantielles tenant leur être en soi et leur être avec autre chose (*nebeneinander-und-für-sich-Sein*) de la seule toute-puissance divine [2].

L'union hypostatique même ne crée qu'un lien assez lâche. L'unité du Christ, loin d'être substantielle, n'offre qu'une unité accidentelle de deux natures. Elles sont des subsistances distinctes tout aussi bien de la personne que génériquement l'une de l'autre. D'où ce reproche de Bach à Gilbert : il est bel et bien tombé dans l'erreur qu'il avait combattue chez Nestorius ; l'union hypostatique n'est chez lui qu'une juxtaposition accidentelle des natures divine et humaine. Quand bien même il semble acquis, d'après lui, que Gilbert conçoit la personne du Christ comme une substance individuelle et qu'il écarte franchement la double personnalité prônée par Nestorius, toujours est-il que la ressemblance avec l'hérésie nestorienne saute aux yeux dans sa théorie de la *communicatio idiomatum*. A en croire Gilbert, les dénominations attribuées au Christ désignent tout au plus les propriétés des deux natures existant en elles-mêmes, non la personne concrète de l'homme-dieu. L'attribution à la personne n'est qu'une *connexio accidentalis* ou *per transumptionem*, en sorte qu'elle ne concerne en rien l'unité substantielle. L'existence à part attribuée par Nestorius aux deux personnes, Gilbert la réserve aux deux natures. Si bien, dit Bach, qu'il

---
[1] J. BACH, *Dogmengeschichte des Mittelalters*, p. 145.
[2] *Ibid.*, p. 149.

échappe aux formules condamnées mais que fondamentalement la théorie reste inchangée [1].

Après les études de Denifle sur la valeur du témoignage de Geoffroy et autres, les auteurs font montre d'une grande prudence, mais quant à la portée de la théorie porrétaine, il se fient à la conclusion de Bach. Avec Denifle et Landgraf, Haring s'occupe, dans un article récent, de la christologie de Gilbert. Il s'insurge et contre le parti-pris de Geoffroy et contre le caractère superficiel de plusieurs études historiques remplies d'attaques devenues par l'habitude comme des lieux-communs et décriant les théories christologiques de Gilbert, celles d'Abélard et celles de Pierre Lombard. A juste titre, il plaide pour une étude fouillée, un examen consciencieux des textes, des discussions de l'époque sur la nature de l'union hypostatique et enfin, des questions connexes, comme celles du néo-adoptianisme et surtout celles du soi-disant nihilisme christologique [2].

Studeny avait déjà entrepris une sérieuse tentative dans ce sens [3]. Mais dans son analyse des trois théories de l'union hypostatique résumées par le Lombard, il partit de la description donnée par Thomas d'Aquin dans son commentaire des *Sentences*, convaincu de ce que Thomas et ses contemporains étaient mieux placés que nous pour saisir la pensée des maîtres du XIIe siècle et que leurs exposés et leurs critiques visaient bien les formules telles qu'on les entendait du temps du Lombard [4].

Landgraf et Haring font le procès de pareille méthode, et à bon droit [5]. Sur la terminologie christologique Thomas d'Aquin et ses contemporains avaient des vues dissemblables de celles du Lombard et des théologiens du début du XIIe siècle. Même chez ces derniers, la divergence des conceptions philosophiques et des terminologies philosophiques et dialectiques est telle qu'il est difficile de juger exactement de la portée des formules. Au surplus, en matière christologique, où les théories grammaticales et

---

[1] Parce que simplifiant le texte cité, la critique de Haring (*The Case of Gilbert de la Porrée*, p. 28, n. 29) est peut-être trop sévère et injuste. A notre connaissance Bach est le premier à chercher les grandes lignes dans la doctrine de Gilbert.

[2] N. M. HARING, *The Case of Gilbert de la Porrée*, dans *Mediaeval Studies*, t. XIII, 1951, p. 28.

[3] R. F. STUDENY, *John of Cornwall an Opponent of Nihilianism. A Study in the Christological Controversies of the Twelfth Century*, Moedling (Vienne) 1939.

[4] STUDENY, *op. cit.*, p. 9 s.

[5] N. M. HARING, *art. cit.*, p. 30, n. 48; A. LANDGRAF, *CR. de Studeny*, dans *Theologische Revue*, t. XXXIX, 1940, p. 24-26.

dialectiques jouent un rôle considérable, nombreuses sont les différences d'opinion et de vocabulaire. C'est l'époque où la signification du vocabulaire logique connaît une lente évolution. Le sens néo-platonicien, hérité de Porphyre [1], de Boèce et des manuels classiques de la *Logica vetus*, cède peu à peu à une interprétation voisine de l'aristotélisme. Dans nos investigations sur les idées philosophiques de Gilbert, le fait a été consigné et nous verrons plus loin qu'un terme de première importance dans les études christologiques, celui d'habitus, rendait un autre son pour Abélard et pour Gilbert que pour Jean de Cornouailles, plus près pourtant de ces discussions que Thomas d'Aquin et ses disciples [2].

Raisonnant d'après son principe, Studeny considère la première et la troisième théorie comme des erreurs opposées, entre lesquelles se place la deuxième, seule orthodoxe, quoique formulée d'une manière encore indécise. La première est celle de l'*assumptus homo*, la troisième est « la doctrine monstrueuse » du nihilisme qui rejette l'union hypostatique ou substantielle entre la personne divine et la nature humaine, de même que l'union essentielle entre le corps et l'âme du Christ. Suivant Studeny, l'emploi de l'expression *habens hominem* ainsi que la réponse négative à la question cruciale *utrum Christus secundum quod homo sit aliquid*, ne sont pas les seuls critères autorisant le terme de nihilisme. On trouve, en effet, semblables assertions chez les partisans de la deuxième théorie, « orthodoxe », en opposition à la première opinion [3].

A ce que croit Studeny, une étude attentive des textes conduirait à une réhabilitation tant de Gilbert que de Pierre Lombard. Le premier est un défenseur acharné de la deuxième théorie ; le second paraît s'y rallier également, nonobstant une certaine hésitation devant la théorie de l'habitus qu'il appelle une *probabilis opinio*. De tous les maîtres suspects, seul reste Pierre de Poitiers : l'unique élément qu'il retient du nihilisme est l'union accidentelle du corps et de l'âme du Christ [4].

Haring, en toute équité, s'inscrit en faux contre l'identification trop facile — faite par Studeny — du nihilisme (apparaissant d'ailleurs aussi dans la deuxième théorie) avec la troisième,

---

[1] Voir plus haut, p. 132 s.
[2] STUDENY, *op. cit.*, p. 9, n. 35.
[3] *Ibid.*, p. 7-11.
[4] Voir *ibid.*, p. 145-148.

celle de l'habitus. Il a de même en horreur sa qualification de
« doctrine monstrueuse ». Certes, il s'agit d'une erreur ; mais elle
contient malgré tout une saine réaction contre les tendances
autrement dangereuses de la doctrine de l'*homo assumptus*,
la première de la classification de Pierre Lombard. Ceux qui
niaient que le Christ soit *aliquid* en tant qu'homme, ne voulaient
pas pour autant professer une union accidentelle entre Dieu et
la nature humaine. Ils s'élevaient par là contre la théorie faisant
du Christ en tant qu'homme une substance concrète, c'est-à-dire
une personne humaine. Les adeptes mêmes de la doctrine de
l'habitus ne s'aventuraient point à enseigner une union accidentelle entre Dieu et la nature humaine.

Haring a tellement bien nuancé sa conclusion qu'elle réhabilite
indirectement les maîtres accusés d'erreur. De toute la longue
dispute ne surgit, à vrai dire, aucune théorie qui soit à même
de satisfaire pleinement aux exigences de la théologie orthodoxe.
On n'y est parvenu qu'au XIIIe siècle, grâce à un appareil
philosophique beaucoup plus perfectionné. Combien injuste
serait-il dès lors de décrier ces premières tentatives comme des
hérésies, voire des erreurs théologiques. Les théologiens qui se
jetaient dans la mêlée, voulaient à tout prix rester dans l'orthodoxie, et dans leur tentative de parer aux formules hétérodoxes,
ils se proposaient d'écarter tout à la fois la théorie de la double
personnalité du Christ préconisée par Nestorius et l'adoptianisme
qui sacrifiait la réalité de l'incarnation. Sans donner pleinement
satisfaction, pas une des théories avancées par ces maîtres
mérite une condamnation sévère, étant donné qu'elles se présentent comme des chaînons indispensables dans la construction des
théories des maîtres postérieurs. De tout cela — en ce qui regarde
Gilbert et Pierre Lombard en particulier — Haring infère que
l'accusation de semi-arianisme longtemps maintenue contre eux,
est injustifiée [1].

Plusieurs auteurs modernes font des descriptions assez étranges
de ce soi-disant nihilisme. Haring cite par exemple l'affirmation
de Seeberg : « *Christus als Mensch sei überhaupt nichts* », et celle
de Geyer : « *Christus als Mensch sei nichts* », ou encore celle de
Joyce : « *There was nothing in Christus which could be called
homo* ». Par ces expressions, l'intention des auteurs médiévaux

---

[1] N. M. Haring, *The Case of Gilbert de la Porrée*, dans *Mediaeval Studies*,
t. XIII, 1951, p. 35, n. 84, p. 40.

est indubitablement et grossièrement faussée. Elles dénotent un ahurissant manque de compréhension pour la perspective grammaticale et dialectique pourtant bien spécifique de la réflexion théologique de l'époque [1].

Jean de Cornouailles décrit clairement ce que l'on entend par le nihilisme christologique. Loin d'embrasser l'opinion de son maître Pierre Lombard et de ses partisans, il propose la thèse : *Christus secundum quod homo est aliquid*. Son argumentation initiale se fonde sur une vérité indiscutée par ses adversaires : le Christ s'est fait homme et possède une nature humaine. Ce n'est donc vraiment pas aux négateurs de la réalité de l'humanité du Christ qu'il s'ingénie à répliquer, comme le feraient supposer les formules des auteurs modernes cités.

Par son affirmation que le Christ, en tant qu'homme, *est aliquid*, Jean vise à montrer qu'en tant qu'homme celui-ci est aussi une substance concrète. Il apporte toute une série d'arguments à l'appui. D'abord, le Christ possède la nature humaine, donc une propriété substantielle. Ou encore, par suite des deux natures en lui, le Christ est *alicuius substantiae* en raison de ces deux natures, c'est-à-dire qu'il est *aliquid* et d'après sa nature divine et d'après sa nature humaine. Voici un autre argument assez original : le Christ, Énoch et Élie sont trois hommes ; or, en tant qu'homme, le Christ est un des trois ; donc il est *aliquid*. Jean reprend aussi sous quantité de formes l'argument suivant : le Christ, en tant qu'homme, possède plusieurs accidents humains, il faut lui reconnaître plusieurs actions humaines ; ceci suppose évidemment que ces accidents et ces actions sont *in aliquo* comme dans un sujet. En tant qu'homme, le Christ est donc *aliquid*.

De la confusion qui s'en suivit, Jean lui-même est quelque peu responsable. D'une part, il proclame que la négation de sa thèse est commune à la deuxième et à la troisième théorie et d'autre part il insinue que le nihilisme équivaut à la négation de l'union substantielle entre la divinité et l'humanité [2]. Toute son argumentation suggère adroitement que, pour lui, récuser sa thèse de l'*assumptus homo*, revient à affirmer qu'il y a une union accidentelle entre la divinité et l'humanité dans le Christ. Ainsi

---

[1] *Ibid.*, p. 36, n. 84.
[2] *Eulogium* (édit. HARING, p. 273 s).

s'explique la fameuse définition de Studeny basée sur l'aperçu de Jean de Cornouailles [1].

Le texte de Pierre Lombard corrobore l'impression émanant de l'argumentation de Jean de Cornouailles. Pour le maître des Sentences la question du nihilisme est intimement liée à celle de savoir si le Christ a assumé une personne humaine ou non. En affirmant que le Christ, en tant qu'homme, est *aliquis homo* ou simplement qu'il est *aliquid*, on entend que, comme homme, il est une substance concrète. De cette question il en naît alors une autre : pourquoi l'Église a-t-elle condamné l'opinion selon laquelle le Christ a assumé une personne humaine ? A partir de ce problème, les théologiens bifurquent sur des voies divergentes. Certains maintiennent que le Christ est *aliquid*, donc une substance humaine concrète. Afin de ne pas être réduit à la conclusion que cette substance serait nécessairement une personne humaine, ils imaginent pour le Christ une union spéciale entre le corps et l'âme. D'autres théologiens ne font aucun cas de telles hypothèses, puisque, selon la définition de Boèce, un *aliquid* humain ou une substance humaine concrète, ne peut être qu'une personne. D'où leur rejet formel de la thèse disant que le Christ, en tant qu'homme, est *aliquid*.

Pour mettre un maître au nombre des nihilistes, il suffira de prendre pour critère de base sa réponse à cette question : le Christ, en tant qu'homme, est-il une substance concrète ? Assurément, Jean de Cornouailles a de bonnes raisons pour qualifier d'adversaires déclarés du nihilisme les adhérents de la première théorie. Toutefois, il fausse l'intention des maîtres hostiles à sa thèse, en laissant sous-entendre leur acquiescement à l'union accidentelle entre les natures divine et humaine. Cette accusation n'affecte en rien la deuxième théorie et il est bien douteux qu'elle s'applique à la troisième, celle de l'habitus.

D'un examen attentif de la formulation du problème émerge l'accord de tous les maîtres intéressés pour accepter la fameuse distinction entre le *quod est* et le *quo est* comme distinction grammaticale et logique. Admettre que le Christ, en tant qu'homme, est un *aliquid*, c'est reconnaître que l'humanité assumée par le Verbe, n'est pas seulement un *quo est* ou une nature humaine, mais aussi un *quod est* ou une substance concrète.

---

[1] *Ibid.*, p. 263. D'après Jean de Cornouailles, la thèse selon laquelle *Christus essentialiter et substantialiter est homo* est naturellement contraire au nihilisme.

Les négateurs de cette thèse concevaient l'humanité du Christ non comme une substance, seulement comme une nature. Le terme d'*homo* attribué au Christ, signifiait donc pour les partisans de la première théorie, la *substantia nominis* ou le *quod est*, pour ceux de la deuxième et troisième il ne s'agissait que de la *qualitas nominis* ou du *quo est* humain. Sous ce rapport, les deux théories s'opposent à la première, mais elles s'écartent l'une de l'autre pour ce qui est de la manière dont s'opère l'union des deux natures.

Somme toute, il ne faut pas voir, comme le font beaucoup de critiques modernes, une relation trop étroite entre le soi-disant nihilisme et d'autres erreurs christologiques repérées, souvent à tort, chez les auteurs du début du XIIe siècle. Toutes ces erreurs ne peuvent être imputées *per modum unius* à chacun des auteurs en cause.

Le Maître des Sentences fut probablement le premier à grouper toutes les questions concernant l'union hypostatique autour du problème de l'*aliquid* humain du Christ, mais en présence du sujet traité son comportement trahit son peu d'assurance. Il pèse le pour et le contre des thèses contraires et des locutions admises par les maîtres de son temps, sans jamais trancher. Sur un seul point, il se prononce sans détours, lorsqu'il agite la thèse de Gilbert dans sa formulation et sa récusation par l'assemblée des théologiens du Concile de Reims. Bien que cette partie du *Livre des Sentences* soit postérieure au Concile, il apparaît que l'intervention du Pape et des théologiens du Concile n'avait pas encore coupé court aux discussions sur l'union hypostatique proprement dite.

Le Lombard commence par ériger en vérité reconnue la thèse suivante : *non natura personam nec persona personam, sed persona naturam assumpsit*. Il médite même la recevabilité de l'expression : *natura naturam assumpsit*, tout en faisant remarquer que beaucoup de *sapientes* (et ce n'est certes pas de ce nom qu'il veut honorer les hérétiques) n'aiment pas cette façon de parler [1]. A son avis, le texte de saint Augustin résout la difficulté : *forma Dei accepit formam servi* [2]. Saint Augustin, par ailleurs, n'assure-t-il pas explicitement qu'il entend le terme de *forma* au sens de

---
[1] *Liber Sententiarum* III, dist. V, c. I (édit. QUARACCHI, p. 566).
[2] *De Trinitate*, c. 7.

nature[1] ? Un peu plus loin le Lombard répète la formule du Concile de Reims : *divina natura vere incarnata dicitur*. De l'insistance avec laquelle les formules traditionnelles affirment que nulle autre personne que celle du Fils est devenue homme, il déduit qu'elles cherchent d'exclure non pas la nature divine de l'incarnation mais seulement la personne du Père et celle du Saint-Esprit. En la matière le Lombard prend le parti de saint Bernard contre Gilbert.

Suivent alors quelques formules traditionnelles souvent épluchées par les contemporains. Pierre Lombard préfère ne pas parler de nature divine qui s'est faite chair. En vérité, l'expression ne contient point d'ambiguïté mais elle prête assez facilement le flanc à la théorie de l'interpénétration des deux natures. Il se prononce d'autre part vigoureusement contre la formule posant que la nature divine est homme. Dire que le Verbe s'est fait homme, c'est déclarer qu'il a assumé l'homme dans l'unité de sa propre personne. Il est bien vrai, ajoute le Lombard, que la nature s'est unie à l'homme, c'est-à-dire à la nature humaine, mais non dans l'unité de sa nature divine. La distinction des natures doit rester intacte, malgré l'unité de personne. Sur ce point le Lombard prend distance de la première théorie et note en passant la récusation de l'expression par certains maîtres.

Dans la même *Distinctio*, le Lombard tente d'expliquer pourquoi le Verbe, en assumant une âme et un corps humains, n'a pas assumé une personnalité humaine. Il y propose des considérations équivalentes à celles de plusieurs de ses contemporains, pourtant en désaccord avec lui en d'autres points. Ainsi, il est dit que la personne humaine ne se constitue que lors de l'union de l'âme et du corps. Or, avant l'incarnation, l'âme et le corps du Christ n'étaient pas encore unis et ce n'est que par leur union avec le Verbe qu'ils s'unissent l'un à l'autre : *accipiendo univit et uniendo accepit*. Assurément, l'âme humaine pourrait être personne si elle existait par elle-même. Mais elle cesse d'être personne par son union avec autre chose. L'assomption par le Christ d'une âme et d'un corps humains n'implique point pour lui l'assomption d'une personne humaine [2].

---

[1] *De Fide ad Petrum*, c. 2, § 19.
[2] Voir A. LANDGRAF, *Dogmengeschichte der Frühscholastik*, t. II, 1, Regensburg, 1953, p. 74-77 ; N. M. HARING, *The Case of Gilbert de la Porrée*, dans *Mediaeval Studies*, t. XIII, 1951, p. 29 s.

Ici le Lombard introduit déjà la question qui le préoccupera dans la *Distinctio* suivante : le Verbe, n'a-t-il pas assumé une personne humaine en assumant un homme concret (*aliquem hominem*), notamment l'homme Jésus-Christ ? Les données traditionnelles conduiraient nécessairement à cette conclusion. Pour résoudre la difficulté, le Lombard maintient sa distinction entre la nature et la personne. Il importe, d'après lui, de nier catégoriquement que cette expression signifie l'assomption d'une personne humaine. Le sens exact en est que le Verbe a assumé cette âme-ci et ce corps-ci, en sorte que c'est en ceux-ci que la personne de l'Homme-Dieu subsiste :

> Quia anima illa et caro assumpta sunt et unita Verbo, in quibus subsistit Dei et hominis persona [1].

Avec rigueur il repousse dès lors l'expression disant que *aliquid* ou *quidam homo* a été assumé par le Verbe, si par ce terme l'on indique une personne humaine. Il veut bien en concéder l'emploi pour désigner la nature humaine.

Devant Pierre Lombard se dresse maintenant l'alternative suivante : l'homme assumé par le Verbe est ou bien une personne ou bien une nature humaine. S'il rejette avec l'Église la théorie suivant laquelle l'homme assumé est une personne humaine, il se voit contraint à rejeter également l'hypothèse de l'assomption d'une substance concrète [2]. Aussi, nous nous attendons à ce qu'il en tire la conséquence et qu'il opte pour la deuxième ou la troisième théorie. Il ne s'y risque pourtant pas. Au lieu de prendre position, il procède à une description schématique des théories en cours. Nous voilà confrontés avec la fameuse *Distinctio VI* du *Livre III des Sentences* [3].

Il commence par la problématique qui termine la *Distinctio* précédente et qui est évoquée par des formules traditionnelles, telles que *Deus factus est homo* ; *Filius Dei factus est filius hominis* ; *Deus est homo et homo est Deus*. Comme ces expressions sont admises par la tradition, les théologiens se demandent s'il est permis de dire : *Deus factus est aliquid, vel esse aliquid*, ou encore d'intervertir les formules citées et de dire : *homo factus est Deus, Filius hominis factus est Filius Dei*. Une réponse négative à

---
[1] *Liber Sententiarum III*, dist. V, c. 3 (édit. Quaracchi, p. 572).
[2] *Ibid.*, dist. VI, c. 1 (édit. Quaracchi, p. 574).
[3] *Ibid.* (édit. Quaracchi, p. 573-582).

ces deux questions obligera à rechercher le sens précis des formules traditionnelles.

A ce moment, pour mettre de l'ordre dans la discussion, le Lombard propose son célèbre schéma des trois théories, celle de l'*homo assumptus*, celle de la *subsistentia*, enfin celle de l'*habitus*. Il s'évertue à les présenter de manière aussi impartiale, aussi objective que possible, dans les termes mêmes employés par leurs défenseurs et rehaussées par les arguments d'autorité auxquels ils ont recours. Franchement il confesse son embarras du choix, car cette question contient un *nimium difficultatis atque perplexitatis*. Pourtant, il montre bien sa sympathie pour la conception désignée par la suite comme nihiliste. Aussi fustige-t-il l'assurance présomptueuse des adeptes de la première théorie et il suggère de faire un appel à une réponse plus nuancée.

Cette attitude se dessine dès la fin de la *Distinctio V* : elle s'accentuera dans la Xe qui réexamine cette question [1]. Il dénonce l'ambiguïté de l'expression *secundum quod homo*. Si l'on comprend par là l'unité de la personne du Christ, la question posée réclame une réponse affirmative. Si, au contraire, on entend indiquer la cause, c'est-à-dire que le Christ est personne parce qu'il est homme, la réponse négative s'impose indubitablement. Le Christ n'est-il pas personne en tant que Fils de Dieu et non en tant que fils de l'homme ? Ce par quoi il est Dieu ne s'identifie donc pas à ce par quoi il est homme : *non eo quo homo est, eo Dei Filius est* [2].

Que de discussions les historiens n'engagèrent-ils pas pour savoir laquelle des trois théories le Lombard a adoptée ! Pareil souci nous paraît fort oiseux, puisque le Maître des Sentences a fait de son mieux pour ne pas prendre parti. A propos du soi-disant nihilisme seul, il marque sa préférence pour une réponse négative et il ne se prive pas d'examiner le pour et le contre. Cette sympathie ouverte et franche lui valut de voir rattacher son nom à la théorie définitivement condamnée en 1177. Et comme la plupart des critiques identifient la théorie du nihilisme à celle de l'habitus, ils mettent le Lombard au rang des adhérents de la troisième théorie [3]. Sans doute, toute préférence pour le

---

[1] *Ibid.* dist. X (édit. QUARACCHI, p. 593-597).
[2] *Ibid.*, c. 1 (édit. QUARACCHI, p. 593 s.).
[3] A. LANDGRAF, *Dogmengeschichte der Frühscholastik*, t. II, 1, Regensburg, 1953, p. 117-121.

nihilisme inclut la récusation de la théorie de l'*assumptus homo*, mais nulle part à l'horizon apparaît l'ombre d'un choix entre la seconde et la troisième théorie. Telle aussi est la raison pour laquelle Alexandre III, en condamnant la théorie du nihilisme qu'il attribuait formellement au Lombard, ne voulut se prononcer sur quelque autre théorie. En définitive, l'intervention de l'autorité papale n'a pas clôturé la dispute sur la priorité de l'une des trois théories [1].

Dans leurs exposés Abélard et Gilbert sont loin de la classification en trois théories proposée par le Lombard. Il ne leur vient même pas à l'esprit de poser nettement la question du soi-disant nihilisme.

Beaucoup d'historiens pourtant croyaient déceler dans la doctrine d'Abélard l'origine tant du nihilisme que des autres erreurs christologiques du XIIe siècle [2]. Incontestablement, la thèse nihiliste, telle qu'elle a été condamnée par Alexandre III, se retrouve chez les théologiens ayant subi l'influence d'Abélard. C'est le cas du Lombard lui-même et celui du maître Roland Bandinelli qui, devenu le Pape Alexandre III, revisa son opinion première [3]. Jean de Cornouailles, adversaire déclaré du nihilisme, avoue lui-même que, dans sa jeunesse et sous l'influence du Maître des Sentences, il avait été attiré par cette théorie [4].

Abélard, lui, négligeant la question, la passa sous silence et ne défend nulle part la thèse condamnée. Mais Jean de Cornouailles qui le dépeint comme le père du nihilisme, bien qu'incapable de soumettre un texte explicite, maintient pourtant que des principes avancés par Abélard, découle nécessairement pareille théorie. Nonobstant certains textes de l'*Introductio ad theologiam*, repris dans son *Eulogium*, Jean se voit forcé de reconnaître qu'en majeure partie, ceux-ci peuvent s'entendre dans un sens parfaitement orthodoxe.

---

[1] Voir J. DE GHELLINCK, *Le Mouvement théologique du XIIe siècle*, Bruges, 1948, p. 258-263.
[2] N. M. HARING, *The Case of Gilbert de la Porrée*, p. 36, n. 84. Voir p. ex. J. DE GHELLINCK, *Mouvement théologique du XIIe siècle*, p. 252 s ; ID., *L'essor de la littérature latine au XIIe siècle*, Bruxelles, 1954, p. 252 s ; E. PORTALIÉ, art. *Abélard*, dans *Dict. de théologie cath.*, t. I, c. 56 ; ID., art. *Adoptianisme*, ibid., c. 413 ; A. GIETL, *Die Sentenzen Rolands, nachmals Papstes Alexander III. Zum ersten Male herausgegeben*, Fribourg (B), 1891, p. 175.
[3] Pour Roland Bandinelli, voir A. GIETL, *op. cit.*, p. 175.
[4] *Eulogium* (édit. HARING, p. 268, voir aussi, p. 274).

Devançant la pensée de Jean, Abélard prend soin dans chaque texte de souligner que la formule *Deum fieri hominem* ne peut signifier un changement de nature. Il a en vue une union entre deux substances ou même entre trois, si l'on conçoit l'âme et le corps humains comme deux substances individuelles. Dans l'union, chacune de ces substances conserve sa propre nature, sans que l'une soit absorbée par l'autre. Sans conteste, la formule d'Abélard désigne uniquement l'union de ces substances en une seule personne [1].

Par la suite, Abélard se creuse l'esprit pour découvrir la nature de l'union. Il s'appesantit d'abord sur la *spiritualis essentia* de Dieu qui est incorporelle et ne peut jamais devenir corporelle. Ceci l'amène à conclure que l'expression : Dieu s'est fait homme et : le Verbe s'est incarné, ne peut être pris au sens propre. Il voit cette conclusion confirmée dans l'opposition existant entre Dieu et l'homme, égale à celle entre une *res incorporea* et une *res corporea*. En effet, dans l'incarnation, l'un des deux n'est pas devenu l'autre, comme si Dieu, pour ainsi dire, était devenu *aliqua res* qui n'aurait ni toujours existé ni toujours été Dieu. Par l'incarnation, Dieu n'est pas devenu *aliquid creatum* [2].

Jean de Cornouailles soupçonne les textes d'Abélard de couvrir du vrai et du faux. Mais il ne s'y arrête pas, car, d'après lui, ils ne contiennent point la *solutio* personnelle d'Abélard. Il marque son accord pour dénier à la substance divine toute naissance et tout changement, pour peu que le terme « substance » soit pris au sens de nature ou d'essence. A cette condition il est disposé à approuver le texte d'Abélard sans réticence comme étant l'expression de la doctrine orthodoxe et en complète concordance avec ses propres conceptions. Les propos d'Abélard ne font alors qu'affirmer avec force l'immutabilité absolue de Dieu [3].

Néanmoins, Jean s'attaque vivement à l'assertion d'Abélard prétendant que la formule *Deus factus est homo* ne pourrait s'entendre qu'au sens figuré. Il est persuadé que celle-ci renferme

---

[1] *Introductio ad Theologiam* (PL, CLXXVIII, 1106 A) cité dans l'*Eulogium* (édit. Haring, p. 264).

[2] *Introductio ad Theologiam, ibid.*, 1107 A s, cité par l'*Eulogium* (édit. Haring, 264).

[3] *Eulogium* (édit. Haring, p. 264).

précisément la théorie personnelle d'Abélard, niant que le Fils de Dieu se soit fait homme au sens propre, c'est-à-dire qu'il soit *essentialiter* homme. Jean y soupçonne cachée la théorie néfaste de l'union par mode d'habitus :

> Videtur enim hoc sentire et asserere velle, quod Filius Dei non dicitur proprie, i. e. essentialiter homo sed solo habitu... [1]

Malgré cela Jean de Cornouailles se montre plutôt hésitant au sujet des intentions d'Abélard. Il lui est difficile de se défaire de l'impression d'avoir mis en avant quelque interprétation personnelle et de combattre une thèse qui ne se trouve pas explicitement dans le texte. D'où sa conclusion :

> Ecce si sana est magistri Petri Abailardi doctrina, pravae assertioni patrocinari non valet. Si prava est, catholicae professioni praeiudicare non debet [2].

En somme, toutes les tentatives de faire d'Abélard un hérésiarque en christologie ont fait faillite. Ses intentions sont à l'abri de toute suspicion, il veille à respecter la doctrine de la foi et il fait appuyer toute sa réflexion théologique sur le dogme catholique tel qu'il avait été formulé contre les hérésies de Nestorius et d'Eutychès. Les deux thèmes les plus constants de ses spéculations christologiques sont, d'une part, l'immutabilité divine qui, dans et en vertu de l'union avec la nature humaine, ne peut subir aucun changement et qui, par conséquent, n'est pas « devenue » quelque chose ; et d'autre part, l'unité et l'unicité de la personne du Christ. Ceci l'incite à prendre distance de ses contemporains en déclarant que les formules *Deus factus est homo* et d'autres de la même teneur, ne sont dites que d'une manière impropre et figurée. Car, prises au sens strict, elles exprimeraient, selon lui, que Dieu s'est transformé en homme ou que la nature divine immuable est devenue nature humaine. Dans quelque sens que l'on entende le terme *Deus*, que ce soit la nature divine ou que ce soit la substance, on en arriverait à envisager de la sorte Dieu devenu autre qu'auparavant.

Abélard conçoit donc l'union hypostatique comme une union de deux ou trois substances ou natures en une seule personne :

---

[1] *Ibid.*, p. 265.
[2] *Ibid.*

> ... substantiam divinam quae spiritualis est humanam quae corporea est sibi uniri in personam unam [1].

Partant, cette unité de personne justifie l'emploi des expressions citées malgré leur inexactitude au sens propre et littéral. C'est ce que nous apprend le texte suivant, passé sous silence par Jean de Cornouailles :

> Secundum quam quidem unionem personae, cum Deus homo factus dicitur, aut aliud quam primitus fuerit esse conceditur, non hoc ex mutatione substantiae sed unitate personae intelligendum, quia videlicet Deus hominem sibi in unam personam conjunxerit, et rem alterius naturae in hanc unionem sibi sociavit [2].

Pareils textes ont donné prétexte à toute une série d'accusations portées contre Abélard. A saint Bernard, cette manière de parler rappelait le nestorianisme. Guillaume de Saint-Thierry [3] et Gerhoh de Reichersberg [4] le répètent après lui. La critique d'un Jean de Cornouailles, convaincu de la faute d'Abélard, se réduit au même. Les manuels de théologie reprennent ces allégations et jusqu'aujourd'hui quantité d'érudits modernes maltraitent le grand dialecticien comme le fondateur et le défenseur de toutes les tendances hérétiques qui se manifestent dans la christologie du XIIe siècle, telles que le semi-arianisme, le néo-adoptianisme et le nihilisme [5].

Les recherches de Landgraf, étayées par un nombre impressionnant de textes, ont balayé ce prétendu adoptianisme d'Abélard. Peu importe que ses écrits contiennent l'expression : la divinité a adopté l'humanité — expression d'ailleurs conservée par la haute scolastique dans la doctrine de la *gratia unionis* — toujours est-il qu'Abélard distingue entre la filiation naturelle du Christ et la filiation adoptive de l'homme sauvé [6].

Plus complexe nous semble le problème du soi-disant nihilisme. Il est plus que probable qu'Abélard n'en a guère eu conscience

---

[1] *Introductio ad Theologiam* (PL, CLXXVIII, 1106 C) ; *Eulogium* (édit. HARING, p. 263).

[2] *Introductio ad Theologiam* (PL, CLXXVIII, 1108 C). Voir aussi *Theologia christiana* (*ibid.*, 1274 AB).

[3] GUILLAUME DE SAINT-THIERRY, *Disp. 8* (PL, CLXXX, 276 s).

[4] GERHOH DE REICHERSBERG, *Liber de novitatibus huius temporis* (MGH, Libelli de lite, III, 1897, p. 292).

[5] Voir aussi H. DENIFLE, *Die Sentenzen Abaelards und die Bearbeitungen seiner Theologia*, dans *Archiv f. Literatur- und Kirchengeschichte des Mittelalters*, t. I, Berlin, 1885, p. 415, 467.

[6] A. LANDGRAF, *Die Stellungnahme der Scholastik des XII. Jahrhunderts zum Adoptianismus*, dans *Divus Thomas* (Frib.), t. XIII, 1935, p. 262.

et ne s'est jamais demandé si le Christ, en tant qu'homme, *est aliquid*. Aussi, Jean de Cornouailles qui le relègue parmi les partisans du nihilisme, s'essouffle-t-il en vain pour nous apporter une seule phrase qui puisse établir le bien-fondé de son accusation. Les rares textes qui peuvent être incriminés par lui, sont ceux qui rejettent la thèse que Dieu est devenu *aliqua res* qu'il n'était pas auparavant [1] ou que l'éternel (*quod est aeternum*) est devenu ce qui n'est pas éternel [2]. L'important est de noter qu'aucun des textes cités n'a trait directement au Christ, mais à Dieu lui-même. Ainsi donc, le fait de nier que Dieu soit devenu quelque chose (*aliqua* ou *aliqua res*) revient tout simplement à éloigner tout changement et tout devenir de la nature divine. De toute évidence la négation ne concerne nullement ce qui fut assumé par l'incarnation, et particulièrement pas la nature humaine appelée par Abélard une *res alterius naturae* [3].

En outre, Abélard, confronté avec cette question, telle qu'elle était formulée par le Lombard et par Jean de Cornouailles, aurait probablement choisi d'y répondre négativement. Pour lui, l'expression « nature humaine » (assumée dans l'unité de la personne du Verbe) n'est point équivalente à « substance », pour peu que le sens du terme rejoigne celui que lui confèrent les partisans de la réponse affirmative. S'il est vrai qu'il l'emploie souvent — et sans en déterminer le sens exact — lorsqu'il définit l'union hypostatique comme une union de deux substances, il entend toujours par là les natures divine et humaine. Rien ne nous empêche donc, moyennant les réserves nécessaires à l'égard de la signification à donner à ce prétendu nihilisme, de conclure avec J. Sikes que cette théorie est impliquée à l'état latent dans la doctrine d'Abélard [4].

L'*Eulogium* de Jean de Cornouailles veut à tout prix incorporer Abélard dans les rangs des partisans de la troisième théorie, de ceux donc qui professent que l'union hypostatique s'opère entre la divinité et l'humanité par manière d'habitus. Il raisonne d'après un texte d'Abélard qui insinue que le Christ n'est pas homme *essentialiter sed solo habitu* [5].

---

[1] *Introductio ad Theologiam* (PL, CLXXVIII, 1107 A), cité par JEAN DE CORNOUAILLES, *Eulogium* (édit. HARING, p. 263).
[2] *Theologia christiana* (ibid., 1274 B).
[3] *Introductio ad theologiam* (ibid., 1108 D).
[4] J. SIKES, *Peter Abailard*, Cambridge, 1932, p. 175.
[5] JEAN DE CORNOUAILLES, *Eulogium* (édit. HARING, p. 265).

Après Jean de Cornouailles, plusieurs auteurs récents, entre autres Portalié, Michel et Studeny, se disent persuadés que les adhérents de la théorie de l'habitus envisageaient l'union hypostatique non pas comme une union essentielle mais simplement comme une union accidentelle entre la divinité et l'humanité. En revanche, Haring s'efforce de prouver qu'il n'entrait pas dans les desseins des défenseurs de cette théorie de soutenir que l'humanité adhérait à la nature divine comme un simple accident [1].

Certains textes d'Abélard donnent prise aux explications données par Jean de Cornouailles. Dans son *Introductio* par exemple, il appelle l'union hypostatique une *aggregatio*. Il le fait en commentant l'immutabilité des deux natures dans le Christ au moyen d'une comparaison avec le corps humain ou avec une maison dont les parties s'unissent *quadam aggregatione*, sans le moindre changement à leur nature propre. Mais la lecture du texte montre à l'évidence que la comparaison porte sur l'immutabilité des éléments réunis et non sur la nature de leur union [2]. Emportent la faveur d'Abélard les comparaisons d'une greffe sur un arbre ou d'un alliage de métal précieux avec du métal vulgaire, et surtout celle autorisée par le *Symbolum Athanasianum*: *sicut anima rationalis et caro unus est homo*... Mais il faut bien le dire, il est uniquement fait appel à cette comparaison pour décrire l'union hypostatique comme une union faite d'une manière analogue et spécialement comme une union de plusieurs substances en une personne, sans que soient résorbées les natures de ces substances [3].

Le terme d'habitus n'apparaît chez Abélard qu'une seule fois, et cela dans la *Theologia christiana*. Son acception cependant diffère de la signification technique que Jean de Cornouailles lui accorde, il prend plutôt le sens général et assez vague qu'il a chez saint Paul et saint Augustin :

> ad hoc... Deus incarnatus est, ut suos praedestinatos verae sapientiae luce in ipso habitu carnis visibili illustraret [4].

---

[1] Voir N. M. HARING, *The Case of Gilbert de la Porrée*, p. 35, n. 84.
[2] *Introductio ad Theologiam* (PL, CLXXVIII, 1108 C).
[3] *Expositio in Symbolum Apostolorum* (PL, CLXXVIII, 624) ; *Expositio in Symbolum Athanasii* (ibid., 631). Voir les commentaires des théologiens contemporains chez A. LANDGRAF, *Dogmengeschichte der Frühscholastik*, t. II, 1, Regensburg, 1953, p. 71-94.
[4] *Theologia christiana* (PL, CLXXVIII, 1279 D).

L'argumentation rationnelle donnée par Jean pour prouver que le Christ est homme *essentialiter* et sa réfutation des objecjections contre cette thèse, contiennent certes quelques éléments communs à Abélard et aux tenants de la théorie de l'habitus. Pourtant, l'essentiel de cette théorie fait défaut : nulle mention de l'union de la substance divine et de la substance humaine en une seule personne se définissant par mode d'habitus prédicamental, comme si Dieu aurait adopté la nature humaine *velut vestimentum* [1].

La théorie de l'habitus, telle que présentée par le Lombard et discréditée par Jean de Cornouailles, rencontre à peine cette autre thèse chère à Abélard, celle de l'unité de la personne du Christ restée inaffectée par la pluralité des natures divine et humaine. Comme pareille thèse attaque sans ménagements le nestorianisme, il serait fort injuste d'imputer à Abélard cette erreur, même sous une forme mitigée.

Assurément, déterminer ce qu'Abélard comprend exactement par la *una persona Christi* n'est pas chose facile. Est-ce la personne divine du Verbe, ou est-ce une nouvelle personne constituée par l'union des deux natures, à l'instar de la personne humaine constituée par l'union du corps et de l'âme ? Pas une des grandes œuvres théologiques d'Abélard, ni son *Introductio* ni sa *Theologia*, ne contient l'assertion de l'identification de la personne du Christ avec la personne divine du Verbe. Il semble plutôt affirmer le contraire. Seule l'*Apologia* parle d'une identification formelle [2].

Les *Sermones* d'Abélard décrivent l'union hypostatique de plusieurs manières. Souvent reviennent les termes concrets *Verbum* et *homo*, par exemple dans les expressions : *unio Verbi Dei ad hominem* et *homo a Verbo assumptus*. Détaillant leur signification, il parle expressément de deux natures qui s'unissent en une seule personne et invoque à l'appui la comparaison de la greffe entée sur un arbre. Et il en tire la conséquence : dans l'union hypostatique, il y a une *insertio divinitatis in humanitate facta*, d'où est issu un arbre unique formé de deux natures s'unissant en une seule personne : *ex duabus naturis in unam sibi personam convenientibus* [3]. Dans la comparaison de l'alliage

---

[1] *Eulogium* (édit. HARING, p. 275 s).
[2] *Apologia* (PL, CLXXVIII, 107).
[3] *Sermo I* (PL, CLXXVIII, 386).

de métaux, il appelle les deux natures du Christ des parties composantes, bien qu'il les désigne par les noms concrets *Verbum* et *homo* [1].

Ces textes d'Abélard donnent l'impression qu'il s'imagine la divinité et l'humanité, le Verbe et l'homme, comme des parties composantes qui, restant telles quelles et par le fait de leur union, font naître une nouvelle personne, la *persona Christi*. Ainsi nous lisons :

> De cujus (scil. Mariae) quidem substantia secundum carnem homo ille est assumptus, qui in unam personam Verbi Dei est unitus, quod totum est Jesus Christus [2].

Le Christ est le *totum*, la personne complète, subsistant en deux natures, la nature du Verbe et la nature humaine.

Abélard ne souffle mot de la manière dont le Verbe, en tant que personne, est impliqué dans l'incarnation. Il s'agit en l'occurrence du Verbe en tant que nature divine, laquelle, avec la nature humaine, constitue la personne unique du Christ. Aussi, ne cache-t-il pas sa prédilection pour la comparaison avec la substance humaine : celle-ci lui est imposée d'abord en raison de l'autorité du *Symbolum Athanasianum*, ensuite en raison de la clarté et de la précision très grandes qu'apporte, d'après lui, cette comparaison pour les rapports réels existant dans le Christ. Il l'étend même au-delà de la source à laquelle il l'emprunte : il y lit l'origine d'une seule personne qui s'est constituée par l'union de deux natures, restées intactes.

Abélard, dans son *Expositio in Symbolum Athanasianum*, soutient que la divinité et l'humanité ne forment pas en elles-mêmes des personnes, que bien au contraire, c'est par leur union qu'elles forment ensemble une seule personne, notamment la personne du Christ :

> Persona quippe quasi per se una dicitur, non rei alii in unam rationalem substantiam sociata. Divinitas itaque humanitati in Christo conjuncta per se ibi persona non est dicenda, et humanitas altera, sed duae simul sint persona, quae proprie Christus dicitur [3].

Un texte de l'*Introductio* que Jean de Cornouailles omet de citer, renferme une affirmation analogue. Il y est dit que les

---

[1] *Sermo III* (*ibid.*, 396).
[2] *Sermo III* (*ibid.*, 394).
[3] *Expositio in Symb. Athanas.* (PL, CLXXVIII, 631).

deux natures s'opposent comme étant respectivement *assumens* et *assumpta*, bien qu'elles ne soient pas d'autres personnes [1]. L'unité du Christ ne se fait pas par un mélange des deux natures ni par l'absorption de l'une par l'autre. Tout comme il existe trois personnes en Dieu et une seule substance, ainsi y a-t-il inversément dans le Christ deux substances et une personne, et une personne en deux substances ou natures.

Mais des dires d'Abélard, les contemporains ont déduit que la personne du Verbe n'était pas la personne du Christ. Parmi ses thèses condamnées figure entre autres celle-ci :

> quod nec Deus et homo neque haec persona quae Christus est, sit tertia persona in Trinitate [2].

Pour sa défense, il tient à exprimer nettement sa pensée dans son *Apologia* :

> Jesum Christum sicut verum et unicum Dei Filium ex substantia Patris ante saecula genitum, ita tertiam in Trinitate personam... credens assero et asserens credo [3].

L'étude de la deuxième théorie sur l'union hypostatique fait parler le Lombard d'une personne composée [4]. Bien qu'il y attache, à vrai dire, un sens tout différent, ce qualificatif pourrait être appliqué à plus juste titre à la personne du Christ telle qu'Abélard la conçoit. Cette personne, en effet, lui paraît *compacta* de deux natures, elle est en partie Dieu et en partie homme, puisqu'en elle s'unissent la nature divine et la nature humaine. Cette opinion est émise par Abélard dans un texte de la *Theologia christiana*, lorsqu'il entreprend l'interprétation des locutions figurées et impropres et, après avoir donné des exemples de pareilles locutions, il se prévaut de la formule *homo est Deus*, pour consolider sa thèse. Voici comment il introduit ce passage :

> Aut cum Christus ex divinitate et humanitate una sit compacta persona, et pro parte Deus, pro parte homo dicatur, atque in ipso homo

---

[1] *Introductio ad Theologiam* (*ibid.*, 1108 A).
[2] Voir MANSI, *Sacrorum conciliorum nova et amplissima Collectio*, t. XII, 568 C. Voir aussi P. RUF et M. GRABMANN, *Ein neu-aufgefundenes Bruchstück der Apologia Abaelards*, dans *Sitzungsberichte der Bayer. Akademie der Wissenschaften, Phil.-hist. Abt.*, fasc. 5, Munich, 1930 ; J. RIVIÈRE, *Les 'Capitula' d'Abélard condamnés au Concile de Sens*, dans *Recherches de théologie ancienne et médiévale*, t. V, 1932, p. 5-22.
[3] *Apologia* (PL, CLXXVIII, 107).
[4] *Liber Sententiarum III*, dist. 6 (édit. QUARACCHI p. 576).

> esse dicatur, quia hic illi in unam personam sit unitus, atque divina substantia aeterna, humana non aeterna, non tamen ideo concedere cogimur quod non est aeternum esse aeternum [1].

La conception de la personne du Christ explique la remarquable théorie d'Abélard sur la *communicatio idiomatum*. D'après lui, l'attribution des qualités divines et humaines à toute la personne du Christ n'est autre chose que l'attribution au tout de ce qui est propre à l'une ou à l'autre des parties [2]. La justification de ce procédé se fonde sur l'unité de la personne qui est constituée par les parties. Les qualités attribuées ne reviennent donc pas directement à la personne complexe mais aux natures dont ni l'une ni l'autre séparément n'est la personne.

Il est plus que probable qu'il nous faut chercher la clé de la doctrine christologique d'Abélard dans un texte de la *Theologia christiana* qui traite de la question : pourquoi seulement le Fils s'est-il incarné et non pas le Père ni le Saint-Esprit ? Citons ce texte :

> Si quis itaque vim huius enuntiationis attendat, Filius est incarnatus, ad quam, scilicet sanctorum auctoritas instituit, solus est Filius incarnatus, non etiam Pater vel Spiritus : quia hic est sensus, ac si dicamus quod ad hoc solum vel maxime Deus incarnatus est, ut suos praedestinatos verae Sapientiae luce in ipso habitu carnis visibili illustraret. Cum itaque sint in diversa opera trium personarum, quarum nullomodo diversa est essentia, pro diversitate tamen personarum et operum quaedam specialiter opera uni personae tamquam propria, quaedam alii (adde : tribuuntur) [3].

C'est donc seulement *per appropriationem* que s'attribue ici au Verbe l'action unificatrice s'accomplissant dans l'incarnation. Immédiatement révoquée en doute par les contemporains, cette thèse pourtant découle de la doctrine d'Abélard sur le motif de l'incarnation. Ce motif — le texte l'indique — n'est autre que l'illumination de l'homme par le Verbe en tant que Sagesse divine. Il n'apparaît nulle part que le Verbe en tant que personne divine est la même que celle du Christ. Abélard est bien d'avis que l'action réalisant l'incarnation est commune au Père, au Fils et au Saint Esprit, attendu que l'action d'une seule personne implique l'action des deux autres :

---

[1] *Theologia christiana* (PL, CLXXVIII, 1274).
[2] *Expositio in Symbolum Athanas.* (*ibid.*, 626 AB).
[3] *Theologia christiana* (*ibid.*, 1279 D).

a qua (scil. incarnatione) nec potentiam divinam nec benignitatem possumus excludere... quia in eodem necesse est omnes simul cooperari.

Sous ce rapport, l'incarnation ne peut être assimilée à la génération éternelle du Verbe engendré par le Père et par Lui seul. La génération, en effet, n'est ni une création ni une *actio ad extra*. L'incarnation, étant une *actio ad extra* de toute la Trinité, ne peut être attribuée au Fils que *per appropriationem : secundum quamdam, ut diximus, proprietatis ipsius personae expressionem.*

D'après cette conception, le Verbe comme personne divine n'est pas engagé de manière spéciale dans l'incarnation. Non pas en sa qualité de personne mais de par sa nature divine il est l'*assumens* : il assume la nature humaine dans une unité personnelle. Rien d'étrange dès lors à ne pas retrouver chez Abélard l'identification formelle de la personne du Verbe et de celle du Christ. Le Christ est une personne unique, composée de deux substances ou de deux natures, la nature du Verbe et la nature de l'homme. Comment éprouverait-il alors quelque difficulté à donner aux termes concrets de *Verbum* et *homo ille*, le sens de substances ou de natures ? Il ne dévie point de la logique quand il soutient que la personne du Christ est *pro parte Deus, pro parte homo*, ni quand il justifie la *communicatio idiomatum*.

C'est dans la même ligne de pensée que l'*Epitome theologiae christianae*, très proche de l'enseignement abélardien, déclare sans hésitation qu'en la personne unique du Christ, le Verbe n'est pas une personne *per se*, car alors il y aurait une personne dans une personne [1]. Pareille version de la théorie d'Abélard nous explique l'embarras des contemporains devant les formules du maître, sans même qu'ils aient pénétré jusqu'au point névralgique. Les critiques modernes jugent maladroite, voire injuste, l'accusation de nestorianisme, vu l'insistance continuelle d'Abélard sur l'unité de la personne du Christ. A coup sûr, la crainte du nestorianisme vint torturer l'esprit des contemporains : ils se heurtaient à une définition de l'union hypostatique comme

---

[1] *Epitome theologiae christianae* (PL, CLXXVIII, 1732 B). Voir aussi les *Sententiae Parisienses* et l'*Ysagoge* (édit. A. LANDGRAF, *Écrits théologiques de l'École d'Abélard*, Spicilegium Sacrum Lovaniense, Louvain, 1934, p. 30 et 163. 164). Voir A. LANDGRAF, *Dogmengeschichte der Frühscholastik*, t. II, 1, p. 73, 74.

une union de deux natures qui restaient intactes et inchangées, mais cherchaient en vain quelque précision sur le rôle tenu par la personne divine du Verbe.

La doctrine d'Abélard se situe quelque peu en dehors du cadre des trois théories décrites par le Lombard. C'est à la deuxième théorie, celle de la subsistance, qu'elle ressemble le plus. En effet, Abélard enseigne que l'union hypostatique est une union de deux natures en une personne. Ailleurs, il précise qu'il est permis de parler de trois substances, si l'on reconnaît deux substances dans le corps et dans l'âme.

L'opposition entre la *persona simplex* avant et la *persona composita* après l'incarnation — le Lombard la considère comme caractéristique de la deuxième théorie — ne se retrouve nulle part dans les écrits d'Abélard, bien qu'on y découvre des expressions semblables. Nous avons pu, dans le premier texte cité par Jean de Cornouailles, constater que dans cette union personnelle s'unissent (*conveniunt*) l'âme et le corps. Dans un autre texte, nous lisons que la personne du Christ est en partie Dieu et en partie homme. Cependant, le sens de ces formules est autre que celui des expressions relevées par le Lombard. La description du *Liber Sententiarum* montre fort bien la position des partisans de la deuxième théorie : ils identifient la personne du Christ à celle du Verbe. C'est la même personne qui, avant l'incarnation, était une personne divine, existant en une seule nature et qui, après l'incarnation, est devenue également une personne humaine (*hominis etiam persona*) existant désormais en deux natures. Dès lors, cette théorie condamne l'affirmation selon laquelle l'union hypostatique constitue la personne ; bien au contraire, c'est une personne déjà constituée qui devient, par l'incarnation, une personne humaine, partant une personne composée.

Semblable assertion, suppose Haring, appartient à une époque postérieure à celle d'Abélard et dénote l'influence des écrits de Jean Damascène qui parle en effet d'une *hypostasis* composée. Le Lombard aligne, en guise d'arguments d'autorité, plusieurs textes du *De fide orthodoxa* favorables à cette théorie [1].

---

[1] N. M. HARING, *The Case of Gilbert de la Porrée*, dans *Mediaeval Studies*, t. XIII, 1951, p. 33, n. 69.

III

Cette analyse critique des théories d'Abélard fait ressortir lumineusement les conceptions personnelles de Gilbert. Devant les problèmes dont le fameux dialecticien avait cherché la solution ou qu'il avait soulevés pour ses contemporains, Gilbert prend résolument position sans toutefois dévoiler des noms. De la lecture attentive de ses ouvrages il nous est permis de déduire, sans crainte de nous tromper, qu'il était parfaitement au courant des œuvres de son illustre contemporain et des réactions que ses théories avaient provoquées chez les théologiens plus conservateurs ; c'est dire qu'il aborde le problème de l'union hypostatique en pleine connaissance de cause [1]. Contrairement à la plupart de ses contemporains, il se rallie à Abélard sur des points importants ; sur d'autres, il cherche à approfondir la doctrine de son prédécesseur et à en éliminer les éléments équivoques et dangereux.

Malgré le cadre classique de son commentaire, consacré à la réfutation des hérésies disparues depuis longtemps, son argumentation paraît être déterminée par les opinions contemporaines. Une si vigoureuse attaque n'est pas lancée contre des hérétiques de l'antiquité chrétienne mais contre des adversaires personnels :

> ... qui, cum nihil intelligant, omnia judicant, homines impudentissimi, desipientia sapientissimi, absque disserendi ratione disertissimi... [2]

Il se sert ici de termes peu tendres et presque identiques à ceux du *Nouveau Prologue*, écrit au lendemain des discussions du Concile de Reims et dirigé sans conteste contre saint Bernard et ses partisans [3]. Réapparaît, en effet, le même reproche de dilettantisme théologique, la même défense contre la facilité de juger sans discernement ni compétence. Bien que nous n'admettions pas l'insertion ultérieure du texte et que nous le dations d'avant le Concile, nous avons la certitude que Gilbert vise le même adversaire, car l'intervention de saint Bernard

---

[1] Studeny (*John of Cornwall, an Opponent of Nihilianism*, p. 89) juge assez vagues les indices qui nous permettent de déterminer la position de Gilbert.
[2] *Contra Eut. et Nest.* (Haring, p. 303 ; PL, 1383 B).
[3] Voir plus haut, p. 90.

dans les discussions théologiques ne date pas de 1148 : il s'était déjà fait le champion des théologiens antidialecticiens lors des polémiques avec Abélard. Aussi n'est-il pas invraisemblable que, dans ce passage, Gilbert vise bel et bien le puissant abbé de Cîteaux. Ne s'indigne-t-il pas du manque de formation scientifique, à laquelle il croyait devoir imputer l'intervention de saint Bernard ? Et bien sûr, il se trouve être bien plus qu'un observateur objectif et désintéressé dans les polémiques entre Abélard et saint Bernard sur l'emploi de la dialectique en théologie. Les discussions roulaient d'ailleurs sur la théologie trinitaire tout autant que sur la théorie de la nature de l'union hypostatique.

Cette dernière question, où la précision dialectique l'a conduit à la théorie de la subsistance, plaça Gilbert aux côtés d'Abélard et en opposition avec Bernard. Il était bien ce qu'Abélard avait appelé une *paries proxima* [1] et il a dû avoir conscience de ce que la lutte autour des idées de son illustre collègue mettait en danger sa conception personnelle.

L'impétueuse attaque à laquelle nous faisions allusion était dirigée d'abord contre saint Bernard, ensuite contre tous les contemporains partisans de la première théorie, celle de l'*assumptus homo*. Gilbert ne laisse pas de doute sur ce point. Il en est profondément convaincu : le manque de formation dialectique empêchait toute détermination du sens exact des formules traditionnelles. On s'était contenté de les interpréter suivant la signification littérale des mots, ce qui fit donner à la formule *hominis Deique facta conjunctio*, l'explication que voici : *quod is, qui homo est, et is, qui Deus est, in Christo dicantur conjuncti* [2]. On croyait donc découvrir dans l'union hypostatique une ressemblance parfaite entre l'union de l'âme et du corps dans l'homme, union qui existe non seulement entre les natures abstraites mais aussi entre les substances concrètes de l'âme et du corps.

La théorie combattue par Gilbert est sans doute la première du schéma proposé par le Lombard, défendue par Jean de Cornouailles et présentée au Pape Alexandre III pour être sanctionnée officiellement [3]. En la traduisant dans sa propre terminologie,

---

[1] Voir plus haut, p. 27.
[2] *Contra Eut. et Nest.* (HARING, p. 303 s ; PL, 1383 B).
[3] Voir N. M. HARING, *The Case of Gilbert de la Porrée*, p. 29-31 ; A. LANDGRAF, *Dogmengeschichte der Frühscholastik*, t. II, 1, p. 70-115.

Gilbert n'en fausse pas le sens. D'après le Lombard les tenants de cette théorie attachaient au terme *homo* un sens bien concret :

> hominem quemdam ex anima rationali et humana carne constitutum, ex quibus duobus omnis verus homo constituitur [1].

Quelques lignes plus loin, le Lombard répète :

> Deus factus est, i. e. coepit esse quaedam substantia ex anima rationali et humana carne subsistens. Et illa substantia facta est, i. e. coepit esse Deus [2].

Les éléments qui s'unissent dans l'union hypostatique sont donc conçus comme des substances concrètes, les substances divine et humaine. Toujours suivant ces théologiens, on peut dire en toute vérité (*vere dicitur* en opposition avec l'*improprie dicitur* d'Abélard) que Dieu s'est fait homme et que cet homme est devenu Dieu. Ils sont également en désaccord avec Abélard en soutenant que l'homme n'est pas devenu une nature divine, mais une personne divine, et que Dieu et l'homme n'ont pas changé de nature justement à cause de cette union.

Avec une égale fermeté, Abélard et Gilbert repoussent cette théorie. L'argumentation présentée par ce dernier s'avère cependant plus précise, plus efficace que celle de son prédécesseur parce que s'enfonçant davantage au cœur même de la question. Il construit sa réfutation de la théorie de l'*homo assumptus* tel un prolongement de son argumentation contre le nestorianisme classique auquel doit aboutir, selon lui, la première théorie. Faisant bon usage de sa distinction favorite entre le *quod est* et le *quo est*, il parvient tout naturellement à mettre en ligne contre ses adversaires contemporains les mêmes arguments qui étaient chers à Boèce dans sa lutte contre les nestoriens.

Avec le dessein de mener le combat sur deux fronts à la fois, Gilbert, à la remorque de Boèce, commence par faire une distinction entre la nature et la personne. Il fait d'abord le procès du nestorianisme qui, en identifiant nature et personne, distingue une double personnalité dans le Christ. Ensuite celui de l'eutychianisme qui, par la même identification, en arrive à nier la double nature du Christ. Mais, d'après lui, la distinction

---

[1] *Liber Sententiarum III*, dist. VI (édit. Quaracchi, p. 574).
[2] *Ibid.*

entre nature et personne correspond à la distinction entre la subsistence ou substance prise au sens de nature, et la chose subsistante ou substance concrète. Cette explication de la distinction lui semble toute naturelle, ainsi qu'à la plupart de ses contemporains, y compris les tenants de la première théorie, vu son lien étroit avec la définition de la personne donnée par Boèce : *persona est naturae rationalis individua substantia*.

Partant de ce principe, Gilbert s'adresse à ceux qui entendent l'union hypostatique comme une union entre deux substances concrètes. A son avis, les défenseurs de cette théorie sont obligés, tout comme Nestorius, de définir l'union hypostatique comme une *appositio*, comme une simple juxtaposition de substances concrètes. Gilbert sait pertinemment bien que cet enseignement ne peut se confondre avec le nestorianisme, puisqu'il veut à tout prix éviter la doctrine de la double personnalité dans le Christ. Il se croit néanmoins autorisé à lui faire les mêmes remontrances, car il le croit lié en réalité à une conception nestorienne, qui détruit l'unité du Christ.

La discussion débute par un large aperçu sur la nature de la composition. En admettant que tout ce qui existe est ou simple ou composé, le Christ prend place parmi les choses composées. Bien que toutes les règles régissant la composition dans le domaine naturel ne sont pas applicables en théologie, il en existe après tout qui sont communes à la science naturelle et à la théologie. Ici, deux règles importantes entrent en ligne de compte : elles supportent tout le poids de l'argumentation et ne tolèrent aucune exception. La première prescrit que, pour entrer en composition, les parties composantes doivent posséder une certaine ressemblance ; la deuxième, qu'une certaine distinction s'impose nécessairement entre les parties composantes, étant donné l'impossibilité pour une chose d'entrer en composition avec elle-même.

Gilbert argumente à bon escient à partir de la doctrine de l'Église concernant l'unité de la personne du Christ. Présenter la formule traditionnelle : *hominis Deique in Christo facta conjunctio*, comme désignant une union entre des substances (prenant alors le terme de *homo* comme : *ille qui est homo*), c'est s'éloigner de la doctrine de l'Église. Car ainsi l'on fait dire à l'expression : celui qui est Dieu s'est uni à celui qui est homme. Et, si celui qui est Dieu est le même que celui qui est homme, on entendrait par là-même que le Christ s'est uni à lui-même. L'interprétation est absurde, elle prouve manifestement que les termes *Deus* et *homo* ne signifient pas les substances concrètes, c'est-à-dire celui qui est Dieu et celui qui est homme, mais les substances abstraites ou les natures, *quo est Deus* et *quo est homo*.

Pour faire entrer son commentaire dans le cadre des lois grammaticales et dialectiques, Gilbert rappelle la règle qui veut que tout nom ait une double signification : il peut désigner ou bien la *substantia* ou bien la *qualitas nominis*. Le choix entre ces deux significations dépend de la chose à laquelle le nom est appliqué. Gilbert estime cette conception confirmée par Boèce qui explique la première formule par la seconde : *humanitas divinitati conjuncta est*. Le passage suivant contient la limpide formulation de son argumentation :

> Similiter ergo, cum dicitur « hominis atque Dei in Christo facta conjunctio », non debet intelligi quod is, qui homo est, et is, qui Deus est, in Christo conjuncti sint. In eo namque nihil est, quod sit homo, quod ei, qui in illo Deus sit, intelligatur conjunctum. Sed ipse Christus, qui Deus est, etiam homo est. Qui nulla ratione sibi potest conjungi. In ipso itaque divina essentia, qua Christus est Deus, et humana subsistentia, qua ipse est homo, recte intelliguntur conjunctae. Et ex hoc sensu accipiendum esse quod dicitur « hominis Deique in Christo facta conjunctio » [1].

Ce qui précède n'est qu'une considération préalable. Gilbert n'a rien négligé pour contredire la théorie de l'*homo assumptus* ; qu'elle ne peut sauvegarder l'unité du Christ, est la principale objection qu'il avance. Il raisonne comme suit : puisque tout ce qui est, doit être un, le Christ ne serait pas du tout s'il n'est pas un, et se résume en ces termes :

> Nam simpliciter unus non est, qui secundum Nestorium ex eo, qui est Deus, et ex eo, qui est homo, conjunctus est. Certum est autem quoniam, qui Deus est, est etiam persona. Similiter : qui homo est, est etiam persona. Persona vero personae nisi secundum appositionem conjungi non potest [2].

Pas un instant Gilbert ne s'écarte donc d'une identification parfaite entre la substance concrète, le *quod est* et la personne. Rien d'étonnant alors à ce qu'il poursuive son argumentation comme si les tenants de la première théorie acceptaient l'union

---
[1] *Contra Eut. et Nest.* (Haring, p. 303 ; PL, 1382 D s).
[2] *Ibid.* (p. 304 ; PL, 1383 D).

hypostatique comme une union de personnes. Il ne prête pas la moindre attention aux tentatives faites par ces théologiens (tentatives rapportées fidèlement par le Lombard) pour éviter cette conclusion, ni à leur allégation que, dans le cas de l'union hypostatique, la substance concrète de l'homme assumé n'est pas une personne [1].

Gilbert le répète : si l'union hypostatique est une union de personnes, elle ne peut être qu'une *appositio*. Il est impossible, en effet, à deux personnes de constituer les parties d'un tout composé : *persona personae numquam componitur* [2]. Par conséquent, les natures propres de ces personnes ne peuvent, elles non plus, s'unir si ce n'est à la manière d'une *appositio*. Mais, par ce mode d'union, elles ne constituent ni un tout ni une *singularis proprietas* par laquelle la chose est une.

Afin de confirmer son assertion, Gilbert a recours à un exemple. La nature humaine est la *singularis proprietas* de l'homme. Cette nature est un *unum totum*, parce que composée des natures de l'âme et du corps. L'unité de cette nature humaine est vraiment réelle, car les parties composantes n'existent non comme juxtaposées mais comme formant une composition au sens strict. Toutefois, pareille composition s'avère impossible, si les parties concrètes dont elles sont les natures, ne s'unissent pas l'une à l'autre par une composition au sens strict. Ainsi, les natures de l'âme et du corps n'atteignent à la composition qu'en vertu d'une composition entre l'âme et le corps eux-mêmes. Faute de quoi, tout se ramènerait à une simple *appositio*.

Ces observations, continue Gilbert, valent tout autant pour l'union hypostatique. Si Dieu et l'homme s'unissent entre eux en tant que personnes ou substances concrètes, il n'y a pas de composition proprement dite, ni entre les personnes ni entre les natures par lesquelles les personnes sont ce qu'elles sont. Dans ces conditions, le Christ n'aurait pas une *singularis proprietas* qui fait qu'il est un. Or, avec l'unité, l'existence même disparaît. On devrait alors parler de deux Christs, de celui qui est Dieu et d'un autre qui est homme. Comme le dit Boèce, une telle affirmation reposerait sur un aveugle orgueil intellectuel :

---

[1] Voir N. M. HARING, *The Case of Gilbert de la Porrée*, p. 29, 30 ; A. LANDGRAF, *Dogmengeschichte der Frühscholastik*, t. II, 1, p. 71 ss.
[2] *Contra Eut. et Nest.* (HARING, p. 305 ; PL, 1384 B).

Sed essent duo Christi. Unus ille qui esset Deus, alter ille qui esset homo. *Dicere vero duos esse Christos*, unum, qui Deus sit : alterum qui homo sit, *nihil aliud nisi insania mentis praecipitatae* a sua quasi quadam altitudine rationis [1].

Gilbert se sert de la même argumentation pour définir la notion d'*assumptio*. A notre connaissance, il est le seul auteur de son temps qui, pour expliquer l'union hypostatique, distingue les notions de *conjunctio* et d'*assumptio*. Les adhérents de la première théorie parlent, d'après le Lombard, d'une *assumptio* de l'homme (*hominis*) par Dieu (*Deus*), et d'un *homo assumptus*. Ils prétendent non seulement que la personne a assumé une nature (*persona naturam assumpsit*) mais encore que la nature divine a assumé une nature humaine (*divina natura assumpsit humanitatem*) [2]. En général, une formulation similaire était reçue par la majorité des adversaires de Gilbert au Concile de Reims. Peu leur importe finalement la distinction entre la *conjunctio* et l'*assumptio*, car la valeur d'une union entre des substances concrètes reste attachée aux deux notions.

Même aux yeux du grand logicien que fut Abélard, cette distinction s'embrouillait quelque peu. Souvent il parle de : *ipse homo a Verbo assumptus* [3], tout en précisant que c'est la nature divine qui a assumé la nature humaine ou que la nature divine et la nature humaine s'unissent l'une à l'autre. D'après lui, la *conjunctio* aussi bien que l'*assumptio* s'accomplit entre des natures. Pour ce qui est de la *conjunctio*, nous renvoyons au texte cité par Jean de Cornouailles. Quant à l'*assumptio*, il ressort du texte suivant de l'*Introductio* que *assumens* aussi bien que *assumpta* s'entendent comme indiquant des natures, non des personnes :

Alia quippe est substantia vel natura, quae assumpta est, quam assumens, licet non sit alia persona [4].

Gilbert, lui, n'approuve pas cette manière de parler et distingue entre *conjunctio* et *assumptio*. Comme Abélard, il met tout en œuvre pour faire comprendre la *conjunctio* comme une union entre l'essence divine et la nature humaine. Par contre,

---

[1] *Contra Eut. et Nest.* (HARING, p. 307 ; PL, 1385 A).
[2] *Liber Sententiarum III*, Dist. V (édit. QUARACCHI, p. 568).
[3] *Sermo I* (PL, CLXXVIII, 386).
[4] *Introductio ad Theologiam* (PL, CLXXVIII, 1108 A).

il voit dans l'*assumptio* l'adoption d'une nature par une personne, et non d'une nature par une autre nature.

Cette distinction prend la place dominante dans l'application aux formules traditionnelles de la règle de la double signification de tout nom. Dans les expressions : *hominis Deique facta conjunctio*, et *divinitas humanitati conjuncta est*, les termes employés, concrets ou abstraits, désignent les natures divine et humaine [1]. Par ailleurs, dans les expressions : *Deus hominem assumpsit*, et *divinitas humanitatem assumpsit*, les termes *Deus* et *divinitas* désignent la personne divine, tandis que les termes *homo* et *humanitas* désignent la nature de l'homme [2].

Se basant sur ces principes, Gilbert développe ses arguments contre les nestoriens et par là contre les tenants de la théorie de l'*assumptus homo*. Il n'y a qu'un seul Christ, il est Dieu et il est homme, il ne peut donc s'assumer lui-même. Admettre l'assomption d'une personne humaine par une personne divine, ce serait nier l'unité du Christ, car une personne ne peut s'unir à une autre, faute de conformité entre elles. Leur diversité n'est pas seulement une diversité de nature, une diversité de *genus*, elle est aussi une diversité de propriétés personnelles. Or, rien ne diffère tant entre elles que deux choses distinctes en vertu de leurs propriétés personnelles. Vraiment, l'*assomptio* des textes traditionnels n'est autre que celle d'une nature par une personne divine.

La distinction capitale entre *conjunctio* et *assumptio* mène Gilbert à une théorie qui tient le milieu entre celle d'Abélard et celle de ses adversaires. Avec Abélard, il comprend l'union hypostatique comme l'union des natures divine et humaine. Mais la théorie d'Abélard, à cause de son manque de nuances, lui semble entachée d'une dangereuse équivoque sur la personne unique résultant de cette union. Est-ce une personne nouvelle, produite par l'union hypostatique, ou bien une personne divine, *tertia persona in Trinitate*, suivant la formule habituelle de l'époque [3] ? L'application de sa distinction aux formules traditionnelles et l'attribution de l'assomption non à la nature mais à la personne, permet à Gilbert de dissiper ce double sens et de mieux respecter la donnée de la foi selon laquelle le Fils de Dieu,

---

[1] *Contra Eut. et Nest.* (HARING, p. 301 ; PL, 1382 A).
[2] *Ibid.* (p. 313 ; PL, 1388 C).
[3] Voir N. M. HARING, *The Case of Gilbert de la Porrée*, p. 31, n. 56.

en tant que personne divine, s'est fait homme. L'emploi délibéré de pareille distinction équivaut à une précision intentionnellement apportée par Gilbert à la théorie de son contemporain. Aussi se complaît-il à s'y arrêter, car il est persuadé d'avoir édifié une interprétation moins révolutionnaire des formules traditionnelles moyennant des concessions plus larges aux conceptions de ceux qui se considéraient comme les théologiens orthodoxes.

Quelques expressions de Gilbert font soupçonner son adhésion à la théorie d'Abélard sur la personne du Christ. Tel est certes le cas pour la première série d'arguments contre Nestorius qui développent la notion de *conjunctio*. Il écrit par exemple :

> Non igitur illi, qui Deus est, ille, qui homo est, in Christo potest esse conjunctus. Non enim est in Christo, qui homo sit. Sed ipse, sicut est Deus essentia, ita est homo subsistentia [1].

Le passage relève par-dessus tout « ce par quoi » le Christ est Dieu et homme ; l'essence divine et la subsistance humaine y occupent le même rang en tant que parties composantes. D'où l'impression que Gilbert s'accommode d'une double négation : il n'y a ni un *qui homo sit* ni un *qui Deus sit* dans le Christ ; ou encore, pour employer la formule d'Abélard : dans l'union hypostatique ni le Verbe ni l'homme sont des personnes *per se* ; la seule et unique personne du Christ est Dieu par l'essence divine et homme par la subsistance humaine.

Pourtant, Gilbert n'étend la négation qu'au *qui est homo* : le Christ, en tant qu'homme, n'est pas un deuxième *qui est* à côté du *qui est* divin. Il prend ainsi le contre-pied des nestoriens et de tous ceux qui admettent dans le Christ un *qui est* humain, une substance humaine concrète, unie à la nature divine. Il refuse d'accepter le *qui est* du Christ comme un « troisième », issu de la nature divine et de la nature humaine.

Tout doute sur l'intention de Gilbert disparaît, lorsqu'on analyse ses vues sur *l'assumptio*. Il maintient fermement que la personne divine a assumé la nature humaine, de façon telle que cette nature humaine s'unit à l'essence divine. Il y trouve la raison, d'après lui indiscutable, pour laquelle l'incarnation n'entraîne aucun changement ni dans la nature ni dans la personne divines. Avant l'incarnation, le Christ était Dieu et Fils

---

[1] *Contra Eut. et Nest.* (HARING, p. 301 s ; PL, 1382 B).

de Dieu, il était personne et il était un. Mais il était ce qu'il était dans une seule nature uniquement. Assumant par l'incarnation la nature humaine, le même Christ est demeuré ce qu'il était auparavant : Dieu, le Fils de Dieu, personne et un ; il est devenu ce qu'il n'était pas : une personne en deux natures. La même personne qui était Dieu de par sa divine essence, est devenue homme par l'assomption de la subsistance humaine.

La théorie personnelle de Gilbert se cristallise définitivement lors de son commentaire sur un texte de Boèce disant que le Christ est devenu *ex distantibus naturis una persona* :

> Diligenter attende qui ait : fieret copulatione una persona ! Et non intelligas quod naturarum copulatione fieret persona (comme on lit dans les textes d'Abélard) sed quod fieret copulatione una. Non enim, quod erat, factus est Christus sed quod non erat. Erat autem Deus et Filius Dei et persona et unus : sed sine diversarum naturarum copulatione. Si quis ergo quaerat : Christus quid factus est ? nemo respondebit quod ipse sit factus Deus vel quod sit factus Filius Dei vel quod sit factus persona vel quod factus unus sed quod sit factus diversarum naturarum copulatione unus. Quid unus ? unum totum, unum compositum. Et huiusmodi [1].

Gilbert est donc partiellement gagné à la cause des partisans de la première théorie en tant qu'il soutient que le Verbe, selon une locution propre et non-figurée, est devenu quelque chose : il est devenu ce qu'il n'était pas. Par ailleurs, cela lui procure le moyen de donner du relief à la grande préoccupation d'Abélard et de sauvegarder l'immutabilité de l'essence et de la personne divines qui, par l'incarnation, n'ont subi aucun changement.

Gilbert prend-il parti dans la fameuse querelle : *utrum Christus secundum quod homo sit aliquid* ? Nulle part nous avons trouvé un texte qui traite explicitement de la question ni un mot qui annonce une réponse plus ou moins directe. Il est vrai que Gilbert oppose la subsistance humaine comme un *aliquid esse* à l'essence divine [2]. Cet *aliquid esse* ne signifie pourtant pas l'*aliquid* de la question. La formule *aliquid esse* est employée, conformément aux règles du *De hebdomadibus*, en vue d'opposer l'être créé à l'essence divine [3]. Néanmoins, les principes philosophiques

---

[1] *Contra Eut. et Nest.* (HARING, p. 308 ; PL, 1386 A).
[2] *Ibid.* (p. 309 ; PL, 1386 B).
[3] Voir plus haut, p. 252-254.

invoqués par Gilbert exigent une réponse sans ambiguïté, nuancée certainement, parce que ne cadrant pas exactement avec les catégories proposées par Jean de Cornouailles.

Comme une réponse affirmative à la question du nihilisme entraîne l'acceptation de la première théorie, il faut que le Christ, en tant qu'homme, soit un *aliquid* ou une substance humaine concrète qui n'est pas pour autant une personne. A ce sujet, Gilbert, sans hésitation, répondra négativement. Sa réponse d'ailleurs la voici :

> In eo namque nihil est, quod sit homo, qui ei, qui in illo Deus sit, intelligatur conjunctum [1].

Qu'on parle de *conjunctio* ou d'*assumptio*, il n'y a pas, d'après lui, de substance humaine concrète unie à la personne du Verbe. Si garder semblable disposition à l'égard de cette thèse revient à adhérer au nihilisme — Jean de Cornouailles le comprend ainsi — Gilbert est tout désigné pour être le patron de ce soi-disant nihilisme. Seulement, toute preuve fait défaut à Jean pour faire peser sur Gilbert la suspicion d'être le suppôt de la thèse connexe : celui-ci n'a jamais professé que le Christ n'est pas réellement homme, ni qu'il ne peut être dit homme. Puisque le Christ est un homme réel par sa subsistance humaine, le terme *homo* lui appartient au sens propre. Pour quel motif l'appellation Dieu l'emporterait-elle sur l'appellation homme, puisqu'il est Dieu par son essence divine et homme par sa subsistance humaine ? Comme il n'y a qu'un seul *qui est* dans le Christ, il faut dire de lui :

> Ipse Christus una persona est : divina essentia vere Deus et humana subsistentia vere homo [2].

Les deux expressions sont à prendre au sens littéral et non au sens figuré.

Nous l'avons vu, à la théorie selon laquelle l'homme est ce qu'il est par sa subsistance ou sa nature humaine, Gilbert donne un sens bien différent de celui communément reçu par le plus grand nombre de ses contemporains. Alors que l'humanité ou la nature humaine est comprise par tous comme un *universale*,

---

[1] *Contra Eut. et Nest.* (HARING, p. 303 ; PL, 1382 D).
[2] *Ibid.* (p. 316 ; PL, 1390 BC). Voir aussi p. 303 s, PL, 1383 B et p. 303, PL, 1383 A.

Gilbert s'écarte de l'opinion quasi généralement admise, ne voyant aucune incompatibilité entre l'universalité et la singularité des formes. A l'entendre, toute nature universelle est aussi singulière, puisqu'elle est propre à la chose dans laquelle elle est [1]. Bien qu'il ne les développe pas par rapport à l'humanité du Christ, ces considérations sont présentes dans sa christologie. En définissant l'union hypostatique comme l'union de deux natures, il conçoit la nature humaine du Christ comme singulière, parce que le Christ, en tant qu'homme, est une chose singulière, cependant que plusieurs de ses contemporains parlaient plutôt d'une *substantia humanitatis* assumée par le Christ, qui serait universelle et une pour tous les hommes.

Même les érudits modernes, tel que J. Bach [2], expliquent la nature humaine dont parle Gilbert, comme une nature abstraite et universelle. Les tournures, il est vrai, sont typiquement celles de Gilbert, mais, comme déjà souligné auparavant, il n'y attache pas le sens sous-entendu par Bach. Les théories philosophiques de Gilbert ne lui demandent pas de nier que le Christ a assumé cette âme humaine et ce corps humain, ainsi que cette humanité-ci. Dans le Christ s'unissent tout aussi bien le *quo est* ou les natures du corps et de l'âme que l'âme et le corps eux-mêmes, bien plus, l'âme et le corps s'unissent entre eux dans le Christ. La seule union à exclure est celle du *qui est homo* et du *qui est Deus* [3]. Ailleurs, Gilbert désigne le corps et l'âme du Christ comme des choses subsistantes, dans lesquelles, comme en toute autre chose créée, la nature divine demeure avec les personnes divines qui s'y distinguent de par leurs propriétés personnelles [4].

En ce qui regarde l'individualité de la nature humaine du Christ, Gilbert ne s'est pas prononcé explicitement, mais sa philosophie lui en dicterait le rejet. La singularité et l'individualité des formes ne s'identifient pas. La première renferme une conformité, donc une universalité, avec d'autres choses. L'individualité, elle, empêche toute conformité, car une chose n'est individuelle que par l'ensemble de ses subsistances et de ses propriétés, tandis que toute partie, toute subsistance ou

---

[1] Voir plus haut, p. 186-203.
[2] J. Bach, *Die Dogmengeschichte des Mittelalters*, p. 149.
[3] *Contra Eut. et Nest.* (Haring, p. 303 ; PL, 1383 BC).
[4] *Ibid.* (p. 310 ; PL, 1387 A).

propriété partielle suppose une conformité avec d'autres choses. L'âme seule de Platon n'est pas individuelle, mais Platon lui-même, par l'ensemble de ses qualités substantielles et accidentelles, est vraiment individuel [1].

Dans son commentaire sur la définition boécienne de la personne, Gilbert désavoue la distinction essentielle entre individu et personne. C'est le langage philosophique, prétend-il, qui a fait du nom de personne un *nomen dignitatis*, en limitant l'usage du terme aux individus de nature raisonnable, si bien que la question de l'individualité n'est autre que celle de la personnalité du Christ. Les règles philosophiques de Gilbert font donc du Christ, en tant qu'homme, ni une personne humaine ni un individu humain.

Pour ce qui est de la *proprietas personalis* du Christ, la christologie de Gilbert présente la même ambiguïté que celle d'Abélard. A plus d'une reprise, il revêt la personne du Christ de celle du Verbe divin. La même *personalis proprietas* par laquelle le Fils se distingue du Père et du Saint-Esprit, est aussi la *personalis proprietas Christi*. Il le dit, par exemple, lorsqu'il décrit la façon dont les personnes divines demeurent dans le Christ. Le Père et le Saint-Esprit sont dans le Christ, distincts l'un de l'autre ainsi que du Fils par leurs propriétés personnelles. Le Fils n'est pas effectivement distinct du Christ par ses propriétés, parce qu'il n'existe ni en soi-même ni distinct de soi-même. Il est toutefois distinct de son corps et de son âme humaines, et de toute son humanité [2]. A la lumière de ce texte, il semble acquis que l'élément humain n'est pas impliqué dans la constitution de la personnalité du Christ, les propriétés personnelles du Christ étant identiques à celles du Verbe divin. Plusieurs passages nous en donnent confirmation, celui-ci par exemple :

> ... Ut ipse, qui et natura Deus erat et relatione Dei Patris Filius et individuali proprietate persona, esset etiam homo, assumpsit ea quae sunt hominis, idest humanum corpus et humanam animam et etiam usque ad similitudinem servi formam humanam... [3]

Une autre conception de la *singularis proprietas Christi* se révèle au cours de l'argumentation contre Nestorius et la théorie

---

[1] *De Trinitate* (HARING, p. 81 ; PL, 1294 C). Voir plus haut, p. 188-192.
[2] *Contra Eut. et Nest.* (HARING, p. 310 ; PL, 1387 A).
[3] *Ibid.* (p. 316 ; PL, 1390 B).

de l'*assumptus homo* ; elle servira à démontrer l'unité du Christ et la vérité de l'incarnation. Comme nous l'avons vu, Gilbert parle d'une *ex multis collecta proprietas, qua dicitur Christus* [1]. Le Christ est un par cette *singularis proprietas*, distinct de toute autre chose par l'absence de conformité et partant individu et personne [2]. La *singularis proprietas* elle-même est dite *individualis* et *personalis* [3]. Vraisemblablement Gilbert rejoint ici la doctrine d'Abélard selon laquelle la nature humaine serait intervenue dans la formation de la personnalité totale du Christ. En effet, à côté de la nature divine elle constitue une partie de la *singularis* ou *individualis* ou *personalis proprietas* par laquelle le Christ est ce qu'il est.

Il faut se résigner à l'impossibilité d'une parfaite harmonie entre les deux conceptions : Gilbert lui-même s'était tellement enferré dans les polémiques touffues qu'il ne pût guère élaborer une formulation tout à fait satisfaisante. L'argumentation contre l'hérésie nestorienne démontre que Gilbert fait dépendre l'unité du Christ de la *singularis proprietas* constituée par l'union de la divinité et de la nature humaine. D'où sa conception de l'union hypostatique comme une composition au sens strict. Car d'après lui, c'est là le seul moyen d'expliquer comment, par l'union des natures, des subsistances et des qualités, s'est formé l'être unique de la personne unique du Christ. Assurément, grâce aux spéculations d'Abélard et à la critique qui en a été faite, il a compris que la personne du Christ ne pouvait être en rien distincte de la personne divine du Verbe. Aussi, il s'est vu dans l'obligation d'identifier la *personalis proprietas Christi* à celle du Verbe sans que la nature humaine y soit impliquée.

L'harmonie des deux conceptions contraires ne se trouve pas dans la distinction entre la personne qui n'existe qu'en une seule nature, dont la *personalis proprietas* est bien celle qui distingue le Fils du Père et du Saint-Esprit, et d'autre part la personne en deux natures dont la propriété personnelle s'est formée par la composition des deux natures. Cette explication suppose dans le Christ une autre *personalis proprietas* et une autre personne que celle du Fils. Ce serait tomber dans la plus grossière contradiction avec le texte de Gilbert rapporté plus haut et où

---

[1] *Ibid.* (p. 304 ; PL, 1383 C).
[2] *Ibid.* (p. 305 ; PL, 1384 C).
[3] *Ibid.* (p. 306 ; PL, 1385 A).

est clairement exposé que le Christ était déjà personne avant l'incarnation.

De tout ceci la conclusion est facile à tirer : Gilbert n'avait guère encore réfléchi à la synthèse des deux conceptions.

Non sans quelque hésitation Haring se déclare d'accord avec les théologiens cités par Jean de Cornouailles pour ranger Gilbert parmi les partisans de la théorie de la subsistance, deuxième du schéma proposé par le Lombard [1]. Les traits les plus caractéristiques de cette théorie, au dire du Lombard, s'appliquent indéniablement et presque dans la perfection à la doctrine de Gilbert. Rappelons qu'il insiste très peu sur le rôle de l'âme et du corps en tant que parties composantes et qu'il ne fait pas mention d'une union de trois substances. Mais ce détail paraît être assez accidentel. L'essentiel de la deuxième théorie : l'union hypostatique définie comme une union de natures ou de subsistances, tient le centre de tous les exposés du commentaire de Boèce. S'y trouve également cet autre élément capital de la doctrine de la subsistance, à savoir que le Christ était, avant l'incarnation, une personne simple n'existant que dans la nature divine et, après l'incarnation, une personne composée existant dans les natures divine et humaine. Bien entendu, tout comme chez Abélard, en est banni l'emploi du terme de *persona composita*.

Jean de Cornouailles avait mis Gilbert avec Abélard au rang des partisans du soi-disant nihilisme. Studeny estime pareil enrôlement injustifié pour la raison que Gilbert ne défend pas la théorie de l'habitus. Car, dit-il, la deuxième théorie représente la doctrine orthodoxe et l'erreur du nihilisme condamnée par Alexandre III est tout au plus liée à la troisième théorie, celle de l'habitus. Avant de juger l'assertion de Jean de Cornouailles, Studeny a fait l'étude du commentaire de Gilbert et termine par conclure que Gilbert rejette une union accidentelle entre la divinité et l'humanité du Christ, comme celle qui existe, par exemple, entre l'homme et ses vêtements. Il en appelle au texte qui introduit le passage que nous avons rapporté ci-dessus. Gilbert qui parle avec Boèce de *tamquam bene habitu vestitus*, n'a point en vue une union purement accidentelle ; il ne s'agit que d'une forme d'attribution. Studeny en tire la conséquence

---

[1] N. M. HARING, *The Case of Gilbert de la Porrée*, dans *Mediaeval Studies*, t. XIII, 1951, p. 28.

suivante : les théologiens sont dans le vrai lorsqu'ils attribuent la deuxième théorie à Gilbert parce que telle est la tendance générale de sa doctrine. Mais pour donner une réponse définitive à ce problème, dit-il, le commentaire de Gilbert fournit trop peu d'indications décisives, si bien qu'une étude de ses œuvres inédites s'avère nécessaire [1].

Notre étude de la doctrine de Gilbert nous dicte une toute autre conclusion. En dehors du fait que les textes inédits ne fournissent guère de données nouvelles, il apparaît suffisamment de ses commentaires sur Boèce, de quel parti Gilbert se réclame. Il s'érige en adversaire déclaré de la première théorie, celle de l'*assumptus homo*, et la théorie d'Abélard obtient en temps utile et à quelques réserves près, toute sa préférence. Il y a plus, ses explications ont contribué à montrer que la théorie de la subsistance n'est pas tellement éloignée de celle de l'habitus, ainsi que le prétend Studeny. En un mot, la doctrine du Porrétain forme plutôt la synthèse des deux systèmes.

En qualifiant l'union hypostatique de *compositio* proprement dite, Gilbert n'entend pas ce terme au sens aristotélicien d'un rapport de puissance et d'acte entre les parties composantes. Pour lui, cette *compositio* s'oppose à la *commixtio* par laquelle les parties s'absorbent l'une l'autre pour engendrer une qualité nouvelle. Dans la composition, les parties composantes de même que leurs natures subsistent sans subir aucun changement. Gilbert opte pour la conception platonicienne de la composition, cette théorie ne mettant pas en cause l'immutabilité de l'essence divine.

Comme nous l'avons vu, dans le domaine naturel, Gilbert admet une composition tant du *quod est* que du *quo est*. Il se réfère à l'exemple classique de l'homme qui est composé par l'union de l'âme et du corps et, de plus, par l'union de l'être ou de la nature de l'âme et du corps, notamment l'*animalitas* et la *corporalitas*. Bien qu'ils constituent une composition au sens strict et une unité naturelle ayant une *singularis proprietas*, l'âme et le corps, l'*animalitas* et la *corporalitas* restent inchangés et ne sont pas affectés dans leur être propre par cette union. L'âme et le corps existent et ils sont ce qu'ils sont en vertu de leurs propres subsistances et formes. Leur union réciproque

---

[1] R. F. STUDENY, *John of Cornwall, an Opponent of Nihilianism*, p. 88-91.

n'ajoute rien à leur être. Aussi, Gilbert ne partage point l'opinion de plusieurs philosophes qui aimeraient appeler la composition ou l'union une subsistance des parties composantes. Elle est certes une subsistance mais du seul tout composé, car, en effet, la naissance et la destruction de la chose composée en dépendent. Par conséquence, elle est subsistance au sens impropre seulement, tandis que les subsistances propres des parties composantes sont en même temps les subsistances propres du tout composé.

Dans sa recherche d'une classification pour ce mode d'union parmi les prédicaments aristotéliciens, Gilbert ne croit guère à la possibilité de le ranger parmi les prédicaments désignant l'être intérieur de la chose. Il le joint donc aux prédicaments qui sont *extrinsecus affixa*, et plus précisément au prédicament d'habitus. Par cet emploi du vocabulaire aristotélicien Gilbert ne veut nullement donner au contenu du terme habitus un sens aristotélicien, il lui maintient bien au contraire son acception platonicienne. Ainsi, le terme d'habitus s'emploie pour caractériser plusieurs sortes de rapports ayant surtout en commun leur signification d'une union dont les éléments composants ne subissent aucun changement dans leur être même. De cette manière, l'union entre le *quod est* et le *quo est*, entre la chose subsistante et sa subsistance, et même entre la matière et la forme, est appelée un habitus. Le sens du terme en devient variable et peut exprimer tantôt la *participatio*, tantôt la *creatio* ou la *concretio*[1]. Il s'ensuit que, pour Gilbert, le terme d'habitus ne qualifie pas les seuls rapports accidentels mais qu'il peut encore indiquer une union qui fait naître une chose nouvelle qui est vraiment *naturaliter unum*.

Gilbert se sert du terme d'habitus pour déterminer le mode d'union des parties concrètes réalisé par la composition au sens strict[2]. Bien qu'il s'abstienne d'employer le terme en question pour indiquer l'union des subsistances ou formes partielles, il est pourtant clair qu'il envisage les rapports entre les subsistances et ceux des choses subsistantes elles-mêmes comme corrélatifs. Si, dans l'*appositio*, les parties concrètes sont juxtaposées, il en va de même de leurs natures. Si les premières sont

---

[1] *Contra Eut. et Nest.* (HARING, p. 300 ; PL, 1381 B). Voir aussi *De hebdomadibus* (HARING, p. 190, 198 ; PL, 1318 D et 1324 BC).
[2] *Contra Eut. et Nest.* (HARING, p. 322 ; PL, 1393 BC).

mélangées, leurs natures se confondent, et si les parties concrètes s'unissent à la manière d'une composition, il en est de même pour les subsistances.

Sans doute, pareille union, malgré sa dénomination d'habitus, est loin d'être accidentelle. Dans l'homme, par exemple, l'âme et le corps ne s'unissent pas d'une manière accidentelle. Il s'est formé un *naturaliter unum* : les natures des parties composantes, bien qu'inchangées, constituent une *singularis proprietas* qui est la nature même de l'homme.

Pour distinguer cet habitus-ci de l'habitus qui ne constitue qu'un lien accidentel entre deux choses, Gilbert le nomme un *naturalis habitus*. Bon nombre de philosophes l'appellent la *substantia* des choses composées [1].

Pour décrire le caractère de l'union hypostatique, Gilbert n'emploie pas explicitement le terme d'habitus. Peut-être bien à cause de la notable différence suivante : à l'union des natures divine et humaine ne correspond pas une union de substances concrètes. Par ailleurs, il compare toujours l'union hypostatique à l'union des natures de l'âme et du corps, en raison surtout de la manière dont l'union s'opère. Extrêmement significative aussi est l'explication donnée par Gilbert à un exemple proposé par Boèce. Celui-ci compare l'union des natures divine et humaine à une couronne composée d'or et de diamants s'unissant sans se mélanger, tout en restant ce qu'ils étaient. Gilbert applaudit à cette comparaison mais fait remarquer l'énorme différence entre une œuvre d'art humain et l'unité créée par la puissance créatrice de Dieu. Le poids de la comparaison porte sur l'état inchangé des éléments composants. C'est pourquoi il parle, dans les deux cas, d'une *compositionis habitus*, encore que l'union produite par l'action divine soit une unité naturelle et essentielle [2].

Plus loin, il attire l'attention sur le fait que le mode d'attribution des prédicats dépend de ce genre de composition. Les parties respectives restant inchangées, toutes leurs subsistances réelles peuvent être attribuées au tout, soit séparément soit dans leur ensemble et avec les autres subsistances. En s'appuyant sur ce mode particulier d'attribution pour expliquer la *communicatio idiomatum*, Gilbert a prouvé qu'il conçoit comme très

---

[1] *De Trinitate* (HARING, p. 75 ; PL, 1289 CD). Voir aussi *ibid.* (p. 73 et 76 ; PL, 1287 C et 1290 A).

[2] *Contra Eut. et Nest.* (HARING, p. 340 ; PL, 1402 CD).

rapprochées de sa théorie de l'union hypostatique les notions d'*habitus* et de *compositionis habitus*. Grâce à ce mode d'union entre la divinité et l'humanité, la *communicatio idiomatum* s'explique de façon toute naturelle [1]. L'union hypostatique fait du Christ un *unum totum*, un *individualiter unum*, possédant une *singularis proprietas* [2]. Dès lors, cet *unum totum* peut s'accommoder de tous les noms des subsistances et des qualités qui sont le propre de la nature divine et de la nature humaine. Ou encore, conférer au Christ un nom couvrant l'une des deux natures seulement, comporte aussi la possibilité de lui attribuer toutes les propriétés de l'autre. Bien qu'il faille distinguer ici entre *praedicatio consequens* et *praedicatio accidentalis*, tous ces prédicats s'appliquent au Christ d'une manière propre et d'après leur sens propre [3].

Il saute aux yeux que Gilbert ne prend pas le terme d'habitus au sens aristotélicien. Il connaît sans doute l'habitus prédicamental désignant une union accidentelle. Il dit par exemple, que l'homme a (*habet*) ses vêtements et que Dieu possède (*habet*) toute la création. Mais l'*habitus naturalis* est autre chose. Malgré leur ressemblance — ni l'un ni l'autre marquent précisément l'être intérieur des choses — le terme lui-même n'implique pas toujours que l'union entre sujet et prédicat soit d'ordre accidentel ou ne réalise pas une unité naturelle et substantielle. Là où Boèce parle de *Deus homine vestitus*, Gilbert ajoute : *tamquam bene se habente habitu*, et il ajoute, pour lever toute ambiguïté sur son intention :

> hoc est quod superius dixerat : quia tamen divinitati substantia humanitatis naturali unitate conjuncta est [4].

L'identification entre *non essentialiter* et *solo habitu*, telle que Jean de Cornouailles la propose, ne concorde guère avec la pensée de Gilbert. Voilà une preuve supplémentaire de la lente évolution vers la signification aristotélicienne de termes qui d'abord s'entendaient suivant un sens platonicien.

---

[1] *Ibid.* (p. 342 ; PL, 1404).
[2] *Ibid.* (p. 309 ; PL, 1386 A).
[3] *Ibid.* (p. 342 s ; PL, 1404-1405).
[4] *Ibid.* (p. 345 ; PL, 1405 C).

IV

Après avoir passé en revue les phases principales des luttes christologiques auxquelles Gilbert fut mêlé, toujours de manière effacée et sans faire beaucoup de bruit, il nous est difficile de taire notre admiration pour l'assurance avec laquelle le maître de Chartres est parvenu à se frayer un chemin à travers des théories extrêmes. Il serait trop injuste d'affubler les théories du temps du nom d'hérésie, voire d'erreur théologique, malgré les formulations parfois assez défectueuses. Tous les théologiens de l'époque tenaient à cœur de rester fidèles à la doctrine de l'Église et de sauvegarder la donnée de la tradition. Avec leurs prédécesseurs, ils admettent que le Verbe s'est réellement fait homme. Ils ne veulent aucunement se soustraire aux décisions officielles du Magistère condamnant les hérésies du nestorianisme et de l'eutychianisme. Pour tous ces maîtres il était indiscutable et clair comme le jour que le Christ n'était qu'une personne existant en deux natures.

Au début du XIIe siècle, tout l'intérêt en matière de christologie portait sur la définition de la nature de l'union hypostatique et sur la participation de l'élément humain. Chacun des maîtres était inébranlablement convaincu de la justesse de ses théories personnelles concernant le dogme révélé. Les querelles étaient âprement conduites et les accusations d'hérésie ne furent pas rares. Après tout, il était normal qu'au cours de ces débats les arguments classiques produits par les Pères rencontrent sous une forme renouvelée un succès étonnant. Gilbert était fermement persuadé de ne pas trahir les conceptions des Pères et, par conséquent, de tenir le juste milieu entre des erreurs opposées. Certes, le texte de Boèce ne lui fournissait que la discussion des hérésies anciennes du nestorianisme et de l'eutychianisme, mais il s'évertuait à utiliser les mêmes arguments jusque dans les controverses de son temps pour atteindre à une position moyenne non pas entre la première et la troisième théorie mais entre la théorie d'Abélard et les réactions des théologiens plus traditionnels tenant la première théorie.

Afin de dissiper toute équivoque dans la théorie d'Abélard sur la personne du Christ, Gilbert établit clairement qu'elle n'est autre que celle du Verbe. Ainsi, selon lui, l'incarnation n'a pas engendré une personne nouvelle, à moins d'entendre par là qu'elle a donné naissance à l'existence en deux natures d'une personne déjà constituée : *persona facta hominis*.

S'il est vrai que Gilbert a apporté certaines corrections aux idées d'Abélard, son hostilité à la théorie de l'*assumptus homo* fut vivace à l'extrême. Il y vit une menace sérieuse pour l'orthodoxie, car son développement menait à la reviviscence du nestorianisme. Pour ce motif, il rallie le camp d'Abélard et définit l'union hypostatique comme une union entre natures et non entre substances concrètes. À la suite de quoi, il explique que le Christ n'est qu'une seule personne, parce que n'adoptant qu'une nature humaine et non une substance concrète qui nécessairement devrait constituer une personne humaine. Par ailleurs, le Christ est réellement et parfaitement homme par cette nature humaine.

Sa maîtrise inégalée de la philosophie de son temps a guidé Gilbert jusqu'à cette profonde conviction. Il est dans le vrai lorsqu'il attribue à une connaissance défectueuse de la dialectique les égarements de la première théorie. C'est par là qu'elle obtint la préférence des maîtres peu versés dans cette discipline profane et qui voulaient en limiter le plus possible l'application à la théologie. En partant de la définition de la personne donnée par Boèce — aucun maître n'osait la rejeter — cette théorie qui défend l'adoption par le Verbe d'une substance humaine concrète, mettait en danger l'unité de la personne du Christ. On ne peut éviter cette conclusion, si l'on affirme que l'union de l'âme et du corps, nécessaire à la constitution de la personne humaine, ne s'est produite avant l'incarnation. Car, il reste encore que l'*assumptus homo* est une substance humaine concrète et subsistante.

L'appareil dialectique dont se sert Gilbert pour élaborer sa théorie, contient sa force et sa faiblesse. Par l'application de sa distinction entre le *quod est* et le *quo est*, il a réussi mieux que quiconque à préciser les termes employés dans les formules traditionnelles. Toujours est-il que l'application formaliste de ces distinctions et le manque de nuance dans l'explication de leur valeur réelle, devaient inévitablement rencontrer l'opposition des théologiens conservateurs, défenseurs attitrés de l'orthodoxie. En vérité, les accusations lancées contre Gilbert sont exagérées et les conclusions qu'on en a tirées ne rendent pas justice à ses intentions, mais force nous est d'admettre le danger inhérent à pareille application.

De même l'élaboration de sa doctrine de l'union hypostatique dépend du platonisme de sa dialectique ; celui-ci l'a incité à qualifier de composition l'union des deux natures. L'acceptation de cette composition de type platonicien a permis à Gilbert de sauvegarder sans peine l'immutabilité de l'essence divine et d'expliquer la *communicatio idiomatum*, mais l'unité du *compositum* s'en trouve affaiblie. Nous l'avons fait valoir dans notre chapitre sur la philosophie de Gilbert et sur ce point nous tombons d'accord avec J. Bach. Sans aucun doute celui-ci fausse pourtant la pensée de l'évêque en prétendant que pratiquement cette *compositio* s'identifie à l'*appositio* de Nestorius. Gilbert enseigne explicitement que par cette composition il se produit un *naturaliter unum* qui est un en vertu de la *singularis proprietas*, résultant de l'union de la divinité et de l'humanité.

Enfin, nous avons attiré l'attention sur l'incapacité de Gilbert de supprimer toute équivoque dans sa description de la *singularis proprietas* du Christ. Il s'est certainement rendu compte des difficultés inhérentes à la théorie d'Abélard, mais il n'a pas encore réussi à dépasser suffisamment les conceptions de son prédécesseur.

Malgré ces réserves (qui, à cause précisément de la formulation serrée de Gilbert, s'imposent plus impérieusement encore que pour les exposés fort embrouillés d'autres théologiens assez chanceux pour avoir échappé à la critique) l'orthodoxie de Gilbert n'est point suspecte. On peut même affirmer que parmi les théologiens de la première partie du XIIe siècle, nul plus que lui n'a bien mérité de l'interprétation spéculative du dogme révélé. Tout en ayant déjà entrevu les éléments décisifs d'une doctrine sur l'union hypostatique, il resta entravé par ses concepts platoniciens et ne sut atteindre une formulation pleinement satisfaisante. Le siècle suivant y parviendra grâce au remplacement du platonisme ancien, assez fragmentaire, par l'appareil, plus raffiné et plus subtil de la philosophie aristotélicienne. Mais la doctrine de Gilbert offrira une base bien plus solide que les idées de ceux qui l'ont combattu au nom de l'orthodoxie et qui, avec quelque succès, ont souillé sa réputation et entaché son nom du soupçon d'hérésie.

CONCLUSION GÉNÉRALE

Parmi les théologiens de haute valeur ayant dominé la « renaissance du XIIe siècle », Gilbert occupe une place de choix. Néanmoins, le jugement peu favorable porté par saint Bernard sur sa doctrine a pendant des siècles relégué son nom dans un oubli immérité. Les théologiens postérieurs et les aperçus anciens de la pensée médiévale ne font que reproduire quelques-unes de ses thèses déformées à travers le prisme de l'abbé de Clairvaux. Depuis quelques décades seulement, la découverte d'un grand nombre d'écrits théologiques qui s'inspirent de sa pensée, a invité les historiens à reprendre l'étude des idées du maître.

Gilbert a été le pionnier d'une théologie nouvelle, mais il n'a pas pour autant perdu le sens de la tradition. D'ailleurs, sa prudence et son application assidue aux sciences répugnaient aux discussions passionnées et aux initiatives révolutionnaires.

Comme tous les maîtres de son temps, il est entré en contact avec la tradition théologique par l'intermédiaire de Boèce et de l'école la plus célèbre de l'époque, celle de Laon, qui disposait d'une documentation impressionnante. Gilbert s'était assimilé celle-ci par une étude tenace : il l'appliqua ensuite dans ses deux grandes gloses sur le Psautier et sur les Épîtres de saint Paul. Il montra même le souci, assez exceptionnel en ce temps-là, d'approfondir sa connaissance de la tradition par la lecture des œuvres encore peu accessibles des Pères grecs, et de celles de saint Hilaire, le moins connu des Pères latins. Ses partisans vantent à l'unisson son érudition incontestable qui n'avait d'égal chez aucun de ses contemporains. Cet hommage lui est rendu même par ses plus farouches adversaires.

En même temps, Gilbert est un authentique représentant de l'École de Chartres et un admirateur enthousiaste de la méthode scientifique suivie avec tant de succès par son maître et ami Bernard de Chartres. Il fut initié aux arts libéraux ; ils furent pour lui d'abord une bonne préparation à l'étude de la théologie et par après un instrument universel pour défricher toutes sortes de problèmes tant d'ordre profane que sacré. Sous cet angle, il surpasse de loin son contemporain Abélard qui fut pour lui une *paries proxima*. En complet accord avec celui-ci, il a développé ses idées philosophiques sur la base de spéculations grammaticales et dialectiques. La vogue de Platon à l'École de Chartres, ses études de Boèce, de Porphyre et des manuels classiques des arts libéraux, et par-dessus tout sa vaste et profonde connaissance de la pensée augustinienne, a marqué sa formation philosophique. Héritier du platonisme de Boèce, il a fait de la théorie de la primauté des formes dont dépendent l'être et la dénomination de toutes choses, le centre de sa philosophie. Cette théorie, il la considérait comme le point de contact de la grammaire, de la dialectique et de la spéculation proprement philosophique.

L'ordre de ces disciplines commande aussi les étapes suivant lesquelles se déroule la pensée de Gilbert. Il aborde n'importe quel problème scientifique par l'analyse grammaticale qui prépare, à travers la critique des noms et de leur signification, l'intelligence des choses elles-mêmes. Tout au long de l'élaboration des problèmes, il se cramponne à cette règle de conduite. Il prendra soin de conformer la terminologie de ses exposés philosophiques au vocabulaire grammatical des manuels classiques de Donat et de Priscien, sensiblement enrichis, depuis la fin du XIe siècle, de nombreuses gloses. Maintes fois, il tente la justification d'une analyse proprement philosophique par un appel aux règles célèbres de Donat. En même temps que ces traités, Boèce lui fournit quantité de termes philosophiques. Grâce à lui, Gilbert a connu les œuvres aristotéliciennes appartenant à la *Logica vetus*. De surcroît, il a appris de son auteur favori à interpréter la logique aristotélicienne dans un esprit platonicien.

Gilbert éclipse tous les philosophes contemporains par la clarté et la pénétration de sa pensée philosophique qui jaillit de tous ses écrits. A la différence d'Abélard, il n'a pas consacré à la seule philosophie toute une période de sa carrière scientifique et dès ses débuts d'écolâtre il a mis au service de la théologie tout l'appareil de sa science profane.

Nouveau dans la carrière lors de la rédaction de sa grande glose sur le Psautier, Gilbert suivit docilement les voies tracées par la théologie traditionnelle. Quelques années après, sa glose sur les Épîtres de saint Paul fait prévoir le haut degré d'intelligence qu'il étalera dans son chef d'œuvre théologique, les commentaires sur Boèce. Il laisse résolument derrière lui la méthode positive de la plupart de ses rivaux contemporains, pour remonter à l'œuvre de saint Anselme de Cantorbéry, de Boèce et de saint Augustin qui tous avaient scruté les données de la foi pour en extraire ce qui est accessible à l'intelligence humaine.

Si nous avons dit de la théologie de Gilbert qu'elle est rationnelle, nous ne lui accolons point l'épithète de rationaliste. Le théologien de Chartres sait pertinemment bien que l'origine et la certitude de la foi sont d'ordre surnaturel, il est trop imbu de la primauté de la révélation divine pour vouloir faire de la raison humaine l'autorité suprême dans le domaine de la connaissance. La foi et la doctrine de l'Église sont incontestablement le point de départ et le terme de sa réflexion théologique. Pour lui, le but à assigner au travail de la raison consiste dans la démonstration et l'éclaircissement de ce qui est déjà donné et admis par la foi. Tel est le sens de son *fide catholicus, ratione philosophus*.

Malgré une conception initiale très rapprochée de celle de saint Anselme de Cantorbéry, son programme théologique s'écarte considérablement de la méthode suivie par ce dernier. Gilbert rêvait de doter la théologie d'une structure scientifique particulière qui la rendait capable de se hausser au même niveau que les autres sciences et d'occuper une place honorable parmi les sciences exactes, égale à celle des mathématiques. Il entendait y parvenir en la construisant sur une armature de lois et de règles déduites de son objet propre qui toutes déterminent le domaine de la théologie et qui en régissent toute l'argumentation scientifique. En plus de ses règles bien à elle, la théologie utilise pourtant un certain nombre de *rationes* empruntées à d'autres sciences. Venant de disciplines étrangères à la théologie, ces règles posent le problème de la signification théologique de tout ce qui est emprunté à un autre domaine de la connaissance. Ainsi la théologie de Gilbert devient un ensemble critique, bourré d'analyses patientes et minutieuses des différentes significations des noms, tant dans leur acception propre que dans leur application théologique. Par ce travail critique, Gilbert espère garantir en premier lieu la transcendance de la théologie par rapport aux autres sciences.

Dans cet esprit, Gilbert aborde l'investigation théologique dans son commentaire des opuscules théologiques de Boèce.

Nous n'y trouvons aucun argument d'autorité, sinon pour établir le point de départ et, ensuite, pour vérifier la conclusion de l'argumentation. Les deux grandes questions, celle de la théologie trinitaire et celle de la christologie, se déploient d'après une méthode purement rationnelle. Sa méthode grammaticale et dialectique s'accuse franchement. Gilbert se limite à expliquer les données de la foi à l'aide d'une analyse subtile, parfois astucieuse des *modi significandi et praedicandi*. Il s'efforce de circonscrire la signification exacte des termes et d'en délimiter les modes d'attribution. Si l'on peut dire que pareil procédé démontre son sentiment de la nature analogique de notre connaissance et de notre façon de parler de Dieu, il n'en reste pas moins vrai que Gilbert s'accroche de toute force au point de vue grammatical et dialectique qui le pousse à mettre l'accent sur l'aspect formel des termes usités.

Pour ses contemporains moins versés dans la terminologie grammaticale et dialectique, il était tout naturel d'interpréter les distinctions formelles de la théologie porrétaine dans le sens réaliste qu'elles revêtent sans nul doute dans la philosophie de Gilbert. Nous le répétons, telle n'était pas l'intention de l'évêque ; concédons toutefois qu'il n'a pu se soustraire à cette interprétation. Par là s'expliquent les objections réitérées de la part de ses contemporains et de plusieurs théologiens postérieurs.

Gilbert ambitionnait d'écrire pour les seuls initiés aux subtilités de la grammaire spéculative et de la dialectique. Il refuse la discussion avec des hommes, tels que saint Bernard, dont la formation scientifique et la connaissance des arts libéraux étaient par trop rudimentaires. Jean de Salisbury donne une confirmation de cette attitude dans l'anecdote bien connue : Gilbert repoussa la discussion amicale proposée et désirée par saint Bernard et conseilla l'abbé de se remettre à l'étude sur un banc d'école. Ni le saint abbé ni les théologiens conservateurs ne furent les seuls à prendre l'offensive contre la théologie porrétaine ; Gilbert eut à affronter aussi l'opposition de ses collègues, versés comme lui en dialectique, mais qui prenaient fait et cause en faveur de saint Bernard. Il y avait là peut-être un peu de jalousie entre gens du métier, mais à l'origine du conflit se situe un véritable désaccord théorique. Malgré un vocabulaire technique commun fort étendu, on était loin d'être unanime sur l'interprétation de son sens réel.

Par son inspiration générale et par sa méthode, la théologie de Gilbert ne fait que creuser davantage et mettre au point les éléments reçus d'ailleurs : de ses auteurs favoris comme saint Augustin et Boèce, de ses professeurs de l'École de Laon et surtout de ses maîtres et collègues de l'École de Chartres. Les thèses principales de la théologie de Gilbert sont indissolublement liées à l'enseignement scolaire de cette époque. Malheureusement, notre information sur ce point est encore bien fragmentaire. Les écrits des prédécesseurs ne nous sont connus que fort incomplètement, l'œuvre surtout de tous ceux qui, avant le théologien de Chartres, travaillaient déjà à l'élaboration spéculative des données de la foi. La polémique qu'Abélard, dans sa théologie trinitaire, a engagée avec certains maîtres, nous ouvre l'horizon sur des tentatives au but identique à celui poursuivi par Gilbert. A en juger d'après le rapport d'Abélard, ces essais furent à ce point timides qu'ils ne trouvèrent pas d'écho chez la plupart des contemporains. Nous pouvons être certains que Gilbert, rédigeant sa doctrine personnelle, n'ignorait aucune des théories critiquées par Abélard et qu'il tenait compte des disputations provoquées par le maître palatin lui-même. Nous l'avons vu pour deux points capitaux de sa doctrine : la théologie trinitaire et la christologie.

Gilbert nous renseigne très peu sur l'arrière-fond de ses théories. Nonobstant son prétendu attachement en tout à la doctrine des Pères, il ne cite jamais ses sources. Pour ce qui est des exposés polémiques si facilement reconnaissables dans son texte, ils visent formellement les hérésies classiques. Quant aux conceptions de ses contemporains, il les a si bien intégrées dans sa propre terminologie que nous avons bien du mal à les retrouver.

Théologien éminent, Gilbert fut d'une orthodoxie qui ne souffre aucun doute. La doctrine de la foi et la tradition lui sont les seules normes valables de la connaissance et de la certitude. Sa théologie rationnelle ne sombre pas dans le rationalisme, puisqu'elle respecte les limites des données de la foi. Au grand jamais il ne s'est laissé séduire dans sa pratique théologique par des tendances rationalistes au point d'enseigner, au nom de la vérité philosophique, des théories contraires à la foi.

Il nous faut bien avouer pourtant que sa méthode et ses théories contiennent un danger réel pour l'orthodoxie théologique. D'abord, son appareil philosophique, malgré une nette supériorité que la majorité de ses contemporains pourrait lui envier, ne possédait pas encore toute la clarté requise et les formules présentées n'étaient pas toujours des plus heureuses. Ajoutons à cela son attachement au platonisme conceptualiste, qui invita ses lecteurs à comprendre les nombreuses distinctions formelles dans un sens réaliste. Les restrictions qu'il apporta lui-même sont trop faibles et trop peu explicites pour conjurer tout dommage. Un autre inconvénient de sa méthode : féru de formules théologiques remplies de subtilités grammaticales et dialectiques, il en rend les finesses uniquement accessibles aux seuls initiés. Et même parmi ceux-ci l'accord sur le sens des formules était loin d'être unanime. L'opposition de saint Bernard a eu l'avantage de souligner la nécessité de ne pas réserver la spéculation théologique à une petite élite intellectuelle, mais d'y associer de plein droit l'effort de réflexion de toute la pensée chrétienne.

Le Concile de Reims qui ne prononça aucune condamnation précise de la doctrine de Gilbert, semble avoir divisé les théologiens en deux clans irréconciliables. Nous trouvons d'un côté le point de vue de saint Bernard, partagé par le Lombard et par tous ceux qui craignaient l'aventure sur des sentiers non encore battus ; dans le camp adverse, l'évêque de Poitiers s'était acquis, lui aussi, l'adhésion d'un groupe de partisans fanatiques qui, vers la fin du siècle, redoubla d'activité. Mais peu à peu, un nouveau parti tout aussi important vit le jour et, tenant le milieu entre ces positions extrêmes, il reconnaît les mérites de l'œuvre de Gilbert et se conforme aux directives du Concile de Reims. Ainsi, l'initiative prise par Gilbert aboutit à un appréciable résultat en même temps qu'à la correction de certaines tendances dangereuses. Ce mouvement de porrétanisme mitigé se fait déjà sentir au temps d'Othon de Freising : il fait mention d'une interprétation orthodoxe de la doctrine de Gilbert, proposée par ses « meilleurs disciples ». Jean de Salisbury qui appartient à ce groupe, n'exagère pas en constatant, non sans un accent de triomphe, que mainte thèse nouvelle, jadis condamnée chez Gilbert, était devenue monnaie courante dans les écoles.

Notre étude s'arrête ici, à l'aube d'une période nouvelle de l'histoire du porrétanisme.

TABLES

TABLE DES MANUSCRITS CITÉS

LISTE DES OUVRAGES CONSULTÉS

TABLE ALPHABÉTIQUE DES NOMS PROPRES ET DES MATIÈRES

TABLE ANALYTIQUE DES MATIÈRES

TABLES

TABLE DES MANUSCRITS CITÉS

ALENÇON, Bibl. munic., cod. 80	48.
AMIENS, Bibl. munic., cod. 46	45.
Bibl. munic., cod. 84	55.
ARRAS, Bibl. munic., cod. 120	45.
Bibl. munic., cod. 970	55.
AVRANCHES, Bibl. munic., cod. 159	12.
BALE, Bibl. publ., cod. (o) 11 24	9^3, 60.
BORDEAUX, Bibl. munic., cod. 62	55.
BOULOGNE SUR MER, Bibl. munic., cod. 24	55, 56.
BOURGES, Bibl. munic., cod. 56	45.
BRUGES, Bibl. de la ville, cod. 78	55, 210^5, 211^2, 217^2, 221^1, 221^2, 222^2, 266^1, 283^2.
BRUXELLES, Bibl. royale, cod. 131	55, 56.
CAMBRAI, Bibl. munic., cod. 308	55.
CAMBRIDGE, Univ. Libr. cod. Ii. IV. 27	35^4, 37^2, 65^3, 78, 121^3, 128^1, 219^2, 322^3.
Univ. Libr. cod. Kk. I. 21 (1955)	55.
Queens Coll., cod. 5	45.
Queens Coll., cod. 6	45.
St. John's Coll., cod. 70	55.
CHARTRES, Bibl. munic., cod. 209	136^2, 137^2.
DUBLIN, Trinity Coll., cod. 303	110^2.
DURHAM, Cath. Libr., cod. C. IV, 29. III	138^1.
DYON, Bibl. munic., cod. 33(15)	45.
ÉVREUX, Bibl. munic., cod. 84	55.
Bibl. munic., cod. 108	48.
FLORENCE, Bibl. Laurenz, S. Croce, Plut. VII, dex. cod. 9	45.
Bibl. Laurenz. S. Croce, Plut. XII, dex, cod. 2	55.
Bibl. Laurenz. S. Croce, Plut. XVI, dex. cod. 33	55.
HEREFORD, Cath. Libr., cod. o.5 VIII	59.
KLOSTERNEUBURG, Stiftsbibliothek, cod. 815	68.

Laon, Bibl. munic., cod. 176	11[4].
Leipzig, Univ. Bibl., cod. 427	55.
Univ. Bibl., cod. 428	55.
Lisbonne, Bibl. Nat., cod. Alcobac., 58/436	45.
Bibl. Nat., cod. Alcobac., 97/178	45.
Londres, Brit. Mus., Royal Libr., cod. 9 E XII	10.
Brit. Mus., Royal Libr., cod. 2 F I	55.
Brit. Mus., Royal Libr., cod. 8 C V	55.
Brit. Mus., Harley, cod. 3082	60.
Lambeth Palace, cod. 300	53.
Monte Cassino, Bibl. de l'abbaye, cod. 235.	55.
Milan, Bibl. Ambros., cod. F 97 sup.	45.
Munich, Staatsbibl., cod. Clm. 17741	60.
Staatsbibl., cod. Clm. 18206	55.
Staatsbibl., cod. Clm. 18478	60.
Orléans, Bibl. munic., cod. 86	55.
Oxford, Balliol Coll., cod. 36	11, 23, 46.
Balliol Coll., cod. 65	11[3].
Magdalen Coll., cod. 118	12, 14[3], 55.
Univ. Libr., cod. 62	55.
Paris, Bibl. de l'Arsenal, cod. lat. 4	136[2].
Bibl. de l'Arsenal, cod. lat. 61	55.
Bibl. de l'Arsenal, cod. lat. 379	10.
Bibl. de l'Arsenal, cod. lat. 487	45[1].
Bibl. de l'Arsenal, cod. lat. 1117	14, 38, 60, 67.
Bibl. Mazarine, cod. lat. 202	45, 47.
Bibl. Mazarine, cod. lat. 203	45, 46.
Bibl. Mazarine, cod. lat. 204	45.
Bibl. Mazarine, cod. lat. 258	55.
Bibl. Mazarine, cod. lat. 606	10.
Bibl. Mazarine, cod. lat. 656	60.
Bibl. Mazarine. cod. lat. 657	60, 63.
Bibl. Mazarine, cod. lat. 979	45.
Bibl. Nat., cod. lat. 17	59[1].
Bibl. Nat., cod. lat. 148	48.
Bibl. Nat., cod. lat. 178	59[1].
Bibl. Nat., cod. lat. 203	59[1].
Bibl. Nat., cod. lat. 255	59[1].
Bibl. Nat., cod. lat. 278	48.
Bibl. Nat., cod. lat. 439	45.
Bibl. Nat., cod. lat. 456	45.
Bibl. Nat., cod. lat. 624	51.
Bibl. Nat., cod. lat. 656	55.
Bibl. Nat., cod. lat. 686	116.
Bibl. Nat., cod. lat. 979	45.

TABLE DES MANUSCRITS CITÉS

Bibl. Nat., cod. lat. 1580	11.
Bibl. Nat., cod. lat. 2577	9^3, 45, 46.
Bibl. Nat., cod. lat. 2578	48.
Bibl. Nat., cod. lat. 2579	55.
Bibl. Nat., cod. lat. 2580	55.
Bibl. Nat., cod. lat. 2581	55.
Bibl. Nat., cod. lat. 3238	225^1.
Bibl. Nat., cod. lat. 10419	59^1.
Bibl. Nat., cod. lat. 10425	59^1.
Bibl. Nat., cod. lat. 10426	59^1.
Bibl. Nat., cod. lat. 12004	9^3, 45, 46, 47, 163^2.
Bibl. Nat., cod. lat. 12028	55.
Bibl. Nat., cod. lat. 12029	55.
Bibl. Nat., cod. lat. 13253	59^1.
Bibl. Nat., cod. lat. 14232	59^1.
Bibl. Nat., cod. lat. 14379	59^1.
Bibl. Nat., cod. lat. 14414	54^2.
Bibl. Nat., cod. lat. 14418	45.
Bibl. Nat., cod. lat. 14419	45.
Bibl. Nat., cod. lat. 14441	11, 55.
Bibl. Nat., cod. lat. 14489	96^3, 188^1.
Bibl. Nat., cod. lat. 15467	59^1.
Bibl. Nat., cod. lat. 16220	137^1.
Bibl. Nat., cod. lat. 16341	11^5, 60.
Bibl. Nat., cod. lat. 16342	60.
Bibl. Nat., cod. lat. 18093	11^5, 60.
Bibl. Nat., cod. lat. 18094	60, 66.
REIMS, Bibl. munic., cod. 137	55.
Bibl. munic., cod. 138	55.
Bibl. munic., cod. 145	45.
ROME, Bibl. Vatic., cod. lat. 61B	55.
Bibl. Vatic., cod. lat. 89	45.
Bibl. Vatic., cod. lat. 242	55.
Bibl. Vatic., cod. lat. 278	322.
Bibl. Vatic., cod. lat. 486	45.
Bibl. Vatic., cod. lat. 560	60, 66.
Bibl. Vatic., cod. lat. 561	33^4, 37, 60, 60^2, 64, 65, 80, 121, 219^2.
Bibl. Vatic., cod. lat. 1389	17^2.
ROUEN, Bibl. munic., cod. 118	45.
Bibl. munic., cod. 149	12, 55.
SAINT-OMER, Bibl. munic., cod. 288	44.
Bibl. munic., cod. 299	72.

Soissons, Bibl. munic., cod. 79 — 55.
　　　　Bibl. munic., cod. 80 — 55.

Tours, Bibl. munic., cod. 93 — 45.
Troyes, Bibl. munic., cod. 626 — 55.
　　　　Bibl. munic., cod. 2266 — 55.

Utrecht, Bibl. publique, cod. 207 — 51.

Valenciennes, Bibl. munic., cod. 44 — 9^3, 45, 46.
　　　　Bibl. munic., cod. 89 — 55.
　　　　Bibl. munic., cod. 197 — 9^3, 60, 72.

LISTE DES OUVRAGES CONSULTÉS

Adhémar de Saint-Ruf. — *Tractatus de Trinitate* ; édit. N.M. Haring dans *Archives d'histoire doctrinale et littéraire du Moyen Âge*, t. XXXI, 1964, p. 111-206.

Alain de Lille. — *Theologicae regulae (de maximis fidei)* ; PL. CCX, 617-684. — *De fide catholica* ; PL. CCX, 303-430.

Anselme de Cantorbéry. — *Opera omnia* ; édit. F.S. Schmitt, 6 vols., Edinbourg, 1947-1961.

Anselme de Laon. — Voir ci-dessous Bliemetzrieder, Weisweiler, Wilmart.

Arnon de Reichersberg. — *Apologeticus contra Folmarum* ; édit. C. Weichert, Leipzig, 1888.

Artes liberales. *Von der antiken Bildung zur Wissenschaft des Mittelalters*, édit. J. Koch, dans *Studien und Texte zur Geistesgeschichte des Mittelalters*, t. V, Leyde, 1959.

Auber, Ch.A. — *Histoire générale, civile, religieuse et littéraire du Poitou*, t. VIII, Poitiers, 1891.

Bach, J. — *Die Dogmengeschichte des Mittelalters vom christologischen Standpunkte oder die mittelalterliche Christologie vom achten bis sechzehnten Jahrhundert*, t. II. Vienne, 1875.

Bäumker, C. — *Bericht über die abendländische Philosophie im Mittelalter*, dans *Archiv für die Geschichte der Philosophie*, 1897, p. 281.

Bardenhewer, O. — *Die pseudo-aristotelische Schrift* Ueber das reine Gute *bekannt unter dem Namen* Liber de causis, Fribourg (B), 1882.

Baumgartner, M. — *Die Philosophie des Alanus de Insulis im Zusammenhang mit den Anschauungen des 12. Jahrhunderts dargestellt* (Beiträge zur Geschichte der Philosophie des Mittelalters, II, 4), Munster, 1896.

Baur, L. — *Dominicus Gundissalinus* De divisione philosophiae *herausgegeben und philosophiegeschichtlich untersucht. Nebst einer Geschichte der philosophischen Einleitung bis zum Ende der Scholastik* (Beiträge zur Geschichte der Philosophie des Mittelalters, IV, 2-3), Munster, 1903.

Bédoret, H. — *L'auteur et le traducteur du* Liber de causis, dans *Revue néoscolastique de philosophie*, t. XLI, 1938, p. 519-533.

Berengarius. — *Apologia pro Petro Abaelardo* ; PL. CLXXVII, 1853-1880.

Berger, S. — *Les préfaces jointes aux livres de la Bible dans les manuscrits de la Vulgate*, dans *Mémoires présentés à l'Académie des Inscriptions et Belles-Lettres*, t. XI, 2, Paris, 1904, p. 1-78.

Bergeron, M. — *La structure du concept latin de personne. Comment, chez les latins*, persona *en est venu à signifier* relatio, dans *Études d'histoire littéraire et doctrinale du XIIIe siècle*, 2e série, Paris-Ottawa, 1932, p. 121-161.
Bernard de Clairvaux. — *Opera omnia* ; PL. CLXXXII-CLXXXIV.
Bernard Silvestris. — *De mundi universitate libri duo sive Megacosmos et Microcosmos* ; édit. C.S. Barach et J. Wrobel, Innsbruck, 1876.
Berthaud, A. — *Gilbert de la Porrée, évêque de Poitiers, et sa philosophie (1070-1154)*, Poitiers, 1892.
Bertola, A. — *Il* De Trinitate *dello pseudo-Beda*, dans *Rivista di Filosofia Neoscolastica*, t. XLVIII, 1956, p. 316-333.
— *San Bernardo e la teologia speculativa*, Padoue, 1959.
Bisschoff, B. — *Eine verschollene Einteilung der Wissenschaften*, dans *Archives d'histoire doctrinale et littéraire du Moyen Âge*, t. XXV, 1958, p. 5-20.
Bliemetzrieder, F. — *Anselms von Laon systematische Sentenzen* (Beiträge zur Geschichte der Philosophie des Mittelalters, XVIII, 2-3), Munster, 1919.
— *Trente-trois pièces inédites de l'œuvre théologique d'Anselme de Laon*, dans *Recherches de théologie ancienne et médiévale*, t. II, 1930, p. 54-79.
Boèce. — *Opera omnia* ; PL. LXIV.
— *Opuscula theologica ;* édit. Steward-Rand, Londres-New-York, 2e éd., 1926.
Bouquet, M. — *Recueil des historiens des Gaules et de la France*, Paris, 1739-1904, (t. XII-XIX : XIIe siècle).
Brezzi, P. — *Ottone di Frisinga*, dans *Archivo Muratoriano*, t. LIV, 1939, p. 129-328.
Brosch, H.J. — *Der Seinsbegriff bei Boethius. Mit besonderer Berücksichtigung der Beziehung von Sosein und Dasein*, Innsbruck, 1931.
Brunner, F. — *Études sur le sens et la structure des systèmes réalistes*, dans *Cahiers de civilisation médiévale*, t. I, 1958, p. 295-317.

Capelle, G.C. — *Autour du décret de 1210 : III. Amaury de Bène. Étude sur son panthéisme formel* (Bibliothèque thomiste, XVI), Paris, 1932.
Cappuyns, M. — *Jean Scot Erigène, sa vie, son œuvre, sa pensée*, Louvain, 1933.
Chalcidius. — Voir ci-dessous Mullach *et* Wrobel.
Châtillon, J. — *Achard de Saint-Victor et le* De discretione animae, spiritus et mentis, dans *Archives d'histoire doctrinale et littéraire du Moyen Âge*, t. XXXI, 1964, p. 7-35.
Chenu, M.D. — *Auctor, actor, autor*, dans *Archivum latinitatis medii aevi (Bull. Du Cange)*, t. IV, 1927, p. 81-86.
— *Collectio, collatio. Note de lexicographie médiévale*, dans *Revue des sciences philosophiques et théologiques*, t. XVI, 1927, p. 435-446.
— *Antiqui, moderni. Note de lexicographie médiévale*, ibid., t. XVII, 1928, p. 82-94.
— *Note de lexicographie médiévale. Disciplina*, ibid., t. XXV, 1936, p. 686-692.

— *Une opinion inconnue de l'école de Gilbert de la Porrée*, dans *Revue d'histoire ecclésiastique*, t. XXVI, 1930, p. 347-352.
— *Un essai de méthode théologique au XIIe siècle*, dans *Revue des sciences philosophiques et théologiques*, t. XXIV, 1935, p. 258-267.
— *Grammaire et théologie au XIIe et XIIIe siècles*, dans *Archives d'histoire doctrinale et littéraire du Moyen Âge*, t. X, 1935/1936, p. 5-28.
— *Les « philosophes » dans la philosophie chrétienne médiévale*, dans *Revue des sciences philosophiques et théologiques*, t. XXVI, 1937, p. 27-40.
— *Introduction à l'étude de saint Thomas d'Aquin*, Montréal-Paris, 1950.
— *L'homme et la nature. Perspectives sur la renaissance du XIIe siècle*, dans *Archives d'histoire doctrinale et littéraire du Moyen Âge*, t. XIX, 1952, p. 39-66.
— *Platon à Citeaux*, ibid., t. XXI, 1954, p. 99-106.
— *La théologie au XIIe siècle*, Paris, 1957.

CHOSSAT, M. — *La Somme des Sentences, œuvre de Hugues de Mortagne vers 1155. Avec préface et introduction par J. de Ghellinck* (Spicilegium Sacrum Lovaniense, 5), Louvain, 1923.

CLAREMBAULT D'ARRAS. — *In Boethium de Trinitate*, voir ci-dessous W. JANSEN, *Der Kommentar*...
— *Prologus* ; édit. N.M. HARING, *A Hitherto Unknown Commentary*...
— *In Boethium De hebdomadibus* ; édit. N.M. HARING, dans *Nine Mediaeval Thinkers*, Toronto, 1955, p. 1-21.

CLERVAL, A. — *Les écoles de Chartres au Moyen Âge du Ve au XVIe siècle*, Paris, 1895.

COLKER, M.L. — *The Trial of Gilbert of Poitiers, 1148 : A Previously Unknown Record*, dans *Mediaeval Studies*, t. XXVII, 1965, p. 152-183.

COTTIAUX, J. — *La conception de la théologie chez Abélard*, dans *Revue d'histoire ecclésiastique*, t. XXVIII, 1932, p. 247-295, 533-551, 788-828.

COURCELLE, P. — *Étude critique sur les commentaires de la Consolation de Boèce (XIe-XVe siècle)*, dans *Archives d'histoire doctrinale et littéraire du Moyen Âge*, t. XII, 1939, p. 5-140.

DAVY, M. — *Œuvres de saint Bernard, traduites et préfacées*, Paris, 1945.

DEGL'INNOCENTI, U. — *Nota al* De hebdomadibus *di Boezio*, dans *Divus Thomas* (Piac.) t. XLII, 1939, p. 397-399.

DELHAYE, PH. — *L'organisation scolaire au XIIe siècle*, dans *Traditio*, t. V, 1947, p. 211-268.
— *L'enseignement de la philosophie morale au XIIe siècle*, dans *Mediaeval Studies*, t. XI, 1949, p. 77-99.
— *Le Microcosmos de Godefroy de Saint-Victor, t. II, Étude théologique*, Lille/Gembloux, 1951.
— *« Grammatica » et « ethica » au XIIe siècle*, dans *Recherches de théologie ancienne et médiévale*, t. XXV, 1958, p. 59-110.

DELISLE, L. — *Rouleaux des morts du IXe au XVe siècle*, Paris, 1866.

DENIFLE, H. — *Die abendländische Schriftausleger bis Luther über* Justitia Dei *(Rom. 1,17) und* Justificatio. *Beitrag zur Geschichte der*

Exegese, der Literatur und des Dogmas im Mittelalter (Quellenbelege zu Luther und Luthertum), Mayence, 1905.

— *Die Sentenzen Abaelards und die Bearbeitung seiner Theologie vor Mitte des 12. Jahrhunderts,* dans *Archiv für Literatur- und Kirchengeschichte des Mittelalters,* t. I, 1885, p. 402-469, 485-624.

Denis, L. — *Un humaniste au moyen âge : Jean de Salisbury,* dans *Nova et Vetera* (Bruxelles), t. XXII, 1940, p. 5-23, 125-152.

— *La question des universaux d'après Jean de Salisbury,* dans *Revue des sciences philosophiques et théologiques,* t. XVI, 1927, p. 425-434.

Deutsch, M. — *Die Synode zu Sens 1141 und die Verurteilung Abaelards,* Berlin, 1880.

— *Peter Abaelard. Ein kritischer Theologe des 12. Jahrhunderts,* Berlin, 1883.

De Wulf, M. — *Histoire de la philosophie médiévale,* 2ᵉ éd., Louvain, 1905, 6ᵉ éd., 1934-47.

— *Le panthéisme chartrain,* dans *Aus der Geisteswelt des Mittelalters (Supplement-band der Beiträge zur Geschichte der Philosophie des Mittelalters),* Munster, 1935, p. 282-288.

Dominicus Gundissalinus. — Voir ci-dessus L. Baur.

Dondaine, A. — *Hugues Éthérien et Léon Toscan,* dans *Archives d'histoire doctrinale et littéraire du Moyen Âge,* t. XIX, 1952, p. 67-134.

— *Écrits de la « petite école » porrétaine,* Montréal/Paris, 1962.

Duhem, A. — *Le système du monde. Histoire des doctrines cosmologiques de Platon à Copernic,* t. III, Paris, 1910.

Elswijk, H.C. van — *Gilbert Porreta als glossator van het Psalterium,* dans *Jubileumbundel voor G.P. Kreling,* Nimègue, 1953, p. 282-303.

Englhardt, G. — *Die Entwicklung der dogmatischen Glaubenspsychologie in der mittelalterlichen Scholastik vom Abaelardstreit (um 1140) bis zu Philipp dem Kanzler († 1236) (Beiträge zur Geschichte der Philosophie des Mittelalters,* XXX), Munster, 1933.

Epitome theologiae christianae. — Voir ci-dessous Sententiae Hermanni.

Fabricius, J.A. — *Bibliotheca latina mediae et infimae latinitatis,* édit. Mansi, t. III, Pavie, 1754.

Filthaut, E. — *Roland von Cremona und die Anfänge der Scholastik im Predigerorden. Ein Beitrag zur Geistesgeschichte der älteren Dominikaner,* Vechta, 1936.

Flatten, H. — *Die Philosophie des Wilhelm von Conches,* Coblenz, 1929.

Folz, R. — *Otton de Freising, témoin de quelques controverses intellectuelles de son temps,* dans *Bulletin de la Société historique et archéologique de Langres,* t. XIII, 1958, p. 70-89.

Fontana, M. — *Il commento ai Salmi di Gilberto della Porrée,* dans *Logos* (Palermo), t. XIII, 1930, p. 283-301.

Forest, A. — *Gilbert de la Porrée et les écoles du XIIᵉ siècle,* dans *Revue des cours et conférences,* LXXXVᵉ année, t. II, 1934, p. 410-420, 640-651.

— *Le réalisme de Gilbert de la Porrée dans le commentaire du* De hebdomadi-

bus, dans *Revue néoscolastique de Philosophie (Hommage De Wulf)*, 1934, p. 101-110.
FOURNIER, P. — *Un adversaire inconnu de saint Bernard et de Pierre Lombard*, dans *Bibliothèque de l'école des chartes*, t. XLVII, 1886, p. 394-417.
— *Études sur Joachim de Flore et ses doctrines*, Paris, 1909.

GALLIA CHRISTIANA (NOVA), t. I-XIII édit. par les BÉNÉDICTINS DE SAINT-MAUR, Paris, 1715-1785, t. XIV-XVI par B. HAURÉAU, 1856-1865.
GAMMERSBACH, S. — *Gilbert von Poitiers, Neues zu seinem Zunamen und seinen Boethiuskommentaren*, dans *Wissenschaft und Weisheit*, t. XIX, 1956, p. 217-219.
— *Gilbert von Poitiers und seine Prozesse im Urteil der Zeitgenossen*, Cologne-Gratz, 1959.
GAUTHIER DE MORTAGNE. — *Liber De Trinitate* ; PL. CCIX, 575-590.
GAUTHIER DE SAINT-VICTOR. — *Contra quatuor labyrinthos Franciae* ; édit. P. GLORIEUX dans *Archives d'histoire doctrinale et littéraire du Moyen Âge*, t. XIX, 1953, p. 187-335.
GEOFFROY D'AUXERRE. — *S. Bernardi vita prima* ; PL. CLXXXV, 302-367.
— *Libellus contra capitula Gilberti* ; PL. CLXXXV, 595-618.
— *Epistola ad Albinum cardinalem* ; PL. CLXXXV, 587-596.
GERHOH DE REICHERSBERG. — *Écrits polémiques* ; MGH, lib. de lite, t. III, p. 136-525. *Opera inedita. I. Tractatus et libelli* ; édit. D. VANDEN EYNDE — RIJMERSDAEL — CLASSEN, dans *Spicilegium Pontificii Athenaei Antoniani*, t. VIII, Rome, 1955 ; II. *Expositionis psalmorum pars tertia et nona*, t. IX-X, Rome, 1956.
GEYER, B. — *Die patristische und scholastische Philosophie. Friedrich Ueberwegs Grundriss der Geschichte der Philosophie, II. Teil*, Darmstadt, 1960.
Die Sententiae divinitatis. *Ein Sentenzenwerk der Gilbertschen Schule (Beiträge zur Geschichte der Philosophie des Mittelalters*, VII, 2-3), Munster, 1909.
GHELLINCK, J. DE — *Dialectique, théologie et dogme aux XIe-XIIe siècles*, dans *Supplementband der Beiträge zur Geschichte der Philosophie des Mittelalters*, Munster, 1913, p. 79-99.
— *L'histoire de « persona » et d'« hypostasis » dans un écrit anonyme porrétain du XIIe siècle*, dans *Revue néoscolastique de philosophie (Hommage De Wulf)*, t. XXXVI, 1934, p. 111-127.
— *L'entrée d'essentia, substantia et autres mots apparents dans le latin médiéval*, dans *Archivum Latinitatis Medii Aevi (Bull. Du Cange)*, t. XVI, 1941, p. 77-112.
— *Essentia et substantia*, ibid., t. XVII, 1942, p. 129-133.
— *Le mouvement théologique du XIIe siècle*, 2e éd., Bruges, 1948.
— *L'essor de la littérature latine au XIIe siècle*, 2e éd., Bruxelles, 1955.
GIETL, A. — *Die Sentenzen Rolands, nachmals Papstes Alexander III*, Fribourg, 1891.
GILBERT PORRETA. — *In Boethium De Trinitate* ; édit. HARING dans *Nine Mediaeval Thinkers*, Toronto, 1955, p. 23-88 (PL. LXIV, 1257-1300).

— *In Boethium De praedicatione* ; édit. HARING, *ibid.*, p. 88-98 (PL. LXIV, 1301-1310).
— *In Boethium De hebdomadibus* ; édit. HARING dans *Traditio*, t. IX, 1953, p. 177-211, (PL. LXIV, 1313-1334).
— *In Boethium Contra Eutychen et Nestorium* ; édit HARING dans *Archives d'histoire doctrinale et littéraire du Moyen Âge*, t. XXIX, 1954, p. 241-357, (PL. LXIV, 1353-1412).
— *Sermo de Natali Domini* ; édit. HARING, dans *Mediaeval Studies*, t. XXIII, 1961, p. 126-135.
— *Epistola ad Bernardum Carnotensem* ; édit. MERLET, dans *Bibliothèque de l'école des chartes*, t. I, Paris, 1885, p. 461.
— *Epistola ad Mattheum abbatem S. Florentii* ; PL. CLXXXVIII, 1255-1258.
— *Expositio Symboli Athanasii* ; édit. HARING, dans *Mediaeval Studies*, t. XXVIII, 1965, p. 23-53.
— (?) *Liber de sex principiis* ; édit. HEYSSE-VANDEN EYNDE, Munster, 1953.
— (?) *De discretione animae, spiritus et mentis* ; édit. HARING, dans *Mediaeval Studies*, t. XXII, 1960, p. 148-191.
GILBERT L'UNIVERSEL. — Voir ci-dessous B. SMALLEY.
GILLEBERT DE HOILAND. — *Sermones in Canticum canticorum* ; PL. CLXXXIV, 9-298.
GILSON, É. — *Le Platonisme de Bernard de Chartres*, dans *Revue néoscolastique de Philosophie*, t. XXV, 1923, p. 5-19.
— *La cosmogonie de Bernardus Silvestris*, dans *Archives d'histoire doctrinale et littéraire du Moyen Âge*, t. III, 1928, p. 5-24.
— *La théologie mystique de saint Bernard*, Paris, 1934.
— *Note sur les noms de la matière chez Gilbert de la Porrée*, dans *Revue du Moyen Âge latin*, t. II, 1946, p. 173-176.
— *La philosophie au Moyen Âge, des origines patristiques à la fin du XIV*ᵉ *siècle*, 3ᵉ éd., Paris, 1947.
GLORIEUX, P. — *Mauvaise action et mauvais travail. Le* Contra quatuor labyrinthos Franciae, dans *Recherches de théologie ancienne et médiévale*, t. XXI, 1954, p. 179-193.
— *L'orthodoxie de III Sentences (d. 6, 7 et 10)*, dans *Miscellanea Lombardiana*, Novare, 1957, p. 137-147.
GLUNZ, H.H. — *History of the Vulgate in England from Alcuin to Roger Bacon. Being an Inquiry into the Text of some English Manuscripts of the Vulgate Gospels*, Cambridge, 1933.
GRABMANN, M. — *Die Geschichte der scholastischen Methode. Nach gedruckten und ungedruckten Quellen dargestellt*, 2 vol., Fribourg (B), 1909-1911.
— *Die Entwicklung der mittelalterlichen Sprachlogik*, dans *Mittelalterliches Geistesleben*, t. I, Munich, 1926, p. 104-116.
— *Die theologische Erkenntnislehre des Hl. Thomas von Aquin*, Fribourg (S), 1948.
— *Aristoteles im zwölften Jahrhundert*, dans *Mediaeval Studies*, t. XII, 1950, p. 123-162.
— Voir aussi ci-dessous P. RUF.

Gregory, T. — *Anima Mundi. La filosofia di Guglielmo di Conches et la scuola di Chartres*, Florence (1956).
— *Platonismo medievale. Studi e Ricerche*, Rome, 1958.
Grill, L. — *Die neunzehn « capitula » Bernhardts von Clairvaux gegen Abälard*, dans *Historisches Jahrbuch*, t. LXXX, 1961, p. 230-239.
Guillaume de Conches. — *In Timaeum ;* voir ci-dessous J. M. Parent, *La doctrine de la création*.

Haring, N. M. — *The Case of Gilbert de la Porrée Bishop of Poitiers (1142-1154)*, dans *Mediaeval Studies*, t. XIII, 1951, p. 1-40.
— *A Hitherto Unknown Commentary on Boethius'* De hebdomadibus *Written by Clarenbaldus of Arras*, dans *Mediaeval Studies*, t. XV, 1953, p. 212-221.
— *A Latin Dialogue on the Doctrine of Gilbert of Poitiers*, dans *Mediaeval Studies*, t. XV, 1953, p. 243-289.
— *The Cistercian Everard of Ypres and His Appraisal of the Conflict between St. Bernard and Gilbert of Poitiers*, dans *Mediaeval Studies*, t. XVII, 1955, p. 143-172.
— *The Creation and the Creator of the World According to Thierry of Chartres and Clarenbaldus of Arras*, dans *Archives d'histoire doctrinale et littéraire du Moyen Âge*, t. XXII, 1955, p. 137-216.
— *A Short Treatise on the Trinity from the School of Thierry of Chartres*, dans *Mediaeval Studies*, t. XVIII, 1956, p. 125-134.
— *A Commentary on Boethius'* De Trinitate *by Thierry of Chartres (Anonymus Berolinensis)*, dans *Archives d'histoire doctrinale et littéraire du Moyen Âge*, t. XXIII, 1956, p. 257-325.
— *Sprachlogische und philosophische Voraussetzungen zum Verständnis der Christologie Gilberts von Poitiers*, dans *Scholastik*, t. XXXII, 1957, p. 373-397.
— *Petrus Lombardus und die Sprachlogik in der Trinitätslehre der Porretanerschule*, dans *Miscellanea Lombardiana*, Novare, 1957, p. 113-127.
— *The Lectures of Thierry of Chartres on Boethius'* De Trinitate, dans *Archives d'histoire doctrinale et littéraire du Moyen Âge*, t. XXV, 1958, p. 113-226.
— *Two Commentaries on Boethius* (De Trinitate *and* De hebdomadibus) *by Thierry of Chartres*, dans *Archives d'histoire doctrinale et littéraire du Moyen Âge*, t. XXVII, 1960, p. 65-136.
— *Gilbert of Poitiers, Author of* De discretione animae, spiritus et mentis, *commonly attributed to Achard of Saint-Victor*, dans *Mediaeval Studies*, t. XXII, 1960, p. 148-191.
— *The Porretans and the Greek Fathers*, dans *Mediaeval Studies*, t. XXIV, 1962, p. 181-209.
— *The* Liber de differentia naturae et personae *by Hugh Etherien and the Letters adressed to Him by Peter of Vienna and Hugh of Honau*, dans *Mediaeval Studies*, t. XXIV, 1962, p. 1-34.
— *The* Liber de diversitate naturae et personae *by Hugh of Honau*, dans *Archives d'histoire doctrinale et littéraire du Moyen Âge*, t. XXIX, 1962, p. 103-216.

— *Die Vätersammlung des Adhemar von Saint-Ruf in Valence*, dans *Scholastik*, t. XXXVIII, 1963, p. 402-420.
— *Hugh of Honau and the Liber de Ignorantia*, dans *Mediaeval Studies*, t. XXV, 1963, p. 209-230.
— *The Tractatus de Trinitate of Adhemar of Saint-Ruf (Valence)*, dans *Archives d'histoire doctrinale et littéraire du Moyen Âge*, t. XXXI, 1964, p. 111-206.
— *Thierry of Chartres and Dominicus Gundissalinus*, dans *Mediaeval Studies*, t. XXVI, 1964, p. 271-286.
— *Das sogenannte Glaubensbekenntnis des Reimser Konsistoriums von 1148*, dans *Scholastik*, t. XL, 1965, p. 55-90.
HASKINS, C.H. — *Studies in the History of Mediaeval Science*, Cambridge (Mass.), 1924.
— *The Renaissance of the Twelfth Century*, Cambridge (Mass.), 1927.
— *Studies in Mediaeval Culture*, Oxford, 1929.
HAURÉAU, B. — *De la philosophie scolastique*, t. I, Paris, 1850.
— *Histoire de la philosophie scolastique*, 3 vol., Paris, 1872-1880.
— *Mémoire sur quelques maîtres du XIIe siècle, à l'occasion d'une prose publiée par M.Th. Wright*, dans *Mémoires de l'Académie des Inscriptions et Belles-Lettres*, t. XXVIII, Paris, 1876.
— *Mémoire sur quelques chanceliers de Chartres*, ibid., t. XXXI, 2, Paris, 1884, p. 63-123.
— *Notices et extraits de quelques manuscrits latins de la Bibliothèque Nationale*, 6 vol., Paris, 1890-1893.
— *Revue de G. Lefèvre, De Anselmo Laudunensi scholastico*, dans *Journal des Savants*, 1895, p. 444-452.
HAYD, K. — *Gilbertus Porretanus*, dans *Kirchenlexikon*, t. V, 599-601.
HAYEN, A. — *Le Concile de Reims et l'erreur théologique de Gilbert de la Porrée*, dans *Archives d'histoire doctrinale et littéraire du Moyen Âge*, t. X, 1935/36, p. 29-102.
HEFELE, K.J. VON — LECLERCQ, H. — *Histoire des Conciles*, t. V, Paris, 1912.
HÉLINAND DE FROIDMONT. — *Chronica* ; PL. CCXII, 771-1082.
HERMAN DE TOURNAI. — *Tractatus de incarnatione Jesu Christi Domini nostri* ; PL. CLXXX, 9-38.
HEYSSE, A. — *Liber de sex principiis Gilberto Porretano ascriptus ad fidem manuscriptorum edidit*, Munster, 1929 ; *recognovit* D. VANDEN EYNDE, Munster, 1953.
HISTOIRE LITTÉRAIRE DE LA FRANCE, *par les Bénédictins de Saint-Maur, continuée par les Membres de l'Institut*, t. XI, Paris, 1841, t. XII, 1830.
HOFMEISTER, A. — *Studien über Otto von Freising*, dans *Neues Archiv der Gesellschaft für ältere deutsche Geschichte*, t. XXXVII, 1912, p. 99-161, 633-768.
HORST, U. — *Die Trinitäts- und Gotteslehre des Robert von Melun*, Mayence, 1964.
HUGUES ÉTHÉRIEN. — Voir ci-dessus N. M. HARING, *The Liber de differentia...*

HUGUES DE HONAU. — Voir ci-dessus N. M. HARING, *The Liber de diversitate* ... et ID., *Hugh of Honau*...
HUGUES DE SAINT-VICTOR. — *Opera omnia ;* PL. CLXXV-CLXXVII.
— *De grammatica ;* édit. J. LECLERCQ, dans *Archives d'histoire doctrinale et littéraire du Moyen Âge*, t. XII, 1945, p. 263-322.
— *Didascalicon ;* édit. CH.H. BUTTIMER, Washington, 1939.
HUIZINGA, J. — *Een praegothieke geest : Johannes van Salisbury*, dans *Handelingen van het 15ᵉ Nederlande Philologencongres*, Groningue, 1934.
HUNT, R.W. — *The Introductions to the « Artes » in the Twelfth Century*, dans *Studia Mediaevalia in honorem Adm. Rev. P. Raym. Jos. Martin*, O.P., Bruges, 1948, p. 85-112.
— *Studies on Priscian in the Eleventh and Twelfth Century*, dans *Mediaeval and Renaissance Studies*, t. II, 1950, p. 194-223.

JANSEN, W. — *Der Kommentar des Clarenbaldus von Arras zu Boethius* De Trinitate. *Ein Werk aus der Schule von Chartres im 12. Jahrhundert. Aus den Handschriften zum erstenmal herausgegeben und untersucht*, Breslau, 1926.
JEAN DE CORNOUAILLES. — *Eulogium ad Alexandrum Papam III ;* édit. N.M. HARING, dans *Mediaeval Studies*, t. XIII, 1951, p. 253-300.
JEAN DE SALISBURY. — *Historia Pontificalis ;* édit. R. L. POOLE, Oxford, 1927.
— *Metalogicon ;* édit. CL. WEBB, Oxford, 1929.
— *Policraticus ;* édit. CL. WEBB, Oxford, 1909.
— *Entheticus ;* édit. CHR. PETERSEN, Hambourg, 1843.
JEAN SCOT ERIGÈNE. — *Opera omnia*, PL. CXXII.
JEAUNEAU, E. — *Le* Prologus in Eptateuchon *de Thierry de Chartres* dans *Mediaeval Studies*, t. XVI, 1954, p. 171-175.
— *Simples notes sur la cosmogonie de Thierry de Chartres*, dans *Sophia*, t. XXIII, 1955, p. 177-183.
— *Gloses de Guillaume de Conches sur Macrobe. Note sur les manuscrits*, dans *Archives d'histoire doctrinale et littéraire du Moyen Âge*, t. XXVII, 1960, p. 17-28.

LAMPEN, W. — *De sermonibus Gaufredi Babionis, scholastici Andegavensis*, dans *Antonianum*, t. XIX, 1944, p. 145-158.
LANDGRAF, A. — *Untersuchungen zur Eigenlehre Gilberts de la Porrée*, dans *Zeitschrift für katholische Theologie*, t. LIV, 1930, p. 180-213.
— *Mitteilungen zur Schule Gilberts de la Porrée*, dans *Collectanea franciscana*, t. III, 1933, p. 182-208.
— *Die Stellungname der Scholastik des 12. Jahrhunderts zum Adoptianismus*, dans *Divus Thomas*, t. XIII, 1935, p. 259-289.
— *Die Abhängigkeit der Sünde von Gott nach der Lehre der Frühscholastik*, dans *Scholastik*, t. X, 1935, p. 161-192, 369-394, 508-540.
— *Neue Funde zur Porretanerschule*, dans *Collectanea franciscana*, t. VI, 1936, p. 353-365.

— *Untersuchungen zu den Paulinenkommentaren des 12. Jahrhunderts*, dans *Recherches de théologie ancienne et médiévale*, t. IX, 1936, p. 253-281.

— *Der Kult der menschlichen Natur Christi nach der Lehre der Frühscholastik*, dans *Scholastik*, t. XII, 1937, p. 361-377, 498-518.

— *Die spekulativ-theologische Erörterung der hypostatischen Vereinigung im 12. Jahrhundert*, dans *Zeitschrift für katholische Theologie*, t. LXV, 1941, p. 183-216.

— *Nominalismus in den theologischen Werken der zweiten Hälfte des 12. Jahrhunderts*, dans *Traditio*, t. I, 1943, p. 183-222.

— *Commentarius Porretanus in Primam Epistolam ad Corinthios (Studi e Testi, 117)*, Rome, 1945.

— *Einführung in die Geschichte der theologischen Literatur der Frühscholastik unter dem Gesichtspunkt der Schulenbildung*, Ratisbonne, 1948.

— *Dogmengeschichte der Frühscholastik*, t. I-IV, Ratisbonne, 1952-1956.

— *Zur Lehre des Gilbert Porreta*, dans *Zeitschrift für katholische Theologie*, t. LXXVII, 1955, p. 331-337.

— *Zum Werden der Theologie des 12. Jahrhunderts*, dans *Zeitschrift für katholische Theologie*, t. LXXIX, 1957, p. 417-433.

LANG, A. — *Die* loci theologici *des Melchior Cano und die Methode des dogmatischen Beweises. Ein Beitrag zur theologischen Methodologie und ihrer Geschichte*, Munich, 1925.

LAURENT DE POITIERS. — *Planctus* ; édit. D. BRIAL, dans *Recueil des Historiens des Gaules et de la France*, t. XIV, Paris, 1806, p. 379-381 ; voir ci-dessous J. LECLERCQ, *Textes sur saint Bernard...*

LECLERCQ, J. — *Un traité* De fallaciis in theologia, dans *Revue du Moyen Âge latin*, t. I, 1945, p. 43-46.

— *Un nouveau fragment du traité* De unitate divinae essentiae et pluralitate creaturarum, *ibid.*, p. 173-177.

— *L'humanisme bénédictin du VIIIᵉ au XIIᵉ siècle*, dans *Analecta monastica*, t. I *(Studia anselmiana)*, Rome, 1948, p. 1-20.

— *Smaragde et la grammaire chrétienne*, dans *Revue du Moyen Âge latin*, t. IV, 1948, p. 15-23.

— *Le commentaire du Cantique des cantiques attribué à Anselme de Laon*, dans *Recherches de théologie ancienne et médiévale*, t. XVI, 1949, p. 29-39.

— *Textes sur saint Bernard et Gilbert de la Porrée*, dans *Mediaeval Studies*, t. XIV, 1952, p. 107-129.

— *L'éloge funèbre de Gilbert de la Porrée*, dans *Archives d'histoire doctrinale et littéraire du Moyen Âge*, t. XIX, 1953, p. 183-185.

LEFÈVRE, F. — *Les variations de Guillaume de Champeaux et la question des universaux. Étude suivie de documents originaux (Travaux et Mémoires de l'Université de Lille)*, Lille, 1898.

LESNE, E. — *Les écoles de la fin du VIIIᵉ siècle à la fin du XIIᵉ*, Lille, 1943.

LIBER DE CAUSIS. — Voir ci-dessus O. BARDENHEWER.

LIBER DE VERA PHILOSOPHIA. — Voir ci-dessus P. FOURNIER.

Lottin, O. — *La pluralité des formes substantielles avant saint Thomas d'Aquin*, dans *Revue néoscolastique de philosophie*, t. XXXVI, 1932, p. 449-467.

— *Nouveaux fragments théologiques de l'école d'Anselme de Laon, Quelques manuscrits français*, dans *Recherches de théologie ancienne et médiévale*, t. XII, 1940, p. 49-77.

— *Les théories du péché originel au XIIe siècle. La réaction abélardienne et porrétaine*, ibid., p. 78-103.

— *Les théories du péché originel au XIIe siècle. La tradition augustinienne*, ibid., p. 236-274.

— *Psychologie et morale aux XIIe et XIIIe siècles*, 6 tomes, Gembloux, 1942-1960.

Lubac, H. de — *Exégèse médiévale*, 2 tomes, Paris, 1959.

Manitius, M. — *Geschichte der lateinischen Literatur des Mittelalters*, t. II, Munich, 1931.

Mansi, J.D. — *Sacrorum conciliorum nova et amplissima collectio*, Florence, 1757-1798.

Mariétan, J. — *Problème de la classification des sciences d'Aristote à saint Thomas*, Paris, 1901.

Martène-Durand. — *Voyage littéraire de deux Religieux Bénédictins de la Congrégation de Saint-Maur*, Paris, 1724.

Martin, R. M. — *Œuvres de Robert de Melun*, t. I, *Questiones de divina pagina* (*Spicilegium Sacrum Lovaniense, 13*), Louvain, 1932 ; t. II, *Questiones (theologice) de Epistolis Pauli*, Louvain, 1938 ; t. III, vol. 1 et 2 : *Sententie* (inachevé), Louvain, 1947-1952.

— *Le péché originel d'après Gilbert de la Porrée (1154) et son école*, dans *Revue d'histoire ecclésiastique*, t. XIII, 1912, p. 674-691.

Mazzantini, C. — *Il platonisme della scuola di Chartres. Lezzioni raccolte da L. Gazzola Palazzo*, Turin, 1958.

Merlet, L. — *Lettres d'Yves de Chartres et d'autres personnages de son temps*, dans *Bibliothèque de l'école des chartes*, 4e série, t. I, Paris, 1855, p. 443-471.

Metamorphosis Goliae. — Voir ci-dessous Th. Wright, *The latin Poems...*

Meyer, W. — *Die Anklagesätze des hl. Bernard gegen Abaelard*, dans *Nachrichten der kön. Gesellschaft der Wissenschaften in Göttingen*, 1898, p. 397-468.

Michel, A. — art. *Incarnation*, dans *Dictionnaire de théologie catholique*, t. VII, 2, 1445-1539.

Miano, V. — *Il commento alle lettere di S. Paolo di Gilberto Porretano*, dans *Acta Congressus scholastici internationalis Romae a.s. MCML celebrati*, Rome, 1951, p. 171-199.

Miraeus, A. — *Bibliotheca ecclesiastica*, Anvers, 1639.

Muckle, J.T. — *Greek Words Translated directly into Latin before 1350*, dans *Mediaeval Studies*, t. IV, 1942, p. 33-42, t. V, 1943, p. 102-114.

Mullach, F. — *Chalcidii Timaeus ex Platonis Dialogo translatus*, dans *Fragmenta Philosophorum Graecorum*, Paris, 1867, p. 147-180.

O'Donnell, J.R. — *The Meaning of* Silva *in the Commentary on the Timaeus of Plato by Chalcidius*, dans Mediaeval Studies, t. VII, 1945, p. 1-20.

Ostlender, H. — *Peter Abaelards* Theologia Summi Boni *(Beiträge zur Geschichte der Philosophie und Theologie des Mittelalters, XXXV)*, Munster, 1939.

Othon de Freising. — *Gesta Friderici Imperatoris* ; MGH.SS. t. XX, p. 347-493, et dans *Scriptores rerum germanicarum in usum scolarium*, Hanovre, 1912.

— 1158-1958 (Tiré à part des) *Analecta Sacri Ordinis Cisterciensis*, t. XIV, 1958, p. 151-345, Rome, 1958.

Ott, L. — *Untersuchungen zur theologischen Briefliteratur der Frühscholastik unter besonderer Berücksichtigung des Viktorinerkreises (Beiträge zur Geschichte der Philosophie und Theologie des Mittelalters, XXXIV)*, Munster, 1937.

— *Die Trinitätslehre Walters von Mortagne als Quelle der Summa Sententiarum*, dans Scholastik, t. XVIII, 1943, p. 78-90, 219-239.

— *Die Trinitätslehre der* Summa Sententiarum *als Quelle des Petrus Lombardus*, dans Divus Thomas, ser. III, t. XXI, 1943, p. 159-186.

Ottaviano, C. — *Joachimi Abbatis liber contra Lombardum (Scuola di Gioachino da Fiore)*, Rome, 1934.

Paré, G., Brunet, A., Tremblay, P. — *La Renaissance du XIIe siècle. Les écoles et l'enseignement (Institut d'études médiévales d'Ottawa, III)*, Paris/Ottawa, 1933.

Parent, J.M. — *La doctrine de la création dans l'école de Chartres. Étude et textes (Institut d'études médiévales d'Ottawa, VIII)*, Paris/Ottawa, 1938.

Pelster, F. — *Eine ungedruckte Einleitung zu einer zweiten Auflage des* Eulogium ad Alexandrum Papam III Johannis Cornubiensis, dans Historisches Jahrbuch, t. LIV, 1934, p. 223-229.

— *Gilbert de la Porrée, Gilbertus Porretanus oder Gilbert Porreta ?*, dans Scholastik, t. XIX-XXIV, 1944/49, p. 401-403.

— *Die anonyme Verteidigungsschrift der Lehre Gilberts von Poitiers im Cod. Vat. 561 und ihr Verfasser Canonicus Adhemar von Saint-Ruf in Valence (um 1180)*, dans Studia Mediaevalia in hon. Adm. Rev. P. Raym. Jos. Martin, O.P., Bruges, 1948, p. 113-146.

— *Petrus Lombardus und die Verhandlungen über die Streitfrage des Gilbertus Porreta in Paris (1147) und Reims (1148)*, dans Miscellanea Lombardiana, Novare, 1957, p. 65-73.

Pierre Abélard. — *Opera omnia* ; PL. CLXXVIII.

— *Tractatus de unitate et trinitate divina* ; édit. R. Stölzle, Fribourg, 1891.

— *Logica ingredientibus, Logica Nostrorum petitioni Sociorum* ; édit. B. Geyer, Munster, 1919-1933.

— *Introductiones parvulorum (Editio super Porphyrium, Glossae in Categorias, Editio super Aristotelem De interpretatione, De divisionibus, Super Topica Glossae)* ; édit. M. Dal Pra, Rome-Milan, 1954.

— *Dialectica* ; édit. L.M. DE RIJK, Assen, 1956.
— *Historia calamitatum* ; édit. J.M. MUCKLE, dans *Mediaeval Studies*, t. XII, 1950, p. 163-213.
— *Apologia* ; édit. P. RUF et M. GRABMANN, *Ein neuaufgefundenes Bruchstück der* Apologia *Abaelards*, dans *Sitzungsberichte der Bayerischen Akademie der Wissenschaften*, Munich, 1930.
— *Theologia « Summi Boni »* ; édit. H. OSTLENDER, Munster, 1939.
PIERRE DE CELLE. — *Opera* ; PL. CCII.
PIERRE LOMBARD. — *Libri IV Sententiarum* ; édit. QUARACCHI, 1916.
— *Collectanea super Beati Pauli epistolas* ; PL. CXCI, 1297-1669, XCXII, 9-520.
POOLE, R.L. — *Illustrations of the History of Mediaeval Thought and Learning*, 1er éd., Londres, 1884, 2e éd., New York, 1920.
— *The Masters of the Schools at Paris and Chartres in John of Salisbury's Time*, dans *English Historical Review*, 1920, p. 321-342.
POPPENBERG, E. — *Die Christologie des Hugo von St. Viktor*, Hiltrup, 1937.
PORTALIÉ, E. — *Abélard*, dans *Dictionnaire de théologie catholique*, t. I, 36-55.

RAND, E.K. — *I. Der Kommentar des Johannes Scottus zu den* Opuscula sacra *des Boethius. II. Der Kommentar des Remigius von Auxerre zu den* Opuscula sacra *des Boethius (Quellen und Untersuchungen zur lateinischen Philologie des Mittelaters*, 1, 2), Munich, 1906.
— *Founders of the Middle Ages*, Cambridge (U.S.A.), 1928.
— *CR. de V. Schurr, Die Trinitätslehre des Boethius*, dans *Speculum*, t. II, 1936, p. 153-156.
RATHBONE, E. — *Notae super Johannem secundum magistrum Gil(bertum)*, dans *Recherches de théologie ancienne et médiévale*, t. XVIII, 1951, p. 205-210.
RÉGNON, TH. DE — *Études de théologie positive sur la sainte Trinité*, Paris, t. II, 1892.
RÉMUSAT, CH. DE — *Abélard*, Paris, 1845.
RIVIÈRE, J. — *Les « capitula » d'Abélard condamnés au concile de Sens*, dans *Recherches de théologie ancienne et médiévale*, t. V, 1933, p. 5-22.
ROBERT, G. — *Les écoles et l'enseignement de la théologie pendant la première moitié du XIIe siècle*, Paris, 1909.
ROBERT DE MELUN. — Voir ci-dessus R. M. MARTIN.
ROLAND BANDINELLI. — *Sententiae* ; édit. A. GIETL, Fribourg, 1891.
ROLAND-GOSSELIN, M.D. — *Le* De ente et essentia *de saint Thomas d'Aquin. Texte établi d'après les manuscrits parisiens. Introduction, notes et études historiques (Bibliothèque thomiste, VIII)*, Kain (Belgique), 1926.
RUF, P. ET GRABMANN, M. — *Ein neuaufgefundenes Bruchstück der* Apologia *Abaelards*, dans *Sitzungsberichte der Bayerischen Akademie der Wissenschaften, Phil. — hist. Abteilung*, fasc. 5, Munich, 1930.
RIJK, L.M. DE — *Abaelard als exponent van het wijsgerig leven in de twaalfde eeuw*, dans *Bijdragen*, 1961, p. 40-49.

Sanderus, A. — *Bibliotheca belgica manuscripta*, t. I, Lille, 1641.
Schaarschmidt, C. — *Johannes Saresbariensis nach Leben und Studien, Schriften und Philosophie*, Leipzig, 1862.
Schedler, M. — *Die Philosophie des Macrobius und ihr Einfluss auf die Wissenschaft des christlichen Mittelalters* (Beiträge zur Geschichte der Philosophie des Mittelalters, XIII, 1), Munster, 1916.
Schmaus, M. — *Die Trinitätslehre des Simon von Tournai*, dans Recherches de théologie ancienne et médiévale, t. III, 1931, p. 373-396.
— *Die Texte der Trinitätslehre in den Sentenzen des Simon von Tournai*, dans Recherches de théologie ancienne et médiévale, t. IV, 1932, p. 59-72, 187-198, 292-307.
Schmidlin, J. — *Die Philosophie Ottos von Freising*, dans Philosophisches Jahrbuch, t. XVIII, 1905, p. 156-175, 312-322, 407-423.
— *Otto von Freising als Theologe*, dans Der Katholik, t. LXXXV, 1905, II, p. 81-112, 161-182.
Schmidt, M.A. — *Gottheit und Trinität nach dem Kommentar des Gilbert Porreta zu Boethius De Trinitate*, Bâle, 1956.
Schneider, J. — *Die Lehre vom dreieinigen Gott in der Schule des Petrus Lombardus* (Münchener theologische Studien, 22), Munich, 1961.
Schurr, V. — *Die Erkenntnislehre beim Beginn der Frühscholastik*, Fulda, 1922.
— *Die Trinitätslehre des Boethius im Lichte der « Skytischen Kontroversen »* (Forschungen zur christlichen Literatur- und Dogmengeschichte, *18,1*), Paderborn, 1935.
Schwane, J. — *Dogmengeschichte der mittleren Zeit*, Fribourg (B), 1882.
Sententiae divinitatis. — Voir ci-dessus B. Geyer.
Sententiae Hermanni. — PL. CLXXXVIII, 1695-1758.
Sententiae Parisienses. — édit. A. Landgraf, *Écrits théologiques de l'école d'Abélard* (Spicilegium Sacrum Lovaniense, *14*), Louvain, 1934, p. 3-60.
Sikes, J.G. — *Peter Abailard*, Cambridge, 1932.
Silvain, R. — *Le texte des commentaires sur Boèce de Gilbert de la Porrée*, dans Archives d'histoire doctrinale et littéraire du Moyen Âge, t. XV, 1946, p. 175-189.
Simon, M. — *La glose de l'épître aux Romains de Gilbert de la Porrée*, dans Revue d'histoire ecclésiastique, t. LII, 1957, p. 51-81.
Smalley, B. — *Gilbertus Universalis, Bishop of London (1128-1134) and the Problem of the Glossa ordinaria*, dans Recherches de théologie ancienne et médiévale, t. VII, 1935, p. 235-262.
— *La Glossa Ordinaria. Quelques prédécesseurs d'Anselme de Laon*, ibid., t. IX, 1937, p. 365-400.
— *The Study of the Bible in the Middle Ages*, Oxford, 1941.
Spicq, C. — *Esquisse d'une histoire de l'exégèse latine au moyen âge* (Bibliothèque thomiste, XXVI), Paris, 1944.
Stegmüller, F. — *Sententiae Berolinenses. Eine neugefundene Sentenzensammlung aus der Schule des Anselm von Laon*, dans Recherches de théologie ancienne et médiévale, t. XI, 1939, p. 33-61.

— *Repertorium commentariorum in Sententias Petri Lombardi*, Wurtzbourg 1947.
— *Repertorium biblicum Medii Aevi*, Madrid, 1950.
STUDENY, R. F. — *John of Cornwall, an Opponent of Nihilianism. A Study in the Christological Controversies of the Twelfth Century*, Mödling (Vienna), 1939.
SWITALSKI, B.W. — *Des Chalcidius Kommentar zu Platos Timaeus. Eine historisch-kritische Untersuchung (Beiträge zur Geschichte der Philosophie des Mittelalters, III, 6)*, Munster, 1902.
SUMMA SENTENTIARUM ; PL. CLXXVI, 9-124.

THIERRY DE CHARTRES. — *De sex dierum operibus ;* édit. B. HAURÉAU, dans *Notices et extraits de quelques manuscrits de la Bibliothèque Nationale*, t. I, Paris, 1890, p. 52-68 (fragment) ; édit. critique de N. M. HARING, dans *Archives d'histoire doctrinale et littéraire du Moyen Âge*, t. XXII, 1955, p. 184-200.
— *Glossa super Boethium De Trinitate ;* édit. N. M. HARING, *ibid.*, t. XXIII, 1956, p. 266-325.
— *Lectiones in Boethii Librum De Trinitate ;* édit N. M. HARING, *ibid.*, XXV, 1958, p. 125-226.
— *Commentum super Boethium De Trinitate ;* édit. N. M. HARING, *ibid.*, t. XXVII, 1960, p. 80-134.
— *Commentum super Boethium De hebdomadibus ;* édit. N. M. HARING, *ibid.*, p. 134-136.
THUROT, CH. — *Notices et extraits de divers manuscrits latins pour servir à l'histoire des doctrines grammaticales au moyen âge (Notices et extraits des manuscrits de la Bibliothèque Impériale et autres bibliothèques, XXII, 2)* Paris, 1868.

USENER, H. — *Gislebert de la Porrée*, dans *Jahrbuch für protestantische Theologie*, t. V, 1895, p. 183-192, reproduit dans *Kleine Schriften von Hermann Usener*, Leipzig, 1913, p. 154-162.

VACANDARD, É. — *Vie de saint Bernard*, Paris, 1910.
VANDEN EYNDE, D. — *L'œuvre littéraire de Géroch de Reichersberg (Spicilegium Pontificii Athenaei Antoniani)*, Rome, 1957.
— *Autour des* Enarrationes in Evangelium S. Matthei *attribuées à Geoffroy Babion*, dans *Recherches de théologie ancienne et médiévale*, t. XXVI, 1959, p. 50-84.
VAN DE VIJVER, A. — *Vroeg-middeleeuwse wijsgerige verhandelingen*, dans *Tijdschrift voor Philosophie*, t. IV, 1942, p. 156-199.
VANNI ROVIGHI, S. — *La filosofia di Gilberto Porretano (Miscellanea del Centro di Studi mediaevali*, vol. LVIII), Milan, 1956, p. 1-64.
VERNET, F. — *Gilbert de la Porrée*, dans *Dictionnaire de théologie catholique*, t. VI, 1350-1358.
VICAIRE, M.H. — *Les Porrétains et l'avicennisme avant 1215*, dans *Revue des sciences philosophiques et théologiques*, t. XXVI, 1937, p. 449-482.

Walter Map. — voir ci-dessous Th. Wright.

Weisweiler, H. — *Maître Simon et son groupe* De Sacramentis *(Spicilegium Sacrum Lovaniense, 17)*, Louvain, 1937.

— *Drei unveröffentlichte Briefe aus der christologischen Streit Gerhohs von Reichersberg*, dans Scholastik, t. XIII, 1938, p. 22-48, 225-246.

— *Das Schrifttum der Schule Anselms von Laon und Wilhelms von Champeaux in den deutschen Bibliotheken (Beiträge zur Geschichte der Philosophie und Theologie des Mittelalters, XXXIII, 2)*, Munster, 1939.

— *Die ältesten scholastischen Gesammtdarstellungen der Theologie. Ein Beitrag zur Chronologie der Sentenzenwerke der Schule Anselms von Laon und Wilhelms von Champeaux*, dans Scholastik, t. XVI, 1941, p. 231-245, 351-368.

— *Wie entstanden die frühen* Sententiae Berolinenses *der Schule Anselms von Laon ? Eine Untersuchung über die Verbindung von Patristik und Scholastik*, ibid., t. XXXIV, p. 321-369.

Westley, R.J. — *A Philosophy of the Concreted and the Concrete. The Constitution of Creatures according to Gilbert de la Porrée*, dans Modern Schoolman, t. XXXVII, 1959/60, p. 257-286.

Williams, M.E. — *The Teaching of Gilbert Porreta on the Trinity as Found in His Commentaries on Boethius*, Rome, 1951.

Wilmart, A. — *Un commentaire des psaumes restitué à Anselme de Laon*, dans Recherches de théologie ancienne et médiévale, t. VIII, 1936, p. 325-344.

Wright, Th. — *The Latin Poems commonly Attributed to Walter Mapes*, Londres, 1841.

— *De nugis curialium*, Londres, 1851.

Wrobel, J. — *Platonis Timaeum interprete Chalcidio cum eiusdem commentario ad fidem manuscriptorum recensuit*, Leipzig, 1876.

Ysagoge in theologiam. — édit. A. Landgraf, *Écrits théologiques de l'école d'Abélard (Spicilegium Sacrum Lovaniense, 14)*, Louvain, 1934, p. 65-285.

TABLE ALPHABÉTIQUE
DES NOMS PROPRES ET DES MATIÈRES

Abélard, V. Pierre Abélard.
Abstraction, des mathématiques, 113, 146, 149, 150, 155, 193, 200, 212, 215-217, 246-250, 289, 293, 326, 335, 342, 387, 388 ; de la théologie, 113, 166, 170, 171, 192, 247-250, 261, 289, 290, 341 ; et la classification des sciences, 164, 246-250 ; et l'universalité, 193, 200, 202.
Achard de Saint-Victor, 67.
Achéry, J. L. d', 41.
Adam de Petit-Pont, 107.
Adélard de Bath, 20.
Adhémar de Saint-Ruf. V. *Defensio Gilberti*.
Adoptianisme, 408-410, 412, 414, 424.
Alain de Lille, 209, 220, 225, 235, 236.
Albéric, cardinal d'Ostie, 99.
Albéric de Paris. 129.
Albéric de Reims, 118, 129, 329, 330.
Albéric (Aubri) de Trois-Fontaines, 46.
Albert le Grand (S.), 70.
Albin, cardinal d'Albano, 56, 62, 78-80, 86, 409.
Alcuin, 52, 328.
Alexandre III, pape, 367, 421, 434, 447.
Amaury de Bène, 219, 257, 258.
Ambroise (S.), 30, 53.
Ame. V. Homme.
Analogie, en théologie, 53, 236, 263-271, 299, 301, 303, 308,
313, 314, 326, 337, 342, 344, 364, 375, 380, 386, 391, 458.
Anselme de Cantorbéry (S.), 233, 234, 251, 328, 457.
Anselme de Laon, 15, 16, 20-24, 28, 46, 48, 52, 54, 57, 59, 118, 129, 138, 139.
Antiqui, 207, 208, 230, 231.
Appositio, 169-172, 183, 383, 384, 388, 389, 436-438, 449, 454.
Aristarche, 148.
Aristote, pseudépigraphes, 69-71 ; abstraction, 192, 193 ; *anima forma corporis*, 185, 377 ; classification des sciences, 244-246, 251 ; habitus, 180, 449, 451 ; *libri naturales*, 20 ; logique, 16-18, 69, 129, 132, 134, 138-142, 145, 159, 161, 165, 183, 184, 188, 246, 274-276, 301, 344, 413, 457 ; matière et forme, 165, 185 ; nature, 370, 372 ; philosophie, 218, 251, 413, 454 ; prédicaments, 148, 149, 180, 301, 302, 344, 449 ; principe d'individualité, 186 ; psychologie, 218 ; puissance et acte, 183, 184, 448 ; *species motus*, 162, 163, 372 ; substance, 149 ; *topos*, 236, 238, 243 ; universaux, 199, 201, 202 ; *unum et esse convertuntur*, 179.
Arius et arianisme, 113, 233, 242, 280-282, 284, 298, 299, 340, 346, 348, 353, 356, 364, 408, 410, 411, 414, 424.
Arnaud de Brescia, 103.

Arno de Reichersberg, 9, 56, 409.
Arts libéraux, et humanisme littéraire, 16, 131 ; à l'École de Chartres, 19, 20, 22, 37, 38, 129, 455 ; et méthode, 37, 38, 87, 90, 128-130, 455, 456, 458 ; et théologie, 38, 39, 89, 90, 94, 128, 136, 208, 332, 455. V. aussi Grammaire, Dialectique, Quadrivium.
Athanase (S.), 35, 36, 68, 69, 112, 388, 426, 428.
Augustin (S.), autorité, 30, 35, 50, 459 ; platonisme, 17, 168, 170, 262, 377 ; nature de la théologie, 210, 221, 227, 229, 231, 342, 457 ; Dieu-Trinité, 262, 322, 328, 344, 354 ; Christologie, 393, 410, 417, 426 ; création, 163.
Autorité, *auctor*, 208, 229-231, 233, 275 ; argument d'autorité, 36, 37, 80-82, 90, 92, 96, 110, 111, 113, 207, 208, 229-232, 269, 270, 275, 322, 327, 328, 393, 407, 410, 420, 432, 458.

Bach, J., 368, 408, 410, 411, 412, 444, 454.
Bäumker, Cl., 71.
Baptême, 114, 116.
Barach, C. S., 17.
Bardenhewer, O., 71.
Baur, L., 245.
Bède le Vénérable (S.) = Guillaume de Conches, 17 ; = commentaire anonyme sur Boèce, 19, 96, 218, 341.
Bédoret, H., 71.
Bérenger, disciple d'Abélard, 91.
Berger, S., 59.
Bergeron, M., 189.
Bernard de Chartres, maître de Gilbert, 15, 16, 20, 23-26, 29, 31, 72, 129, 455 ; méthode, 20, 32, 38, 96, 128-142, 145, 245, 333, 455 ; théorie des idées,

169, 200-202 ; « panthéisme chartrain », 258.
Bernard de Clairvaux (S.), personnalité, 9, 10, 22, 27, 32, 33, 50, 82-98, 209, 433, 435 ; et les sciences profanes, 38, 90, 243, 332, 333, 358, 458, 460 ; partisans, 81, 95-98, 102, 117-119, 460 ; adversaires, 77, 79, 98-101, 118 ; réfutation d'Abélard, 22, 83, 91, 92, 95, 101, 103, 424, 434 ; réfutation de Gilbert, 11, 43, 48-50, 62, 279, 292, 320-329, 333-336, 341-343, 354, 358, 403-405, 418, 434, 455 ; débats conciliaires, 103-117, 279, 289, 404, 405 ; profession de foi, 64, 81, 85, 89 ; décision du Concile, 62, 64, 89-95, 117-124.
Bernard Silvestre, 17, 19, 71, 258, 259.
Berthaud, A., 43, 45, 48, 51, 53, 58, 70, 71, 128.
Bliemetzrieder, F., 20, 52.
Boèce, autorité, 17, 403, 404, 455-457, 459 ; logique, 20, 132, 134, 141, 147-151, 303-317, 413 ; théorie de l'être, 153-159, 162-169, 174-179, 183, 188-201 ; nature de la théologie, 207-276, 300, 301 ; unité divine, 279, 285-296, 338, 341, 344 ; noms divins, 279, 296, 303-317 ; trinité divine, 279, 296, 346-348, 359, 362-364 ; Christologie, 382-402, 452 ; définition de nature, 369-375 ; définition de personne, 362-364, 375-382, 436, 453 ; les commentaires sur ses écrits, 10, 17, 18, 19, 33-36, 41, 42, 53, 59-67, 72, 96, 111, 120, 142.
Brial, D., 15, 31.
Brosch, H. J., 253, 254, 285.
Brunet, A., 16, 22, 128.
Brunner, F., 260.

Calo, archidiacre de Poitiers, 102.

TABLE ALPHABÉTIQUE DES NOMS PROPRES ET DES MATIÈRES 485

Capelle, G. C., 258.
Cappuyns, 258.
Cassiodore, 47.
Célestin III, pape, 79.
Chalcidius, commentaire sur le *Timée*, 17, 20, 165, 166.
Chartres, École de, 9, 16-27, 29, 31, 36, 38, 39, 71, 96, 120, 127-137, 154, 164, 165, 169, 188, 218-221, 244, 245, 257-259, 330-334, 455-459.
Chenu, M. D., 18, 19, 53, 131, 209, 220, 231, 236, 241, 245, 251, 274, 276, 332, 333.
Chossat, M., 283, 335.
Christologie, 56, 57, 244, 367-455 ; Incarnation, 113, 115, 117, 119, 319, 390, 391, 395, 402, 404-406, 408, 414, 418, 422, 425, 428, 430-432, 441, 442, 446, 447, 452, 453 ; union hypostatique, 320, 340, 383, 386-393, 395, 397-401, 403, 405, 406, 408-455 ; théorie de l'*assumptus homo*, 413-416, 418-421, 425, 434-440, 442, 443, 448, 452, 453 ; théorie de la subsistance, 416, 417, 420, 421-429, 432, 434, 447, 448 ; théorie de l'habitus, 413, 414, 416, 417, 420, 423, 425-427, 447-449, 452 ; personne du Christ (Verbe), 186, 383, 389-395, 398, 401, 405-408, 411, 413, 414, 417-420, 422-432, 435, 436, 438-441, 443, 445-447, 452, 453 ; propriété personnelle du Christ, 388-390, 392, 393, 405, 415, 430, 431, 438, 440, 445, 446, 451, 454 ; les deux natures, 375, 382, 383, 386-395, 398-401, 404, 409, 411, 415-419, 426-432, 435, 438-442, 446, 447, 450, 451, 453, 454 ; humanité du Christ, 386-388, 391, 392, 394, 395, 397, 401, 402, 408, 409, 413-417, 438, 443-446, 451, 452 ; l'« aliquid » humain du Christ, 413-417, 419, 425, 442, 443 ;
nihilisme christologique, 409, 410, 412-417, 420, 421, 424, 425, 443, 447 ; unité du Christ, 383, 388-390, 392, 394, 400, 401, 411, 418, 420, 423-425, 427-431, 436-440, 442, 446, 451, 453.
Cicéron, 236, 239, 375.
Clarembault d'Arras, 19, 33, 36, 52, 96, 97, 120, 154, 164, 187, 188, 195, 214, 246, 251, 257, 258-260, 274 ; « panthéisme chartrain », 257-261.
Classen, P., 68.
Clerval, A., 13, 15, 16, 24, 25, 26, 27, 43, 48, 51, 58, 70, 71, 87, 128, 258.
Codex Galteri, 12.
Colker, M. L., 36, 110.
Collectio, 189, 191, 192, 196, 203.
Commendatio Gilberti, 12, 14, 24, 29, 30, 38, 46, 55, 61.
Communicatio idiomatum, 400, 401, 408, 411, 430, 431, 450, 451, 454.
Composition, définition, 147, 159, 160, 172-178, 182, 183, 285, 288-291, 293, 339, 340, 361, 384-386, 389, 394, 396, 398, 436, 446, 448-451, 454 ; éléments composants, 147, 172-178, 180-182, 185, 197, 290, 291, 339, 372, 373, 377, 385-387, 389, 400, 428, 429, 438, 441, 447-450 ; composition et mélange, 172, 173, 385, 386, 394, 397-400, 429, 448, 450 ; composition et unité, 172, 190-192, 253, 385, 389-392, 400, 401, 438, 449, 454.
Concretio, 162, 164, 167, 184, 191, 199, 286, 292, 341, 449.
Conformité (similitude), et universalité, 167, 189-191, 194-203, 281, 284, 285, 390, 444, 445 ; et composition, 156, 160, 173, 384, 394, 436, 440.

Connaissance, théorie de la connaissance, 211-218, 241, 246-251, 326, 327, 331, 341, 342, 370, 377 ; C. sensitive, 212, 214-216, 246, 250, 371 ; C. intellectuelle, 211, 213-218, 235, 238, 247, 248, 250, 251, 262, 371, 377 ; *rationalis — intellectualis*, 68, 160, 161, 214-216, 246-251 ; C. de Dieu, 168, 207-241, 247, 267, 283, 300-302, 313, 318, 326, 327, 341, 342, 458 ; *docta ignorantia*, 210 ; connaître et comprendre, 210, 211, 214, 217, 235 ; C. de la foi et C. naturelle de Dieu, 211, 223-227 ; *ratio superior — ratio inferior*, 216 ; C. et foi, 21, 93, 97, 207-211, 220, 222-230, 235, 251, 262, 263, 268, 269, 275, 284, 285, 457, 459.
Constantin l'Africain, 20.
Cornificiens, 14, 38, 130, 242.
Corps. V. Homme.
Cottiaux, J., 58, 92, 214, 222, 227, 231, 283, 329, 330, 350, 351.
Courcelle, P., 17.
Création, 156, 161-164, 169, 170, 252, 256, 257, 259-261, 292, 341, 373, 449 ; *ex nihilo*, 163, 165, 259, 395, 431.

Davy, M., 101, 124.
Defensio Gilberti, 33, 37, 61, 64, 65, 80, 81, 91, 121, 219.
Définition, nature, 369, 370, 373.
Degl'Innocenti, U., 238.
Delhaye, Ph., 17.
Démiurge. V. *Opifex*.
Denifle, H., 11, 12, 13, 23, 45, 55, 57, 78, 79, 115, 409, 410, 412, 424.
Denis, L., 131.
Denys l'Aréopagite, ps.-, 207, 213, 218, 219, 328.
De unitate divinae essentiae..., 70.
Deutsch, M., 28, 101, 110, 330.
De Wulf, M., 65, 128, 258, 259.

Dialectique, à l'École de Chartres, 16-18, 129, 130, 132, 133 ; aristotélicienne, 17, 18, 129, 134, 138, 140-142, 159, 161, 165, 173, 183, 194, 195, 197, 199, 236, 238, 243, 246, 274, 275, 276, 301, 344, 351, 412, 456 ; et grammaire, 18, 132-135, 138, 140, 143-146, 153, 198, 306, 336 ; et méthode philosophique, 128, 132, 135, 142-145, 148, 153, 157-159, 161, 190, 198, 239, 243, 261, 262, 306, 326, 327, 336, 372, 456 ; et méthode théologique 18, 27, 28, 38, 39, 47, 86, 96, 106, 128, 129, 135, 209, 210, 217, 240, 241, 243, 271, 325, 326, 327, 340-343, 346, 347, 351, 352, 355, 357, 358, 360, 361, 368, 387, 393, 407, 410, 412-414, 416, 434, 437, 453, 456, 458, 460 ; anti-dialecticiens, 27, 92-95, 241, 332, 434, 453.
Dialogus Everardi et Ratii, 29, 38, 80, 86, 88, 95, 127, 219.
Dieu, existence, 282, 283 ; divinité, 104, 105, 111, 112, 114, 117, 119, 287, 291, 292, 319-322, 324, 327-329, 334-338, 343, 344, 354, 358, 386-388, 391, 393, 398-400, 404, 406, 407, 415, 424-429, 440, 446, 447, 451, 453 ; essence, 105, 111, 216, 217, 252, 253, 257, 260-262, 267, 281-283, 285, 286, 288-297, 299, 300, 302, 304, 305, 309, 311-317, 319-329, 331, 338, 339, 340, 344-349, 351-359, 361-364, 380-382, 387, 392, 394, 398, 406, 422, 430, 437, 439, 441, 442, 443 ; être, 105, 112, 169, 217, 218, 252-254, 256, 261-263, 285-287, 289, 291, 293, 302, 321, 342, 345, 356, 357, 361, 375, 381 ; forme, 105, 111, 112, 215, 252, 257, 260-262, 281, 286-291, 295, 304, 305,

319, 322-325, 327, 336, 339, 341, 345, 351, 417 ; nature, 111-114, 117, 119, 122, 217, 284, 287, 288, 298, 308, 312, 319, 322, 324, 329, 368, 375, 383, 387-395, 398, 400, 401, 404-408, 411, 415-418, 422, 423, 425-429, 431, 432, 435, 437, 439-442, 444-447, 450, 451 ; substance, 111, 119, 192, 217, 262, 263, 265, 280, 281, 286-289, 291, 303-305, 316, 317, 322, 324, 329, 333, 344, 348, 350, 351, 353, 354, 358-360, 363, 364, 380-382, 389, 393, 404, 422-427, 429, 430, 432, 435-437, 439 ; unité et simplicité, 111, 112, 117, 119, 175, 176, 217, 228, 261, 263, 279-296, 297-300, 302, 304, 309, 314-318, 321-325, 327, 328, 331, 332, 335, 337-339, 341-364, 375, 380-382, 392, 442 ; nature et personnes, 113, 114, 117, 119, 122, 280-284, 289, 294, 298, 305, 312, 314-316, 339, 345, 347, 352-354, 357, 358, 361, 368, 408, 429-431, 444 ; personnes divines, 105, 106, 112-114, 117, 119, 122, 186, 228, 264-266, 280-282, 284, 289, 293, 296, 298, 299, 312-319, 339, 340, 344, 348-359, 362-364, 380-382, 391, 406, 430, 431, 445 ; propriétés personnelles, 113, 114, 117, 119, 280, 281, 298, 300, 314-320, 329, 340, 347-350, 352-354, 356-364, 381, 391, 440, 444-446 ; relations, 119, 220, 302, 310-319, 344-348, 353-364, 445 ; pluralité en Dieu, 105, 106, 111-114, 122, 124, 280-284, 286, 295, 296, 298, 300-302, 315, 317, 321, 323, 339, 340, 343-349, 356-358, 362, 364, 381 ; attributs *(nomina divina)*, 104, 111, 119, 169, 170, 265-268, 283, 292, 293, 302-312, 315-317,

323, 324, 328-335, 337, 338, 342, 344, 345, 349-358 ; créateur, 163, 164, 168-170, 213, 224, 252-257, 261, 308, 363, 371, 381, 382 ; transcendance, 209-211, 216, 218, 227, 267, 273, 299, 300, 313, 318, 341, 342 ; *Deus est divinitas*, 104, 105, 111, 112, 114, 117, 287, 289, 292, 319-323, 325, 327, 328, 334-336, 338, 342, 343, 354, 405-408; *Deus est essentia*, 111, 122, 213, 252, 289, 292, 342, 381 ; *Deus est ipsum esse*, 252, 253, 257, 261-263, 287, 295 ; *Deus est esse (forma) omnium*, 253, 257-260, 381 ; *Deus est id quod est*, 290, 291, 375.
Disciplina. V. Mathématique.
Distinction, grammaticale, 143-145, 155, 178, 335, 336, 339, 340, 346, 458 ; logique, 143-145, 155, 161, 178, 210, 335, 336, 339, 340, 346, 361 ; philosophique, 143-145, 153-156, 160, 161, 164, 170, 174-178, 180-183, 187, 196, 212, 254, 305, 306, 335, 336 ; numérique, 182, 183, 187, 188, 190, 194, 198, 201, 203, 281, 284, 291, 293-295, 307, 317, 358, 359, 362, 364.
Dominicus Gundissalinus, 245.
Donat, 130, 331, 456.
Duhem, P., 19, 20.
Duplessis d'Argentré, 325.

Éléments, 134, 166, 167.
Elswijk, H. C. van, 48.
Émanatisme, 183, 254, 261.
Englhardt, G., 221, 222, 225, 227, 235, 239.
Entelecheia, 185, 377.
Épiphane (S.), 36.
Epitome theologiae christianae, 431.
Ernalde de Poitiers, 95, 102.
Éternité, des idées, 169, 170, 200, 201 ; de Dieu, 169, 170, 307-310.
Éthique, 130, 244.

Étienne d'Alinerra, 91, 120.
Étienne Langton, 26, 54.
Être, comme forme (essence, subsistance, nature), 111, 145-151 153-203, 212-214, 219, 245-248, 254-262, 281, 285, 286, 290-292, 305, 306, 310, 315, 339, 342, 363, 369, 370, 373, 376, 380, 384, 385, 395, 396, 446-451; *esse* et *quod est*, 144, 154-164, 167, 170, 172-177, 187, 196, 199, 212, 247, 249, 253, 286, 288, 289, 292, 296, 297, 299, 300, 305, 310, 316-320, 335-342, 369, 384-388, 411, 416, 417, 420, 435, 437, 444, 448, 449, 453; unité et simplicité de l'être, 150, 160, 172, 174-186, 191, 192, 196, 198, 201, 202, 253, 288, 289, 292, 384; singularité de l'être, 186-197, 201, 202, 294, 295, 363; universalité de l'être 188-203; composition de l'être, 147, 148, 167-185, 192, 281, 286, 288, 290, 291, 295, 384, 448; composition du *quod est*, 174-177, 180, 181, 197, 286, 288, 384, 385, 389, 448; *esse — aliquid esse*, 106, 168, 252-254, 261, 287, 290, 293, 295, 304, 342, 442.
Eugène III, pape, 30, 81, 87, 91, 98, 102-108, 115, 120.
Eutychès et eutychianisme, 382, 383, 386, 394, 395, 397-400, 404, 406, 408, 423, 435, 452.
Éverard. V. *Dialogus Everardi et Ratii*.
Extrinsecus affixa (praedicata), 160, 310, 315, 317, 347, 356, 357-360, 405, 449.
Ézéchiel, exposé par Abélard, 23.

Fabricius, J. A., 54.
Fidéisme, 230.
Filthaut, E., 70.
Flach, M., 49.

Foi, définition, 58, 220-225, 227, 229, 242, 251, 457; *assensio fidei*, 222-227, 234; certitude, 221, 225-229, 235, 271, 457, 459; contenu, 21, 209, 211, 220-224, 226-235, 238, 262-264, 268, 275, 298, 459; et théologie, 220, 221, 227-235, 238, 241, 251, 268-271, 275, 298, 301, 337, 368, 401, 402, 423, 457, 459. V. Autorité, Théologie.
Forest, A., 128.
Forme, *qualitas nominis*, prédicat, 136, 137, 139, 141, 144-147, 149-151, 153, 155-157, 160, 173, 175, 179, 181, 249, 287, 296, 333, 335, 337, 352, 387; forme divine, 168, 215, 217, 249, 252, 257, 258, 260, 261, 286-291, 293-295, 304, 319, 321, 324, 337, 339, 341, 374, 417; forme-idée, 168-171, 201, 262; *forma nativa* (substantielle), 135, 137, 147, 149, 150, 156-158, 160, 171, 172, 175, 177, 181, 184-186, 191, 200, 212, 246-255, 259, 260, 283, 285, 286, 288-290, 293, 294, 310, 311, 317, 335, 342, 351, 361, 372, 377, 385, 394, 396, 398, 411, 417, 444, 445, 448, 456; forme accidentelle, 135, 149, 150, 156-158, 160, 171, 172, 175-178, 181, 184, 185, 191, 213, 253-255, 260, 285, 286, 288-290, 295, 304, 310, 311, 313, 339, 342, 360, 362, 363, 372, 377, 379, 380, 382, 385, 445; forme et matière, 134, 144, 146, 162-168, 171, 185, 192, 193, 214, 216, 246-249, 286, 288, 293, 294, 324, 341, 449. V. Dieu, Être, Idée, Matière, *Nomen*.
Fournier, P., 79, 81, 91.
Fulbert de Chartres, 16.

Gallia Christiana, 9, 12, 28, 29, 30.

TABLE ALPHABÉTIQUE DES NOMS PROPRES ET DES MATIÈRES 489

Gammersbach, S., 43, 48, 49, 58, 59, 72.
Gauthier de Bruges, 12, 72, 73.
Gauthier de Mortagne, 333, 335.
Gauthier de Saint-Victor, 10, 115, 116, 120, 409.
Génération, 161-164, 171, 371, 372, 395 ; en Dieu. V. Dieu, personnes.
Genuina, 213, 224, 250.
Geoffroy d'Auxerre, sur la personnalité et la doctrine de Gilbert, 27, 33, 35, 86, 99, 104, 105, 170, 319-322, 324, 325, 327, 329, 337-340, 358-360, 364, 404-412 ; sur les écrits de Gilbert, 46, 56, 61, 62 ; sur le Concile de Reims, 10, 11, 77-79, 81-86, 89, 91, 98-100, 102-105, 107-109 ; sur les débats conciliaires, 104, 105, 110-114, 117-120, 319-321, 404 ; sur le rôle de saint Bernard, 81, 85, 89, 100, 105, 107-109, 404 ; sur la décision du Concile, 120-123.
Geoffroy Babion, 43, 51, 52.
Geoffroy de Poitiers, 221.
Gerhoh de Reichersberg, 56, 57, 405, 409, 424.
Gerson, J., 345.
Geyer, B., 14, 70, 115, 116, 120, 148, 218, 245, 258, 394, 414.
Ghellinck, J. de, 65, 131, 378, 421.
Gietl, A., 421.
Gilbert de Hoylandia (Hollandia), 49, 51.
Gilbert Lunicensis, 56.
Gilbert de Saint-Amand, 56, 57.
Gilbert l'Universel, 44, 46, 48, 51, 53, 118, 329, 334, 353, 355-357.
Gillebert de Westminster, 118.
Gilson, É., 17, 34, 95, 165, 200, 201, 259.
Glorieux, P., 10, 11, 115, 120.
Gloses scripturaires, 21, 23, 26, 27, 36, 44-59.
Glossa ordinaria, 27, 44, 46, 47, 48.

Glunz, H. H., 52.
Godefroy de Saint-Victor, 17.
Godescalc, abbé de Saint-Bertin, 44.
Godescalc, abbé de Mont-Saint-Éloi, 42, 110.
Grabmann, M., 17, 43, 60, 62, 66, 70, 72, 87, 89, 90, 131, 209, 218, 219, 245, 259, 274, 429.
Grammaire, à l'École de Chartres, 16, 18, 37, 38, 96, 128-148 ; spéculative, 18, 128, 131-135, 288 ; et méthode philosophique, 67, 128-148, 153, 155, 179, 190, 198, 243, 249, 306, 311, 331, 332, 334-336, 343, 372, 401, 456 ; et méthode théologique, 18, 38, 96, 128-132, 219, 220, 243, 249, 268, 284, 288, 291, 296, 302, 303, 306, 312, 315, 327, 330-334, 337-343, 346, 347, 352, 355, 357, 358, 360, 368, 381, 386, 387, 389, 390, 393, 405, 407, 412, 415, 416, 437, 456, 458, 460. V. Dialectique, Distinction, Forme, *qualitas nominis*, *Nomen*.
Grégoire (S.), 30, 50, 94, 140, 235, 328, 332.
Grimoard, évêque de Poitiers, 28.
Guérard, B., 26.
Guibert de Nogent, 41.
Guillaume d'Auxerre, 234.
Guillaume de Champeaux, 20, 129, 201, 202.
Guillaume de Conches, 17, 19, 22, 129, 131, 132, 164, 165, 168.
Guillaume de Saint-Thierry, 53, 424.
Gürlich, G. G., 49.

Habitus, 159-161, 172, 180, 413, 414, 416, 417, 420, 423, 425-427, 447-452 ; *naturalis — rationalis*, 161, 180, 181, 341, 450, 451.
Hain, L., 49.
Haring, N. M., 11, 19, 29, 34, 36, 38, 40, 41, 43, 60, 63, 65,

66, 67-69, 72, 80, 81, 97, 105, 106, 114, 128, 131, 154, 164, 165, 188, 209, 210, 218, 219, 260, 320, 327, 335, 336, 340, 359, 361, 363, 364, 368, 378, 404, 412, 413, 414, 418, 421, 426, 432, 434, 440, 447.
Haskins, Ch., 65.
Hauréau, B., 13, 14, 15, 19, 24, 25, 26, 29, 40, 51, 52, 56, 57, 59, 66, 70, 71, 91, 92, 128, 257, 258, 325.
Hayd, K., 326.
Hayen, A., 28, 29, 34, 43, 53, 57, 58, 59, 65, 70, 89, 116, 128, 209, 210, 217, 218, 222, 223, 225, 262, 263, 282, 320, 325, 326, 327, 329, 330, 336, 342, 361.
Hefele, K. J. von, 79, 87, 89, 104, 107.
Hélinand de Froidmont, 10, 91, 120.
Henri, cardinal d'Albano, 79.
Henri de Bruxelles (ps.-Henri de Gand), 52.
Henri de Gand, 42, 52.
Henri Murdac, 103.
Henri de Pise, 114, 117.
Herman de Carinthe, 20, 71.
Herman de Tournai, 53.
Hermès Trismégiste, 42, 59, 214.
Hermogène, 280.
Hermolaus Barbaro, 70.
Heysse, A., 70.
Hilaire de Poitiers (S.), 15, 16, 30, 31, 35, 88, 90, 106, 113, 322, 399, 455.
Hilaire, écolâtre de Poitiers, 15, 16, 36.
Histoire littéraire de la France, 12, 29, 40-45, 48, 50-52, 54, 56, 58, 59, 66, 67, 70, 71, 72, 73.
Hofmeister, A., 15, 86.
Homme, humanité, 161, 177, 187, 188, 190, 201, 386, 387, 391-393, 395-400, 405, 407, 408,

423-429, 431, 437, 439, 443 ; corps et âme, 172-174, 177, 180-182, 186, 188, 192, 371, 377, 384, 385, 388, 389, 392, 396, 416, 418, 419, 432, 434, 438, 444, 445, 447, 448, 450, 453 ; corps, 171, 214, 215, 371, 400, 426 ; âme, 67, 68, 177, 185, 190, 192, 215, 217, 371, 387, 378, 389, 400, 418 ; unité de l'homme, 172, 177, 180, 181, 183, 192, 195, 199, 201, 384, 385, 391, 411, 418, 438, 448, 450 ; mortalité, 396, 397, 402.
Homoousion, 299.
Honoré d'Autun, 17.
Horace, 90.
Hugues d'Auxerre, 118.
Hugues de Champfleuris, 107.
Hugues de Honau. V. *Liber de diversitate naturae et personae*.
Hugues de Rouen, 104, 106.
Hugues de Saint-Cher, 58.
Hugues de Saint-Victor, 44, 50, 129, 211, 218, 219, 221, 350, 351.
Huizinga, J., 131.
Humanisme. V. Arts libéraux.
Hunt, R.W., 128, 131, 133, 136, 137, 138.
Hyacinthe, cardinal. V. Célestin III.
Hypostase, 299, 362, 363, 378-382, 432.

Idées, 168-171, 192, 200, 201, 213, 247, 251, 262.
Imaginatio, 196, 213-215, 223, 246, 250.
Incarnation. V. Christologie.
Individualité, 186, 188-203, 294, 295, 313, 376-378, 380, 400, 444-446, 451. V. Aristote, Conformité, Être, singularité, Matière, Proprietas, Substance, Unité, Universalité.
Innéisme, 217, 262.
Innocent II, pape, 95, 101.

Intellectus. V. Connaissance.
Isidore de Séville, 138.

Jansen, W., 19, 33, 96, 154, 187, 188, 214, 246, 251, 257, 258, 261, 274, 275.
Jean Beleth, 27.
Jean de Cornouailles, 11, 367, 409, 410, 412, 413, 415, 416, 421, 422-427, 432, 433, 439, 443, 447, 451.
Jean Damascène (S.), 432.
Jean Duns Scot, 325, 326.
Jean de Salisbury, sur la vie et la personnalité de Gilbert, 9, 10, 13-17, 20-22, 25-39, 88, 93, 94, 458, 460 ; sur les écrits de Gilbert, 46, 50, 55, 61-65 ; sur le Concile de Reims, 77, 78, 83-95, 99-104, 114-117, 170, 322, 405, 406 ; sur le rôle de saint Bernard, 99, 100, 101, 108-110, 117-120 ; sur la décision du Concile, 119, 122-124, sur la philosophie de Gilbert, 129-135, 139-144, 151, 170, 199-203, 218, 276, 333.
Jean Scot Erigène, 218, 257, 258, 328.
Joachim de Flore, 79, 80.
Joscelin de Soissons, 95, 104-106, 202, 203, 329.
Joyce, H.G., 414.

Knöpfler, A., 89.

Lampen, W., 52.
Landgraf, A., 11, 23, 43, 45, 52, 53, 55, 116, 352, 409, 410, 412, 418, 420, 424, 426, 431, 434.
Lang, A., 236.
Laon, École de, 20-23, 47, 96, 132, 231, 269, 455, 459.
Laurent de Poitiers, 15, 20, 29, 30, 31, 46, 55.
Leclercq, H., V. Hefele.
Leclercq, J., 11, 12, 14, 15, 24, 27, 29, 30, 36, 38, 46, 52, 55, 61, 70, 80, 81, 95, 111, 117, 322.

Lectores recitatores et interpretatores, 208, 230.
Lefèvre, G., 52, 202.
Liber de causis, 42, 71, 128.
Liber de diversitate naturae et personae, 10, 35, 37, 65, 80, 81, 121, 219, 378.
Liber de homoousion et homoeousion, 10, 37, 65, 80, 81, 128, 219, 322.
Liber de sex principiis, 41, 69, 70, 127, 128.
Liber de vera philosophia, 37, 65, 79-81, 91, 121, 283.
Logica nova, 20, 98, 128, 129, 142, 274-276.
Logica vetus. 20, 274, 413, 456.
Logique. V. Aristote, Arts libéraux, Boèce, Dialectique, Distinction, Grammaire.
Lottin, O., 52.

Macedonius, 281.
Magie, 245.
Manichéisme, 406.
Mansi, G.D., 54, 429.
Mariétan, J., 245.
Martène, E., 41, 42, 44.
Martianus Capella, 130.
Martin, R.J., 33, 84, 119, 128, 219, 275, 359.
Mathématique, 193, 195, 216, 244-251, 261, 293, 341, 342 ; et théologie, 19, 39, 244, 457. V. Abstraction.
Matière, et forme, 134, 144, 146, 151, 153-155, 161-168, 171, 185, 192, 193, 216, 246-250, 253, 286, 288, 293, 294, 304, 398-400, 449 ; première, 164-167, 169-171, 192, 213, 214, 262, 289, 369, 370, 374, 399 ; matière-corps, 164-168, 192, 193, 289, 371, 383, 399 ; et création, 163-165 ; et individualité, 186 ; et universalité, 167, 168 ; objet de la théologie, 170, 171, 213, 247, 251. V. Abstraction.

Matthieu de Saint-Florent, 41, 72, 73.
Médecine, 16, 245.
Mélange. V. Composition.
Mercure. V. Hermès Trismégiste.
Mérite, 114.
Merlet, L., 24, 26, 72.
Metamorphosis Goliae episcopi, 13, 31.
Métangismonisme, 348.
Méthode. V. Arts libéraux, Dialectique, Grammaire, Philosophie, Théologie.
Meyer, W., 92.
Michel, A., 408, 426.
Michelant, 56.
Migne, J.P., 40, 47, 49, 50, 52, 60, 66, 70, 72, 96.
Milo, évêque de Thérouanne, 118.
Miraeus, A., 52.
Modi praedicandi. V. *Nomen*.
Monisme, 254, 258.
Morin, G., 67.
Motiva credibilitatis, 229.
Mouvement, 135, 166, 247, 250, 307-309 ; *species motus*, 162, 163, 372.

Nativa, 171, 191, 200, 213, 216, 224, 249, 250, 254, 373. V. Forme, *Genuina*.
Nature, définition, 368-375, 376, 383, 387, 405-407, 435, 436, 438-440, 450. V. Dieu, Être, Forme.
Néo-adoptianisme. V. Adoptianisme.
Néo-platonisme. V. Platon.
Nestorius et nestorianisme, 186, 382, 383, 386, 388-391, 394, 395, 398, 404, 406, 411, 414, 423, 424, 427, 431, 435, 436, 440, 441, 445, 446, 452-454.
Nicolas de Lyre, 41, 58.
Nihilisme. V. Christologie.
Noël Alexandre, 325.
Noétius, 280.
Nominalisme, 18, 91, 202.

Nomen, significatio, 18, 132, 134, 139-142, 145, 249, 250, 268, 302-304, 310, 313, 331, 334, 343, 344, 352, 368, 386, 387, 407, 434, 440, 456-458 ; *inventio (impositio) nominis*, 132, 134, 136, 144, 146, 362, 368, 373, 376 ; *modi praedicandi (significandi)*, 132, 140-142, 303-306, 308, 310, 312, 313, 337, 344, 346, 347, 357, 358, 368, 400, 458 ; *denominativa*, 134, 137-140 ; *substantia-qualitas nominis*, 136-145, 147, 148, 151-153, 198, 219, 247, 248, 297, 311, 330, 335, 338, 346, 371, 376, 383, 387, 388, 390, 393, 417, 437 ; noms concrets-abstraits, 139-142, 147, 149, 155, 182, 248, 288, 291, 296, 297, 311, 315, 322, 328-330, 335, 342, 387, 388, 406, 407, 440 ; sujet-prédicat 135, 137, 144-146, 155, 219, 284, 287, 288, 296, 306, 307, 311, 333-337, 348 ; *nomen-verbum*, 136-139, 141.

Omont, H. 12.
Ontologisme, 217, 218, 262.
Opifex, 164, 168, 183.
Opinion, 212, 214, 224.
Othon de Freising, sur la vie et la personnalité de Gilbert, 9, 10, 14-16, 20-22, 27, 29-34, 93, 94 ; sur les écrits de Gilbert, 43, 61, 66 ; sur la doctrine de Gilbert, 104-115, 121, 122, 160, 321, 325, 362, 404, 405-408, 460 ; sur le Concile de Reims, 78, 82, 83, 86, 87, 93, 95, 99-103 ; sur les débats conciliaires, 104-115, 321 ; sur la décision du Concile, 118, 121-123.
Oudin, C., 42, 67.

Panthéisme, 257-261.
Paré, G., 16, 22, 128, 131, 133.
Parent, J.M., 17, 18, 19, 97, 164, 165, 168, 188, 259, 260.

Paris, consistoire de, 16, 27, 66, 82, 99, 103-107, 109, 112, 319.
Participation, 156-161, 183, 185, 200, 253, 254, 256, 257, 285, 325, 341, 449 ; participation extérieure, 252-257, 287.
Passion, 400.
Patripassianisme, 406.
Péché originel, 395-397, 402.
Pellechet, M., 49.
Pelster, F., 10-12, 14, 33, 61, 64, 65, 80, 81, 91, 92, 117, 121, 219.
Personne, définition, 106, 186, 191-192, 194, 299, 313-315, 317, 362-364, 369, 375-382, 383, 405-407, 411, 418, 435-440, 444, 453. V. Dieu, personnes divines, Christologie, personne du Christ.
Petau, D., 325.
Philastre, 36, 349.
Philippe le Chancelier, 221.
Philippe de Harcourt, 12.
Philippe d'Harvengt, 36.
Philosophie, à l'École de Chartres, 16, 17, 20, 128-132, 135, 136, 145, 164, 165, 169, 201, 202, 244, 245 ; et arts libéraux, 20, 37, 128-135, 138, 143-148, 153, 179, 198, 456 ; et théologie, 18, 96, 127, 208, 216-218, 220, 227-229, 233-236, 251, 254, 255, 262, 268, 269, 326, 331, 336, 340, 360, 361, 364, 382, 395, 412, 414, 456. V. Aristote, Arts libéraux, Dialectique, Distinction, Éthique, Grammaire, Physique, Platon.
Physique, 17-20, 130, 132, 162, 164, 188, 195, 216, 243-250, 253, 261, 267-269, 281, 284, 295, 303, 336, 341, 349 ; à l'École de Chartres, 17-20, 130, 132. V. Sciences naturelles.
Pierre Abélard, personnalité et carrière, 9, 13, 22-24, 27, 28, 30-32, 77, 79, 88, 91, 95, 99, 101, 103, 109, 115, 123 ; méthode théologique, 9, 21, 27, 28, 39, 40, 55, 92, 95, 106, 128, 132, 201, 202, 209-211, 214, 227, 232, 275, 332-335, 351, 439, 456 ; définition de la foi, 58, 221, 222, 225 ; théologie trinitaire, 281, 329-337, 349-357, 459 ; christologie, 404, 408, 412, 413, 421-435, 439-442, 445-448, 452-454.
Pierre d'Auvergne, 70.
Pierre Baillard, 28.
Pierre de Celles, 43, 48-51.
Pierre Damien (S.), 94, 332.
Pierre Hélias, 132, 133, 136, 137.
Pierre Lombard, 9, 44-46, 50, 52, 57, 69, 79, 95, 117, 128, 131, 227, 393, 394, 404, 408-410, 412-421, 425, 427, 429, 432, 434, 435, 438, 439, 447, 460.
Pierre de Poitiers, 413.
Platon et platonisme, 17, 218, 219, 377, 456 ; à l'École de Chartres, 16-20, 245, 456 ; le *Timée*, 17, 19, 20, 163-165 ; platonisme chrétien, 17, 127, 164, 165, 168, 169, 170, 251, 262, 263 ; néo-platonisme, 183, 184, 215, 218, 219, 254, 318, 413 ; platonisme de Gilbert, 127, 145, 159, 163-166, 168-170, 177, 178, 183, 186, 192, 193, 200-202, 212, 218, 245, 246, 251, 257, 262, 326, 333, 334, 370, 377, 448, 454, 456, 460.
Polain, M., 49.
Poole, R.L., 10, 13, 15, 25, 26, 29, 64, 65, 79, 80, 82, 83, 85, 87-89, 91, 100, 103, 109, 110, 115, 116, 121.
Porphyre, 149, 159, 184, 188-191, 197, 199, 274, 413, 456.
Portalié, É. 408, 421, 426.
Posteri, 207, 208, 230, 231.
Praedicatio consequens-accidentalis, 148, 373, 401, 411, 415 ; *naturalis-topica*, 151, 152, 173.
Praxeas, 280.
Prédicaments, 69, 143, 147-152, 155, 248, 395, 396, 449 ; en théo-

logie, 236, 268, 301-317, 345, 356, 357, 360, 427.
Priscien, 127, 128, 130, 132, 133, 136, 142, 155, 330, 331, 333-335, 355, 456.
Priscillien, 280.
Proportio. V. Analogie.
Proprietas, singularis, 179, 183, 185, 186, 189, 377, 438, 440, 446, 448, 450, 451, 454 ; *personalis,* V. Christologie, propriété personnelle, Dieu, propriétés personnelles.
Puissance, pure, 164, 165 ; et acte, 183 ; puissance-*potestas,* 156, 158, 184, 311, 315, 374, 375, 450.
Pythagore, 22.

Quadrivium, 16, 19, 20, 130, 244, 246.
Quaestio, 44, 271-276, 280, 284, 285, 295, 298, 299, 300, 337, 340, 383, 401, 458.
Qualitas. V. Forme, *Nomen, qualitas nominis,* Substance.

Radewin, continuateur d'Othon de Freising, 87.
Raoul de Laon, 15, 20, 23, 118, 129.
Rathbone, E., 53.
Rationes, 54, 207, 220, 221, 226, 233-236, 238, 239, 240, 242-244, 250, 280, 281, 285 ; *communes — propriae,* 238, 242, 243, 250, 272, 285, 402 ; théologiques, 207, 243, 244, 248, 249, 251, 252-264, 268, 269, 272, 282, 285, 287, 302, 341, 364, 457 ; *naturales,* 207, 210, 236, 247, 248, 251, 261, 263-269, 272, 280-282, 284, 285, 289, 301, 302, 315, 341, 344, 364, 375, 383, 457 ; *ratio indifferentiae,* 263, 284, 287, 295, 300, 302, 317, 344, 345, 348, 349, 356,

357, 364 ; *ratio differentiae,* 284, 287, 295, 300, 344, 364.
Réalisme, 40, 91, 200-202, 210, 321, 325-327, 332-334, 340, 351, 355, 361, 408, 460.
Régnon, Th. de, 34, 326.
Reims, concile de, 10, 15, 27, 28, 32, 35, 39, 42, 61, 64, 69, 77-124, 170, 218, 289, 319-321, 325, 328, 335, 343, 362, 377, 403-409, 417, 418, 423, 439, 460.
Remi d'Auxerre, 47.
Rémusat, Ch. de, 28.
Richard l'Évêque, 132.
Rivière, J., 429.
Robert, G., 329, 334.
Robert de Bosco, 117-119.
Robert de Melun, 84, 95, 119, 275.
Robert de Monte, 46.
Robert le Poule, 129.
Roger Bacon, 52.
Roland Bandinelli. V. Alexandre III.
Roland de Crémone, 70.
Roland-Gosselin, M.D., 188, 189, 253, 285.
Rotolde de Rouen, 107.
Ruf, P., 429.

Sabellius et sabellianisme, 53, 112, 113, 186, 233, 242, 280-282, 298, 301, 344, 346, 348-351, 353, 362, 364, 406.
Sacraments, 114, 116.
Sanderus, A., 42, 51, 56.
Schaarschmidt, C., 25.
Schmidlin, J., 61, 87.
Schmidt, M.A., 128, 210, 304, 320, 327.
Sciences, profanes, 16, 10, 21, 24, 28, 31, 86, 87, 90, 93, 241, 346, 455, 456 ; nature, 19, 193, 215, 216, 220, 228, 229, 239-244, 246, 247, 263 ; classification, 130, 164, 165, 168, 215, 216, 219, 242, 244-251,

252, 285; méthode scientifique, 16, 20, 21, 24, 95, 96, 129, 132, 140, 225, 226, 233, 241-244, 247, 248, 270, 275, 276, 343, 434, 455; science naturelle, 19, 20, 148-155, 164, 193, 215, 216, 220, 228, 229, 239, 241, 246, 247, 261, 263, 264, 267, 268, 280, 285, 287, 301, 303, 304, 322, 331, 336, 337, 342, 344, 363, 381, 382, 436, 457. V. Abstraction, Aristote, Arts libéraux, Physique, *Quadrivium*, *Rationes*, Théologie.
Seeberg, R., 414.
Semi-arianisme. V. Arius.
Semi-nestorianisme. V. Nestorius.
Sens, Concile de, 13, 27, 77, 101, 109,
Sententiae divinitatis, 115, 116, 393, 394.
Sententiae parisienses, 431.
Sigebert de Gembloux, 52, 83.
Sikes, J.G., 28, 58, 211, 214, 329, 330, 335, 425.
Silvain, R., 41.
Simon, M., 57, 58.
Simon de Paris, 129.
Simon, maître, 116.
Simon de Tournai, 219.
Simplicité. V. Dieu, unité et simplicité, Être, unité et simplicité.
Simson, B. de, 116.
Smalley, B., 27, 44, 46, 48, 52, 54, 59.
Soissons, Synode de, 27.
Sophronius, 35.
Spicq, C., 48-51, 53, 58, 59.
Stegmüller, F., 45, 55, 68.
Stoicisme, 245, 270, 370.
Studeny, R.F., 412, 413, 416, 426, 433, 447, 448.
Subsistens, 111, 144, 146, 149, 151-158, 161, 162, 164, 167, 168, 172-175, 180, 181, 183, 185, 187, 189, 191, 193, 194, 196, 197, 253, 260, 262, 280, 284, 288, 291, 298-300, 303, 315, 335, 336, 339, 344, 349, 369, 372-375, 379, 380, 382, 387,

388, 392, 398, 435, 436, 444, 449, 453.
Subsistentia, 111, 144, 147-151, 154-158, 161-163, 165-168, 172-175, 177, 180-186, 190, 193, 195-201, 213, 253-257, 260, 280, 281, 284, 288, 299, 300, 303-306, 310, 335, 336, 339, 342, 347-349, 353, 363, 369, 372. 374, 379-382, 385, 387, 389, 391, 394, 396-398, 400, 401, 411, 420, 436, 437, 441-444, 446-451; *subsistentia generalis, specialis, differentialis*, 157, 158, 172, 175, 178, 184, 197, 199, 260, 373-375, 379, 380, 385. V. Christologie, théorie de la subsistance, Être comme forme, Forme.
Substance, *substantia nominis*, 136, 137, 139, 141-145, 149, 151, 152, 155, 198, 219, 249, 330, 331, 334-336, 338, 346, 371, 387, 388, 393, 417, 437; *substantia quae-qua*, 111, 144, 145, 156, 212, 298, 322, 324; substance concrète, 111, 119, 135-137, 142-147, 156, 161-163, 176, 192, 194, 196, 197, 248, 249, 253, 286, 289, 290, 292, 305, 313, 351, 353, 354, 359, 360, 362, 363, 369-371, 376-382, 389, 393, 404, 411, 414-416, 419, 422-428, 432, 434-436, 438, 439, 441, 443, 447, 450, 453; substance-forme, 111, 144, 149, 150, 156, 158, 176, 178, 180, 194, 196, 197, 198, 256, 257, 263, 266, 286-288, 291, 303-305, 316, 317, 322, 329, 344, 348, 350, 351, 353, 358-360, 363, 364, 371, 372, 374, 376, 379, 380, 382, 399, 422, 423, 425, 427, 429, 431, 436, 437, 439, 447, 451; substance-accident, 149-151, 156-159, 167, 172, 173, 175, 177, 178, 191, 195-197, 254-256, 260, 262, 288, 290, 305, 316, 339, 341, 342, 347, 356, 359, 372-374, 376, 380-382, 385, 411, 415, 445; *substantia prima-secunda*, 147, 149, 253;

substance-matière, sujet, 150, 151, 156, 157, 167, 194, 303, 304, 363, 379-382 ; *sincerae substantiae* 168, 169 ; substances immatérielles, 162, 163, 169, 170, 192, 194, 239, 253, 307-309, 371, 372, 374, 376, 377, 399 ; substances universelles - individuelles, 194-197, 376, 377, 379, 380, 411 ; *substantia humanitatis*, 188, 201, 444.

Suger, abbé de Saint-Denys, 96, 98, 118.

Summa Sententiarum, 282, 283, 334, 335.

Textus receptus, 59.

Théodoret, 35, 113.

Théologie, à l'École de Chartres, 17-19, 21, 24, 39, 96, 128, 130, 164, 165, 168, 169, 218, 219, 221, 333, 459 ; à l'École de Laon, 21-24, 47, 96, 132, 231, 269, 459 ; nature et méthode, 18-21, 24, 27, 28, 32, 36, 47, 65, 87, 96, 113, 128, 166, 171, 207-240, 242, 244, 246-254, 257, 261-277, 280-285, 287, 301-304, 320, 331, 337, 338, 340-342, 344-346, 351, 380, 383, 388, 402, 410, 436, 455-460 ; théologie négative, 213, 214, 217-220, 223-225, 249, 252, 328, 341, 375 ; théologie topique, 235-239 ; comme science, 39, 94-96, 216, 241-276, 457. V. Abstraction, de la théologie, Analogie, Arts libéraux, Augustin, nature de la théologie, Autorité, Boèce, nature de la théologie, Connaissance, Dialectique, Grammaire, Philosophie, et théologie, *Rationes*, Sciences.

Thierry de Chartres, 19, 25, 36, 71, 96, 97, 129, 154, 164, 165, 168, 188, 218, 257-261.

Thomas d'Aquin, 17, 234, 245, 253, 258, 282, 361, 412, 413.

Thurot, Ch., 131, 133, 136.

Tolède, Concile de, 113, 405.

Tremblay, P., 16, 22, 128.

Ueberweg, F., 14.

Ulger d'Angers, 329-337, 352, 355.

Unité, *unum naturale*, 156, 160-162, 170, 172-174, 176, 178-183, 185, 189, 198, 201, 202, 294, 295, 327, 358-360, 383-385, 388, 391, 437, 438, 448-451, 453 ; unité d'universalité, 189, 191, 195, 197-203, 284, 294, 295, 308, 317, 399. V. Christologie, unité du Christ, Composition, et unité, Dieu, unité, Être, unité, Homme, unité.

Universalité, 156, 160, 186-203, 281, 308, 351, 376, 380, 399, 443, 444 ; de la matière, 166-168, 399. V. Abstraction, et universalité, Conformité, Substance, universelle, *substantia humanitatis*.

Usener, H., 64, 66.

Vacandard, É., 27, 87, 88, 95.

Valentinien, 395.

Vanden Eynde, D., 70.

Vande Vijver, A., 245.

Vanni Rovighi, S., 128.

Vasquez, F.X., 325.

Vernet, F., 48, 49, 51, 53, 58, 408.

Vestigia Trinitatis, 350.

Waitz, G., 83, 106.

Walter Map, 13, 31.

Webb, Cl., 16, 26, 28, 38, 87.

Weichert, C., 9.

Weisweiler, H., 20, 116.

Williams, M., 34, 43, 210, 320, 327, 336, 340, 361.

Wilmart, A., 52.

Wright, Th., 13, 31.

Wrobel, 17.

Ysagoge, 431.

Yves de Chartres, 24, 71, 107.

TABLE ANALYTIQUE DES MATIÈRES

pages

Avant-propos 5

LIVRE I

LA VIE ET LES ŒUVRES

CHAPITRE I. — Formation et carrière scientifique

 I. Nom, origine, date de naissance 9
 II. Années d'études : formation à Chartres, séjour à Laon, durée 15
 III. Professorat : Écoles de Chartres et de Paris 24
 IV. Épiscopat à Poitiers : date d'élection, activités, mort. 28
 V. Personnalité scientifique : méthode d'enseignement, érudition patristique, connaissance des sciences profanes et des arts libéraux 31

CHAPITRE II. — Les œuvres

 I. Les œuvres de Gilbert suivant la liste de l'*Histoire littéraire de la France* 41
 II. Examen critique des ouvrages exégétiques attribués à Gilbert : *Quaestiones in totam sacram Scripturam, Glossa super psalterium, Glossa in Jeremiam, Sermones super Canticum canticorum, Glosulae super Mattheum, Notae super Joannem, Glossa super Acta Apostolorum, Glossa in epistolas sancti Pauli, Glossa in Apocalypsim.* 44
 III. Les œuvres théologiques : *Commentum super Boethium, Prosa de Trinitate, De discretione animae, spiritus et mentis, Expositio in Symbolum Athanasianum* .. 59
 IV. Ouvrages philosophiques : *Liber de sex principiis, Liber de causis* 69
 V. Lettres et sermons 72

LIVRE II

GILBERT DEVANT LE CONCILE DE REIMS

CHAPITRE I. — Les partis au concile

    I. Les sources : Geoffroy d'Auxerre, Othon de Freising, Jean de Salisbury 77
    II. Valeur des sources 85
    III. Gilbert et saint Bernard : leur opposition, selon les contemporains, selon les historiens modernes, description nuancée de Jean et d'Othon, différence de mentalité et de formation 89
    IV. La position des maîtres en théologie, l'attitude des cardinaux 95

CHAPITRE II. — L'enquête officielle

    I. Enquête préliminaire : Viterbe et Auxerre ? Consistoire de Paris 102
    II. Le Concile de Reims : compte rendu des séances, les discussions, destruction d'un écrit porrétain, l'assemblée des prélats français, les quatre thèses, décision du Concile........................... 107
    III. Conclusion 123

LIVRE III

LA PHILOSOPHIE DE GILBERT

CHAPITRE I. — Point de départ

    I. Le milieu : grammaire et philosophie, l'École de Chartres, maître Bernard, humanisme chartrain, grammaire spéculative, parallélisme entre grammaire, dialectique et philosophie 128
    II. La signification des *nomina* : dans les gloses sur Priscien, chez Bernard de Chartres, critique de Jean de Salisbury 136

III. Théorie de Gilbert sur les *nomina* : distinctions grammaticales, logiques et philosophiques, parallélisme entre ces distinctions, primat du formel 142
IV. Les prédicaments, division mathématique, division logique, prédicats topiques 148

CHAPITRE II. — Théorie de l'être

I. La forme comme l'être des choses : quelques formules, la distinction entre *esse* et *quod est*, le rapport entre les deux, les notions de participation, habitus, création, génération 153
II. Matière et forme : matière première, matière formée, forme exemplaire, forme native, figure 164
III. Pluriformité et unité : composition, les conditions fondamentales, composition du *quod est*, composition de l'*esse* 172
IV. L'unité dans l'être : l'unité comme attribut transcendental, l'unité par habitus, l'unité par *singularis proprietas* 178
V. Individuel et universel : singulier et individuel, abstraction et universalité, sens de la conformité 186

LIVRE IV

LA THÉOLOGIE ET LA MÉTHODE THÉOLOGIQUE

CHAPITRE I. — La connaissance théologique

I. Le prologue du Commentaire de Boèce : nature de la théologie 207
II. La connaissance de Dieu : *docta ignorantia*, la connaissance en général, la connaissance *per remotionem*, l'influence du pseudo-Denys 210
III. Connaissance de la foi : la définition de la foi, l'*assensio* de la foi, foi et raison 220
IV. Foi et théologie : la foi comme point de départ, l'argument d'autorité, la méthode des *rationes*, une topique théologique 227

CHAPITRE II. — La théologie comme science

    I. La théologie comme science spéciale : analogie avec les autres sciences, division des sciences, méthodologie.   241

   II. Les *rationes* théologiques : les *rationes* propres à la théologie, la distinction entre « être » et « être quelque chose », Dieu en tant que l'être des choses créées, panthéisme chartrain ?, le concept de l'être.   252

  III. Les *rationes naturales* dans la théologie : l'emploi de comparaisons, le transfert proportionnel de termes ..   263

  IV. La méthode théologique : méthode positive, méthode rationnelle, technique de la *quaestio*, les sources de cette théorie   269

LIVRE V

LA THÉOLOGIE TRINITAIRE

CHAPITRE I. — Le commentaire du *De Trinitate*

    I. Introduction : genre du traité, description des hérésies trinitaires, *De Deo uno et trino ?*   279

   II. L'unité des personnes divines
      1. Problématique : argumentation de Boèce   283
      2. Argumentation de Gilbert : point de départ grammatical, unité de l'essence divine, opposition à la multiplicité des choses créées, interprétation des formules traditionnelles, absence d'accidents en Dieu   286

  III. La distinction des personnes divines
      1. Problématique : l'énumération et la répétition, description du sabellianisme et de la doctrine catholique, les principes naturels engagés dans cette question   296
      2. Les prédicaments en théologie : les trois premiers prédicaments, les autres prédicaments, la relation   302
      3. La relation en Dieu   312
      4. Conclusion   316

CHAPITRE II. — Les thèses discutées de la théologie trinitaire

- I. Les discussions contestées : *status quaestionis* 319
- II. La distinction entre *Deus* et *divinitas* : critique de saint Bernard, de Geoffroy d'Auxerre, interprétation moderne 321
- III. Le problème avant Gilbert : avant le douzième siècle, la critique des théories du maître d'Angers par Abélard 327
- IV. La portée de la distinction dans le système de Gilbert : point de départ grammatical, nature de la distinction, conclusion 335
- V. La distinction entre l'essence et les relations : portée de la distinction, analyse des hérésies, la théorie d'Abélard, rapports de celui-ci avec Gilbert, critique de la théorie du maître de Bourgogne par Abélard, réponse de Gilbert, opposition de saint Bernard, critique de Geoffroy d'Auxerre, interprétations modernes, conclusion.......................... 343

LIVRE VI

LA CHRISTOLOGIE

CHAPITRE I. — Le commentaire du *Contra Eutychen et Nestorium*

- I. Introduction, forme du traité 367
- II. Définitions de *natura* : définitions générales, définition spéciale 369
- III. Définition de *persona* : division de la substance, la substantialité de l'âme humaine, étymologie du mot *persona*, les termes essence, subsistance et personne en théologie 375
- IV. *Contra Nestorium* : distinction entre nature et personne, description de l'hérésie nestorienne, la conjonction en général, la composition proprement dite, les natures dans le Christ, l'unité du Christ,

le mystère de l'union hypostatique, la notion d'assomption 382

V. *Contra Eutychen* : description de l'hérésie eutychienne, la condition de l'homme, la notion de mélange, absence de mélange entre les natures divine et humaine, la condition de l'humanité du Christ .. 394

CHAPITRE II. — LA DOCTRINE DE L'UNION HYPOSTATIQUE

I. Introduction : situation historique de la théorie de Gilbert, la décision doctrinale du Concile de Reims, signification des formules de Gilbert 403

II. L'*unio hypostatica* : critique de la doctrine de Gilbert chez les contemporains, chez les modernes. Les théories contemporaines : le « nihilisme christologique », théorie de Pierre Lombard, théorie d'Abélard : union des natures, unité de personne 408

III. Position de Gilbert : plaidoyer en faveur de la méthode rationnelle, réfutation de la théorie de l'*homo assumptus*, opposition contre l'admission d'un *quod est* humain dans le Christ, Gilbert partisan du « nihilisme » ?, la *singularis proprietas Christi*, théorie de la subsistance ou de l'habitus ? 433

IV. Conclusion 452

CONCLUSION GÉNÉRALE 456

TABLES

Table des manuscrits cités 463
Liste de ouvrages consultés 467
Table alphabétique des noms propres et des matières 483
Table analytique des matières 497

SPICILEGIUM SACRUM LOVANIENSE
Rue Juste Lipse, 18, LOUVAIN (BELGIQUE)

VOLUMES PARUS :

1 et 2. **Saint Jérôme, sa vie et son œuvre.** Première partie, deux volumes, par Ferdinand CAVALLERA, professeur à l'Institut Catholique de Toulouse. *(Épuisé)*
3. **Pour l'Histoire du mot « Sacramentum » : I. Les Anténicéens,** étude lexicographique par Émile DE BACKER, Jean POUKENS, S. J., Fernand LEBACQZ, S. J. et Joseph DE GHELLINCK, S. J.
4. **Paul de Samosate,** étude historique par Gustave BARDY.
5. **La Somme des Sentences, œuvre de Hugues de Mortagne vers 1155,** par Marcel CHOSSAT, S. J., avec préface et introduction par Joseph DE GHELLINCK, S. J.
6. **La Réforme Grégorienne : I. La formation des idées grégoriennes,** par Augustin FLICHE, professeur à l'Université de Montpellier.
7. **Richard de Middleton, sa vie, ses œuvres, sa doctrine,** par Edgard HOCEDEZ, professeur au Collège Théologique S. J. de Louvain et à l'Université Grégorienne de Rome.
8. **Le problème de l'Église et de l'État au temps de Philippe le Bel,** étude de théologie positive par Jean RIVIÈRE, professeur à l'Université de Strasbourg.
9. **La Réforme Grégorienne : II. Grégoire VII,** par Augustin FLICHE.
10. **La controverse sur le péché originel au début du XIVe siècle,** textes inédits publiés par Raymond M. MARTIN, O. P., professeur au Collège Théologique O. P. de Louvain.
11. **Les *Ordines Romani* du haut moyen âge (VIIIe-Xe siècle) : I. Les Manuscrits,** par Michel ANDRIEU, professeur à la Faculté de théologie catholique de l'Université de Strasbourg.
12. **Les *Disputationes* de Simon de Tournai,** texte inédit publié par Joseph WARICHEZ, archiviste de l'évêché de Tournai.
13. **Œuvres de Robert de Melun : I. Questiones de divina pagina,** texte inédit publié par Raymond M. MARTIN, O. P.
14. **Écrits théologiques de l'école d'Abélard,** textes inédits publiés par Arthur LANDGRAF, professeur de théologie à Bamberg.
15. **Plotin et l'Occident,** par P. HENRY, S. J. *(Épuisé)*
16. **La Réforme Grégorienne : III. L'opposition antigrégorienne,** par Augustin FLICHE.
17. **Maître Simon et son groupe, De Sacramentis,** textes inédits publiés par H. WEISWEILER, S. J., professeur au Collège théologique de Valkenburg (Hollande). Appendice : **Pierre le Mangeur, De Sacramentis,** texte inédit publié par R. M. MARTIN, O. P.

18. **Œuvres de Robert de Melun : II. Questiones [theologice] de Epistolis Pauli,** texte inédit publié par Raymond M. Martin, O. P.

19. **Le symbole du XIe concile de Tolède. Ses sources, sa date, sa valeur,** par J. Madoz.

20. **Œuvres grammaticales et théologiques de Godescalc d'Orbais,** par C. Lambot, O. S. B.

21. **Œuvres de Robert de Melun : III. Sententie,** vol. I, texte inédit, publié par Raymond M. Martin, O. P.

22. **Caritas, Étude sur le vocabulaire latin de la charité chrétienne, du IIe au Ve siècle,** par H. Pétré.

23. **Les *Ordines Romani* du haut moyen âge (VIIIe-Xe siècle) : II. Les Textes** (*Ordines* I-XIII), par Michel Andrieu.

24. **Les *Ordines Romani* du haut moyen âge (VIIIe-Xe siècle) : III. Les Textes** (*Ordines* XIV-XXXIV), par Michel Andrieu.

25. **Œuvres de Robert de Melun : III. Sententie,** vol. II, texte inédit publié par Raymond M. Martin, O. P. (†) et Rob.-M. Gallet, O. P.

26. **Eusèbe d'Émèse, Discours conservés en latin : I. La collection de Troyes** (Discours I à XVII), par Éloi M. Buytaert, O. F. M., professeur au Franciscan Institute à S. Bonaventure, N. Y.

27. **Eusèbe d'Émèse, Discours conservés en latin : II. La collection de Sirmond** (Discours XVIII à XXIX), par E.M. Buytaert, O. F. M.

28. **Les *Ordines Romani* du haut moyen âge (VIIIe-Xe siècle) : IV. Les Textes** (*Ordines* XXXV-XLIX), par Michel Andrieu,

29. **Les *Ordines Romani* du haut moyen âge (VIIIe-Xe siècle) : V. Les Textes** (*Ordo* L), par Michel Andrieu (†).

30. **Grégoire Palamas, Défense des saints hésychastes.** Introduction, texte critique, traduction et notes. I (*Triades* I, 1-3 et II, 1-2), par Jean Meyendorff, chargé de cours à l'Institut de théologie orthodoxe Saint-Serge, Paris.

31. **Grégoire Palamas, Défense des saints hésychastes.** Introduction, texte critique, traduction et notes. II (*Triades* II, 3 et III, 1-3), par Jean Meyendorff.

32. **Une Somme anti-cathare. Le *Liber contra Manicheos* de Durand de Huesca.** Texte inédit publié et annoté par Christine **Thouzellier**.

Imprimerie des Éditions J. Duculot, S. A., Gembloux
(*Imprimé en Belgique*).